图书在版编目（CIP）数据

商代考古与甲骨学／刘一曼著 . —北京：中国社会科学出版社，2023.3
（中国社会科学院老学者文库）
ISBN 978 - 7 - 5227 - 1118 - 8

Ⅰ.①商…　Ⅱ.①刘…　Ⅲ.①都城（遗址）—古城遗址（考古）—安阳—商代—
文集②甲骨学—文集　Ⅳ.①K878.34 - 53②K877.14 - 53

中国版本图书馆 CIP 数据核字（2022）第 230805 号

出　版　人　赵剑英
责任编辑　安　芳
责任校对　张爱华
责任印制　戴　宽

出　　　版　中国社会科学出版社
社　　　址　北京鼓楼西大街甲 158 号
邮　　　编　100720
网　　　址　http://www.csspw.cn
发 行 部　010 - 84083685
门 市 部　010 - 84029450
经　　　销　新华书店及其他书店

印刷装订　北京君升印刷有限公司
版　　　次　2023 年 3 月第 1 版
印　　　次　2023 年 3 月第 1 次印刷

开　　　本　710 × 1000　1/16
印　　　张　65.5
字　　　数　855 千字
定　　　价　348.00 元

自　序

　　我于 1940 年 6 月出生在广东省佛冈县。我的父亲曾是县中学校长，但他体弱多病，在我 4 岁时便去世了，母亲是乡村小学教师。父亲过早离世，对她打击很大，但她很坚强，含辛茹苦抚育我和两个哥哥成长。她教导我们要发奋读书，将来成为对国家有用的人才。我的家乡佛冈县虽然离广州只一百多公里，但它属于山区，当时交通不便，经济与文化都落后。全县只有两所中学，缺乏优秀教师，教学质量不高，所以母亲鼓励我们到省会广州上学，大哥于 1950 年春到广州番禺省立仲元中学读高中。1951 年夏我在佛冈县县立小学毕业，当时才十一岁，母亲陪我走了几十里山路再转汽车、火车，花了两天时间到达广州市，借住于叔叔家（他在广州当中学老师）。不久，我考上了广州市第一中学，寄宿在学校里。三年后，考上广东广雅中学，这是全省最好的重点中学，要求很严格，教学质量也很高。记得当年的高中历史教师，讲课很生动，分析历史事件深入浅出，很吸引人，使我对历史，尤其是中国史产生很大兴趣。高考时，第一志愿就填报了北京大学历史系，结果被录取了，1957 年 9 月入学。历史系一年级的课程有中国古代史、近代史、历史文献、外语等基础课。二年级开始分专业。当时有不少同学认为考古专业老要外出，比较辛苦，所以报这个专业的不多，国家文物局王冶秋局长，还专门到历史系作动员报告，他指出，中华人民共和国基本建设项目发展得很快，随着基建的开展，发现了不少古代文化遗址，国家急需考古文物方面的专门人才，希望有更多的同学选择考古专业。我在中学的时候就比较好动，喜欢游泳、旅行、登山等，觉得走向田野的考古学应该比纯粹在办公室做历史研究更有意思，所以我当即报了考古专业。

57 级考古专业学生共 24 人，1958 年夏，正值全国"大跃进"热火朝天的时刻，中科院古脊椎动物研究所准备开展对周口店猿人遗址的发掘工作，需要一大批发掘工人，北大考古专业教旧石器考古的吕遵谔先生闻讯与他们联系，带领 56 级与 57 级考古班参与周口店发掘。发掘队长是贾兰坡先生，副队长是吕遵谔先生。白天两个班的同学在发掘工地劳动，晚上由裴文中、杨钟健、贾兰坡、周明镇等著名学者授课。因结合实际学习旧石器时代考古，知识掌握得比较牢固。实习结束后，大多数同学喜欢考古了，但也有个别同学转了专业，甚至退学。

1959 年，我们在学校学习考古学基础课。先后给我们授课的老师有李仰松、邹衡、高明、苏秉琦、宿白、阎文儒等几位先生，他们的讲课都很好。1960 年我们到洛阳王湾遗址进行田野考古实习，该遗址文化堆积较厚，指导老师是李仰松、夏超雄、严文明先生。王湾遗址，有新石器、西周、东周、汉、晋、北朝几个时代的遗存，延续时间长。1961 年秋，进行整理考古资料的专题实习，我与郭大顺、高炜等十名同学分配到洛阳整理王湾的发掘资料。我负责整理东周墓葬，由时任考古所洛阳考古队队长的郑振香老师辅导。郑老师要求我先选出典型陶器标本，逐件画图，做出卡片，器物描述时要文字简洁，要抓各类器物的主要特征。我做出的卡片她逐张检查，指出需修改之处。卡片做完之后，便进行器物排队，按陶器组合进行排比、分期，然后编写报告初稿，交郑老师审查后再作修改。郑老师耐心的辅导，严格的要求，使我掌握了整理考古资料的方法，终身受益。五年级第二学期时，考古系要求我们以专题实习收集的材料写毕业论文。我撰写了《洛阳东周墓葬的分期与分区》，由苏秉琦先生辅导。苏先生给我讲解了《洛阳中州路（西工段）》报告，他们如何运用类型学的方法，将260座东周墓分为七期的。1962年6月，系里选出五个同学的论文公开答辩，我是其中之一，苏秉琦、安志敏、钟少林三位先生是答辩的老师。结果我的论文得了优秀。这便增加了我对商周考古的兴趣。当然，我选择商周考古的研究方向，与邹衡先生优秀的教学方法也有关系，他讲授的商周考古课条理清楚、逻辑分明，又能抓住重点。

　　1962年夏，我们即将毕业，中国科学院哲学社会科学部考古研究所到北大考古专业招三名研究生，我与刘金山同学考取了徐旭生先生的研究生。乌恩岳思图考上夏鼐先生的研究生。那时报考研究生的动机很简单，觉得还年轻，想多学一些知识，将来对工作一定会有好处的。1962年秋，我与刘金山、乌恩到考古所读研究生，当时的学制为四年。一、二年级时根据哲学社会科学部（中国社会科学院的前身）的安排，我们主要学习哲学、俄语。哲学课都要到学部大楼集中上课，每周三个半天，俄语在所内由专业老师每天上课。第一年，我们两人每月都要到徐先生办公室汇报学哲学与俄语的情况。1963年下半年，我们与徐先生见面略多一些，他安排我们读《左传》，很认真地批改我们写的读书笔记。1964年春，哲学社会科学部，根据中央的部署从各所要抽调一大批干部到农村参加"四清"运动，由于考古所的业务人员都到外地参加田野发掘，所内的留守人员很少，因此所领导就安排我们几个研究生先到北京通县、后又到辽宁金县当"四清"工作队队员，为时一年半之久。1965年秋，本以为可以坐下来写毕业论文了，徐旭生先生建议我们不必选夏代考古方面的题目，因为夏代的文献考证他已做得差不多了，二里头等遗址的考古发掘一两年内也难有大的突破。我们可以选自己有兴趣或有一定基础的题目。

于是，我在大学毕业论文的基础上，将研究的地域扩大，选了《中原地区东周墓葬的分期与分区》的题目，得到徐先生同意。

1966 年春，"文化大革命"爆发，业务工作全部中止了。1966 年夏，我们三个人研究生毕业，全都留所工作。1972 年夏，从河南信阳"五七"干校回到考古所。那时所里大多数发掘队的工作处于停顿状态，只有少数地区（如安阳、洛阳、西安）有发掘工作。我想自己 1962 年大学毕业已经 10 年了，还没有真正干考古发掘工作，挺可惜的，还是要抓紧时间提高业务水平，到发掘工地去锻炼。正好，1972 年秋，安阳队为配合基建工作需要人，于是我主动申请到安阳工作。

1972 年 10 月，我到安阳参加小屯西地的发掘，那个季度的发掘，有的同事的探方中发掘到几片甲骨文，当时我很羡慕他们。在我负责的探方中却意外地发掘到两个时代较殷墟文化早的灰坑，出土了 13 件完整的先商时期的陶器和较多的陶片。此前，安阳殷墟所出的先商或早商陶片多为小片，完整器很少，所以，这批陶器的出土，受到学术界的关注。

1973 年，我参加了小屯南地的发掘，这次发掘，共发现刻辞甲骨 5335 片（卜骨 5260 片，卜甲 75 片），这是中华人民共和国成立以来，发现甲骨文最多的一次。也是 1936 年以来殷墟甲骨文的第二次重大发现。我负责发掘的 H24 坑，是那次发掘出土有字甲骨最多的单位，一坑出了 1300 余片有字卜骨，而且有一批完整的内容很重要的大卜骨，这令我十分兴奋。发现甲骨文之后，我对这些距今三千多年的古朴的文字，产生了浓厚的兴趣。当时考古站的条件比较艰苦，我们白天在工地发掘，下班以后在院子内的菜地里劳动。到晚上九时，才能安静下来，在煤油灯下看发掘到的刻辞甲骨，并将每片甲骨文临摹下来。遇到不认识的字就去查书。那时候考古站的图书不太多，有《殷契粹编》《卜辞通纂》《殷虚卜辞综述》《甲骨文编》等，这几本书，我经常阅读。1973

年上半年，吉林大学的姚孝遂先生也参加了一段时间的发掘工作。他是研究甲骨文的，我经常向他请教。

1975 年，考古所领导决定把小屯南地甲骨全部运回北京整理。1975 年秋，甲骨组成立。我和曹定云是屯南甲骨的发掘者，自然就成为甲骨组的成员，温明荣与郭振录是第二研究室的人，对甲骨文感兴趣，也参加进来，另外还有钟少林、王兆莹，他俩负责修整甲骨、拓片等技术性工作。我任甲骨组组长，郭振录是副组长。屯南甲骨整理费时八年，到 1983 年春才全部完成，先后出版了《小屯南地甲骨》上册与下册，共五分册。在整理甲骨的期间，我们是边干边学，经常讨论工作中的问题，发挥集体智慧，此书是用考古学的方法来整理和刊布甲骨资料，受到学术界的肯定。

1983 年，屯南甲骨整理完毕，甲骨组解散，我重新回到安阳队，一直在安阳殷墟从事考古工作，直到退休。我先后参加过殷墟小屯西北地、小屯村中、花园庄南地、郭家庄西南、刘家庄北地、梅园庄等多处遗址的发掘，发掘过建筑基址、墓葬、甲骨坑、车马坑等遗迹。其中郭家庄 160 号墓和花园东地 H3 甲骨坑被评为当年全国的十大考古发现。发掘工作结束后，我们要对所发掘的遗迹、遗物进行整理、研究，所以我的研究对象涉及殷墟基址、墓葬、陶器、铜器、甲骨文等，尤其对甲骨文的研究花的时间、精力最多。我在研究甲骨文时注意运用考古学的方法，走一条考古人研究甲骨之路。

本书选辑本人自著及与他人合著的论文 40 篇，是自 1986 年至今陆续写成的。此前，我也曾主笔过几篇文章，因这些文章的观点是经过《屯南》甲骨整理组成员讨论过的，是集体研究的成果，已收在肖楠《甲骨学论文集》中，这次就不再选用了。

本书分为上、下两编，上编商代考古学研究，下编甲骨学研究。上编商代考古学研究，收论文 14 篇，内容包括五个部分：一、先商文化遗存。本部分收录文章 1 篇，《安阳小屯西地的先商文化遗存——兼论"梅园庄一期"文化的时代》。我对先商文化感兴趣，是由于 1972 年秋在小屯西地发掘到两个时代较早的灰坑，出土了一大批属于先商文化的陶器。我将其与豫北、冀南这一时期的遗址出土的陶器进行比较，从而加深了对安阳地区此类文化的认识。在该文中，我认为小屯西地的商文化遗存是受到辉卫类型影响的漳河型文化，其时代属先商晚期，最迟可至夏、商之交。殷墟"梅园庄一期"文化据地层关系和陶器形态可分为早、晚二段，早段时代约在先商晚期，晚段属商代早期。二、殷墟考古发掘的成果。本部分收录文章 4 篇，其中《1980 年以来殷墟发掘的主要收获》概述了自 1980 年以来殷墟发掘的主要收获，发现了宫殿基址、族宗庙基址、墓葬、甲骨坑、车马坑等遗迹，出土了大批刻辞甲骨与青铜器、陶器等丰富的遗物。文中还提出殷墟考古工作今后需解决的几个问题。《殷墟车子遗迹及甲骨金文中的车字》的写作是因为从 1987 年至 1995 年，我有幸参加了郭家庄、刘家庄北地和梅园庄十多座车马坑的发掘工作。在工作中，我注意分析甲骨、金文中"车"字的几种形态及有关记载，来思考发掘中的问题，如曲衡马车与车轴的发现、不同形式车厢的清理、车辙的研究等，都是受到甲骨、金文中"车"字资料的启发，而使发掘与研究工作取得较大的收获。所以，该文是总结发掘车马坑的体会而写成的，文章发表后受到商周考古学者的关注，还得到商史学者及甲骨学者的肯定。三、甲骨文发掘的收获。本部分收录文章 3 篇，内容是概述数十年来殷墟及殷墟以外地区甲骨文发掘的成果及殷墟甲骨文的出土地点及甲骨埋藏状况等。如《安阳殷墟甲骨出土地及其相关问题》，该文总结了殷墟多个地点所出的甲骨（有字的与无字的）在选材、攻治、钻凿灼分布及占卜后甲骨的处理方面等的相同点与差异性，并指出差异的原因是与不同遗址甲骨拥有者（占卜主体）的身份、地位的差异有关。该文的观点得到多位学者的引用和好评。四、殷墟墓葬的发掘与研究。

本部分收录文章 2 篇，其中《论安阳后冈殷墓》一文对历年来后冈发掘的上百座殷墓进行分组与分区（分为八组，归属三个墓区），并认为后冈三个墓区是三个族的墓地。对后冈五座中字形大墓的年代与性质作了探讨，指出这几座大墓的墓主应是地位极显赫的贵族，很可能是王室成员。还对后冈圆形祭祀坑的祭祀次数与方法、人牲身份、主祭者与祭祀对象做了研究。五、殷墟青铜器研究。本部分收录文章 4 篇。我对殷墟青铜器的研究是在学习了郑振香、陈志达《殷墟青铜器的分期与年代》及杨锡璋、杨宝成《殷代青铜礼器的分期与组合》两篇文章引发的。1990 年，我参与了郭家庄 160 号墓的发掘，该墓出土了各类青铜礼器 41 件，青铜兵器 232 件，该墓的年代为殷墟文化三期偏晚阶段，此前殷墟正缺乏第三期的铜器墓葬。因而该墓对研究殷墟青铜器的组合与分期都有重要意义。在立足于新出土资料的基础上，我对殷墟墓葬的青铜礼器与兵器组合做了研究，先后写成《安阳殷墓青铜礼器组合的几个问题》《论安阳殷墟墓葬青铜武器的组合》两文，论述了从殷墟文化一期至四期青铜礼器与武器组合的变化，还分析了青铜器组合与墓主身份关系等问题。这两篇论文在学术界引起反响，常为研究商代青铜器的学者所引用。《殷墟青铜刀》一文，将殷墟所出的一百多件商代青铜刀进行分类、分期、论述各类铜刀的用途并探讨其渊源。过去学者对商代铜刀的研究，只从某一两方面进行论述，而此文则从多角度对铜刀进行研究，视野较开阔，文中的观点也多有新意。

下编甲骨学研究，收录论文 26 篇，内容包括四个部分：一、殷墟发掘所获甲骨的整理与研究。本部分收录文章 9 篇，其中 7 篇是研究殷墟花园庄东地 H3 坑出土甲骨的。如《殷墟花园庄东地甲骨卜辞选释与初步研究》《殷墟花园庄东地甲骨卜辞考释数则》两文，论述花东 H3 卜辞的特点、性质、时代及占卜主体"子"之身份与地位，还对其中一些字词，如狼、玉、璧、琅、弄、珥进行考释，受到甲骨学者的重视。二、甲骨文断代研究。本部分收录文章 5 篇，第一篇《考古发掘与卜辞断代》，论述了考古发掘与卜辞断代的关系，指出通过发掘出土的甲骨文，其考古学的地层、坑位（包括与甲骨共存的器物）对于甲骨卜辞的断代应是重要的标准之一。它对时代越早的卜辞作用就越大，是主要的断代依据。而对于中、晚期的卜辞仍具有一定的参考作用。但是，地层、坑位只能判断卜辞的相对年代，要判断它属于那个王，还要通过对卜辞内容（世系、称谓、贞人、事类、字体等）作多方面的分析，才能得到正确的结论。本部分的《三论武乙、文丁卜辞》《四论武乙、文丁卜辞——无名组与历组卜辞早晚关系》，是对"历组卜辞"时代问题的讨论。关于"历组卜辞"时代问题，有学者主张将其时代提至武丁晚至祖庚，我们认为依据此组卜辞出土的地层关系与卜辞内容来看，它的时代不能提前，只能属武乙、文丁时代。《关于武丁以前甲骨文的探索》，是甲骨分期断代研究中较重要的问题。但过去学者只注重从武丁早期的王卜辞中去寻找，顶多只能举出 4 片。我在文中认为，除了注意王卜辞外，更应该注意从非王卜辞中去探求。并列举了 8 片可能属于武丁以前的甲骨文。该文于 2019 年 10 月 18 日在安阳纪念甲骨文发现 120 周年学术研讨会上发表后，由于观点有新意，论据也较充分，于 2019 年 11 月 4 日被《光明日报》理论版全文转载。三、甲骨学与考古学。本部分收录文章 6 篇，在第一篇《考古学与甲骨文研究——纪念甲骨文发现一百周年》中，笔者认为两者关系极为密切，它们是相互依存、相互促进、共同发展的。在考释甲骨文字时也可以用考古学的方法。我在《考古学与甲骨文的释读》《略论甲骨文与殷墟文物中的龙》中曾列举了甲骨文的一些象形字与会意字，将其形体与殷商考古发现的文化遗物或遗迹现象相对照，以探求这些字造字的本义。这种研究方法与传统的考释甲骨文字方法有别，可以说是开辟了甲骨文释义研究的新途径。四、甲骨学与文字学。本部分收录文章6篇，在《对中国文字起源的几点看法》中，我认为能记录语言的符号才是文字，它的产生是以社会生产力的发展为前提的。在《殷墟陶文研究》中，收集殷墟陶文近百例，依其内容分为数字、位置符号、族名或人名、记事、卦辞、其他等六类。这六类中，以族名或人名数量最多，对研究殷代族氏有重要意义。还从文字学的角度将陶文与商代甲骨、金文作了比较，总结出它的特点是象形性与简略性。由于殷墟陶文数量少，过去多为研究者忽略，发表的研究文章寥寥无几。我所做的较全面的整理与探索，对这一课题的进一步深入研究，将起推动作用。

目　　录

上编　商代考古学研究

下编　甲骨学研究

上编　商代考古学研究

安阳小屯西地的先商文化遗存

——兼论"梅园庄一期"文化的时代

1971 年 11 月至 1973 年 5 月，中国科学院考古研究所安阳工作队对小屯西地进行发掘，在四个探方和三个灰坑中发现了较早的商文化陶片，其中以 1972 年发掘的 H49、H50 出土的陶片数量和器类较多，并有完整的陶器 13 件，其他单位的商文化陶片较少而破碎。从 1974 年以来，安阳队将屯西 H49、H50 的陶器陈列于队内的标本室中。二十多年来，国内外来我队参观的不少学者，对这批陶器甚感兴趣，有的学者还作了简要的记录，在文章中加以引述。他们认为，这批陶器对研究冀南豫北的商文化是很珍贵的资料，希望安阳队能早日将小屯西地发掘报告发表，以便作进一步的研究。鉴于当年主持小屯西地发掘并对发掘资料进行整理的同志已病逝，该发掘报告近期还难于出版。笔者是 H49、H50 的发掘者，在这里将这两坑的资料先行报道，以满足考古工作者研究的需要，与此同时，也简述自己对有关问题的一些看法。

一 72AXTH49 与 H50 的形制及坑内堆积

1. 72AXTH49

H49 位于探方 T34 中部第⑦层下。坑口近椭圆形，距地表

2.75米，东西长5.4米、南北宽2.2—2.35米。坑底距地表深4.45米，平面近鞋底形，东西长4.55米、西部宽0.8米，东部宽1.55米。从坑口以下坑壁近直，距坑底1米（距地表3.75米）时，向内急收，形成一台阶状斜坡。坑底不平，西部比东部高0.3米（图一，1）。

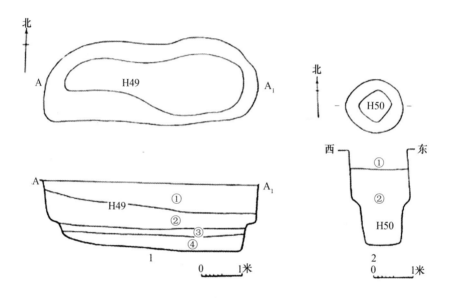

图一　小屯西地 H49、H50 平剖面图

1. H49 平剖面图；2. H50 平剖面图

坑内堆积分4层，第①层黄土，厚0.25—0.75米，内含灰白色斑点，出少量陶片；第②层灰褐土，土质松软，厚0.35—0.65米，出土陶片较多；第③层黄色土，含料姜石，厚0.15—0.2米，不出陶片；第④层黄褐土，厚0.2—0.45米，出土陶片极少。此坑虽分4层，但出土的陶片无早、晚之别。全坑共出陶片991片，还有可复原的陶器12件，包括鬲3件，深腹罐3件、捏缘罐1件、甑2件、盆3件。

2. 72AXTH50

H50发现于H49的底部。坑口平面呈圆形，距地表深4.45

米，直径 1.5 米。坑底距地表深 6.9 米，平面近菱形，边长 0.82—0.86 米。坑壁较直，至坑深 1.2 米时，（距地表深 5.75 米）往内斜收，形成一台阶，底部平坦（图一，2）。

坑内堆积分 2 层，第①层灰褐土，土质松软，厚 0.5 米，出少量陶片，第②层黄褐土，厚 1.95 米，土质纯净，陶片极少。全坑共出陶片 26 片，还有完整的小陶盆 1 件。

二　72AXTH49 与 H50 的陶器

H49 与 H50 共出陶片 1017 片，包括夹砂黑陶 283 片，夹砂灰陶 217 片，夹砂褐陶 64 片，泥质灰陶 262 片，泥质黑陶 163 片，泥质红陶 28 片。纹饰有绳纹、弦纹、圆涡纹、圆圈纹、篮纹等。以绳纹为主（细绳纹占大多数），次为素面，再次为弦纹，其他的纹饰数量很少。

器类有鬲、甑、罐、捏缘罐、盆、小盆、瓮、豆、器盖钮等。现分别介绍如下：

1. 鬲　5 件。按颈、腹、足的差异可分为三型：

A 型　1 件。H49：1，夹砂灰陶。口微侈，卷沿圆唇，高领，分裆，鼓腹，最大径在下部，短柱状实足外撇，足距大于口径。通体饰细绳纹，直至足部，颈部的绳纹被抹去，但痕迹仍隐约可见。唇面有绳切纹组成的花边，但绳切纹的间距较稀疏。胎壁较薄。口径 15.3 厘米、通高 18.1 厘米、最大腹径 19.4 厘米、裆高 4.1 厘米（图二，1）。

B 型　3 件，分二式。

Ⅰ 式　2 件。H49：3，夹砂灰陶。侈口，卷沿圆唇，矮领，鼓腹，最大径在中部。足较高，足距小于口径。腹饰细绳纹，唇面有稀疏的绳切纹花边。胎壁较薄。口径 13.1 厘米、通高 14.6 厘米、最大腹径 14.7 厘米、裆高 4 厘米（图二，6）。另一件为残鬲裆片、H49：14 裆较浅，壁薄。残长 9.6 厘米，残宽 5.6 厘米（图二，14）。

Ⅱ式　1件。H49：15，夹砂灰陶，存口部及上腹，似 H49：3，但领略高。口径 12.5 厘米，残高 4.5 厘米（图二，3）。

C型　1件。H49：2，夹砂黑陶。体近方形。侈口、卷沿、圆唇、矮领、浅腹、腹壁较直、裆较高、乳状足，足尖外撇、足距大于口径。自腹至足根饰绳纹。口径 11.7 厘米，通高 11.8 厘米、最大腹径 13 厘米，裆高 4.2 厘米（图二，7）。

2. 甑　2件。均泥质灰陶，形如盆状，底部有孔，按孔的差异，分二式：

Ⅰ式　1件。H49：4，侈口，卷沿，圆唇，有领，领腹分界明显，深腹，平底。底部正中有一圆孔，四周均匀分布着三个月牙形孔。腹以下饰细绳纹，绳纹挺直，甑底原有绳纹，后抹去，现残留痕迹。口径 22.3 厘米，通高 19.9 厘米，底径 9.5 厘米（图二，23）。

Ⅱ式　1件。H49：5，形近 H49：4，但唇部较厚，无领，腹略浅。底中部有一圆孔，四周有四个弧线三角形孔，孔的形态不如上件规整。腹部的绳纹较上件稍粗。口径 22.2 厘米。通高 16.8 厘米，底径 9.2 厘米（图二，18）。

3. 罐　12件。按口、颈、腹的差异，可分六式：

Ⅰ式　1件。H49：8，夹砂灰陶。侈口，卷沿，圆唇，束颈，深腹，平底，最大腹径在上部。腹饰绳纹，纹饰挺直，通至器底部。下腹有烟炱痕迹。口径 20.2 厘米。通高 29.2 厘米，底径 8.8 厘米（图二，33）。

Ⅱ式　6件。夹砂灰陶。侈口，唇部有绳切纹组成的花边。可细分为三小式：

Ⅱa式　1件。H50：2，口微侈，卷沿，圆唇，沿面较宽。饰细绳纹，残高 4.6 厘米（图二，8）。

Ⅱb式 2件。侈口，腹较深且微鼓，平底。腹部饰细绳纹，直通至器底。H49：9，最大腹径在中部，唇部的花边较密。口径17.4厘米，通高29.3厘米，底径8.4厘米（图二，32）。H49：7，形近上件，但底中部微内凹，唇部的花边较稀疏，腹饰交叉绳纹。口径15.6厘米、通高25.4厘米、底径7.5厘米（图二，31）。

Ⅱc式 3件。侈口，卷沿，束颈，颈部稍长。H49：17，口径11厘米，残高11.5厘米（图二，4）。H49：18，残高8厘米；H49：19，残高8.5厘米。

Ⅲ式 2件。夹砂黑陶。口微侈，颈较长，腹饰旋断绳纹，有鸡冠形耳。H49：20，腹较瘦长，鸡冠形耳在腹之中部，残高约20厘米（图二，5）；H49：21，腹微鼓，鸡冠形耳在腹之上部，残高12.5厘米（图二，17）。

Ⅳ式 1件。49：22，泥质黑陶。侈口，卷沿，圆唇，沿面中部微凹，鼓腹，素面。残高10厘米（图二，19）。

Ⅴ式 1件。H49：23，夹砂灰陶。直口，束颈、圆唇、唇外侧加厚，鼓腹，素面。残高7.5厘米（图二，12）。

Ⅵ式 1件。H49：24，泥质黑陶。直口，短颈，圆腹，腹中部饰鸡冠形耳。残高10厘米（图二，13）。

4. 捏缘罐 1件。H49：6，泥质灰陶。侈口，折沿，圆唇，口沿有对称的手捺痕两个。腹中部微鼓，下部斜直内收，平底。腹部饰细绳纹，直通至器底。口径20厘米、通高21.4厘米、底径9.5厘米（图二，24）。

5. 盆 6件。按腹及肩部之差异，分三型：

A型 深腹盆。3件。又可细分为三小式：

Ⅰ式 1件。H49：10，泥质灰陶。大口，卷沿，尖圆唇，深腹，平底，底中部微凹。腹中部饰四周弦纹。口径30.8厘米，通高16.6厘米，底径12.6厘米（图二，28）。

Ⅱ式　1件。H49：25，泥质黑陶。侈口，束颈，上腹较鼓，底残缺。腹饰四周弦纹间以楔形纹，纹饰不大整齐。残高13厘米（图二，22）。

Ⅲ式　1件。H49：26，泥质黑陶。口部残缺，腹较深，底较小且平。腹之中部和下部饰四周规整的弦纹。残高20厘米（图二，16）。

B型　折肩盆。1件。H49：11，泥质黑陶。卷沿，圆唇，束颈，折肩，下腹斜直内收，平底，底中部微凹。腹下部饰细绳纹，绳纹直通至底部。口径16.3厘米，通高9.1厘米，底径7.5厘米（图二，2）。

C型　浅腹盆。2件。依口部差异，分二式：

Ⅰ式　1件。H49：12，泥质灰陶。敞口，宽沿，方唇，唇中部有凹槽，肩微折，大平底。口下饰绳纹，直通至器底部。近口部的绳纹经涂抹，不大清晰。口径29.3厘米，通高8.3厘米，底径15.8厘米（图二，30）。

Ⅱ式　1件。H49：27，泥质灰陶。敞口，宽折沿，底部残缺。腹饰细绳纹。残高7.5厘米（图二，29）。

6. 小盆　1件。H50：1，泥质灰陶。敞口、方唇，浅腹，平底。近底部饰绳纹。口径12.4厘米、通高3.9厘米、底径7.4厘米（图二，20）。

7. 瓮　5件。依口部差异，分二式：

Ⅰ式　4件。泥质黑陶。平口、折肩瓮的口沿及肩、腹残片。H49：30，短直颈，广肩。肩饰圆涡纹。残高8.5厘米（图二，26）；H49：29，肩饰圆圈纹。残高8.5厘米（图二，27）；H49：28，肩饰圆涡纹。残高9.5厘米（图二，25）；H50：4，肩或腹部残片。饰圆涡纹。残高7厘米（图二，15）。

Ⅱ式　1件。H50：3，夹砂灰陶。敛口，圆唇，唇外侧加厚。素面。中下部残缺。残高6.5厘米（图二，9）。

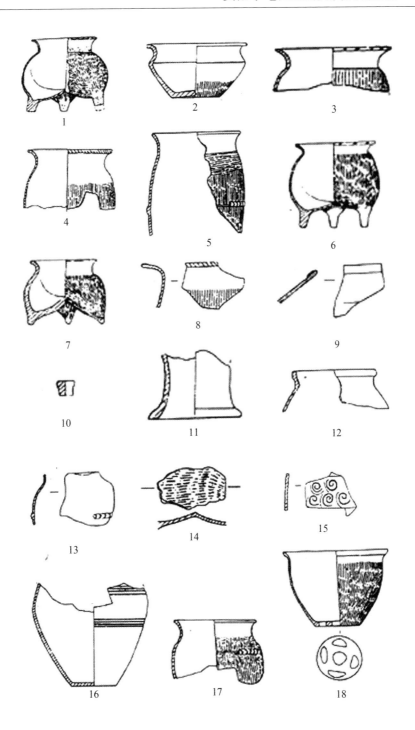

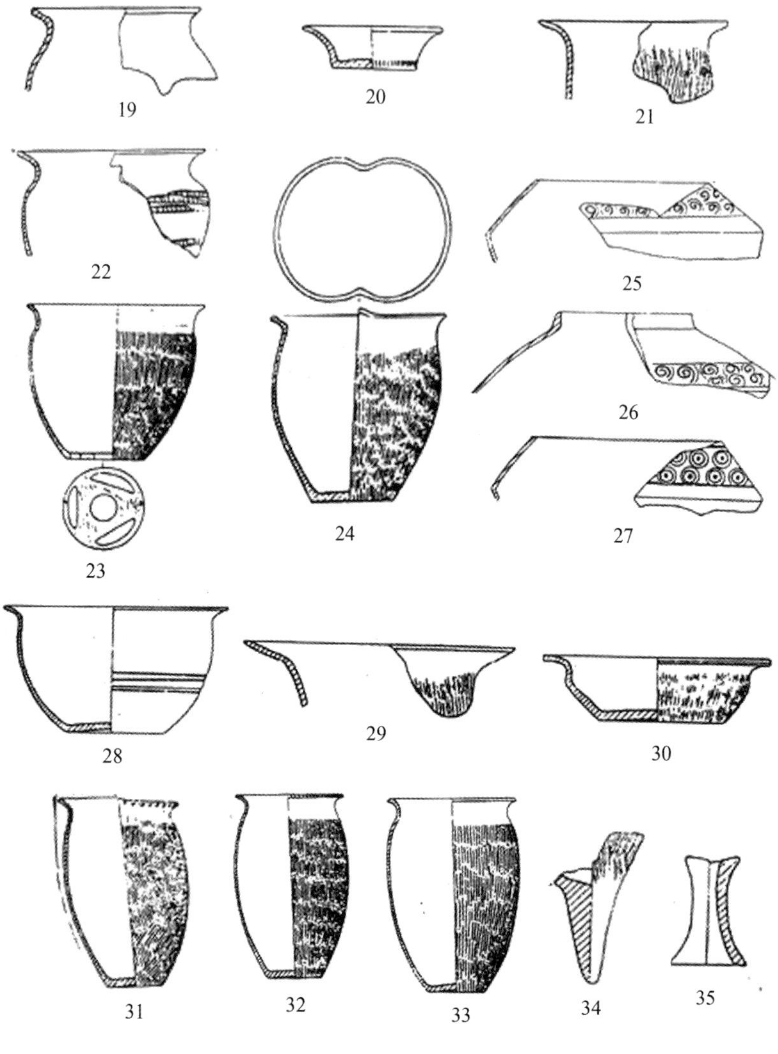

图二 小屯西地 H49、H50 陶器

1. A 型鬲（H49：1）；2. B 型盆（H49：11）；3. BⅡ式鬲（H49：15）；4. ⅡC 式罐（H49：17）；5. Ⅲ式罐（H49：20）；6. BⅠ式鬲（H49：3）；7. C 型鬲（H49：2）；8. Ⅱa 式罐（H50：2）；9. Ⅱ式瓮（H50：3）；10. 器盖钮（H49：16）；11. Ⅰ式豆（H49：31）；12. Ⅴ式罐（H49：23）；13. Ⅵ式罐（H49：24）；14. BⅠ式鬲（H49：14）；15. Ⅰ式瓮（H50：4）；16. AⅢ式盆（H49：26）；17. Ⅲ式罐（H49：21）；18. Ⅱ式甑（H49：5）；19. Ⅳ式罐（H49：22）；20. 小盆（H50：1）；21. 盆或罐片（H49：33）；22. AⅡ式盆（H49：25）；23. Ⅰ式甑（H49：4）；24. 捏缘罐（H49：6）；25. Ⅰ式瓮（H49：28）；26. Ⅰ式瓮（H49：30）；27. Ⅰ式瓮（H49：29）；28. AⅠ式盆（H49：10）；29. CⅡ式盆（H49：27）；30. CⅠ式盆（H49：12）；31. Ⅱb 式罐（H49：7）；32. Ⅱb 式罐（H49：9）；33. Ⅰ式罐（H49：8）；34. 斝足或鬲足（H49：34）；35. Ⅱ式豆（H49：32）

8. 豆　2 件。依豆把粗细，分二式：

Ⅰ式　1 件。H49：31，泥质红陶。是豆把的下部。把较粗，底座呈喇叭形。唇内侧着地，底座径 13.5 厘米，残高 9.5 厘米（图二，11）。

Ⅱ式　1 件。H49：32，泥质灰陶。残豆把，较细。径 3.5—7.5 厘米，残高 10.3 厘米（图二，35）。

9. 器盖钮　1 件。H49：16，泥质黑陶。器盖钮之上部。残高 2 厘米（图二，10）。

10. 盆片或罐片　1 件。H49：33，夹砂灰陶。侈口，卷沿，尖圆唇，腹饰篮纹。残高 8 厘米（图二，21）。

11. 鬲足或鬲足　1 件。H49：34，锥状，饰篮纹。残高 6.5 厘米（图二，34）。

三　H49、H50 的文化性质与年代

小屯西地 H40、H50 两坑所出的陶器风格相似，时代大致相同。它们与殷墟所出的商代后期陶器有较明显的差别，与"梅园庄一期"陶器有不少相似性，也存在一定的差异，与邻近的下七垣文化漳河型及辉卫类型文化陶器亦有较多的相同点。下面我们从陶质、纹饰、器类、器形特征等几方面作一分析，探讨一下这两个灰坑的文化属性。

1. 陶质　小屯西地 H49、H50 出土的陶片，夹砂陶较多，占全部陶片的 55.5%，泥质陶占 44.5%。安阳殷代各期陶器均以泥质灰陶为主，夹砂灰陶次之。辉卫类型文化，夹砂陶占的比例很大，如淇县宋窑遗址 T302④—⑩（实为一大灰坑的堆积），夹砂陶占 98%，泥质陶只占 2%。① 漳河型文化，一般都是夹砂陶多于

① 北京大学考古系商周组：《河南淇县宋窑遗址发掘报告》，《考古学集刊》10 集，1996 年。

泥质陶，如河北永年何庄 T8[1]，夹砂灰陶占 56.5%，泥质灰陶占43.5%。也有一些遗址，夹砂陶较泥质陶略少，如涧沟 57H20，夹砂陶占 47%，泥质陶占 53%[2]。

2. 纹饰　小屯西地 H49、H50 的纹饰，以绳纹为主，占55.7%（细绳纹占了大多数），素面占 33.8%。宋窑 T302④—⑫，绳纹占 89.2%，素面仅占 1%。涧沟 57H20，绳纹占 58%，素面占 32%，与小屯西地 H49、H50 相似。小屯西地 H49、H50，还有部分弦纹，少量的篮纹、楔形纹、圆涡纹、圆圈纹，前三种纹饰也见于漳河型文化，后两种纹饰则见于辉卫类型文化的宋窑、潞王坟[3]、李固[4]等遗址。屯西 H49、H50 的鬲、罐口沿上的绳切纹花边，在漳河型与辉卫型文化中皆有发现。

3. 器类　小屯西地 H49、H50 的器类有鬲、甑、罐、盆、豆、瓮、器盖等，这几类器物，均见于漳河型与辉卫类型文化中，但它们所占的比例是有区别的。下面将小屯西地 H49、H50 与涧沟 57H4[5]、宋窑 T302④—⑫的陶器的主要器类作一比较（表一）。

表一　　　　　小屯西、涧沟、宋窑典型单位的主要陶器
在各自器类中所占百分比　　　　　（单位:%）

器物 单位	罐	鬲	鼎	甑	甗	盆	瓮	豆	器盖	斝 (?)
小屯西 H49、H50	36.1	13.9		5.5		19.4	13.9	5.5	2.8	2.8

① 邯郸地区文物保管所等：《河北省永年县何庄遗址发掘报告》，《华夏考古》1992 年第 4 期。

② 李伯谦：《夏文化与先商文化关系探讨》，《中原文物》1991 年第 1 期。

③ 河南省文化局文物工作队：《河南新乡潞王坟商代遗址发掘报告》，《考古学报》1960 年第 1 期。

④ 刘绪：《论卫怀地区的夏商文化》，《纪念北京大学考古专业三十周年论文集》，文物出版社 1990 年版。

⑤ 李伯谦：《夏文化与先商文化关系探讨》，《中原文物》1991 年第 1 期。

续表

器物 单位	罐	鬲	鼎	甑	甗	盆	瓮	豆	器盖	斝 (?)
涧沟 57H4	27.9	18.8	1.1		8.2	22.4	11.1	3.7		
宋窑 T302④—⑫	67.6	4.9	1.6	1.9	1.6	1.6	10.8	3	2.4	

表一的数字说明，罐在宋窑遗址的比例很大，达2/3，而鬲相当少，近1/20，小屯西H49、H50，罐与鬲的比例与涧沟57H4比较接近。盆，在宋窑遗址占的比例甚少，不足2%。但在小屯西地与涧沟，它占的比例在1/5上下，成为仅次于罐的第二号器物。又，小屯西地平底器占75%，三足器占16.7%，未见圜底器。漳河型文化也是以平底器为主，而辉卫类型文化，凹圜底器数量多，平底器较少。

下面再将小屯西地H49、H50主要器类的形式与漳河型、辉卫类型文化（以宋窑遗址为代表）作一比较。

深腹罐　小屯西地此类罐数量多，其形态多是侈口，卷沿，圆唇，腹中部稍外鼓，小平底（学术界多称之为橄榄形罐），与漳河型文化的界段营①、涧沟②、河南鹿台岗③所出的很相似（图三6、2、10）。与辉卫类型宋窑所出的同类罐T302⑪：209、T301③：105（图四8、9）亦相近。不同的是此二器凹平底。

鬲　小屯西地H49所出的三件鬲的形态有别，共同点是侈口、卷沿、圆唇、鼓腹、分裆，其中A型鬲H49：1与界段营H8：35（图三，9）及宋窑T22④：79（图四，6）的鬲基本相似，稍有差

---

① 河北省文物管理处：《磁县界段营发掘报告》，《考古》1974年第6期。

② 邹衡：《试论夏文化》，《夏商周考古学论文集》，文物出版社1980年版，第158页。

③ 宋豫秦：《夏商周三种考古学文化交汇地域浅谈》，《中原文物》1992年第1期。

别的是 H49：1，下腹外鼓较甚，足根呈短柱状。B 型鬲 H49：3
与宋窑 T302⑩：141（图四，7）大体相似，其上部则与涧沟所出
的鬲、甗口沿近似（图三，1、5）。又，屯西 H49：1 与 H9：2 两
件鬲，绳纹通至足根，这是漳河型陶鬲的一大特点。

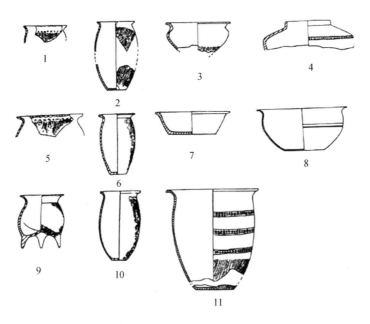

图三　漳河型文化陶器

1. 鬲（涧沟）；2. 罐（涧沟）；3. 盆（下七垣 T11③：1404）；4. 瓮（下七垣 T7③：
1407）；5. 甗（涧沟）；6. 罐（界段营 H8：6）；7. 小盆（下七垣 T13④：622）；8. 盆（涧沟
HJT3 ③A：225）；9. 鬲（界段营 H8：35）；10. 罐（鹿台岗）；11. 盆（涧沟 HQH81）

　　盆　小屯西地 A Ⅰ 式弦纹深腹盆 H49：10，与涧沟 HJT3 ③A：
225 酷似①（图三，8），A Ⅱ 式弦纹加楔点纹深腹盆与涧沟 HQH81
深腹盆纹饰风格相近②（图三，11），小屯西地 B 型折肩盆 H49：
11，与下七垣 T11③：1404 盆相似（图三，3）

---

① 邹衡：《试论夏文化》，《夏商周考古学论文集》，文物出版社 1980 年版，第 159
页。

② 这是杨锡璋先生提供的资料。

　　小盆　小屯西地 H50：1，与下七垣 T13④：622 小盆在形制和尺寸上相近（图三，7）。

　　瓮　小屯西地 I 式瓮 H49：30，似下七垣 T7③：1407①（图三，4），但瓮上的圆涡纹与宋窑 T302⑪：219 平口瓮相似（图四，11）。

　　甑　小屯西地与邯郸涧沟、淇县宋窑所出的甑均如深腹盆形，通体饰绳纹。若结合甑底的情况一起考虑的话，屯西的甑与后者更为相似。如屯西 I 式甑 H49：4，底部甑孔的数目与排列与宋窑 T11⑥：104 雷同（图四，10）。

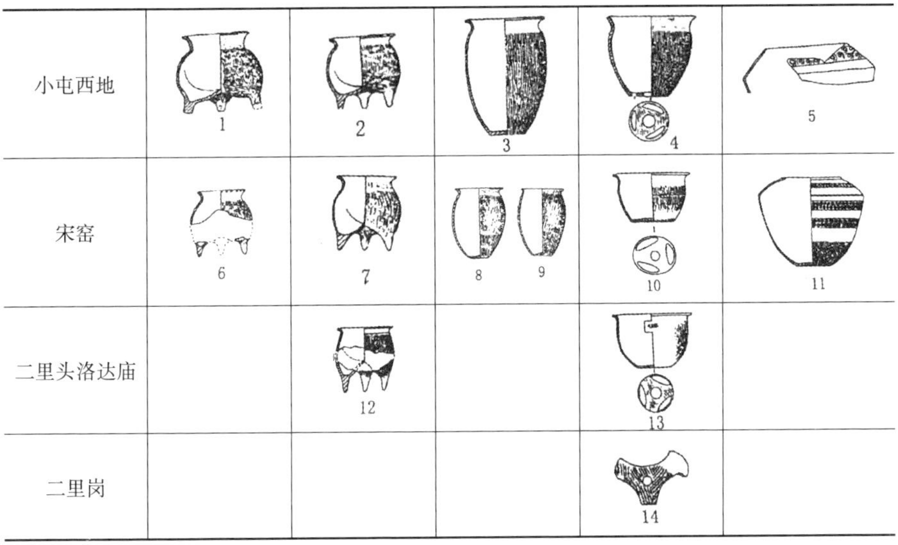

小屯西地	1	2	3	4	5
宋窑	6	7	8　9	10	11
二里头洛达庙		12		13	
二里岗				14	

图四　小屯西地、宋窑、二里头洛达庙、二里岗陶器比较

1、2. 鬲（小屯西地 H49：1，H49：3）；3. 罐（H49：8）；4. 甑（H49：4）；5. 瓮（H49：28）；6、7. 鬲（宋窑 T22④：79，T302⑩：141）；8、9. 罐（宋窑 T302⑪：209、T301③：105）；10. 甑（宋窑 T11⑥：104）；11. 瓮（宋窑 T302⑪：219）；12. 鬲（二里头 IXH30：1）；13. 甑（洛达庙 H97：12）；14. 甑底（二里岗 H9：368）

① 在《磁县夏七垣遗址发掘报告》（《考古学报》1979 年第 2 期）称该器为 II 式罐，从发表的线图看，可称为瓮。

从以上的叙述中，可以看出，以 H49、H50 为代表的小屯西地商文化遗存与下七垣文化漳河型（尤其是与涧沟遗址）的陶器在陶质、纹饰、器类、形制方面基本相似，所以，二者的文化性质是相同的。但值得注意的是，小屯西地的陶器也有一些在漳河型文化中未见或罕见的因素：（1）夹砂黑陶数量较多；（2）出土 1 件捏缘罐（H49：6）；（3）一些陶器的腹部有鸡冠形耳。这些因素都见于辉卫类型的宋窑遗址的陶器中。再者，小屯西地陶器某些器类的形制或纹饰也与宋窑所出的相近。反映出小屯西地的漳河型文化与辉卫类型文化有较密切的联系。也可以说，小屯西地的商文化遗存，是受到辉卫类型影响的漳河型文化。

关于小屯西地 H49、H50 的年代，在目睹过这批陶器的学者中意见不一。有认为相当二里头二、三期，四期，二里岗下层，三种看法。

上文已提到，小屯西地 H49、H50 的陶器与漳河型涧沟陶器较为相似，后者学术界多认为是先商晚期。[①]

由于小屯西地的陶器与宋窑遗址的陶器在形式上也有不少相似之处，而宋窑的陶器，已经过较系统的整理、研究，分期、分组较科学[②]，可作为屯西 H49、H50 断代的一个依据。上文提到，宋窑 T301③：105、T302⑪：209 罐、T302⑪：219 瓮、T302⑩：141、T22④：79 鬲、T11⑥：104 甗与小屯西地 H49 同类器相似。T301③属宋窑二组，T302④—⑪属宋窑三组，T22④、T11⑥属宋窑四组。小屯西地的陶器较多与宋窑第三组相近，估计时代与之相当，宋窑第三组属先商晚期。

二里头Ⅸ区 H30：1 的一件陶鬲与小屯西地 H49：3 的 B 型鬲

①　A. 李伯谦：《夏文化与先商文化关系探讨》，《中原文物》1991 年第 1 期。邹衡：《试论夏文化》，《夏商周考古学论文集》，文物出版社 1980 年版，第 158 页。B. 张立东：《论辉卫文化》，《考古学集刊》10 集，1996 年。

②　北京大学考古系商周组：《河南淇县宋窑遗址发掘报告》，《考古学集刊》10 集，1996 年。张立东：《论辉卫文化》，《考古学集刊》10 集，1996 年。

相似，前者属二里头期①（图四，12）。洛达庙 H97：12 出土的一件甗（图四，13）② 甗底孔眼的形式与排列与小屯西地 H49：4 Ⅰ式甗亦相似。学术界多认为，洛达庙晚期略早于二里岗下层。③ 二里岗 H9：368④ 的甗底，中部有小圆孔，周围有三个桂叶形孔（图四，14）孔数与排列方式与屯西 H49：4 的甗亦相近，不同的是 H9：368 的中部圆孔孔径甚小。二里岗 H9，属二里岗下层一期，近年来学术界多认为其时代与偃师商城一期相当。综上所述，我们认为，小屯西地 H49、H50 的时代大体属先商时期，最迟或可至夏、商之交。

四　关于"梅园庄一期"文化的时代

殷墟"梅园庄一期"文化遗存发现于 1958 年发掘的梅园庄遗址和 1960 年发掘的孝民屯遗址。⑤ 两处遗址出土的遗物不多，陶器特征基本相似，均较殷墟文化第一期早。对其时代学术界主要有两种看法：一种认为，它与小屯西地、南地的商文化层，都属先商晚期⑥；另一种认为，它属商代早期，相当于二里岗下层文化

---

① 中国社会科学院考古研究所二里头队：《1982 年秋偃师二里头遗址九区发掘简报》（《考古》1985 年第 2 期），定 H30：1 鬲为二里头二期，高天麟的《二里头文化陶鬲管窥》（《中国商文化国际学术讨论会论文集》，中国大百科全书出版社 1998 年版，第 43 页）认为该鬲属二里头三期。

② 河南省文物研究所：《郑州洛达庙遗址发掘报告》，《华夏考古》1989 年第 4 期。

③ 安金槐：《对于郑州南关外商代遗址分期的再认识》，《华夏考古》1989 年第 1 期。

④ 河南省文化局文物工作队：《郑州二里岗》，科学出版社 1959 年版，图叁，3。

⑤ 中国社会科学院考古研究所：《殷墟发掘报告（1958—1961）》，文物出版社 1987 年版，第 121—128 页。

⑥ A. 邹衡：《试论夏文化》，《夏商周考古学论文集》，文物出版社 1980 年版；B. 李伯谦：《先商文化探索》，《庆祝苏秉琦考古五十五年论文集》，文物出版社 1986 年版；C. 李维明：《安阳商文化陶器编年连缀》，《中原文物》1992 年第 1 期。

的阶段。[1]

下面我们从陶质、纹饰、器类、器形加以分析，将它与小屯西地、郑州二里岗以及宋窑、东下冯等遗址作一比较。

1. 陶质与纹饰

根据《殷墟发掘报告》表三九，《郑州二里岗》表五及小屯西地 H49、H50 陶器资料，列成下面的梅园庄、小屯西、郑州二里岗陶质与主要纹饰比较表（表二）。

表二　　　　梅园庄、小屯西、郑州二里岗陶质与主要纹饰统计表　　　单位：%

陶质、主要纹饰 地点	陶　质		主要纹饰	
	泥质陶	夹砂陶	绳纹	素面
梅园庄 T3⑥、T4⑥	62. 57	37. 42	61. 53	20. 38
小屯西 H49、H50	44. 5	55. 5	55. 7	33. 8
郑州二里岗	60	40	66. 73	21. 87

从这张简表中可以看出，"梅园庄一期"T3⑥、T4⑥在陶质和主要纹饰方面更接近二里岗文化。

"梅园庄一期"的绳纹中，有一部分极细，称为线纹，在小屯西地没有发现，在宋窑遗址及郑州二里岗均有少量。"梅园庄一期"在泥质陶上发现少量的印纹：圆涡纹、S 形纹、指甲纹、回形纹等。圆涡纹见于小屯西地、宋窑、二里岗等处，后三种纹饰在小屯西地及二里岗均未见，但 S 形纹在东下冯遗址各期相当常见。指甲纹与回形纹见于东下冯的第四、五期。[2]

---

[1]　A. 中国社会科学院考古研究所：《殷墟的发现与研究》，科学出版社 1994 年版，第 434 页；B. 张立东：《论辉卫文化》，《考古学集刊》10 集，1996 年；C. 中国社会科学院考古研究所：《殷墟发掘报告（1958—1961）》，文物出版社 1987 年版，第 107 页。

[2]　中国社会科学院考古研究所等：《夏县东下冯》，文物出版社 1988 年版，第 127、170、214 页。

2. 器类与形制

"梅园庄一期"的陶器有鬲、甗、鼎、罐、豆、钵、盆、碗、瓮、尊、器盖等，种类较小屯西地 H49、H50 为多，这些器类也见于漳河型、辉卫类型及二里岗文化中。在梅园庄与小屯西，罐数量最多，次为盆，第三位才是鬲，占 14%—16%，而二里岗，第一位是鬲，占 26%，第二、三位是罐与盆。小屯西 H49、H50，平底器占大多数，未见圜底器。"梅园庄一期"亦以平底器为主，如盆、钵、碗等均平底，但已出现二件圜底罐，宋窑遗址凹圈底器占多数，二里岗，圜底器达到 47%。

下面将"梅园庄一期"所出的鼎、深腹罐、甗、盆、鬲、瓮、钵、尊等，与小屯西、宋窑、二里岗、二里头、东下冯等地所出的同类器作出一比较。

鼎　孝民屯 AHT301③：5，口上部与底部均残，存肩、腹与足。侈口，折肩，浅腹（图六，1），形制与二里岗下层二期的 H17：132（图六，10）、宋窑第 5 组的 H50：8（图六，6）东下冯第 5 期的 J2：22 鼎（图六，13）基本相似。宋窑第 5 组、东下冯第 5 期之时代相当于二里岗下层。

深腹罐　"梅园庄一期"的深腹罐有两种形式：一种如 MH7：1、MH5：72，侈口、卷沿、束颈，腹较直或微鼓，薄胎，腹施细绳纹或线纹（图五 1、2）。似小屯西地 H49：8Ⅰ式罐。另一种如 AHT301⑤：20、MH4：1，侈口，折沿，唇沿折出一棱，形成沿口有一凹槽，鼓腹，圜底，薄胎，通体施线纹（图六，2）。其形制酷似二里岗 H14：80[1] 与偃师商城 H19：8[2]（图六，14）、宋窑 H43：26（图六，7）也大体相近，后者沿面无凹槽。这三件罐，时代相当于二里岗下层第 2 期。

---

① 河南省文化局文物工作队：《郑州二里岗》，科学出版社 1959 年版，图叁，6。
② 刘忠伏、徐殿魁：《偃师商城的发掘与文化分期》，《中国商文化国际学术讨论会论文集》，中国大百科全书出版社 1998 年版，第 65 页。

甑　只见一件，孝民屯 AHT302④：25，上部残缺。平底，底部有三个扇面形孔，腹饰绳纹（图六，3）。甑底孔的数目和排列方式与小屯西 H49 的甑不同，与殷墟商代后期的甑底相似。上文已提到，二里岗下层一期 H9 的甑，底部有三个桂叶形孔绕一中心小圆孔，但二里岗下层二期 H18 所出的甑，底中部的圆孔已消失，只有三个桂叶形孔（图六，12）。又，二里头遗址 1—5 期，甑的底部通常是 3 个或 4 个桂叶形孔围绕一中心圆孔，到了第 4、5 期，则出现了类似二里岗 H18：29 那样的甑底。[①] 可见甑底孔眼虽小，它的变化却透露出时代变化的信息。

盆　"梅园庄一期"的盆有三种形式：一种是深腹盆，如梅园庄 MT3 ⑥⑬：5，宽折沿，深腹，平底。腹之中部施平行弦纹，下部饰绳纹（图六，4）。与之大体相似的盆有屯西 H49：10（图二，28），宋窑四组的 T21⑤：58（图六，8），只是在唇沿或纹饰上稍有差异。二里头四期 92YL Ⅶ H10：2 的盆（图六，15），不但形制与梅园庄 MT3 ⑥⑬：5 相似，且尺寸亦相近。[②] 另一种是折肩盆，如孝民屯 AHH301：7（图五，5），与屯西 H49：11（图二，2），下七垣 T11③：1404 大体相近，只是这两件盆尺寸较小。第三种浅腹盆，如梅园庄 MH7：3（图五，4），与宋窑第三组的盆 T302⑩：150（图五，9）基本相近，不同的是前者素面，后者有绳纹。

鬲　只见足部，均较高，尖锥形。已发表的两件鬲足，无纹饰。但在孝民屯 T101③近代扰乱层中，出了一件尖锥形高鬲足，饰细绳纹，直通至尖部。[③] "梅园庄一期"所出的鬲足，与下七垣文化所出的近似。

---

① 中国社会科学院考古研究所：《二里头陶器集粹》，图版四三二，中国社会科学出版社 1995 年版。

② 中国社会科学院考古研究所：《二里头陶器集粹》，图版二九七，中国社会科学出版社 1995 年版。

③ 安阳队资料。

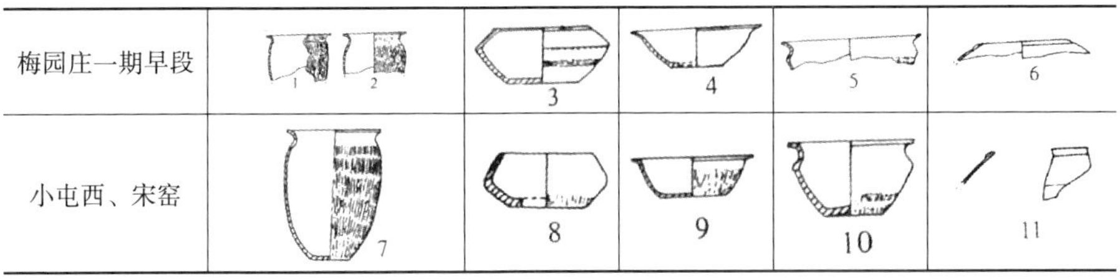

| 梅园庄一期早段 | | | | |
| 小屯西、宋窑 | | | | |

图五　梅园庄一期早段与小屯西、宋窑陶器比较

1. 罐（梅园庄 MH7：1）；2. 罐（梅园庄 MH5：72）；3. 钵（梅园庄 MH7：5）；4. 盆（梅园庄 MH7：3）；5. 盆（孝民屯 AHH301：7）；6. 瓮（孝民屯 AHH301：10）；7. 罐（小屯西地 H49：8）；8. 钵（宋窑 H34：16）；9. 盆（宋窑 T302⑩：150）；10. 盆（H49：1）11. 瓮（小屯西地 H50：3）

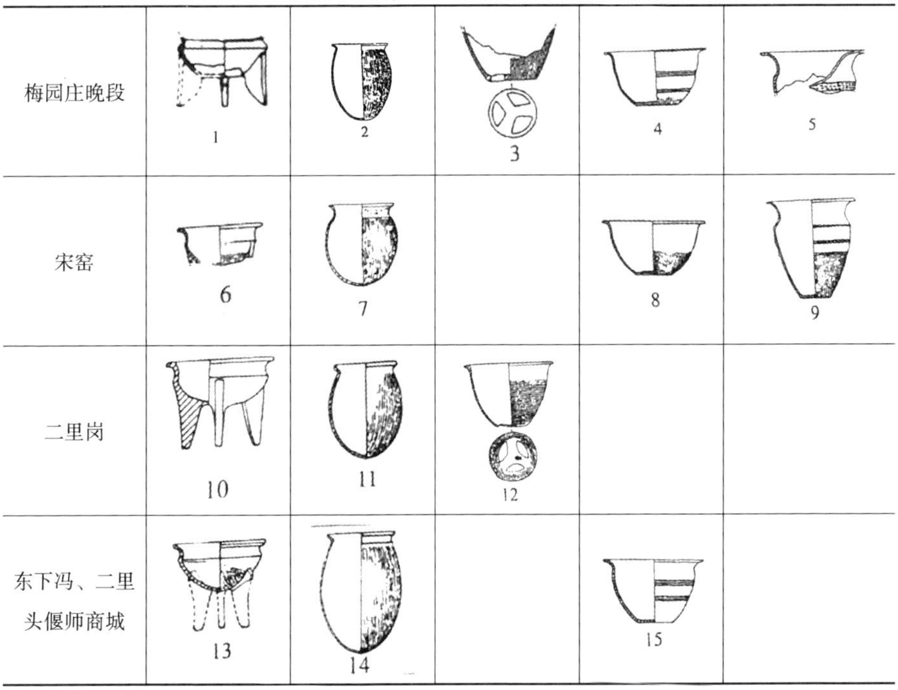

梅园庄晚段				
宋窑				
二里岗				
东下冯、二里头偃师商城				

图六　梅园庄一期晚段与宋窑、二里岗、东下冯、二里头、偃师商城陶器比较

1. 鼎（孝民屯 AHT301③：5）；2. 罐（梅园庄 MH4：1）；3. 甑（孝民屯 AHT302④：25）；4. 盆（梅园庄 MT3⑬：5）；5. 大口尊（梅园庄 MT4⑬：23）；6. 鼎（宋窑 H50：8）；7. 罐（宋窑 H43：26）；8. 盆（宋窑 T21⑤：58）；9. 大口尊（宋窑 T11⑥：131）；10. 鼎（二里岗 H17：132）；11. 罐（二里岗 H14：80）；12. 甑（二里岗 H18：29）；13. 鼎（东下冯 J2：22）；14. 罐（偃师商城 H19：8）；15. 盆（二里头 Ⅵ H10：2）

　　瓮　只见口部残片。孝民屯 AHH301：10，敛口，唇外侧加厚，广肩（图五，6）。似小屯西地Ⅱ式瓮 H50：3 的口部（图五，11）。

　　钵　梅园庄出一件完整的钵，MH7：5，敛口，折肩、平底，腹饰刺纹与弦纹（图五，3），与宋窑 H34：16D 型钵形制相似，但纹饰不同（图五，8）。

　　大口尊　梅园庄出土一件残片，MT4 ⑥B：23，敞口，束颈，折肩，肩部饰刺纹，口径大于肩径（图六，5），与宋窑第 4 组的大口尊 T11⑥：131（图六，9）相近，只是纹饰不同。口径大于肩径的大口尊，见于二里岗下层二期，如 H2 甲：328。[①]

　　以上陶器形制比较表明，"梅园庄一期"的时间跨度较大，延续时间稍长。

　　再从地层关系看：

　　孝民屯 T301⑤（叠压）→AH301

　　梅园庄 T4 ⑥A（叠压）→ MH4（打破）→ T4 ⑥B（叠压）→MH7

　　结合这两组打破关系的有关单位所出陶器形式上的差异，我们将梅园庄一期区分为早、晚二段。早段，以梅园庄 MH7、孝民屯 AH301 为代表，出卷沿束颈深腹罐、折肩盆、浅腹盆、小钵、平口瓮，这些器物与小屯西地 H49、H50 所出的同类器相似，钵与浅腹盆又接近宋窑第 3 组之器形，其时代约在先商晚期。晚段，以梅园庄 T4 ⑥A、MH4、孝民屯 T301③、④、⑤、T302④为代表，所出的折肩浅腹鼎、圜底深腹罐、甑、深腹盆、大口尊，与二里岗下层二段、宋窑第 4、5 组、偃师商城第三段、二里头四期、东下冯五期同类器接近，估计其时代已属商代早期。

　　最后，还应当提到的是，1973 年小屯南地 T12、T23 第⑤层、

－－－－－－－－

　　① 河南省文化局文物工作队：《郑州二里岗》，科学出版社 1959 年版，图拾贰，1。

T22 第⑤、⑤Ａ层，T42 第⑥层出土了一些商文化陶片，笔者曾认为"与梅园庄一期文化近似，估计时代与之相当"①。经过近年来的思考，认识到这一说法不大确切。小屯南地所出的商代陶片共 90 片，较破碎，属罐、盆、瓮片。罐的口沿多有绳切纹组成的花边，盆或罐的腹部有鸡冠形耳，与小屯西 H49、H50 所出的陶片风格相近。其时代与小屯西地 H49、H50 及"梅园庄一期"早段相当，属先商晚期。

---

① 中国社会科学院考古研究所安阳工作队：《1973 年小屯南地发掘报告》，《考古学集刊》第 9 集，科学出版社 1995 年版。

1980 年以来殷墟发掘的主要收获[*]

殷墟是商代后期都城的废墟，它位于河南省安阳市西北郊。自 1899 年发现甲骨文以来，即闻名于世。据文献记载，自商王盘庚迁都至此，至帝辛时为周所灭，商朝共在此建都 273 年。这是一座为文献记载、甲骨文及考古发掘所证实了的古代都城遗址。

一 1980 年以前殷墟发掘收获概述

殷墟的考古发掘工作始于 1928 年，因本文重点介绍 20 世纪 80 年代及 90 年代初的主要收获，故先将 1980 年以前的主要收获简介如下。

1928—1937 年共发掘了 10 年，由历史语言研究所考古组负责进行。这 10 年的收获是巨大的。在小屯村东北发掘了 53 座宫殿基址，分甲乙丙三组。甲组在遗址东北部，乙组在甲组南，丙组在乙组西南。在乙组偏西处的 YH127 坑内出土了刻字甲骨 17096 片。在武官村北的西北冈王陵区，发掘了带墓道的大墓 10 座（另有 1 座未完成的大墓）。另外，还发掘了 1200 余座小墓及祭祀坑。出土了大批珍贵文物。在高楼庄北的后冈，除发现了仰韶、龙山和殷代三种文化的叠压层外，还发掘了 1 座两条墓道的殷代大墓

＊ 本文为杨锡璋、刘一曼合著。

和几座小墓，为后来在西北冈王陵区寻找大墓作了启示。

中华人民共和国成立后不久，1950 年春，对殷墟的发掘工作即开始恢复。考古研究所在西北冈发掘了 1 座带两条墓道的大墓，以及 20 多座祭祀坑。1958 年春，考古研究所成立了安阳工作队，1959 年成立了安阳工作站，开始了对殷墟的长期和全面的发掘、研究工作。1950—1958 年这几年间，在大司空村及薛家庄曾清理了殷代遗址及墓葬。从 1958—1966 年这 9 年间，主要作配合基建的工作，但对个别遗址也作了主动发掘，工作地点主要在一般保护区及外围区。其主要收获为：在小屯西地铲探出一条南北向的壕沟，长约 800 米；在苗圃北地发掘了 1 座规模较大的铸铜遗址；在薛家庄南地及孝民屯西地也发掘了铸铜遗址，但规模较小；在大司空村南地及北辛庄南地发掘到制骨作坊遗址；在大司空村东南发掘了一片居住遗址及大量墓葬；在白家坟西地发掘了一批殷代墓葬；在后冈发现了 1 个圆形祭祀坑，内有砍头人骨架及人头骨 70 余个个体，并有 1 件铸铭文 30 字的戍嗣子铜鼎。

"文化大革命"期间，殷墟发掘工作暂停，1969 年才重新开始。这一阶段，除在一般保护区及外围区作配合基建的工作外，还对殷墟重点区进行了主动发掘。1969—1980 年，在孝民屯南、白家坟西、梅园庄北的殷墟西区发掘了 1000 多座殷代墓葬，为研究殷代的"族"葬制度提供了重要资料；1971 年，在后冈发掘了殷代墓葬 30 多座，其中有 3 座是带墓道的墓；同年，在小屯西地发现了 21 片卜骨，其中 10 片有刻辞；1973 年，在小屯南地发掘到刻字甲骨 5041 片；1975 年冬，在小屯西北地发掘到出有玉器的地穴式和半地穴式房基各 1 座；1976 年，在小屯西北地发掘了著名的妇好墓；1977 年，在妇好墓东发掘了出有"子渔"铭文铜尊的 M18；1976 年和 1978 年，在西北冈铲探出 500 余座祭祀坑，并发掘了其中 231 座，同时，发掘了带一条墓道的大墓 1 座。

二　1980 年以来殷墟发掘的主要收获

（一）发掘工作概述

20 世纪 80 年代至 90 年代初，殷墟地区的发掘工作除由中国社会科学院考古研究所安阳工作队负责进行外，安阳市文物工作队在殷墟外围地区也作了不少发掘工作。在这十多年中，除配合基建外，还主动进行发掘，地点有重点区、一般区及外围区。现将主要收获简介于下。

在三家庄发掘了殷墟早期的遗址和墓葬。在小屯、花园庄地区将 20 世纪 50 年代已找出的壕沟的未完成部分铲探出；在小屯村西北、妇好墓西南发掘到 1 座面积有上百平方米的殷代夯土基址，其时代与妇好墓接近，另外还发现一些时代较晚的小型基址和窖穴；在小屯东北地（乙组东南）清理出 1 座凹字形大型建筑基址；在花园庄东地清理了几座夯土基址；在这片基址东南清理出一个埋有 500 多片刻辞甲骨的窖穴；在西北冈发掘了传出司母戊大鼎的带一条墓道的大墓；在后冈发掘了 30 多座殷墓，其中有两条墓道的大墓 2 座；在侯家庄南地发掘了殷代遗址；在大司空村东南地、武官南地、高楼庄南地、郭家庄西地、刘家庄南地及北地、梅园庄东南地、孝民屯南地、戚家庄东南地、梯家口西地、苗圃北地、王裕口南地、花园庄南地等地清理了大批墓葬，其中郭家庄西地、刘家庄北地、孝民屯南地及梅园庄东南地还出有车马坑，大司空村东南地、武官南地、孝民屯南地、郭家庄西地和刘家庄北地等地墓区内有带墓道的大墓。这些大墓均已遭严重盗掘，出土物极少，但在一批未经盗掘的中小墓中，却出有不少精美的青铜器①，郭家庄 M160 是其中最突出的一座。

---

① 安阳市文物工作队等：《安阳殷墟青铜器》，中州古籍出版社 1993 年版。

　　经过几十年的发掘工作，我们对殷墟的范围和布局，已有一个概括的了解。在抗日战争以前，工作重点是在小屯东北地、西北冈和后冈三地。同时，对大司空村、王裕口、四盘磨和秋口、同乐寨等地作过一些发掘工作，这是点的工作，还未及面。20 世纪 60 年代初，殷墟被定为全国重点文物保护单位，公布了保护圈，划定了一般保护区和重点保护区。但这时的工作范围已超出了保护圈，如已涉及范家庄、北辛庄和梅园庄等地，说明保护范围划小了。过去指的殷墟范围为 24 平方公里的数字，是依保护圈的东西、南北最远点的直线距离算出来的。70 年代末，殷墟的范围为：东起郭家湾，西至大司空村、小司空村、小营、武官村、侯家庄，过洹河向西至范家庄，再向南到北辛庄，然后向东至孝民屯、白家坟、梅园庄、四盘磨、小庄、王裕口、小屯、花园庄、薛家庄、高楼庄，向东过洹河再到郭家湾。80 年代以来，由于安阳市在西郊地区基建工作的展开，在很多地点发现了殷文化遗存。在洹河北岸、小营村东发现了三家庄遗址，但发现较多的是在洹河南岸，如郭家庄、刘家庄和戚家庄等地，甚至远到梯家口村也有殷代墓葬发现。因此，从目前的发现情况看，殷墟的范围，东界大至为京广铁路一线（路东只有郭家湾一地，但此处只发现少量殷代墓葬），北界在三家庄、小营至秋口一线，西界以安阳钢铁公司西墙的南北延伸线为界（北辛庄以西），南为戚家庄、刘家庄一线（大致以万金渠为界），东西长约 6 公里，南北长约 5 公里，总面积约为 30 平方公里。

　　从目前工作所知，居住遗址主要分布在洹河两岸，且主要在南岸。在洹河北，只在大司空村南地、武官村南及侯家庄南地发现居住遗存，在洹河以南，则在河南约 1—2 公里范围内都发现有遗址，这些遗址大致延伸到安钢公路南 200—300 米处。在这一范围内，地下都有很厚的灰土层。宫殿宗庙区及陵墓区是两个中心点，这两个地点的地势都较高。宫殿宗庙区在洹河南河湾内，地势高，又近水源，北、东面有洹河环绕，其西和南是防卫沟。在洹河两岸，除居住遗址外，还有手工业作坊。苗圃北地、薛家庄南地及孝民屯西地为铸铜作坊，大司空村南地和北辛庄南地为制骨作坊，在王裕口东南地可能有制陶作坊（此处曾发现大量烧流的陶器）。从目前的发现看，宫殿区内也有手工业作坊。遗址分布区外则为墓葬区，如殷墟西区、梅园庄东南地、刘家庄南北地、戚家庄东南地等地。这些地点，除墓葬外，地下少见或不见灰土层。在有些地点，遗址和墓葬是重叠的，即在一个时期内住人，另一个时期又为墓地，如大司空村南地、苗圃北地、王裕口南地和花园庄南地等。因此，如笼统一些说，殷墟的中心是宫殿宗庙区，其外为居民区及作坊区，再外则为墓葬区。

这一布局，似谈不上严格设计和规划，但事先还是经过一番调查和考虑的，否则，不会把宫殿宗庙区及王陵区放在两块高地上，而使居住区分布在洹河两岸，将墓葬区安排在外围。中国上古时期的城市，是一个政治中心，不一定是经济中心，因此，不如中古时期的都城那样有严格的布局。由殷墟不同时期文化的分布范围可知，这一王都随着时间的推移及人口的增加而在不断地扩大。

现将近十几年来殷墟地区的重要发现简介于下。

（二）殷墟宫殿区的发掘

由于防卫沟的铲探，我们了解到宫殿区的范围。这条沟在20世纪50年代曾铲探出一段，其北接洹河，由小屯村西自北向南延伸，到花园庄村西南角折而东行，直至洹河。此沟南北长约1050米，东西长约650米，其宽度则各处不一（与坍塌有关），在8—21米之间，深约5米上下。

在小屯村东北殷墟博物苑内发掘的1座大型夯土基址，位于乙组基址东南80多米处。1981年发现，1989年开始发掘，至今已全部清理完毕。这座基址占地约 5000 平方米，呈凹字形，缺口向东，由 3 排大型基址构成，南北西三面各一排。南排基址东西长 75 米，宽 7.5 米；北边一排基址长 60 多米，宽约 7.5 米，其南面还有早于北边一排的残破房基；西排基址南北长 50 米，宽 75 米。西排房基是在南北两排修建后才兴建的，利用了南北两排房基西边的地基，从而将二者连接在一起，构成半封闭式的建筑群。3 座房基之间形成的宽敞的长方形空间地带，类似后世的庭院。西排房基发现一个向东的门道，对着洹河。这 3 座基址都有排列整齐的擎檐柱和墙柱。

北排基址是主要建筑，排列整齐的墙柱下都有卵石柱础。有 4 个门道（南面 3 个、东北角 1 个），门道均宽 2 米。南面的 3 个门道的间距为 4.3 米。在中间 1 个门道的两侧地下埋有 2 个大陶罐，在 1 个大陶罐内放有 1 件青铜盉，盉鋬内有"武父乙"3 字铭文。西边一个门道之西有两个东西并列的祭祀坑，两坑相距 0.6 米，各埋砍头人骨架 3 具，此建筑修建时代不晚于武丁早期。[①]

1992 年春，在花园庄东地挖到 3 座夯土基址（位于上述凹字形基址西南约 200 米处），其中 2 座已残缺不堪，只有 F2 尚属完整。此夯土基址东西长 28 米，南北宽 13 米，有墙柱洞及擎檐柱洞。此基址时代约为殷墟三期。上述几座基址的发现，将小屯宫殿区建筑群的分布范围向南延伸了 200 余米。

1986—1987 年，在花园庄西南（宫殿区壕沟西南角内侧）发掘了 1 座大型骨料坑，面积约 550 平方米，坑内埋有大量的动物骨。其中 98% 以上为牛骨，此外还有少数猪骨、狗骨、鹿角及破碎的人骨。从骨骼的部位看，多数为破碎的牛头骨、下颌骨、牙齿、脊柱骨、肋骨及盆骨。少数为肱骨、尺骨、桡骨、股骨及胫

---

① 郑振香：《安阳殷墟大型宫殿基址的发掘》，《文物天地》1990 年第 3 期。陈志达：《小屯东北地的殷代宫殿宗庙遗址》，《殷墟的发现与研究》，科学出版社 1994 年版，第 64 页。

骨等长骨的两端，大多无加工痕迹。这里可能为一堆放废弃动物骨的废骨坑，推测附近可能有制骨作坊。此坑时代约为殷墟文化三期后至四期初。

此外，在废骨坑坑口表层的兽骨堆积上，清理出 14 条车辙，这是一个新的发现，为研究殷代的车制，提供了新的资料。①

1991 年，在花园庄东南、殷墟博物苑正南的路基下发掘了 1 座甲骨坑，此坑在壕沟内侧，在宫殿区范围内。

（三）西北冈王陵区的发掘

西北冈王陵区的铲探工作，20 世纪 70 年代后期曾进行过，1984 年秋，发掘了传出司母戊大鼎的墓。此墓在 1959 年曾由当年参与盗掘的农民指引后铲探出，1976 年又作了一次铲探并确定其位置。此墓位于王陵区东区，在抗战前发掘的大墓 M1400 南约 40 米处。这是带一条墓道的大墓，墓道在墓室南侧。墓室上口长 9.6 米，宽 8.1 米，墓室底长 6.35 米，宽 5 米，墓深 8.1 米，方向 5°。墓道呈斜坡状，口大底小，上口长 24 米。墓室底有椁室，南北长 5.4 米，东西宽 4.1 米，高 2 米，四壁各用直径 2.3 厘米的圆木构成。墓底铺木板。此墓经过盗掘，残存物极少。墓内有殉人及动物骨架。墓道填土内有人头骨 22 个，墓室填土中有 6 具无头人骨架，墓底方形坑中有 4 具全躯人骨架，腰坑中有 1 具人骨架，椁壁附近有 5 具人骨架，共计 38 个个体。墓底和填土中还有马、牛、羊、猪、狗等动物骨架。此墓经过 6 次盗掘，残余物极少，且小而碎，有灰陶器、白陶簋、青铜饰物、青铜兵器、玉石器碎片及骨角器等。另有木锨 8 把。由墓内残留物的器形判断，此墓

① 中国社会科学院考古研究所安阳工作队：《1986—1987 年安阳花园庄南地发掘报告》，《考古学报》1992 年第 1 期。

时代为殷墟文化二期。① 由此，对于司母戊大鼎的时代，须作重新考虑，我们认为此鼎也应属殷墟二期。

（四）后冈地区的发掘

后冈自 1931 年第一次发掘以来，到 1991 年止共进行了九次发掘。1991 年秋，在后冈西区 1971 年发掘的大墓以北发掘了 38 座殷墓，其中 M9 和 M12 是带两条墓道的大墓。

M9 的墓室呈长方形，口大底小，上口长 8.8 米，宽 8 米；墓底长 5.1 米，宽 4.4 米；墓深 10.7 米。墓底有亚字形椁室。椁室用厚木条叠成，拐角处以木榫头相连。椁室已全部炭化，可能采取了一种防潮措施。椁室底有腰坑。二层台上有 13 个人头，腰坑中有 1 具人骨架。南墓道呈斜坡状，长 19.4 米，南端宽 39 米，北端宽 3.6 米。北墓道呈台阶状，未作到头，长度不清，宽 3 米。此墓几经盗掘，墓室几乎成空穴。在南墓道近墓室处有一长方形坑，出有 11 件铜器，内有方爵、圆爵、方彝、鼎、觥盖、钺和矛等。此墓属殷墟四期。

M12 的墓室呈长方形，口大底小，上口长 5.7 米，宽 3.3 米；墓底长 5 米，宽 2.7 米；深 9.3 米。椁室呈长方形，墓底有腰坑，内有 1 人 1 犬。南墓道呈斜坡状，长 16 米，宽 2.3 米；北墓道呈台阶状，上口长 8.05 米，宽 1.4—1.6 米，有 16 个台阶。此墓经盗挖，残留铜鼎、铜戈、石簋和玉器、骨器等。属殷墟二期。

两大墓西、北、东侧，有小墓 36 座，都是殷代常见的长方形竖穴墓，随葬常见的青铜器和陶器，其中 M3 盗坑中出土的石柄形饰较罕见，上有"祖庚""祖甲""祖丙""父辛""父癸"等朱

---

① 中国社会科学院考古研究所安阳工作队：《殷墟 259、260 号墓发掘报告》，《考古学报》1987 年第 1 期。

书文字。①

后冈地区迄今发现了 6 座带墓道的大墓，其中 5 座是两条墓道的，1 座是一条墓道的，附近还有祭祀坑。此处的长方形竖穴墓中，出土物也不同于其他墓地。估计后冈墓地内有殷代大贵族的墓区。

（五）郭家庄 160 号墓

160 号墓位于郭家庄西部，是一座未经扰动、保存完整的中型墓葬。② 安阳工作队于 1990 年 10 月下旬对该墓进行了发掘。发现了许多珍贵的文物。

160 号墓为长方形竖穴墓，方向 105°。墓口距地表 2.3 米，长 4.5 米，宽 2.9—3 米；墓底距地表 8 米。墓底四周有经夯打的熟土二层台，墓底中部有一长方形腰坑。

葬具有棺有椁，出土时已全部腐朽，从残存的板灰与漆皮观察，椁长 3.26 米，宽 1.64 米，高 1.1 米；棺长 2.5 米，宽 0.88 米，高度不明。棺椁上涂有数层黑、红、白漆。墓主人位于棺中部，直肢，头向东，出土时人骨已朽成粉末。

墓内有殉葬人 4 人，1 人埋于墓室西部二层台上，2 人位于椁的南、北两侧，还有 1 人埋于腰坑之底部。墓内有殉犬 3 只，1 犬埋于墓坑的填土中，1 犬埋于椁室的顶部，还有 1 犬置于腰坑内人骨架之下。

墓内随葬品的放置有一定的规律，成组的陶器、石磬、牛和羊牲骨、部分铜戈置于二层台东南部，全部青铜礼器、乐器、工具、大部分青铜兵器和小件陶器等置于椁内棺外。青铜兵器放于

---

① 中国社会科学院考古研究所安阳工作队：《1991 年后冈殷墓的发掘》，《考古》1993 年第 10 期。

② 中国社会科学院考古研究所安阳工作队：《安阳郭家庄 160 号墓》，《考古》1991 年第 5 期。

椁室西部、椁之四边和四角。青铜礼器则集中于椁室东部。玉器放于棺内。

这座墓葬出土的随葬品共 353 件，包括铜、玉、陶、石、骨、牙、竹、漆等器类。其中青铜器 291 件，占随葬品总数的 83%。

此墓所出的青铜器种类齐全，有礼器、乐器、工具、兵器、杂器等。其中青铜兵器的数量较大，占青铜器的 78%。在兵器中，有大、小铜钺 3 件，最大的钺长 34 厘米，宽 29 厘米，重 3.5 公斤，其上有纹饰，庄重而威严；另有铜戈 119 件，矛 97 件，铜镞 9 堆（计 906 枚）。在一个面积仅 13 平方米的墓中，竟出土如此多的青铜兵器，这在殷墟发掘中，实属罕见。

此墓所出的青铜礼器共 41 件。器类有鼎、甗、簋、尊、罍、卣、盉、斝、觯、瓿、角、盘、斗、方形器等，有的器类，又可分出若干种不同的形式。有的铜器造型凝重，形体硕大，如 1 件大圆鼎，口径 41 厘米，高 55 厘米；重 26.1 公斤。有的铜器纹饰华美，铸造精巧，如 1 对大方尊，肩部四角有 4 个凸起的象头，象头之间又有 4 个凸起的兽头，这 8 个兽头，都是单独铸造、分别套在尊肩部的钉头上的。也有的铜器造型新颖，如 1 件方形圈足器和 1 件有盖提梁四足鼎，是极稀见的器形。更难得的是，绝大多数青铜礼器上都铸有铭文（氏族徽号）。

这个墓的青铜礼器有两个显著的特点：其一，方形器数量多，有方尊、方斝、方瓿、方鼎、方形圈足器，共 17 件，占全部青铜礼器的 41%；其二，过去殷墓随葬的青铜酒器中，一般都是瓿、爵相配，此墓没有出爵，而代之以角，出土了 10 件瓿、10 件角。

墓中出土玉器 34 件，器形有环、璧、玦、璜、戈、钺、戚、笄、柄形饰、刻刀，以及牛、鱼、蝉、兽面等动物形饰。玉器中有 1 件中部有孔的大钺，其上饰有三角纹、饕餮纹，十分醒目。5 件玉戈磨制甚精，晶莹透亮。

此墓发现了 1 件小竹篓，呈圆锥形，用细竹篾编织而成，编织得很精细。竹器在土中较易腐朽，难以保存。由于在殷墟发掘中没有发现过其他的实物，这件小竹篓的出土，极为珍贵。

这个墓所出的铜礼器上的氏族徽号铭文都以亚形为框廓，大多数铜器铭文亚形框内为一"址"字，这表明此墓墓主是"亚址"。学术界一般认为，亚为武职官名，地位较高。而此墓所出的器物中以兵器为主，青铜钺与玉钺就有4件。钺，是军事统帅权的象征。又，此墓出土的青铜礼器数量也较多。这些迹象表明，160号墓的墓主人，生前是一位地位显赫的较高级的武将。

从墓中出土的陶器形制判断，此墓的时代属殷墟文化三期。

郭家庄160号墓，是1976年妇好墓发现以来又一座较重要的墓葬，墓中出土的丰富的文物，对研究殷代的埋葬制度及青铜器的组合、形制、分期等，有着重要的意义。

（六）花园庄东地 H3 甲骨坑

H3 甲骨坑位于花园庄村东100多米，北距殷墟博物苑400余米。[①] 这是安阳工作队在配合安阳市的筑路工程施工时于1991年秋发现的。

花园庄东地 H3 是个长方形的窖穴，长2米，宽1米。坑口距地表1.2米，坑底距地表3.35—3.7米。底部不大平，南部较高，北部次之，中部稍低。坑的四壁相当整齐，在东西二壁，各有三个可供上下的脚窝。

坑内堆积可分为4层：第1层，浅灰色土，厚0.6米，出土少量陶片、兽骨；第2层，黄色夯土，土质纯净坚硬，厚0.6米；第3层，深灰色土，厚0.9米，在此层的中、下部（距坑口1.7米），发现甲骨堆积层；第4层，黄色土，厚0.4米，亦为甲骨层。

---

① 中国社会科学院考古研究所安阳工作队：《1991年安阳花园庄东地、南地发掘简报》，《考古》1993年第6期。

坑内甲骨集中在第 3 层中部至第 4 层底部（至坑底）。甲骨层厚达 0.8 米。甲骨层上部的甲骨（距坑口 1.7—1.9 米）呈现四周较高中部较低的状况，而且小片的甲骨数量较多。自坑口 1.9 米以下，则以大块的龟甲为主。甲骨出土时，有的竖立，有的平放，有的斜置，以平放的甲骨数量最多。而且，大多数甲骨是反面朝上，露出钻、凿、灼的痕迹，少数是正面朝上。卜甲与卜骨、龟腹甲与背甲、大块的与小块的、有字的与无字的相杂处，彼此叠压得极其紧密。从花园庄东地 H3 的形制、坑内堆积状况来看，这是一个专门埋藏甲骨的窖穴。

花园庄东地 H3 甲骨坑，共出土甲骨 1583 片，其中卜甲 1558 片，上有刻辞的 574 片（刻辞腹甲 557 片，刻辞背甲 17 片）；卜骨 25 片，上有刻辞的 5 片，共计刻辞甲骨 579 片。特别珍贵的是，此坑甲骨以大版的卜甲为主，其中完整的卜甲 755 版，其上有刻辞的整甲达 300 版，占有字甲骨的 50% 以上。除了整甲外，半甲、大半甲的数量亦多。据粗略统计，半版以上的大块甲骨，占此坑甲骨总数的 80%。这是继发现 1936 年小屯村东北地 H127 及 1973 年小屯南地甲骨以后又一次重要的发现。

坑中的刻辞甲骨，每版的字数多寡不等，少者一两字，多的达一两百字，一般数十字。刻辞内容比较集中，主要涉及祭祀、田猎、天气、疾病等方面。据甲骨出土的地层和共存陶器及刻辞内容判断，这批甲骨属武丁时代。

据初步观察，这批甲骨文的一个显著特点是，卜辞的问疑者不是王而是"子"。甲骨上的字体大多细小、工整、秀丽，与武丁时代的"宾组卜辞"有较大的区别，而与"子组""午组""自组"卜辞有某些相似之处，但也具有自己独特的风格。这表明在武丁时代，不仅是王，而且王室贵官、地位显赫的大贵族，都可以独立地进行占卜活动。花园庄东地 H3 甲骨坑的发现，对研究甲骨文的分期断代及研究殷代的历史都有重要的意义。

（七）车马坑

20 世纪 80 年代以前，在小屯北、大司空村、孝民屯、白家坟等地，发掘了 15 座车马坑。[①] 自 1980 年以来，在西区[②]、郭家庄[③]、刘家庄北地、梅园庄东南，又发掘了 16 座车马坑。新发现的这批车马坑，保存完整的有 7 座，为研究殷代的车马陪葬制度、车的形制及结构等提供了新的资料。主要有如下几点收获。

1. 不少车马坑是成组排列的

共发现 5 组。每组有 2 座车马坑。其中刘家庄北地 3 组：92ALNM346 与 M347、M348 与 M350、93ALNM438 与 M439；郭家庄西南 2 组：87AGNM52 与 M58、89AGNM146 与 M147。后两组除车马坑外还有马坑或马坑与羊坑。每组车马坑并列在一起，彼此距离近（1—4 米不等），方向、深度基本相似，坑内马骨架、人骨架的头向也相同，应为同一时期的遗迹。

2. 搞清了车马坑与大墓的关系

在郭家庄 M146、M147 之东北 35 米处，有较大的墓 M160，该墓与 2 座车马坑的方向相近，墓中的兵器与车马坑出土的兵器形制相似，估计它们的时代相同。M160 的墓主是车马坑 M146、M147 的主人。郭家庄 M52、M58 车马坑之东北，也是 35 米远处，有 1 座带一条墓道的大墓 M172，车马坑与大墓的方向也相似，填土的陶片时代相同。M172 的墓主应是这 2 座车马坑的主人。再结合过去在殷墟西区第七墓区的发掘资料，在甲字形大墓 M93 之西及西南，也发现过 2 座车马坑和 1 座马坑。从而得知，殷代作为陪葬车马坑的主人的墓一般都在车马坑的东北方或东方，彼此相

---

① 杨宝成：《殷代车子的发现与复原》，《考古》1984 年第 6 期。

② 中国社会科学院考古研究所安阳工作队：《殷墟西区发现一座车马坑》，《考古》1984 年第 6 期。

③ 中国社会科学院考古研究所安阳工作队：《安阳郭家庄西南的殷代车马坑》，《考古》1988 年第 10 期。

距数米至 40 多米不等。

3. 发现了拆车葬

1936 年，在第 13 次殷墟发掘时，于小屯村北曾发现过 M20、M40 等 5 座车马坑。属于驾马与车子脱套的拆车葬。但由于当时的发掘条件所限，清理得不大理想，未能搞清车子的主要部件是如何放置的。1992 年，安阳工作队在刘家庄北地清理了 1 座拆车葬 M339，坑内底部侧卧着 2 马，马骨架之上，车辕、车轮、车厢依次叠压在一起，车轴置于坑边，放置得整齐有序。

4. 对车子的结构有新的发现

首次发现了曲衡的马车。以前出土的殷代马车都是直衡的，但在殷代的甲骨文与铜器铭文中，有的"车"字的衡是曲的，因而有的学者据此曾推断，殷代也会有这种车子。1987 年发现的郭家庄 M52 车马坑的车衡是一根形如弓状弯曲的圆木，从而证实了殷代确有曲衡车子的存在。

发现了车轵。过去学术界认为西周、春秋时代的车子才有车轵，殷代是没有的。1993 年在刘家庄北地的 M348 车马坑中，发现了车轵。

通过这 16 座车马坑的发掘，使我们知道，殷代的马车车厢不止一种形制。最常见的是长方形车厢，在车轸上均匀地排列着 20 多根小圆立柱，立柱之间有两排或三排横栏杆相连。此外，也发现一些车子（如 92ALNM339）的车厢近椭圆形，未见立柱与栏杆；有的车子（如 92ALNM348）立柱很少，也无栏杆，而是用皮革将车厢四周围起来的。

在郭家庄 89AGNM146、M147 两座车马坑中，都发现了车厢最上面的横栏，从而知道殷代马车车厢的高度在 0.5 米左右。

三　余论

通过对殷墟多年的发掘，我们对殷墟的范围与布局有了初步的了解，发现了许多重要的遗迹与文物，使商代高度发达的青铜文明，再现于世，为研究商代后期的社会提供了重要资料。

在殷墟的考古发掘中，目前存在着四个问题。

1. 虽然我们对殷墟范围内许多地点的遗址的性质已有基本的了解，但对其细部还不大清楚。例如，在小屯宫殿区，我们找到宫殿区的壕沟，知道宫殿区的范围，但在这范围内，宫殿区的具体布局却不大清楚，这就需要作全面的揭露。我们曾有计划地发掘过一些遗址，如苗圃北地遗址，但限于经费、人力及时间等各种条件，只能揭露其中一部分。我们曾发掘到不止一个族墓地，但对"聚族而居"的居住遗址的工作做得极不够。由于很多遗址是配合基建时发现的，限于时间、经费和其他原因，只能揭露其中一部分，有的甚至不作，只能清理遗址内的墓葬。这样给人一个错觉，似乎殷墟到处是墓葬，而极少居住址。

2. 殷墟有无城墙的问题，是大家关心的问题。殷墟考古工作已开展 60 余年，殷墟范围内各个点几乎都做过工作，但迄今未见城墙痕迹。1981 年，安钢大道铺设地下水道，曾在高楼庄到梅园庄之间的路段挖了一条长 3.5 千米、宽 2.5 米、深 2.5 米的沟。我们对此沟的两壁及底部作了细致的了解，未见夯土墙的痕迹。1992 年修中州路，北起小屯宫殿区，南至刘家庄南的文峰大道，长约 2.5 千米。这条路的路基经过全面铲探，未发现夯土墙遗迹。这两条路一为由东向西，一为由北向南，贯穿殷墟。我们认为，如有城墙，当会被此二路穿过。当然，这一问题还需进一步探索。

3. 殷墟文化一期至四期是一脉相承连续发展的几个阶段。但目前早于殷墟文化一期的三家庄阶段的遗迹、遗物发现较少，所出的铜器、陶器与殷墟文化一期及二期的器物存在着较明显的差异。这一差异的原因是什么？有的学者用武丁（相当于一期晚段）

迁殷来作解释①，但又有较多的学者仍坚持盘庚迁殷的传统观点。此外，在殷墟地区早于殷墟文化一期的梅园庄期文化的遗迹、遗物亦发现很少，对其年代、性质等也有不同的看法。这些问题都有待于我们做进一步的工作。

4. 长期以来，在殷墟地区的考古工作中，对出土的文化遗物十分重视，但对自然遗物（动物骨骼、植物种子、果实、孢粉等）的收集或鉴定工作做得不够。所以，我们对三千多年前安阳地区的生态环境、人和自然的关系等问题尚无较深入的认识，而这些问题的探讨，对殷代社会生活的研究是有着重要意义的。

总之，像殷墟这样分布范围广、地下埋藏丰富的遗址，今后只有持续不断地做大量深入细致的工作，才能逐步弄清其全貌。

---

① 杨锡璋：《安阳殷墟西北冈大墓的分期及有关问题》，《中原文物》1981 年第 3 期。彭金章等：《殷墟为武丁以来殷之旧都说》，《中国考古学会第五次年会论文集》，文物出版社 1988 年版。唐际根：《殷墟一期文化及其相关问题》，《考古》1993 年第 10 期。

殷墟考古与商代甲骨文铜器铭文研究*

——纪念殷墟发掘 80 周年

殷墟考古发掘始于 1928 年 10 月，迄今已 80 年了。80 年的殷墟发掘，发现了丰富的遗迹、遗物。在众多的文化遗物中，刻辞甲骨与有铭铜器是很重要的两种，对商代历史与我国古文字研究均有重要意义。本文的宗旨是概述殷墟考古与甲骨文、金文的发现与研究，并以此纪念殷墟科学发掘 80 周年。

一 殷墟考古与甲骨文的发现与研究

考古学与甲骨学的关系非常密切。1899 年，著名金石学家王懿荣发现了甲骨文，为以后的殷墟发掘和近代考古学的诞生提供了现实条件和研究基础。1928 年秋，为了获得更多的刻辞甲骨，并了解甲骨文和其他遗物在地下埋藏的情况，我国考古工作者对殷墟进行科学发掘，80 年的殷墟发掘，又促进了甲骨学的发展。

(一) 科学发掘的刻辞甲骨为甲骨文研究提供了大量珍贵资料

从 1899 年至今，殷墟甲骨文已出土了 15 万片[1]，这 15 万片

---

[1]　胡厚宣：《八十五年来甲骨文材料之再统计》，《史学月刊》1984 年第 5 期。

甲骨，大多数是农民私自发掘出土的，属考古发掘品只3.5万多片。从数量上看，考古发掘出土的甲骨文只占甲骨文总片数的23%，但由于农民私掘的甲骨，多属小片，其上的文字大多较少，而考古发掘所得的甲骨，大块的和完整的数量较多，其上的文字也多，内容丰富，对甲骨学的发展起很大的推动作用。

80年来在殷墟甲骨文的发掘中有三次重大的发现。

1. 1936年，历史语言研究所考古组在殷墟进行第十三次发掘，于6月12日，在小屯村北发现了一个埋藏甲骨的圆形窖穴——YH127坑。该坑共出土了刻辞甲骨17096片（卜甲17088片，卜骨8片），其中完整的龟甲300多版，这批殷墟甲骨文的时代属武丁时期。甲骨刻辞的内容很广泛，上至天文星象，下至人间杂事，涉及殷代的政治、经济、文化、社会生活等各个方面，是研究商代历史和甲骨文的珍贵资料。① 参加整理YH127坑甲骨的胡厚宣，对该坑甲骨作了认真研究，写出了多篇有关卜辞文例、商代历史等方面的著名论文，为甲骨学和商史研究作出了重要贡献。②

2. 1973年小屯南地甲骨。1973年3—8月、10—12月，中国科学院考古研究所安阳工作队在小屯南地进行发掘，发现了刻辞甲骨5335片（卜骨5252片、牛肋骨4片、未加工的骨料4片、卜甲75片），其中完整的大块的刻辞卜骨100多版，这是殷墟甲骨文的第二次重大发现。小屯南地甲骨，大部分属康丁、武乙、文丁卜辞（甲骨文分期的第三、四期），少量属武丁（第一期）和帝乙、帝辛时代（第五期）的卜辞。它们出土时，大多有可靠的地层关系，并与陶器其存，对甲骨文的断代研究有重要意义（参见下文）。小屯南地甲骨，刻辞内容相当丰富，包括祭祀、田

---

① 石璋如：《小屯后五次发掘的重要发现》，《六同别录·上册》，1945年；董作宾：《殷墟文字乙编序》，商务印书馆1948年版。

② 胡厚宣：《甲骨学商史论丛·初集》《二集》，齐鲁大学国学研究所出版1944年、1945年版。

猎、征伐、农业、天象、旬夕、王事等，其中有关军旅编制、天文、百工等方面的内容是过去不见或少见的，还发现一些新的人名（包括贞人名）、地名、方国名、一些新的字和词，给甲骨学和商史研究提供了又一批重要资料。①

3. 1991 年花园庄东地 H3 坑。1991 年秋，考古研究所安阳工作队为配合安阳市的筑路工程，在花园庄东地进行发掘，发现了一个编号 H3 的长方形窖穴，窖穴内出土地甲骨 1583 片，其中有刻辞的 689 片（卜甲 684 片，卜骨 5 片）。特别珍贵的是此坑甲骨以大版的卜甲为主，完整的刻辞卜甲达 300 多版，这是自 1936 年 H127 坑和 1973 年小屯南地甲骨之后殷墟甲骨文的第三次重大发现。②

花东 H3 甲骨卜辞有重要的学术价值：其一，该坑卜辞字体富有特征，一些常用字属于过去董作宾分期中的晚期字体（第四、五期），但 H3 坑，据地层关系和坑内所出陶器属殷墟文化一期偏晚阶段（相当于武丁早期），这表明过去的分期断代标准应当修改和补充；其二，此坑卜辞内容新颖，卜辞的主人不是王而是"子"（高级贵族），对"非王卜辞"及商代家族形态的研究有重要的意义。

（二）殷墟发掘使甲骨文分期断代研究得以开展并不断取得新的成果

1. 董作宾的断代研究。董作宾在参加殷墟第一次发掘以后，发现小屯东北地不同地点出土的刻辞甲骨，在字体、文例方面有所不同，他怀疑可能与时代先后有关。③ 这一发现，促使他探索卜

---

① 中国社会科学院考古研究所（以下简称"考古研究所"）：《小屯南地甲骨·上下册》，中华书局 1980、1983 年版；考古研究所安阳工作队：《1973 年小屯南地发掘报告》，《考古学集刊》（第 9 集），科学出版社 1995 年版。

② 考古研究所：《殷墟花园庄东地甲骨》，云南人民出版社 2003 年版。

③ 董作宾：《殷墟文字甲编·序》，商务印书馆 1948 年版。

辞断代的方法。1929 年，在第三次发掘中，小屯北的"大连坑"出土了"大龟四版"，董作宾对其进行研究，发表了《大龟四版考释》，① 将多年学术界迷惑不解的"卜"下"贞"上一字考定为贞人，首创了贞人说。在该文中，他还提出了甲骨文断代的八项标准。1933 年董作宾发表了《甲骨文断代研究例》②，把断代的八项标准扩展为十项标准：世系、称谓、贞人、坑位、方国、人物、事类、文法、字形和书体。他还将甲骨文分为五个时期：（1）盘庚、小辛、小乙、武丁；（2）祖庚、祖甲；（3）廪辛、康丁；（4）武乙、文丁；（5）帝乙、帝辛。董氏这篇名著的发表，是甲骨学史上一件划时代的大事，它使过去混沌一团的甲骨，成为可以区分为早晚五期的历史资料，使甲骨文研究进入一个新的阶段。后来董氏回顾这段历史时说："这断代分期的新研究方法，追本溯源，不能说不是在发掘工作中求得的。"③

2. 对"自组""午组""子组"卜辞的断代。关于这几组卜辞的时代，董作宾原来认为它们的时代较早，但到了 1948 年，在《乙编》序④中，将这些卜辞改定为"文武丁时代"，由此引起学术界的争论。在 20 世纪 70 年代以前，对这些卜辞的时代存在着不同的看法，主要是两种意见：一种是早期说，包括盘庚、小辛、小乙说⑤，武丁说⑥，武丁早期⑦或晚期说⑧；另一种是晚期说，有

---

① 董作宾：《大龟四版考释》，《安阳发掘报告》（第 3 期），1931 年。

② 董作宾：《甲骨文断代研究例》，《历史语言研究所集刊外编——庆祝蔡元培先生六十五岁论文集》（上册），1933 年。

③ 董作宾：《殷墟文字甲编·序》，商务印书馆 1948 年版。

④ 石璋如：《小屯后五次发掘的重要发现》，《六同别录·上册》，1945 年；董作宾：《殷墟文字乙编序》，商务印书馆 1948 年版。

⑤ 胡厚宣：《战后京津新获甲骨集·序要》，群联出版社 1954 年版。

⑥ 姚孝遂：《吉林大学所藏甲骨选释》，《吉林大学学报》1963 年第 4 期。

⑦ 林沄：《甲骨断代中一个重要问题的再研究》，《从子卜辞试论商代家族形态》，《古文字研究》（第 1 辑），中华书局 1979 年版。

⑧ 陈梦家：《殷虚卜辞综述》，科学出版社 1956 年版，第 140 页；贝冢茂树、伊藤道治：《甲骨文断代研究法的再检讨》，京都《东方学报》1953 年第 23 期。

武乙文丁说①和帝乙说②。1973 年，在小屯南地的发掘中，在 T53 ④A）、H104 出"自组卜辞"，H102 出"午组卜辞"，H107 "自组"与"午组卜辞"共出。这四个单位，从地层关系和同出的陶器看，属小屯南地早期二段（相当于殷墟文化第一期偏晚阶段），发掘者又从卜辞内容加以探讨，论述它们是武丁时期的卜辞③，稍后，他们再结合过去殷墟十五次发掘时，"自""午""子"三组卜辞的出土情况和共存关系进行了较详细的分析，进一步论证它们属武丁早期卜辞。④ 由于有科学发掘的资料为依据，自 20 世纪 80 年代以后，国内学术界对这几种卜辞时代的认识趋于一致，基本上都同意它们属武丁时代的卜辞。

3. 对武丁以前甲骨文的探索。武丁时期的甲骨文，字体、文例都相当规范，是较成熟的文字。在此之前，文字的发展必定经过一个较长的阶段。所以，探索比武丁更早的甲骨文是甲骨学者十分关注的问题。

不少学者认识到，寻找武丁以前的甲骨，必须从考古学的地层、坑位入手，要注意那些既出刻辞甲骨、地层关系又早的发掘单位。经学者们的细心探寻，已有下列几片刻辞甲骨，被认为是早于武丁的甲骨文：

（1）《屯南》2777（卜甲），出于 H115。H115 的上面有一组打破关系：

T53 ④A→H111→H112→H115

H115 出土的陶片少而碎，难以分期，叠压其上的 H112，出

① 岛邦男：《殷墟卜辞研究》，东京：汲古书院 1958 年版；许进雄：《卜骨上的凿钻形态》，台北：艺文印书馆 1973 年版，第 21—22 页。

② 李学勤：《帝乙时代的非王卜辞》，《考古学报》1958 年第 2 期。

③ 考古研究所：《小屯南地甲骨·上下册》，中华书局 1980、1983 年版；考古研究所安阳工作队：《1973 年小屯南地发掘报告》，《考古学集刊》（第 9 集），科学出版社 1995 年版。

④ 刘一曼、郭振录、温明荣：《考古发掘与卜辞断代》，《考古》1986 年第 6 期。

土的陶片属小屯南地早期一段，也就是说，H115 的时代下限当不晚于小屯南地早期一段①，最上面的 T53 ㊹A，出"𠂤组卜甲"，伴出陶器属小屯南地早期二段。据研究，屯南早期二段的年代相当于武丁早期，那么属于屯南早期一段的 H115 所出的《屯南》2777，就可能属武丁以前的卜辞了。

（2）《乙》9099（卜骨），出于小屯丙一基址北 M331 的填土中，M331 出了成组的青铜器，形制与小屯 M388 及三家庄 M3 所出的近似，据三家庄发掘的地层关系可知，M3 是早于武丁时代的墓葬②，这样，《乙》9099 就当属武丁以前的卜辞。

（3）《乙》9023—9024（卜甲，正反有字）、《乙》9100（卜骨），出于小屯丙一基址的 M362，该墓与 M331 紧邻，且与之东西并列，时代大致相同，故这三片卜辞之时代与《乙》9099 相近，也属武丁以前。③

（4）洹北商城骨匕刻辞，1999 年出于洹北商城 T11 第（3）层，这是骨匕的上部，刻"戈亚"二字，据地层关系与同出陶器，发掘者认为该层时代为洹北花园庄晚期，大约相当于盘庚、小辛、小乙时期。④

目前所确知的早于武丁的甲骨文只有几片，但是，在比武丁时期稍早的遗址或墓葬所出的一些陶器和玉石器上也发现过文字，

---

① 考古研究所：《小屯南地甲骨·上下册》，中华书局 1980、1983 年版；考古研究所安阳工作队：《1973 年小屯南地发掘报告》，《考古学集刊》（第 9 集），科学出版社 1995 年版。

② 考古研究所安阳工作队：《安阳殷墟三家庄东的发掘》，《考古》1983 年第 2 期。

③ 李学勤、彭裕商：《殷墟甲骨分期研究》，上海古籍出版社 1996 年版，第 328—331 页。

④ 考古研究所安阳工作队：《1998 年—1999 年安阳洹北商城花园庄东地发掘报告》，《考古学集刊》第 15 集，2004 年，第 339，356 页。

如小屯北 87H1“将军盔”陶片有五个朱书文字[①]，小屯 M331 玉鱼上刻的“大示它”三字[②]，M388 两件白陶豆圈足内的“戉”字等。[③] 以上这几件器物上的文字与武丁早期的甲骨文较相似。由此可以推测，这个时期的甲骨文不会太少。我们深信，今后随着殷墟考古工作的开展，一定还会有武丁以前的刻辞甲骨出土。

(三) 考古学与甲骨文字考释

甲骨文中的象形字与会意字的比例较大，其中有不少象形字直接、形象地描绘出殷代社会存在的具体事物的主要特征，如鬲、鼎、爵、斝、豆、壶、皿、戈、耒、车等，如果有一定的文物考古知识，很容易将这些字识别出来。甲骨文中有一些会意字，反映了殷代社会的生活状况，假若我们对殷代考古中的遗迹、遗物有所了解，对这些字的造字本义和用法就会有更深入的了解。下面略举三例：

伐字，本作，像以戈砍人首之形。铜戈，是商代出土数量最多、最重要的一种青铜兵器，殷人作战时用它砍伐敌人，祭祀时用它砍杀人牲。在殷墟发掘出土的人头骨上，曾发现青铜戈的残片，这是用戈杀人的铁证。在甲骨祭祀卜辞中，该字用为动词表示斩人首以祭祀，用作名词时表示砍了头颅的人牲（包括头颅和躯体）。在殷墟西北冈王陵东区祭祀坑中，发现有单埋人头的方坑和无头躯体的长方坑，在小屯宫殿区乙七基址南，发现过多座人头骨与躯体埋在一起的祭祀坑，这些都是“伐祭”的遗存。

执，本作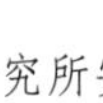，像人两手戴上手枷之形。1973 年，在殷墟小屯

① 考古研究所安阳工作队：《1987 年安阳小屯村东北地的发掘》，《考古》1989 年第 10 期。

② 陈志达：《商代的玉石文字》，《华夏考古》1991 年第 2 期。

③ 刘一曼：《殷墟陶文研究》，《庆祝苏秉琦考古五十五年论文集》，文物出版社 1989 年版，第 36、37 页。

北地的发掘中，在 H358 坑中，发现了 3 个戴有手枷的陶人塑像，女人手枷戴在胸前，男人手枷在背后，陶人的形象是执字的写照①，表明当时对奴隶或罪犯要施以枷具，防止其逃跑。在甲骨文中，执字用作名词时，作为奴隶的一种名称。

刖字本作，有人将它释为陵②，但陵字从阜，与该字形体不符。后来一些甲骨文学者认为该字应释为刖③，这些学者一方面从字形进行分析，谓该字的形体像用锯子断人足之形；另一方面又从考古资料中寻找证据。

1971 年，在安阳后冈的发掘中，在一座殷代墓葬 M16 的二层台上发现一个殉葬人，骨架保存完好，但少一下肢骨，发掘者认为"可能是生前残缺的"④。在河北藁城台西商代遗址第 103 号墓的二层台上发现一具殉人，是个年约十几岁的少年，双腿自膝盖以下被砍去，胫骨的断面上还可看到明显的刀砍痕迹。⑤ 这些人可能就是生前遭受刖刑残害的奴隶。

(四) 殷墟考古促进了甲骨卜辞内容的研究

早年的甲骨文学者，在研究甲骨卜辞时，多引证古代文献和金文资料，随着殷墟考古工作蓬勃开展，出土的遗迹、遗物日益丰富，一些学者在研究工作中，注意将考古资料与甲骨卜辞内容相结合，取得了较好的成果。

下面略举二例：

1. 对"妇好"的研究。1976 年在小屯北发掘了一座保存完

---

① 胡厚宣：《殷墟发掘》（图版五七），学习生活出版社 1955 年版，第 1—4 页。

② 罗振玉：《殷墟书契考释》，1914 年，第 59 页。

③ 胡厚宣：《殷代的刖刑》，《考古》1973 年第 2 期；寒峰：《字剩义——有关刖足几个文字的解释》，《南京大学学报》1979 年第 2 期。

④ 考古研究所安阳发掘队：《1971 年安阳后冈发掘简报》，《考古》1972 年第 3 期。

⑤ 河北省文物研究所：《藁城台西商代遗址》，文物出版社 1985 年版，第 21 页。

好、面积22.4平方米的中型墓葬（编号76AXTM5），出土各类器物1928件，其中青铜器468件，196件青铜器上铸有铭文，"妇好"铭最多，有109件，发掘者认为，"妇好"是该墓的墓主。将之命名为"妇好墓"。①

在甲骨文中，有200多条卜辞与"妇好"有关，绝大多数属武丁时代的"宾组卜辞"，少数属武乙、文丁时的"历组卜辞"②，在"宾组卜辞"中记载妇好参与国家大事，如多次领兵对外征战、主持祭祀等，又记载有关她的生育、疾病之事。她与武丁关系密切，地位很高。而"历组卜辞"中的"妇好"，内容简单，大多卜问妇好有无灾祸。学者们将甲骨文、铜器铭文和墓中出土的器物相结合，对"妇好"墓的时代和"妇好"的身份展开热烈的讨论，并取得较一致的看法。

妇好墓中出土的陶器属殷墟文化第二期，青铜器的形制也较早，属晚商前期，而墓中丰富的文物又反映出妇好的地位十分显贵，特别是墓中出土了青铜兵器130余件，其中两件长近40厘米、重9公斤的大铜钺，令人瞩目，表明妇好生前是一位握有重大军权的武将。所以墓主应是武丁卜辞中的妇好。妇好墓还出土了5件"司母辛"铭的铜器，其中两件"司母辛鼎"是仅次于"司母戊鼎"的重器。那么"妇好"与"司母辛"是什么关系？研究者发现，帝乙帝辛周祭卜辞中，有武丁的法定配偶妣戊、妣辛、妣癸三人。在祖庚、祖甲的卜辞中，也有祭祀"母辛"的称谓。也就是说"司母辛"组铜器是武丁子辈为祭祀其母所做的祭器。③妇好墓是殷墟唯一一座可与甲骨卜辞相印证、确切断定墓主与墓葬年代的王室墓葬，对殷墟考古与甲骨文研究都有重

---

① 考古研究所：《殷墟妇好墓》，文物出版社1980年版。

② 关于历组卜辞的时代，学术界有两种意见：一种意见认为它是武乙、文丁卜辞，另一种意见将它定为武丁晚年到祖庚时代的卜辞。王宇信、杨升南：《甲骨学一百年》，社会科学文献出版社1999年版，第166—172页。

③ 考古研究所：《殷墟妇好墓》，文物出版社1980年版。

要价值。

2. 关于"族"的研究。甲骨文中有不少关于"族"的卜辞，有"王族""多子族""五族""三族"等的名称，还记录了殷王召集人员出兵打仗、戍守、从事农业生产等活动是以族为单位的。文献中也有"殷民六族""殷民七族"的记载。甲骨文与文献资料表明殷人生前是以族为单位进行生产、生活活动的。那么，在殷代社会中，"族"组织的具体情况如何呢？在殷墟考古中，发现了许多有关殷人分族的资料。如：1969—1977 年，在殷墟西区发掘了 939 座墓葬，发掘者根据这些墓葬的分布情况，分为 8 个墓区。各墓区之间有明显的界线，各区的墓向、葬式和陶器组合都存在一定的差别。各区出土的铜器上常见族徽铭文很多是相同的，与别的墓区有所差别。在每个墓区内的墓还呈现成群分布的特点。发掘者注意到甲骨文与文献中记载殷人活着时是聚族而居，合族而动的，从而推测殷人死后也当合族而葬。他们认为殷墟西区墓地是一片族墓地，每个墓区可能是宗氏一级组织，而每个墓区的墓群，可能属于分族。①

后来考古工作者又研究了殷墟后冈、郭家庄、刘家庄、大司空村、戚家庄、梅园庄等地的墓葬资料。发现这些地点墓群分布与西区近似，反映出殷墟范围内，族墓地是相当普遍的。殷墟族墓地的发掘，使我们对甲骨文和文献中关于殷人"族"的记载有了更进一步的了解，推动了甲骨学与商代史的研究。

---

① 考古研究所安阳工作队：《1969—1977 年殷墟西区墓葬发掘报告》，《考古学报》1979 年第 1 期。

二　殷墟考古与晚商铜器铭文的发现与研究

（一）科学发掘的殷墟有铭铜器为晚商铜器铭文的研究提供了丰富的资料

商代有铭铜器自北宋以来陆续有所发现，迄今已出土 5000 多件①，但绝大多数属传世品，无准确的年代和出土单位，不知道它们的组合及相互关系，这就限制了研究工作的深入开展。自 1928 年至今，80 年的殷墟发掘工作，出土了青铜器七八千件，其上有铭文的 600 多件②，这些新资料促进了晚商金文的研究。

殷墟发掘的有铭青铜器，较重要的有如下几批：

1. 1959 年后冈 H10 圆形祭祀坑，出土铜器 10 件，其中礼器 3 件，2 件有铭文。③ 一件圆鼎上的铭文长达 30 字，记载了王赐成嗣子贝 20 朋的事，这是殷墟发掘以来所出的铭文最长的铜器，非常珍贵。

2. 1976 年小屯殷墟妇好墓④，出土青铜器 468 件，其中礼乐器 210 件。有铭铜器 196 件，分为 9 组，以"妇好"铭占多数。

3. 1977 年小屯北 18 号墓，出土青铜器 43 件。⑤ 有铭铜器 13 件，分为 5 组，较重要的有"子渔"铭文。

4. 1984 年殷墟西区 1713 号墓，出土青铜器 91 件，其中礼器

---

① 严志斌：《商代青铜器铭文研究》，中国社会科学院研究生院，博士学位论文，2006 年，第 390 页，所统计的商代青铜器铭文有 5365 件。

② 在严志斌《商代青铜器铭文研究》所附的《商代青铜器铭文分期一览表》中，收录的殷墟发掘出土有铭文的青铜器为 550 件，近两年的殷墟发掘中所发现的有铭青铜器在 50 件以上。

③ 考古研究所：《殷墟发掘报告（1958—1961）》，文物出版社 1987 年版，第 270—274 页。

④ 考古研究所：《殷墟妇好墓》，文物出版社 1980 年版。

⑤ 考古研究所安阳工作队：《安阳小屯村北的两座商代墓》，《考古学报》1981 年第 4 期。

17件。① 5件铜礼器上有铭文，铭文中均有"亚鱼"或"寝鱼"，表明是鱼族所作的铜器。亚鱼鼎铭，记录了作器的时间在"唯王七祀"，被认为是帝辛时期的标准器。

5. 1984年戚家庄东269号墓，出土铜器58件，其中礼乐器23件。② 18件礼器、10件兵器上有铭文。铭文分4组，以"爰"字铭最多，该墓的墓主属于"爰"族。

6. 1990年郭家庄160号墓，出土铜器291件，其中礼乐器44件。③ 41件礼乐器上有铭文，铭文分3组，"亚址"铭最多，见于33件铜器上，表明"亚址"是该墓的墓主。此墓属于殷墟文化第三期偏晚阶段，墓中所出的铜器群，被认为是这一阶段的标准器。

7. 1995年郭家庄东南26号墓，出土铜器67件，其中礼乐器15件。④ 7件礼乐器上有铭文，可分3组，5件铭文为"簰"，可推测墓主属"簰"族。

8. 1999年刘家庄北1046号墓，出土铜器123件，其中礼器33件。⑤ 在24件器物上有铭文，可分3组，"亚乩"铭最多，有16件，可以推测"亚乩"为该墓的墓主。

9. 2001年花园庄东地54号墓，出土青铜器265件，其中礼乐器43件。⑥ 在131件铜器上有铭文。此墓的铜器铭文种类十分单一，除一件为"人"一件为"亚□"（"亚"后一字不清，但非"长"字），其余129件均为"亚长"或"长"。表明"亚长"应是

① 考古研究所安阳工作队：《安阳殷墟西区一七一三号墓的发掘》，《考古》1986年第8期。

② 安阳市文物工作队：《殷墟戚家庄东269号墓》，《考古学报》1991年第3期。

③ 考古研究所：《安阳殷墟郭家庄商代墓葬》，中国大百科全书出版社1998年版，第1页。

④ 考古研究所安阳工作队：《河南安阳市郭家庄东南26号墓》，《考古》1998年第10期。

⑤ 考古研究所安阳工作队：《安阳殷墟主家庄北1046号墓》，《考古学集刊》（第15集），文物出版社2004年版。

⑥ 考古研究所：《安阳殷墟花园庄东地商代墓葬》，科学出版社2007年版。

该墓的墓主。过去殷墓葬所出的青铜兵器上多无铭文，而此墓有铭文的青铜兵器达 99 件，占墓中青铜兵器总数的 64%，这是很罕见的。

10.2004 年大司空村 303 号墓，出土青铜器 133 件，其中礼乐器 42 件。[①] 有铭文的铜礼器 32 件，全部均是"马危"二字，表明该墓墓主属于"马危"族。

（二）科学发掘的殷墟青铜器，为晚商铜器铭文的分期研究奠定了坚实的基础

在 20 世纪 70 年代以前，由于考古发掘出土的青铜器数量不太多，商代晚期青铜器分期体系尚未确立[②]，那时主要是对某些较重要的器物，如司母戊鼎，戍嗣子鼎的年代进行研究。自 1973 年小屯南地发掘，发现了许多有明确地层关系并与陶器共出的甲骨，1976 年妇好墓、1977 年 18 号墓、1969—1977 年殷墟西区族墓地等的发掘，发现了上千件与陶器共存的青铜器，这一系列的重要发现，使学术界对殷墟文化分期的研究取得了新的进展，为殷墟青铜器的分期提供了良好的条件。

从 20 世纪 70 年代以来，张长寿[③]、郑振香、陈志达[④]、杨锡璋、杨宝成[⑤]、朱凤瀚[⑥]、岳洪彬[⑦]等学者对殷墟青铜器进行了系

---

① 考古研究所安阳工作队：《2004 年河南安阳大司空村 M303 发掘报告》，《考古学报》2008 年第 3 期。

② 邹衡：《试论殷墟文化分期》，《夏商周考古学论文集》，将殷墟青铜器与陶器一起分为四期七组，在殷墟青铜器分期方法上有很大突破，但由于这时科学发掘的青铜器数量不多，所以晚商铜器的分期体系尚未完全确立。

③ 张长寿：《殷商时代的青铜容器》，《考古学报》1979 年第 3 期。

④ 郑振香、陈志达：《殷墟青铜器的分期与年代》，《殷墟青铜器》，文物出版社1985 年版。

⑤ 杨锡璋：《殷墟青铜容器的分期》，《中原文物》1983 年第 3 期；杨锡璋、杨宝成：《殷代青铜礼器的分期与组合》，《殷墟青铜器》，文物出版社 1985 年版。

⑥ 朱凤瀚：《古代中国青铜器》，南丌大学出版社 1995 年版，第 626—642 页。

⑦ 岳洪彬：《殷墟青铜礼器研究》，中国社会科学出版社 2006 年版，第 122—192页。

统的分期。上述学者，有的将殷墟青铜器分为三期，在某些期中再分段，有的将殷墟铜器分为四期，与殷墟陶器的四期相对应。有些学者在叙述各期铜器特征时，还简述了各期铜器铭文的某些特点。①

2006 年，严志斌在前人研究的基础上，对商代青铜器铭文（重点是晚商铭文）进行了全面，系统的整理研究。② 他用考古类型学的方法，对可以收集到图像的 2400 多件有铭文的青铜器进行分析排比，以考古发掘出土的年代明确的青铜器为标尺，讨论这些器物的年代，基本上建立起商代的有铭青铜器（特别是殷墟有铭青铜器）的年代框架。进而总结了各期商代青铜器铭文在字形、书体、布局、内容等方面的特点，特别是他将十多个常用字（如正、鸟、宁、车、戊、辛、其、戈、庚、帚、母、亚等）在殷墟早、中、晚期中的字形变化绘成图表，很有参考价值。③

(三) 考古遗迹、遗物的研究促进了对晚商金文的研究

1. 族氏的研究。晚商铜器铭文以族名占大多数。对族名进行研究，除了文字考释外，还需要研究这些族氏聚居的地点，他们与商王朝的关系，各族氏之间的关系等，这就需要对这些铜器的分布地点，出土单位进行分析，才能取得较好的成果，下面列举两例：

例一，"鱼"族。上文已经提到，在殷墟西区 M1713 出土了 5 件"鱼"族的铜器。④ 在后冈圆形祭祀坑中发现的戍嗣子鼎铭文

---

① 郑振香、陈志达：《殷墟青铜器的分期与年代》，《殷墟青铜器》，文物出版社 1985 年版。

② 严志斌：《商代青铜器铭文研究》，中国社会科学院研究生院，博士学位论文，2006 年。

③ 严志斌：《商代青铜器铭文研究》，中国社会科学院研究生院，博士学位论文，2006 年。

④ 考古研究所安阳工作队：《安阳殷墟西区一七一三号墓的发掘》，《考古》1986 年第 8 期。

的末尾有"犬鱼"二字①，表明作器者为"鱼"族。

武丁时期的甲骨刻辞中，"鱼"有用作人名、地名或族氏名（如《合集》10471、17801 反）的，说明该族存在已久。到商代末年，势力壮大。从晚商铜器铭文得知，该族的首领和重要人物，在朝为官，担任寝、亚、戍、犬等职，与殷王关系密切，经常得到王的赏赐。如寝鱼簋（M1713：33）铭："辛卯，王赐寝鱼贝，用作父丁彝。"亚鱼鼎（M1713：27）："壬申，王赐亚鱼贝，用作兄癸宝尊，在六月，唯王七祀翌日。"戍嗣子鼎铭："丙午，王赏戍嗣子贝廿朋，在闌宗，用作父癸宝鼒。唯王饗闌大室，在九月。犬鱼。"传世的甗方鼎铭记："乙未，王宾文武帝乙肜日，自闌俆，王返入闌，王赏甗贝，用作父丁宝尊彝，在五月，唯王廿祀又二。鱼"②。

殷代社会是聚族而居、合族而葬的，居址离墓地不远。M1713 在殷墟西区，该墓墓主或该族的重要成员生前可能就在西区一带居住，该处离宫殿区较近，这样便于侍奉商王，随时听候调遣。

M1713，有棺、椁，有 3 个殉葬人，各类随葬品共 193 件，其中青铜器 17 件。除青铜礼器外，还有较多的青铜兵器，计钺一对，卷头大刀一对，戈、矛各 30 件。有学者据墓中所出的青青铜礼器与兵器的情况，推测墓主是中等贵族，是握有一定军权的中级武官。他受到王的赏赐，可能是由于战功卓著，或勤劳王事尽心尽力。③

M1713 墓的随葬品与"鱼"族铜器铭文的内容是一致的，均表明，商代末年，鱼族是活跃在王都的较重要的大族，其首要人

---

① 考古研究所：《殷墟发掘报告（1958—1961）》，文物出版社 1987 年版，第 270—274 页。

② 严志斌：《商代青铜器铭文研究》，中国社会科学院研究生院，博士学位论文，2006 年。

③ 刘一曼：《论安阳殷墟墓葬青铜器的组合》，《考古》2003 年第 2 期。

物深受王的信任。

例二，"丙"族。安阳发现的"丙"铭铜器 4 件，两件属传世品，即《集成》4717"丙"卣，8353"丙祖辛"爵。两件属考古发掘品，一件是出于小屯北 M17 的"丙"鼎。该墓出土 3 件铜器，铭文各不相同。难于判断墓主的族氏。另一件是出于殷墟西区 M697 的"丙"爵。M697，属殷墟文化第四期，位于西区第三墓区之东南部，在该墓之西、西北、西南，有 10 座小墓与其紧邻，与之构成一个墓组，与三区其他墓组有一定的距离。在这个墓组中，M697 墓室稍大，随葬品较同组的墓要多，除出"丙"爵外，还出了成组的青铜兵器、铜铃，成组的陶器等。其他 10 座墓，墓室面积较小，随葬品多是陶器，有学者称这一墓组为"丙族"墓地①。这 11 座墓，属殷墟二期的 3 座，三期 1 座，四期 5 座，还有两座期别不明。

安阳虽然出土"丙"铭铜器不多、丙族墓地的规模也较小，但已发现的商代"丙"铭铜器有 111 件②，说明该族是一个较大的族。殷墟以外的"丙"铭铜器，较集中地出于山西灵石旌介村。在旌介村发掘了 3 座晚商墓葬，出土有铭文的铜器 42 件，其中 34 件都有"丙"字③，表明旌介村商墓的墓主是"丙"族族长或"丙"族的重要成员。旌介村一带是"丙"族的聚居区。有学者将该处的"丙"族称为"丙国"或"丙国族"④ 灵石商墓相当于殷墟文化三、四期（或四期），而西区 M697 也属于四期。那么在殷代晚期，殷墟的"丙"族，山西灵石的"丙国"与当时的殷王

　① 严志斌：《殷墟西区墓所见铜器铭文探讨》，《三代考古》（二），科学出版社 2006 年版，第 455 页。

　② 严志斌：《商代青铜器铭文研究》，中国社会科学院研究生院，博士学位论文，2006 年。

　③ 戴尊德：《山西灵西旌介村商代墓和青铜器》，《文物资料丛刊》（第 3 辑），文物出版社 1980 年版；山西省考古研究所、灵县县文化局：《山西灵石旌介村商墓文物》1986 年第 11 期。

　④ 殷玮璋、曹淑琴：《灵石商墓与丙国铜器》，《考古》1990 年第 7 期。

朝是什么样的关系？有学者认为，商代存在方国供职制度，有相当数量异姓国族的君长或贵族在殷王朝担任职务①，考虑到西区"丙"族墓地级别不高，墓主不会是该族的君长级人物，"这些在王畿内以个体家庭形式生活的丙族成员很可能是作为质子的身份而出现的，但这与供职制度也并不矛盾。② 这些方国部族成员，生活在王都，成为地方臣属国与殷王朝联系的纽带，同时也是商王朝为了加强对异姓国族控制的一种措施。

2. 职官的研究。有学者统计，商代铜器铭文中所见职官名有师、寝、宰、作册、尹、小臣、卿事、史、牧、侯、射、葡、犬、田、卫、马、旅、宁、亚等 20 多种③，分管政事、军事、农事、祭祀、占卜等事务。从铸有官名的铜器所在墓葬的情况，使我们对商代职官职司和来源有进一步的认识。

（1）商代职官职司的相对性。各类职官虽有分工，但他们所掌管的事情不是十分固定、专一的。如寝官，学者多认为其职责是管理宫寝之事"④。殷墟发掘中，发现出"寝"铭铜器的有 4 座墓：司空 M539⑤，出"寝出"铭铜器 2 件，"寝"铭铜器 1 件、还出了钺、戈、矛、镞等兵器 65 件；司空 M29 与司空 M25⑥，各出 2 件"寝印"铭铜器，前者出铜戈 8 件，后者出钺 1 件、戈 6 件；上文提到的西区 M1713，出 2 件"寝鱼"铭铜器，出钺、戈、

① 齐文心：《庆阳玉戈铭"作册吾"浅释》，《出土文献研究》（三），中华书局 1998 年版。

② 严志斌：《殷墟西区墓所见铜器铭文探讨》，《三代考古》（二），科学出版社 2006 年版，第 455 页。

③ 严志斌：《商代青铜器铭文研究》，中国社会科学院，研究生院博士学位论文，2006 年。

④ 张亚初：《商代职官研究》，《古文字研究》（第十三辑），中华书局 1986 年版，第 91 页。

⑤ 考古研究所安阳工作队：《1980 年河南安阳大司空村 M539 发掘简报》，《考古》1992 年第 6 期。

⑥ 考古研究所安阳工作队：《1986 年安阳大司空村南地的两座殷墓》，《考古》1989 年第 7 期。

矛、大刀，共64件。以上4墓的墓主生前都曾担任过"寝"官的职务，但墓中都出了较多的青铜兵器，从而可以推测，寝官也曾是带兵作战的武官。

再如"作册"，过去多认为是起草文书政令的史官。在郭家庄M50中①，出土有"作册兄"鼎与"兄册"爵各1件，墓中出土了戈、矛、镞等兵器共14件。表明墓主在任"作册"一职期间，也曾领兵作战。

（2）商代官职的世袭性。在甲骨文中，可以看到一些强宗大族的族长或首要人物世代为官的情况，尤其是世代担任武职的更为常见。"亚其"，见于武丁、康丁、帝乙、帝辛时的卜辞，"犬"，见于武丁、祖庚、武乙时代的卜辞。

在殷墟发掘中，我们发现有些出青铜器的墓葬，虽属不同时期，但出土的铭文是相同的，如郭家庄墓地北区的M160与M53②，均出有"亚址"铭的青铜礼器，后者还出有铜戈、矛、镞16件、属殷墟文化的第四期。据研究，M160的墓主属高级武官，M53的墓主属中下级武官，他们是址族的族长或重要成员，在不同时期都出任武职。这与甲骨文的记载可以相互印证③。

以上我们重点阐述了殷墟考古对商代甲骨、金文研究的促进作用，实际上晚商甲骨、金文的研究，对殷墟考古也产生很大的推动，两者关系是非常密切的。所以，今后我们在从事殷商考古或进行甲骨文、金文研究时，必须将它们有机结合起来进行综合分析、比较，这样定会取得更大的成果。

---

① 考古研究所：《安阳殷墟郭家庄商代墓葬》，中国大百科全书出版社1998年版，第1页。

② 考古研究所：《安阳殷墟郭家庄商代墓葬》，中国大百科全书出版社1998年版，第1页。

③ 刘一曼：《论安阳殷墟墓葬青铜器的组合》，《考古》2003年第2期。

殷墟车子遗迹及甲骨金文中的车字[*]

商代车子的遗迹发现于河南殷墟①、山东滕州前掌大②、西安老牛坡③三地，其中以殷墟出土的最多。

殷墟的车子遗迹出于小屯东北地、西北岗王陵区、后岗、大司空村、孝民屯东南、郭家庄、刘家庄北地、梅园庄东南8处。有的车子出于大墓的墓室与墓道之中，但大多数车子是出于车马坑中。出于大墓的几辆车子，保存不好，未能清理出它的原貌。研究殷商时代的车子，有赖于车马坑中发现的车子遗迹。

一 殷墟车马坑发掘的主要收获

殷墟的车马坑，迄今已发现了37座，其中6座是30年代发掘的，31座是50年代以来发掘的。这30多座车马坑，大多遭盗掘和被晚期的遗迹破坏，保存基本完整的有15座。这15座车马

* 本文原载《中原文物》2000年第2期。

① 中国社会科学院考古研究所：《殷墟的发现与研究》，科学出版社1994年版，第138—147页。

② 《滕州前掌大遗址有重要发现》，《中国文物报》1995年1月8日；胡秉华：《滕州前掌大商代遗址》，《中国考古学年鉴（1996）》，文物出版社1998年版，第159—160页。

③ 西北大学历史系考古专业：《西安老牛坡商代墓地的发掘》，《文物》1988年第6期。

坑，内埋 2 车 4 马与 2 车 2 马的各 1 座、1 车 2 马的 13 座，后者占绝大多数。有殉人的 10 座，其中殉 3 人的 1 座、殉 2 人的 4 座、殉 1 人的 5 座。坑内出兵器的 9 座，出兵器的坑大多出有工具。这 30 多座车马坑的发掘，为研究商代车子的形制、结构及车马葬制度等提供了宝贵的资料，主要收获有如下几点。

（一）基本搞清了商代马车的形制、结构

殷代马车主要由两轮、一辕、一轴、一舆（箱）、一衡构成，舆的形式有长方形、圆形、梯形三种，以第一种为多，舆的高度在 0.5 米左右。车门设在车舆后面中部。衡的形式有直的与曲的两种样式，在衡之内侧，辕之左右各有一轭。有的车子舆内近前阑处还有车轵。

（二）了解了车马坑的三种埋葬形式

1. 基本上按照原来马车使用的情况埋葬，即驾马与车子套在一起；2. 拆车葬，车马脱套，将马车的主要部件如轴、轮、舆、衡拆开，分别埋入坑内；3. 整车与拆散的车共葬于一坑。以第一种最多，第二种次之，第三种只 1 座。无论哪一种坑，都是先将人和马处死放入坑内，然后再放车或车的零部件。

（三）发现车马坑是成组排列的

小屯北发现的车马坑是 5 座为一组，其余地点的车马坑是 2 座为一组，第一种只见一组，后一种已有 10 组。同组的车马坑距离多为一至数米，车马坑的方向、深度、坑内马架及人架的头向、填土的陶片等时代大致相同，应是同一时期的遗迹。

（四）搞清了车马坑的性质

在小屯与西北岗王陵区的车马坑，属于祭祀坑，坑内的车、

马、人及器物是商王祭祀祖先的祭品。在族墓地的车马坑，是某些带墓道的大墓或较大的长方竖穴墓的陪葬坑。

二　车子遗迹的发掘、研究与甲骨、金文中的"车"字

在安阳殷墟的考古工作中，车马坑的发掘较墓葬、灰坑、房基的发掘等更为困难。其原因是商代车子的主要部件是木质的，殷代距今已三千多年，当时的木头或木质器物早已腐朽，未能保存至今。在发掘中，考古工作者是将车子腐朽后印在泥土中的痕迹慢慢地剔剥出来，因而需要十分细致和耐心，才能取得较理想的效果。

20 世纪 70 年代之前，在殷墟发掘了十多座车马坑，但由于条件所限，未能清出车子的全貌。1972 年与 1981 年考古研究所安阳队在孝民屯东南先后从 M7① 与 M1613② 中清理出两辆完整的车子。这两辆车子的出土，使我们看到殷代的马车与甲骨、金文中的不少"车"字结构基本相似。（图一、图二）这就表明，当时的人创造这些"车"字，是以现实生活中存在的车子为依据的。基于这种认识，以后我们注意研究甲骨、金文中的各种"车"字，不断改进发掘工作，继续探求商代车子的细部结构。从 80 年代至今，我们又发掘 20 多座车马坑，剔剥出近 10 辆基本完整的车子，取得了上文提到的许多收获。

下面几个甲骨、金文中的"车"字，对我们发掘、研究商代车子遗迹最有启迪。

---

① 中国科学院考古研究所安阳工作队：《安阳新发现的殷代车马坑》，《考古》1972 年第 4 期。

② 中国社会科学院考古研究所安阳工作队：《殷墟西区发现一座车马坑》，《考古》1984 年第 6 期。

（一）图一：1—4 和图二所示，甲骨、金文中的"车"字的衡木，有直的与曲的两种。但在 1987 年之前，殷墟发掘出土的马车，其衡木是直的，因而有学者认为殷墟的马车是直衡车。张长寿先生据甲骨、金文的"车"字，推断当时应有曲衡车[1]。我们认为张先生的看法是可取的，所以在发掘车马坑时，特别注意细心地别剥车衡。1987 年秋，在郭家庄 M52 车马坑第一次清理出一辆曲衡的马车。[2] 1995 年秋，在梅园庄东南 M41[3] 又清理出第二辆这样的车子。两车的曲衡，长度均在 2 米以上。虽然现在已知的曲衡马车只两辆，但是在殷代甲骨金文中曲衡"车"字比直衡的"车"字要多，如《殷墟甲骨刻辞类纂》[4] 1221—1222 页收录的"车"字辞条中，画出车衡木的"车"字 15 个，其中直衡 5 个、曲衡 10 个，后者占三分之二。这一统计数字，引起我们深思，重新检查了过去的发掘资料，发现直衡车衡木的长度绝大多数在 1.1—1.4 米之间，较曲衡要短。我们又注意到，以前一些未能清出车衡但保存尚好未经盗掘或破坏的车马坑中，两个衡末铜饰（三角形铜饰）的距离在 1.7 米以上的还有数例，可能坑中埋放的车子原来也是曲衡的。由此推测，殷代曲衡马车在当时亦较为常见。

（二）图二：3 所示"买车觚"上的"车"字，在车厢内，较前面的位置画出车軏。但在 1990 年之前，殷墟发掘的车马坑尚未清出过一根完整的车軏。只在 1959 年孝民屯 2 号车马坑中，发现过一段不长的残车軏。由于在发掘简报中只发表了该坑的照片，

————————

　①　张长寿、张孝光：《殷周车制略说》，《中国考古学研究——夏鼐先生考古五十年纪念论文集》，文物出版社 1986 年版。

　②　中国社会科学院考古研究所安阳工作队：《安阳郭庄西南的殷代车马坑》，《考古》1988 年第 10 期。

　③　中国社会科学院考古研究所安阳工作队：《安阳梅园庄东南的殷代车马坑》，《考古》1998 年第 10 期。

　④　姚孝遂、肖丁：《殷墟甲骨刻辞类纂》，中华书局 1989 年版。

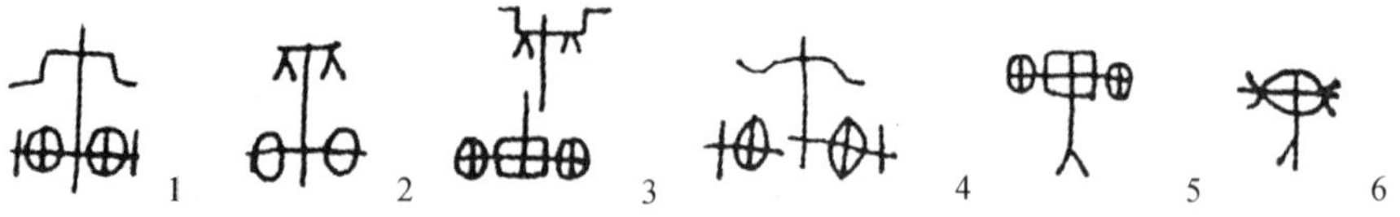

图一 甲骨文中的“车”字

1.《佚》980 2.《存》下379 3.《存》上743 4.《菁》3 5.《摭续》330 6.《铁》63.2

未刊登线图，而照片又不清晰①，因而这一发现未引起学术界的注意。长时间以来，学者们普遍认为，车轼到西周才出现。1987年曲衡马车发现之后，我们认为“买车觚”上的“车”字的轼，应当是有所本的，从而增强了我们寻找车轼的信心。1992年在刘家庄北地M348②、1995年在梅园庄东南M40（南车）中③，我们终于清理出较完整而清晰的车轼痕迹，它是一根横木，位置在车厢内距前阑不远处。

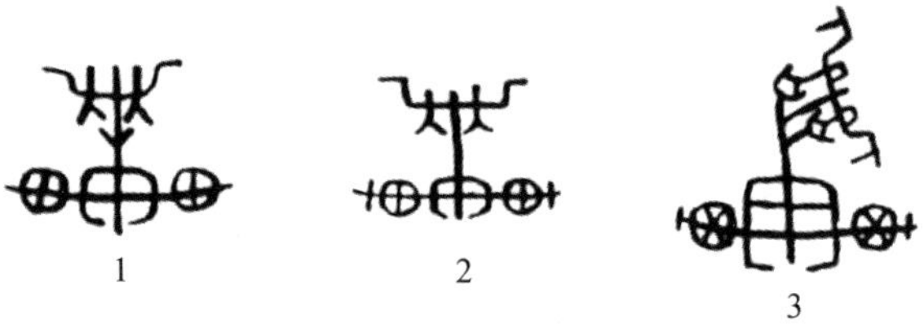

图二 殷金文中的“车”字

1 弔车觚 2. 羊䍙车觚 3. 买车觚

（三）甲骨文中的“车”字，车厢作长方形（图一：3），但殷金文“车”字，车厢有长方与椭圆形两种。20世纪30年代，

① 中国科学院考古研究所安阳发掘队：《安阳殷墟孝民屯的两座车马坑》，《考古》1977年第1期。

② 刘一曼：《安阳殷墟刘家庄北地车马坑》，《中国考古学年鉴（1993）》，文物出版社1995年版，第177—178页。

③ 中国社会科学院考古研究所安阳工作队：《安阳梅园庄东南的殷代车马坑》，《考古》1998年第10期。

石璋如先生发掘了小屯北5座车马坑，以后他据M20、M40车轸饰的位置，认为车厢是椭圆形的。[1] 80年代有的学者据殷墟七八十年代的发掘资料，提出商代马车车厢应是长方形的。[2] 1992年，在刘家庄北地我们发掘了M339车马坑，车厢的形状近似椭圆形，与金文“车”字的图形近似，又发现同一地点的M348中的车厢，形状近梯形。

（四）甲骨文中的“车”字，有时在同一条卜辞中出现不同的写法。如：

《合集》584正+《合集》9498正：“癸亥卜，㱿贞：旬无祸？王占……五日丁卯，王狩敝，𧾷车，马……亦𢦏在车，𢀛马亦……”（图三）

这条卜辞，第二个“车”字，辕、轴是完整的，而第一个“车”字，车辕前后两段不连接。《合集》10405正：“癸巳卜，㱿贞：旬无祸？王占曰：乃兹亦有祟，若偁。甲午王往逐兕，小臣古车，马硪，𢦔王车，子央亦坠。”（图四）

这条卜辞第二个“车”字，只画出双轮一轴和车厢，车轴是完整的。而第一个“车”字，有辕、衡、轮、轴，无车厢，但车轴从中部断裂成两段。

过去学术界把上述同一条卜辞中不同写法的“车”字，都释为车的异体字。但对其形体上的差异并无深究。肖良琼先生在《卜辞文例与卜辞的整理和研究》一文中指出上两条卜辞的第二个“车”字释“车”字，而第一个“车”字可释为“辍”字，表示

① 石璋如：《小屯第四十墓的整理与殷代第一类甲种车的初步复原》，《历史语言研究所集刊》第四十本下册，1968年；石璋如：《小屯第一本·遗址的发现与发掘丙编·殷墟墓葬之一，北组墓葬（上）》插图六十五，“中研究”历史语言研究所1970年版。

② 杨宝成：《殷代车子的发现与复原》，《考古》1984年第6期。

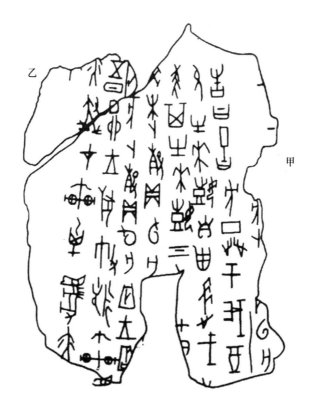

图三　《合集》584 正 + 《合集》9498 正

车辆有一个部位（车辕或车轴）断裂。由于车子的主要部件断裂，车厢震动，使车上的人跌倒。[1]

我们认为，上两条卜辞第一个"车"字，肖氏释其意为表示车辕或车轴断裂的见解是正确的，这种解释，对那两条卜辞的释读更妥帖。

值得注意的是，殷墟新发现的车马坑资料，可作为肖文的一个旁证。1995 年发掘的梅园庄东南 M40 车马坑，内埋二车、二

① 肖良琼：《卜辞文例与卜辞的整理和研究》，《甲骨文与殷商史》第 2 辑，上海古籍出版社 1986 年版。

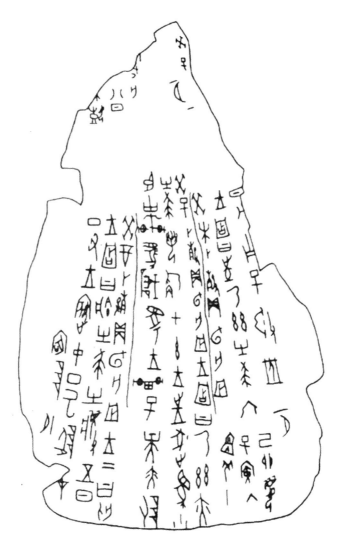

图四　《合集》10405 正（《菁》3）

马、二人①，一辆车在南面，是保存完整、套有双马的车子，另一辆车在北边，是残破的车子。北车无车轮，车厢不完整，车辕断

————————

①　中国社会科学院考古研究所安阳工作队：《安阳梅园庄东南的殷代车马坑》，《考古》1998 年第 10 期。

折成两段，前段在南车东轮内侧，压于南车车轴之上，后段在北部，与车轴垂直相交，且辕尾与铜踵饰分离，车轴之西段也有一小部分断折。从出土情况看，在下葬之前北车的主要部件已经损坏，是辆破车。

从甲骨文中有辕轴断裂的"车"字及殷墟车马坑中出土的破车，表明木质结构的马车不大结实耐用，特别是在车速较快、道路又不好的情况下辕、轴易损坏。由于当时制造一辆车不大容易，人们对那些已经残损又难于修理的车子舍不得扔掉，便将它保存起来，作为殉葬之物。梅园庄M40车马坑的时代属殷墟文化第三、四期，这时殷墟随葬铜器的墓葬，所出的器物不少是轻薄粗劣的"明器化"铜器，作为大墓随葬坑的车马坑殉残车，大概也是受到这种流行的社会风尚的影响吧！

（五）图一：5所示，《合集》21778（《摭续》330）的"车"字，与甲骨文中多数"车"字有所不同。大多数"车"字，车辕在车厢之前面，辕前有衡，而此字辕在车后，辕末端分叉。从殷墟发掘出土的资料看，商代的马车车辕是置于轴上，从车箱底部伸出至车厢的前面，与衡木相交接的。那么这一个"车"字的字形，反映出当时存在有与马车结构不同的其他车子。

1986—1987年，考古所安阳队在殷墟花园庄南地发掘时，在一座废骨坑（H27）坑口表层的兽骨堆上发现了14条车辙[1]，以前殷墟考古发据中从未出过车辙，这是一个新的发现。十几条车辙中，有两条是相平行的，长19.3米，两辙间距1.5米，也就是说轨距在1.5米左右。殷墟马车的轨距为2.2—2.4米。因此，这两条车辙，不是马车车轮碾压出的痕迹，而是另一种比马车小的车子的辙印。这种较小的双轮车，可能是车辕置于车厢之后，用人力推拉的。

---

[1]　中国社会科学院考古研究所安阳工作队：《1986—1987年安阳花园庄南地发掘报告》，《考古学报》1992年第1期。

这里顺便提到的是，较小的双轮车辙，于1996—1997年在偃师商城东北隅城墙之内侧亦有发现。① 该车辙长14米，轨距1.2米，时代属偃师商城第二期即商代早期。说明这种较小的双轮车子，有着悠久的历史。

（六）图一：6所示，《铁》63.2的"车"字，学术界对它的释读有不同的看法。将该字释车的有孙诒让、孙海波、李孝定等学者。孙诒让说："只轮而有三歧，与车不同，疑是辇辇之类。"②从字形上分析，此字像独轮车，辕在车后面。

上述殷墟花园庄南地发现的十几条车辙中，还有的车辙较乱，但相当清晰，似是独轮车碾压的印痕。H27是个面积约500平方米的大坑，在宫殿区大灰沟西南的内侧，专门埋放废骨料、兽骨。发掘者推测，当时在花园庄一带可能有制造骨器的场所。人们将那些不宜做骨器的兽骨、牙齿、废骨料等，用比马车小的双轮车和独轮车装运至该地集中掩埋。可见这些小型的车子，主要是供民间生产生活所用。

---

① 中国社会科学院考古研究所河南第二工作队：《河南偃师商城东北隅发掘简报》，《考古》1998年第6期。

② 孙诒让：《契文举例·下》，1917年，第35页。

殷墟商代族宗庙的发现与研究[*]

1969—1977 年，在殷墟西区发掘了 939 座殷墓，这批墓葬可根据地域分为 8 个墓区。各墓区之间有明显的界线，各区的墓向、葬式和陶器组合及铜器上的族徽铭文都存在一定的差别。在每个墓区内的墓，还呈现出成群分布的特点。发掘者杨锡璋、杨宝成注意到文献记载殷人是有族的组织，又从甲骨文中查找到不少关于族活动的卜辞。他们在发掘报告的结语中指出殷人活着时是聚族而居，合族而动，那么死后也当合族而葬。因而他们推测殷墟西区墓地是一片族墓地，每个墓区可能为宗氏一级组织，而每个墓区中的各个墓群则可能是属于分族。后来，考古工作者又研究了殷墟其他地点的墓葬资料，发现这些地点墓葬分布与西区近似，表明在殷墟范围内族墓地是相当普遍的。以后，考古工作者受到"族墓地"问题的启发联想到，殷人生前是以族为单位进行各种活动，而祭祀祖先应是最重要的礼仪活动。举行祭祀，应有专门的场所。殷王在宗庙（如乙七、乙八、丁一）祭祀先公、先王，各族也当有本族的宗庙作为祭祀自己祖先的场所。

一　族宗庙的发现

近三十年以来，殷墟已发现了三处被考古工作者推断为"族

＊　本文原载于《考古与文物》2019 年第 6 期。

宗庙"的建筑基址:

1. 1997 年春, 考古研究所安阳工作队在白家坟东进行发掘, 清理了殷代墓葬 466 座、房基 35 座。在黑河路南段, 发掘出一座结构独特、保存较为完整的面积较大建筑基址 F34。该基址呈长方形, 南北长约 17 米、东西宽约 11 米, 门向朝东。其前中部系一大间, 犹如"厅", "厅"内地基夯土中埋有 18 座儿童瓮棺葬。"厅"之左、右、后均为窄长间, 互相通连。从基址的位置、规模、结构, 以及"前堂"("厅")部位埋有大量祭祀功能的瓮棺看, 发掘者推测, 它应是宗庙一类建筑。[1]

2. 1985 年春, 在妇好墓西南八九十米处, 发掘了一座长方形的房基 F29, 该房基东西长 12.4 米、南北宽 8.4 米, 面积约 96 平方米。房基四边各有柱洞或夯打的柱基一排, 东西两边的柱洞或柱基排列较密, 南北两排柱洞或柱基分布较稀。在南排柱基之外, 还有一排稍小的柱洞与柱基, 发掘者推测房基南边有廊庑。

房基是挖槽而建, 房基面土质纯净, 夯打得很结实。夯土厚度 65—75 厘米。破坏 F29 北边房基槽的一座殷墓 M61, 属殷墟文化二期, 该墓可能与修建房基的祭祀有关。破坏房基的另四座灰坑, 都是殷墟文化四期的。这座房基大概建于殷墟二期, 其使用的时间较长, 到四期才废弃。

在 F29 南部与 F29 南边线相连接的有 F31（东西长 8.2 米、南北长 7.5 米）, 在 F31 之东约 50 厘米有 F30（南北长 8 米、东西长 5.2 米）。值得注意的是此二基址只有夯土台基, 不见柱洞和柱基, 大概是 F29 南面的活动场地。从 F29 西南角的灰坑 H126 的剖面观察, F31 稍晚于 F29, 在 F29 建成不久, 就接着沿其南边线挖

---

① 唐际根:《安阳白家坟殷代遗址》,《中国考古学年鉴（1998）》, 文物出版社 2000 年版, 第 155 页; 中国社会科学院考古研究所:《中国考古学》（夏商卷）, 中国社会科学出版社 2003 年版, 第 349 页。

基槽建造 F31（图一）。①

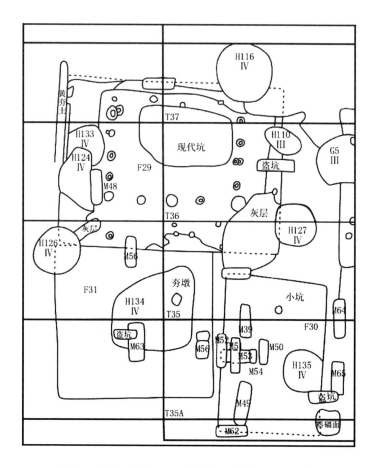

图一　小屯西北地 F29 及其南部的祭祀坑平面图

在 F29 的南面、东南分布着 17 座小葬坑，其中 13 座在 F29
南约 5 米处，排列较密集，另 4 座在 F29 之东 13 米处。这 17 座小
葬坑，大多坑穴窄小、仅够容身。如一座最大的埋 2 人的坑
（M53），长 1.95 米、宽 0.8 米、深 0.15 米，一座最小的埋 1 人的

---

① 中国社会科学院考古研究所：《安阳小屯》，世界图书出版公司 2004 年版，第
41 页；笔者认为，从平面布局上看，F29、F31、F30 应是同一组建筑，打破关系只代表
建筑工序的先后，并无时代上的区分。

坑（M45），长1.4米、宽0.4米、深0.35米。均无葬具，填土未经夯打，与殷墟一般长方竖穴墓有显著区别，应属祭祀坑。

这批葬坑，除1座埋狗外，其余都是埋人的，埋1人的6座，2人的9座，3人的1座。16座埋人的坑中，9座埋的是儿童，全躯，人架放置较规整，多佩有玉柄形饰或成组简单的饰品。经人骨鉴定儿童的年龄在5—12岁之间，以6、7岁为多。7座坑埋的是被砍头的成年男性[①]，年龄在22—45岁之间，以22—25岁为多，这些坑内，多数人头与躯体共存，有的头骨上有明显的刀砍痕，躯骨大多放置凌乱。

17座葬坑中，南北向坑13座，东西向坑4座，其中有两座南北向坑M51、M52打破东西向坑M53、M54，由此推测，东西向坑早于南北向坑。一座南北向坑M46，被一座第三期灰坑H112打破，从而可知M46的上限早于殷墟三期。从几座葬坑出了玉柄形饰形制看，与妇好墓出的Ⅰ式柄形饰基本相似，又联系到多数祭祀坑在第二期建筑F29的南面，发掘报告整理者认为这批葬坑可能属殷墟二期，大概是为祭祀殷王室成员而杀戮人牲。祭祀活动至少分两次进行。[②] 并推测"F29"是第二期修建的祭祀性建筑，大概是甲骨卜辞中所见的"宗"，是又一处殷王室的祭祀场所。[③]

关于F29的性质，笔者认为可能是与王有密切血缘关系的某一个子族的宗庙。

---

① 七座坑中的M57，埋两具人头，一东一西，人头骨周围还有散乱的动物肩胛骨与牛腿骨。报告编写者认为"有可能是一个专埋人头的祭祀坑"（见《安阳小屯》第164、207页）。笔者认为，因该坑遭受严重扰乱，是否只埋人头，不得而知。

② 中国社会科学院考古研究所：《安阳小屯》，世界图书出版公司2004年版，第169页；笔者认为，这批葬坑至少可分为五组：南北向坑分三组，即F29南M39等六座童坑一组，F29东M42等三座童坑和其北的狗坑一组，M56、M57、M64三座成人砍头坑一组；东西向坑分二组，因M53叠压着M54，故东西向的葬坑可分二组。也就是说，祭祀活动分五次进行。

③ 中国社会科学院考古研究所：《安阳小屯》，世界图书出版公司2004年版，第41、169页。

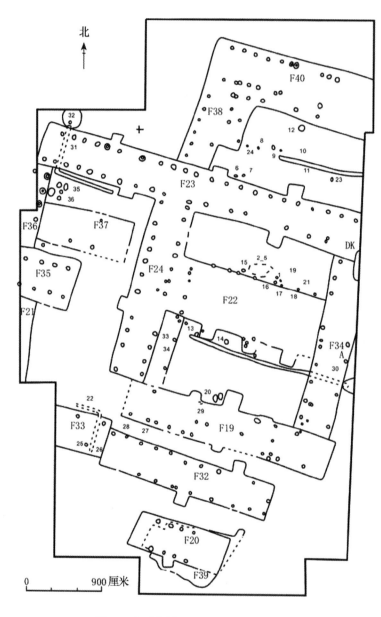

北

图二　大司空村 C 区建筑群总平面图

3. 2004 年考古研究所安阳工作队在大司空村东南、豫北纱厂
厂区中部偏北进行了较大面积的勘探和发掘，发掘面积 6400 平方

米，发现了丰富的遗迹遗物，发掘清理了殷代房基53座。在这五十多座房基中，最受学术界关注的是C区四合院建筑基址群。

该建筑群南北70余米，东西近40米，总面积2800余平方米。它包括14座房基，其中两座房基时代较其他房基早，其余12座房基时代较晚，属于同一组建筑群。这12座基址分为东、西两院，东院有基址8座，前后6排东西向建筑，2排南北向建筑，形成前、中、后三进院落；西院有基址4座，东西向与南北向各2座，形成前后二进院落（图二）。这组基址有较完善的排水设置，大多数房基内，发现作奠基的儿童瓮棺葬，共有60多座。

从C区这12座基址所处的层位、其下叠压或打破的灰坑、墓葬的时代、基址内所出的陶器等判断，属于殷墟文化第四期。

在东院居中位置的北殿F22，东西长17.5米、南北宽7米，其宽度较同组的其他基址要宽。发掘者推测，该基址应有前后回廊，原来的夯土台基应很高。值得注意的是，在F22前后护坡上散落着大量特殊的遗物，如螺蛳摆成的图案，有的似凤，有的像鹰，有的似兽首，还有卜骨、卜甲和高度83厘米的大型陶瓮等，发掘者认为，F22应为C组建筑群的中心基址，有特殊的性质。

在东院最北的是F38与F40（虽是两个编号，实为一个基址），其下叠压着4座殷墟四期的墓葬，即F38的南部叠压M303，F40叠压M400与M020，F38西侧垫土层下叠压M225，这几座墓打破了下层夯土基址。四座墓中，M303是一座保存完整、出土遗物很丰富的中型墓葬。该墓出土的青铜礼乐器42件，大多数铜器上有"马危"二字铭文，发掘者认为墓主为"马危"族的首领或高级贵族，进而又推断M303可能与上、下层夯土为同一体的遗迹，C区建筑群的性质可能与"马危"族的族宗庙有关。①

---

① 中国社会科学院考古研究所：《安阳大司空——2004年发掘报告》，文物出版社2014年版，第19-35、59、446、502页。

二　甲骨文中的族宗庙

甲骨文的非王卜辞①中，有不少关于宗庙的记载，下面将辞义较完整的卜辞列举如下：

1. 丙寅夕卜：子又音在宗，佳永？（《花东》234）

音，释为歆，祭名。赵诚谓：作为祭名的音，即后代的歆，饗也，如《乙》②4708"王音祖丁"②。

2. 癸丑卜：其将妣庚［示］于戈东官？用。二（《花东》195）

将，为祭名。示，即神主，戈地名。官，多指住的馆舍，但此辞中的官，应是祭祀场所。

3. 壬：盟于室，卜？（《花东》236）

盟，祭名。室，亦是祭祀之场所。卜辞有"祖丁室"（《合集》30369）、"大甲室"（《林》2.1.）、"祖戊室"（《京津》4345），可知室为宗庙的一部分。"《尔雅·释宫》室有东西厢曰庙，是室为庙中之一部分，处于两夹之中间。"③

4. 甲申余卜：子不、商又言（歆）多亚？（《合集》21631）

5. 癸亥贞：乍（作）多亚？（《合集》21705）

"子不、商"即"子不、子商"，人名。亚，是宗庙的一种名称，王卜辞中有"其禴于父甲亚"（《合集》30297），指禴祭于父甲的庙室。多亚，指多位祖先的庙室。

6. 己卯卜：午（禴）于多亚？（《合集》22305）

7. 戊戌卜：岁父戊，用牛于官？（《合集》22045）

8. 戊午卜：用十☐？（《合集》22130）

---

① 占卜主体不是商王（即便其中有一些占卜主体是王室成员）的卜辞，均属于非王卜辞（黄天树：《关于非王卜辞的一些问题》，《黄天树古文字论集》，学苑出版社2006年版，第65页）。

② 赵诚：《甲骨文简明词典——卜辞分类读本》，中华书局1988年版。

③ 陈梦家：《殷虚卜辞综述》，科学出版社1956年版，第471页。

祝亚，束（刺）彘？

刺亚？

祝亚，指祷告于宗庙。刺亚之"刺"，为用牲法，指于宗庙刺杀祭祀的牺牲。①

9. 帝（禘）乇（磔）寮（燎）门？（《合集》22246）

于省吾谓："帝即禘祭。乇谓磔牲。燎门是说举行禘祭时燔燎割裂之牲体于宗庙之门。"②

10. 丁亥：饮犬户？（《乙》4810）

黄天树说："'饮犬户'，户相当于王卜辞《屯南》3185'于宗户寻王羌'之'宗户'，'当指宗室祖庙的门'（《综述》478）。"③

11. 戊午：不祀，示咎？

该辞意谓，不举行祭祀，神主会加罪于我吗？表明该家族有自己的宗庙。④

以上第1—3辞属花东子卜辞，4、5辞属子组卜辞，6、7辞属午组卜辞，8、9辞属非王无名组卜辞（有学者称为妇女卜辞⑤），10辞

---

① 黄天树：《关于非王卜辞的一些问题》，《黄天树古文字论集》，学苑出版社2006年版，第65页。

② 于省吾：《甲骨文字释林》，中华书局1979年版。

③ 占卜主体不是商王（即便其中有一些占卜主体是王室成员）的卜辞，均属于非王卜辞（黄天树：《关于非王卜辞的一些问题》，《黄天树古文字论集》，学苑出版社2006年版，第101、102页）。

④ 占卜主体不是商王（即便其中有一些占卜主体是王室成员）的卜辞，均属于非王卜辞（黄天树：《关于非王卜辞的一些问题》，《黄天树古文字论集》，学苑出版社2006年版，第113页）。

⑤ 该组非王卜辞集中出于小屯北H251和H330坑，不记卜人，较多的学者将之称为非王无名组卜辞（李学勤、彭裕商：《殷墟甲骨分期研究》，上海古籍出版社1996年版，第321页）。由于该组卜辞的内容多述妇女之事，故有学者称之为妇女卜辞，同占卜主体不是商王（即便其中有一些占卜主体是王室成员）的卜辞，均属于非王卜辞。（黄天树：《关于非王卜辞的一些问题》，《黄天树古文字论集》，学苑出版社2006年版，第65页。）

属非王圆体类卜辞①，11 辞属非王劣体类卜辞。② 这六种卜辞基本上包括了武丁时非王卜辞的类别。以上列举的卜辞反映出殷人各宗族都有自己的宗庙，并在宗庙内举行祭祀活动。

既然殷人各宗族都有自己的宗庙，那么在殷墟商代遗址中它应与族墓地一样有较多的发现。但为什么至今考古工作者能推断为"族宗庙"的遗存数量较少？笔者认为原因有三：其一，从 20 世纪 50 年代以来，殷墟考古工作的重点是配合当地的基本建设，大多偏重于墓葬的发掘，对建筑基址发掘得少；其二，建筑基址离现今地表较近，比墓葬更容易遭到破坏，故保存下来较为完整的基址不大多；其三，考古工作者对已发掘的建筑基址研究得不够充分。我们相信"族宗庙"遗存在殷墟还会有新的发现。

三　族宗庙遗存探析

上文提到，被考古工作者推断为族宗庙遗存的只三处，而在考古报告中较详细地发表资料的只有小屯 F29 及大司空村 C 区建筑群，下面对此二处遗存作些分析。

1. 小屯西北地 F29。发掘报告编写者认为 F29 南面的十多座祭祀坑是殷王室的又一处祭祀场地③，那么 F29 就应是殷王室的宗庙。笔者认为，这种见解有一定道理，但认真推敲又感到仍有可

---

① 该类卜辞主要出于 YH127 坑，陈梦家据字体与称谓特征最先将之区分出来。黄天树指出该类卜辞的字体多为圆笔，将之称为"圆体类"卜辞，同占卜主体不是商王（即便其中有一些占卜主体是王室成员）的卜辞，均属于非王卜辞。（黄天树：《关于非王卜辞的一些问题》，《黄天树古文字论集》，学苑出版社 2006 年版，第 99 页。）

② 该类卜辞主要出于 YH127 坑，陈梦家据字体与称谓特征将之区分出来。黄天树指出该类卜辞字体柔弱，刀法拙劣，称为"劣体类"卜辞，同占卜主体不是商王（即便其中有一些占卜主体是王室成员）的卜辞，均属于非王卜辞。（黄天树：《关于非王卜辞的一些问题》，《黄天树古文字论集》，学苑出版社 2006 年版，第 112 页。）

③ 中国社会科学院考古研究所：《安阳小屯》，世界图书出版公司 2004 年版，第 41 页。

商榷之处：

（1）王的宗庙（如乙七、乙八、丁一）在小屯东北地离洹河较近的优越地段，而 F29 位于小屯西北地，离王的宫殿、宗庙区尚有一段距离。

（2）乙七基址面积约 1100 多平方米，乙八基址 1200 多平方米，丁一基址占地面积约 550 平方米，F29 的面积才 96 平方米，其规模远逊于王的宗庙。

（3）乙七、丁一基址南面（或东南）的祭祀坑所埋的人牲较多，且绝大多数为砍头的青壮年。如乙七南的北组葬坑共埋 198 人，一坑最多为 9 人，中组葬坑共埋 372 人，一坑最多埋 13 人，北组葬坑还有 5 座车坑，少数葬坑内还有铜器、陶器，反映出祭祀场面较大，所用的祭品相当丰富。F29 南面（或东南）的祭祀坑，共埋人牲 27 人，埋人最多的 1 坑才 3 人，多为每坑一、二人，大多数人牲为儿童，葬坑中遗物很少。从以上三点看，F29 不是王（或王族）的宗庙，可能是族的宗庙。

上文提到非王卜辞中有子组、午组、圆体类、劣体类卜辞，这四类卜辞都与大量的宾组卜辞（王卜辞）共出于小屯北的 YH127 坑中。这一现象表明，这四类非王卜辞的占卜机关与王的占卜机关有密切联系，可能其地点就在小屯。若此推论可以成立的话，还可进一步推测，以上这几类非王卜辞的主人"子"（占卜主体）及其家族成员亦在小屯或小屯附近居住。据考古所安阳队的资料，在宫殿区范围内，在小屯西、西北、西南、东南、花园庄等地都曾发现过大大小小的夯土建筑基址，其中有些大概是与王有密切关系的子族的居址，那么 F29 很可能就是某一子族的宗庙。

2. 大司空村 C 区建筑群。上文提到 2004 年大司空村遗址的发掘者认为 C 区建筑群可能与马危族的族宗庙有关。这一说法的依据是 C 区建筑群规模宏大，夯土层中夹叠着大量的瓮棺葬和规模较大的四座同期墓葬，它们可能是同一体的遗迹，其中一座墓（M303）的墓主据墓中的铭文判断为"马危"族的首领。[1]

笔者认为，C区建筑群虽然与M303等四墓同属殷墟四期，但彼此在时间上还有一定差距，即下层夯土稍早，M303等四墓陆续打破它，随后C区建筑群F38与F40又叠压在墓葬之上。所以说C区建筑群与M303等几座墓为同一体的遗迹不大科学。但M303、M400等几座墓的方向与C区建筑群基本一致，特别是F38西排南段的三个础石，正好位于M303西边线的旁侧[2]，笔者认为，这一现象不是偶然的巧合，而是建造C区建筑群的人们有意的安排。由此表明，C区建筑基址确与M303等墓有着密切的关系。

C区建筑群包括12座基址，占地2.6万平方米，其面积超过商王的乙七、乙八宗庙基址，不大可能整个建筑群都是族宗庙。从该建筑群内出土了不少日常所用的陶器，表明不少基址原来是住人的，可能是族的首脑及其家庭成员的住所，而其中的F22，位置居中，夯土台基较高，房基较宽大，其护坡上有螺蛳摆成的图案，还有卜骨卜甲等，相当特殊，可能该基址（或包括F19、F24、F34等组成的四合院）是马危族的族宗庙。

---

① 中国社会科学院考古研究所：《安阳大司空——2004年发掘报告》，文物出版社2014年版，第445、446、502页。

② 中国社会科学院考古研究所：《安阳大司空——2004年发掘报告》，文物出版社2014年版，图六。

三、甲骨文发掘的收获

甲骨文的考古发掘

　　甲骨文自 1899 年被发现以来，至今已 100 余年了。一百多年来甲骨文已出土了 15 万片。[①] 这 15 万片甲骨，大多数是农民私自发掘出土的（主要是 1928 年以前殷墟所出的甲骨），考古发掘出土的甲骨文只占 3.5 万多片。从数量上看，考古发据出土的甲骨文只占甲骨文总数的 23.7%，但是由于农民私掘的甲骨多属小片，其上的文字大多较少。而考古发掘品，大块的和完整的甲骨数量较多，其上的文字也多，内容丰富，学术价值高，故本文专门叙述关于甲骨文的考古发掘。

　　在中华人民共和国成立之前，甲骨文的出土地点只限于殷墟，从 20 世纪 50 年代至今，随着考古工作的蓬勃开展，甲骨文的出土地点也不断扩大。在河南郑州、山东济南大辛庄发现了商代的甲骨文。此外，在山西、陕西、河北、北京地区的一些西周遗址中也出土了西周甲骨。由此扩大了甲骨学研究的范围。

　　下文将分别介绍商代及西周甲骨的考古发掘情况。

---

　　① 胡厚宣：《八十五年来甲骨文材料之再统计》，《史学月刊》1984 年第 5 期。

一　商代甲骨文的发掘

（一）殷墟甲骨文的发掘

殷墟考古发掘，始于 1928 年。当时的主要目的是要寻找甲骨文。

从 1928—1937 年，中央研究院历史语言研究所在殷墟进行了十五次发掘，发现甲骨文 24918 片。1929—1930 年，河南省博物馆也到殷墟小屯进行发掘，发现甲骨文 3656 片。从 1950 年至 2004 年，中国社会科学院考古研究所继续在殷墟进行工作。数十年的考古工作又发现刻辞甲骨 6631 片。自 1928 年至今，殷墟考古发现甲骨文共 35205 片，其中刻辞卜甲 26278 片，刻辞卜骨 8927 片（见表一）。

表一　　　　　**1928—2004 年殷墟考古发掘出土刻辞甲骨统计表**

地点	出土时间	字骨	字甲	甲骨总数	资料
上屯一带	1928—1937	2200	22718	24918	《殷墟文字甲编》1948 年；《殷墟文字乙编》，1948—1953 年
	1929—1930	983	2673	3656	《甲骨文录》，1938 年；《殷墟文字存真》，1931 年
小屯村东南	1955	1		1	《考古学报》1958 年第 3 期
小屯村一带	1967—1977	10	4	14	《小屯南地甲骨》上册，1980 年；《考古》1989 年第 1 期
小屯村中	1986	8		8	考古研究所安阳队资料
	1989	294		294	考古研究所安阳队资料
小屯西北地	1985		2	2	《安阳小屯》，2004 年
小屯西地	1958		1	1	《殷墟发掘报告》，1987 年
	1971	10		10	《考古》1972 年第 2 期
	1972	3	1	4	考古研究所安阳队资料

续表

地点	出土时间	字骨	字甲	甲骨总数	资料
小屯南地	1973	5260	75	5335	《小屯南地甲骨》上册，1980年；《1973年小屯南地发掘报告》，《考古学集刊》第九集，1995年
	2002	122	106	228	《中国文物报》2002年10月25日
花园庄南地	1993	5		5	《考古》1993年第6期
花园庄东地	1991	5	684	689	《殷墟花园庄东地甲骨》，2003年
	2001	1	1	2	《安阳殷墟花园庄东地商代墓葬》，2007年
四盘磨	1950	1		1	《考古学报》1951年第5册
薛家庄南地	1957		1	1	《文物参考资料》1958年12月
后冈	1931	1		1	《安阳发掘报告》1933年第4期
	1971	1		1	《考古》1972年第3期
苗圃北地	1959—1961	1	1	2	《殷墟发掘报告》，1987年
	1962—1964	2		2	《殷墟的发现与研究》，1994年
	1974		1	1	《殷墟的发现与研究》，1994年
	1985	1		1	《殷墟的发现与研究》，1994年
刘家庄北地	1995	1		1	《华夏考古》1997年第2期
白家坟东地	1997	2		2	考古研究所安阳队资料
	1999	2	1	3	考古研究所安阳队资料
大司空村	1953		2	2	《考古学报》1955年第9期
	1959	2		2	《殷墟发掘报告》，1987年
	2004	1		1	考古研究所安阳队资料
侯家庄	1934	8	8	16	《殷墟文字甲编》，1948年
洹北商城	1999	1		1	《考古学集刊》第15集，2004年
总计		8927	26278	35205	

1928—1937年的殷墟发掘，出土甲骨文的地点主要是小屯，还有侯家庄、后冈，计三处。1950年至2004年的殷墟发掘，除小

屯、后冈、继续发现甲骨文外，在花园庄东地、花园庄南地、四盘磨、薛家庄南地、苗圃北地、刘家庄北地、白家坟西地、大司空村、洹北商城等地，都有商代刻辞甲骨出土。

80 年来，在殷墟甲骨文的发掘中，有三次重大的发现。

（二）殷墟甲骨文的三次重大发现

1. 1936 年小屯东北地 YH127 坑

历史语言研究所考古组于 1936 年春在小屯东北地进行第十三次发掘，原计划在 6 月 12 日结束发掘工作，就在当天下午四时，在 YH127 号坑中发现了成堆的卜甲，清理了一个多小时，取出 3000 多片小片的卜甲，许多龟甲上都有文字。主持 YH127 坑发掘的王湘、石璋如先生喜出望外，准备第二天竭尽全力，把坑中的甲骨清理完。可是第二天，几个人从早到晚不停地工作才清理了一层卜甲。这时正值酷暑，赤日炎炎，这些埋藏了三千多年的卜甲，哪能经得起烈日的灼炙。而坑中的甲骨层还有一米多厚，要把它们全部取下来，需要较长的时间。所以，他们决定改变工作方法，一方面继续清理，一方面雇工钉箱。考古组的几位先生，在田野中风餐露宿，奋战四个昼夜，把甲骨连同灰土都装进木箱之中。

小屯东北地离安阳火车站约 5 里，当时的运输工具又相当落后，要把重达 5 吨的大木箱运至车站，绝非易事。起初，考古组请安阳最有运输能力的李某负责此事，他将大木箱吊棺式的缚在一根粗木杠上，用 64 名杠房工人，把木箱当棺木来抬，结果杠断人散，木箱纹丝不动。后来，王湘、石璋如先生只得组织参加发掘的工人来抬。因木箱太重，走几步就休息一下，足足花了两天时间才走完 5 里路，把大木箱运至车站。

甲骨箱运至车站后，天公不作美，如注的大雨连续数日，直至 7 月 4 日才装车起运，7 月 12 日运到南京历史语言研究所，后来又花了三个月时间，才将木箱中甲骨全部取出。

图一　甲骨坑被套进木箱内

YH127 坑，坑口呈圆形，直径 1.8—2 米，距地表 1.7 米，坑底距地表约 6 米。坑内堆积分三层：上层黄土，厚 0.5 米，中层灰土与龟甲，厚 2.3 米，下层灰绿土，厚 1.6 米（图二）。出土时坑中的龟甲放置没有什么规律，有的正面朝上，有的反面朝上，腹甲与背甲，完整的与残缺的相互叠压，排成由北至南的斜坡状，在甲骨堆积中有一具拳曲的人骨架，紧靠坑的北壁，人的躯体大部分被埋在龟甲之中，只有头及上躯露在龟甲层以外，似乎在倾入龟甲之后此人才入坑内的。石璋如先生推测，此具人架是掌管龟甲的人员，在埋入龟甲之后以身殉职。

YH127 坑，共发现刻辞甲骨 17096 片，是殷墟发现以来最大的收获。坑中甲骨文的时代属武丁时期。此坑属于武丁时代埋藏

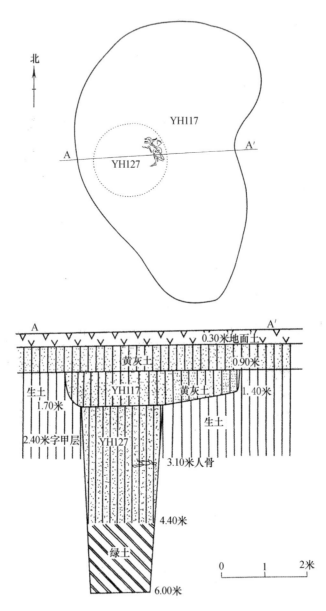

图二　小屯北 YH127 坑平剖面图

甲骨的窖穴。

YH127 坑甲骨，不但数量多，而且有许多重要现象：

（1）在 1.7 万多片甲骨中，牛骨仅 8 片，其余全部是龟甲，再结合过去出土过单埋卜骨的窖穴，可推测殷代卜甲与卜骨是分处埋放的。

图三   剔除已取出的卜甲表面的泥土   右为本书作者刘一曼

（2）完整的刻辞卜甲数量多，近 300 版，其中有一块产自马来半岛的大龟《乙》4330＋4773（《丙》184）长达 44 厘米、宽 35 厘米，这是至今为止殷墟出土的最大的一块卜甲。

（3）发现一些改制的背甲，即将背甲改制成中部有孔的椭圆片（类似鞋底形），知道殷人可能将甲骨穿成简册。

（4）发现了用墨或朱砂书写的文字，知道殷代已有书写的毛笔和颜料。

（5）发现了刻画龟甲卜兆的现象。

（6）常见字中填朱墨的情况，有的龟甲上大字填朱，小字填墨，黑红互衬，鲜艳夺目。

（7）记龟甲来源的刻辞较多。①

YH127 坑甲骨，刻辞的内容极其广泛，上至天文星象，下至人间杂事，无所不包，涉及殷代的政治、经济、文化、社会生活各个方面，是研究商代历史的珍贵资料。所以，有的学者称YH127 坑是殷王朝的档案库。

2. 1973 年小屯南地甲骨

1972 年 12 月下旬的某天上午，年近六旬的小屯村民张五元因制作煤球需用黄土，便到村南路边的小沟取土，当他挖了几锹黄土时，看到下面的土色逐渐变深，土中夹杂有一些小骨片，有的骨片背面有"火号"（小屯村民称卜骨背面钻、凿、灼的痕迹为"火号"）。张五元在青年时代就参加过殷墟发掘，富有经验。他把卜骨捡起来仔细观察，发现其中六片刻有文字，便小心翼翼地将这些卜骨用纸包好，送到安阳考古工作队。考古队的同志看到这些有字的卜骨，十分高兴。当年的安阳队队长戴忠贤和队员刘一曼一起跟随张五元到出甲骨的现场。他们用小铲轻轻扒开浮土，看到小沟边和沟底还贴着不少碎卜骨，其间也杂有少量碎陶片，土色黄灰。他们判断，这是一个甲骨坑遗迹。当时正值隆冬，不便发掘，便用几车碎土将该处掩埋起来。

1973 年 3—8 月，10—12 月，考古研究所安阳发掘队在小屯村南路边一带进行了两次发掘，戴忠贤、刘一曼、曹定云等六位同志参加了发掘工作。经过七个月的紧张工作，发现了刻辞甲骨5335 片，其中卜骨 5260 片，卜甲 75 片。这是中华人民共和国成立以来殷墟发掘中，甲骨文发现最多的一次。

小屯南地甲骨，除一部分出在近代扰乱层及殷代的文化层外，大多数出于殷代的灰坑（窖穴）中。这次发掘，共发现殷代的灰

---

① 有关 YH127 坑的情况，可参见石璋如《小屯后五次发掘的重要发现》，《六同别录》（上册），1945 年；石璋如《遗址的发现与发掘·丁编》，《殷墟第十三次发掘YH127 坑窠所出甲骨》，历史语言研究所，1992 年，第 71—139 页。

坑 123 个，其中 58 个都出了刻辞甲骨，少者每坑一片，多者数百片乃至上千片。其中出甲骨文最多的一个是 H24 坑，共出刻辞卜骨 1365 片，无一片卜甲。

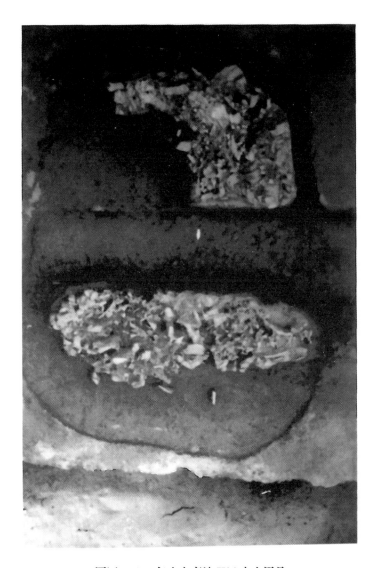

图四　1973 年小屯南地 H24 出土甲骨

H24 坑，口部近椭圆形，距地表 0.8 米，直径 1.8—2.7 米，坑深0.8米，出土时成堆的卜骨叠压在一起，卜骨层厚0.3—0.5米（图四），卜骨堆中不见其他遗物，只在坑之底部发现少量的碎陶片。大体上靠近坑口的是小片卜骨，靠下面的多是大块的或完整的卜骨，安阳队清理H24坑的时间与YH127坑的发掘时间一样，也在炎热的6月，为了避免卜骨遭暴晒和雨淋，便在坑口上方搭了一个席棚，每天在棚内进行清理甲骨的工作。因卜骨叠压的极紧密，发掘者是根据它们叠压的先后逐层清理，每清一层先照相画图，然后一片片编号取出。对于没有断裂的卜骨，无论大小，逐号包好，放于筐中。对那些保存不好断裂成数片或一二十片的大块刻辞卜骨，他们用粘贴法，具体操作是用马粪纸根据卜骨的大小，剪成一块块纸版，然后在纸板上铺上一张麻纸，在其上刷上糨糊，按照卜骨的原状一片片取下，粘在麻纸上。这样做颇费时间，但能保证卜骨的完整性，使其在搬运过程中不致丢失，且便于以后的粘对与修复工作。花了近一个月的时间才将H24坑卜骨全部取完。

小屯南地甲骨大部分属康丁、武乙、文丁卜辞（即甲骨文分期的三、四期），少量属武丁（第一期）和帝乙、帝辛时代（第五期）。

小屯南地甲骨，以卜骨占绝大多数，卜甲只占甲骨总数的1.4%。在卜骨中，大块的基本完整的牛肩胛骨上百片，这是前所未有的发现。

小屯南地甲骨多出于殷代的窖穴与文化层中，并与陶器共存，对甲骨文的分期断代研究有重要的意义。如学术界多年争论不休的"自组卜辞""午组卜辞"，在小屯南地有的出于早期的文化层与窖穴中，同出的陶器亦属于早期。据发掘者论证，小屯南地早期，相当于武丁时代，所以，小屯南地的发掘为判断这些卜辞的时代提供了可靠的地层依据。

小屯南地甲骨刻辞内容相当丰富，包括祭祀、田猎、征伐、

图五　1991 年花园庄东地 T4 周围环境

农业、天象、旬夕、王事等，其中有关军旅编制、天文、百工等方面的内容，是过去不见或少见的，还发现一些新的人名（包括贞人名）、地名、方国名和一些新的字词等，给甲骨学和商代史研究提供了大量新的资料。①

3. 1991 年花园庄东地 H3 甲骨坑

1991 年秋，为配合安阳市的筑路工程，考古研究所安阳队在花园庄一带进行考古工作（图五）。安阳队队长杨锡璋先生首先组织人力在该地进行钻探。钻探队在花园庄东 100 多米处，在距地表 2.9—3.1 米的深度，探出了许多无字的碎卜甲，初步判断，是个甲骨坑。此地过去从未发现过甲骨，杨锡璋先生对这一发现感到兴奋，决定在这里进行发掘，刘一曼和郭鹏接受了发掘任务。

10 月 18 日，开始了发掘工作。20 日上午，在距地表 1.2 米

---

① 中国社会科学院考古研究所：《小屯南地甲骨》上、下册，中华书局 1980、1983 年版。

时，发现了甲骨坑 H3，它被一个椭圆形坑 H2 破坏了一部分（图一一）。刘一曼、郭鹏决定马上发掘 H2，当该坑发掘完毕，H3 的坑口全部显现出来，原来这是一个十分规整的长方形窨穴，长 2 米、宽 1 米。10 月 21 日，挖至坑口以下 1.7 米（距地表深 2.9 米）时，发现了密密麻麻的甲骨片，绝大多数是卜甲（图七），在几片卜甲上有清晰而细小的字体，刘、郭二人心中充满了喜悦。

但埋藏了多年的卜甲极易碎裂，出土时一块完整的龟甲往往断裂成数十片或一二百片，给清理工作带来极大的困难，工作了一天半，才取出五十多片卜甲。恰逢那时常刮大风，修公路的石灰、砂子迎面扑来，运土汽车隆隆的奔跑声不绝于耳，工期十分紧迫，安阳市城建局一再催促尽快发掘完毕。加上满坑甲骨发现的消息不胫而走，参观的人连续不断，安全问题也迫在眉睫，但欲快清理又不可能，这令发掘者焦急万分，经过反复研究，决定将整个甲骨坑来一个大搬迁，搬回考古站再清理。

他们做了一个长 2.2 米、宽 1.2 米、厚 0.8 米的大木箱框，将整个甲骨坑套于箱内（图六）。由于木箱的长度宽度与深度都比原坑的尺寸稍大，所以完整地保留了甲骨坑的原状。然后掏空甲骨坑的底部，再钉上木箱的底板。这项工作也极其艰巨，要弯着腰或蹲着干活。10 月下旬的安阳天气秋凉似水，几个身强力壮的工人不停地挖土、钉板，汗水渗透了他们的内衣，但大家的情绪非常饱满。工作了两天才把甲骨坑完全套进大木箱之内（图一）。这时，全箱的重量近 4 吨。

10 月 29 日下午，安阳队租用起重机将甲骨箱吊起，放于大卡车上，运回考古工作站。吊箱和运输工作，半个多小时就胜利完成。

从 10 月 31 日开始，发掘者在站内开箱取甲骨，取甲骨的方法仍采用 1973 年发掘小屯南地 H24 坑时用过的粘贴法，但因此坑绝大多数是已碎裂成许多小片的大块的卜甲，故操作起来比过去更复杂，难度更大。他们是直接在卜甲的表面（正面或反面）刷上浆糊，贴上麻纸，在其上盖上硬纸板，然后用竹签将卜甲下面的泥土掏掉，接着在卜甲下插进一两把小薄铲，一手用薄铲将卜甲轻轻托起，另一手按着纸板，将它作180度的翻转，再平放于纸盒之中（图三），每取一片都需要耐心和细心。至11月26日，取出甲骨856片，因天寒地冻难于工作，只得将甲骨箱钉起来，再采取一些保护措施。1992年5月3日，继续开箱清理，至6月1日，清至坑底，甲骨全部取完。从H3坑的发掘，到取完最后一片甲骨，前后费时两个多月。

图六　H3第五层甲骨出土情况　　　　　图七　H3东南角
（已套进大木箱内）　　　　　　第二层甲骨出土情况

　　花园庄东地甲骨坑共发现甲骨1583片，其中卜甲1558片（腹甲1468片，背甲90片）；上有刻辞的684片（腹甲667片，背甲17片）卜骨25片，上有刻辞的5片，共计刻辞甲骨689片。

此坑甲骨，以大版的卜甲居多，其中完整的卜甲755版，除了整甲外，半甲、大半甲的数量亦很多。特别珍贵的是上有刻辞的完整卜甲达300多版，占有字甲骨总数的50%以上。这是自1936年YH127坑及1973年小屯南地甲骨以后殷墟甲骨文的第三次重大发现，被评为1991年全国考古十大发现。

花东H3甲骨坑所出刻辞甲骨，内容较集中，主要有祭祀、天气、田猎、疾病、吉凶、梦幻等几类。据甲骨坑所出的地层关系、共存陶器以及卜辞内容判断、此坑甲骨的时代属武丁早期。①

花东H3坑甲骨与1936年YH127坑相比有一些相同之处：

（1）两坑之时代大致相同，都属武丁时期埋藏甲骨的窖穴。

（2）甲多骨少。

（3）完整的和大版的卜甲数量多。

（4）字中填朱、填墨（图九、图一〇）和刻划卜兆的现象较常见。

（5）龟腹甲与卜骨的整治及甲骨反面钻、凿、灼排列的方式相似。

（6）发现刮削后重刻的卜辞。

（7）发现甲桥刻辞。

花东H3与YH127坑也有不少相异之处：

（1）坑之形状和坑内堆积不同。如前所述YH127坑是个圆坑，在甲骨堆积层之下还有1.6米深的绿灰土，内含陶片与兽骨，说明该坑在放入甲骨之前便已使用过一段时间。而H3坑是长方形坑，坑底以上80厘米全部堆满甲骨，甲骨层上填以50厘米的灰土，其上又填60厘米的黄土，然后用夯土打实，黄夯土之上又有60厘米的浅灰土。坑的形制规整，坑壁整齐（图八）。这些迹象表明，当时的人们是有意识挖造此坑，将一批占卜过的甲骨深埋

---

① 中国社会科学院考古研究所：《殷墟花园庄东地甲骨》，云南人民出版社2003年版。

于地下。

（2）花东 H3，穿孔的腹甲较多，一百多片。大多数孔位于甲桥中部，左右甲桥各一孔，还有较小的孔，位于卜甲断裂部分的边缘处。

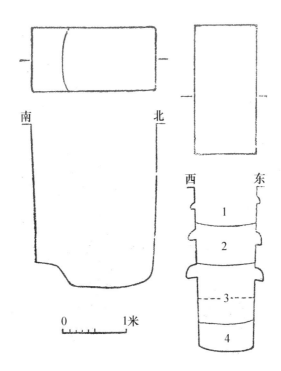

图八　花园庄东地 H3 平剖面图
1. 浅灰土；2. 黄色夯土；3. 深灰土（虚线以下为甲骨层）；4. 黄土

（3）没有发现改制的背甲。此坑所出的背甲，是将一完整的背甲对剖成 2 块以后，边缘略经刮磨而成的。

（4）花东 H3 的卜辞全是契刻的，未见书辞。

（5）花东 H3 甲骨卜辞的字体风格大多细小、工整、秀丽，全坑卜辞字体较规范、划一。异体字较小。

（6）此坑卜辞文例上富有特征，如前辞多样化，常见占辞、用辞等。

图九　H3：632（局部，字中填朱）

（7）此坑甲骨卜辞的主人是"子"。全坑均属"非王卜辞"，而 YH127 坑的卜辞，绝大多数属王卜辞，非王卜辞占少数。

花东 H3 甲骨卜辞具有重要的学术价值：

第一，对甲骨文分期断代研究有重要意义。

自 20 世纪 30 年代以来，甲骨文分期断代研究一直是甲骨学研究中的一个重要课题。在甲骨文断代研究中应采取什么标准？

长期以来，学术界都采用董作宾先生的《甲骨文断代研究例》①中列举的五期分法，十项标准，特别是多用其中称谓、贞人、字体三项来分期。由于殷墟所出的甲骨卜辞中属小片居多，缺乏称谓与贞人，所以依据字体进行分期又是学者们最喜用的方法。一些学者在断定某片甲骨的时代时，常常将其上的干支与董先生制定的甲骨文《干支字体五期演变表》② 中的字体进行对照。众所周知，董作宾的《甲骨文断代研究例》在甲骨学史上是件划时代的大事，对甲骨文研究影响很大，至今文中的许多观点仍具有指导意义。但是随着甲骨文新资料的不断出土和断代研究的逐渐深入，不少学者感到《甲骨文断代研究例》中的一些标准，有需要修改和补充之处。如董先生认为从早期至中晚期癸、庚、辛、午、未、辰、子、酉等几个字的演变规律如表二所示：

表二

干支	癸	庚	辛	子	辰	午	未	酉
早期								
中晚期								

特别是其中四边出锋的"癸"字，一直被甲骨文研究者认为是第五期的典型字体，而这种出锋的"癸"字及其他"晚期"字体，在花东 H3 的甲骨卜辞中比比皆是，但 H3 的时代属于武丁早期。这种"矛盾"的情况表明，甲骨文的分期断代，应从多方面考虑，要注意区分不同的卜辞组，要研究卜辞的内容（称谓、贞人、事类、字体、文例等），还应十分注意甲骨文出土的地

---

① 董作宾：《甲骨文断代研究例》，《历史语言研究所集刊外编——庆祝蔡元培先生六十五岁论文集》上册，1933 年。

② 董作宾：《甲骨学六十年》，台北艺文印书馆 1965 年版。

图一〇　刚取出，未剔去泥土的卜甲 H3：865（局部，字中填墨）

层、坑位、共出陶器的形态等，特别是对那些时代较早的卜辞，考古学的地层、坑位，更是非常重要的断代标准。总之，对甲骨文的分期断代，必须对以上各项因素作综合分析，才能得出正确的结论。

　　第二，对"非王卜辞"及商代家庭形态的研究提供了珍贵的资料。

　　长期以来，学术界认为殷墟卜辞都是殷王的卜辞。70 年代以后，大多数学者认识到殷墟卜辞中有小部分属"非王卜辞"①，但还有少数学者对此持不同的看法。H3 坑卜辞的出土，以无可辩驳的事实证明了"非王卜辞"的存在。"非王卜辞"的主人身份，是一些殷人家族的族长。② 因此，一些学者在研究商代的家族形态时，大量引用和深入分析"非王卜辞"中的有关资料。过去，此类卜辞出土较少，只有一千多片，且小片居多，而花东 H3 坑，出土 689 片，并以大版的卜甲为主，内容远较以往的"非王卜辞"要丰富。所以，花东 H3 坑甲骨卜辞的出土，对"非王卜辞"以及商代家庭形态的研究有重大意义。

4. 殷墟以外地区商代甲骨文的发现

（1）郑州地区出土的甲骨文

郑州地区从 1953 年始，陆续发现了四片甲骨文：①1953 年 4 月，在二里冈西北部考古发掘工地，于被推动机翻动的土层中，捡到刻字肋骨一块，上刻十字；②同年 9 月，又在该工地的 T30 探沟东端的商代二里冈期灰层内，出土一块牛肱骨，上刻一"屮"字③；③1989 年，在省水利第一工程局的二里冈上层灰坑内，发现了一块动物肢骨加工的骨料，上刻两字，刻痕较浅；④1990 年，在郑州电力学校二里冈上层的夯土坑 H10 中，发现一件由动物肩胛骨加工成的残骨料，其上亦刻二字，刻痕也浅。后二字的字体稚拙，为习刻文字。④ 郑州所出的这四片有字骨片中，刻字肋骨文字较多，受到学术界的关注，对它的时代、刻辞内容、性质等展开了热烈的讨论。1954 年，陈梦家先生认为肋骨上的字是习刻，

---

① 黄天树：《关于非王卜辞的一些问题》，《陕西师范大学学报》（哲学社会科学版）1995 年第 4 期。

② 林沄：《从武丁时代的几种"子卜辞"试论商代家族形态》，《古文字研究》第一辑，1979 年。

③ 河南省文化局文物工作队：《郑州二里冈》，科学出版社 1959 年版，第 33 页。

④ 宋国定：《1985—1992 年郑州商城考古发现综述》，《郑州商城考古新发现与研究》，中州古籍出版社 1993 年版。

时代可能属于商代晚期。① 在 20 世纪 80 年代中期，裴明相著文指出，该肋骨所出的地点"绝无郑州商代人民公园期及安阳殷墟晚期遗存"，该骨时代应属于商代二里冈期。② 因裴氏长期在郑州从事考古工作，所以他的观点为学术界采纳。

图一一　花东 H2 与 H3 坑的关系

对肋骨的释文、性质、至今仍存在两种不同的看法：李学勤认为，肋骨上的字十个，是两段辞，第一辞七字，位于肋骨下方，"乙丑贞：从受。七（或十）月"。第二辞三字，在第一辞的上方，"又土羊"。土，释为"社"，又读"侑"，指祭祀社神以羊。③ 大多数学者采用这种看法。

李维明认为，该骨字数十一个，是一段辞，即"又乇土羊乙

①　陈梦家：《殷虚卜辞综述》，科学出版社 1956 年版，第 27 页。

②　裴明相：《略谈郑州商代前期的骨刻文字》，《殷都学刊》增刊，《全国商史学术讨论会论文集》，1985 年。

③　李学勤：《郑州二里冈字骨的研究》，《中国社会科学院历史研究所学刊》（第一集），社会科学文献出版社 2001 年版。

丑贞从受七月"，内容是记录了一次商代用羊侑祭"亳土"（亳社）的活动①，并在七月乙丑日贞问祭祀结果的事情。他的依据是，在《郑州二里冈》第三十八页的肋骨刻辞摹本中，"土"字上方有"ナ"形，应释"亳"字。但因从发表的拓本及照片，看不出有"亳"字，且目睹过肋骨实物的学者，未提到"土"字的上方有字，故这一看法尚未得到学术界认同。②

关于肋骨的性质，有学者说是卜辞③，有的则说它是刻辞④，但无论哪种看法，大家都认为，文字的内容，与社祭有关，是比较重要的。与郑州商城作为都邑的性质相吻合。

（2）山东济南大辛庄出土的甲骨文

2003 年 3 月，在济南大辛庄商代遗址出土了七片刻辞卜甲，其中四片能缀合成大半甲（编号 T2302（5）B：1），另三片碎甲有少量文辞。⑤

T2302（5）B：1，残长 18 厘米、残宽 10.7 厘米（图一二），全版有三十四字，卜辞十六条。此版卜辞的内容是关于祭祀的。主要卜问祭四母以消除灾殃，用猪牲作为祭品。卜辞之时代近武丁至祖甲。大辛庄卜甲在甲骨的整治、钻凿形态、字形、文法等与殷墟卜甲基本相似，应属于同一系统，但在兆枝的方向、序数契刻位置、卜辞的排列等又与殷墟卜辞存在着一定的差异，具有

---

① 李维明：《郑州出土商代牛肋骨刻辞新识》与《郑州出土商代牛肋骨刻辞补释》，《中国文物报》2003 年 6 月 13 日、2006 年 1 月 6 日。

② 孙亚冰：《对郑州商代牛肋骨刻辞的一点看法》，《中国文物报》2006 年 1 月 6 日。

③ 李学勤：《郑州二里冈字骨的研究》，《中国社会科学院历史研究所学刊》（第一集），社会科学文献出版社 2001 年版。

④ 李维明：《郑州出土商代牛肋骨刻辞新识》与《郑州出土商代牛肋骨刻辞补释》，《中国文物报》2003 年 6 月 13 日、2006 年 1 月 6 日。

⑤ 方辉：《济南大辛庄遗址出土商代甲骨文》，《中国历史文物》2003 年第 3 期；山东大学东方考古研究中心等：《济南大辛庄遗址新出甲骨卜辞探析》，《考古》2004 年第 2 期。

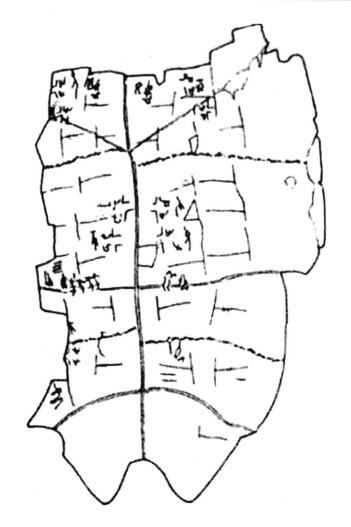

图一二　大辛庄遗址出土卜甲

地方特色。大辛庄甲骨卜辞是郑州商城及殷墟甲骨文之外，首次发现的商代地方性甲骨卜辞，这在甲骨学史上是很有意义的，因此可以推测"文字的使用在商王朝的政治疆域已有相当大的覆盖面，并有效地发挥相应的内聚作用"①。

①　孙亚冰、宋镇豪：《济南大辛庄遗址新出甲骨卜辞探析》，《考古》2004 年第 2 期。

二　西周甲骨文的发掘

（一）西周甲骨文的发现

西周甲骨文的发现始于 1952 年。从 1952 年至今，西周甲骨文出土了 401 片，除 12 片为卜骨外，其余全为卜甲。西周甲骨文出土的地区有河南、山西、北京、河北、陕西等地（表三）。以下按地区分述之。

1. 洛阳出土的甲骨文。1952 年，于洛阳东关泰山庙遗址，在 LTT53 探沟内，发现了一片有字卜甲，它的反面有整齐而密集的钻凿。其特点是方形的钻和长方形的凿联结成一个低洼的正方形，而凿更深一些。正面有卜兆，在右半甲之中部，有一"五"字，有学者认为卜甲主人是殷人或是周初被迁到洛邑的殷人之物①，据其钻凿形态，应为西周卜甲②。

2. 山西洪赵坊堆村刻辞卜骨。1954 年在山西省洪赵县坊堆村的周代遗址中出土了一块基本完整的卜骨，骨背面有钻窝及灼痕，卜骨正面有兆痕，上刻八字"化宫鼎三止又疾，贞"③。李学勤据与卜骨同出的铜器、陶器等遗物判断，指出应为西周初期之物。④

3. 北京昌平白浮刻辞卜甲。1975 年，在北京昌平白浮村发掘了三座西周木椁墓，在两座墓中出土了五片刻辞卜甲。其中 M2 出二片，一片刻"贞"字，另一刻"不止"二字；M3 出三片，一片刻"其祀"、一片刻"史告"，还有一片刻"其尚上下韦驭"六

---

① 陈梦家：《解放后甲骨的新资料和整理研究》，《文物参考资料》1954 年第 5 期。

② 赵振华：《洛阳两周卜用甲骨的初步考察》，《考古》1985 年第 4 期。

③ 陕西省文物管理委员会：《山西省洪赵县坊堆村古遗址墓群清理简报》，《文物参考资料》1995 年第 4 期；畅文齐、顾铁符：《山西洪赵县坊堆村出土的卜骨》，《文物参考资料》1956 年第 7 期。

④ 李学勤：《谈安阳小屯以外出土的有字甲骨》，《文物参考资料》1956 年第 11 期。

个字。①

4. 北京房山镇江营刻辞卜骨。80 年代末在北京房山镇江营西周燕文化遗址中，出土了西周卜骨一片，上有由六个字组成的"筮数"两组。②

5. 北京琉璃河的刻辞卜甲。1996 年在北京房山琉璃河燕都遗址祭祀区的 H108 灰坑内，出土数十片残卜甲，其中三片有字。一片四字"其叙□□"，一片"用贞"二字，还有一片"成周"二字。③"成周"卜甲的出土，对遗址的断代有重要的意义。因为成周营建于成王初。表明 H108 坑的年代，不会早于成王时期，即琉璃河时代最早的遗存年代在西周早期的偏早阶段，这对于燕国史及北京史的研究提供了珍贵的资料。

表三　　　　　　　　　　　　西周甲骨统计表

地点	出土时间	字骨	字甲	甲骨块数	资料
洛阳东关泰山庙	1952		1	1	《文物参考资料》1954 年第 5 期
山西洪赵坊堆村	1954	1		1	《文物参考资料》1954 年第 4 期
河北邢台南小汪	1991	1		1	《文物春秋》1992 年增刊
北京昌平白浮	1975		5	5	《考古》1976 年第 4 期
北京房山镇江营	80 年代末	1		1	《北京文博》1997 年第 4 期
北京房山琉璃河	1996	3		3	《文物》1997 年第 6 期
陕西长安张家坡	1956	3		3	《文物参考资料》1956 年第 3 期；《澧西发掘报告》，1963 年
陕西扶风齐家	1979—1980	5	1	6	《文物》1981 年第 9 期；《西周甲骨探论》《周原甲骨文》

---

① 北京市文物管理处：《北京地区的又一重要考古收集》，《考古》1976 年第 4 期。

② 王宇信、杨升南主编：《甲骨学一百年》，社会科学文献出版社 1999 年版，第 287 页。

③ 琉璃河考古队：《琉璃河遗址一九九六年度发掘简报》，《文物》1996 年第 6 期。

地点	出土时间	字骨	字甲	甲骨块数	资料
陕西扶风齐家	2002	1		1	《中国考古学年鉴（2003）》
陕西扶风强家	1981	1		1	《周原甲骨文综述》，1981 年
陕西岐山凤雏	1997		293	293	《西周甲骨探论》《周原甲骨文》
陕西岐山礼村	2002	1		1	《中国考古学年鉴（2003）》
陕西岐山周公庙	2003—2004		84	83	《中国文物报》2004 年 12 月 31 日
湖北襄樊檀溪村	1988	1		1	《中国文物报》1989 年 2 月 24 日
总计		18	383	401	

6. 河北邢台南小汪刻辞卜骨。1991 年，在河北邢台南小汪西周遗址的发掘中，于 H75 坑出土了一片刻辞卜骨[①]，上有两组卜辞，一组刻"其事䮝，陟四白䭾，卲曰：祀"十个字。[②] 另一组已残缺，仅存一"其"字（图一三）。这是邢台地区首次发现的一片西周卜骨，对研究西周邢国历史有重要意义。

7. 陕西长安张家坡刻辞卜骨。1956 年在长安张家坡丰镐遗址发现了三片有字卜骨，均刻由六个数字组成的"筮数"，两片两组：511681 与 681151 及 668116 与 166661，一片一组，116111。[③]

8. 陕西岐山凤雏刻辞卜甲。1977 年，在陕西岐山县凤雏村发现了一座大型的宫室建筑基址。这座基址南北长 45.2 米，东西宽 33.5 米，面积 1469 平方米。是一座前后两进、左右有厢房的封闭

① 河北省文物研究所、邢台市文物管理处：《邢台南小汪周代遗址西周遗存的发掘》，《文物春秋》1992 年增刊。

② 本文依王宇信释文，见《周原甲骨卜辞行款的再认识和邢台西周卜辞的行款走向》，《华夏考古》1995 年第 2 期；李学勤、曹定云等，从左往右读该片卜辞，释文为："卲曰已，四白䭾䮝陟其事"，李文见《走出疑古时代》，辽宁大学出版社 1997 年版，第 168—169 页。曹文见《三代文明研究》（一），科学出版社 1999 年版。

③ 陕西省文物管理委员会：《长安张家坡遗址的重要发现》，《文物参考资料》1956 年第 3 期；中国科学院考古研究所：《沣西发掘报告》，文物出版社 1963 年版，第 111 页；唐兰：《在甲骨金文中所见的一种已经遗失的中国古代文字》，《考古学报》1979 年第 2 期。

式的院落。在基址的西厢房二号房间，发现了两个出甲骨的窖穴——H11 与 H31。H11，出土残破的甲骨 1.7 万多片，其中龟甲一万六千七百余片，均为龟腹甲，卜骨 300 余片，为牛肩胛骨。这批卜甲经清洗后，其上有文字的 283 片。H31，出土西周甲骨四百余片，清洗出有字卜甲 10 片。两坑共出有字卜甲 293 片，均属小片。[①] 卜甲上的文字不等，少的一两字，最多的一片有 30 余字。

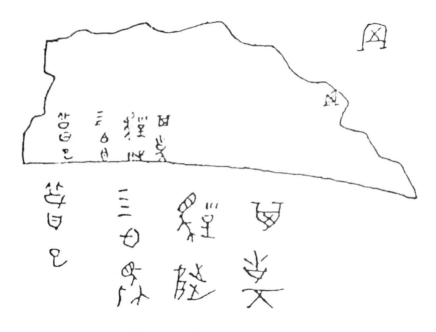

图一三　邢台南小汪西周刻辞卜骨

9. 陕西扶风齐家村刻辞甲骨。从 1979—1980 年，在陕西扶风齐家村的西周遗址的考古发掘及在遗址附近采集，共获得刻辞甲骨六片（卜骨五片、卜甲一片）。[②] 齐家村所出的甲骨片较大，弥

① 陕西周原考古队：《岐山凤雏村两次发现周初甲骨文》，《考古与文物》1982 年第 3 期。

② 陕西周原考古队：《扶风县齐家村西周甲骨发掘简报》，《文物》1981 年第 9 期。

补了凤雏片太小的不足，对于研究西周甲骨的整治、凿钻形态、文字行款等提供了重要资料。2002 年，在齐家玉石器作坊遗址的一个长方形坑中出土一片刻有三十多字的甲骨。①

10. 陕西扶风强家村刻辞卜骨。1981 年，在陕西扶风强家村遗址，采集到一片刻辞卜骨，上刻三字。②

11. 陕西岐山礼村刻辞甲骨。2002 年，在陕西岐山礼村东南沿刘家沟西沿进行发掘，发现刻辞卜骨。③

12. 陕西岐山周公庙的刻辞卜甲。2003—2004 年在岐山周公庙遗址的考古调查与发掘中，发现西周卜甲 700 余片，其中刻辞卜甲 83 片，字数最多的一片有 38 字。这批刻辞卜甲中，有数例与“周公”有关的卜辞，是西周甲骨文的首次发现，还有一片背甲上刻有“哉死霸”月相词，是研究周代历法的宝贵资料。刻辞中有不少地名，以“周”与“新邑”最为常见，“唐”“薄姑”各一见，但均是第一次见于西周甲骨文中。通过对甲骨坑堆积状况、出土陶片年代特征、卜甲刻辞内容等的分析，发掘者初步判断周公庙遗址卜甲的年代可能为西周早期。周公庙甲骨文的出土，是继 1977 年岐山凤雏甲骨之后的又一次重大发现，对西周甲骨及西周早期历史的研究有较高的学术价值。④

13. 湖北襄樊檀溪村刻辞卜骨。1988 年，在湖北襄樊檀溪村出土一片西周卜骨，是牛肩胛骨扇部，背面有凿，正面刻二字，

---

① 曹玮、孙周男:《周原遗址》,《中国考古学年鉴》(2003),文物出版社 2004 年版,第 348 页。

② 徐锡台:《周原甲骨文综述》,三秦出版社 1991 年版,第 125 页。

③ 曹玮、孙周勇:《周原遗址》,《中国考古学年鉴 (2003)》,文物出版社 2004 年版,第 348 页。

④ 《陕西岐山周公庙遗址考古收获丰硕》,《中国文物报》2004 年 12 月 31 日;孙庆伟:《“周公庙遗址新出甲骨座谈会”纪要》,《古代文明研究 (通讯)》2004 年总第 20 期;徐天进:《陕西岐山周公庙遗址》,《2005 年中国重要考古发现》,文物出版社 2006 年版。

其中一字是"乙"字，另一字难辨。[①]

以上十三次发现，以周原甲骨（凤雏、扶风）最为重要。下面我们概述周原甲骨的情况。

（二）周原甲骨概况

1. 周原甲骨的特点

（1）用料。主要用龟腹甲，部分用牛胛骨，罕用背甲。而殷墟甲骨中背甲有一定数量。

（2）整治方法。龟腹甲背面刮磨平整，甲首经掏挖后留有宽厚的边缘，牛胛骨削去背面骨臼部分，但未切臼角。

（3）凿、钻、灼法。卜甲一般施方凿，在凿的靠外部有一道较深的竖槽。方凿排列整齐、密集。卜骨背面施圆钻，在圆钻之底部靠外侧凿一竖槽，也就是说，凿置于圆钻之中。钻孔排列不规则，从骨臼以下至肩胛扇附近都有分布。卜甲上的灼痕较大。完整的卜甲，左右两边的卜兆都指向中缝。卜骨上的灼痕较小，呈黄褐色的小圆点，左右两侧兆枝相对。

（4）刻辞情况。卜甲上的刻辞依中缝分左、右两部分，刻辞刻于兆枝一侧，顺着兆枝，即朝着腹甲"千里路"的走向。周原的西周卜辞及记事文字行款为自右下行而左，几条族属尚有争议的"庙祭"卜辞，行款为自左下行而右。

卜骨上的刻辞有两种：一种以骨臼一方为下，以骨扇一方为上，字行与骨长平行；另一种是契刻时卜骨横置，字行与骨宽平行，以第一种为常见。

（5）字体。字迹甚细小，要用几倍的放大镜才能辨识清楚。[②]

---

① 释贵明、杜可臣：《西周有字卜骨在襄樊出土》，《中国文物报》1989 年 2 月 24 日。

② 王宇信：《西周甲骨探论》，中国社会科学出版社 1984 年版，第 159—174 页；萧良琼：《周原卜辞与殷墟卜辞之异同初探》，《甲骨文与殷商史》，1983 年。

周原甲骨文的时代，多数学者认为是商代末年至西周早期。①

2. 周原甲骨的主要内容及学术价值

周原甲骨文的内容包括祭祀、用牲、征伐、出入往来、年成、渔猎、城建、纪时及杂卜等，对研究商末的商周关系、西周早期的历史等有重要的学术价值。

（1）为研究商代末年的商、周关系及商周之战提供了重要资料。如周原甲骨中文字较多的几片庙祭卜甲（H11：82、H11：84、H11：1、H11：112）内容涉及商王宗庙名、商代祖先名、前二片还提到"周方伯"，尽管对这几片甲骨的族属学术界有不同的看法，但学者们均认为，它们对研究商代末年的商周关系有很高的学术价值。再如，文献记载武王即位数年，开始伐商，周原卜甲 H11：9 有"大出于河"②，可与《史记·周本纪》记武王九年"东观兵，至于盟津"时，"武王渡河"相印证。③

（2）对研究西周早期的历史增添了新的资料。如：周原甲骨（H31：2）记"箕子来降"可与《周本纪》记武王灭殷后"命召公释箕子之囚"，"后二年，问箕子殷所以亡"相印证。再如，西周初年的两件大事——"周公东征"及"营洛邑"，在周原甲骨中有所涉及。周原甲骨（H11：132）"王酓秦"与周公东征有关，周原卜甲（H11：27）"于洛"、（H11：102）"见工于洛"，为周公营建洛邑提供了证据。周原甲骨上还有不少国族名、人名、官名、地名，对研究西周的方国、官制、人物、地理等也很有

---

① 王宇信、杨升南主编：《甲骨学一百年》，社会科学文献出版社 1999 年版，第 297—302 页。

② 此片最后一字略残，较多的学者释"河"，徐锡台释"川"，谓"此'川'即指黄河"。见《周原出土的甲骨文所见人名、官司名、方国名、地名浅释》，《古文字研究》1979 年第 1 辑。

③ 王宇信、杨升南主编：《甲骨学一百年》，社会科学文献出版社 1999 年版，第 331 页。

价值。①

（3）周原甲骨的发现，丰富了甲骨学研究的内容。在 20 世纪 70 年代中期以前，西周甲骨文出土数量少，内容简单，未引起学术界的重视，那时说到甲骨学，只限于殷墟甲骨文。而自周原甲骨出土后，其数量较多，内容较广泛，受到学术界的重视，研究的论著也日益增多，从而将甲骨文研究从商代扩大到商周二代，促进了甲骨学研究向纵深发展。

---

① 王宇信、杨升南主编：《甲骨学一百年》，社会科学文献出版社 1999 年版，第 331—332 页。

安阳殷墟甲骨出土地及其相关问题[*]

殷墟甲骨文自 1899 年被发现以来，迄今已 97 年了。90 多年来，学者们的研究课题主要是文字考释、甲骨文分期、用甲骨文来研究殷代历史等方面，因而大家的目光都集中在有文字的甲骨上。由于条件的限制，大多数研究者只能从已发表的甲骨拓片、照片、摹本来进行研究。

殷代社会生活的内容是相当广泛的，许多问题的研究单靠甲骨拓片、照片、摹本是不够的，还必须运用实物资料。如研究殷人的占卜习俗，董作宾是在仔细观察和深入分析了第一次殷墟发掘小屯所出土的刻辞甲骨以后，才写出了《商代龟卜之推测》[①]一文，该文在学术界影响很大，不少观点至今仍为学者所沿用。数十年来，随着考古出土的甲骨资料的不断增多，甲骨出土的地点不断扩大，开阔了人们的视野，使研究者逐渐认识到，像研究占卜这一类的问题，只注意刻写文字的甲骨，忽略无字的甲骨，或只注意小屯出土的甲骨，不顾及小屯以外的其他殷墟遗址所出土的甲骨，由此而得出的一些结论，可能是片面的或者不够完善的。基于此，笔者主要以 50 年代以来殷墟发掘所出土的甲骨资料为基础，从殷墟甲骨的出土地、各遗址所出甲骨的特点等方面，

---

* 本文原载于《考古》1997 年第 5 期。
① 董作宾：《商代龟卜之推测》，《安阳发掘报告》1929 年第 1 期。

来对当时的占卜习俗的某些问题，作些探讨。

一　殷墟甲骨的出土地点

现将已发表的或尚未发表而笔者了解到的甲骨出土地列表如下（表一、表二）。这两个统计表的数字表明：

表一　　　　　　**1950—1991 年殷墟考古出土甲骨统计表**

地点	出土时间	无字卜骨	字骨	无字卜甲	字甲	甲骨总数	资料出处
小屯村中	1986		8			8	考古所安阳队资料
	1989		294			294	同上
小屯村一带	1967—1977		10		4	14	《小屯南地甲骨》上册，1980 年
小屯村东南	1955	9	1			10	《考古学服》1958 年第 3 期
小屯村西北地	1976—1985	6				6	考古所安阳队资料
	1985				2	2	同上
小屯西地	1971	11	10			21	《考古》1972 年第 2 期
	1972	3			1	4	考古所安阳队资料
	1958—1959	187		47	1	235	《殷墟发掘报告》，1987 年
小屯南地	1973	约5000	5260		75	10335	《小屯南地甲骨》上册，1980 年；《1973 年小屯南地发掘报告》
花园庄东地	1991	20	5	984	574	1583	《考古》1993 年第 6 期
花园庄村南	1986—1987	11		3		14	《考古学报》1992 年第 1 期
花园庄南地	1991	33	5	22		60	《考古》1993 年第 6 期安阳队资料
四盘磨	1950	2	1			3	《考古学报》1951 年第 5 册
西区	1969—1971	1				1	《考古学报》1979 年第 1 期
白家坟东北王裕口西（水渠工地）	1958	49		40		89	《殷墟发掘报告》，1987 年

地点	出土时间	无字卜骨	字骨	无字卜甲	字甲	甲骨总数	资料出处
白家坟西	1960	5		2		7	同上
孝民屯	1958—1961	14		6		20	同上
北辛庄	1959	2				2	同上
梅园庄	1958	1				1	同上
张家坟	1958	64		26		90	同上
王裕口南地	1990	29		1		30	安阳队资料
苗圃北地	1958—1961	342	1	95	1	439	《殷墟发掘报告》1987 年
	1962—1964		2			2	《殷墟的发现与研究》，科学出版社1994 年版
	1974				1	1	同上
	1985		1			1	同上
	1982—1984	50		400		450	《考古学报》1991 年第 1 期
薛家庄南地	1957	39			1	40	《文物参考资料》1958 年第 12 期；《考古》1963 年第 4 期
后冈	1971		1			1	《考古》1972 年第 3 期
	1991	2		4		6	《考古》1993 年第 10 期
大司空村	1958—1961	82	2	15		99	《殷墟发掘报告》，1987 年
	1953	15		45	2	62	《考古学报》1955 年第 9 册
	1986	1				1	《考古学报》1994 年第 4 期
总计		5975	5604	1690	662	13931	

（一）在殷墟范围内，发掘面积稍大的遗址都有卜甲、卜骨出土，可见占卜风俗在殷代极为流行。

（二）无字甲骨与刻辞甲骨出土最多的地点是小屯。该地考古发掘所出的刻辞甲骨，1928—1937 年为28575 片，1955 年至 19 世纪 90 年代 5669 片。[①] 再加上 20 世纪以来私人盗掘出土的十多万片，小屯共出刻辞甲骨 15.5 万多片。无字甲骨之数则难以统计，估计比有字甲骨之数量更大。众所周知，小屯是王都的中心区，殷代的宫殿、宗庙均位于此，也是殷王、王室成员居住之地。

（三）小屯以外，花园庄东地[②]、侯家庄南地[③]出土的刻辞甲骨亦较多。花园庄东地出土甲骨的地点距小屯宫殿基址约 400 米，位于大灰沟的东南角内侧，属宫殿区的范围之内。侯家庄南地位于洹河北岸，与王陵区相距不远。这两个地点的刻辞甲骨均以卜辞占绝大多数，卜辞的内容也很重要。

（四）除上述三个地点外，四盘磨[④]、薛家庄南地[⑤]、后冈[⑥]、苗圃北地[⑦]、花园庄南地[⑧]、大司空村[⑨]均出土过刻辞甲骨（图一），但数量很少。六处遗址共出刻辞甲骨 19 片，且绝大多数属于习刻。

（五）小屯甲骨，以卜甲为主，据胡厚宣统计，刻辞卜甲与刻

①　A. 河南省文化局文物工作队第一队：《一九五五年秋安阳小屯殷墟的发掘》，《考古学报》1958 年 3 期；B. 郭沫若：《安阳新出土的牛胛骨及其刻辞》，《考古》1972 年第 2 期；C. 中国社会科学院考古研究所：《小屯南地甲骨》上册，中华书局 1980 年版；D. 考古所安阳队资料。

②　中国社会科学院考古研究所安阳工作队：《1991 年安阳花园庄东地、南地发掘简报》，《考古》1993 年第 6 期。

③　董作宾：《安阳侯家庄出土之甲骨文字》，《田野考古报告》第一册，1936 年 8 月。

④　郭宝钧：《一九五〇年春殷墟发掘报告》，《中国考古学报》第五册，1951 年。

⑤　A. 赵霞光：《安阳市西郊的殷代文化遗址》，《文物参考资料》1958 年第 12 期；B. 周到、刘东亚：《1957 年秋安阳高楼庄殷代遗址发掘》，《考古》1963 年第 4 期。

⑥　A. 董作宾：《释后冈的一片卜辞》，《安阳发掘报告》1933 年第 4 期；B. 中国科学院考古研究所安阳发掘队：《1971 年安阳后冈发掘简报》，《考古》1972 年第 3 期。

⑦　A. 中国社会科学院考古研究所：《殷墟发掘报告》，文物出版社 1987 年版，第 200—201 页；B. 安阳队发掘资料。

⑧　中国社会科学院考古研究所安阳工作队：《1991 年安阳花园庄东地、南地发掘简报》，《考古》1993 年第 6 期。

⑨　中国社会科学院考古研究所：《殷墟发掘报告》，文物出版社 1987 年版，第 200—201 页。

辞卜骨之比例是 73∶27。① 解放后出的甲骨，虽然以卜骨为主，但若以 90 余年来小屯所出甲骨之总数计算，卜甲仍占大多数。花园庄东地甲与骨之比例是 98.4∶1.6，甲的数量相当大。侯家庄南地为 1∶1。苗圃北地甲与骨之比例为 55.7∶44.3，甲比骨稍多。殷墟其他的殷代遗址，卜骨比卜甲多。

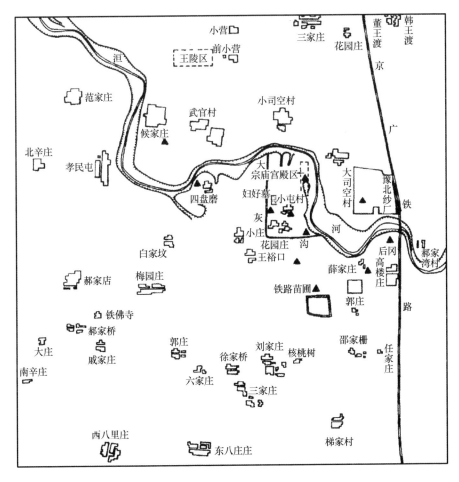

图一　殷墟刻辞甲骨出土地示意图

① 胡厚宣：《商代卜龟之来源》，《甲骨学商史论丛》初集四册，1944 年。

表二 **1928—1937 年殷墟考古发掘出土刻辞甲骨统计表**

地点	出土时间	字甲	字骨	总数	发掘单位	资料出处
小屯	1928—1937	22710	2192	24902	"中研院"历史语言研究所	《殷墟文字甲编》1948 年;《殷墟文字乙编》1948—1953 年
侯家庄	1934	8	8	16	同上	同上
后冈	1931		1	1	同上	《安阳发掘报告》1933 年第 4 期
小屯	1929—1930	2673	983	3656	河南省博物馆	《甲骨文录》1938 年;《殷墟文字存真》1931 年

二 甲骨的大小及选材

在甲骨的大小方面，小屯、花园庄东地、侯家庄南地与其他遗址有所差异。

小屯卜甲，大版的较多。它们集中出于 YH127 坑。最大的一版龟腹甲《丙》184（《乙》4330＋4773），长 44 厘米、宽 35 厘米。笔者从《乙》《丙》两书的拓片粗略统计，YH127 坑中，长度在 30 厘米以上的刻辞卜甲有 40 多版。如《丙》96，长 35.3 厘米、宽 26 厘米；《丙》349，长 34.7 厘米、宽 26 厘米；《丙》117，长 34 厘米、宽 23.4 厘米等。最小的卜甲（腹甲），《丙》95，长 11.5 厘米、宽 6.5 厘米。最大的龟背甲《丙》61，长 35 厘米、宽 15 厘米。

花园庄东地 H3 甲骨坑，没有发现长 40 厘米以上的龟甲，最大的腹甲长 32.5 厘米、宽 22 厘米。长度在 30—32 厘米的刻辞卜甲也有二十多例。最小的腹甲长 13 厘米、宽 7.5 厘米。最大的龟背甲长 34.5 厘米。

侯家庄南地，最大的卜甲，《甲》3915，长 29.8 厘米、宽 22

厘米，最小的卜甲，《甲》3918，长 27.1 厘米、宽 19.3 厘米。

其他的殷墟遗址，出土的卜甲，多属小片，完整的甚少。苗圃北地已发表尺寸的完整卜甲 2 片：1958—1961 年发掘所获的 PNT234④：6（背甲），长 22.2 厘米、宽 9.5 厘米。① 1984 年发掘的 PNH16：4（腹甲），长 22.2 厘米、宽 14.2 厘米。② 花园庄南地，1991 年秋，在清理几座殷代小墓时，在墓口上的灰层发现了一版基本完整的卜甲（腹甲），长 17 厘米。③ 总之，迄今为止，这些遗址所出土的卜甲尺寸都较小，尚未发现长度在 28 厘米以上的大卜龟。

小屯、花园庄东地、侯家庄南地的卜甲，均以腹甲占绝大多数，背甲较少。如花园庄东 H3 甲骨坑，出卜甲 1558 片，其中腹甲 1468 片，背甲 90 片，背甲与腹甲之比例为 6：94，其他遗址背甲与腹甲的比例相对较大。下面以《殷墟发掘报告（1958—1961年)》几个遗址的卜甲资料为例（表三）。

表三　　　　　　　　**1958—1961 年殷墟出土卜甲统计表**

地点	卜甲总数	背甲	腹甲	背甲与腹甲的比例
张家坟	26	5	21	19：81
苗圃北地	96	43	53	45：55
白家坟西	2	1	1	50：50
白家坟东北与王裕口西	40	22	18	55：45
大司空村	15	10	5	67：33
孝民屯	6	4	2	67：33

---

① 中国社会科学院考古研究所：《殷墟发掘报告》，文物出版社 1987 年版，图版四四，5。

② 中国社会科学院考古所安阳队：《1982—1984 年安阳苗圃北地殷代遗址的发掘》，《考古学报》1991 年第 1 期。

③ 安阳队资料。

从表三看到，白家坟东北与王裕口西等四处遗址，背甲比腹甲更多。

关于卜骨材料，殷墟各遗址均以牛的肩胛骨为主，小屯卜骨还有极少猪、马、羊、鹿骨骼[1]，苗圃北地发现人髋骨6片[2]，用人骨为占卜材料，这是极罕见的现象。

小屯出土的牛胛骨卜骨，大版的数量较多。如《殷虚古器物图录》44，长43厘米、宽28厘米。《甲骨文录》42，长36.5厘米、宽21.5厘米。1971年小屯西地出土的21块卜骨，尺寸都较大，长36—44厘米，宽21—24厘米。1973年小屯南地出土的近万片卜骨中，大块而较完整的卜骨近百版，长度在40厘米以上的有5版，最大的《屯南》2293（H57：52），长44.2厘米、宽24.7厘米。

小屯以外的殷墟遗址所出的卜骨大多较残破，小片居多。已发表的资料中，未见完整的卜骨。较大的卜骨，如白家坟北VDT5⑨：36，缺下部骨扇一小部分，残长25厘米[3]；苗圃北地84H19：1，缺上部骨臼，残长22.4厘米[4]；花园庄南地T3③：8，缺下部骨扇一部分，残长22厘米（图六，4）。依卜骨实物及已发表的照片、图推测，这几片卜骨所断缺之长度，不会超过现在长度的1/3，原骨的长度在36厘米以下。

---

[1]　陈梦家：《殷虚卜辞综述》，科学出版社1956年版，第5页。

[2]　中国社会科学院考古所安阳队：《1982—1984年安阳苗圃北地殷代遗址的发掘》，《考古学报》1991年第1期。

[3]　中国社会科学院考古研究所：《殷墟发掘报告》，文物出版社1987年版，图版四四，1。

[4]　中国社会科学院考古所安阳队：《1982—1984年安阳苗圃北地殷代遗址的发掘》，《考古学报》1991年第1期。

三　甲骨的整治

小屯卜甲中的腹甲，一般甲首里面均铲平，不留边缘，甲桥只留一小部分，甲桥与腹甲连接处成钝角，边缘呈弧线状。背甲有两种方式，一种从中脊锯开，一分为二，边缘经修整刮磨，近梭形（图二，1）；另一种，将完整的背甲剖开之后，又锯去首尾两端，边缘修整成弧线，整个形状近似鞋底形，有的中部还有圆孔（图二，2）。

侯家庄南地的卜甲，整治的方法与小屯相同。

花园庄东地的龟腹甲亦与小屯相似，背甲只见第一种，无鞋底形的改制背甲。花园庄东 H3，不少龟腹甲，于左、右甲桥的中部，钻一相当规整的圆孔。[①]

苗圃北地发现的腹甲，以甲首经过掏挖，留有宽厚的边缘，甲桥与腹甲相连部分成锐角的占多数。如 PNH25：34、PNH5：2、PNT21⑤：5。[②] 背甲有两种，一种略呈梭形，似小屯第一类背甲，另一种似刀形，里面两端较厚，中部较薄，有明显的锯磨痕迹，中部有一圆孔，如 PNT130⑥：5（图二，3）。[③] 此种形式的背甲，在其他遗址尚未发现。

殷墟出土的卜用牛肩胛骨，都经过加工，削去反面直立的骨脊并加以磨平，锯去骨臼的一部分并将臼角切去，然后将正、反两面刮磨光滑。小屯的卜骨与其他遗址的卜骨在整治上存在一定的差异。

小屯卜骨一般的整治方法是：第一，将反面的骨臼削去一半

---

① 《考古》1993 年第 6 期，图版五，1。

② 中国社会科学院考古研究所：《殷墟发掘报告》，文物出版社 1987 年版，图版四四，3、7、8。

③ 中国社会科学院考古研究所：《殷墟发掘报告》，文物出版社 1987 年版，图版四四，10。

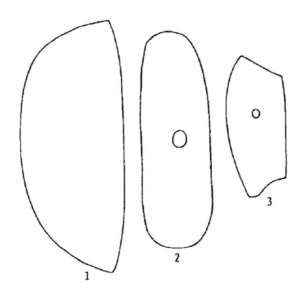

图二　殷墟卜用背甲

1. 小屯加工过的背甲；2. 小屯的改制背甲；3. 苗圃北地的背甲（1. 约1/4，2. 约2/5，3. 约1/5）

或三分之一，使之成月牙形；第二，将臼角向下向外切去，使缺口成为90°或略小于90°的锐角；第三，臼角缺口之横边与骨版顶端的宽度之比（即图三，1、2 的 CD：AB）大多数都少于1/3，少数为1/3，个别稍大于1/3。臼角的切口，大多数是竖边长于横边（即图三，1、2 的 BC＞CD），极少数竖边等于或略少于横边（即 BC≤CD）。

　　殷墟其他遗址所出卜骨的整治情况，单从已发表的卜骨照片、拓片等观察，还难以看出它的特点，下面仅以1991年花园庄南地出土的卜骨为例做些比较。

　　1991年，花园庄南地（安李铁路南）殷代遗址共发现卜骨38片，29 片较破碎且多为骨版之中、下部。保留骨臼的卜骨只有9片。这9片卜骨有5片削去骨臼的三分之一或二分之一，与大多

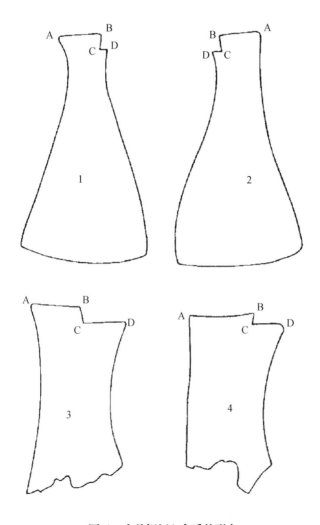

图三　卜骨锯切臼角后的形态

1、2. 小屯卜骨（约1/5）；3、4. 花园庄南地卜骨（约1/3）

数小屯卜骨相似，2 片削去骨臼的三分之二，1 片削去骨臼的五分之一，1 片完全没有削骨臼和切臼角。也就是说，有44%的卜骨骨臼的锯削情况与小屯卜骨之常例不合。在 8 片切臼角的卜骨中，6 片切锯情况与小屯近似，但有两片很特殊。T14B：13，臼角切口为大于90°的钝角，臼角切口之横边为 3 厘米，卜骨上端宽 3.3

厘米（图三，3，CD：AB＝10/11）。臼角切口处竖边长1.3、横边长3厘米，横边比竖边长两倍多；另一片 M97 上：1，臼角切口为稍小于90°的锐角，符合小屯常例，但臼角切口之横边为2厘米、卜骨上端宽4.7厘米，两者之比近2/5，臼角切口竖边长0.9厘米、横边长2厘米，横边也比竖边长2倍多（图三，4）。

四　甲骨上凿、钻、灼的分布

（一）卜甲

甲骨学者认为，殷墟卜甲，凿、钻、灼的分布是以龟甲反面的中缝（俗称"千里路"）或中脊为轴，左右对称，很有规律。腹甲的右半部，钻与灼在凿的左侧，左半部，钻与灼在凿之右侧，它们均向着中缝（图四，2），这样，正面的兆枝也都指向中缝。背甲，右背甲的反面，钻与灼在凿的右侧（图四，1）左背甲的反面，钻与灼在凿之左侧，也就是说，背甲上的钻、灼均指向中脊。[①] 我们重新检查殷墟出土的卜甲资料，认为这一传统的看法，对于小屯、侯家庄南地、花园庄东地所出的卜甲仍是适用的，但对于殷墟其他地点的卜甲则不然。下面以苗圃北地和花园庄南地的卜甲资料为例进行说明。

苗圃北地已发表凿、钻、灼情况，稍大一些的卜甲9片，其中腹甲8片，背甲1片。

1. 腹甲　多数卜甲，中缝两侧凿、钻、灼的数目基本相等，但排列不大对称。钻、灼与凿的配置情况可分三种形式：（1）2片卜甲（84H18：11、H18：10）左、右两部分所有的钻、灼都位

---

① A. 陈梦家：《殷虚卜辞综述》，科学出版社1956年版，第5页；B. 王宇信：《甲骨学通论》，中国社会科学出版社1989年版。

于凿之外侧，与中缝相背①；（2）5 片卜甲（84H16：4、H16：8、H16：6、PNIVH5：2、PNM42：6）大多数钻、灼位于凿之外侧，与中缝相背，少数钻、灼在凿之内侧，向着中缝②（图五，2）；（3）1 片卜甲（PNH25：34）多数钻、灼在凿之内侧向着中缝，少数钻、灼在凿之外侧，背着中缝③。

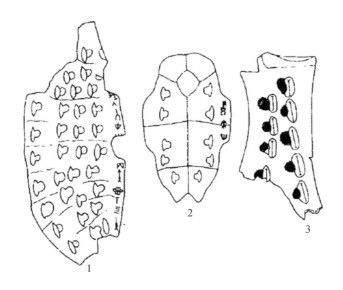

图四　小屯甲骨凿、钻、灼的分布

1. 卜骨（背甲《甲》2290）；2. 甲（腹甲、《京津》2）；3. 卜骨（《屯南》2163）（1 – 3. 约 1/5）

2. 背甲　1 片（PNT234④：6），左背甲的反面，共 25 个凿、

①　中国社会科学院考古所安阳队：《1982—1984 年安阳苗圃北地殷代遗址的发掘》，《考古学报》1991 年第 1 期，116 页图一六，3、4。

②　中国社会科学院考古所安阳队：《1982—1984 年安阳苗圃北地殷代遗址的发掘》，《考古学报》1991 年第 1 期，116 页图一六，1、2、5。中国社会科学院考古研究所：《殷墟发掘报告》，文物出版社 1987 年版，图版四四，7，图版七一，17。

③　中国社会科学院考古研究所：《殷墟发掘报告》，文物出版社 1987 年版，图版四四，3。

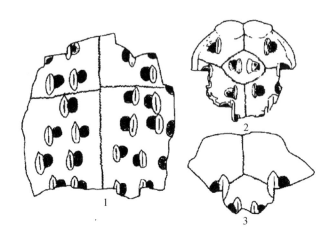

图五　花园庄南地与苗圃北地卜甲（腹甲）上凿、钻、灼的排列与钻、灼的方向

1. 91 花南 T1⑤：15；2. 84 苗圃 H16：8；3. 91 花南 T3③：6（1、2. 约 2/5，3. 约 1/5）

钻、灼，分4排，21个钻、灼在凿之左侧，向着中脊，4个钻、灼在凿之右侧，向着边缘。①

　　花园庄南地　在22片卜甲中，有4片稍大一些可看出凿、钻、灼情况的卜甲，均为腹甲。与苗圃北地的情况相似，有的卜甲中缝两侧凿、钻、灼之排列亦不对称。钻、灼与凿的配置分两种情况：（1）1片卜甲（91花南T3③：6），所有钻、灼都在凿之外侧，与中缝相背（图五，3）；（2）3片卜甲（T2③：2. T3③：7、T1⑤：⑮）大多数钻、灼在凿之内侧，对着中缝，少数钻、灼在凿之外侧与中缝相背（图五，1）。

　　上述两个地点的卜甲（腹甲），没有一片钻与灼全部指向中缝的。这与小屯、花园庄东地、侯家庄南地的卜甲存在明显的差别。

　　应当指出的是，钻、灼在凿之外侧与中缝相背的卜甲，在河

---

① 中国社会科学院考古研究所：《殷墟发掘报告》，文物出版社 1987 年版，图版四四，5。

北藁城台西商代遗址①及山东济南大辛庄商代遗址②都有发现，可见其分布的地域是相当广泛的。

（二）卜骨

1. 凿之排列。凿之排列，是指卜骨背面上半部凿的排列形式。小屯卜骨凿之排列依背面上部存在一行、二行、三行凿而区分为三种类型。我们曾对小屯南地出土的 167 版较大的卜骨进行统计③，Ⅰ型（背面一行凿）10 片，占被统计的卜骨总数的 6%，Ⅱ型（二行凿）150 片，占 90%，Ⅲ型（三行凿）7 片，占 7%。即小屯卜骨凿之排列以二行占大多数。

苗圃北地　上半部较完整的卜骨 7 片。其中背面二行凿的只有 PNIH24：2④1 片；三行凿的有 84T1④：20、H19：17、T1④：21⑤、PNT22④：16、PNH217：26、PNⅡT4③：2⑥6 片，但凿的排列不大整齐。三行凿占了被统计卜骨总数的 86%。

花园庄南地　上半部保存较好的卜骨 9 片，背面二行凿的 5 片，占 54%，三行凿的 4 片，占 46%（图六，2、4）。

王裕口南地　出土卜骨 29 片，上半部保存较好的 7 片。背面二行凿的 2 片，三行凿的 4 片（图六，1）四行凿的 1 片。三行凿占被统计卜骨总数的 57%。

---

① 河北省文物研究所：《藁城台西商代遗址》，文物出版社 1985 年版。

② A. 徐基：《济南大辛庄商代文化遗存的再认识》，河南偃师《中国商文化国际学术讨论会论文集》，1995 年；B. 徐基：《济南大辛庄遗址出土甲骨的初步研究》，《文物》1995 年第 6 期。

③ 中国社会科学院考古研究所：《小屯南地甲骨的钻凿形态》，《小屯南地甲骨》下册第三分册，中华书局 1983 年版。

④ 中国社会科学院考古研究所：《殷墟发掘报告》，文物出版社 1987 年版，图版四三，6。

⑤ 中国社会科学院考古所安阳工作队：《1982—1984 年安阳苗圃北地殷代遗址的发掘》，《考古学报》1991 年第 1 期。图一七，4、5、7。

⑥ 中国社会科学院考古研究所：《殷墟发掘报告》，文物出版社 1987 年版，图版四三，4、9，图版四四，2。

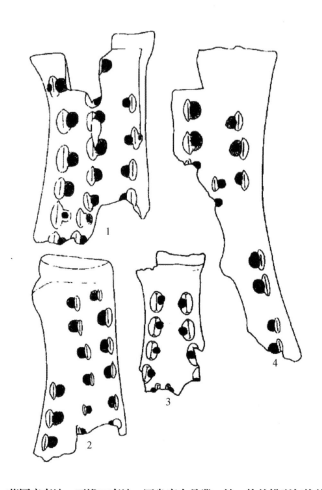

图六　花园庄南地、王裕口南地、四盘磨卜骨凿、钻、灼的排列与灼的方向

1. 王裕口南地 90 博 T2⑤：12；2、4.91 花南 99 上③：2，91 长南 T3③：8；3. 四盘磨 SP11
（1－2、4. 约1/3，3. 约1/4）

　　2. 灼之方向。小屯大多数卜骨的反面，凿旁之灼（或钻与灼），位于凿之同侧，即左牛胛骨反面，灼（或钻与灼）在凿之右侧，右牛胛骨反面，灼（或钻与灼）在凿之左侧（图四，3），它们均向着骨臼的切角（可简称"同向"灼）。有少数卜骨，外沿（指与臼角相对的一边）凿旁之灼向着臼角，内沿（指近臼角的一边）的灼则与臼角的方向相背，这样一来，卜骨上部内、外沿两排凿的灼，都指向卜骨的中央（以下简称"相向"灼）。[1] 有的学者将《明义士藏骨凿钻形态》[2]《小屯南地甲骨钻凿形态》两书中较大片的、有两行以上凿、灼（或凿、钻、灼）的卜骨之灼向进行了统计，认为灼之"同向"在殷墟卜骨中常见，其时代从武丁至乙辛，灼之"相向"在殷墟卜骨中少见，其时代是康丁，延续的最迟时间在康丁—武乙之际。[3]

苗圃北地　在上述 7 片卜骨中，只有 1 片属"同向"灼，余 7 片属"相向"灼，后者占被统计卜骨的 86%。

花园庄南地　在上述 9 片卜骨中，只有 2 片属"同向"灼，余 7 片属"相向"灼（图六，2、3）。后者占被统计卜骨的 78%。

王裕口南地　上述被统计的 7 片卜骨，全部属"相向"灼（图六，1）。

我们进一步检查了其他遗址的卜骨，发现在大司空村[4]、薛家庄南地[5]、白家坟东北[6]、四盘磨[7]（图六，4）、后冈[8]等地，这种"相向"灼的卜骨相当常见。这种卜骨，不但出现在殷墟文化第三、四期，而且见于殷墟文化第一、二期。如苗圃 84H19：7、PNH217：26、91 花南 M99 上③：2、M99 上③：3 属殷墟文化第一期，苗圃 84T1④：10、T1④：21 属殷墟文化第一、二期，PNH24：2 属殷墟文化第二期。可见"相向"灼的卜骨最早出现

---

① 曹定云：《殷墟四盘磨"易卦"卜骨研究》，《考古》1989 年第 7 期。

② 许进雄：《卜骨上的凿钻形态·明义士藏骨凿钻形态图》，台北艺文印书馆 1973 年版。

③ 曹定云：《殷墟四盘磨"易卦"卜骨研究》，《考古》1989 年第 7 期。

④ 安阳队资料。

⑤ 赵霞光：《安阳市西郊的殷代文化遗址》，《文物参考资料》1958 年第 12 期；封三图八。

⑥ 中国社会科学院考古研究所：《殷墟发掘报告》，文物出版社 1987 年版图版四四，1。

⑦ 曹定云：《殷墟四盘磨"易卦"卜骨研究》，《考古》1989 年第 7 期。

⑧ 中国社会科学院考古研究所安阳工作队：《1991 年安阳后冈殷墓的发掘》，《考古》1993 年第 10 期，（图 21 M12：05）。

于武丁前期（或早于武丁），延续时间较长。

五　甲骨上凿的形态

20 世纪 70 年代以来，有的学者从甲骨实物资料中归纳出小屯甲骨凿的形态①，现将他们的观点撮述如下。

甲骨分期的第一期（武丁），以尖头直腹凿、弧形凿（凿之两端常见针尖状突出）占多数，长度多在 1.5—2 厘米，凿的腹部较窄。第二期（祖庚、祖甲），有的凿与一期近似，大多数凿头尾圆尖或平圆，腹部有弧度，较一期的宽大。凿长多在 2 厘米以上。

第三期（廪辛、康丁），出现和流行长方形凿，还出现鼓腹凿（如橄榄状）。凿的长度增大，以 2.2—2.5 厘米为多，有的长达 3 厘米。

第四期（武乙、文丁），武乙时期继续流行长方形凿，但凿较短小，长度多在 2 厘米以下，还出现不规则的弧形凿，此种凿，在文丁时最为流行，此时还有一种水滴状凿。

第五期（帝乙、帝辛），流行鼓腹凿，也有少量长方形凿。此期凿的特点是短而宽，长度多在 1.7 厘米以下。

小屯以外的殷墟遗址，虽然出土了不少甲骨，但在发掘报告中很少介绍甲骨背面的凿的形态，所以我们目前对这一问题还不能作出较详细的论述。但已发表的、大体上可以看清凿形的几片甲骨，也给了我们一些启示。一些遗址所出的甲骨凿的形态并不完全符合上面说的规律，而是有自己的特点。如苗圃北地的卜甲

---

① A. 许进雄：《卜骨上的凿钻形态·明义士藏骨凿钻形态图》，台北艺文印书馆 1973 年版；B. 中国社会科学院考古研究所：《小屯南地甲骨的钻凿形态》，《小屯南地甲骨》下册第三分册，中华书局 1983 年版；C. 于秀卿等：《甲骨的凿钻形态与分期断代研究》，《古文字研究》第六辑，中华书局 1981 年版。

PNH217：5[1]与84H19：10人髋骨卜骨。[2]的凿都是长方形，但这两片均出在殷墟文化第一期的灰坑，时代属武丁前期（或更早）。此外，苗圃北地还发现极少数不施凿钻而直接施灼的卜甲。再如，花园庄南地的卜甲与卜骨，常见长1—1.2厘米、宽0.3—0.4厘米的小弧形凿。这些都是小屯甲骨所未见的现象。

六　占卜后甲骨的处理

小屯遗址，甲骨出土有三种情况。1.出在晚期的坑、层及殷代文化层中，多属小片甲骨；2.零星地或较为集中地出于殷代的灰坑中，但甲骨与陶器、兽骨、木炭等其他遗物杂处，也是以小片居多；3.集中出于殷代的灰坑中，坑内大版的或完整的甲骨相当多，甲骨叠压得很紧密，甲骨堆中其他遗物甚少。在考古发掘中，这类坑发现较少，如小屯北YH127[3]，小屯南H24、H17、H57[4]等，但出土甲骨之数量大。

花园庄东地遗址属第2、3种情况，其他的殷代遗址只见第1、2种情况，至今尚未发现专埋甲骨的窖穴。出土情况的差异，反映出对卜用后的甲骨处理有所不同，一般遗址的卜者，占卜之后，很快将甲骨如同垃圾一样遗弃；小屯、花园庄东地的卜者，虽有随意舍弃卜后甲骨的现象，但经常是将卜后之甲骨保存一段时间，再集中埋于窖穴之中。

---

① 中国社会科学院考古研究所：《殷墟发掘报告》，文物出版社1987年版，图版四四，6。

② 中国社会科学院考古所安阳工作队：《1982—1984年安阳苗圃北地殷代遗址的发掘》，《考古学报》1991年第1期，图版贰拾右。

③ 石璋如：《小屯后五次发掘的重要发现》，《六同别录》上册，1945年。

④ 中国社会科学院考古研究所：《小屯南地甲骨》上册，中华书局1980年版，"前言"。

七　两点认识

（一）《太平御览》卷 931 鳞介部引《逸礼》谓"天子龟尺二寸，诸侯八寸，大夫六寸，民士四寸"，若按周尺、西汉尺推算，则大体相当于 28 厘米、18 厘米、14、9 厘米。董作宾先生据小屯第一次发掘的 36 号坑所出的卜龟资料，认为"商代犹无此等差之分"[1]。1936 年发现的 YH127，所出卜甲的长度从 11.5—44 厘米不等。该坑，绝大多数卜甲的问疑者是王，可见殷王所用的卜甲有大有小，并不是以尺二寸为标准的。后代的文献，并不符合殷商时代的实际。董氏的看法不无道理。那么，殷代不同等级不同身份的人使用的卜龟是否存在一定的差异呢？回答是肯定的。从上文的叙述中，我们已经看到，不同的遗址所出的卜甲数量、大小确有不同。即小屯出的卜甲最多，数以万计，大的卜甲也多，最大的长 44 厘米。侯家庄南地的大龟七版长 27—29 厘米。花园庄东地 H3 甲骨坑，出土卜甲 1500 多版，大甲的数量也不少，最大的卜甲长约 34.5 厘米。除上述三个地点外，殷墟九处遗址所出卜甲的总和还不到 600 片（指已发表的卜甲数），且多是较小的卜甲，至今尚未发现 28 厘米以上的大卜龟。

存在上述差别的原因有以下两点。

1. 卜甲的占卜主体的身份不同。侯家庄南地的刻辞卜甲，与小屯大多数刻辞卜甲一样，属王的卜辞。花园庄 H3 甲骨坑的卜甲，占卜的主体是"子"，是一位与殷王关系密切、地位极高的贵族。苗圃北地出两片字甲，属习刻。花园庄南地及其他几个出卜甲的遗址，所出的卜甲均无刻辞，不能直接看出卜者的身份。但从这些遗址尚未发现大的房基，有些遗址，如苗圃北地还是铸铜

---

[1]　董作宾：《商代龟卜之推测》，《安阳发掘报告》1929 年第 1 期。

作坊等来看，那里的居民身份不太高，遗址中出的卜甲，可能属平民或小贵族占卜后的遗物。

2. 与龟甲的来源有关。殷王卜用的龟甲，大多属各地的贡品。YH127 坑，不少卜甲的甲桥记事刻辞，有外地贡龟的记载，如"我致千"（《合集》116 反），"雀入龟五百"（《合集》9774 反）。胡厚宣推测，殷代各地的贡龟数字在一万以上。① 这些龟甲多来自南方。如卜辞记载："又来自南氏（致）龟"（《合集》7076）。上述我与雀之领地均在南方。YH127 坑的那版特大龟甲（《丙》184）与现在产于马来半岛的龟同种。② 我们在花园庄东地 H3 坑所出的卜甲中，也发现有的卜甲甲桥刻辞上，有贡龟的记载。可能该坑不少卜甲，特别是其中尺寸较大的，也来自南方。苗圃北地、花园庄南地等一般遗址所出的卜甲，尚未发现甲桥刻辞，且卜甲尺寸较小，这表明，殷代的平民及小贵族是难于享用作为贡品中的大龟，他们占卜，用本地或附近产的尺寸较小的龟。据此，我们认为，殷墟殷代遗址所出的大卜龟，大概与青铜礼器一样，也是等级、权力、地位的一种标示物。

（二）小屯、花园庄东地、侯家庄南地与殷墟大多遗址的卜用甲骨，在整治、凿钻灼的排列、凿的形态等存在较多的共性，但也有不少区别。即苗圃北地、花园庄南地、王裕口南地等许多遗址，卜用甲骨的整治不如上述三处所出的精致、规范，凿的排列及各期凿的形态也有所不同，尤其是灼（或钻与灼）的方向差异就更明显。小屯等三处遗址的卜甲（腹甲）凿旁之钻、灼，均对着中缝，背甲的钻、灼指向中脊，排列极有规律；大多数卜骨上的灼，属"同向"的，均指向臼角，只少数卜骨的灼，属"相向"的，指向骨版中心。苗圃北地等遗址卜甲（腹甲）上的钻与

---

① 胡厚宣：《商仪卜龟之来源》，《甲骨学商史论丛》初集，四册，1944 年。

② 伍献文：《"武丁大龟"之腹甲》，"中研院"《动植物研究集刊》第 14 卷第 1—6 期，1943 年。

灼，多数背着中缝，只少数灼向着中缝，背甲上的灼，并不全都向着中脊，有的与中脊相背。卜骨上的灼，以"相向"最为常见，指向臼角的少。

上述差别的原因是什么？我们认为这表明殷王及少数王室贵官地位高的大贵族，有专门的占卜机构。在殷王掌握的占卜机构内，既要占卜国家大事又要占卜王的日常生活琐事，且一事多卜，从正面、反面反复卜问。因而卜事极为频繁，占卜机构内的人员就需较多，甲骨的整治、贞卜、契刻或占卜以后甲骨的处理等都有专人负责。这些人大多是经过专门训练、技术娴熟的卜者，在各项工作中都有一定的操作规程。所以王的卜甲、卜骨相当的规范化。

花园庄东地甲骨坑的"子"卜辞及小屯所出的非王卜辞[1]，在内容和字体上与王的卜辞有差别，但是，在甲骨的整治、钻凿灼的排列、甲骨的来源等大多与王的甲骨相同，表明殷王的占卜机构与王室贵官、地位显赫的大贵族的占卜机构的关系很密切。在殷都一般族的聚居区内的中、小贵族及平民也进行占卜活动，但没有专门的占卜机构。卜者的身份可能与现代西南纳西族、彝族的情况有些相似[2]，即他们是擅长占卜，有一定的经验，但尚未以此作为固定职业的人。他们在甲骨的选材、整治、占卜的程序、方法等主要的方面遵循殷民族传统的占卜习俗的有关规定，但操作中又不必恪守殷王与高级贵族等占卜机构规定的一些具体的工作法则，而表现出自己独特的风格。

---

① A. 陈梦家：《殷虚卜辞综述》，科学出版社 1956 年版，第 5 页；B. 林沄：《从武丁时代的几种"子卜辞"试论商代的家族形态》，《古文字研究》第一辑，1979 年。
② 汪宁生：《彝族和纳西族的羊骨卜——再谈古代甲骨占卜习俗》，《文物与考古论集》，文物出版社 1986 年版。

论殷墟甲骨的埋藏状况及相关问题[*]

一 殷墟甲骨的埋藏

关于殷墟甲骨的埋藏状况，在殷墟科学发掘之前，较流行的一种说法是陈邦福先生的"殷人不忍任卜骨沦没，遂发诸卜室，就朝歌隙地而藏之"①。1928—1937 年，历史语言研究所在殷墟进行了 15 次发掘。通过考古发掘，发现了大量的刻辞甲骨，对甲骨埋藏的情况有了具体的了解。发掘资料表明，陈氏的"失国埋卜"的说法是毫无根据的。

曾主持并参与多次殷墟发掘的董作宾先生，将甲骨文埋藏的情况，归纳为以下四种：

第一种是"存储"。存，是有意地保存着；储，是有意地储藏起来。如"第一次发掘的第九坑，包含着一、二、五期；第三次发掘的'大连坑'，包含着一、二、三、五期；这种坑乃是地下的复穴而兼有窨窖，专供存储甲骨之处，武丁时用它，祖甲时用它，廪辛、康丁时用它，直到帝乙、帝辛时还在用它"。"又如第四次发掘的 E16 坑，只存过武丁到祖甲的卜辞……第九次发掘的侯家

＊ 原载于《揖芬集——张政烺先生九十华诞纪念文集》，社会科学文献出版社 2002 年版。

① 陈邦福：《商代失国薶卜考》，中山大学《语言历史学研究所周刊》第三集 30 期，1928 年。

庄南地，有六块康丁时代卜用过的完整龟腹甲，半块背甲，叠在一起。存于复穴中。"

第二种是"埋藏"。如十三次的YH127坑。他认为"这一种应该是很少的"。

第三种是"散佚"。"在许多复穴、窦窖中或版筑基中基上偶然发现几片甲骨文字，应属于这一类……例如第六次的发掘，在一个大圆坑的土阶上，发现一块骨版是第五期的卜辞。"

第四种是"废弃"。是"废物利用"，即将卜用过的甲骨，作习契之用，或把用过的骨版，锯去一部分，改作他物。[①]

陈梦家先生对董作宾的说法有所修正，他将甲骨埋藏的情况分为三类：

（1）储积的。第四次E16，第十三次B119和YH127，小屯所出武丁卜辞；第九次H·S·20，侯家庄所出廪辛卜辞。

（2）累积的。第五次E57、59、60（一个圆坑），小屯所出武丁至廪辛卜辞；董所说的大连坑，小屯所出武丁至帝辛卜辞。

（3）零散的。第六次所出的一片甲骨（《甲》3659）是小屯所出帝乙、帝辛卜辞；1931年后冈灰土所出的一片胛骨；1950年在四盘磨获大卜骨三，其中一片横刻了三行字。[②]

陈氏修正董氏之说主要是将董氏的第一、二种做了调整，并取消了"废弃"的提法。我们认为，"废弃"是指甲骨本身的使用情况，而不是甲骨的埋藏，所以将之删除是有道理的。

《小屯南地甲骨》一书的编者在论述1973年小屯南地甲骨出土情况时说："除一部分出在近代扰乱层、隋唐墓道及殷代文化层外，大多数均出在殷代灰坑中，出土甲骨的灰坑五十八个，少者一片，多者数百片乃至上千片。在多数灰坑中，卜骨、卜甲与陶器碎片、灰烬、兽骨等夹杂在一起，这些甲骨可能是作为废物被

① 董作宾：《甲骨学六十年》，台北艺文印书馆1965年版，第43—44页。
② 陈梦家：《殷虚卜辞综述》，科学出版社1956年版，第8—9页。

人们遗弃的。值得注意的是，在少数灰坑中，甲骨集中地大量出土，似为有意的贮存。例如 H17，共出卜骨、卜甲 165 片，其中刻辞卜骨 105 片，刻辞卜甲 2 片。出土时成堆的甲骨层层叠压在一起，卜骨中间没发现其他遗物……又如 H24，共出卜骨 1315 片。没有卜甲。"①

　　由于董作宾先生及《小屯南地甲骨》编者中的一些同志是参加殷墟考古，并亲自发掘过无数刻辞甲骨的学者，所以他们提的"存储"（或"贮存"）说，在学术界影响较大。很多学者都采纳了这种观点。有的还进一步加以发挥，说像 YH127 坑甲骨"是有意储存的，类似现代的资料档案库，以备查找"②。

　　20 世纪 80 年代中期以来，有的学者开始对"存储"说提出质疑。

　　姚孝遂、赵诚先生认为，小屯南地 H24 等坑，卜辞中存在习刻的甲骨，"很难说这批甲骨是有意识地'珍藏'"③。1989 年，姚孝遂先生曾对我谈及对小屯南地甲骨埋藏状况的看法，他仍坚持，像屯南 H24、H103 等坑，甲骨卜辞、习刻、无字甲骨共出，不是储存或有意埋藏甲骨的窖穴，大概是些垃圾坑。

　　据笔者所知，有一些资深的学者，在非正式的场合，也发表过类似姚先生的看法。

　　擅长用民族学资料研究考古学及古文字的学者汪宁生先生也曾说"过去研究甲骨文的学者，或称殷墟甲骨成坑埋藏为存储档案，这似乎尚难成为定论。因为同坑埋藏的不仅有字甲骨还有无字甲骨"④。

---

　　① 中国社会科学院考古研究所：《新中国的考古发现与研究》，文物出版社 1984 年版，第 245 页；《小屯南地甲骨》上册，中华书局 1980 年版，"前言"。
　　② 段振美：《殷墟考古史》，中州古籍出版社 1991 年版，第 96 页。
　　③ 姚孝遂、肖丁：《小屯南地甲骨考释》，中华书局 1985 年版，第 206 页。
　　④ 汪宁生：《彝族和纳西族的羊骨卜——再谈古代甲骨占卜习俗》，《文物考古论集》，文物出版社 1986 年版。

1990 年以后，一些年轻学者也对这一问题提出自己的看法，张国硕同志认为"从甲骨卜辞的出土位置来看，商王朝并未有专门的档案库"。"现今发现的甲骨文，多位于室外灰坑窖穴中，显然不是有意要保存下去。"①

上列各家分歧之处主要是对一些出土甲骨数量较多的灰坑的性质有不同的看法，即认为这些坑是垃圾坑、是有意的存储、有意的埋藏三种意见。下面我们逐一进行讨论：

1. 垃圾坑

殷墟甲骨坑中确实存在不少这样的坑，坑内的甲骨大多较破碎，甲骨出土时与兽骨、木炭、陶片、蚌壳等其他遗物夹杂在一起，如屯南 H2、H37、H38 等坑。但屯南 H24、H17、H23、H103 及小屯北 YH127 等坑则不然，坑内大版的或完整的甲骨较多，甲骨集中地一次（或数次）出土，甲骨堆中其他的遗物甚少，与垃圾坑是有明显区别的。

主张这些坑是垃圾坑的学者，主要依据是坑内的甲骨卜辞与习刻及无字甲骨共出，但是在 1991 年花园庄东地 H3 甲骨坑，亦存在习刻、无字甲骨与卜辞共出的情况。但该坑是确凿无误的有意的埋藏（详见下文），并不是垃圾坑，所以这一观点，尚难成立。

2. 有意的存储——档案库

张国硕同志认为，甲骨坑多位于室外，不是有意要保存甲骨。他还指出，甲骨处于深坑中，这种环境不适宜保存档案②，他的意见不无道理，但还不是问题的关键，尚需做进一步的分析。因为在殷墟考古中发现的灰坑，绝大多数均在房基之外，而其中一部

---

① 张国硕：《关于殷墟的几个问题（提要）》，《殷墟发掘 70 周年学术纪念会论文》，1998 年，第 37 页。

② 张国硕：《关于殷墟的几个问题（提要）》，《殷墟发掘 70 周年学术纪念会论文》，1998 年，第 37 页。

分坑（有的较深，有的稍浅）有做储物之用的，如存放粮食、存放生活用具等，这类做储物之用的灰坑，一般形制较规整，底部平坦。有的储物坑，底部经夯打，有的坑底经烧烤过，是为了防潮。此类坑，面积较大者深度在 2 米以上的，一般都有上下通道（斜坡状或阶梯状），如屯西 GH405，长 10.5 米，宽 4.8 米，深度在 4 米以上。有上下台阶 13 级，通道两侧还有 5 个柱洞，其作用是支撑棚顶的。① 若坑的面积较小，则在坑之两壁有可供上下的脚窝。如屯南 H13，直径 1.06—1.8 米，坑深 2.1 米，在坑之南、北二壁各有对称的脚窝 4 个。该坑出完整陶器 14 件，铜鼎 1 件，当为储藏器物的窖穴。② 上、下通道或脚窝的作用是便于人们进入窖穴中存放或取出所储藏之物品。

殷墟发现的甲骨坑，是否有真正有作为存储甲骨的窖穴（亦即存放甲骨的档案库）呢？下面让我们先看一下董作宾先生列举的"存储"甲骨的 4 个坑：

第一次发掘的第 9 坑③，形状呈十字形，是一横一竖的两条小探沟，并不是灰坑或窖穴。石璋如先生曾说"第 9 坑，就是经过朱家大规模的挖掘，把大块的甲骨弄成碎块而又填入，因此杂乱无序，一期至五期差不多每层都有"④。

第三次发掘的大连坑⑤，是几个灰坑与地层的混合体，也不是一个完整的灰坑。

---

① 中国社科院考古研究所：《殷墟发掘报告》，文物出版社 1987 年版，第 100—101 页。

② 中国社会科学院考古研究所安阳工作队：《1973 年小屯南地发掘报告》，《考古学集刊》第九集，1995 年，第 53—54 页。

③ 董作宾：《民国十七年十月试掘安阳小屯报告书》，《安阳发掘报告》1929 年第 1 期。

④ 石璋如：《殷虚文字甲编的五种分析》，《"中央研究院"历史语言研究所集刊》第 53 本 3 分，1982 年。

⑤ 李济：《民国十八年秋季发掘殷墟之经过及其重要发现》，《安阳发掘报告》1930 年第 2 期。

众所周知，第一次至第三次发掘，是殷墟发掘的初期，发掘者不知道运用地层学的原理按土质、土色及包含物来划分层次，探坑的遗物是按出土的深度来记录的，那时也不懂得处理遗迹之间的打破关系。当然，我们不能苛求前人，在殷墟发掘创始阶段，存在着这样那样的缺点是不足为怪的，是难于避免的。但正因为当时的发掘水平不大高，所以，我们无法根据这些坑的资料来判断它们是否属有意存储甲骨的窖穴。

E16，是第四次发掘时发现的坑。坑口圆形，直径1.7米，坑深9米多。该坑出土的各类遗物较多，有刻辞甲骨289片，铜戈、矛、锛、刀等20多件，还有较多的陶器、蚌器、兽骨等。该坑在深4.5米开始出有字甲骨，但大多数甲骨出于7.5—9米的潮湿土（淤泥、黄沙）中，与甲骨共出的有石块、鹿角、残骨笄、陶片等。[①] 发掘者认为，E16坑，是一个圆井。可以想象，甲骨一旦置于深井之下，想要取出来再查阅，是极其困难的。所以，像E16坑的甲骨，与其说是"存储"，还不如说是"埋藏"，更符合实际。

侯家庄南地的7片龟甲，出于一个大圆坑中。坑口直径4.5—5米，坑深3.4—3.8米。坑内堆积分三层，大龟七版出于坑东北隅，距地表深1.5米的第3层硬黄土中。坑的西壁有五级台阶和一段斜坡，是人们的上下通道。该坑除出卜甲外，还出不少陶片。[②] 从坑的形制看，该坑可做储物之窖穴。但全坑所出的刻辞卜甲只七版，数量少，表明坑之主要用途不是存放甲骨的，无典型性。因而也不是什么档案库了。

我们再看一下不少学者称为档案库或存储甲骨文的窖穴的YH127与H24坑。

---

① 李济：《安阳最近发掘报告及六次工作之总估计》，《安阳发掘报告》1933年第4期。

② 董作宾：《安阳侯家庄出土之甲骨文字》，《田野考古报告》第1册，1936年。

　　屯北 YH127 坑，坑口呈圆形，距地表 1.2 米，直径 1.8 米，坑底略小，距地表 6 米，坑内堆积分三层，上层灰土，厚 0.5 米，中层灰土与龟甲，厚 1.6 米，下层绿灰土，厚 2.7 米。[①] 该坑共出刻辞甲骨 17096 片。YH127 坑较深，但坑壁无脚窝。

　　屯南 H24，坑口近椭圆形，距地表 0.8 米，南北径长 2.7 米，东西径长 1.8—2.1 米，坑底不大平，距地表深 1.65 米。从坑口以下就发现成堆的卜骨叠压在一起，卜骨层厚 0.3—0.5 米。[②] 卜骨层之下还有 0.35—0.45 米的灰土。全坑共出刻辞甲骨 1365 片。

　　YH127 与 H24 都是利用已使用过一段时间的窖穴来埋放甲骨，所以甲骨均位于灰土之上。甲骨的放置无规律，大多反面朝上。从两坑的形制与坑内堆积及出土情况来看，不是有意存储而应是有意埋藏甲骨的窖穴。

　　3. 有意识的埋藏

　　殷墟是否存在这样的甲骨坑。答案是肯定的。最确凿无误的例子是 1991 年花园庄东地 H3 的发现。花东 H3，坑口呈长方形，距地表 1.2 米，长 2 米，宽 1 米，坑壁整齐，坑口下，坑之东西二壁，各有三个脚窝，形制规整。坑底距地表 3.4—3.7 米，但底部不大平，南部较高，中部与北部较低。坑内堆积分四层：第一层浅灰土，厚 0.6 米，第二层黄色夯土，厚 0.6 米，第三层深灰土，厚 0.9 米，第四层黄土，厚 0.4 米。甲骨堆积层发现于第三层中部和第四层（图一）。也就是说，此坑从坑底开始就埋放甲骨，甲骨层厚 0.8 米。坑内共出甲骨 1583 片，绝大多数是大块的或完整的龟甲，其中刻辞甲骨 689 片。[③] 此坑与一般甲骨坑不同的是，甲骨层之上的填土（第二层）经过夯打，相当坚硬。

---

①　石璋如：《小屯后五次发掘的重要发现》，《六同别录》上册，1945 年。

②　中国社会科学院考古研究所安阳工作队：《1973 年小屯南地发掘报告》，《考古学集刊》第九集，1995 年，第 53—54 页。

③　中国社会科学院考古研究所安阳工作队：《1991 年安阳花园庄东地、南地发掘简报》，《考古》1993 年第 6 期。

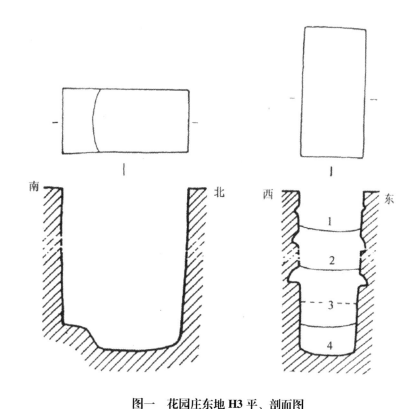

图一　花园庄东地 H3 平、剖面图

1. 浅灰土；2. 黄色夯土；3. 深灰土（虚线下为龟甲层）；4. 黄土

　　此坑甲骨放置的情况也比较特别，发人深思。H3 内，竖放的甲骨多位于坑边、坑之拐角。在坑之东北角与西北角尤为明显。几块竖立的大龟甲紧贴坑边，成垂直相交之状。其余大多数甲骨有的平放，有的斜置，以前者为主，大多是反面朝上，卜甲的甲首与卜骨的骨臼无一定的方向。我们推测，当时埋放 H3 甲骨的人，先从坑壁之脚窝下至坑底，将坑边、坑角处的卜甲摆好，然后再将大量的甲骨倾入坑内。上述现象反映出 H3 甲骨的主人，对这批占卜后的甲骨十分重视，专门挖一个形制规则的长方坑来埋放它。在掩埋过程中，有一定的方式与程序。

　　花东 H3 坑的发现，引起了我们的注意，我重新翻阅过去甲骨坑的资料，发现小屯北 YH251、小屯南地 H103 甲骨坑，与花东 H3 有某些相似之处。

屯北 YH251，是殷墟第十五次发掘发现的。坑口呈长方形，南北长 1.8 米、东西宽 1 米。坑深 8.2 米。底部较口略小，当时已挖至潜水面，但未挖到底。坑壁整齐，东西二壁有脚窝，东壁 14 个、西壁 13 个。坑内堆积，发掘者细分为八层，实际上可归纳为五层：①黄夯土，厚 1.7 米；②灰土（绿灰土与红硬灰土）与龟甲层，厚 0.8 米（大版龟甲多发现于 2.1—2.2 米处）；③杂绿土，厚 0.7 米；④泥土（乌泥与草拌泥）厚 2.7 米；⑤深绿土，厚约 0.8 米（图二）。全坑共出甲骨 793 片（田野登记号），字甲 210 版。[①] 此坑卜甲虽集中出土，但放置没什么规律。

H251 与花东 H3 相似之点是：

①坑之形状酷似，面积亦相近，坑壁都有脚窝，只 YH251 的脚窝较 H3 多。

②甲骨层之上均有黄色夯土，但 YH251 的夯土层较 H3 厚近 3 倍。

不同之处是，H3 甲骨在坑之底部堆放，YH251 甲骨在中上部，其下还有较厚的乌泥土与绿土。

花南 H103，坑口为长方形，距地表 0.98 米，南北长 1.2 米，东西宽 0.9 米。坑底较口小，距地表 3.52 米，底部平坦，坑壁规整。坑内填土分两层：上层为质地较坚硬的纯净黄土，厚 1.7 米，下层为土质松软的绿土，厚 0.8 米（图三）。此坑从坑口以下 0.75 米至坑底，不断有甲骨出土，共出甲骨 122 片，其中刻辞卜骨 74 片，刻辞卜甲 1 片。与花东 H3 不同的是，这一百多片甲骨，

---

① 石璋如：《遗址的发现与发掘·丁编》，《甲骨坑层之二·十三次至十五次出土甲骨》上，"中研院"历史语言研究所，1992 年，第 170—172 页；常耀华：《YH251、330 卜辞研究》中，对 YH251 的甲骨数字有所订正，认为该坑的原编拓片应为 210 版，《中国文字》新 23 期，台北，1997 年。

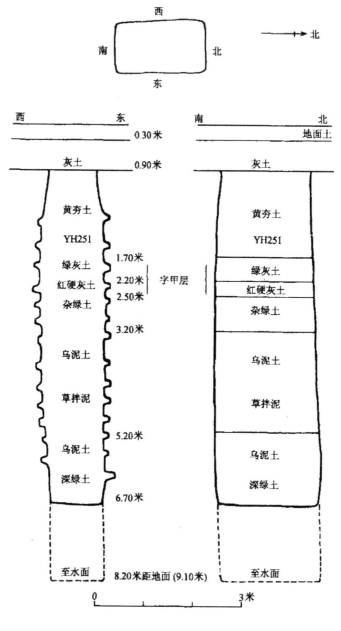

图二　小屯北 YH251 平、剖面图

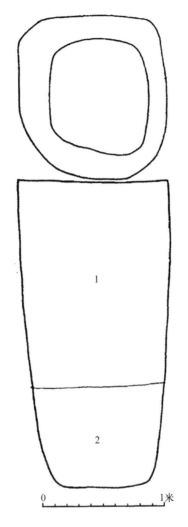

图三　小屯南地 H103 平、剖面图

1. 黄硬土；2. 绿土

是分八批埋入坑内的，每批的甲骨数量从几片至二三十片不等，每埋一批甲骨，便填上一些碎土。甲骨堆中其他遗物较少。发掘者认为这是专门埋放甲骨的窖穴。① 此坑与花东 H3 相同之处是：

① 中国社会科学院考古研究所：《小屯南地甲骨》上册，中华书局 1980 年版，"前言"。

①坑之形制为规整的长方坑，坑之深度相近；②甲骨层的上部都有纯净的硬黄土，屯南 H103 的这层土较花东 H3 的厚，可能是经过加工如夯打或踏压等形成的。

以上三坑，甲骨堆积层上方的填土都经过加工、夯打，这样做的原因是什么？我们知道，在殷墟墓葬的发掘中，绝大多数墓葬的填土都经过夯打，越是形制较大、随葬品丰富的墓，填土夯打得越坚硬，而灰坑的填土，大多不夯打，较松软。夯打墓葬填土的目的是保护墓主遗骨与墓中随葬品的安全。甲骨坑上部的填土被夯打，其目的应与之相似，即埋藏甲骨的人，希望这些神圣之物，永远安宁地长眠于地下免遭他人亵渎。

有意识的埋藏，并不一定需专门挖坑，如上文提到的屯北 YH251、YH127、屯南 H24，以及屯南 H23 等坑是利用早已挖好并使用过一段时间的窖穴来埋藏甲骨的。

埋藏甲骨的场所，绝大多数是灰坑，但也有其他的遗迹。如1971 年冬，在小屯西地的殷代大灰沟内，距地表深 2.8 米，在沟之东壁的灰土层中，发现 21 块大卜骨（其中 10 片有刻辞）。"这二十一枚卜骨重叠着堆放在一起，井然有序，骨臼大多向东，只三枚向北。叠压的情况大致分为三组：西南一组三枚，东南一组六枚，北面一组十二枚。""这些卜骨不是挖坑埋藏的。因为没有发现任何坑穴的痕迹。估计它们被整齐地放在灰土上以后，又用灰土覆盖起来。"（图四）①

我们认为，从这 21 片卜骨出土的情况看，不是随意扔入沟内，而是按一定的方式摆放之后再进行掩埋，所以它们也应属有意识的埋藏。

综上所述，殷墟甲骨的埋藏状况可总结为以下几点：

第一，在殷代的文化层、房基、沟、墓葬填土、灰坑等各类

---

①　郭沫若：《安阳新出土的牛胛骨及其刻辞》，《考古》1972 年第 2 期。

遗迹中均有发现，以灰坑出土为主。

第二，大多数遗迹出土的甲骨属零散的小片甲骨，数量不多，还常常与生活垃圾（如陶片、木炭、兽骨、蚌壳等）共出。

第三，部分遗迹所出的甲骨属"埋藏"或"有意识的埋藏"。这种遗迹一般都是窖穴（沟仅一见）。出土的甲骨以大版的为主，通常是成堆甲骨集中地出土。从遗迹总体而言，这类埋藏甲骨的窖穴不多，但坑内所出的甲骨数量大，是殷墟甲骨主要的埋藏方式。

第四，殷墟迄今尚未发现有意"存储"甲骨的档案库。

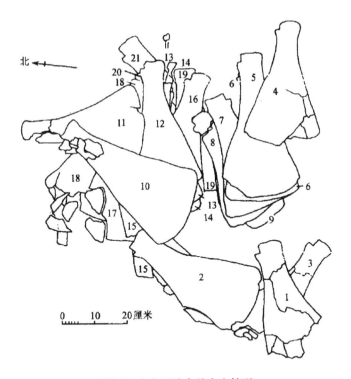

图四　小屯西地卜骨出土情况

二　卜用甲骨的用后处理

《史记·龟策列传》谓："略闻夏殷欲卜者，乃取蓍龟，已则弃去之，以为龟藏则不灵，蓍久则不神。至周室之卜官，常宝藏蓍龟。"

董作宾在论述甲骨的"存储"时，曾谈到王在外地田猎、征伐、巡守时所贞卜的卜辞，都要从外地带回殷都，又谈到一些甲骨坑包含了几个王的卜辞，说明甲骨占卜之后并不是马上舍弃的。[①]

张国硕对此有专门的论述，他说："由于甲骨要多次重复使用、等待验证占卜结果、在殷都之外卜用甲骨要带回殷都以及重要甲骨要集中处置等原因，卜用后的甲骨要保留一段时间，有的还要保留相当长的一段时间。待一切悬念解除之后，甲骨即可零散或集中处置。"[②] 这些说法无疑是对的，是依据甲骨卜辞的内容做出的判断。

下面我们再从其他方面对这一问题做进一步的阐述。

1. 从甲骨的形制特征，看它的用后处理

殷墟所出数以万计的甲骨中，有两种形制较特殊的甲骨：

（1）有孔卜甲。

按卜甲上孔眼的部位及形状，可分为四类：

其一，在椭圆形（或称鞋底形）改制背甲的中部有一圆孔。这种背甲见于 YH127 坑（图五，2）。

其二，在腹甲的甲桥中部各有一圆孔。这种腹甲主要出于花东 H3，出土近百版（图六，1）。以上两种卜甲的圆孔直径多在

[①]　董作宾：《甲骨学六十年》，台北：艺文印书馆 1965 年版，第 43、44 页。

[②]　张国硕：《论商代甲骨卜用后的处置》，《纪念甲骨文发现一百周年国际学术研讨会》（论文提要），安阳，1999 年，第 25 页。

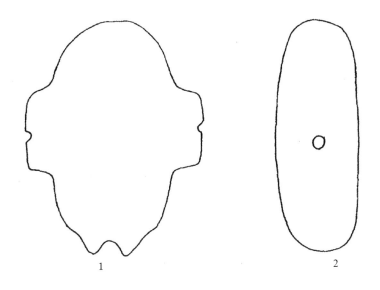

图五　有孔卜甲

1. 甲桥上有半圆孔的卜甲；2. 有孔的改制背甲

0.6—0.8 厘米。

其三，在腹甲左右甲桥外侧边缘的中部各有一半圆形的缺口（或称半圆孔），孔的半径0.3—0.4厘米（图五，1）。

上述这些圆孔和半孔，便于用绳子将数版或多版卜甲串联、捆扎在一起，如同甲骨文的册字作 ⊞ 形。目的是方便携带或保存。

其四，在一些腹甲上还发现一些较小的孔，位置不大固定，在甲桥、前甲、后甲、尾甲均有。但均处于断裂处两侧的边缘，孔的数目成偶数4、6、8、10不等，对应排列，孔径0.2—0.4厘米（图六，2、3）我们曾用放大镜对这些小孔进行观察，发现其中一版的孔壁上留下了植物纤维的痕迹，可见这类小孔的作用是便于人们用细绳将同版断折了的卜甲连缀在一起。这类小孔打破了卜甲背面的凿、钻、灼，有的还打破了正面的刻辞。说明在占卜，刻辞之后，由于卜甲不慎断裂，才钻上小孔的。试想，如果卜甲占卜之后"已则弃去之"则无须花费这么大的精力在其上钻孔,并加以连缀。这类卜甲的出土,反映出当时的卜官,对刻辞甲骨十分爱惜,要将其妥善地存放起来,以备查检。

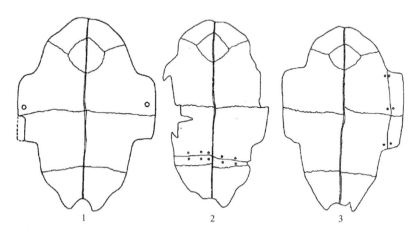

图六　花园庄东地 H3 的有孔卜甲

1. 甲桥上有孔的卜甲;2. 后甲上有小孔的卜甲;3. 甲桥上有小孔的卜甲

(2) 被锯截的卜骨。

在殷墟出土的刻辞卜骨中,发现一种骨版的中下部被锯截过,主要见于祖庚、祖甲时的"卜王"辞(或称"出组卜辞")和康丁时代的卜旬辞(或称"无名组辞")中。有学者统计,前者已发现约 30 片,后者约 24 片。[①] 这 50 多版卜骨,骨版被锯截的部位与形式是有一定规格的。

若是右胛骨,则锯截骨之右边中下侧部分并将其左下端切齐,若是左胛骨,则锯截骨之左边中下侧部分并将其右下端切齐(图七)。

---

① 　郭振录:《试论祖庚、祖甲时代的被锯截卜王辞》,《庆祝苏秉琦考古五十五年论文集》,文物出版社 1989 年版;《试论康丁时代锯截的卜旬辞》,《殷墟博物苑苑刊》(创刊号),中国社会科学出版社 1989 年版。

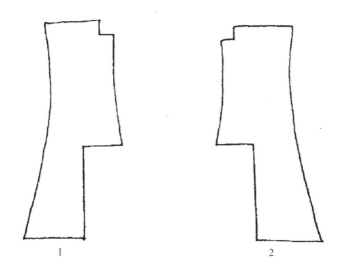

图七　被锯截的卜骨

1. 右胛骨；2. 左胛骨

在被锯截的完整的卜旬卜骨上，有五六条或八九条刻辞，刻辞最多的一块骨版是《屯南》2428（H57：304），卜旬辞达 11 条之多。各条辞干支相互连接，前后占卜的时间为 11 旬，也就是说，这片卜骨从第一次占卜至最后一次占卜的时间为 110 天。可能由于卜旬卜骨使用时间较长，而每次占卜，一般又使用三块骨版同时进行①，为了使这些骨版不会散失，就将其按一定的格式截锯，以便将数块骨版用绳子捆扎起来，这样利于存放和以后继续使用。

从以上列举的这些卜甲、卜骨的形态看，它们是占卜之后还要保留一段时间的。

2. 不同阶层的人对甲骨的用后处理有别

在殷墟遗址的发掘中，经常发现占卜后的甲骨。但在宫殿区

---

① 宋镇豪：《再论殷商王朝甲骨占卜制度》，《中国历史博物馆馆刊》1999 年第 1 期。

（小屯、花园庄一带）与一般遗址甲骨出土的情况是有些区别的。
具体说来，一般遗址的甲骨虽亦出于文化层与灰坑中，但在灰坑
中的甲骨大多较破碎，且与其他的遗物夹杂在一起出土。如
1982—1984 年苗圃 H18，坑口椭圆形，径 2.1—2.6 米，深 0.85
米，底呈锅底状。坑内填灰黑土，内含的殷代遗物 900 余件，其
中卜甲 69 片，与较多的陶片、磨石、兽骨、陶范等共出。① 宫殿
区以外的遗址，至今尚未发现像小屯、花园庄东地那样的集中埋
藏甲骨的窖穴。一般遗址，在甲骨的整治与甲骨反面凿、钻、灼
的排列不如小屯、花园庄东地所出的规整，也没有发现改制的穿
孔背甲、甲桥上有双孔的腹甲，也不见被锯截的卜骨。出土情况
的差异，反映出对卜用后甲骨的处理有所不同。当时在一般遗址
生活的是平民及中、小贵族，他们也进行占卜活动，但没有专门
的占卜机构，卜者是擅长占卜、有一定经验、但未以此作为固定
职业的人，他们在占卜之后，较快地将甲骨如同垃圾一样遗弃。
在宫殿区内居住的王与王室成员及一些高级贵族，有自己专门的
占卜机构。在他们管辖的占卜机构内，卜事频繁，人员较多，卜
人之间有一定的分工，卜人虽有随意舍弃卜后甲骨的现象，但经
常是将卜用后之甲骨，保存一段时间（或一段较长时间），再集中
（或分数批）埋于窖穴之中。②

3. 无字甲骨的处理

有学者认为，殷人对有字甲骨与无字甲骨的处理方式不同，
"有字甲骨是有意储存，集中保管的"，大多数无字甲骨"都是用
后随意弃置，扔入垃圾堆或就地埋藏"③。

这一看法，与殷墟无字甲骨出土的情况不大相符。下面仅以

---

① 中国社会科学院考古所安阳队：《1982—1984 年安阳苗圃北地殷代遗址的发
掘》，《考古学报》1991 年第 1 期。

② 参见刘一曼《安阳殷墟甲骨出土地及其相关问题》，《考古》1997 年第 5 期。

③ 段渝：《卜用甲骨的用后处理》，《文史知识》1993 年第 1 期。

宫殿区内无字甲骨出土的状况加以简述。宫殿区内，无字甲骨与
有字甲骨出土的情况基本相似，如上述列举的有意识埋藏甲骨的
窖穴屯南 H17、H24、H57、花东 H3 等，就有许多无字甲骨。此
外还发现一些专埋无字甲骨的窖穴。如第十三次发掘的 YH001，
坑口呈圆形，直径 2.2 米，深 1.11 米。坑口下 0.37 米，出残盂
及陶片，以下有 47 块大骨版（图八），相互叠压在一起，此层卜
骨之下至坑深 0.8 米，还有 50 多块卜骨陆续出土，只在坑之底部

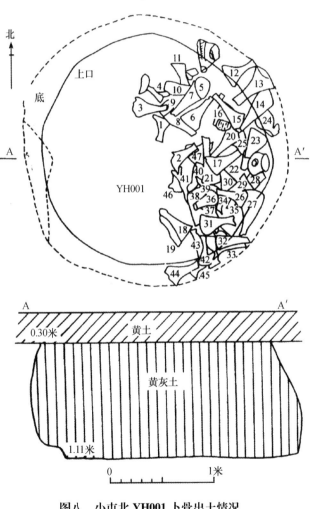

图八　小屯北 YH001 卜骨出土情况

发现3片小卜甲。这些大骨版只有一片反面的骨棱上刻一记号，其余的骨版有凿、钻、灼痕迹但无卜辞。[1] 再如屯南 H62，坑口近圆形，径约1米，坑深约0.7米，填土呈黄绿色，坑中22块基本完整的卜骨堆在一起（图九），卜骨之反面有凿、钻、灼痕迹，但没有刻辞。[2]

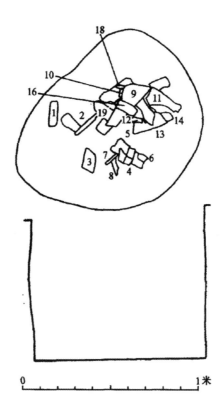

图九　小屯南地 H62 卜骨出土情况

　　无字甲骨与有字甲骨共存一坑，其原因可能是当时在王和高

　　① 石璋如：《遗址的发现与发掘·丁编》，《甲骨坑层之二·十三次至十五次出土甲骨》上，"中研院"历史语言研究所，1992年，第25页。
　　② 中国社会科学院考古研究所安阳工作队：《1973年安阳小屯南地发掘简报》，《考古》1975年第1期。

级贵族的占卜机构内，往往是一事多卜，而每次卜问，又同时使用几块甲骨，但一般只在少数甲骨上刻辞。卜官们将这些同卜某事或同时占卜的甲骨，集中存放一段时间再一起处理。

无字甲骨单独埋放，"或者是占卜某一固定事件不必记录"①，占卜过后，将用过的甲骨积累起来，到了一定数量，再行埋藏。

上述情况表明，在王和高级贵族的占卜机构内，对无字甲骨亦很重视，用后一般不是随意舍弃的。

三　关于甲骨坑中的人骨、兽骨

在小屯北 YH127 坑的甲骨堆中，在紧靠坑之北壁，有一蜷曲的人架，大部分压在龟甲之上，头及上躯在龟甲层以外（图一〇），发掘者石璋如先生认为，此人可能是保管甲骨者，因甲骨的被埋藏，随之殉职，乃一跃而入。②

长期以来，石氏这一提法，为大家所引用，从未有人提出怀疑，似乎成了定论。

笔者过去对此亦深信不疑。1973 年，我参加了小屯南地的发掘，在出土甲骨较多的某些窖穴中，与甲骨共出的也有人架与兽骨，从而引起了我的思考，经过多年的考虑，我认为石先生的推测是值得商榷的。

小屯南地出土甲骨较多并出人骨或兽骨的灰坑有 H23、H103、H50，现以前两个坑为例。

H23，坑口为长方形，长 1.64—1.86 米，坑内填土呈黄灰色。从坑口至 8.7 米处，不断有甲骨出土，但其中有七层甲骨，出土较

---

① 石璋如：《遗址的发现与发掘·丁编》，《甲骨坑层之二·十三次至十五次出土甲骨》上，"中研院"历史语言研究所，1992 年，第 25 页。

② 石璋如：《小屯后五次发掘的重要发现》，《六同别录》上册，1945 年。

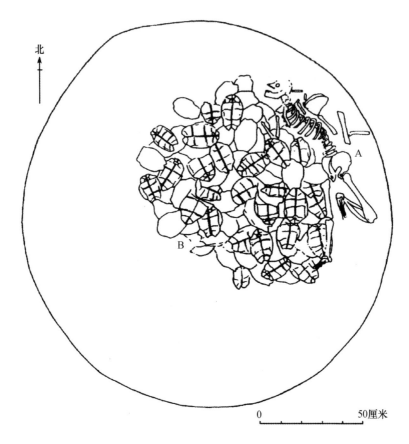

北

0　　　　　　　　　50厘米

图一〇　小屯北 YH127 坑的人骨

A. 人骨；B. 龟甲

集中，大版的较多。该坑共出甲骨 405 片，上有刻辞的 181 片。①
在坑深 3.45 米（距地表深 4.3 米）时，出土卜骨 13 片，在坑之
东部靠近坑壁处发现一具侧身屈肢的人骨架，在人架髋骨前方，
有一具狗骨架。（图一一）当年由于条件所限，坑中人架未经人骨
专家鉴定，但主持该坑发掘的王金龙同志，有丰富的田野发掘经

---

① 中国社会科学院考古研究所：《小屯南地甲骨》上册，中华书局 1980 年版，
"前言"。

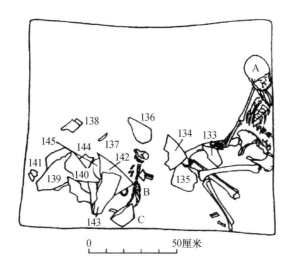

图一一　小屯南地 H23 坑的人骨、犬骨

A. 人骨；B. 犬骨

验和一定的人骨鉴定知识，他曾告诉我，他下坑画图时，曾仔细观察了人骨，从颅骨主要骨缝尚未愈合及牙齿的情况看，年龄可能在 20 岁以下，从头骨及盆骨的特征看，似男性。此人与狗，似是处死以后埋入的。

　　上文提到的 H103，坑的形制规整，共出甲骨 122 片，分八批出土。在距坑口 1.81 米时。在下层绿土与上层黄硬土之间，出一大块完整的牛臀骨，其周围有三片较大的卜骨，牛骨与卜骨之周围无其他的遗物（图一二）。在殷墟发掘的灰坑中，牛骨是常见之物，但主要是肢骨、残肩胛骨、残破的头骨、下颚骨、牙齿等，罕见牛臀骨。H103 内大块的牛臀骨，可能是有意埋入坑内的。

　　小屯南地 H23 的人骨、犬骨，H103 的牛臀骨出土位置不在坑之底部而在坑之中部。在殷墟一些带墓道的大墓及某些较大的中型墓，在墓道或墓室中部、上部的填土中也常见埋人、埋动物（大多是犬）的现象。一般认为，这些填土中的人与兽，不是殉人、殉牲，而是在埋葬过程中举行祭祀活动时被杀害的人牲、兽

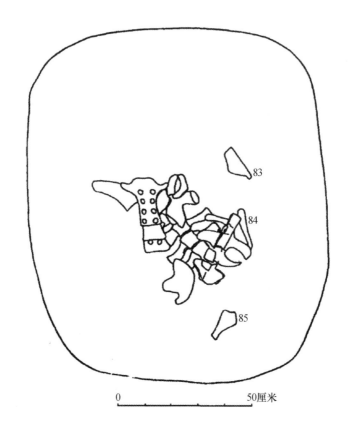

83

84

85

0   50厘米

图一二 小屯南地 H103 的牛臀骨

牲。由此我们推测，H23、H103 的人骨，兽骨，可能也属这一性质。即在掩埋一些较重要的甲骨时，有时要举行祭祀仪式，用人或动物作祭品，然后将人牲与兽牲与甲骨一起同埋于坑中。

商代后期，祭祀用的人牲有战俘也有奴隶，H23 甲骨坑中的人骨全躯，又较年轻，属奴隶的可能性较大。若上述推论可以成立，屯北 YH127 坑中的人骨，其身份不会是卜人，因为当时的卜官，地位较高，应属贵族，绝不会充当人牲的。所以，卜人以身殉职之说，尚难成立。

论安阳后冈殷墓[*]

后冈遗址位于河南省安阳市西北的高楼庄村北、洹河南岸的舌形高冈上，东南距安阳城约 1.5 公里，西北距举世闻名的小屯村亦 1.5 公里。该遗址是我国著名的考古学家梁思永先生于 1931 年春首次发现的 1 处重要遗址，在冈顶附近及遗址的北半部，梁先生第一次发现了仰韶文化、河南龙山文化和殷商文化的三叠层关系。[①]

后冈遗址总面积约 10 万平方米。该遗址从发现到现在已经 60 多年了，共进行了 10 次发掘。经过钻探、发掘的部分，已占整个遗址总面积的一半以上。在发掘的过程中，发现了丰富的仰韶、龙山和商的文化遗存。仰韶、龙山文化遗存主要分布在冈顶。殷代墓葬主要分布在后冈西部临近河处。在冈顶南坡，三种文化遗存都有发现，在这 10 次发掘中，有 7 次发现了殷代墓葬，本文拟就这批墓及 1 座圆形祭坑进行一些探讨。

一　后冈殷墓发掘概述

后冈殷墓的发掘是从 1933 年开始的，历史语言研究所于 1933

---

*　本文为刘一曼、徐广德合著。
①　梁思永：《后冈发掘小记》，《安阳发掘报告》1933 年第 4 期。

年冬到 1934 年春在冈顶西部邻近洹河处进行发掘，共发掘了 6 座殷墓①，其中 1 座有两条墓道的大墓和 1 座无墓圹墓在后冈的西北部，4 座长方形竖穴墓在冈顶西北。大墓被盗惨重，仅出土一些小件的铜、玉、石、陶、骨、蚌器，且大多较残破。此外，在墓内四隅发现 28 个人头骨，这是殷墟发掘以来，首次发现的殷代殉人遗迹。这座大墓的发现，增强了考古工作者寻找殷王陵的信心。在几座长方形竖穴墓中，出土了铜礼器 3 件、铜兵器 17 件、铜工具 1 件、陶器 2 件。

　　1957 年冬，河南省文化局文物工作队在后冈西南的薛家庄村北，发掘了 3 个灰坑和 8 座长方形竖穴墓。② 在 3 个灰坑中发现了 7 具人骨架，其中 1 个灰坑中有 5 具。此坑可能是个小型的祭祀坑。在 8 座墓葬中，出土了陶器 9 件、铜兵器 4 件及一些小饰物等。

　　1959 年冬，中国科学院考古研究所安阳工作队在冈顶的南坡下，发掘了 1 座圆形祭祀坑和 3 座长方形竖穴墓。③ 在圆坑中发现了 73 具人骨，还有铜礼器 3 件、铜兵器 3 件、铜工具 1 件、陶器 32 件，以及成堆的贝、谷物及丝麻织品等，这是中华人民共和国成立以来殷墟地区发现的较重要的祭祀遗迹。此后，后冈的发掘工作都是由中国科学院考古研究所安阳工作队主持的。

　　1971 年，在冈顶西部与南部（安李铁路北）发掘了殷墓 35 座，其中有 2 条墓道的大墓 2 座，有 1 条墓道的大墓 1 座，其余为长方形竖穴墓。④ 这些墓葬被盗与被扰的占 70% 以上，残留的

---

① 石璋如：《河南安阳后冈的殷墓》，《历史语言研究所集刊》第十三本，1948 年。

② 河南省文化局文物工作队：《河南安阳薛家庄殷代遗址墓葬和唐墓发掘简报》，《考古通讯》1958 年第 8 期。

③ 中国社会科学院考古研究所：《殷墟发掘报告》，文物出版社 1987 年版。

④ 中国科学院考古研究所安阳发掘队：《1971 年安阳后冈发掘简报》，《考古》1972 年第 3 期。

遗物有铜礼器 2 件、铜兵器 5 件、铜工具 3 件、陶器 30 件以及其他各种小饰物等。在这批殷墓中一个突出的现象是殉人较普遍，三分之一以上的有殉人。特别是最西边的 16 座墓，发现有殉人的 9 座，占该批墓数的二分之一以上。

1972 年春，在 1959 年发掘的圆形祭祀坑东南 100 处（安李铁路南、高楼庄小学东北）发掘了 14 座长方形竖墓。这批墓，形制较小，绝大多数保存完好，均无殉葬人。共出土铜礼器 2 件、铜戈和铃各 1 件、陶器 30 件。①

1979 年春，发掘龙山文化遗址时，在冈顶东北处发掘了 1 座随葬两套铜觚爵的殷代长方形竖穴墓。②

1991 年冬，在冈的西部，1971 年发掘的殷墓以北，发掘了 38 座殷墓。其中有 2 条墓道的大墓 2 座，其余为长方形竖穴墓。③ 这批墓葬被盗的情况比 1971 年发掘的墓葬还要严重。被盗墓数占总墓数的 80% 以上。殉人墓较少，只 5 座，占 13.2%。尽管被盗现象较严重，但劫余之物较前几次发掘所得为多，共出土铜礼器 13 件、铜兵器 56 件、铜工具 1 件、陶器 27 件，还有不少玉、石器及一些小饰物等。这些遗物的出土，对研究后冈西部墓葬的时代与性质，有重要意义。

上述 7 次发掘，共清理殷墓 105 座。其中带墓道的大墓 6 座、长方形竖穴墓 98 座、无墓圹墓 1 座，此外还有祭祀坑 2 座。共出土铜礼器 36 件、铜兵器 86 件、铜工具 6 件、陶器 130 件，还有一些玉、石器和数百件小饰物。

---

① 中国科学院考古研究所安阳工作队：《1972 年春安阳后冈发掘简报》，《考古》1972 年第 5 期。
② 中国社会科学院考古研究所安阳工作队发掘资料。
③ 中国社会科学院考古研究所安阳工作队：《1991 年安阳后冈殷墓的发掘》，《考古》1993 年第 10 期。

二   后冈墓地的组与区

过去，有的学者曾对后冈殷墓进行过分组①，我们参考了他们的意见，并结合 1991 年发掘的新资料，对历次发掘的百余座墓再次进行分组与分区的研究。根据这些墓的分布情况，大致可分为八组（图一至图三）。

图一   后冈殷墓分组示意图（I—Ⅷ，第 1 组—第 8 组）

---

① 葛英会：《殷墟墓葬的区与组》，《考古学文化论集》，文物出版社 1989 年版。中国社会科学院考古研究所：《殷墟的发现与研究》，科学出版社 1994 年版。

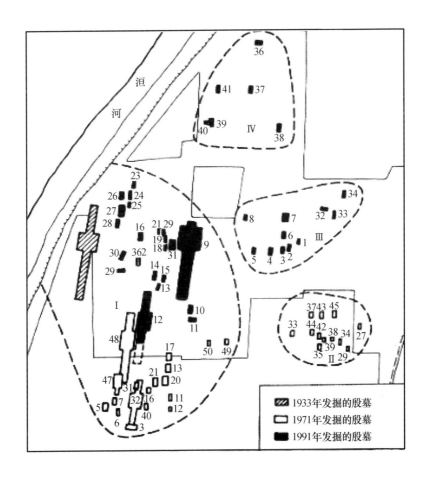

图二　后冈殷墓第 1 组—第 4 组分布示意图

　　第 1 组，在冈的西北部，临近洹河处，此组包括 6 座带墓道
的大墓和 35 座长方形竖穴墓，即 1971 年 M3、M5—M7、M11—
M13、M17、M20、M21、M31、M32、M36、M40、M47—M50，
1991 年 M9—M16、M18—M21、M23—M31 和 1933 年 大 墓、
M362，共 41 座。

　　第 2 组，在第 1 组东侧，包括 1971 年 M27、M29、M33—
M35、M37—M39、M42—M45，共 12 座。

　　第 3 组，在第 1 组东侧，第 2 组之北，包括 1991 年 M1—M8、

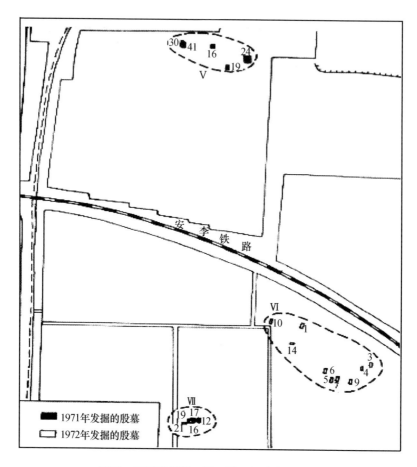

图三　后冈殷墓第5组—第7组分布示意图

M32—M34，共11座。

　　第4组，在第1组之东北部，包括1991年M36—M41，共6座。

　　第5组，在冈顶南部，第2组之东部，包括1971年M16、M19、M24、M30、M41，共5座。

　　第6组，在冈顶南坡下，安李铁路南侧，包括1972年M1、M3—M7、M9、M10、M14，共9座。

　　第7组，在第6组之西南，包括1972年M12、M16、M17、

M19、M21，共5座。

第8组，在后冈西南部，薛家庄村北，包括1957年M1—M3、M6、M7等，共8座。

这八组墓，除第6、7组保存较好外，其余几组被盗严重，陶器组合不大完整，但从各类陶器在墓中出土的情况看，仍可分析出各组之间的差别。第1组，在35座长方形竖穴墓中，有20座出陶器，以鬲为多，见于9座墓中，占45%；次为豆、盘，分别见于5座墓中，各占25%；罐、簋、觚、爵较少。第2组，以豆为主，在8座出陶器的墓中，见于6座墓，占75%；次为鬲，见于4座墓中，占50%；簋很少，只见于1座墓，占12.5%。第3组，以簋为主，在5座出陶器的墓中，见于3座墓，占60%；次为鬲，见于2座基，占40%；豆只见于1座墓，占20%。第4组，以盘为主，在2座出陶器的墓中，都出有盘，其中1座墓还出有觚、爵。第5组，以鬲为主，在4座出陶器的墓中，见于2座墓，占50%；次为豆、簋，各见于1座墓，占25%。第6组，觚爵与鬲均较多，在8座出陶器的墓中，各见于3座墓，占37.5%；次为簋、豆、盘、罐，均见于2座墓，占25%，第7组，以罐为主，在4座出陶器的墓中，都出有罐；次为盘，见于3座墓，占75%；觚、爵见于2座墓，占50%；此组未见鬲。第8组，由于简报中发表的资料不详细，我们只知该组以觚、爵为主，次为盘、豆，未见鬲、罐。

在墓葬形制、大小及殉人多寡等方面，各组也有差异。第1组，不但墓数多，还有6座带墓道的大墓，这是其他七组所不能比拟的。此组长方形竖穴墓的墓室面积较其他组大，其中超过4平方米的有21座，占60%，最大的1座71M20，面积近11平方米。2平方米以下的只有6座，占17.1%，最小的1座91M13，面积1.67平方米。此组9座长方形竖穴墓有殉人，共殉17人。第2组，只71M27面积为3.4平方米，其余的墓在2—3平方米之间。

殉人墓仅 1 座，殉 1 人。第 3 组，超过 4 平方米的只有 1 座墓，其余的墓在 1.3—3 平方米之间。此组墓无殉人。第 4 组，超过 4 平方米的 2 座，其余的墓在 1.7—3.5 平方米之间。此组墓无殉人。第 5 组，超过 4 平方米的 3 座，其余的墓在 2.7—3.6 平方米之间。殉人的 2 座，殉 2 人。第 6 组，只有 3 座墓在 3—3.6 平方米之间，多数墓在 1.6—2.5 平方米之间，最小的 1 座仅 1 平方米左右。此组墓无殉人。第 7 组，最大的墓为 3 平方米，小的墓在 1 平方米左右。此组墓无腰坑，亦无殉人。第 8 组，多数墓在 2 平方米—3.8 平方米之间，小的墓为 1.3—1.8 平方米。无殉人。

从以上的概述中可以看出，第 1—5 组，虽有差别，但共性较多：（1）墓室面积大，一般较第 6—8 组大；（2）随葬陶器以鬲为多（第 4 组出陶器墓太少，是个例外），次为豆，觚、爵、罐很少；（3）在第 1、2、5 组中有殉人。此外，从分布的情况看，这 5 组距离较近，如第 1—4 组之间相距几米至十几米，只第 2 组与第 5 组距离 70—80 米，稍远一些，但它们之间还有不少地方尚未发掘，很可能在这些地方还有殷墓存在。

第 6、7 组，墓室面积较其他各组要小，大多无腰坑，没有殉葬人，所出陶器以罐、觚、爵为主，豆、簋较少。这两组墓之间距离也较近。

第 8 组，墓室面积大于第 6、7 组，但小于第 1—5 组。此组墓亦无殉葬人。所出陶器以觚、爵为主。

我们认为，第 1—5 组墓属于一个墓区，可称为后冈第一区。此区位于后冈冈顶西部及南部，地势较高。第 6、7 组墓属于另一区，即后冈第二区，它位于后冈冈顶南坡下，与第一区相距 100 多米。第 8 组墓为第三区，它在后冈西南部，与第一、二区相距 200 多米。第二、三区地势较第一区低一些。

在第一区的长方形竖穴墓中，位于 71M48、91M12 两座大墓之南的大多属早期墓（除个别的属一期外，其余皆属二期），位于

M48、M12 之北的多属晚期（三、四期）墓。若以该区 35 座长方形竖穴墓作个统计，早期墓约占总墓数的 45％，晚期墓约占 55％。第二区墓葬中早期墓较少（早期墓均属二期），占该区总墓数的 17％，晚期墓占 83％。第三区的墓全属晚期。

综上所述，第一墓区与第二、三墓区的差异较大，而第二、三墓区相同的因素较多些。

有的学者指出："具有一个特定范围的墓地，保持着特定的生活习俗和埋葬习俗的各个墓区的死者，生前应属不同集团的成员。这个不同集团的组织形式可暂称为'族'。……不同墓区就是不同'族'的墓地。"[①] 我们认为这种观点是正确的。

根据前面的分析，后冈墓地的三个区可能是三个族墓地。第一墓区是以 1933 年大墓，1971 年 M48、M47、M32，1991 年 M9、M12 这 6 座大墓为代表的一个较大的宗族墓地。这个宗族墓地又可分为 5 个墓组，即 5 个家族墓地。各组的墓葬形制、规模大小和随葬品多少等方面的差别，反映了同一宗族内，各个家族间在政治地位、财富多寡等方面的差别。第 1 组应是这个宗族内最重要的家族墓地。而第 2—5 组则是从属这个宗族的几个较小的家族墓地。第二、三墓区，应是两个独立的家族墓地。

三　后冈大墓

如前所述，后冈带墓道的大墓共 6 座，其中一条墓道的墓 1 座，两条墓道的墓 5 座。这几座墓，均属于第 1 组。

（一）大墓的时代

关于这几座大墓的时代，学术界有两种不同的看法。有的学

---

①　中国社会科学院考古研究所安阳工作队：《1969—1977 年殷墟西区墓葬发掘报告》，《考古学报》1979 年第 1 期。

者认为，1971 年发掘的后冈大墓及其周围的小墓所出的陶器，基本上属殷墟文化一期，个别到二期初，进而推断该组墓葬都是早期的，几座大墓均属殷墟文化一期。① 也有的学者将该组墓葬所出的陶器与殷墟西区、苗圃北地、小屯南地同类陶器相比较，认为该组墓葬只个别属一期，大部分是二期，"4 座中字形大墓没有充分证据可证明它是第一期的"②。

1991 年，安阳队在后冈又发掘了 38 座殷墓，多分布在第 1 组，有的墓还出有铜礼器和陶器，为我们研究第 1 组墓葬的分期，特别是大墓的分期，提供了有利的条件。结合历次发掘的遗迹、遗物，我们对这几座大墓逐一进行分析。

71M32　该墓被盗一空，在腰坑殉人的脚旁，出土了 1 件窄平沿、深腹、平底的 I 式陶盆，此种形制的盆，多见于殷墟文化一期，但在二期的遗址和墓葬中也时有发现。打破 M32 的长方形竖穴墓 M31，出 1 件体近方形、口径略小于腹径、腹饰附加堆纹的 II 式陶鬲，如一些学者所指出的，此式鬲的时代属殷墟文化二期③，M32 的时代无疑要比 M31 早些但考虑到在殷墟发掘中，同期的遗迹相互打破的现象屡见不鲜，所以，我们认为 M32 的时代可笼统地定为殷墟文化一、二期。

91M12　该墓腰坑内殉人的腰部东侧有 1 件铜鼎，其形制、纹饰与墟文化二期的铜鼎相似。盗坑所出的陶鬲两足较高，属殷墟文化一、二期之物，故可将 M12 定为殷墟二期。④

71M48　该墓遭严重盗掘。发掘简报所附的墓葬登记表，记录了残存的小件器物的名称，但未发表器物的图及照片，无法从器物的形制来判断其时代。不过，该墓的分期仍有踪可寻。其一，

① 曹定云：《殷代初期王陵试探》，《文物资料丛刊》第 10 集，1987 年。
② 杨锡璋：《关于殷墟初期王陵问题》，《华夏考古》1988 年第 1 期。
③ 杨锡璋：《关于殷墟初期王陵问题》，《华夏考古》1988 年第 1 期。
④ 中国社会科学院考古研究所安阳工作队：《1991 年安阳后冈殷墓的发掘》，《考古》1993 年第 10 期。

M48 附近的一批小墓大多属殷墟二期，没有三期或三期以后的墓葬；其二，M48 与其东边的 M12 相邻，M48 墓室东北角与 M12 墓室之西南角相对，两者相距只 1 米左右，形成 M48 墓室之东边与 M12 墓室之西边大体处在同一直线上的状况。可以想象，两墓若不是同时营造，很难安排得如此之巧妙。在殷墟族墓地的发掘中，两墓形制和方向基本相似、距离很近的大墓，多属同期的墓葬，如殷墟西区第三区的 M698—M701 几座墓并列，相距不到 2 米，均属殷墟文化四期的墓葬。① 基于这两点，我们推测 M48 与 M12 属于同一时期（二期）的墓葬。

71M47　该墓打破 M48，时代应比 M48 略晚。M47 附近的小墓的时代与 M48 周围小墓的情况相似。我们认为，M47 的时代大概仍属殷墟文化二期，或二期偏晚。

91M9　该墓出土的陶瓠、陶盘属殷墟文化四期晚段常见之物，且 M9 又打破另一座四期墓葬 M31，所以其时代当属四期晚段。②

1933 年大墓　过去有的学者认为它的时代属殷墟文化前期③、早期④、或一期⑤。我们认为这些看法是值得商榷的。这座墓，屡遭盗掘，没有留下铜礼器和陶容器，只出土了一些小件的铜、蚌、骨、玉、石器等，给断代工作带来困难，幸好当年的发掘者石璋如先生发表了该墓出土的 6 件车器和 1 件铜铃的线图⑥，我们可以将这些器物与殷墟所出的同类器物作一比较。

---

① 中国社会科学院考古研究所安阳工作队：《1969—1977 年殷墟西区墓葬发掘报告》，《考古学报》1979 年第 1 期。

② 中国社会科学院考古研究所安阳工作队：《1991 年安阳后冈殷墓的发掘》，《考古》1993 年第 10 期。

③ 黄展岳：《中国古代的人牲人殉》，文物出版社 1990 年版。

④ 郑若葵：《试论商代的车马葬》，《考古》1987 年第 5 期。

⑤ 曹定云：《殷代初期王陵试探》，《文物资料丛刊》第 10 集，1987 年。

⑥ 石璋如：《河南安阳后冈的殷墓》，《历史语言研究所集刊》第十三本，1948 年。

　　铜铃是殷墟墓葬发掘中极为常见的物品，从殷墟文化早期至晚期，铜铃的形制都有铃身外侧有扉与无扉两类，在两类中又有若干种不同的形式。1933 年墓所出的铜铃，下口较扁，两侧扉棱下部之扉尖外侈（图四—3），此种形式的铜铃在殷墟早期（一、二期）墓葬中尚未发现，但在晚期墓中为数不少。如西区 M823：1[①]（图四—4）、白家坟东北 PM3：6[②]（图四—5）、53 大司空村 M44：01[③]、82APM54：8[④] 几件铜铃的形式，与 1933 年大墓所出的极相似，前 3 座墓均属殷墟文化四期，后 1 座墓属三期。

　　后冈 1933 年大墓出土了軎、辀首、方杆头、軓饰等 6 件铜车器。从殷墟墓葬出土车器的情况看，最早见于殷墟文化二期，流行于三、四期，至今尚未发现随葬车器的一期墓葬及车马坑。1933 年大墓所出的铜軎、辀首的形制，与一般车马坑所出的同类器相似，只是尺寸略小，殷墟出土的铜方杆头数量不如軎、辀首多，只见于小屯北 M20[⑤]、郭家庄 87AGNM52[⑥]、刘家庄北地的一些车马坑中。[⑦] 1933 年大墓的方杆头（图四—2），形制，纹饰与 87AGNM52：14、15 两件近似（图四—6）。铜軓饰，过去出土亦较少，它见于小屯 M20 和 M40、西北冈 M1003[⑧]、刘家庄

---

　　①　中国社会科学院考古研究所安阳工作队：《1969—1977 年殷墟西区墓葬发掘报告》《考古学报》1979 年第 1 期。

　　②　中国社会科学院考古研究所：《殷墟发掘报告》，文物出版社 1987 年版。

　　③　马得志等：《一九五三年安阳大司空村发掘报告》，《考古学报》第九册，1955 年。

　　④　中国社会科学院考古研究所安阳工作队：《1980—1982 年安阳苗圃北地遗址发掘简报》，《考古》1986 年第 2 期。

　　⑤　石璋如：《殷墟墓葬之一·北组墓葬》（上），"中研院"历史语言研究所，1970 年。

　　⑥　中国社会科学院考古研究所安阳工作队：《安阳郭家庄西南的殷代车马坑》，《考古》1988 年第 10 期。

　　⑦　中国社会科学院考古研究所安阳工作队发掘资料。

　　⑧　梁思永等：《侯家庄》第四本《第一〇〇三号大墓》，"中研院"历史语言研究所，1967 年。

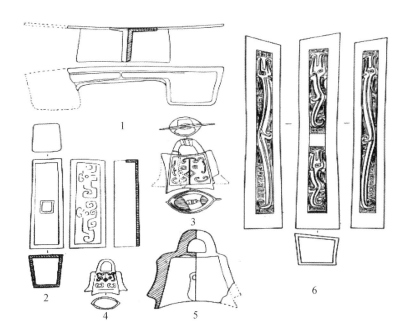

图四　殷墟墓葬出土铜器

1. 軏饰（后冈 1933 年大墓）；2. 方杆头（后冈 1933 年大墓）；3. 铃（后冈 1933 年大墓）；
4. 铃（西区 M823：1）；5. 铃（白家坟东北 PM3：6）；6. 方杆头（郭家庄 87AGNM52：14）

92ALNM339 等。后冈 1933 年大墓出的这件軏饰的形制（图四—1）与 92ALNM339 所出的较相似。

不少学者笼统地将小屯北 M20、M40 的时代定在殷墟文化晚期①，我们根据 M20 所出的铜刀形制，认为属殷墟文化三期。②092ALNM339 属殷墟文化三期，西北冈 M1003、87AGNM52 属殷墟文化四期。

1933 年大墓出土的这几件器物，均具有晚期的特征。

在西北冈一些大墓墓室附近发现了一些作为陪葬的长方形竖

---

① 杨宝成：《殷代车子的发现与复原》，《考古》1984 年第 6 期。郑若葵：《试论商代的车马葬》，《考古》1987 年第 5 期。
② 刘一曼：《殷墟青铜刀》，《考古》1993 年第 2 期。

穴墓，这些墓有棺椁，有随葬品，有的还有殉葬人或殉犬，如大墓 M1001 东侧的 M1885，M260（出司母戊鼎的大墓）附近的 M259 等①，它们与大墓埋葬的时间是相同的。在 1933 年大墓之东侧的 M26—M28 等几座墓葬，墓的方向均为 10°，而 1933 年大墓为 11°，两者很接近，其性质可能是 1933 年大墓的陪葬墓。M26、M27 属四期墓，M28 被盗，无随葬品未能分期，若此推断合理的话，1933 年大墓应与 M26、M27 的时代相同。

1933 年大墓的面积比 91M9 小，但与 M9 的形制相似，两墓都有亚字形椁室，这有别于后冈其他几座中字形大墓。

1933 年大墓与 91M9 东西相距 20—30 米，两墓的墓室和墓道相对应，彼此平行。如同 71M48 与 91M12 交错并列一样，两墓平行大概也是时代一致（或相近）的一种反映吧！

据以上的几点分析，我们认为 1933 年大墓的时代不是殷墟前期（一、二期），应是殷墟后期（三、四期），很可能与 M9 同属殷墟四期。

综上所述，后冈几座大墓的时代顺序是：M32 最早（一、二期），次为 M12、M48、M47（二期），最晚是 1933 年大墓和 M9（四期）。墓葬所在的位置呈现出南早北晚的现象，与大墓附近的小墓的时代是一致的，可见这组墓地基本上是由南向北逐渐推进的。

（二）大墓的性质

关于后冈大墓的性质，学术界也存在不同的看法，主要有两种，一种认为，几座两条墓道的中字形大墓是殷墟初期的王陵，即 M32、M48、1933 年大墓属盘庚、小辛、小乙之墓，或 M32、M48、M48 东（即 91M12）、1933 年大墓分别为阳甲、盘庚、小

---

① 中国社会科学院考古研究所：《殷墟的发现与研究》，科学出版社 1994 年版，第 119—120 页。

辛、小乙之墓①，另一种认为，后冈中字形大墓不是殷墟初期的王陵，这几座大墓的墓主应属于王室的成员②。由于后冈中字形大墓没有一座可以定为殷墟文化一期，所以我们支持后一种意见，下面再作进一步的论述。

首先，后冈中字形大墓是不是武丁至帝乙时的王陵？如一些学者所指出的，这时期的王陵具有四条墓道，分布于洹河北岸的西北冈。③ 排除了王陵的可能性之后，这几座墓的墓主的身份当是低于殷王的贵族奴隶主。

殷墟已发掘的中字形大墓有9座，其中西北冈3座，大司空村1座，后冈5座。这几座中字形墓中，王陵区的武官大墓面积最大，大司空村80ABM576最小，后冈几座处于中间的位置。尽管后冈大墓面积比武官大小，但是后冈的M9及1933年大墓的椁室为亚字形，这是其他中字形墓所不具备的。在殷墟，亚字形墓室与椁室，只见于西北冈的某些四条墓道的大墓（如M1001、M1217、M1400），可见后冈中字形大墓的墓主，身份很高，是仅次于殷王的人物。

其次，后冈大墓经多次盗掘，残留的遗物很少，但M9南墓道之北部，距墓室2.6米处的一个长方形浅坑之下部，未遭破坏，出土了11件青铜器，其中礼器6件：鼎1件，觥盖1件，爵1件，方爵2件，方彝1件，方形器皿占该坑礼器的一半，估计原来在墓室内的方形器皿的数量会相当可观。我们在研究殷墟墓葬的青铜礼器组合时曾提及，能用较多的方形器皿随葬的是殷王、王室成员以及较高级的贵族。墓主的身份越高，拥有的方形器皿就较多，质地也较精。④ M9出土的方形器皿，从一个侧面反映了墓主

---

① 曹定云：《殷代初期王陵试探》，《文物资料丛刊》第10集，1987年。

② 中国社会科学院考古研究所：《殷墟的发现与研究》，科学出版社1994年版，第132页。

③ 杨锡璋：《商代的墓地制度》，《考古》1983年第10期。

④ 刘一曼：《安阳殷墓青铜礼器组合的几个问题》，《考古学报》1995年第4期。

的身份。

M9 出土的 1 件觥盖，纹饰繁缛，前端为一虎头，后端为一兽头，长 29.1 厘米。在已经发表的科学发掘的殷墟墓葬中，只妇好墓（墓主是殷王武丁的配偶）出土了 8 件青铜觥。M9 这件觥盖之长度与妇好圈足觥近似①，虽然两器纹饰有些差异，但在构图之巧妙、铸造之精良、纹饰之华丽等方面，两者是可相比美的。

在 1933 年大墓的南墓道中，出土了 1 件残白色大理石雕兽，残高 12 厘米。稍大的大理石雕兽，过去只见于西北冈的某些大墓及小屯北妇好墓中。

又，据考古研究所安阳工作队的同志调查，在抗日战争和解放战争时期，"后冈西区的墓地曾出土过多套成组的铜器，并且还出土过完整的白陶罐等"②。众所周知，白陶是较珍贵的器物，在殷墟发掘中，普通的族墓地极少见到它的踪影，它主要出于西北冈大墓和小屯东北地宫殿区内的几座较大的长方形竖穴墓中。学术界一般认为，白陶器是王室及高级贵族的生活用具。

所以，从墓葬形制、规模、随葬器物等方面综合考察，后冈中字形大墓远比分布于普通族墓地的带墓道的大墓的规格高，这几座大墓的墓主应是地位极显赫的贵族，很可能是王室成员。

四　后冈圆形祭祀坑

后冈圆形祭坑位于后冈南坡下，西北距第 1 组墓地 200 米左右。该坑口径 2.2 米，底径 2.3 米，深 2.8 米，坑内出 73 具人骨，以及陶器 32 件，铜礼器 3 件，还出土了一些小件的铜、玉、骨、

---

① 中国社会科学院考古研究所：《殷墟妇好墓》，文物出版社 1980 年版。
② 中国科学院考古研究所安阳发掘队：《1971 年安阳后冈发掘简报》，《考古》1972 年第 3 期。

海贝、谷物及纺织品等。① 关于后冈圆坑的性质与年代，20 世纪
60 年代，在学术界曾引起热烈的讨论②，存在不同的看法。70 年
代以来，大家的意见趋于一致，都认为它是属于殷代末年的祭祀
坑。由于此坑出土的人牲及各类器物较多，坑内堆积人牲的埋葬
方式较特殊，还有不少问题值得我们作进一步的探讨。

（一）关于祭祀次数

有的学者指出，后冈圆坑是一次燎祭活动的遗迹。③ 我们认
为，此坑可能是两次祭祀活动的遗迹。

后冈圆坑之堆积共分五层。坑口第 1 层是夹杂碎陶片的黄土，
厚 0.9 米；近坑底的第 5 层为灰黄土，厚 0.2—0.3 米；第 2 层—
4 层厚 1.7—1.8 米，埋有人牲。上层人骨架有 25 个个体（图
五），中层人骨架有 29 个个体，下层人骨架有 19 个个体（图六）。

上层与中层人骨架的埋葬情况和文化堆积状况有如下几点相
似之处：（1）葬式多样化，有俯身、仰身、侧身三种，每种中又
有直肢与屈肢之别，还见跪着的骨架；（2）人骨架多集中在坑之
北部和东南，头颅多排列在东南部，贴近坑边，围成半圆形，头
顶又多向东或南方，多数骨架上有朱砂的痕迹；（3）人骨之旁共
存的器物较多，如上层人骨架中夹杂有铜器、谷物、纺织品和贝
等，中层人骨架与陶器、贝共出（人骨架上压一层陶片，复原成
31 件器皿）；（4）上层人骨架所处的文化层（第 2 层）为深灰土，
含大量的木炭和炭粒，有烧过的骨头、蚌壳及烧焦的丝麻织物。

---

① 中国社会科学院考古研究所：《殷墟发掘报告》，文物出版社 1987 年版。

② 郭沫若：《安阳圆坑中鼎铭考释》，《考古学报》1960 年第 1 期。赵佩馨：《安
阳后冈圆形葬坑性质的讨论》，《考古》1960 年第 6 期。刘克甫：《安阳后冈圆形葬坑年
代的商讨》，《考古》1961 年第 9 期。

③ 中国社会科学院考古研究所：《殷墟发掘报告》，文物出版社 1987 年版。《中国
大百科全书·考古学》"后冈祭祀坑"条，中国大百科全书出版社 1986 年版，第 204
页。

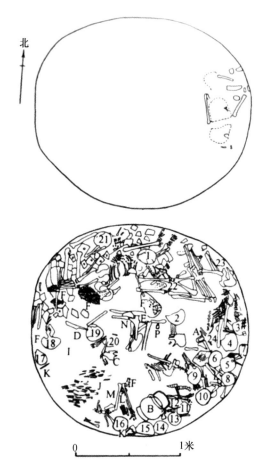

图五　后冈圆形祭祀坑第一层人骨架平面图

上：第 1 具人骨架出土位置；下：1—24. 第 2 具—第 25 具人骨架出土位置　A. 铜鼎，B. 铜卣，C. 铜戈，D. 铜刀，E. 铜戈，F. 贝，I. 谷粒，J. 成束的丝麻，K. 骨笄，L. 铜泡，M. 铜璜形器，N. 象牙棒

中层人骨架所处的文化层（第 3 层）为灰黄土，内夹少量的炭粒及烧土粒，第 2、3 层的土质均较松软；（5）上层与中层人骨架虽隔一层陶片，但距离近，两者相距约 10—30 厘米。由于上层与中层人骨架及文化层堆积共性较多，我们认为这两层应是同一次祭祀的遗迹，从所出的烧焦了的纺织品、蚌壳、木炭、灰烬看，正

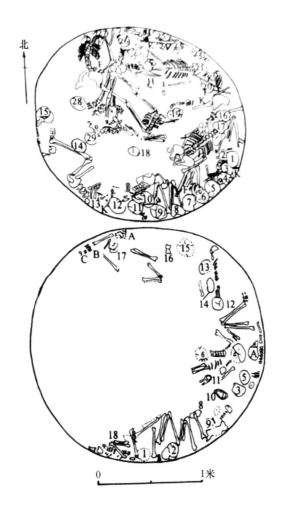

图六　后冈圆形祭祀坑第二、三层人骨架平面图

上：1—29. 第二层人骨架，G. 玉璜，H. 玉鱼，O. 玉鱼，K. 骨笄，F. 贝；下：1—18. 第三层人骨架，A. 贝，B. 骨笄，C. 花骨

如发掘者分析的那样，与寮祭有关。

下层人骨架与中、上层人骨架有较多的差异：（1）葬式较简单，只有侧身屈肢、侧身直肢、俯身直肢三种；（2）头颅较多（10 具），占该层人骨架的 53.2%，而中、上层的头颅，只占人骨架总数的 30%；（3）有青年女性 3 人，婴儿 2 人，这是中、上层

所未见的。此层青年与成年男性较少，只占下层所鉴定的人骨数的35.7%，而中、上层青、壮年男性人骨约占被鉴定人骨的65%；（4）人骨旁没有铜器或陶器，只有少量的装饰品和海贝；（5）此层人骨架所处的文化层是第4层，该层为较硬的红褐土；（6）下层人骨架与中层人骨架距离稍远，约0.6—0.7米。鉴于这些差异，我们认为下层人骨架属另一次祭祀活动的遗迹。但从下层人骨之下的第5层所出的陶片，与覆盖在中层人骨架上的陶片形式相同，表明此次祭祀之时间与中、上层祭祀的时间比较接近。

（二）祭祀方法

祭祀方法是指在祭祀活动中处理人牲、祭品的方法。后冈圆坑的祭祀方法是一种还是多种？我们认为是多种。据殷墟卜辞记载，殷王祭祀祖先、神灵，有时，一次祭祀只用一种祭法，但常见在一次祭祀中用几种祭法。如卜辞的寮祭（既是祭祀之仪式，也是一种祭法）多与宜（用全牲）、伐（砍头）、沈（沈牲于水中）、卯（将牲对剖）、薶（埋牲于坑坎之中）等祭法同时使用。像《掇二》33"寮五牛、卯五牛"，《合》162"癸亥卜，㲼贞：寮于上甲三牛，虫伐十羌十殺"，《前》7.3.3"辛巳卜，㲼贞：薶三犬，寮五犬，五殺，卯三牛"就是其例。

下层人骨有头颅与全躯两种，反映了处理人牲时用了宜和伐两种方法。中、上层人骨除人头和全躯外还见到蹲坐、双手抱头、跪扑的样式，特别是中层的两具（17号、18号）跪扑人架，南北相对，头皆向东，面向下，两臂下垂，两足贴近盆骨，放置规整，像是经过捆缚的。这大概是将捆缚的活人置于坑内，然后用土掩埋。这应是卜辞中的薶祭。中、上层出土的木炭、灰烬，上层所见的烧焦了的纺织品及谷物，是进行寮祭活动时用木柴焚烧这些祭品所遗留的残迹。圆坑的中层和上层人牲、器物及祭品均较下层多，从其出土情况看，当时几种祭法同时并用，反映出这次祭祀的场面和规模都较大。

（三）人牲的身份

与西北冈祭祀坑及大司空村椭圆形祭祀坑相比，后冈圆坑有两个显著的特点：（1）坑内人骨多属全躯；（2）不少人牲有随葬品，有随葬品的人牲占全坑人牲总数的 20%。值得注意的是，坑中有几具人牲骨架上有较多的海贝，如第一层 16 号人骨架手腕上系 1 串贝，有 45 枚，其间缀有铜铃、铜泡各 1 个，此人的胸、腹下还有贝 75 枚；第二层 27 号人骨架的盆骨上有排列的贝 3 串，共 35 枚；第二层 3 号人骨架臀部有贝 25 枚，排成两行，似贯穿着。西北冈王陵区祭祀坑的人牲，大多身首异穴，全躯的较少，绝大多数人牲无随葬品。如 1976 年西北冈发掘的 191 座祭祀坑，出土了 1000 多具人骨，有随葬品的人牲只占 1%。[①] 大司空村祭祀坑的人牲出土时头颅与身体分离，全坑 31 具人骨，无随葬品。[②]

西北冈祭祀坑的人骨鉴定资料表明，人牲的体质有多种类型，有的学者解释为"殷人同四邻方国部落的征战中，捕获了不同方向来的异族战俘"[③]。这种观点是可信的。后冈圆坑的人牲与西北冈祭祀坑的人牲区别较明显，可能后冈的人牲大多是殷都的本地居民，况且坑中还有不少儿童、婴儿和几名妇女，估计此坑的人牲中有不少人是高级贵族奴隶主的家内奴隶。其中有较多海贝及饰物的全躯人骨架，生前的待遇要高于坑内被砍头的人骨架，大概他们属高级贵族奴隶主的侍从、贴身仆役等，其生活比战俘和一般的生产奴隶略好。尽管这样，这些人仍是没有人身自由的奴隶。所以，在重大的祭祀中也逃脱不了当人牲的命运。

---

① 中国科学院考古研究所安阳发掘队等：《安阳殷墟奴隶祭祀坑的发掘》，《考古》1977 年第 1 期。

② 安阳市博物馆：《安阳大空村殷代杀殉坑》，《考古》1978 年第 1 期。

③ 韩康信等：《殷代人种问题的考察》，《历史研究》1980 年第 2 期。韩康信等：《殷墟祭祀坑人头骨的种系》，《安阳殷墟头骨研究》，文物出版社 1985 年版，第 106 页。

（四）主祭者与祭祀对象

如前所述，后冈圆坑不但人牲较多，所出的器物也较多，尤其是坑中所出的戍嗣子铜鼎，形体硕大，铸造较精，其上还有 30 字的铭文。铭文中记载了戍嗣子得到殷王赐贝二十朋，可见其地位较高。这些迹象表明，当时在这里举行的祭祀是很重要的，主持祭祀的人应是地位极高的大贵族。根据以往殷墟的发掘资料，埋人牲较多的祭祀坑或与宫殿基址或与大墓有关系。后冈圆坑附近没有较大的殷代建筑基址，但它的西北有几座大墓，两者相距 200 米左右，它们应有内在的联系。我们推测，圆坑的主祭者可能是后冈一组几座带墓道的大墓墓主的后代，是该家族（或宗族）的族长或该族的上层显贵，很可能属王室成员。而被祭祀的对象，不是某一位祖先，而是该族的历代先人，具体地说，是以后冈一组大墓墓主为代表的该族的一群祖先。

殷墟郭家庄 160 号墓的发现及主要收获[*]

郭家庄 160 号墓位于殷墟郭家庄西部，是一座未经扰动、保存完整的较大的长方形土坑竖穴墓。1990 年秋，中国社会科学院考古研究所安阳队对该墓进行了发掘，发现了许多珍贵的文物。

160 号墓长 4.5 米、宽 2.9 米、深 8 米，带棺、椁，有殉人 4 个、殉犬 3 只。墓中出土了铜、陶、玉、骨、石、牙、漆、竹等各类器物 353 件。

160 号墓出土的器物中，青铜器的数量最多，共有 291 件，占随葬品总数的 82.4%。在青铜器中，以武器为主，有钺 3 件，戈、矛 200 多件，大刀 2 件，镞 9 堆（906 枚）。墓中出土青铜礼器 41 件，乐器 3 件。这些铜礼、乐器大多有族徽铭文。在 38 件有铭铜器中，带"亚址"铭的铜器 33 件，占有铭铜器的 87%，而且一些重要的礼器，如大圆鼎、大方尊、方罍及方觥、角等均铸此铭。所以，160 号墓的墓主应是亚址。亚为武职官名，址为人名或族名。联系到该墓出土的铜兵器数量多，种类齐全，并出有象征军事统帅权的大铜钺和大玉钺，由此可推知墓主是职位比较高级的武将。

160 号墓出土的陶器有簋、豆、瓟、爵、罐、小罍等 16 件。前 4 种器物对断定墓的时代有重要作用。其中簋为侈口，方唇，

* 本文原载于《考古》1998 年第 9 期。

腹微鼓，圜底，圈足外撇。腹饰三周弦纹，并有三块小泥钉（图一，1）。豆为敛口，盘较深，高圈足，足之下部外撇（图一，2）。觚口呈喇叭状，腹较细，近直筒形，圈足外撇（图一，4）。爵为侈口，有短流，腹斜直内收，腹之一侧有鋬，圜底，三锥足较矮且略外撇（图一，3）。从这些器物的形式判断，160号墓的时代属殷墟文化第三期，确切一点说，是第三期偏晚阶段。[1]

郭家庄160号墓是1976年妇好墓发现以来又一座较重要的墓葬，曾被评为1990年度的全国十大考古发现之一。这座墓的发掘主要有如下几方面的收获。

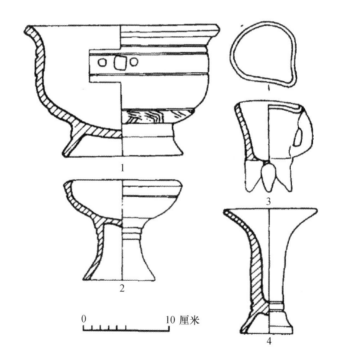

图一 出土陶器

1. 簋（M160：3）；2. 豆（M160：2）；3. 爵（M160：1）；4. 觚（M160：4）

---

[1] 中国社会科学院考古研究所：《安阳殷墟郭家庄商代墓葬》，中国大百科全书出版社1998年版。

一

数十年来，殷墟地区发掘的墓葬有 6000 多座，其中保存完整，出青铜礼器最多、面积又较大的墓是妇好墓。该墓面积 22.4平方米，出青铜礼器 210 件。① 次为小屯北 M18，面积 10.6 平方米，出礼器 24 件。② 此二墓均属殷墟文化第二期。殷墟文化第三期中保存完整，并随葬成套青铜礼器的墓葬有 50 多座，其中，面积较大（4.3—7 平方米）、随葬 10—20 件青铜礼器的墓只有大司空村 M51③、高楼庄 MS④、戚家庄 M269⑤ 三座。郭家庄 160 号墓面积为 13 平方米，出青铜礼器 41 件，是目前殷墟第三期墓中随葬青铜礼器最多、面积又大的一座墓葬。它的发现，正好填补了殷墟地区较大的第三期铜器墓资料缺乏的空白，对研究殷代青铜礼器的形制、组合、纹饰等，均有重要的意义。

第一，160 号墓出土的青铜礼器形制比较复杂，可分为以下几类。

1. 殷墟文化第三期常见的器形，如乳丁纹方鼎（M160：134）、罍（M160：140）、甗（M160：51）、簋（M160：33）等，与殷墟文化第三期同类器器形相似。

2. 一些器物的形制具有殷墟文化第四期器物之特点。如大圆鼎（M160：62），耳稍外侈，下腹微鼓，三足近马蹄状（图二），

---

① 中国社会科学院考古研究所：《殷墟妇好墓》，文物出版社 1980 年版。

② 中国社会科学院考古研究所：《安阳小屯村北的两座殷代墓》，《考古学报》1981 年第 4 期。

③ 河南省文化局文物工作队：《1958 年春河南安阳市大司空村殷代墓葬发掘简报》，《考古通讯》1958 年第 10 期。

④ 周到、刘东亚：《1957 年秋安阳高楼庄殷代遗址发掘》，《考古》1963 年第 4 期。

⑤ 安阳市文物工作队：《殷墟戚家庄东 269 号墓》，《考古学报》1991 年第 3 期。

与殷墟西区 M284：1 父乙鼎①、后冈圆坑（HGH10：5）的戍嗣子
鼎②近似。后 2 件铜鼎的时代属殷墟文化第四期后段。小方鼎
（M160：21），器身呈方斗形，口大底小，底部微鼓，足较高，腹
饰夔纹与三角纹（图三），与小屯 82M1：30③ 及郭家庄东南 M1：
18④ 小方鼎的形制基本相似。上述二器，是殷墟文化第四期的典
型器物。觯（M160：126），有盖，口呈椭圆形，下腹外鼓，圜
底，高圈足（图四，2），与殷墟第四期墓大司空村 M53：27 母乙
觯⑤相近。无柱高领分裆斝（M160：174），与山西灵石旌介村
M1：27 铜斝的形制、尺寸基本相似（图五）。灵石旌介村 M1，被
认为是殷代晚期或殷代末年的墓葬。⑥ 上述例子表明，过去学术界
所分的殷墟文化第四期铜器中某些器类的形制，在殷墟第三期或
三期晚段已经出现了。

　　3. 一些器物在殷墟第三期墓中不见或少见，但在殷墟以外地
区则不乏其例，如卣、方觚、角、方尊等。卣（M160：172），通
体满花，从盖顶至圈足饰四条扉棱，提梁置于正背面（图六），与
殷墟地区第三、四期流行的提梁位于腹之两侧的扁罐式卣明显不

---

① 中国社会科学院考古研究所：《殷墟青铜器》图版二二二，文物出版社 1985 年
版。

② 中国社会科学院考古研究所：《殷墟青铜器》图版二二二，文物出版社 1985 年
版，图版八三。

③ 中国社会科学院考古研究所：《殷墟青铜器》图版二二二，文物出版社 1985 年
版，图八五，3。

④ 中国社会科学院考古研究所安阳工作队：《1987 年夏安阳郭家庄东南殷墓的发
掘》，《考古》1988 年第 10 期。

⑤ 中国社会科学院考古研究所：《殷墟青铜器》图版二二二，文物出版社 1985 年
版，图版八二。

⑥ 山西省考古研究所、灵石县文化局：《山西灵石旌介村商墓》，《文物》1986 年
第 11 期。

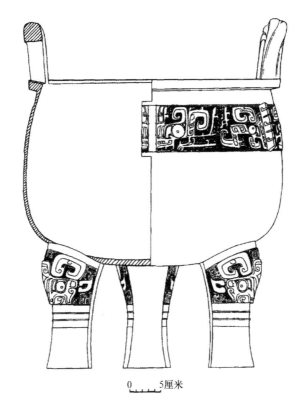

0 ⌞⌞⌞⌞⌞ 5厘米

图二　铜鼎（M160：62）

同，但与河南辉县褚邱所出的祖辛卣①、湖南宁乡黄材出的卣②在
形制、纹饰等方面基本相似。方觚，过去在殷墟未见发掘品，在
著录中有亚醜铭的方觚③，与 160 号墓所出的方觚（M160：171）
有些近似，但质地较厚。在德国科伦东亚艺术馆收藏了 1 件方

---

① 《河南出土商周青铜器》编辑组：《河南出土商周青铜器》（一）图版三六七，
文物出版社 1981 年版。

② 湖南省博物馆：《湖南省工农群众热爱祖国文化遗产》，《文物》1972 年第 1
期。

③ 容庚：《武英殿彝器图录》，哈佛燕京学社影印本 1934 年版，第 133 页。

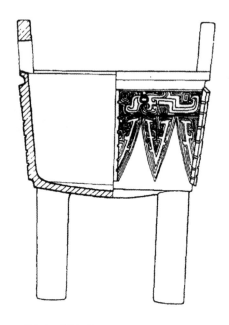

图三　铜方鼎（M160：21）（1/2）

瓶①，形制及尺寸与 160 号墓的方瓶较为相似，只是纹饰略有差异
（图四，1）。160 号墓出的铜角（M160：145），与著录中的宰椭
角②及 1931 年山东益都苏埠屯商墓所出的 2 件铜角相比，在形制、
尺寸及纹饰等方面均相同（图四，3）。③ 160 号墓出土的 1 对大方
尊，其中的 M160：128，与著录中的"亚醜"方尊④、"亚醜者
妇"方尊⑤，在形制、尺寸及纹饰方面均相似（图七）。有学者认

①　李学勤、艾兰：《欧洲所藏中国青铜器遗珠》图版 30，文物出版社 1995 年版。

②　容庚、张维持：《殷周青铜器通论》图版五三，104，文物出版社 1958 年版。

③　祈求霈：《山东益都苏埠屯出土铜器调查记》，《中国考古学报》第二册，1947
年。

④　台湾"故宫博物院"：《商周青铜酒器》图版二一，1989 年。

⑤　王海文：《醜亚方罍和方尊》，《故宫博物院院刊》1958 年第 1 期。

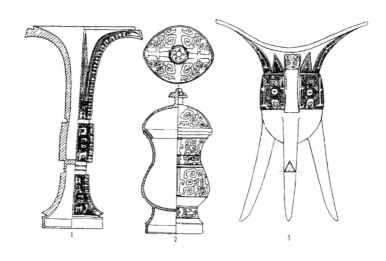

图四 M160 出土铜器

1. 方觚（M160：171）；2. 觯（M160：126）；3. 角（M160：145）（1. 约 1/5，2.3/10，3. 约 1/3）

为"亚醜"铭铜器，可能出自山东益都苏埠屯墓地①。在这里应当指出的是，1965—1966 年发掘的山东益都苏埠屯 1 号大墓，其墓室面积达 160 平方米，有 4 条墓道，但该墓被盗严重，无完整的铜礼器。在墓中出土的铜器残片中，有 1 件兽头饰（1：10），兽头的顶部向上伸出一对大角，角端伸出五个枝杈如手掌状，兽头高 5.6 厘米。原简报作者认为它与《殷周青铜器通论》图版玖拾的凤纹卣上的饰件相似，所以应是铜卣上的饰件。② 我们将它与 160 号墓方尊肩中部的兽头相比，发现两者极为相像，连尺寸也相近，因而它应是方尊上的饰件。若此推断不误，这就表明"亚醜"方尊原出自苏埠屯 1 号大墓中。据学者考证，"亚醜"族文化是薄

① 殷之彝：《山东益都苏埠屯墓地和"亚醜"铜器》，《考古学报》1977 年第 2 期。

② 山东省博物馆：《山东益都苏埠屯第一号奴隶殉葬墓》，《文物》1972 年第 8 期。

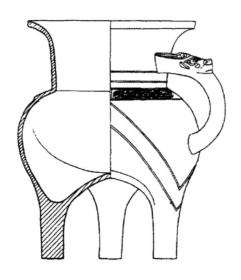

图五 铜分裆斝（M160：174）（约 3/10）

姑氏的遗存①，以上所列举的资料就反映出 160 号墓的墓主与薄姑氏首领有较密切的联系。

4. 还有的器物造型新颖，是极稀见的器形。如 1 件方卢形器（M160：50），口呈长方形，浅腹，平底，高圈足，腹部短边两侧有一对兽头环耳，与一绚索形环状把手相套合（图八）。它与《西清古鉴》卷三十一的冰鉴②有某些相似之处，但也存在较明显的区别，即后者腹两侧无耳和把手，尺寸较 M160：50 小，重量亦较轻。1 件有盖提梁四足鼎（M160：32），也是殷墟发掘中首见的器形。这件铜鼎盖如覆钵形，上有两个对称的片状把手，口呈椭圆形，腹近圆角方形，腹上部短边两侧有圆环，环内套一根绚索状提梁，下腹外鼓，底近平，有四短柱足（图九）。这种带盖的四足鼎，在西周初年的铜器中常有发现。如宝鸡竹园沟 13 号墓

① 殷之彝：《山东益都苏埠屯墓地和"亚醜"铜器》，《考古学报》1977 年第 2 期。

② 梁诗正：《西清古鉴》卷三十一，清乾隆二十年（1755）。

BZM13：6 铜鼎①、北京琉璃河 M253 出土的圉方鼎②、山东滕县出土的滕侯鼎③，形制均与 M160：32 基本近似。不同的是这几件鼎口之两侧有一对附耳而无圆环及提梁。可以说，M160：32 是它们的祖型。

上述四种器形，共存于 160 号墓中，表明它们在殷墟文化第三期已经出现或在流行。新出土的资料，开阔了我们的视野，丰富了我们对这一时期青铜器形制特征的认识。所以 160 号墓的青铜礼器，对研究殷代青铜礼器的分期有重要的意义。

第二，160 号墓青铜礼器的组合富有特色，主要有以下特点。

1. 种类齐全。此墓的青铜礼器有鼎、甗、簋、尊、罍、瓿、角、觯、盉、罍、卣、盘、方卣形器、斗，共 14 类。过去发现的殷墟第三期墓的铜礼器组合中还没有盘，此墓出了盘，这使 160 号墓成为炊器、食器、酒器、水器俱全的一座墓葬。此墓不但铜器种类齐全，式样也较多，如铜鼎分方、圆、有盖三种，尊、罍分方、圆两种，总共有 18 种不同形式的器物。

2. 在青铜礼器的组合中，酒器所占的比例较大，占全部礼器的 75.6%。这比第二期的妇好墓（酒器占礼器的 74%）和第三期的戚家庄 M269（酒器占礼器的 70%）中酒器的比例要大一些。在酒器中，尊、罍各有 3 件，数量上次于瓿和角，但较其他的酒器多，而且它们在形体硕大、铸造精良、纹饰华美等方面，均在各类酒器之上。尤其是那对大方尊，重 21.5 公斤，是仅次于大圆鼎（M160：62）的重器。过去有的学者看到第三期一些小型铜器墓中，罍、尊的数量较少，便认为"罍、尊在三期以后逐渐减弱"④，从 160 号墓的情况看，这种看法不大全面。总而言之，这

---

① 宝鸡市博物馆：《宝鸡强国墓地》，文物出版社 1988 年版。

② 北京市文物研究所：《琉璃河西周燕国墓地》（1973—1977），文物出版社 1995 年版，第 103 页图七三（A），第 104 页图七三（B）。

③ 滕县博物馆：《山东滕县发现滕侯铜器墓》，《考古》1984 年第 4 期。

④ 安阳市文物工作队：《殷墟戚家庄东 269 号墓》，《考古学报》1991 年第 3 期。

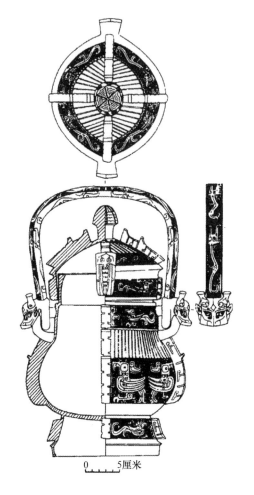

0——5厘米

图六 铜卣（M160：172）

座墓葬依然保存了商代中期以来"重酒组合"的传统，而且还相当突出。

3. 在过去殷墓所出的青铜礼器的组合中，通常是觚、爵相配，160号墓是以角代爵。角、觚相配，曾见于1933年山东益都苏埠

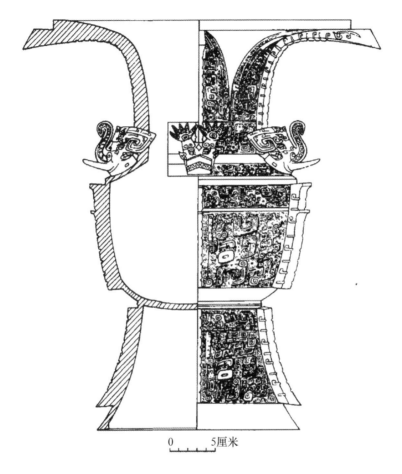

0 　 5厘米

图七　铜方尊（M160：128）

屯的一座商代墓中，该墓以 2 角配 1 觚。[①] 从觚、爵的数量而言，
殷墟出觚、爵最多的是妇好墓，共出觚 53 件，爵 40 件。次为小
屯 M18，觚、爵各出 5 件。160 号墓出觚、角各 10 件，这也是罕
见的，只在殷墟以外的山西灵石旌介村商代晚期墓中，出过 10 爵

[①]　山东省文物考古研究所、青州市博物馆：《青州市苏埠屯商代墓发掘报告》，
《海岱考古》第 1 辑，山东大学出版社 1989 年版。

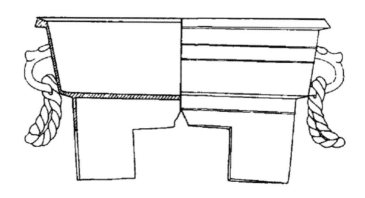

图八　铜方卢形器（M160：50）（约1/3）

4 觚的组合。①

4. 在 160 号墓青铜礼器的组合中，方形器皿数量多，有方尊、方斝、方觚、方鼎、方卢形器，共 17 件，占全墓青铜礼器的 41%。方形器皿，在郑州二里冈时期就已出现，如郑州出土的几件商代前期的大方鼎就是其例。在殷墟第一期，方形器皿数量较少，只在小屯 M331 出了方卣 1 件，方爵 2 件。在殷墟二期，方形器皿数量有所增多，如妇好墓出方形器皿 9 种 23 件，但在墓中只占青铜礼器总数的 11%。160 号墓的方形器皿的比例如此之大，在殷墟墓葬中实属首见。在殷墟以外地区方形器皿出土也不多，唯独"亚醜"铭铜器群，方形器皿数量大，有 22 件，约占该铜器群总数之半。②

在殷代，方形器皿主要出于王室成员和高、中级贵族的墓葬，具体地说，方形器皿不见于 1 套觚、爵的墓，出 2 套觚、爵的墓也发现较少，主要出在有 3 套觚、爵以上的较大的墓中。可见方

① 山西省考古研究所、灵石县文化局：《山西灵石旌介村商墓》，《文物》1986 年第 11 期。

② 山东省博物馆：《山东益都苏埠屯第一号奴隶殉葬墓》，《文物》1972 年第 8 期。

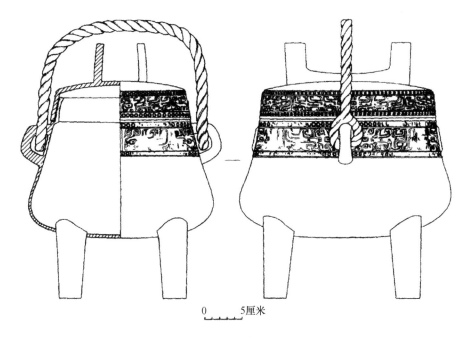

0 ⌞⌞⌞⌞⌞ 5厘米

图九　铜提梁四足鼎（M160：32）

形青铜礼器是统治阶级权力与地位的标示物。[1] 160 号墓方形礼器多，是墓主亚址身份、地位较高的一种反映。

　　第三，160 号墓的青铜器上大多有精美的纹饰，为殷代青铜器纹饰的研究提供了许多宝贵的资料。下面我们只列举对断代研究有价值的一些资料。

　　饕餮纹是殷代铜器上最重要的一种纹饰，它有多种形式。有的学者认为，在殷代晚期（殷墟文化第四期），流行一种角两端内卷呈云状，张口，嘴角外撇，露出牙齿的饕餮纹。如第四期墓西区 M1713：27 铜鼎腹部、后冈圆坑 H10：5 铜鼎足部的纹饰[2]；又

---

　　① 刘一曼：《安阳殷墓青铜礼器组合的几个问题》，《考古学报》1995 年第 4 期。

　　② 陈公柔、张长寿：《殷周青铜器上兽面纹的断代研究》，《考古学报》1990 年第 2 期。郑振香、陈志达：《殷墟青铜器的分期与年代》，《殷墟青铜器》，文物出版社 1985 年版。

新见一种线条简练、明快，省去地纹的饕餮纹，如大司空村 M53：27 铜觯上的纹饰。[①] 在 M160：123（图一〇）、135 鼎的腹部、M160：62 鼎足（图二）、M160：126 觯上（图四，2），可分别见到上述两种饕餮纹。据此，可将其流行的时间提前至第三期。

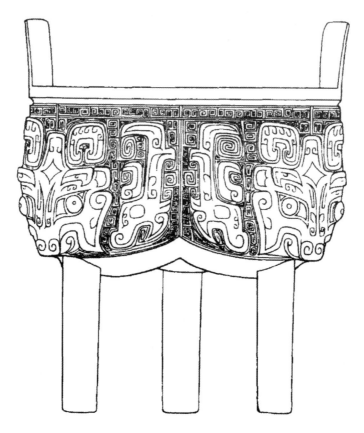

图一〇　铜鼎（M160：123）（1/2）

鸟纹是殷代中、晚期铜器中较常见的一种纹饰。鸟纹可分为小鸟纹、大鸟纹、长尾鸟纹三类。已有学者著文对殷周时代各类

---

① 郑振香、陈志达：《殷墟青铜器的分期与年代》，《殷墟青铜器》，文物出版社1985 年版。

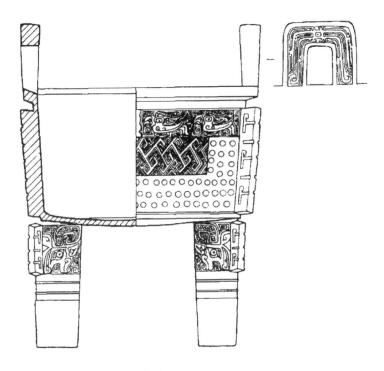

图一一   铜方鼎（M160：134）（2/5）

鸟纹出现和流行的时代作了深入的研究。[①] 他们认为，尾羽折而下垂，末端作鱼尾状分叉的小鸟纹出现于殷代晚期，流行于殷末周初，大鸟纹及尾羽呈横 S 形，末端上卷的长尾鸟纹出现于殷末周初，流行于西周早、中期。

160 号墓的两件铜器上铸有鸟纹。一件是 M160：134 方鼎，在鼎的口沿下有一周小鸟纹，小鸟头顶有长绶带式冠羽，尾下折，末端分叉（图一一）；另一件是 M160：172 铜卣，在卣的下腹最宽处饰体态丰肥的大鸟纹，在盖、颈、圈足上，分别饰四周尾末端上卷的长尾鸟纹。此外，与 M160 同期的殷墟戚家庄 M269：41

---

① 陈公柔、张长寿：《殷周青铜器上鸟纹的断代研究》，《考古学报》1984 年第 3 期。

方鼎①、山西灵石旌介村商墓 M2：40 铜卣②、山东青州苏埠屯商
墓 86M8：13 方鼎、M8：9 铜觯（盖与腹）等器上均有尾部分叉
的小鸟纹，苏埠屯 M8：33 铜斗的柄末端有尾末端上卷的长尾鸟
纹。③ 据以上发掘出土的新资料，可将尾末端分叉的小鸟纹流行的
时间及大鸟纹、长卷尾鸟纹出现的时间提前至殷墟文化第三期。
这里值得一提的是，1996 年湖北蕲春达城新屋塆青铜器窖藏中出
的 1 件窦方鼎。该鼎腹部有乳丁纹、勾连雷纹，口下有小鸟纹，
足部有饕餮纹和弦纹。纹饰的式样和配置与 M160：134 方鼎相同，
鼎的尺寸亦相近。有的学者曾据小鸟纹的形状将窦方鼎的时代定
在殷末周初④或西周早期。⑤ 我们认为窦方鼎与 M160：134 方鼎的
形制、纹饰、尺寸如此相似并不是偶然的，这表明它们铸造的时
间相近，即窦方鼎出现的时代也在殷墟文化第三期晚段。

二

　　160 号墓的青铜礼器，对研究殷代青铜器的铸造技术亦有较重
要的意义。

　　中国社会科学院考古研究所科技实验中心对 160 号墓的部分
青铜器进行取样分析，在被测定的器物中，有 12 件属礼器。这些
礼器分属三种合金类型，即纯铜型 2 件、铜锡型 2 件、铜锡铅型 8

　　①　安阳市文物工作队：《殷墟戚家庄东 269 号墓》，《考古学报》1991 年第 3 期。
　　②　山西省考古研究所、灵石县文化局：《山西灵石旌介村商墓》，《文物》1986 年
第 11 期。
　　③　山东省文物考古研究所、青州市博物馆：《青州市苏埠屯商代墓发掘报告》，
《海岱考古》第 1 辑，山东大学出版社 1989 年版。
　　④　李学勤：《谈盂方鼎及其他》，《文物》1997 年第 12 期。
　　⑤　吴晓松、洪刚：《湖北蕲春达城新屋塆窖藏青铜器及相关问题的研究》，《文物》
1997 年第 12 期。

件。① 三元合金占被测定礼器的 67%。② 虽然取样分析的礼器标本只 12 件，仅占该墓铜礼器的 29%，但所选标本的类别较普遍，且成套的器物（如觚、角、斝、尊）都已取样，所以我们认为化验结果基本上能反映出 160 号墓铜礼器合金成分的总体情况。

青铜中加入铅，能降低熔点，增加铸液的流动性，使花纹细部清晰，同时又可节省锡料。③ 因而从二元合金发展到三元合金，在冶铸史上是一个进步。从目前的资料看，到殷墟文化第二期，殷人才掌握冶铸三元合金铜器的新工艺。那时用这种方法铸造的器物还较少。如在殷墟西区，已测定的第二期铜器的标本 14 件（其中礼器 4 件）④，只 1 件属三元合金。在妇好墓，测定了 65 件铜礼器，其中 47 件属铜锡型，占已测定的礼器标本的 72.3%；18 件属铜锡铅型⑤，占 27.7%。160 号墓的青铜礼器则以三元合金占多数，这些礼器铸造精良、纹饰很清晰。这反映出从殷墟文化二期至三期，青铜铸造技术有一定的提高。

不同用途的礼器，合金成分有所不同。1 件甗和 1 件方卢形器，含铜量在 96% 以上，不含锡，属纯铜型器物。特别是那件甗，含铜量高达 99.17%，是极罕见的。众所周知，铜的导热性能良好，殷人正是利用这种特性用以制作炊煮器具。在三元合金的 8 件礼器中，铜锡铅的比例也有所差异。3 件铜鼎的含铜量为

---

① 季连琪：《河南安阳郭家庄 160 号墓出土铜器的成分分析研究》，《考古》1997 年第 2 期。

② 季连琪同志的文章是以含铅量大于 3% 为三元合金的标准，学术界也有以含铅量大于 2% 作为三元合金的标准，若此，则 160 号墓三元合金器的数目增至 10 件，占已化验的铜礼器的 83.3%。

③ 中国社会科学院考古研究所实验室：《殷墟金属器物成分的测定报告（一）——妇好墓铜器测定》，《考古学集刊》第 2 集，中国社会科学出版社 1982 年版。

④ 李敏生、黄素英、季连琪：《殷墟金属器物成分的测定报告（二）——殷墟西区铜器和铅器测定》，《考古学集刊》第 4 集，中国社会科学出版社 1984 年版。

⑤ 中国社会科学院考古研究所实验室：《殷墟金属器物成分的测定报告（一）——妇好墓铜器测定》，《考古学集刊》第 2 集，中国社会科学出版社 1982 年版。

78%—81%，含锡量在 11% 左右，含铅量为 3.7%—7.3%。5 件酒器（角 1、觚 1、斝 2、尊 1），含铜量为 74%—78%，含锡量为 13%—17%，含铅量为 4%—5%。前者含铜量较高而含锡量较低，可能也是由于鼎是炊煮器及盛食器，其用途与酒器有别之故。这表明当时的人对各种金属的特性，对如何运用铜、锡、铅不同的比例来铸造不同用途的器物等，已有较充分的认识，这也是青铜冶铸技术提高的反映。

对分铸法的运用，有所改进。从殷墟文化第二期起，对一些较复杂的礼器（特别是其上的青铜饰件）多用分铸法铸造。分铸法有两种，一种是先铸出附件，再将附件放在器体范中进行浇铸；另一种则先铸出器体，再在器体的相应部分接铸附件。[①] 160 号墓的一些礼器，如卣、方斝、斝提梁四足鼎是用上述的方法铸成的。但 2 件大铜方尊则不然，方尊肩部的八个兽头和尊的器体都是分别铸造的，在铸尊的器体时，在尊的肩中部和四角铸出半环形钮和圆钉头各四个（另一件尊肩部八个全是圆钉头），然后将已铸好的八个兽头分别套在钉头和钮上。这种方法的优点是分别铸造器体与饰件较为简便，而且饰件残损时可随时替换。

殷墟所出的成对、成套的青铜器，其形制、尺寸、纹饰基本相近，这在过去已有较多的例子。在 160 号墓中，成对、成套的器物的形制、尺寸更为规范、划一。如 2 件方斝，口部的尺寸分别是 19.1 厘米 × 20.5 厘米与 19 厘米 × 20.6 厘米，足高分别是 12.8 厘米与 12.9 厘米，两者只差 0.1 厘米；10 件方觚口部的尺寸，有的完全相等，有的差 0.1—0.2 厘米，最多的也只差 0.4 厘米；10 件角，两翼的间距相等或只差 0.1—0.2 厘米。但这些成对、成套的器物的纹饰却没有两件是完全一样的，如一些学者所推测，它们都不是用同一个模子翻下来的范铸造的，而可能是一

---

① 中国社会科学院考古研究所：《殷墟妇好墓》，文物出版社 1980 年版，第 17 页。

模一器。① 160 号墓成对、成套礼器的尺寸如此相近，说明当时塑模、制范、合范的技术十分熟练，达到较高的水平。

三

160 号墓未经扰动，清理得较好，其附近又有成组的车马坑，这对研究殷代的墓葬制度有重要的意义。

(一) 墓中随葬品放置有一定规律

殷墟发现的有棺、椁的墓，随葬品放置的情况是：成组陶器和牛、羊牲骨放于二层台上，铜器放于椁内棺外，玉器放于棺内墓主身旁。由于在已发掘的数千座殷墓中，较大的墓只占少部分，它们绝大多数遭到盗掘，所出的随葬品寥寥无几，保存较好、清理得较理想、随葬品又较丰富的墓为数甚少。所以我们对较大的墓椁室内的青铜器是如何放置的并不是很清楚。160 号墓的发掘，提供了这方面的宝贵的资料。这座墓椁室内青铜器陈放的情况如下。

1. 分类放置。青铜礼乐器集中于椁室东部，青铜武器放在椁室西部。一组青铜饶在椁室最东边，从北往南，大小相次排列。炊煮器、盛食器（甗、方卢形器、鼎、簋）亦放在椁之东侧。在炊、食器之西，主要放青铜酒器及水器（尊、罍、觚、角、卣、盉、觯、罍、盘等），这些酒器，大体上堆成长方形。

2. 突出重器。1 件亚址铭的大铜鼎（M160：62）和 1 对亚址铭的大方尊（M160：128、152）都放在较显眼的位置。特别是那对大方尊，立于酒器群的中部，其他形体较小的酒器如众星捧月般地围绕在它们周围。

---

① 陈志达：《殷墟陶范及其相关的问题》，《考古》1986 年第 3 期。

3. 青铜兵器（戈、矛、钺、大刀、镞）除置于椁室西部外，还放于椁之四边和四角。

在殷墟及殷墟以外的商代后期的墓葬中，椁内青铜器陈放也有近似的情况，下面列举四例。

殷墟妇好墓，妇好铭的大型重器如三联甗、连体甑、好铭大型盉及司母辛大方鼎、妇好大尊、后磬母方尊等，置于椁室北部及东北部显著的位置。[①]

戚家庄 M269，铜甗、鼎、簋等炊、食器及形体较大的酒器（尊、斝、罍）在椁室北部，位置亦较突出，3 件 1 套的铜铙也放于椁室东北部。形体较小的酒器（觚、爵、觯、卣、方彝、器盖）、生产工具集中于椁室南端。铜兵器位于椁室南部，并以东南角和西南角最多。[②]

殷墟西区 M1713，铜礼器在椁室南部，其中铜炊、食器集中于东南部，酒器、水器集中于西南部。铜兵器置于椁室的东、西两边及东北、西北、东南三角。[③]

86 苏埠屯 M8，铜礼器位于椁室北部，其中酒器在最北端，酒器之南（即近棺处）放炊、食器。铜兵器置于棺外东西两侧及西南角。[④]

由此可见，以上归纳的椁室内青铜器放置的规律，在商代晚期的中高级贵族墓中有一定的普遍性。它与当时的丧葬制度和人们的意识形态息息相关。

其中兵器放置的情况，使我们联想到殷墟西北冈王陵区 4 条

---

① 中国社会科学院考古研究所：《殷墟妇好墓》，文物出版社 1980 年版，第 14 页，图七。唐际根：《殷商时期的"落葬礼"》，《一剑集》，中国妇女出版社 1986 年版。

② 安阳市文物工作队：《殷墟戚家庄东 269 号墓》，《考古学报》1991 年第 3 期。

③ 中国社会科学院考古研究所安阳工作队：《安阳殷墟西区一七一三号墓的发掘》，《考古》1986 年第 8 期。

④ 山东省文物考古研究所、青州市博物馆：《青州市苏埠屯商代墓发掘报告》，《海岱考古》第 1 辑，山东大学出版社 1989 年版。

墓道的大墓 M1001①，该墓墓室底部有 9 个小坑（中部有 1 腰坑，四角各有 2 小坑），每个小坑内埋 1 人 1 犬，每人手执 1 戈。这 9 个人是墓主的警卫人员，保护着墓主的安全。160 号墓、西区 M1713、苏埠屯 M8 等墓，在椁室（或棺）的四边（或二长边）、四角（或三角、一角）放置铜兵器，大概是具有以兵器来抵御地下鬼魅的侵袭，保卫墓主在阴间安全的意义吧！

(二) 车马坑与墓葬的关系

在 160 号墓西南 30 多米处，发现了 2 座车马坑（M146、M147），这 2 座坑的方向与 160 号墓相近，填土所出陶片和车厢中所出兵器的形式都与 160 号墓所出者相似，故可推测它们是 M160 的陪葬坑。在 M160 之东侧，发掘了 1 座带 1 条墓道的大墓 M172，在它的西南 30 多米处，也有 2 座车马坑（M52 和 M58），车马坑的方向及填土中陶片的形式亦与大墓相似，其时代也应相同，这 2 座坑应是 M172 的陪葬坑。通过对 160 号墓及它所在的郭家庄墓的发掘，弄清了在殷墟贵族墓地中车马坑与主墓的关系，即车马坑大多在主墓的西南方。

附记：此文曾在 1997 年 11 月 "全国考古新发现精品展" 学术讨论会上宣读，会后作者又作了补充、修改。

---

① 梁思永、高去寻：《侯家庄第二本·1001 号大墓》上、下册，"中研院" 历史语言研究所，1962 年。

安阳殷墓青铜礼器组合的几个问题

　　青铜礼器是商周贵族奴隶主"明贵贱、辨等列"的标志物，绝大部分出于商周时代的墓葬中，其数量之多寡因墓主身份之高低而异，其器类之组合因时代变化有所不同。研究青铜礼器组合的变化，对研究贵族奴隶主的等级身份、研究当时的礼制和由此反映的社会关系及意识形态的变化具有重要的意义。

　　郭宝钧在《商周铜器群综合研究》中，较系统地整理了商周青铜礼器的组合，明确提出殷代是"重酒组合"，周人是"重食组合"。学术界普遍赞同这一看法。在此基础上邹衡、徐自强又进一步通过商周青铜礼乐器组合的变化探讨了当时的社会阶级和礼制的变化。[①]

　　20 世纪 70 年代末至 80 年代中期，张长寿、郑振香、陈志达、杨锡璋、杨宝成又写了长篇论文[②]，研究殷商青铜礼器的分期与组合。以上学者的研究，取得了显著的成绩，其成果受到学术界的重视，特别是他们提出的商代青铜礼器组合以"觚、爵"为核心的见解，为学术界所公认，确不可易。至于觚、爵与其他器物的搭配情况，有的学者认为，可分为"鼎、斝、觚、爵"与"鼎、

---

　　① 郭宝钧：《商周铜器群综合研究》，文物出版社 1981 年版，第 204—212 页。
　　② 张长寿：《殷商时代的青铜容器》，《考古学报》1979 年第 3 期；郑振香、陈志达：《殷墟青铜器的分期与年代》，《殷墟青铜器》，文物出版社 1985 年版；杨锡璋、杨宝成：《殷代青铜礼器的分期与组合》，《殷墟青铜器》，文物出版社 1985 年版。

簋、觚、爵"两个阶段，其交替在殷墟铜器第二期早段与中段（殷墟文化一期晚段与二期，也就是武丁前、后期）。[①] 近几年来，有的学者根据殷墟文化第三、四期的一些墓中，斝、尊数量减少，鼎、簋数目增多的情况，认为在殷商社会后期，铜器组合的形式是以"觚、爵、鼎、簋为核心的'重酒重食组合'"[②]。

自 20 世纪 80 年代以来，殷墟又发掘出许多墓葬，为我们对殷墓铜礼器组合的研究提供了有利的条件。笔者从数十年来殷墟地区科学发掘的数千座殷墓中（重点是 50 年代以来的发掘资料），选出未经盗掘、器物组合完整、并已发表的 145 座墓（铜器墓 129 座、铅器墓 7 座、仿铜陶器墓 9 座）[③] 作为基础，考察殷墟文化各期青铜礼器组合的变化，就上述问题及与此有关的一些问题，谈谈自己的看法。

一

首先，概述一下安阳殷墓铜礼器组合的情况。

殷墟文化第一期：随葬铜礼器的墓 8 座（见附表一），6 座属一期早段，2 座属一期晚段，组合方式有四种。

1. 鼎、斝、觚、爵、尊，再配以瓿、甗、卣、壶、盘、盉、斗等器（小屯 M232、M331、M333、M388）；

2. 鼎、斝、觚、爵、瓿、甗（小屯 M188、59 武官 M1）；

3. 鼎、斝、觚、爵（三家庄 M3）；

---

① 杨锡璋、杨宝成：《殷墟青铜礼器的分期与组合》，《殷墟青铜器》，文物出版社 1985 年版。

② 安阳市文物工作队：《殷墟戚家庄东 269 号墓》，《考古学报》1991 年第 3 期。

③ 本文附表的 145 座墓中，被盗的有四座：西区 M2579（铜器墓）；西区 M606（铅器墓）；西区 M216、四盘磨 M6（仿铜陶器墓）。因墓中礼器的组合较完整，故仍用作统计资料。西区 M737 铅器与铜礼器共出，62 司空 M53、八里庄东 M52、87 梅园庄 M67 三墓，仿铜陶器与铜礼器共出。

4. 瓿、斝（三家庄 M1）。

第 1、2 种组合的墓多数面积较大，第 3、4 种组合的墓面积较小。

殷墟文化第二期：随葬铜礼器的墓 32 座，此期新出的器类有簋、罍、彝、箕形器等多种，组合方式有九种。

1. 鼎、甗、簋、瓿、爵、斝、尊、卣、盘、罍、瓶、彝、偶方彝、壶、盉、觯、觥、斗、盂、方形圈足器、汽柱甑形器、罐、缶、箕形器等二十四类，不少器类成对成套，共 210 件（妇好墓）；

2. 鼎、甗、簋、瓿、爵、斝、卣、盘、罍、箕形器，配以尊或觯、斗（小屯 M18、司空 M539）；

3. 斝、瓿、爵、壶、卣、罍、彝（小屯 M238）；

4. 鼎、簋、瓿、爵、瓶、彝（司空 M663）；

5. 鼎、瓿、爵，或再配以瓶、卣（司空 M29、西区 M613 等 6 墓）；

6. 鼎、簋、瓿、壶（苗南 M67）；

7. 簋、瓿、爵、卣（武官 E9）；

8. 瓿、爵（西区 M161、戚东 M12、刘南 M22 等 18 墓）；

9. 鼎（76 武官 M229 出鼎 2 件）。

殷墟文化第三期：随葬铜礼器的墓 50 座，组合方式有十种。

1. 鼎、甗、簋、斝、尊、瓿、爵（角）、卣、罍等，主体器类与小屯 M18 近似，如郭家庄 M160、戚东 M269。郭家庄 160 号墓，墓室较大，出十套瓿、角，除上述九类铜器外，还有盘、斗、觯、方形器，共出礼器 41 件。

2. 鼎、簋、瓿、爵、卣、斝（或尊），有的墓配以觯、斗（高楼庄 M8、司空 M51、西区 M907）；

3. 鼎、瓿、爵（西区 M976 等 4 墓）；

4. 瓿、爵（西区 M64 等 27 墓）；

5. 鼎、簋、觚、爵，有的墓还配以瓿或卣（西区 M268 等 8 墓）；

6. 单一爵（西区 M14、87 梅南 M30）；

7. 单一簋（西区 M764）；

8. 斝、觚、爵（西区 M198）；

9. 鼎、爵（小屯西二区 M232）；

10. 簋、觚、爵（四盘磨 M4）。

其中 5—10 种组合是本期新出现的。第 5 种组合（鼎、簋、觚、爵）的墓数，仅次于出一套觚爵的墓，而且还见出单簋的墓，说明簋这种食器，在小墓中已较为流行。在殷墟文化第一、二期的墓中，觚、爵均成对出现，相互依存，此期，首次发现了单独出爵或爵与鼎相配的墓。

殷墟文化第四期：随葬铜礼器的墓 39 座，组合方式有十五种。

1. 鼎、甗、簋、斝、尊、觚、爵、卣，有的墓还配以觯、罍或盘等（小屯 M1、西区 M1713、郭庄北 M6、刘北 M9、西区 M2579）；

2. 鼎、簋、尊、觚、爵、卣（戚东 M63、戚东 M231、M235、西区 M263、M1015）；

3. 簋、觚、爵、斝、尊、卣（西区 M269）；

4. 鼎、簋、觚、爵（西区 M279、82 苗圃 M41）；

5. 鼎、觚、爵（西区 M1118、M1125）；

6. 觚、爵（西区 M121 等 10 墓）；

7. 单一爵（87 梅南 M67、八里庄东 M52）；

8. 单一鼎（西区 M284、82 苗 M39）；

9. 觚、爵、觯（西区 M793、62 司空 M53、91 高楼 M1）；

10. 鼎、觚、爵、觯（西区 M874）；

11. 尊、觚、爵、卣（西区 M1135）；

12. 觚、爵、卣、觯（刘北 M1）；

13. 鼎、簋（西区 M275、M1573）；

14. 单一鬲（西区 M1102）；

15. 单一瓿（91 后冈 M38）。

第 1—7 种组合在前期已经存在，但本期出一套瓿爵及鼎、簋、瓿、爵的墓显著减少。第 8—15 种组合是本期新出现的形式。鼎、簋与单鼎各见二墓，单鬲仅见一墓，尽管数量不多，但它们单独存在，不与酒器共出，这是对传统的"重酒组合"的一种突破，有着重要意义。

此期出铅礼器的墓 8 座，其中 1 座（西区 M737）铅器与铜器共出。此外，还有 3 座（西区 M607、M853、87 梅园庄 M100）亦出铅器，因遭严重盗掘，本文未用作统计资料。此类墓的组合是：鼎、簋、瓿、爵；鼎、瓿、爵；瓿、爵；单鼎；单爵，即相当于铜器墓的第 4—8 种组合（见附表二）。

此期出仿铜陶礼器的墓 12 座，其中 3 座（62 司空 M53、八里庄东 M52、87 梅园庄 M67）伴出铜礼器。此外，85 刘南 M42、M54 两座墓亦出仿铜陶礼器，因遭盗掘及发表的资料不完备，本文未用作统计资料。此类墓有 7 座随葬仿铜陶礼器 6—11 件，器类与铜器墓的第 1、2 种组合基本相近。其余 5 座的组合是：鼎、簋、尊、瓿、爵；鼎、簋、斝、尊、卣；鼎、簋；尊、瓿；尊、簋（见附表三）。

下面，我们看看一些常见的青铜礼器在各期墓中出土的情况（表一）。

表一　　　　　　　　各类青铜礼器出土情况统计表

期　别		一	二	三	四
各期墓数		8	32	50	39
鼎	出土墓数	7	12	18	19
	百分比（%）	87.5	37.5	36	48.71

期　别		一	二	三	四
各期墓数		8	32	50	39
簋	出土墓数		6	15	15
	百分比（%）		18.75	30	38.46
甗	出土墓数	3	3	2	5
	百分比（%）	37.5	9.4	4	12.82
罍	出土墓数	7	4	6	7
	百分比（%）	87.5	12.5	12	17.94
尊	出土墓数	4	2	3	12
	百分比（%）	50	6.25	6	30.76
觚	出土墓数	8	31	46	32
	百分比（%）	100	96.87	92	82.05
爵（角）	出土墓数	8	30	49	33
	百分比（%）	100	93.75	98	84.61
瓿	出土墓数	4	3	1	
	百分比（%）	50	9.4	2	
卣	出土墓数	1	6	7	13
	百分比（%）	12.5	18.75	14	33.3
觯	出土墓数		2	4	9
	百分比（%）		6.25	8	23.07
罍	出土墓数		4	3	1
	百分比（%）		12.5	6	2.56
彝	出土墓数		3	1	
	百分比（%）		9.37	2	
盘	出土墓数	1	3	1	1
	百分比（%）	12.5	9.37	2	2.56
壶	出土墓数	1	3	1	
	百分比（%）	12.5	9.37	2	
斗	出土墓数	1	2	5	
	百分比（%）	12.5	6.25	10	
箕形器	出土墓数		3		
	百分比（%）		9.37		

续表

期　别		一	二	三	四
各期墓数		8	32	50	39
盂	出土墓数	1	1	1	1
	百分比（%）	12.5	3.13	2	2.56
方形器	出土墓数		1	1	
	百分比（%）		3.13	2	
舰	出土墓数		1		
	百分比（%）		3.13		

鼎　一期出鼎的墓7座，占的比例很大，这是由于此期发现的墓较少，且多属二套觚爵以上的墓。二、三期出鼎的墓占该期总墓数30%多。四期出鼎的墓数量有较多的增加，占该期墓数的48.7%，不少小墓也用鼎。此外，一些出二套觚爵以上的较大的墓，从早期到晚期，用鼎的数目也在增加。如，一、二期墓，鼎之数目小于或等于觚爵之套数。第三期，像戚东 M269①出三套觚爵的墓，用了四鼎，而第四期，82 小屯 M1②、西区 M1713③、郭庄北 M6④3 墓出三套觚爵，用鼎数为 5、4、4，均大于觚爵之套数。

簋　在二期开始出现，只见于较大的墓及武官大墓的陪葬墓等6 座墓中。三、四期出簋的墓不断增多，小墓也普遍用簋。二、三期墓，用簋的数量少，如妇好墓⑤共随葬 210 件青铜礼器，簋5 件，在全部青铜礼器中只占 2.4%。三期较大的墓如郭家庄 M160、戚东 M269 仅出一簋，各占全墓铜礼器的 2.4% 和 5%。第四期，小屯 M1

①　安阳市文物工作队：《殷墟戚家庄东 269 号墓》，《考古学报》1991 年第 3 期。

②　中国社会科学院考古研究所：《殷墟青铜器》，文物出版社 1985 年版，第 455—456 页。

③　中国社会科学院考古研究所安阳工作队：《安阳西区一七一三号墓的发掘》，《考古》1986 年第 8 期。

④　安阳市文物工作队：《河南安阳郭庄村北发现一座殷墓》，《考古》1991 年第 10 期。

⑤　中国社会科学院考古研究所：《殷墟妇好墓》，文物出版社 1980 年版。

用3簋，西区 M1713 用2簋，各占全墓铜礼器的 15.8% 和 11.8%。

罍　一期墓，罍较常见，一、二、三套觚爵的墓均出。二期，只见于妇好墓、小屯 M18、司空 M539 等 3 座二套觚爵以上的墓，比例有所下降。三期，数量较少，只出于郭家庄 M160、戚东 M269 等两座三套觚爵以上的墓中。四期，出罍的墓有所增加，出于 5 座二套觚爵以上的墓中。

斝　一期出斝的墓极普遍，连出一套觚爵的墓（三家庄 M3）亦有发现。在多数墓中，斝的数目与觚爵套数相等。二期，斝只出于二套觚爵以上的 4 座墓中。从此期始，凡出二套觚爵以上的墓，斝的数目均少于觚爵之套数。三期，出斝墓之比例与二期相近，均占该期墓的 12%。四期，出斝墓有所增长，占该期墓的 17.94%。

尊　一期出于二套觚爵以上的 4 座墓中，出尊墓占该期墓数之半。在一些墓中，尊的数目与觚爵套数相等。二期，尊只出于妇好墓及小屯 M18 两座较大的墓。从此期始，凡二套觚爵以上的墓，尊的数目少于觚爵之套数。三期，尊出于二套觚爵以上的 3 座墓中，出尊墓之比例与二期相近，均占该期墓的 6%。四期，出尊的墓 12 座，有较多增加，占该期墓的 30.76%。连出一套觚爵的小墓也有的随葬尊。

觚、爵　一期墓必出觚、爵。二、三期出觚、爵的墓仍占 90% 以上。四期，出觚、爵之墓较前期稍减，只占 80% 多。尽管这样，觚、爵仍然是青铜礼器组合中最主要的器类。

瓿　一期有半数墓出瓿，较常见。二期出瓿的墓数量减少，三期则更少，四期绝迹。如一些学者所指出的，瓿被卣所代替。

卣　一期出卣的墓仅小屯 M331。[1]　二、三期，略有增加，出卣的墓占该期墓数的 19% 和 14%。四期，约有三分之一的墓都随葬卣，成为仅次于爵、觚、鼎、簋的器物。

---

[1]　李济：《记小屯出土之青铜器》，《中国考古学报》第三册，1948 年。

觯　二期开始出现，但只见于妇好墓及司空 M539。[1] 三期，出觯的墓从二期的 6% 增至 8%。四期，觯较常见，出觯的墓占该期墓的 23%，连出一套觚爵的小墓亦有发现。

罍　二期始见，从二至四期出罍的墓逐渐减少。

彝　始见于二期。二、三期，共 4 墓出彝。四期，在未经盗掘的墓中没有发现，但 1991 年后冈 M9 大墓南墓道的器物坑中出土 1 件。[2]

盘　一至四期均有发现，二期有 3 座墓出，其余三期，各出于一墓。

箕形器　只见于二期的妇好墓、小屯北 M18、司空 M539 等 3 座墓中。

以上罍、彝、盘、箕形器，只发现于出二套觚爵以上的墓葬，至今未见随葬于一套觚爵之小墓，可见这些器类是中级贵族以上的人所用之物品。

壶、斗　一至三期，在出一套觚爵的小墓中亦有发现，但主要见于二套觚爵以上的墓中。

盉　每期只一墓出盉，都是较大的墓（小屯 M331、妇好墓、郭家庄 M160、西区 M1713），至少出三套觚爵。在著录中，出土地较明确的 3 件四足封口盉，传出于侯家庄第 1001 号大墓。[3] 1989 年，在小屯北凹字形宫殿基址，出土 1 件“武父乙”铭铜盉。父乙，是武丁对其父小乙之称谓[4]，可见铜盉在殷代乃是王室及高级贵族使用之器物。

方形圈足器　只见于妇好墓和郭家庄 160 号墓，是较稀见的

---

①　中国社会科学院考古研究所安阳工作队：《1980 年河南安阳大司空村 M539 发掘简报》，《考古》1992 年第 6 期。

②　中国社会科学院考古研究所安阳工作队：《1991 年安阳后冈殷墓的发掘》，《考古》1993 年第 10 期。

③　梅原末治：《支那古铜精华》，第一册，1959 年。

④　郑振香：《安阳殷墟大型宫殿基址的发掘》，《文物天地》1990 年第 3 期。

器形。

觥　只见于妇好墓。在第四期的 91 后冈 M9 大墓中，出土 1 件觥盖。用觥的墓主是王室成员及显赫的大贵族。

殷墟青铜礼器中的鼎、罍、尊、瓿、爵、卣、甗、壶、盉的器形均有圆形和方形两种形式（表二）[①]，以圆形居多，方形较少。应当指出的是，上述器类的方形器皿以及方彝，小方缶、方形圈足器等，均不出于一套瓿爵的小墓，连二套瓿爵的墓也出土甚少，它们主要见于三套瓿爵以上的较大的墓中。有的学者在研究商周青铜方鼎时，曾注意到它的出土情况。指出"方鼎的墓墓主身份较高"，"能享有青铜方鼎随葬礼遇的人多属身份较高的贵族奴隶主"。[②] 我们认为，这一看法是正确的，不但方鼎的情况如此，殷墟墓中所有的方形器皿出土的情况亦是如此。即方形器皿的使用者是王室成员及高、中级贵族，普通平民及小贵族是难以问津的。

表二　　　　　　　　　　　　　**方形器皿统计表**

器类	一期		二期		三期		四期	
	墓号	件数	墓号	件数	墓号	件数	墓号	件数
方罍			妇好墓	4	郭家庄 M160	2		
			小屯 M238	1				
方尊			妇好墓	3	郭家庄 M160	2		
方鼎			妇好墓	5	郭家庄 M160	2	82 小屯 M1	2
					戚庄 M269	2	郭庄北 M6	2
方瓿					郭家庄 M160	10		

---

① 表二未统计的方形礼器还有 16 件：侯家庄 M1004 大方鼎 2 件，司母戊大方鼎 1 件（传武官北地 M260 所出），西区 M2508 中型方鼎 1 件，郭家庄 M1 小方鼎 3 件，侯家庄 M1400 方罍 1 件，侯家庄 M1022（祭祀坑）方罍 1 件、方彝 1 件，侯家庄 M1001 传出方盉 3 件，91 后冈 M9 方爵 2 件、方彝 1 件。以上 8 墓除侯家庄 M1022 外，均被盗。

② 杨宝成、刘森淼：《商周方鼎初论》，《考古》1991 年第 6 期。

续表

器类	一期		二期		三期		四期	
	墓号	件数	墓号	件数	墓号	件数	墓号	件数
方爵	小屯 M331	2						
方卣	小屯 M331	1						
方罍			妇好墓	2	58 司空 M51	1		
方壶			妇好墓	2				
方彝			妇好墓	5	戚东 M269	1		
			小屯 M238	2				
			司空 M663	1				
方形圈足器			妇好墓	1	郭家庄 M160	1		
小方缶			妇好墓	1				

值得注意的是，那些墓室较大、出土青铜礼器较多、墓主身份较高的墓，出方形器皿就较多或较精。如：

小屯北 M331（第一期）[1]，出铜礼器 19 件，有方卣 1 件、方爵 2 件，方形器占全部礼器的 15.8%。

妇好墓（第二期）[2]，出铜礼器 210 件，出方形器有罍、尊、鼎、罍、壶、彝、缶、方形圈足器等八类 23 件，占礼器的 11%。尽管方形器皿占的比例并不算大，但有的器物铸造甚精，像重 117 公斤的司母辛方鼎、造型奇特的偶方彝、纹饰华美的司斝母方壶等，不仅是妇好墓铜器群中的珍品，而且也是殷代铜器中的瑰宝。

郭家庄 M160（第三期）[3]，出铜礼器 41 件，方形器有罍、尊、鼎、瓿、方形圈足器五类 17 件，占礼器的 41%。在殷墟未盗

① 李济：《记小屯出土之青铜器》，《中国考古学报》第三册，1948 年。
② 中国社会科学院考古研究所：《殷墟妇好墓》，文物出版社 1980 年版。
③ 中国社会科学院考古研究所安阳工作队：《安阳郭家庄 160 号墓》，《考古》1991 年第 5 期。

掘的墓中，以此墓方形器皿占的比例最大。

91 后冈 M9（第四期）[①]，此墓曾多次被盗，但在南墓道一器物坑之下部保存尚好，内出铜礼器 6 件，有方彝 1 件、方爵 2 件，方形器皿占了一半。估计原来此墓的随葬品中，方器的数量会相当可观。

上述四墓，妇好墓的墓主为王室成员，郭家庄 160 号墓墓主为较高级的武将，后冈 M9 墓主是地位极高的大贵族。由此可见，方形青铜礼器（特别是一些形体硕大、制作精良的方礼器）是殷代统治阶级的权力与地位的标示物。

殷墟文化各期墓葬青铜礼器的组合均以觚、爵为核心，但与觚、爵搭配的器物有所不同。较大的墓器类多，组合较稳定，各期（尤其是二期以后）的主体器类变化不大，而小墓器类少，组合变化较迅速。

殷墟一期至四期，出 8—14 件铜礼器、出二套以上觚爵的墓有 13 座。一期 4 座，如前所迷，此期组合为鼎、觚、爵、斝、尊或配以瓿。二期至四期 9 座，其组合一般为鼎、簋、觚、爵、卣（或尊）六类。二期的司空 M663[②]，无卣有瓿，无尊、斝，但有方彝。

殷墟一期至四期，出 16 件以上的青铜礼器、出三套以上觚爵的墓 9 座，各墓必有鼎、簋、斝、尊、觚、爵、卣、甒八类器物。小屯 M331 时代较早，无簋，但有一作为食器的锅形器。[③]

过去有的学者曾指出，在一、二期，出三套觚爵以上的墓，

①　中国社会科学院考古研究所安阳工作队：《1991 年安阳后冈殷墓的发掘》，《考古》1993 年第 10 期。

②　中国社会科学院考古研究所安阳工作队：《安阳大司空村南的一座殷墓》，《考古》1988 年第 10 期。

③　李济：《记小屯出土之青铜器》，《中国考古学报》第三册，1948 年。

同类器 3 件（或 2 件）以上的，其形制、大小不一。① 三期以后的情况是否如此，由于当时资料所限，尚不清楚。现在，随着发掘资料的增加，我们看到在三、四期，此类墓中的鼎、觚、爵、尊、斝、簋等，仍保持了这一旧的传统（见表三）。

表中第四期的小屯 M1②、西区 M1713③、郭北 M6④、刘北 M9⑤ 所出鼎、觚、爵、簋几类器物，既有质地较好的实用器，也有轻薄简陋的明器。同类器优质劣质并存，以此来表示该类器物的不同形式。

殷代后期，殷墟以外地区出三套觚爵以上的墓葬，也有类似的现象。如：河南温县小南张墓⑥，出土 9 件铜礼器，有 2 觚 3 爵，3 件爵可分为腹饰饕餮纹与腹饰弦纹两种形式，不同式的爵尺寸也不同；河南罗山蟒张 M28⑦，出 11 件铜礼器，其中鼎、爵各 3 件，各分二式；山西灵石 M1⑧，出 23 件铜礼器，其中鼎 2 件分二式，觚 4 件分二式，爵 10 件分三式。每类器中不同的式，纹饰、尺寸都有差别。

---

① 杨锡璋、杨宝成：《殷墟青铜礼器的分期与组合》，《殷墟青铜器》，文物出版社 1985 年版。

② 中国社会科学院考古研究所：《殷墟青铜器》，文物出版社 1985 年版，第 455—456 页。

③ 中国社会科学院考古研究所安阳工作队：《安阳西区一七一三号墓的发掘》，《考古》1986 年第 8 期。

④ 安阳市文物工作队：《河南安阳郭庄村北发现一座殷墓》，《考古》1991 年第 10 期。

⑤ 安阳市文物工作队、安阳市博物馆：《安阳殷墟青铜器》，中州古籍出版社 1993 年版。

⑥ 杨宝顺：《温县出土的商代铜器》，《文物》1975 年第 2 期。

⑦ 信阳县地区文管会、罗山县文化馆：《罗山县蟒张后李商周墓地第二次发掘简报》，《中原文物》1981 年第 4 期。

⑧ 山西省考古研究所、灵石县文化馆：《山西灵石旌介村商墓》，《文物》1986 年第 11 期。

表三　出三套以上觚爵的墓主要器类数量与形式统计表

墓	鼎				尊			斝				觚	爵	簋	期别
	件数	方	椭圆	圆	件数	方	圆	件数	鸮	方	圆	件数	件数	件数	
小屯 M331	2			2（二式）	3		3（三式）	3			3（三式）	3（三式）	3（二式）		I
妇好墓	32	5（三种）		27（十一式）	10	3（二种）	5（三种）	12	2	4（二种）	8（三种）	53（六式）	40（六式）	5（四式）	II
小屯 M18	3			3（二式）	2		2（二式）	2			2（二式）	5（二式）			II
郭家庄 M160	6	2（二式）	1	3（二式）	3	2	1	3		2	1				III
戚东 M269	4	1		3（二式）	2		2（二式）					3（二式）			III
小屯 M1	5	2（二式）		3（二式）								3（二式）	3（二式）	3（二式）	IV
西区 M1713	4	4（三式）											3（二式）	2（二式）	IV
郭庄北 M6	4	2		2								3（二式）	3（二式）		IV
刘北 M9	3	2		3（三式）								3（二式）	3（二式）	2（二式）	IV

　　值得玩味的是，出五套觚爵以上、级别较高的墓葬，鼎与觚爵套数的比例大致相同。妇好墓[①]出鼎 32 件，觚 53 件，爵 40 件，觚爵之数不大配套，若以铜觚与铜鼎之比例计算，则近 5：3。郭家庄 M160[②]，出 10 套觚、角，6 件鼎；小屯北 M18[③]，及罗山蟒张 M1[④]，均出 5 套觚爵，3 件鼎，这 3 座墓，觚爵（角）套数与鼎之比例均为 5：3。上述四墓，炊、食器与墓中随葬的铜礼器总数之比，分别为 22.3%、21.95%、25%、22.2%，相当接近。这是不是偶然的巧合？有待于今后更多的墓葬资料来检验。若非巧合，就表明在较大的墓中，一些最主要器类的相互搭配，是有一定比例的。

　　殷墟出铜礼器的墓中，出一套觚爵的小墓占 80% 以上，这些墓出土的铜礼器 1—7 件不等，虽然礼器数量少，但器类之组合方式种类较多。特别是三、四期，新的组合层出不穷，如：鼎、簋、觚、爵；鼎、爵；单爵；单簋；单鼎；单鬲；单觚；觯、觚、爵；鼎、簋……其中鼎、簋组合在四期出现以后，延续到西周时代，并得到进一步的发展。

　　综上所述，可以得出下面几点认识：

　　1. 较大的墓，在随葬铜器的组合、一些主要器类配以不同的形式，或某些器类相互间之比例，从早期到晚期变化不大，这表明中、高级贵族（尤其是高级贵族）在礼制方面的保守性。较小的墓铜器组合变化快，新的组合形式也较多，这反映出一些小贵族（可能还有一些富裕的平民），在礼制方面敢于冲破旧的传统，

---

　　①　中国社会科学院考古研究所：《殷墟妇好墓》，文物出版社 1980 年版。

　　②　中国社会科学院考古研究所安阳工作队：《安阳郭家庄 160 号墓》，《考古》1991 年第 5 期。

　　③　中国社会科学院考古研究所安阳工作队：《安阳小屯村北的两座殷墓》，《考古学报》1981 年第 4 期。

　　④　信阳地区文管会、罗山县文化馆：《河南罗山县蟒张商代墓地第一次发掘简报》，《考古》1981 年第 2 期。

具有革新的精神。

2. 簋，二期开始出现，但占的比例不大，从三期始逐渐流行，成为仅次于觚、爵、鼎的第四号器物。所以，鼎、斝、觚、爵与鼎、簋、觚、爵之交替，应以殷墟文化二、三期为界线较恰当。

3. 斝、尊，是一期主要的器类，在二、三期，出斝、尊的墓明显减少，而到四期其数量又有所增加，成为二三套觚爵之墓必备的器类，连某些出一套觚爵的墓也用它随葬。此外，在出仿铜陶礼器的墓中，斝、尊亦是常见之物。我们知道，此类墓是模仿青铜礼器的组合配置器物的，这意味着斝、尊在当时应是较为流行的随葬品。据此，我们认为，斝、尊在殷代后期数量大大减少的说法不大确切。史书记载，殷代末年，纣王"酒池肉林"，"为长夜之饮"，上层统治阶级的这种酗酒之风，必然会波及中、小贵族或平民阶层，斝、尊这类温酒、盛酒之器类数量有所回升，可能与当时的社会风气有关。

4. 在殷代后期的青铜器组合中，鼎、簋数量呈上升的趋势，在墓中的地位仅次于觚、爵，但在出六七件以上礼器的墓中，炊食器与全部礼器之比例，一般不超过三分之一①，酒器的数量仍相当多，约占墓中青铜礼器的三分之二。在小墓的铜礼器组合中，虽有鼎、簋、觚、爵及鼎、簋的组合，但数量还不算多。据此，我们认为，即使到殷代后期，殷墟墓葬仍是以"觚、爵"为核心的"重酒组合"，不宜改称"重酒重食组合"。

二

安阳地区的殷墓随葬明器化铜器始于何时？最流行的说法是铜武器（铜戈）明器化始于殷墟文化第二期，而铜礼器明器化始

---

① 第四期出铜礼器较多的墓，小屯 M1、西区 M1713，炊、食器之比例达百分之四十几，较为特殊。

于殷墟文化第三期（即殷墟铜器二期晚段）。① 笔者仔细查阅了有
关发掘资料，发现在殷墟文化一期晚段已有明器化的武器。如59
武官M1② 中的1件磬折式曲内戈（M1：14），质地轻薄、纹饰模
糊，可能是明器。在殷墟文化第二期的墓中，已出现随葬明器化
的铜礼器，如西区M161、M354、M413几座二期墓随葬的Ⅳ式铜
觚、爵，质地粗糙、铸造简陋，报告的执笔者认为是明器。③

　　殷墟文化第二期随葬铜明礼器的墓仅几座，均属出一套觚爵
的小墓，明器化的器类只见觚、爵二种。到第三期，随葬明器化
铜器的墓数量显著增多，一些出二套觚爵的墓也开始用明器，如
司空M51，墓中大多铜礼器为实用器，但搭配了1件质地差的明
器铜尊。④ 此期，明器化的器类，除觚爵外，还有鼎、尊、簋等。
第四期随葬明器更为普遍，如上文提到的小屯M1等4座出三套觚
爵的墓，铜礼器组合中只几件为实用器，多数器物属明器。明器
化的器类除上述五类外，又有甗、斝、卣、觯、罍、盘等。

　　殷墟所出的明器化铜礼器，以觚爵最多，次为鼎、簋，这些
器物质轻薄，铸造粗糙，有的素面，有的饰简单纹饰，但纹饰相
当模糊、不精细。从经过测定的这类明器化铜器的合金成分看，
其含铅量较高，绝大多数属铅青铜，硬度较低。⑤

　　殷墟墓葬所出的明器化铜礼器，产于哪个铸铜作坊？著名的

---

　　① 郑振香、陈志达：《殷墟青铜器的分期与年代》；杨锡璋、杨宝成：《殷代青铜
礼器的分期与组合》，《殷墟青铜器》，文物出版社1985年版。

　　② 中国社会科学院考古研究所安阳工作队：《安阳武官村北的一座殷墓》，《考古》
1979年第3期。

　　③ 中国社会科学院考古研究所安阳工作队：《1969—1977年殷墟西区墓葬发掘报
告》，《考古学报》1979年第1期。

　　④ 河南省文化局文物工作队：《1998年春河南安阳大司空村殷代墓葬发掘简报》，
《考古通讯》1958年第10期。

　　⑤ 李敏生等：《殷墟金属器物成分的测定报告（二）——殷墟西区铜器和铅器测
定》，《考古学集刊》第4集，中国社会科学出版社1984年版。

苗圃北地大型铸铜遗址①，以生产礼器为主，所出的礼器陶范，大多器形匀称、造型较好、花纹纤细清晰，用这些陶范铸出的器物显然不是明器，而是造型优美、纹饰繁缛的实用器。孝民屯村西的小型铸铜遗址②，所出陶范以工具、武器为主，但也出土了觚、爵、簋、鼎的范块，纹饰简单粗糙，有的还模糊不清，与殷墟墓葬同类明器上的纹饰较相似。由此推侧，这类明器化铜礼器，可能就产于族的聚居区的这种小型的铸铜作坊。

殷墟文化第四期，随葬铅器和仿铜陶礼器的墓也较常见。这两类器物均为明器。

殷代后期，为什么随葬器物普遍明器化？过去有人以商代奴隶制经济衰落、贵族日益贫困来解释。有的学者对此提出异议。③

从考古资料看，殷代的经济在后期仍不断发展，特别是青铜铸造业更是如此。如苗圃北地铸铜遗址，殷墟文化一、二期主要分布在东部，面积较小。到三、四期，其范围向西、向南扩大了一倍，面积达1万多平方米。④　三、四期出土陶范较多，还发现一些较大的器形，未见任何衰落之迹象。

我们认为，殷代后期墓葬，随葬器物明器化的原因是多方面的。一方面，与墓主生前的社会地位和财富有关。⑤　上文已提及，随葬铜明礼器最先见于小墓，殷代后期以墓室较小，出一套觚爵的墓最为流行。正如一些学者指出的，殷代锡贵铅廉，那些社会

---

① 中国社会科学院考古研究所：《殷墟发掘报告（1958—1961年）》，文物出版社1987年版。

② 中国社会科学院考古研究所：《殷墟发掘报告（1958—1961年）》，文物出版社1987年版。

③ 杨锡璋、杨宝成：《殷墟青铜礼器的分期与组合》，《殷墟青铜器》，文物出版社1985年版。

④ 中国社会科学院考古研究所：《殷墟发掘报告（1958—1961年）》，文物出版社1987年版。

⑤ 郑振香、陈志达：《殷墟青铜器的分期与年代》，《殷墟青铜器》，文物出版社1985年版。

地位不高、经济不富裕的小贵族或平民，不能为死者置备贵重的锡青铜或铜、锡、铅三元合金的青铜器殉葬①，便以价格较低的铅青铜、铅器，甚至仿铜陶器去代替。

但另一方面，我们发现在殷代后期，一些墓室较大、随葬品较丰富、墓主身份与经济实力都较高的墓，如上述的西区 M1713、82 小屯 M1、郭庄北 M6、刘北 M9 等，也出了较多的铜明礼器。特别是 M1713，有殉人 3 个，殉犬 2 只，牛、羊腿骨及牛骶骨各一块，出土各类随葬品 193 件，其中青铜礼器 17 件，铜钺和戈、矛、大刀等武器 60 多件，发掘者推测，墓主是一位武职官员。②从墓中出土的几件质地较好的青铜礼器上的铭文看，墓主生前曾不止一次得到殷王的赐贝，这些迹象表明他的财力较雄厚。但此墓随葬的铜礼器有明器 12 件，占墓中全部铜礼器的 70%。这类墓出土铜明器，显然不能用墓主经济贫困来解释，而应是受当时社会风尚的影响所致。

众所周知，社会风尚与人们的意识形态息息相关，与社会的发展、变化紧密相连。有的学者在论述殷代后期随葬器物明器化的原因时，曾提到《史记·殷本纪》中"武乙射天"的故事，说明殷代后期存在着对天、对鬼神怀疑的思想。③ 我们认为，这一看法很有见地。下面再补充两点论据。

1. 在殷墟卜辞中，在殷王武丁时期，对祖先、神灵的祭祀很隆重，用人、用牲的数目很大，一次祭祀最高用千人、千牛、五百宰（有的学者认为一宰为一对羊）。康丁至文丁时期，一次最高用二百人、百牛、百宰。帝乙、帝辛时期，一次用人最多三十名，

---

① 杨升南：《商代经济史》，贵州人民出版社 1992 年版。

② 中国社会科学院考古研究所安阳工作队：《安阳西区一七一三号墓的发掘》，《考古》1986 年第 8 期。

③ 杨锡璋、杨宝成：《殷墟青铜礼器的分期与组合》，《殷墟青铜器》，文物出版社 1985 年版。

用牲的数在百头以下。① 从早期到晚期，祭祀用人、用牲的数目呈递减的趋势，这也是社会发展进步的一个反映。

2. 在祭祀所用的祭器方面，早、晚期也有差异。殷墟文化一期晚段的祭祀坑小屯 M188，面积 1.93 平方米，坑内有鼎、甗、瓿、觚、爵等 8 件青铜礼器。② 殷墟文化二期的小屯 M238，面积 2.45 平方米，有斝、罍、卣、壶、觚、爵等青铜礼器 12 件。③ 殷墟文化四期的后冈圆坑（59AHGH10），面积 15.2—16.7 平方米，坑内青铜礼器仅鼎、卣、爵 3 件，陶器 31 件。④ 祭祀坑中的器皿是祭祀时盛祭品的供器，早期多用铜器，而晚期则大量用陶器。

上述两点表明殷代后期，特别是殷代末年，对祖先、鬼神的祭祀已经不像早期那样隆重，在用人、用牲、用器物方面都趋于简化。大概在这种风气的影响下，人们为死者殉葬的器物便从质地较精良的实用器，逐渐改变为简陋的明器。

《史记·殷本纪》载：帝纣纵情享乐，"慢于鬼神"。《周本纪》谓："今殷王纣维妇人言是用，自弃其先祖肆祀不答。"《尚书·微子》记："今殷民乃攘窃神祇之牺牷牲，用以容，将食无灾。"这些记载说明殷代末年，从上到下都有人从对鬼神的怀疑发展到对鬼神的不敬。在这种思想的支配下，为死者随葬的青铜礼器也就只保留原来器物的种类、形式，"偷梁换柱"，将它们制成劣质的铜明器、铅器或仿铜陶器了。

---

① 参见胡厚宣《中国奴隶社会的人殉和人祭（下篇）》，《文物》1974 年第 8 期；张秉权：《祭祀卜辞中的牺牲》，《历史语言研究所集刊》，第三十八本，1968 年。
② 李济：《记小屯出土之青铜器》，《中国考古学报》第三册，1948 年。
③ 李济：《记小屯出土之青铜器》，《中国考古学报》第三册，1948 年。
④ 中国社会科学院考古研究所：《殷墟发掘报告（1958—1961 年）》，文物出版社 1987 年版。

附表一

殷墟随葬青铜礼器墓葬统计表

墓号	面积（平方米）	鼎	甗	簋	斝	尊	觚	爵（角）	瓿	壶	盉	卣	盘	罍	觶	簋形器	斗	方形器	礼器数	期别	资料出处	备注
小屯M232	7.82	1			2	1	2	2	1				1						10	I	《中国考古学报》第三册，1948年	
小屯M333	4.8	2			2	2	2	2											10	I	同上	
小屯M388	8.64	1			2	1	2	2	1	1									10	I	同上	
小屯M331	6.08	2	1		3	3	3	3	1		1	1					1		19	I	同上	尚出铜形器1
三家庄M1	1.97						1	1											2	I	《考古》1983年第2期	
三家庄M3	4.35	1				1	1	1											4	I	同上	
小屯M188	1.93	1	1		2	2	1	1											8	I	《中国考古学报》第三册，1948年	
59武官M1	7.4	2	1		1	1	2	2											9	I	《考古》1979年第3期	

续表

墓号	面积(平方米)	鼎	甗	簋	斝	尊	觚	爵(角)	瓿	壶	盉	卣	盘	罍	彝	觯	箕形器	斗	方形礼器	礼器数	期别	资料出处	备注
妇好墓	22.4	32	10	5	12	10	53	40	3	4	6	2	2	2	5	2	1	8	1	210	II	①	尚出汽柱甑1、罐1、觥8、大型盂1、小方壶1
小屯M18	10.58	3	2	1	2	2	5	5				1	1	1			1			24	II	《考古学报》1981年第4期	
80司空M539	5.96	1	1		1	1	2	2	1			1	1	1		1		1		14	II	《考古》1992年第6期	
小屯M238	2.45			1			3	3	1	1		1			2					12	II	《中国考古学报》第三册，1948年	
83司空M663	6.6	2					2	2	1			1			1					9	II	《考古》1988年第10期	
西区M613	6.37	1					1	1	1											4	II	《考古学报》1979年第1期	
西区M2575	3.96	1					1	1			1	1								4	II	安阳队资料	

续表

墓号	面积（平方米）	鼎	甗	簋	斝	尊	觚	爵（角）	瓿	壶	盉	盘	罍	彝	觯	筒形器	斗	方形器	礼器数	期别	资料出处	备注
武官 E9				1			1	1			1								4	Ⅱ	《中国考古学报》第五册，1951年	
苗南 M67	7.59	2					1	1		1									5	Ⅱ		②
86 司空 M29	2.3	1					2	2											5	Ⅱ	《考古》1989 年第 7 期	
武官 W8	1.65	1					2	2											5	Ⅱ	《中国考古学报》第五册，1951年	
小屯 M17	5.58	1					1	1											3	Ⅱ	《考古学报》1981 年第 4 期	
83 薛家庄 M3	4.5	1					1	1											3	Ⅱ	《考古》1986 年第 12 期	
76 武官 M229	1.9	2																	2	Ⅱ	《考古》1977 年第 1 期	
西区 M161 等 18 座墓							1×18	1×18											36	Ⅱ		

续表

墓号	面积（平方米）	鼎	甗	簋	斝	尊	觚	爵（角）	瓿	壶	盉	卣	盘	罍	彝	觯	箕形器	斗	方形器	礼器数	期别	资料出处	备注
郭家庄M160	13	6	1	1	3	3	10	10				1	1	1	1	1		1	1	41	II	《考古》1991年第5期	此墓以角代爵
戚东M269	6.4	4	1	1	1	2	3	2			1		1	1	1	1		1		20	III	《考古学报》1991年第3期	尚出器盖1
高楼庄M8	6.9	3	1	1			2	2		1	1		1	1		1		1		13	III	《考古》1963年第4期	
司空M51	4.25	2		1	1	1	2	2			1			1						11	III	《考古通讯》1958年第10期	
西区M907	2.53	1		1	1		2	1			1					2		3		12	III	《考古学报》1979年第1期	
小屯西二区M239	7.2	2					2	2			1									6	III	③	
西区M875	5.44	1					1	1			1							1		7	III	④	
西区M355	3.94	1		1			1	1	1											5	III	《考古学报》1979年第1期	

续表

墓号	面积（平方米）	鼎	瓿	簋	斝	尊	觚	爵（角）	瓶	壶	盉	盂	盘	罍	彝	觯	箕形器	斗	方形器	礼器数	期别	资料出处	备注
63苗圃 M172	5.08	1		1			1	1				1								5	Ⅲ	④	
82苗圃 M54	2.7	1		1			1	1												4	Ⅲ	《考古》1986年第2期	
西区 M268	4.9	1		1			1	1												4	Ⅲ	《考古学报》1979年第1期	
西区 M271	3.4	1		1			1	1												4	Ⅲ	同上	
西区 M1127	4.42	1		1			1	1												4	Ⅲ	同上	
小屯西二区 M248	2.5	1		1			1	1												4	Ⅲ	③	
白家坟 KBM21	4.5	1					1	1												3	Ⅲ	③	
西区 M975	4.34	1					1	1												3	Ⅲ	《考古学报》1979年第1期	

续表

墓号	面积(平方米)	鼎	甑	簋	尊	觚	爵(角)	瓿	壶	盉	盘	罍	彝	觯	筐形器	斗	方形礼器	礼器数	期别	资料出处	备注
梯西 M3	6.46	1				1	1											3	Ⅲ	②	
西区 M198	1.76				1	1	1											3	Ⅲ	《考古学报》1979年第1期	
四盘磨 M4	2.42			1		1	1											3	Ⅲ	《中国考古学报》第五册,1951年	
小屯西二区 M232	2.1	1					1											2	Ⅲ	③	
西区 M764	1.68			1			1											1	Ⅲ	《考古学报》1979年第1期	
西区 M14	1.37						1											1	Ⅲ	同上	
87梅南 M30	3.24						1											1	Ⅲ	《考古》1991年第2期	
西区 M64 等27座墓						1×17	1×17											54	Ⅲ		

续表

墓号	面积（平方米）	鼎	甗	簋	斝	尊	觚	爵（角）	瓿	壶	盂	盉	卣	盘	罍	觯	觚形器	斗	方形器	礼器数	期别	资料出处	备注
82小屯M1	4.6	5	1	3	1	1	3	3					1			1				19	IV	④	
西区M1713	4.68	4	1	2	1	1	2	3			1		1	1						17	IV	《考古》1986年第8期	
郭庄北M6	5.5	4	1	1	1	1	3	3			1		1			1				17	IV	《考古》1991年第10期	
刘北M9	6.05	3	1	1	1	1	3	3					1			2				16	IV	②	
西区M2579	5.33	1	1	1	1	1	2	2					1			1				11	IV	④	
戚东M63	5.44	2	1	1	1	1	2	2					1							10	IV	②	尚出仿铜陶觯1
戚东M231	5.27	1		1		1	2	2					1							8	IV	②	
戚东M235	5.03	1		1		1	2	2					1							8	IV	②	

续表

墓号	面积（平方米）	鼎	甗	簋	斝	尊	觚	爵（角）	瓹	壶	盉	卣	盘	罍	彝	觯	箕形器	斗	方形礼器	礼器数	期别	资料出处	备注
82苗圃M41	3.94	2		1			2	2												7	IV	④	
西区M263	2.8	1		1		1	1	1				1								6	IV	《考古学报》1979年第1期	
西区M1015	2.92	1		1		1	1	1			1									6	IV	《考古学报》1979年第1期	
西区M269	4.08	1		1			1	1			1	1								6	IV	同上	
西区M279	3.55	1		1			1	1												4	IV	同上	
西区M874	3.36					1	1	1								1				4	IV	④	
西区M1135	2.76					1	1	1			1									4	IV	《考古学报》1979年第1期	
刘北M1	4.98						1	1			1					1				4	IV	②	

续表

墓号	面积（平方米）	鼎	甗	簋	斝	尊	觚	爵（角）	瓿	壶	盉	盘	罍	彝	觯	箕形器	斗	方形礼器	器数	期别	资料出处	备注
西北 M1125	4.2	1					1	1											3	IV	《考古学报》1979年第1期	
西北 M1118	3.69	1					1	1											3	IV	同上	
62 司空 M53	4.27						2	2							1				5	IV	《考古》1964年第8期	
西区 M793	2.97	1		1			1	1							1				3	IV	《考古学报》1979年第1期	
91 高楼庄 M1	6.04			1			1	1							1				3	IV	《考古》1994年第5期	
西区 M275	3.69	1																	2	IV	《考古学报》1979年第1期	
西区 M1573	1.76	1																	2	IV	④	
西区 M284	3	1																	1	IV	《考古学报》1979年第1期	

续表

墓号	面积（平方米）	鼎	甗	簋	斝	尊	瓿	爵（角）	觚	壶	盉	盘	罍	彝	觯	箕形器	斗	方形礼器	礼器数	期别	资料出处	备注
82苗圃M39	2.42	1																	1	IV	④	
西区M1102	3.51								1										1	IV	《考古学报》1979年第1期	仅出觚1
87梅M67	3.02							1											1	IV	《考古》1991年第2期	配仿铜陶簋1、尊1
八里庄东M52	2.52							1											1	IV	②	配仿铜陶瓿1、尊1
91后冈M38	1.68								1										1	IV	《考古》1993年第10期	
西区M121等10座墓									1×10	1×10										20	IV		

说明：附表一资料出处栏内①为《殷墟妇好墓》，文物出版社1980年版；②为《安阳殷墟青铜器》，中州古籍出版社1993年版；③为《殷墟发掘报告》，文物出版社1987年版；④为《殷墟青铜器》，文物出版社1985年版。

附表二

殷墟随葬铜礼器墓葬统计表

墓号	面积（平方米）	鼎	簋	觚	爵	资料出处	备注
西区 M737	2.76	1		1	1	《考古学报》1979 年第 1 期	尚出铜觚、爵各 1
西区 M220	4.23	1	1	1	1	《考古学报》1979 年第 1 期	
西区 M979	2.65	1	1	1	1	《考古学报》1979 年第 1 期	
西区 M606	3.64	1	1	1	1	《考古学报》1979 年第 1 期	
西区 M1052	2.97			1	1	《考古学报》1979 年第 1 期	
53 司空 M184	3.3			1	1	《考古学报》第 9 册, 1955 年	
白家坟西 KBM13	4.03	1				《殷墟发掘报告》, 文物出版社 1987 年版	
白家坟 KBM46	2.86				1	《殷墟发掘报告》, 文物出版社 1987 年版	

附表三

殷墟随葬仿铜陶礼器墓葬统计表

墓号	面积（平方米）	鼎	甗	簋	斝	尊	觚	爵	盉	卣	罍	觯	礼器数	资料出处	备注
四盘磨 M6	2.8	1	1	1	1	1	1	1	1	1		1	10	《考古学报》第五册，1951年	被盗
四区 M216	4.2	1	1	1	1	1	2	2					9	《考古学报》1979年第1期	被盗
西区 M1057	4.8	1	1	1		1	2	2		1	1	1	11	《考古学报》1979年第1期	
西区 M1133	3.8	1	1	1		1	2	2		1	1		10	《考古学报》1979年第1期	
西区 M4	3.32	1	1	1		1	2	2		1			9	《考古学报》1979年第1期	
小屯西二区 M233	3.9	2		2		1	1	1	1				8	《殷墟发掘报告》文物出版社1987年版	
西区 M1134	2.76	1				1	1	1			1	1	6	《考古学报》1979年第1期	
84苗圃 M129	2.7	1		1		1	1	1					5	《考古学报》1989年第2期	
62司空 M53	4.27	1		1		1			1	1			5	《考古》1964年第8期	尚出铜觚2、爵2、觯1
80苗圃 M15	4	1		1									2	《考古》1986年第2期	
八里庄东 M52	2.52					1				1			2	《安阳殷墟青铜器》，中州古籍出版社1993年版	尚出铜爵1
87梅园庄 M67	3			1		1							2	《考古》1991年第2期	尚出铜爵1

论安阳殷墟墓葬青铜武器的组合[*]

殷商时代，祭祀与战争是国家政治生活中极其重要的两件大事。祭祀用的礼器与战争用的兵器主要是用青铜铸造的。长期以来，学术界对青铜器的研究多集中在青铜礼器上，对青铜武器的研究较少，即使是研究青铜武器，也多从形制、类型、分期等方面进行探讨，研究青铜武器组合的论著很少。研究青铜武器的组合，对研究殷商时代武官和士兵的武器装备、军制均具有重要的意义。

商代的青铜武器绝大多数出土在墓葬里。安阳殷墟发掘的商代墓葬数量最多，本文所要论述的是安阳殷墟墓葬中出土的青铜武器组合，并进而考察青铜武器组合与墓主身份及相关的一些问题。

一 安阳殷墓青铜武器的组合

殷墟发掘迄今已经 70 多年了，70 多年来，在殷墟发掘的殷代墓葬已有七八千座，其中大多数是 20 世纪 50 年代以后发掘的。这些殷墓中，有一部分随葬了青铜武器。在出土青铜武器的墓葬中，有一部分墓遭到盗掘或被晚期遗迹破坏，墓中所出的青铜武

---

* 本文原载于《考古》2002 年第 3 期。

器的组合与数量均不完整，不能反映当时青铜武器组合的实际情况。笔者从数十年来在殷墟发掘的数千座殷墓中（重点是 20 世纪 50 年代以来的发掘资料）选出随葬有青铜武器、又未经盗掘与破坏的墓葬 197 座（附表），以此为基础，对殷墟文化各期青铜武器的组合情况做一考察（表一）。

(一) 安阳殷墓青铜武器组合的情况

1. 殷墟文化第一期　随葬青铜武器的墓共 10 座，6 座属于一期早段[①]，4 座属于一期晚段，组合方式有三种。

（1）钺、戈、镞（三家庄 M1）；

（2）戈、矛（三家庄 M4）；

（3）戈（小屯 M232、M331、M333、M388、武官 M1、苗圃 M58、M118、司空 M82）。

此期三种组合，每种组合内均含戈，单出铜戈的墓有 8 座，占全期总墓数的 80%。

2. 殷墟文化第二期　随葬青铜武器的墓共 63 座，组合方式有六种。

（1）钺、戈、镞、矛（郭家庄东南 M26、司空 M539、M663）；

（2）钺、戈、镞（妇好墓、司空 M664）；

（3）戈、镞（小屯 M18、M238）；

（4）戈、矛（西区 M613、M265）；

（5）戈（薛家庄 M3、戚家庄 M175、司空 M29、郭家庄

---

① 对这一阶段的殷墟文化，学术界有不同的称呼：a. 称"殷墟文化第一期第一组"，见邹衡《试论殷墟文化分期》，《夏商周考古学论文集》，文物出版社 1980 年版。b. 称殷墟文化一期早段，见郑振香《试论殷墟文化分期及其相关问题》，《中国考古学研究》，文物出版社 1986 年版。c. 称三家庄阶段，见杨锡璋《殷墟的年代及性质问题》，《中原文物》1991 年第 1 期。d. 称中商文化，见唐际根《中商文化研究》，《考古学报》1999 年第 4 期。

M289、苗圃 M19、后冈 M18、刘家庄 M33、西区 M619 等 53 座墓）；

（6）镞（西区 M536）。

除继承第一期的 3 种组合外，增加了铜钺、戈、矛、镞（或錛斧）；铜戈、镞；铜镞 3 种组合方式。此期 6 种组合中，有 5 种内含铜戈，出土铜戈的墓有 62 座，占随葬青铜武器墓数的98.41%。铜镞存在于 4 种组合中，作用较上期重要。

表一　　　　　　　　　安阳殷墓青铜武器组合　　　　（单位：座、%）

序号	组合	第一期		第二期		第三期		第四期	
		墓数	百分比	墓数	百分比	墓数	百分比	墓数	百分比
1	钺、戈、镞	1	10	2	3.17				
2	钺、戈、镞、矛（錛斧）			3	4.77	1	1.52		
3	钺、戈、镞、矛、大刀					1	1.52		
4	钺、戈、矛、大刀					1	1.52	1	1.72
5	钺、戈、镞、大刀							1	1.72
6	戈、矛、镞					4	6.06	7	12.07
7	戈、镞			2	3.17	5	7.57	3	5.17
8	矛、镞					2	3.03	1	1.72
9	戈、矛	1	10	2	3.17	11	16.66	9	15.52
10	矛					1	1.52	7	12.07
11	戈	8	80	53	84.13	38	57.57	15	25.87
12	镞			1	1.59	2	3.03	14	24.14
	合计	10	100	63	100	66	100	58	100

3. 殷墟文化第三期　随葬青铜武器的墓共66座，组合方式有10种。

（1）钺、戈、镞、矛（白家坟西 M14）；

（2）钺、戈、镞、矛、大刀（郭家庄 M160）；

（3）钺、戈、矛、大刀（戚家庄 M269）；

（4）戈、矛、镞（司空 M51、西区 M64、郭家庄 M135、梅园庄 M118）；

（5）戈、镞（西区 M626、M819、后冈 M33、刘家庄南 M14、M19）；

（6）矛、镞（西区 M972、小屯西 M239）；

（7）戈、矛（郭家庄 M1、M32、苗圃 M54、高楼庄 M8、西区 M1127 等 11 座墓）；

（8）矛（白家坟西 M23）；

（9）戈（西区 M50、郭家庄 M9、苗圃 M80、梯家口 M3、小屯西 M232 等 38 座墓）；

（10）镞（西区 M41、M102）。

除与上两期相同的几种组合外，新增加了铜钺、戈、矛、镞、大刀；铜钺、戈、矛、大刀；铜戈、矛、镞；铜矛、镞；铜矛等 5 种组合。此期 10 种组合中，7 种含铜戈，含铜戈墓有 61 座，占全期青铜武器墓的 92.42%。铜矛在此期单独随葬，并且出土铜戈、矛组合的墓数增加比较显著，成为仅次于铜戈的一种重要组合。

4. 殷墟文化第四期　随葬青铜武器的墓共58座，组合方式有9种。

（1）钺、戈、矛、大刀（西区 M1713）；

（2）钺、戈、镞、大刀（郭庄北 M6）；

（3）戈、矛、镞（刘家庄北 M9、戚家庄东 M63、郭家庄 M50、西区 M279 等 7 座墓）；

（4）戈、镞（西区 M53、M269、戚家庄东 M231）；

（5）矛、镞（西区 M907）；

（6）戈、矛（西区 M1052、梅园庄 M4、刘家庄北 M1、郭家庄东南 M21 等 9 座墓）；

（7）矛（西区 M261、M31 等 7 座墓）；

（8）戈（西区 M518、梯家口 M48 等 15 座墓）；

（9）镞（西区 M1049、司空 M25、梅园庄 M67 等 14 座墓）。

此期的组合与第三期基本相同，只是有 1 座出土铜钺、戈、镞与大刀的墓内没有铜矛。在 9 种组合中，6 种含铜戈，含铜戈墓 36 座，占全期青铜武器墓的 62.07%，比例下降。单出铜镞的墓从第三期的 2 座增至 14 座，占全期青铜武器墓的 24.14%，上升较快。

（二）对殷墟墓葬所出青铜兵器组合情况的看法

1. 铜戈　在各期殷墓中，铜戈是最常见的一种武器，出土数量多，分布地点很普遍。在殷墟洹河南北十多个地点的大、中、小各种类型的殷墓中均有发现。在本文所统计的 197 座墓中，含铜戈的墓达 169 座，占出土青铜武器墓总数的 85.79%。殷墟一期至四期出土青铜武器的墓共有 12 种组合（见表一），出土 2 件以上成套武器的墓有 9 种组合，共 58 座墓，其中 8 种组合、55 座墓含铜戈，含铜戈墓占成套武器墓的 94.83%。这些统计数字表明，铜戈是殷墟成套青铜武器组合中的核心器物。据《殷墟卜辞综类》[①] 一书统计，以戈为偏旁的字达 95 个。殷墟文字反映了当时的现实生活状况，说明铜戈在当时非常流行，殷人对这种武器很喜爱。

2. 铜矛　铜矛在殷墟文化第一期已出现，仅见一墓，与铜戈

---

① 岛邦男：《殷墟卜辞综类》，日本汲古书院 1967 年版。

共出，占该期武器墓的 10%，第二期含铜矛的墓共有 5 座，占该期武器墓的 7.94%。有些学者根据二里冈阶段在河南郑州、辉县的商墓中没有发现铜矛，但在这一时期长江流域的湖北盘龙城却有 2 座墓随葬 3 件铜矛的情况，推测商文化的铜矛是从长江以南的青铜文化传入的。它被殷人重视的时间较晚，著名的妇好墓内尚未发现铜矛。[①] 在殷代的甲骨文中亦未见"矛"字，这从另一个角度反映出铜矛原非商文化的因素。

到了殷墟文化第三期，铜矛广为流行，此期出土铜矛的墓共 21 座，占该期武器墓的 31.8%，铜矛的数量也在迅速增加，曾出土 700 多件铜矛的大墓 M1004，就属于这一期。第四期含铜矛的墓继续增加，达 25 座，占该期青铜武器墓的 43.1%。再者，在殷墟一、二期时，铜矛只作为成组武器中的 1 件与其他武器共出，第三期时开始出现单独随葬铜矛的墓葬，第四期单独随葬铜矛的墓数量逐渐增加，可见铜矛的作用日益重要。

3. 铜镞　在殷墟文化第一期，随葬铜镞的墓只有 1 座，并与铜戈、钺共出，占该期青铜武器墓的 10%。第二期含铜镞的墓为 8 座，占该期青铜武器墓的 12.7%。第三期含铜镞的墓为 15 座，占该期青铜武器墓的 22.72%。第四期含铜镞的墓为 26 座，占该期武器墓的 44.83%。此期单独随葬铜镞的墓与单出土铜戈的墓数量接近。与铜矛一样，随着时间的推移，铜镞的数量呈递增的趋势，至第三期时，其增长速度尤快，出土的数量也多。如第二期的妇好墓出土铜镞 57 件，第三期的郭家庄 160 号墓出土铜镞达 906 件，数量增长了 15 倍。表明从第三期开始，射手在战争中的作用也较第一、二期重要了。众所周知，镞是一种消耗性的武器，射出去以后难以回收，只有青铜铸造业相当发达的时候才可能大量使用铜镞。所以，铜镞数量的大幅度增加，反映出殷代后期青

---

① 杨锡璋：《关于商代青铜戈矛的一些问题》，《考古与文物》1986 年第 3 期。

铜铸造业有较大的发展。

4. 铜钺　殷墟第一期至第四期均有发现，但出土数量少，本文附表的 197 座墓葬中，11 座墓内出土铜钺，共 18 件，都是与其他武器共出，未见单独随葬。

5. 铜大刀　本文所说的铜大刀，是指卷头刀。它在殷墟文化第三期时才出现，出土的数量比钺更少，只在第三、四期的 4 座墓中发现 7 件，而且大刀只见于随葬青铜钺的墓中。

从铜钺、大刀出土的情况看，它们不是一般战士的常用武器。

殷墟青铜武器除出土于墓葬里，还见于车马坑、祭祀坑、灰坑中，这些遗迹所出土的青铜武器数量少，不是本文论述的重点，在此从略。

二　青铜武器组合与墓主的身份

在商代墓葬中，有无青铜礼器以及青铜礼器数量（尤其是觚爵套数）的多寡，反映出墓主身份的高低、权力的大小。[1] 现在，就随葬青铜武器的墓中所出土的青铜礼器的情况做一分析。

(一) 第 1—5 种组合

这些组合内均含铜钺，出土铜钺的墓共 11 座，在 197 座随葬青铜武器的墓中只占 5.58%。

这 11 座出土铜钺的墓中，青铜武器与礼器共出的情况如表二所示。

表二所列的 11 座墓，据所出铜钺的数量及钺的大小，可分为三个系列。

---

[1]　杨锡璋、杨宝成：《殷代青铜礼器的分期与组合》，《殷墟青铜器》，文物出版社 1985 年版。

表二　　　　　　　　殷墟出土青铜钺墓葬统计表

墓号	期别	件数	长度（厘米）	随葬青铜武器	随葬青铜礼器
妇好墓	二	4	39.5、39.3、24（2件）	戈91、镞57	觚、爵、鼎、簋、尊等210件
郭家庄 M160	三	3	33.2、23（2件）	戈119、矛97、镞906、大刀2	觚10、角10、鼎6、尊、簋等41件
西区 M1713	四	2	20、19	戈30、矛30、大刀2	觚2、爵3、鼎4等17件
戚家庄 M269	三	2	22.1（2件）	戈12、矛12、大刀2	觚3、爵3、鼎4等20件
95郭家庄 M26	二	1	33.4	戈10、矛11、镞22	觚2、爵2、鼎等12件
司空 M539	二	1	22.4	戈13、矛1、镞50、镵斧1	觚2、爵2、鼎1等14件
司空 M663	二	1	24.5	戈11、矛7、镞7	觚2、爵2、鼎2等9件
86郭庄北 M6	四	1	17	戈1、镞12、大刀1	觚3、爵3、鼎4等17件
白家坟西 M14	三	1	18	戈2、矛3、镞2	觚2、爵2、鼎2等8件
三家庄 M1	一	1	21	戈1、镞1	觚1、爵1等2件
司空 M664	二	1	26	戈1、镞4	觚1、爵1等2件

1. 出土4件铜钺的是妇好墓①，出土3件铜钺的是郭家庄M160②。此二墓墓室较大，前者为22.4平方米，后者为13平方米，均有棺、椁，有殉人。两墓所出的铜钺中都有长达30多厘

---

① 中国社会科学院考古研究所：《殷墟妇好墓》，文物出版社1950年版。
② 中国社会科学院考古研究所：《安阳殷墟郭家庄商代墓葬》，中国大百科全书出版社1998年版。

米、质地厚重、铸造精良的大型铜钺。妇好墓出土铜礼器 210 件，铜觚、爵有 40 多套，出土铜戈 91 件、铜镞 57 件，还有大型铜脊背刀 4 件。墓主妇好是殷王武丁的配偶，地位极高。据甲骨文记载，妇好曾率领数千军队，多次参加重要战斗，具有巨大的军事权力。郭家庄 M160 出土青铜礼器 41 件，有铜觚、角 10 套，墓中出土的铜戈、矛、镞、大刀等各类武器共 1127 件。墓主为亚址，是址族的首领或上层人物。亚是武职官名，从随葬铜觚、角的套数看，他是一位高级贵族。墓中所出土武器数量之多，反映出墓主是拥有很大军事统帅权的高级武将。

2. 出土 2 件铜钺的是戚家庄 M269[1]、西区 M1713[2]，墓室面积为 6.4 平方米和 4.68 平方米，均有棺椁，两墓所出 2 件铜钺的长度在 20 厘米左右，铜钺的制作较精致。这两墓随葬的青铜礼器分别是 20 件和 17 件，均有铜觚、爵三套。并出土了 2 件大刀，墓主属中等贵族，是掌握一定权力的中级武官。这两座墓墓室大小和所出土铜礼器的数量都相近，但为什么 M1713 随葬的铜戈、矛较戚家庄 M269 多出 30 多件呢？墓中的铜器铭文为我们解答这一问题提供了线索。

M1713 随葬的青铜礼器中有 5 件铸有"亚鱼"或"帚鱼"的铭文。鱼是墓主的族名，"帚"或"亚"是墓主曾担任的官职[3]。铭文中还记述了墓主不止一次得到殷王锡贝的奖赏。其受赏的原因也许是由于战功卓著。所以在墓中随葬了较多的青铜武器也是情理之中的事了。

3. 出土 1 件铜钺的墓有 7 座。根据随葬青铜礼器的件数和铜

---

①　安阳市文物工作队：《殷墟戚家庄东 269 号墓》，《考古学报》1991 年第 3 期。

②　中国社会科学院考古研究所安阳工作队：《安阳西区一七一三号墓的发掘》，《考古》1986 年第 8 期。

③　中国社会科学院考古研究所安阳工作队：《安阳西区一七一三号墓的发掘》，《考古》1986 年第 8 期。对 M1713 铜器铭文上的"亚"字，发掘报告执笔者杨锡璋、杨宝成先生认为"是墓主人生前的贵族爵称"，与我们的认识稍有差异。

觚、爵的套数可将这一系列分为两组。第 1 组有 5 座墓葬：郭家庄 M26、司空 M539、M663、白家坟西 M14、郭庄北 M6。此组墓有棺有椁。除郭庄北 M6 出土三套铜觚爵、出土 17 件礼器外，其他 4 座墓出土二套铜觚爵，出土铜礼器 8—14 件不等。墓主身份为中级或中下级贵族。第二组有 2 座墓葬：三家庄 M1、司空 M664，均有棺无椁，出土一套铜觚爵，墓主身份可能为小贵族。

在第一组的 5 座墓中，郭家庄 M26 所出的铜钺引人注目。该钺形体硕大，通长 33.4 厘米、刃宽 4 厘米，制作较精。其长度与郭家庄 M160 的大铜钺一样，只是钺身及刃宽较 M160 的大钺稍小。郭家庄 M26 所出土的铜戈、矛数量（共 21 件）较同组的四墓多，与戚家庄 M269 接近。墓中出土青铜礼器 12 件，其中 7 件有铭文，5 件的铭文为"旓"字。①旓是郭家庄 M26 的墓主，该墓的时代属殷墟文化第二期，约当武丁晚期至祖庚、祖甲时期。殷墟甲骨卜辞中有旓活动的记载。

《英藏》593A②："辛卯卜贞：旓其先菁戋？五月。"在 593B 上还有二条内容与之相关的卜辞：

"贞：在𢀛王其先菁戋？五月。"

"辛卯卜贞：在窒其先菁戋？"

菁作遭遇、遇到之解。戋在卜辞中有时用作动词有征伐、抵御之意，即捍之古文，有时用作名词，意思为国族之名。在此版卜辞应理解为国族之名。此版从字体上看属宾组卜辞（时代相当于武丁中、晚期，部分可延至祖庚）。戋在宾组卜辞中经常与殷王朝处在敌对的状态。这几条卜辞的大意是，卜问是殷王先遭遇到戋族，还是旓先遇到戋族。此版卜辞表明，旓是跟随武丁外出征讨的一名武官，深受武丁的信任，在伐戋的战斗中担任重要

<hr>

① 中国社会科学院考古研究所安阳工作队：《河南安阳市郭家庄东南 26 号墓》，《考古》1998 年第 10 期。

② 李学勤、齐文心、艾兰：《英国所藏甲骨集》，中华书局 1986 年版。

的角色。值得玩味的是，郭家庄 M26 的随葬品中，有几件器物与殷墟常见的器物相比，在形制上有显著的区别：1 件铜镞与鄂尔多斯 I 式铜镞比较接近①；3 件硬陶瓿与湖南岳阳对门山出土的 A 型硬陶瓷（瓿）极为相似。② 可能是癉南征北战时从外地带回殷都的纪念品。由此看来，墓主癉虽然贵族身份不算很高，但在战争中的作用较重要，是位权力较大的军事指挥官，所以他的墓中随葬了大铜钺和较多的武器。

属于这组的郭庄北 M6③ 出土铜礼器 17 件，有三套铜觚爵，但墓中所出土的铜钺、大刀较小，制作也较粗糙，铜戈只有 1 件，较同组的其他四座墓要少，反映出墓主的军职不高。

有学者指出，铜钺是军事统帅权的象征，"墓中随葬青铜钺的多少和大小，直接反映了墓主人生前的政治地位的高低和军事统帅权的大小"④，这些论断是正确的。一般情况下，铜钺的多少与大小是成正比的，即墓中出土 3 把以上的铜钺，必有一两把是大钺。新出土的郭家庄 M26 的资料，使我们认识到铜钺的大小、质地的优劣比出土的数量更为重要。质地精良的大铜钺，是墓主生前具有较大的军事统帅权的最重要标志。

在表二中，郭家庄 M160、戚家庄 M269、西区 M1713、郭北 M6 等四座墓出土有铜卷头大刀，前三墓出土 2 件，后一墓出土 1 件。此四墓分属上面的三个系列。铜大刀的件数、大小、质地与铜钺的件数、大小、质地是成正比的。由此可见，铜大刀与铜钺一样，既是贵族身份的标志，亦是军事统帅权的象征，是一种

---

① 田广金、郭素新：《鄂尔多斯式青铜器研究》，《鄂尔多斯式青铜器》，文物出版社 1986 年版。

② 岳阳市文物工作队：《岳阳县对门山商代遗址发掘报告》，《湖南考古辑刊》第 6 辑，1994 年。

③ 安阳市文物工作队：《河南安阳郭庄村北发现一座殷墓》，《考古》1991 年第 10 期。

④ 杨锡璋、杨宝成：《商代的青铜钺》，《中国考古学研究》，文物出版社 1986 年版。

"明贵贱、辨等列"的礼兵器。①

(二) 第 6 种组合

铜戈、矛、镞组合，共有 11 座墓，也占青铜武器墓的 5.58%。这 11 座墓出土青铜礼器的情况如表三所示。

表三　　　　　　　　　　殷墟随葬铜戈、矛、镞组合墓葬表

墓号	期别	随葬青铜武器	随葬青铜礼器
司空 M51	三	戈 6、矛 5、镞 2	觚 2、爵 2、鼎 2 等 11 件
刘家庄北 M9	四	戈 6、矛 5、镞 2	觚 3、爵 3、鼎 3 等 16 件
戚家庄东 M63	四	戈 5、矛 5、镞 1	觚 2、爵 2、鼎 2 等 10 件
郭家庄 M53	四	戈 4、矛 2、镞 10	觚 2、爵 2、鼎 1 等 11 件
郭家庄 M50	四	戈 5、矛 6、镞 3	觚 1、爵 1、鼎 1 等 7 件
西区 M279	四	戈 2、矛 2、镞 4	觚 1、爵 1、鼎 1 等 4 件
西区 M1125	四	戈 1、矛 1、镞 3	觚 1、爵 1、鼎 1 等 3 件
西区 M363	四	戈 1、矛 1、镞 4	觚 1、爵 1 等 2 件
西区 M64	三	戈 1、矛 1、镞 1	觚 1、爵 1 等 2 件
郭家庄 M135	三	戈 2、矛 1、镞 1	觚 1、爵 1 等 2 件
梅园庄 M118	三	戈 1、矛 1、镞 1	

在表三中，有 10 座墓出土成组的青铜礼器，只有梅园庄 M118 没有随葬青铜礼器，但该墓出土铜刀 2 件，还有较多的陶器。该墓墓室较大（面积 6.6 平方米），有棺、椁，有殉人一具②，在它所处的那片族墓地中，属于较大的一座，墓主的地位当相应较高。故可推测，随葬铜戈、矛、镞组合的墓主，也是拥有一定权力的贵族成员。

表三的 11 座墓可分成两组。第 1 组 5 座墓：司空 M51、郭家

---

① 刘一曼：《殷墟青铜刀》，《考古》1993 年第 2 期。

② 中国社会科学院考古研究所安阳工作队：《1987 年秋安阳梅园庄南地殷墓的发掘》，《考古》1991 年第 2 期。

庄 M53、M50、戚家庄东 M63、刘家庄北 M9。均有棺椁，出铜礼器 7—16 件不等，其中刘家庄北 M9 墓出土三套铜觚爵，郭家庄 M50 出土一套铜觚爵。其余三墓出二套铜觚、爵。各墓出土的铜戈、矛、镞总数 10 多件（其中戈矛 6—11 件）。墓主在军队中的地位、权力或许与同期出 1 件铜钺的墓（如郭庄北 M6、白家坟西 M14）墓主接近。第 2 组 6 座墓，即表三的西区 M279—梅园庄 M118。除 M118 未出土铜礼器外，其余 6 座墓出土铜礼器 2—4 件不等，出土铜觚爵一套。只有 1 座墓有棺、椁，其余 5 座有棺无椁。出土的铜戈、矛、镞数量不足 10 件（其中戈矛只 2—4 件），较第 1 组墓要少。此组墓的墓主身份属小贵族，低级武官。

（三）第 7 种组合

铜戈、镞组合，共 10 座墓，占青铜武器墓的 5.08%。此 10 墓的具体情况如表四所示。

表四　　　　　　　　　　殷墟随葬铜戈、镞组合墓葬表

墓号	期别	随葬青铜武器	随葬青铜礼器	备注
小屯 M18	二	戈 9、镞 10	觚 5、爵 5、鼎 3 等 24 件	朱书玉戈
西区 M626	三	戈 5、镞 2	觚 1、爵 1 等 2 件	
后冈 M33	三	戈 4、镞 2	觚 1、爵 1 等 2 件	铜马衔
西区 M819	三	戈 2、镞 2		铜工具
西区 M53	四	戈 1、镞 14		铜镳
西区 M269	四	戈 1、镞 9	觚 1、爵 1 等 6 件	
小屯 M238	二	戈 1、镞 4	觚 3、爵 3、彝 3 等 12 件	
刘南 M14	三	戈 1、镞 4	觚 1、爵 1 等 2 件	
刘南 M19	三	戈 1、镞 4	觚 1、爵 1 等 2 件	
戚家庄 M231	四	戈 1、镞 1	觚 2、爵 2、鼎 1 等 8 件	

这 10 座墓中，8 座墓出土成组铜礼器，2 座墓出土成组陶器（还出土铜工具或马镳）。出土铜礼器的墓中，有 6 座只出土一套

（或二套）铜觚爵，铜礼器在 8 件以下，铜戈有 1—5 件不等。出土铜礼器在 10 件以上的有 2 座墓，一座是小屯 M238，出土铜觚爵三套，礼器 12 件[1]，该墓属祭祀坑，情况较特殊，另当别论。另一座是小屯北 M18，墓室面积 10.58 平方米，有棺椁，有殉人 5 个。出土青铜礼器 24 件，含五套铜觚爵。在 2 件铜器上有"子渔"铭文，1 件有戉侯铭文，表明墓主是地位很高的贵族或王室成员。该墓出土铜戈 9 件、铜镞 10 件，在铜戈、镞组合的 10 座墓中，排列榜首。墓中还出土了 1 件朱书玉戈，上有"……在洮执叝𠦪在入"七字，发掘者认为，戈文可能是殷王国在洮地与"叝""𠦪"战争获胜后所书，也可能专制此戈，并记其事。[2] 据人骨鉴定，该墓墓主似女性，年龄为 30—40 岁。有学者推测，墓主可能是一位女将。[3] 小屯 M18 没有随葬铜钺，其原因值得进一步研究，我们推测，可能是墓主虽曾参加过一些战斗，但没有担任重要的武职。

(四) 第 8 种组合

铜矛、镞组合，有 3 座墓，占青铜武器墓的 1.52%。3 座墓的情况如表五所示。

表五　　　　　　　　殷墟随葬铜矛、镞组合墓葬表

墓号	期别	随葬青铜武器	承受葬青铜礼器	备注
小屯西 M239	三	矛 2、镞 15	觚 2、爵 2、鼎 2 等 6 件	
西区 M972	三	矛 3、镞 1		
西区 M907	四	矛 1、镞 1	觚 2、爵 1、鼎 1 等 12 件	

----

① 李济：《记小屯出土之青铜器》，《中国考古学报》第三册，1948 年。

② 中国社会科学院考古研究所安阳工作队：《安阳小屯村北的两座殷墓》，《考古学报》1981 年第 4 期。

③ 陈志达：《商代的玉石文字》，《华夏考古》1991 年第 2 期。

小屯西 M239、西区 M907 两座墓出土铜礼器，分别是 6 件与 12 件，均含两套铜觚爵。另一墓西区 M972 无铜礼器，只出几件陶器。

(五) 第 9 种组合

铜戈、矛组合，有 23 座墓，占青铜武器墓的 11.68%。23 座墓的情况如表六所示。

表六　　　　　　　　　　　殷墟随葬铜戈、矛组合墓葬表

墓号	期别	随葬青铜武器	随葬青铜礼器	备注
西区 M613	二	戈 10、矛 1	觚 1、爵 1、鼎 1、瓶 1 等 4 件	
郭家庄 M1	三	戈 4、矛 4	觚 1、爵 1、鼎 1、簋 1 等 4 件	
西区 M1127	三	戈 4、矛 1	觚 1、爵 1、鼎 1、簋 1 等 4 件	
西区 M294	三	戈 3、矛 2	觚 1、爵 1 等 2 件	
西区 M271	三	戈 3、矛 1	觚 1、爵 1、簋 1 等 4 件	
西区 M372	三	戈 3、矛 1		铜工具
西区 M355	三	戈 2、矛 3	觚 1、爵 1、鼎 1、簋 1 等 5 件	
西区 M1052	四	戈 2、矛 3		铅觚 1、爵 1
西区 M234	四	戈 2、矛 2	觚 1、爵 1 等 2 件	
西区 M697	四	戈 2、矛 2	爵 1	
西区 M265	二	戈 2、矛 2		
西区 M1118	四	戈 2、矛 1	觚 1、爵 1、鼎 1 等 3 件	
西区 M777	三	戈 2、矛 1	觚 1、爵 1 等 2 件	
西区 M374	四	戈 2、矛 1		铜工具
西区 M294	三	戈 1、矛 2	觚 1、爵 1 等 2 件	
西区 M917	三	戈 1、矛 2		
西区 M958	三	戈 1、矛 2		
三家庄 M4	一	戈 1、矛 1		
苗圃 M54	三	戈 1、矛 1	觚 1、爵 1、鼎 1、簋 1 等 4 件	
高楼庄 M8	三	戈 1、矛 1	觚 2、爵 2、鼎 3、簋 1 等 13 件	
刘家庄北 M1	四	戈 1、矛 1	觚 1、爵 1、卣 1、觯 1 等 4 件	
梅园庄 M4	四	戈 1、矛 1	觚 1、爵 1 等 2 件	
郭家庄 M21	四	戈 1、矛 1	觚 1、爵 1、鼎 1、簋 1 等 4 件	

在 23 座墓中，有 16 座墓出土铜礼器，占此类组合墓的 69.57%。出土铜礼器的墓中，除了高楼庄 M8 出土铜觚爵两套、礼器 13 件外，其余 15 座墓只出土铜觚爵一套，2—5 件铜礼器。

(六) 第 10、11、12 种组合

这三种组合分别随葬了铜戈、矛、镞中的一种。单出土铜矛的墓有 8 座，每墓出土 1 件或 2 件。这类墓中，有 7 座无铜礼器，只有西区 M275 出土礼器 2 件，且是质地粗劣的明器。单出土铜镞的墓 17 座，随葬铜镞 1—5 件、8、9 件不等，这类墓中有 15 座无铜礼器，只随葬陶器。出土铅礼器和铜礼器的墓各 1 座，前者是西区 M220，出土铅鼎、簋、觚、爵各 1 件，出土铜镞 5 件，后者是梅园庄南 M67，出土铜爵 1 件（明器），铜镞 2 件。

单独随葬铜戈的墓数量最多，有 114 座，占青铜武器墓的 57.87%。每墓出土铜戈 1—9 件、13 件不等。其中出土青铜礼器的墓 38 座，占此类墓的 33.33%。出土青铜礼器的铜戈墓，早期占的比例大，晚期所占比例小。如殷墟第一期单出铜戈的墓 8 座，其中出土铜礼器的 5 座，占 62.5%；第二期铜戈墓 53 座，出土礼器的 21 座，占 39.62%；第三期铜戈墓 38 座，出土铜礼器的有 10 座，占 26.32%；第四期铜戈墓 15 座，出土铜礼器的只 2 座，占 13.33%。

出土铜礼器的铜戈墓，随葬铜戈的数量与质量同青铜礼器的数量及铜觚爵之套数大体上是成正比的，这在早期尤为明显。如第一期的小屯 M331，出土质地厚重的铜戈 7 件，随葬铜礼器 19 件，其中铜觚、爵 3 套；武官 M1 出土铜戈 4 件，其中 3 件质地较好，随葬铜礼器 10 件，铜觚爵 2 套。第二期的大司空村 M29，出土铜戈 8 件，戈内嵌绿松石，相当精致，随葬铜礼器 5 件，铜觚爵 2 套；薛家庄 M3，出土铜戈 13 件，其中 11 件戈内嵌绿松石，随葬铜礼器 3 件，其中铜觚爵 1 套。大司空村 M114，出土铜戈 2

件，随葬铜觚爵1套。

大多数没有礼器的铜戈墓，一般只出土铜戈1—2件，个别也见出土4件以上铜戈的，但铜戈的质地轻薄，属明器，如大司空村M17、M33两墓均出土铜戈5件，全属质地粗劣的明器。

还应指出的是，从殷墟文化第三期开始，在出土青铜兵器的少数墓中，还出有铅戈。如第三期的西区M355，出土3件铜戈、3件铜矛，伴出铅戈8件。单独随葬铅戈的墓10座，第三期8座，第四期2座。这10座墓每墓出土铅戈1—3件不等。

上述第10—12种组合中，只出一两件铜戈、铜矛、单出铜镞以及单出铅戈的墓，墓室面积一般在2平方米上下，有棺无椁，只随葬几件陶器，不出土青铜礼器。这些墓占殷墟出土兵器墓的大多数。墓主的身份应是族的普通成员，即平民。

综上所述，殷墟商代晚期墓随葬品的组合清楚地显示出，墓主生前地位的不同，随葬青铜武器的种类、数量、质地也有明显的差别。当时的统帅和较高级的武将拥有铜钺、戈、镞；铜钺、戈、矛、镞或铜钺、大刀、戈、矛、镞等兵器，数量从数十件至数百件甚至上千件不等，铜钺和铜大刀是其统帅权的显著象征。中低级武官，可拥有铜戈、矛、镞（有的还有小型铜钺）或铜戈、镞，矛、镞，戈、矛等成套武器，数量有十多件。基层的指挥官或小贵族，可配备铜戈、矛、镞中的两种组成成套兵器，但数量一般只有几件。至于普通的士卒，只配备铜戈、矛、镞中的一种兵器，如果是戈或矛，通常是一件或两件。

三　余论

从殷墟商墓中青铜武器与青铜礼器共出的情况，除了可以了解殷代武官与士兵的武器配备外，还可以得出以下两点认识。

(一) 殷代职官职司的相对性

当时的职官虽然也分成数类，分管政治、祭祀、军事、占卜、农事等，但各类职官所掌管的事情并不是十分固定、专一的，这点已有学者论及。① 他们所举的例子有史官②或乐官参与战争等。现在我们就这一问题还可以补充更多的资料。

关于帚官，学者多认为其职责是管理宫寝之事。③ 在上文列举的墓中有 3 座出土帚某铭文：司空 M539④，出土 5 件铜礼器，其中 2 件有"帚出"二字，另 1 件只有一个"帚"字，青铜武器组合是钺、戈、矛、镞，共 65 件；司空 M29⑤，随葬铜礼器 5 件，其中 2 件有"帚印"铭，墓中出土铜戈 8 件；西区 M1713⑥，出土铜礼器 17 件，大多数属于明器，在 2 件制作较精良的礼器上有"帚鱼"铭文，该墓青铜武器组合是钺、戈、矛、大刀，共 64 件。除了这 3 座墓外，还有大司空村 M25⑦，亦出"帚印"铭铜礼器 2 件，因该墓遭晚期遗迹破坏，本文没有将它列入统计表中。司空 M25 出土铜钺 1、戈 6，还有铜柄玉矛 1 件。这 4 座墓的资料表明，墓主生前担任过"帚"的职务，而帚官也是带兵作战的武官。

关于作册，过去多认为是记事的史官，在郭家庄 M50 中，出

---

① 张亚初：《商代职官研究》，《古文字研究》第十三辑，1986 年。

② 胡厚宣先生详细地论证殷代的史官尚非专门记言记事的文官，主要是担任国家边防的一种武官。见《商代的史为武官说》，《全国商史学术讨论会论文集》，《殷都学刊》1985 年增刊。

③ 杜廼松：《中国青铜器发展史》，紫禁城出版社 1995 年版，第 32 页。

④ 中国社会科学院考古研究所安阳工作队：《1980 年河南安阳大司空村 M539 发掘简报》，《考古》1992 年第 6 期。

⑤ 中国社会科学院考古研究所安阳工作队：《1986 年安阳大司空村南地的两座殷墓》，《考古》1989 年第 7 期。

⑥ 中国社会科学院考古研究所安阳工作队：《安阳西区一七一三号墓的发掘》，《考古》1986 年第 8 期。

⑦ 中国社会科学院考古研究所安阳工作队：《1986 年安阳大司空村南地的两座殷墓》，《考古》1989 年第 7 期。

土有"作册"铭文的铜礼器，墓中出土青铜武器的组合是戈、矛、镞，共14件。可能"作册"在任职期间也曾领兵作战。

(二) 殷代官职的世袭性

在甲骨文中，可以看到一些强宗大族的族长或首要人物世代为官的情况，尤其是世代担任武职的更常见，如亚其，见于武丁、康丁、帝乙、帝辛时代的卜辞；犬征，见于武丁、祖庚、武乙时代的卜辞；射甾，见于武丁、武乙时代的卜辞。亚、犬、射均为武职官名。[①]

在殷墟青铜礼器与青铜武器共出的殷墓中，我们发现有些墓属不同期，却出土相同的铭文。下面列举三例。

例一，亚址铭，见于郭家庄 M160 与 M53，均位于郭家庄墓地的北区。M160 属殷墟文化第三期，出土铜钺、戈、矛、镞、大刀等武器 1000 多件。M53，属殷墟文化第四期晚段，出土铜戈、矛、镞 16 件。[②]

例二，犾铭，见于西区 M271 与 M1125，位于西区族墓地的第八区。M271 属殷墟文化第三期，出土铜戈、矛 4 件，M1125 属殷墟文化第四期，出土铜戈、矛、镞 5 件。[③]

例三，邑贝铭，见于西区 M613 与 M355，位于西区族墓地的第三区，二墓相距甚近。M613 出土铜戈、矛 11 件，属殷墟文化第二期，M355 出土铜戈、矛 5 件，属殷墟文化第三期。[④]

如上文所述，这六座墓的墓主，生前都曾担任武职。第一例

---

① 陈梦家：《殷虚卜辞综述》，科学出版社 1956 年版，第 510—514 页。
② 中国社会科学院考古研究所：《安阳殷墟郭家庄商代墓葬》，中国大百科全书出版社 1998 年版。
③ 中国社会科学院考古研究所安阳工作队：《1969—1977 年殷墟西区墓葬发掘报告》，《考古学报》1979 年第 1 期。
④ 中国社会科学院考古研究所安阳工作队：《1969—1977 年殷墟西区墓葬发掘报告》，《考古学报》1979 年第 1 期。

M160 墓主属高级武官，M53 墓主属中下级武官。第二、三例四座墓的墓主均属低级武官。

由于这几组铭文见于墓中主要的青铜礼器上，我们认为它是墓主族氏的标志。也就是说，址族、戜族、邑贝族的族长或族中的重要人物，在不同时期都出任武职。这与甲骨文的记载可以相互印证。

附记：由于本文成文于 1998 年，故 1999 年以后安阳殷墟墓葬内出土的青铜武器的资料未做统计。

附表　　　　　　　　殷墟随葬青铜武器墓葬统计表

墓号	钺	戈	镞	矛	大刀	期别	资料出处	备注
三家庄 M1	1	1	1			I	《考古》1983 年第 2 期	玉矛 1、骨镞 4
三家庄 M4		1		1		I	同上	
小屯 M232		6				I	《中国考古学报》第 4 册，1949 年	
小屯 M331		5				I	同上	玉援铜内戈 1 件
小屯 M333		1				I	同上	
小屯 M388		5				I	同上	
武官 M1		4				I	①	
苗圃 M118		2				I	《考古》1989 年第 2 期	
苗圃 M58		1				I	①	
大司空村 M82		1				I	《考古学报》1994 年第 4 期	
郭家庄东南 M26	1	10	22	11		II	《考古》1998 年第 10 期	
大司空村 M539	1	13	50	1		II	《考古》1992 年第 6 期	铜銎斧 1、骨镞 5
大司空村 M663	1	11	7	7		II	《考古》1988 年第 10 期	石戈 1
妇好墓	4	91	57			II	②	骨镞 29 件
大司空村 M664	1	√	4			II	安阳队资料	

续表

墓号	钺	戈	镞	矛	大刀	期别	资料出处	备注
小屯 M18		9	10			Ⅱ	《考古学报》1981 年第 4 期	
小屯 M238		1	12			Ⅱ	《中国考古学报》第 4 册，1949 年	
西区 M613		10		1		Ⅱ	《考古学报》1979 年第 1 期	
西区 M265		2		2		Ⅱ	《考古学报》1979 年第 1 期	
薛家庄 M3		13				Ⅱ	《考古》1986 年第 12 期	
戚家庄东 M175		9				Ⅱ	③	
大司空村 M29		8				Ⅱ	《考古》1989 年第 7 期	
大司空村 M33		5				Ⅱ	《考古学报》1994 年第 4 期	
大司空村 M17		5				Ⅱ	《考古学报》1994 年第 4 期	
戚家庄东 M139		5				Ⅱ	③	
西区 M515		4				Ⅱ	《考古学报》1979 年第 1 期	
苗圃 M19		4				Ⅱ	《考古》1986 年第 2 期	玉援铜内戈 1、玉矛头 1
苗圃南 M67		4				Ⅱ	③	
西区 M619 等 2 墓		3×2				Ⅱ	《考古学报》1979 年第 1 期	
刘家庄北 M33		3				Ⅱ	《华夏考古》1997 年第 2 期	
郭家庄 M289		4				Ⅱ	④	
郭家庄 M231		3				Ⅱ	④	
郭家庄 M22 等墓		2×4				Ⅱ	④	
后冈 M18		2				Ⅱ	《考古》1993 年第 10 期	
刘家庄 M59 等 2 墓		2×2				Ⅱ	《中原文物》1986 年第 3 期	
徐家桥北 M32		2				Ⅱ	③	
西区 M161 等 6 墓		2×6				Ⅱ	《考古学报》1979 年第 1 期	
大司空村 M114 等 2 墓		2×2				Ⅱ	①	
大司空村 M43		1				Ⅱ	《考古学报》1994 年第 4 期	
西区 M516 等 11 墓		1×11				Ⅱ	《考古学报》1979 年第 1 期	

墓号	钺	戈	镞	矛	大刀	期别	资料出处	备注
郭家庄 M111 等 3 墓		1×3				Ⅱ	④	
苗圃 M211 等 2 墓		1×2				Ⅱ	①	
戚家庄东 M12 等 6 墓		1×6				Ⅱ	③、《华夏考古》1997 年第 2 期	
西区 M536			1			Ⅱ	《考古学报》1979 年第 1 期	
郭家庄 M160	3	119	906	97	2	Ⅲ	④	
戚家庄 M269	2	12		12	2	Ⅲ	《考古学报》1991 年第 3 期	
白家坟西 M14	1	2	2	3		Ⅲ	《中国考古学研究》（一）第 136 页，文物出版社 1986 年版	
大司空村 M51		6	2	5		Ⅲ	《考古通讯》1958 年第 10 期	
西区 M64		1	1	1		Ⅲ	《考古学报》1979 年第 1 期	铅戈 1
郭家庄 M135		2	1	1		Ⅲ	④	
梅园庄 M118		1	√	1		Ⅲ	《考古》1991 年第 2 期	
西区 M626		5	2			Ⅲ	《考古学报》1979 年第 1 期	
后冈 M33		4	2			Ⅲ	《考古》1993 年第 10 期	
西区 M819		2	2			Ⅲ	《考古学报》1979 年第 1 期	
刘家庄南 M14		1	4			Ⅲ	《中原文物》1986 年第 3 期	
刘家庄南 M19		1	4			Ⅲ	③	石钺 1
西区 M972			1	3		Ⅲ	《考古学报》1979 年第 1 期	
小屯西 M239			15	2		Ⅲ	①	
郭家庄 M1		4		4		Ⅲ	④	
西区 M1127		4		1		Ⅲ	《考古学报》1979 年第 1 期	
西区 M355		2		3		Ⅲ	《考古学报》1979 年第 1 期	铅戈 8
西区 M372		3		1		Ⅲ	《考古学报》1979 年第 1 期	
西区 M777		2		1		Ⅲ	《考古学报》1979 年第 1 期	
西区 M917		1		2		Ⅲ	《考古学报》1979 年第 1 期	
西区 M958		1		2		Ⅲ	《考古学报》1979 年第 1 期	
西区 M294		1		2		Ⅲ	《考古学报》1979 年第 1 期	铅戈 2
高楼庄 M8		1		1		Ⅲ	《考古》1963 年第 4 期	
苗圃 M54		1		1		Ⅲ	《考古》1986 年第 2 期	骨镞 1
郭家庄 M32		1		1		Ⅲ	④	

续表

墓号	钺	戈	镞	矛	大刀	期别	资料出处	备注
白家坟西 M23				1		Ⅲ	①	
西区 M50		7				Ⅲ	《考古学报》1979 年第 1 期	
郭庄北 M68		5				Ⅲ	③	
西区 M14		4				Ⅲ	《考古学报》1979 年第 1 期	
西区 M74 等 5 墓		2×5				Ⅲ	《考古学报》1979 年第 1 期	
郭家庄 M9		2				Ⅲ	《考古》1988 年第 10 期	
白家坟 M53 等 4 墓		2×4				Ⅲ	①	
西区 M67 等 14 墓		1×14				Ⅲ	《考古学报》1979 年第 1 期	
郭家庄东南 M8		1				Ⅲ	《考古》1988 年第 10 期	
郭家庄 M35 等 4 墓		1×4				Ⅲ	④	
95 郭家庄东南 M28		1				Ⅲ	安阳队资料	
苗圃 M80		1				Ⅲ	《考古》1986 年第 2 期	
小屯西 M232 等 3 墓		1×3				Ⅲ	①	
梯家口 M3		1				Ⅲ	③	
西区 M41			5			Ⅲ	《考古学报》1979 年第 1 期	
西区 M102			5			Ⅲ	《考古学报》1979 年第 1 期	
西区 M1713	2	30		30	2	Ⅳ	《考古》1986 年第 8 期	
郭庄北 M6	1	1	12		1	Ⅳ	③	
刘家庄北 M9		6	2	5		Ⅳ	③	
郭家庄 M50		5	3	6		Ⅳ	④	
戚家庄东 M63		5	1	5		Ⅳ	③	
郭家庄 M53		4	10	2		Ⅳ	④	
西区 M279		3	4	2		Ⅳ	《考古学报》1979 年第 1 期	
西区 M363		1	4	1		Ⅳ	《考古学报》1979 年第 1 期	
西区 M1125		1	3	1		Ⅳ	《考古学报》1979 年第 1 期	
西区 M53		1	14			Ⅳ	《考古学报》1979 年第 1 期	
西区 M269		1	9			Ⅳ	《考古学报》1979 年第 1 期	
戚家庄东 M231		1	1			Ⅳ	③	
西区 M907			1	1		Ⅳ	《考古学报》1979 年第 1 期	
西区 M1052		2		3		Ⅳ	《考古学报》1979 年第 1 期	

续表

墓号	钺	戈	镞	矛	大刀	期别	资料出处	备注
西区 M234		2		2		IV	《考古学报》1979 年第 1 期	
西区 M297		2		2		IV	《考古学报》1979 年第 1 期	
西区 M374		2		1		IV	《考古学报》1979 年第 1 期	
西区 M729		1		2		IV	《考古学报》1979 年第 1 期	
西区 M1118		2		1		IV	《考古学报》1979 年第 1 期	
梅园庄 M4		1		1		IV	①	
刘家庄北 M1		1		1		IV	③	
郭家庄东南 M21		1		1		IV	安阳队资料	
西区 M261 等 2 墓				2×2		IV	《考古学报》1979 年第 1 期	
西区 M31 等 5 墓				1×5		IV	《考古学报》1979 年第 1 期	
梯家口 M48		4				IV	③	
西区 M518 等 5 墓		2×5				IV	《考古学报》1979 年第 1 期	
西区 M263 等 9 墓		1×9				IV	《考古学报》1979 年第 1 期	
梅园庄 M13			9			IV	《考古》1991 年第 2 期	骨镞 1 件
西区 M1049 等 2 墓			5×2			IV	《考古学报》1979 年第 1 期	
大司空村 M25			4			IV	《考古学报》1994 年第 4 期	
西区 M133 等 2 墓			3×2			IV	《考古学报》1979 年第 1 期	
梅园庄 M67			2			IV	《考古》1991 年第 2 期	
西区 M426 等 7 墓			1×7			IV	《考古学报》1979 年第 1 期	

说明：表中√为有此类器物，件数不详。①为《殷墟发掘报告》，文物出版社 1987 年版；②为《殷墟妇好墓》，文物出版社 1980 年版；③为《安阳殷墟青铜器》，中州古籍出版社 1993 年版；④为《安阳殷墟郭家庄商代墓葬》，中国大百科全书出版社 1998 年版。

殷墟青铜刀[*]

  青铜刀，是殷墟考古发掘中较为常见的一种器物，也是殷商时代人们日常使用的生产工具、生活用具和武器。从 20 世纪 40 年代开始，一些外国学者如梅原末治、高本汉、怀履光等，就已对殷墟所出的青铜刀进行收集和初步的研究。[①] 40 年代末，李济在研究殷墟发掘所获的青铜器时，也对青铜刀作了系统的分类与研究，写出了长篇论文。[②] 50 年代初，陈梦家对这一课题亦作了概括的论述，并对李说作了一些补充与修正。[③] 李、陈二人的论著，有不少精辟的见解，在学术界影响较大。但由于当时资料有限，所以他们的观点也难免有不妥或错误之处。

  中华人民共和国成立以来，殷墟考古工作不断发展，发掘出大量的殷代遗迹、遗物，青铜刀的出土数量也日益增多，为我们对这一问题的研究提供了丰富的资料。本文拟在前人研究的基础上，对殷墟青铜刀作一次较全面的整理、分类，并对一些问题提出自己的看法。

----

  * 本文原载于《考古》1993 年第 2 期。

  ① 梅原末治：《河南安阳遗宝》，1940 年；高本汉：《殷代的若干兵器与工具》(Karlgren B. , Some Weapons and Tools of the Yin Dynasty)，瑞典《远东古物馆刊》第十七号 (Bulletin of the Museum of the Eastern Antiquities, Bull, 17, 1945)；怀履光：《中国古代的铜刀》(Bulletin of the Royal Ontario Museum of Archaeology, No. 15, 1946)。

  ② 李济：《记小屯出土之青铜器》（中篇），《中国考古学报》第四册，1949 年。

  ③ 陈梦家：《殷代铜器》，《考古学报》第七册，1954 年。

一　青铜刀类型

殷墟青铜刀，据不完全统计，出土数量已达二百多件。其中散见于著录的传世品五六十件，考古发掘所获的有一百五十多件。由于散见于著录的青铜刀，大多只发表照片，报道的文字记录又不大完备，所以我们在研究这一问题时，是以考古发掘的资料，特别是以 1949 年后所出的资料为基础的。

关于青铜刀的分类，学术界并无一致的标准，大体上有四种分法：（一）以刀身的形式（刀刃、刀背）为标准分为几大组，或在各大组中再以刀首（本文说的刀首是指刀柄的末端）的不同分为若干种[1]；（二）以柄部和刀尖的形式分大类，各类中又以脊的不同分小类[2]；（三）以刀的主要特征，如刀身、刀柄、刀首的变化来分式[3]；（四）以刀柄或柄首的形状分类，同时又注意到刀背、刀刃的不同形式。[4] 我们觉得后一种分法较为科学，它基本上能反映出各类铜刀出现时间的早晚及其变化的过程。所以本文主要是以刀柄、刀首（少数是以刀头和刃部）的特征为标准来分大类，每类中再根据刀身的形态进行分型分式。殷墟发掘出土的一百五十多件青铜刀，剔除一些残破不能分类的外，其余一百三十多件，大致可以分为九大类（参见附表一）。

---

[1]　李济：《记小屯出土之青铜器》（中篇），《中国考古学报》第四册，1949 年。陈梦家：《殷代铜器》，《考古学报》第七册，1954 年。

[2]　马承源等：《中国青铜器》，上海古籍出版社 1988 年版。

[3]　A. 中国社会科学院考古研究所：《殷虚妇好墓》，文物出版社 1980 年版；B. 中国社会科学院考古研究所安阳工作队：《1969—1977 年殷墟西区墓葬发掘报告》，《考古学报》1979 年第 1 期。

[4]　A. 陈振中：《我国古代的青铜削刀》，《考古与文物》1985 年第 4 期；B. 李维明：《简论商代青铜刀》，《中原文物》1988 年第 2 期。

(一) 无柄首刀

柄与身无明显的分界，无首。共出土9件，可分为三式：

Ⅰ式：3件。扁平长条形，直背，柄端较细。西区 M283：4，直刃（图一，1）。小屯 H250，刃部略外凸，柄部稍厚（图一，2）。

Ⅱ式：3件。拱背凹刃。侯家庄 M1350（3：3547）形似石镰（图一，3）。

Ⅲ式：3件。凹背凸刃，翘尖，又称乙字形刀。小屯 H379 出土一件，柄与身的分界较前二式明显（图一，4）。

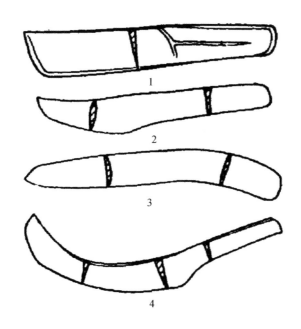

图一　无柄首刀

1. Ⅰ式，西区 M283：4；2. Ⅰ式小屯 H250；3. Ⅱ式，侯家庄 M1350（3：3547）；4. Ⅲ式，小屯 H379

(二) 椭圆首刀

柄与身划分清楚，柄为长条形，柄端有首。共出土三件，根据刀首的形状，可分三式：

Ⅰ式：1件。刀身狭长，直刃，柄端呈腰子形。尖残缺。小屯 M331 出土（图二，2）。

Ⅱ式：1件。刃略凹，尖稍翘，柄部有凸弦纹三道，柄端呈鸡心形，其下方有一枣核形小孔。小屯 M238 出土（图二，3）。

Ⅲ式：1件。背部微拱，刀身较宽，尖头，直刃，柄端呈椭圆形，椭圆形的中央，有一三角形突饰。苗圃北地采集（图二，1）。

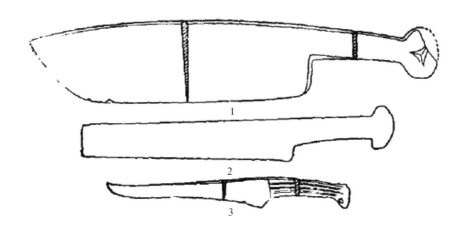

图二　椭圆首刀

1. Ⅲ式，苗圃北地；2. Ⅰ式，小屯 M331；3. Ⅱ式，小屯 M238

(三) 环首刀

柄的末端呈环状。这是殷墟青铜刀中出土数量最多的一类，计五十多件。根据刀身与环的形态可分为四型。

　　A 型：25 件。拱背凹刃，柄端有一圆环，近似后世的削，有的学者称为削形刀。根据刀身与柄部的变化，可分为五式：

　　A Ⅰ式：12 件。背微拱，曲刃，刀柄较刀身略厚，但两者无明显的分界。妇好墓出土 10 件，柄正中有凸弦纹一条，形体较小（图三，10）。

　　A Ⅱ式：3 件。拱背凹刃，上方刀身与刀柄浑成一线，下方刃部与刀柄呈钝角相交并向外凸出。武官大墓 E9 出土一件，柄为长条形（图三，2）。

　　A Ⅲ式：2 件。刀身同上式，柄与身相交处有下阑超出刃口。小屯 M40（13：1059）柄中部有凸弦纹一条（图三，12）。

　　A Ⅳ式：7 件。与前二式不同的是，柄与身交接处上下方均有清楚的界限。柄较厚，横断面呈橄榄形。小屯 H181 出土一件，柄中部有缝隙一条（图三，11）。

　　A Ⅴ式：1 件。刀锋向下弯折较甚，柄、身交界处有一条凸起的竖线。大司空村 M303 出土（图三，3）。

　　B 型：25 件。背部大多弯曲，刃部外凸或略内凹，翘尖。根据刀身与柄部的变化可分为六式：

　　B Ⅰ式：1 件。通体窄长，刀背近拉长了的 S 形，刃微凹。刀柄呈扁平长条形，柄与身无明显分界。武官 M221 出土（图三，4）。

　　B Ⅱ式：6 件。外形近似上式，但柄与身分界较清楚。西区 M73：7，弯背凸刃（图三，6）。

　　B Ⅲ式：9 件。柄与身的分界更为明显。西区 M372：7，刃微凹，翘尖（图三，7）。四盘磨 M25 出土一件，柄中部有凸弦纹和人字形花纹（图三，15）。

　　B Ⅳ式：5 件。刀背的轮廓线似上二式，但刀身较宽，柄部较厚，横剖面呈橄榄形。梅园庄 M118：10，柄部有三长方形穿（图三，5）。

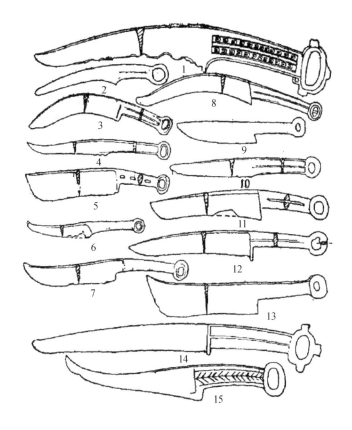

图三 环首刀

1. C型，大司空村 M539：37；2. AII式，武官 E9；3. AV式，大司空村 M303：4；4. BI式，武官 M221：1；5. BIV式，梅园庄 M118：10；6. BII式，西区 M73：7；7. BIII式，西区 M372：7；8. D型，西区 M1024：2；9. BVI式，小屯 F10：6；10. AI式妇好墓 M5：842—1；11. AIV式，小屯 H181；12. AIII式，小屯 M40（13.1059）；13. BV式西 M166：4；14. C型，小屯 M164：4；15. BIII式，四盘磨 M25

BV式：3件。直背，刀尖上翘，宽刃。西区 M166：4，刃略内凹（图三，13）。

BVI式：1件，直背凸刃，尖头。小屯 F10：6，形体较小（图三，9）。

C型：2件。拱背凹刃，柄与身交接处有下阑超出刃口，柄端圆环的外缘，有乳状凸出三枚。小屯 M164：4（13：2853），柄中部有凸弦纹一道（图三，14）。大司空村 M539：37，柄中部有两排凹字形纹饰，柄端下部有一环扣（图三，1）。

D 型：2 件。拱背凹刃，尖略翘，柄端为双环孔。值得注意的是，此种刀的双环孔并不是由两个独立的圆环连接成，而是将一个大的圆环中部加铸一道凸棱，将圆孔一分为二而成。西区 M1024：2，柄中部有凸弦纹一道（图三，8）。

(四) 兽首刀

柄端为一兽头。兽头的形状有鹿、马、牛、羊等，共出土 10 件，可分为三式：

Ⅰ式：3 件。刀身窄长，拱背凹刃，柄与身交界处有较长的下阑。小屯 M5：690，柄呈弧形，两侧有斜行短道，柄末有一鹿首，顶部有环（图四，1）。

Ⅱ式：5 件。刀身较Ⅰ式宽，下阑较短。柄较粗，中部有窄长的空缝，横剖面呈椭圆形或枣核形。小屯 M20 出土Ⅱ式兽头刀三件，一为马头，一为牛头，另一为羊头。这三件铜刀，形制、大小均相似（图四，3）。小屯 H181 出土一件马头刀，柄部空缝两侧各有一排人字形花纹（图四，2）。

Ⅲ式：1 件。直柄凸刃，刀尖稍上翘。柄端为马头，横截面呈橄榄形。西区 M1713 出土（图四，4）。

(五) 直柄刀

刀身与柄大体呈一直线，柄端无首，出土 27 件。根据刃部与背部的不同，可分三式：

Ⅰ式：7 件。直背凸刃或直刃，柄稍长，形体大多较小。武官 M1：9，刃较直，尖稍翘（图五，3）。

Ⅱ式：6 件。凹背直刃或弯刃，翘尖，柄较短，形体大多较

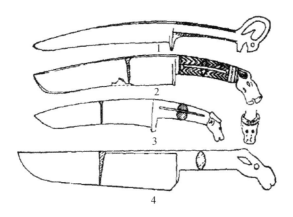

图四　兽首刀

1. Ⅰ式，小屯妇好墓（M5：690）；2. Ⅱ式，小屯 H181；3. Ⅱ式，小屯 M20（13.872）；4. Ⅲ式，小屯 M1713：8

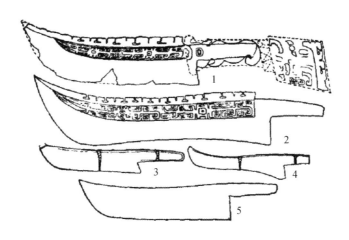

图五　直柄刀

1. Ⅱ式，小屯 M186：3；2. Ⅱ式，小屯妇好墓（M5：1169）；3. Ⅰ式，武官 M1：9；4. Ⅱ式，侯家庄 M1：2045；5. Ⅱ式，武官大墓 W8

大，长度多在 25 厘米以上，有的学者称为"斤"。武官大墓 W8出土一件，刀身较宽，刃较直（图五，5）。侯家庄 M1：2045，刃部弯曲如 S 形，刀尖上翘较高（图五，4）。

Ⅲ式：14 件。形制基本同上式，但刀背有一条镂空的脊棱，故亦称为脊背刀或有扉刀。刀背下两面均铸有长条形纹饰，制作精致。M186：3（R1595），直背，直刃，翘尖。背下有两组目形纹饰。这把刀出土时刀柄包在腐朽的木套内。木质为红色，上有兽面纹二组，一组接近刀身，一组在柄的后端，兽的眼眶、眉等由猪牙做成，圆眼珠由绿松石做成①（图五，1）。小屯 M5：1169，刃部略内凹，翘尖，形体较大（图五，2）。

(六) 长柄窄体刀

柄较长，刀身较窄，出土数量少，只见 3 件，据柄部的不同，可分二式：

Ⅰ式：2 件。直背凸刃，柄窄长，柄端亦有刃。苗圃北地 PNH4：5，柄部横断面呈三角形，末端有圆锥状刃（图六，2）。PNT26⑥：5，柄部横断面呈梯形，末端弧刃（图六，4）。

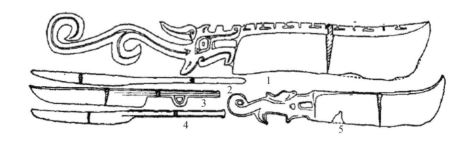

图六　长柄窄体刀、夔龙柄刀

1. Ⅱ式，大司空村 M292；2. Ⅰ式，苗圃北地 PNH4：5；3. Ⅱ式，西区 M1014：1；4. Ⅰ式，苗圃北地 PNT26⑥：5；5. Ⅰ式，白家坟西 M22：5（2—4 为长柄窄体刀，1.5 为夔尤柄刀）

---

① 石璋如：《殷墟墓葬之四·乙区基址上下的墓葬》，"中研院" 历史语言研究所，1976 年。

Ⅱ式：1件。直背直刃，柄之下方有一环。西区 M1014 墓出土（图六，3）。

(七) 夔龙柄刀

柄作夔龙形。出土数量少，科学发掘所获的此类刀仅 2 件，加上已见于著录的传世品亦不足 10 件。据柄部与刀背的不同，可分为二式：Ⅰ式：1 件。柄部的夔龙身躯较短，龙尾上卷而成小环。白家坟西 M22 出土（图六，5）。

Ⅱ式：1 件。刀背有镂空的脊棱，似直柄刀的Ⅲ式。柄部的夔龙身躯修长，体态活泼。大司空村 M292 出土（图六，1）。高本汉《殷代若干兵器与工具》一书，收龙柄刀二件，其中 153 号刀外形与此件相似。

(八) 卷头刀

刀身较长，刀头向后弯卷。头部刃较宽，下部刃较窄，使用时要安长柲。出土 16 件。根据刀背的形态，可分为二式：

Ⅰ式：14 件，背脊较刀身中部薄，柄甚短。郭家庄 M160：59，背脊上有四长方形穿（图七，2）。戚家庄 M269：2，背脊上两面有木柲痕，无穿（图七，1）。侯家庄 M1355，曾出土 9 件 1 式大型卷头刀，刀身长约 80 厘米。

Ⅱ式：2 件。刀头及刀身似Ⅰ式，但无短柄。西区 M1713：94，刀背上部有一套筒，中部及下部各有一管形銎以安柲。刀身中部饰四条夔龙纹，背脊处有一排乳钉纹，共 10 枚（图七，3）。

(九) 端刃刀

刃在短边，甚窄，又称立刀。大多形体较小，一般作刻镂之用。共出土 9 件，根据刃部的形态，可分为三式：

Ⅰ式：3 件。动物形把刻刀。上段为刀柄，下段为刀身，斜

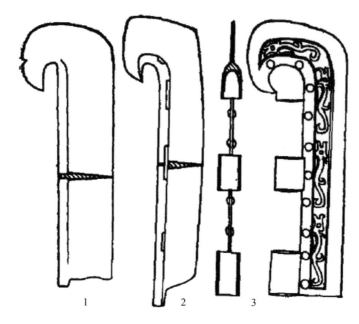

图七 卷头刀

1. Ⅰ式，戚家庄 M269：2；2. Ⅰ式，郭家庄 M160：59；3. Ⅱ式，殷墟西区 M1713：94

刀。苗圃北地 M22：1，柄为高冠垂尾的立鸟，从鸟爪下伸出刀身，作扁平长条形（图八，4）。小屯 M186，出土此式刻刀 2 件，一件柄似虎形，另一件柄作夔龙形（图八，1、6）。

Ⅱ式：5 件。扁平长条形。西区 M1127：15，斜刃（图八，5）。西区 M27：5，形体较小（图八，2）。

Ⅲ式：1 件。两端刃刻刀。西区 M166：2，刀身弯曲呈弧状，一端尖刃，一端斜刃（图八，3）。

此外，在传世品中还有铃首刀①，但数量极少。由于在考古发掘中未发现实物标本，故在本文暂不论述。

---

① 陈振中：《我国古代的青铜削刀》，《考古与文物》1985 年第 4 期。

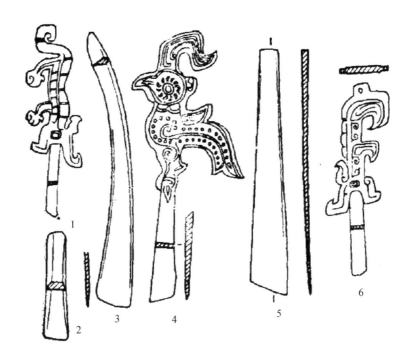

图八 端刃刀

1. Ⅰ式，小屯 M186（14.0005）；2. Ⅱ式，西区 M27：5；3. Ⅲ式，西区 M166：2；4. Ⅰ式，苗圃北地 M22：1；5. Ⅱ式，西区 M1127：15；6. Ⅰ式，小屯 M186（14.0006）

二 殷墟青铜刀的分期

　　学术界一般将殷墟文化分为一、二、三、四期，但由于殷墟文化第一期的遗址与墓葬发现不多，出土的铜刀数量少，所以本文将殷墟文化一、二期合并在一起称为早期，三期称为中期，四期称为晚期。下面将各期铜刀的形式及一些主要的刀类在早、中、晚各期的变化加以简要的叙述。

　　早期：有Ⅰ、Ⅲ式无柄首刀，Ⅰ—Ⅲ式椭圆首刀，AⅠ—AⅣ式、BⅠ式、C型环首刀，Ⅰ式兽首刀，Ⅰ—Ⅲ式直柄刀，Ⅰ式长柄窄体刀，Ⅰ式端刃刀。

中期：有Ⅱ式无柄首刀，AⅣ、AⅤ、BⅡ—BⅣ式、D型环首刀，Ⅱ式兽首刀，Ⅰ式直柄刀，Ⅱ式端刃刀，Ⅰ式卷头刀。

晚期：有Ⅰ、Ⅲ式无柄首刀，BⅡ、BⅣ—BⅥ式、D型环首刀，Ⅲ式兽首刀，Ⅰ式直柄刀，夔龙柄刀，Ⅰ、Ⅱ式卷头刀，Ⅱ、Ⅲ式端刃刀。

这九类铜刀中，椭圆首刀只见于殷墟文化早期，夔龙柄刀只见于殷墟文化晚期，其余几类刀，在各期中，形态大多有所变化。变化较大的是环首刀、兽首刀和卷头刀。

环首刀，分四型，A、B二型数量多，流行时间长，C、D二型数量少，流行时间短。C型三凸纽环首刀，过去认为它是晚期的[①]，根据出这种铜刀的小屯 M164[②]、大司空村 M539[③] 两墓所出的铜器、陶器形式判断，当属殷墟文化第二期，即本文所说的早期，以前的看法应予纠正。D型双环首刀，出于殷墟文化第三、四期墓，可见其时代较晚。

早期的 A、B 型环首刀，刀身较窄，柄部相对较宽，呈扁平长条形（柄的上、下缘较厚，中间薄平），刀背与刀柄浑成一线，柄、身界限不大明显。从殷墟中期开始，刀身加宽，柄部变厚，柄中部横截面呈枣核形或橄榄形，柄与刀身交接处有明显的界线或有下阑，柄中部有空缝或中缝，有的还有三长方形穿。A型环首刀，主要流行于早期，中期以后数量很少，而 B 型环首刀，主要流行于中、晚期。

兽首刀，早期拱背凹刃，刀身窄长，柄部较长而扁平，柄、身交接处下阑较显著，柄端有环，兽头较写实、生动。中期，刀

---

①　李济：《记小屯出土之青铜器》（中篇），《中国考古学报》第四册，1949 年。陈梦家：《殷代铜器》，《考古学报》第七册，1954 年。

②　石璋如：《殷墟墓葬之二·中组墓葬》，"中研院"历史语言研究所，1972 年。

③　中国社会科学院考古研究所：《殷墟青铜器》图版说明，文物出版社 1985 年版。

身较宽，柄部较短，呈枣核形或椭圆形，柄、身交接处下阑不大明显，柄中部有空缝。晚期，刀身从拱背凹刃变为直背凸刃，兽头的形态较呆板。

卷头刀，从目前的资料看，殷墟中期开始出现。中期的Ⅰ式卷头刀，脊背较薄，有的背上有长方形穿，有短柄；晚期的Ⅱ式卷头刀，无柄，背部有套筒和銎。这种变化表明安柲方法的不同，前者是将柲的上端夹着大刀的脊背，再用绳索缠绑。后者是将木柲直接插于套筒和銎之内，使刀身与柲的连接更为牢固，使用方便。

直柄刀，Ⅰ式小型刀，从早期至晚期均存在。Ⅱ式形体较大的直柄刀及Ⅲ式脊背刀，流行于殷墟早期（二期），中期罕见，晚期至今尚未发现。但在辉县琉璃阁殷代晚期墓 M150 中却出了一件脊背刀[①]，与殷墟同类刀相比，形式有所变化，刀尖锐长，向上翘起甚高。

端刃刀，Ⅰ式动物形柄刻刀，只见于殷墟文化早期。Ⅱ式扁平长条形刻刀，见于殷墟文化中、晚期，但从郑州二里冈商代遗址，出土过类似的刀子，估计它在殷墟早期已经使用，只是尚未被发现而已。它是殷商时代较流行的一种刻刀。Ⅲ式两端刃刻刀，数量较少，只见于殷墟文化晚期。

无柄首刀，从殷墟早期至晚期，一直存在几种不同的形式，并无多大的变化。

三　青铜刀的用途

青铜刀在殷代社会中应用相当广泛。下面我们从各类铜刀的形制、出土情况以及殷周金文中一些刀字或以刀字为偏旁的字的

---

① 中国科学院考古研究所：《辉县发掘报告》，科学出版社 1956 年版。

字形，对各类铜刀的用途作一分析。

无柄首刀　这种刀的Ⅰ式和Ⅱ式，尺寸较小，长度不超过15
厘米，除了出在墓葬外，也出于灰坑中，可用于切割小件物品。
此类刀的Ⅲ式，形体较大，凹背凸刃，有的长24—25厘米，从其
外形可知，它利于刮和切，有的学者认为它是"刮皮和切皮用的
皮刀"①。

椭圆首刀　这种刀刃部较平直或内凹，形制有大有小，其中
苗圃北地一件形体相当大，全长39厘米，重410克，与今天有些
屠刀和厨刀相似。父癸卣（《三代》②13.5）上有一徽号文字（图
九，2），上方为一椭圆首刀，下方为一长方形物品，可能是俎的
象形，这是厨刀的写照。

环首刀　这类刀，形式多样，既有拱背凹刃，又有凹背凸刃、
直背凸刃或S形背刃。它便于切割与刮削，其柄端有环，又便于
携带。所以在整个殷代，它是广为流行的一类刀子，无论遗址或
墓葬，无论贵族墓、平民墓或小型祭祀坑，都有出土。在各类铜
刀中，环首刀出土数量最多，占铜刀总数的40%左右。

小型环首刀　如妇好墓所出的10件，长度只13—14厘米，
重25—30克，小而轻巧，犹如现在的小刀，当是人们日常生活的
用具。多数环首刀，长度在15—30厘米，少数较大的达三十几厘
米，这些环首刀，除可作生活用具外，主要用作生产工具。如殷
墟西区墓葬中，有八座墓出环首刀，其中七座均与手工工具铜锛、
凿共出③；在北辛庄南的骨料坑中，环首刀与小铜锯、铜钻、磨
石、骨料等放置在一起④；小屯村北一座制造玉石器的半地穴房屋

---

① 李济：《记小屯出土之青铜器》（中篇），《中国考古学报》第四册，1949年。
② 罗振玉：《三代吉金文存》，1937年。
③ 中国社会科学院考古研究所安阳工作队：《1969—1977年殷墟西区墓葬发掘报
告》，《考古学报》1979年第1期。
④ 考古研究所安阳工作队资料。

内，也发现了这种刀子。① 这些资料表明，环首刀是殷代手工业作坊中常用的一种工具。

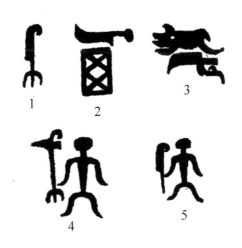

图九　与青铜刀用途有关的铜器铭文（4/5）

1. 子刀父辛鼎；2. 父癸卣；3. 剜簋；4. 父辛甗；5. 父辛簋

直柄刀　在数量上是仅次于环首刀。这类刀的Ⅰ、Ⅱ式，在墓葬和遗址中都有出土，Ⅲ式（脊背刀）只见于墓葬和祭祀坑之中。此类刀的刀柄大多较短，使用时要在柄部安上一短木把，以便握持。直柄刀有几种用途：

长度在十几厘米的小型刀，供人们日常生活之用。长度在二十厘米以上的，可用作屠刀、厨刀，有的可作为武器。

殷器剜簋（《三代》6.3）上有一铭文（图九，3），像人手持一把直柄刀，正欲剖割兽腹。象形文字，是现实生活的反映，这个字的图形表明这类铜刀是可用来屠宰牲畜的。在小屯 M186（祭祀坑）中，出土了三件Ⅲ式直柄刀（脊背刀），长度28—29厘米，其中一把刀，放在一木俎之上，木俎长70厘米、宽32厘米、高

① 中国科学院考古研究所安阳发掘队：《1975 年安阳殷墟的新发现》，《考古》1976 年第 4 期。

50 厘米。① 刀、俎共出，说明脊背刀可用作厨刀。

在武官 M1，Ⅰ 式直把刀与四把铜戈，放在墓主人的头端，成组的青铜礼器及铜凿是放于墓主人的脚端及二层台上。② 这意味着铜刀与铜戈的作用大致相同。

比殷墟略早或相当于殷墟文化第一期的河北藁城商代墓葬所出的铜刀③，与殷墟Ⅰ、Ⅱ式直把刀较相似，它在墓中放置的情况，对我们研究这类刀的用途是有启发的。藁城商墓的铜刀与兵器同出，如第 22 号墓，在棺内墓主人肩部两侧，东边放铜刀，西边放铜钺，而青铜礼器、陶器等置于人的脚下。这一情况说明，刀与钺的功能是相似的。武官 M1 及藁城商墓的资料，反映出形制较大的Ⅰ、Ⅱ式直柄刀，在殷商时代曾作为武器使用。

又，前面提到的Ⅲ式直把刀（脊背刀），除可用作厨刀外，其中大而重的如妇好墓 M5：1169，长 45.7 厘米，重 725 克，大概亦可作砍杀的武器。这种大型脊背刀，在殷墟只出于妇好墓，在殷都之外，见于上文提及的辉县琉璃阁 150 号大墓（墓室面积 38.5 平方米，有南、北墓道）。150 号墓的脊背刀，长度 41.5 厘米，但铜质不佳，锋刃不锐利，"可能是祭祀用或殉葬用的器物"④ 出土情况表明，大型脊背刀的拥有者，是殷代社会中的高级奴隶主贵族或王室成员，一般平民及小贵族是难以问津的。这种标志着器主的社会地位和等级特权的器物，应是礼器。

夔龙柄刀　出土数量少，在考古发掘中，只发现两件。一件出于小墓（白家坟西 M22），与铜锛、凿共出；另一件出于车马坑（大司空村 M292），从出土情况看，与环首刀近似，可以推测其用

① 石璋如：《殷墟墓葬之四·乙区基址上下的墓葬》，"中研院" 历史语言研究所，1976 年。

② 中国社会科学院考古研究所安阳工作队：《安阳武官村北的一座殷墓》，《考古》1979 年第 3 期。

③ 河北省文物研究所：《藁城台西商代遗址》，文物出版社 1985 年版。

④ 中国科学院考古研究所：《辉县发掘报告》，科学出版社 1956 年版。

途为手工工具或生活用具。但此类刀的刀柄呈夔龙形，虽美观精巧，却不好握持，使用起来不大方便，也许它更多是作为供人们玩赏的艺术品。

卷头刀　此类刀形体较大，刀锋勾卷，刀较长，刀背大多有穿或有銎，使用时要安上长柲，便于钩杀砍伐。

商周金文中有的刀字，是卷头刀的象形，如子刀父辛鼎（《三代》2.39）上的刀字（图九，1），刀头弯卷，其下部与金文戈字一样，长柲之下有镈。父辛簋（《三代》6.16）上的人持卷头刀的字（图九，5）与父辛甗（《三代》5.3）上的人持戈的字（图九，4）结构相似，反映出卷头刀的功能与铜戈是一样的。

卷头刀出于墓葬或祭祀坑中，在普通的遗址中尚未发现。侯家庄 M1355（祭祀坑）九件卷头大刀与多具斩头人骨架共出①，这清楚地表明，这种刀是殷代的武器。

应当指出的是，卷头刀与戈、矛一类武器在墓葬中出土的情况是有差别的。后者出土相当普遍，大、中、小墓（包括不出青铜礼器，没有棺椁的小墓）都有发现。可见它们是从将领到普通战士都使用的武器。而前者则不然，出土数量较少，在只随葬陶器的小墓中，至今尚无发现。据中华人民共和国成立以来的资料，殷墟考古发掘所获的卷头刀只 7 件，分别出于四座墓中（见附表二）。

这四座墓有几个特点：1. 墓室较大，有棺椁；2. 有殉人或殉牲；3. 有成组的青铜礼器和较多的青铜兵器；4. 有青铜钺。最后一个特点尤其引人注目。有的学者曾指出，青铜钺是具有"权杖"性质的武器，"在商代仅为贵族奴隶主中担任一定军事职务从而具有军事统帅权的人所有"②。上述情况表明，这类墓的墓主具有远

①　郭宝钧：《殷周的青铜武器》，《考古》1961 年第 2 期。

②　杨锡璋、杨宝成：《商代的青铜钺》，《中国考古学研究——夏鼐先生考古五十年纪念论文集》，文物出版社 1986 年版。

比一般平民高的地位和权利。

从附表二及上文的叙述中，还可以看到，出两件卷头刀的有三墓，墓室较大，同出两件或三件铜钺，刀与钺的形制一般较大，制作较精，随葬的青铜礼器或兵器较多，纹饰也较精致；出一件卷头刀的一座墓（郭庄北 M6），墓室较前者略小，只出一件铜钺，刀与钺的形制较小，质地较差，随葬的青铜礼器、兵器也较少，制作较粗糙。这意味着卷头刀与铜钺一样，其数量、质量、大小，与墓主人政治地位的高低和军事统帅权的大小有紧密的联系[1]。所以，殷代的卷头刀，其用途不单是武器，还是一种"明贵贱，辨等列"的礼器。

长柄窄体刀　形制特殊，刀身较窄，柄细长。有的刀，不但刀身一侧有刃，柄端亦有窄刃或圆锥状刃。此种两刃刀，见于苗圃北地铸铜遗址，发掘者认为它是切削陶模、陶范的工具。[2] 这种看法是正确的，但这只是指刀身长刃的功能，而柄端的窄刃当另有用途，可用来在陶模上雕刻花纹或铭文。

端刃刀　大多形体较小，窄斜刃。主要用于在甲骨上刻字，在骨、木器上刻镂花纹等。

兽头刀　只发现于墓葬和车马坑中。对它的用途学术界存在不同的看法。石璋如认为，小屯 M20 车马坑出的三把兽头刀是兵器。[3] 李济也说"……三兽头刀，显然是车上三武士武装之一部，与矢镞及句兵放置在同一地位，好像是战国时所用的'剑'的前身，预备短兵相接作白刃战的"[4]。多数学者赞同他们的说法。陈

①　杨锡璋、杨宝成：《商代的青铜钺》，《中国考古学研究——夏鼐先生考古五十年纪念论文集》，文物出版社 1986 年版。

②　中国社会科学院考古研究所：《殷墟发掘报告（1958—1961 年)》，文物出版社 1987 年版。

③　石璋如：《殷墟最近之重要发现附论小屯地层》，《中国考古学报》第二册，1947 年。

④　李济：《记小屯出土之青铜器》（中篇），《中国考古学报》第四册，1949 年。

梦家对此提出异议。他说兽头刀与环首刀都是"附属于兵器的工具刀。它们的凸刃，是利于削和割的。成套兵器之中，戈需要安柲并用绳革缚固之，簇需要缚固，因此这种小刀可能用以削竹木与割绳革"[1]。我们认为陈氏的意见是可取的。下面再作进一步的阐述。

其一，如果兽头刀果真是车兵随身必备的格斗武器，那么在殷代的战车上它应常与铜戈、铜簇同出。殷墟发掘以来共发现二十座车马坑，其中九座随葬武器[2]，车厢内放铜戈（或石戈）、铜簇、骨簇、弓形器等兵器，属战车。九辆战车中，出铜刀的有小屯 M20、M40、大司空村 M175、M292 四座，不足二分之一，而出兽头刀的又只 M20 一座。可见战车上放置兽头刀是一个特殊的例子。

其二，如果兽头刀是武器，在墓中应与戈、矛、簇等陈放的位置相同。上文提到的西区 M1713，兽头刀放于椁室外的二层台上，而两把卷头刀则置于椁室内，与铜钺或铜戈在一起[3]，这意味着兽头刀的用途与兵器有所不同。

其三，兽头刀的刀身与环首刀近似，其功能也应大体相同，即用作生产工具和生活用具。

上述九类铜刀的用途可归纳如下：

1. 生产工具：无柄首刀、环首刀、兽头刀、长柄窄刃刀、夔龙柄刀、端刃刀。

2. 生活用具：无柄首刀、椭圆首刀、环首刀、兽头刀、直柄刀、夔龙柄刀。

---

① 陈梦家：《殷代铜器》，《考古学报》第七册，1954 年。

② 杨宝成的《殷代车子的发现与复原》（《考古》1984 年第 6 期）中提到殷墟发现十六座车马坑，七座随葬武器。1987 年和 1989 年考古研究所安阳工作队又在郭家庄西南发现了四座车马坑，其中两座随葬武器。

③ 中国社会科学院考古研究所安阳工作队：《安阳西区一七一三号墓的发掘》，《考古》1986 年第 8 期。

3. 武器：直柄刀、卷头刀。

4. 礼器：脊背刀、卷头刀。

殷墟青铜刀虽有多种用途，但大多数铜刀主要用作手工业生产工具和日常生活用具。

四　殷刀探源

(一) 无柄首刀、环首刀、直柄刀、端刃刀

过去，由于发掘出土的铜刀不多，有的学者单纯从形态学上排队比较，认为殷墟的无柄首刀是我国最早的刀子，环首刀、直柄刀等各类铜刀均由它演变而来。20 世纪 50 年代以来，各地商代遗址、墓葬的发现日益增多，出土了不少早于殷墟的铜刀，说明上述的看法不符合事实。

在河南偃师二里头遗址三区 M2，出了两件铜刀[①]，一件为 M2：4，扁平长条形，柄与身尚无明显的分界，长 18.4 厘米，与殷墟 I 式无柄首刀基本相似（图一〇，5）。另一件 M2：3，刀尖圆钝，凸背曲刃，柄部微曲，环首，柄上有几何形纹饰，其轮廓与殷墟 M5：842 - 1A I 式环首刀有不少相似之处（图一〇，8）。M2 属二里头三期，比殷墟文化早期要早数百年。这表明，无柄首刀与环首刀，在殷墟文化之前，已经历了漫长的发展阶段。

此外，环首刀在湖北盘龙城、河北藁城商代遗址都有出土。特别是河北藁城 T8：66（图一〇，11）铜刀，背微凹，凸刃，刀尖上翘，柄较长，与殷墟环首刀 B I （武官 M221：1）、B II （西区 M73：7）亦有一些相似之处。我们认为，殷墟的无柄首刀、环首刀，与二里头、河北藁城同类刀子有着渊源关系。

直柄刀，在偃师商城、郑州商城、湖北盘龙城、辉县琉璃阁、

---

① 中国社会科学院考古研究所二里头工作队：《1980 年秋河南偃师二里头遗址发掘简报》，《考古》1983 年第 3 期。

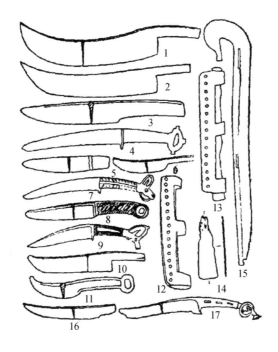

图一〇

1、3、10、11. 河北藁城；2. 辉县琉璃阁；4. 石楼后兰家沟；5、8. 偃师二里头6、14、1；6. 郑州；7. 绥德墕头村；9. 河北青龙抄道沟；12. 绥德；13. 石楼义牒；15. 西安老牛坡；17. 山西灵石

河北藁城等商代遗址常有出土。殷墟早期出现的Ⅰ式直柄刀，与河北藁城 T9：27 的铜刀基本相似（图一〇，3）。殷墟Ⅱ式直把刀，刀背的轮廓线近似伸长放倒的S形（如侯家庄 M1：2045），这也与藁城 M112：10、M14：4 铜刀大体相近（图一〇，10、1）。而藁城、殷墟的直柄刀，又与郑州[1]、辉县[2]商代遗址所出的同类刀子大同小异（图一〇，2、6、16）。

端刃刀中的Ⅱ式刻刀，在郑州商代遗址已经发现[3]（图一〇，

[1]　郑州市博物馆：《郑州市铭功路西侧的两座商代墓》，《考古》1965 年第 10 期；河南省文物研究所：《郑州北二七路新发现三座商墓》，《文物》1983 年第 3 期。

[2]　中国科学院考古研究所：《辉县发掘报告》，科学出版社 1956 年版。

[3]　河南省文化局文物工作队：《郑州二里冈》，科学出版社 1959 年版。

14）。殷墟与郑州的此种刀，从形制到用途均是一脉相承的。

以上说明，无柄首刀、环首刀、直柄刀、端刃刀，都是商文化地区所流行的刀型。殷墟这几类刀子，是承袭了河南、河北商文化铜刀的形制而加以发展。如椭圆首刀是从无柄首刀演变而来，直柄刀到了殷墟二期又发展为脊背刀，后来又演变为夔龙柄刀。

（二）兽首刀、三凸纽环首刀

殷墟出土的兽首刀和三凸纽环首刀，在南方及中原地区的殷商遗址中没有出土。但在北方相当于这一阶段的遗址却常常发现这类刀子。这一现象早就引起研究者的注意。[①] 有的学者认为，殷墟兽头刀中的鹿首弯刀和三凸纽环首刀，具有典型的北方铜刀的风格，是从北方传入的，而牛首、羊首、马首刀，则是以北方青铜器为蓝本的仿制品。[②]

我们认为，说殷墟的鹿首刀、三凸纽环首刀是从北方传入的见解是可取的。首先，从形制上它们与北方同类刀酷似，如妇好墓出的鹿首刀与陕西绥德墕头村[③]（图一〇，7）、河北青龙抄道沟[④]所出的兽首刀风格相似（图一〇，9）。殷墟的三凸纽环首刀，与山西石楼后兰家沟[⑤]（图一〇，4），辽宁抚顺[⑥]所出的三凸纽环首刀很相像。其次，从出现的时间上，它们与某些北方同类刀大体相同或略晚。殷墟这两类铜刀，均出于殷墟文化第二期的墓葬。北方铜刀，大多不是科学发掘所获，其时代只能根据同出的铜器

---

① 李济：《记小屯出土之青铜器》（中篇），《中国考古学报》第四册，1949 年。

② 乌恩：《中国北方青铜文化与卡拉苏克文化的关系》，《中国考古学研究》（二），科学出版社 1986 年版。

③ 黑光、朱捷元：《陕西绥德墕头村发现一批窖藏商代青铜器》，《文物》1975 年第 2 期。

④ 河北省文化局文物工作队：《河北省青龙县抄道沟发现一批青铜器》，《考古》1962 年第 12 期。

⑤ 郭勇：《石楼后兰家沟发现商代青铜器简报》，《文物》1962 年第 4、5 期。

⑥ 抚顺市博物馆：《辽宁抚顺市发现殷代青铜环首刀》，《考古》1981 年第 2 期。

形制推断。如出兽首刀的绥德墕头村，多数青铜礼器具有殷墟文化一期晚段器物特征，出三凸纽环首刀的石楼后兰家沟的铜器群，时代亦属殷墟一期晚段①，那么，这两地所出的铜刀，其时代也应与同出的铜器相近。

特别是殷墟出这两类铜刀的墓葬的墓主人身份更耐人寻味。出鹿首刀的妇好墓，墓主妇好是武丁的配偶，是一位战功显赫的女将。出三凸纽环首刀的有两个墓：一是小屯 M164，是乙七基址南的中组祭祀坑，坑中埋一人一马一犬，铜刀出在人的骨盆下，与铜刀共出的有铜戈 1 件、弓形器 1 件、镞 10 枚，死者可能是骑士或武士。② 另一墓是大司空村 M539，墓中随葬 14 件青铜礼器，还有铜钺 1 件、戈 13 件、矛 1 件、弓形器 1 件、镞 50 枚。③ 墓主可能是一名武职官员。上述这三座墓，都属殷墟第二期，时代相当于武丁晚期至祖甲。据甲骨文和文献记载，武丁时国力强盛，曾多次发动对周边方国的战争，尤其是对北方和西北方的鬼方、吾方、土方的战争甚频繁，这些青铜刀也许就是对西北方国战争中所获的战利品，或者是这些方国给殷王朝的贡纳品，殷王将它赏赐给战功卓著的将士。

至于说殷墟的牛首、羊首、马首刀，是以北方青铜器为蓝本的仿制品，不如说它们是在北方兽首刀的影响下而铸造的新产品更为确切。因为如果它们是以北方兽首刀为蓝本的话，其主要特征应与北方铜刀大体相近。北方兽首刀的特点是柄与身交界处在刀的一侧凸齿（下阑）较明显，柄部较扁平，兽头生动，其下有环扣等。而殷墟的牛、羊、马首刀，大多不具备这些特点。这些

---

① 郑振香、陈志达：《殷墟青铜器的分期与年代》，《殷墟青铜》，文物出版社1985 年版。

② 石璋如：《殷墟最近之重要发现附论小屯地层》，《中国考古学报》第二册，1947 年，插图六。

③ 中国社会科学院考古研究所安阳工作队：《1980 年河南安阳大司空村 M539 发掘简报》，《考古》1992 年第 6 期。

铜刀，刀柄较厚，中部有空缝，横截面呈椭圆或腰圆，刀身一般较宽，既有凸背凹刃，又有直背凸刃，这些都是北方铜刀未见的（或少见的）形式。柄端马、牛、羊首的造型与殷墟青铜器上兽首的风格相同。

值得注意的是，西北地区殷代晚期的一些兽首刀在造型上又吸收了商式刀的因素。如山西灵石旌介村殷代晚期墓 M2 所出的一件兽首刀①，刀尖上翘，刀柄与刀身交接处无凸齿，刀柄上有三长方形穿等，与殷墟中、晚期铜刀风格相似，但该刀的兽首及兽身盘卷成环（图一〇，17），又具有北方兽首刀的特点。

从上述兽首刀不同的形态，我们可以看到殷王朝和西北方诸族在文化上是互相吸收、互相影响的。

(三) 卷头刀

殷墟的卷头刀，在中原和南方殷商时代的遗址中未见到它们的踪影。但在陕西、山西这一时期的遗址，却发现了这类刀子。

陕西西安老牛坡遗址，出土了一件卷头刀②，刀身瘦长，刀锋弯卷，背部稍薄，上有二长方穿（图一〇，15），整个刀背可牢固地嵌入木柄。全长 40 厘米、宽 3.1 厘米。老牛坡遗址的时代相当于殷墟文化一期偏早阶段。这种铜刀传到殷都大概较晚，到了殷墟文化三期，安阳才出现与之近似的无穿或有三穿、四穿的 I 式卷头刀。

在山西石楼义牒③、陕西绥德后任家沟④各出了一件銎内卷头刀（图一〇，12、13）。义牒的刀，表面有一排乳钉纹，共 15 枚，

---

① 山西省考古研究所、灵石县文化馆：《山西灵石旌介村商墓》，《文物》1986 年第 11 期。

② 保全：《西安老牛坡出土商代早期文物》，《考古与文物》1981 年第 2 期。

③ 石楼县人民文化馆：《山西石楼义牒发现商代铜器》，《考古》1972 年第 4 期。

④ 陕西省考古研究所等：《陕西出土商周青铜器》（一）97，文物出版社 1979 年版。

背部有三个銎，銎内还残存有木柄。全长 28.5 厘米、刃宽 3.5 厘米。后任家沟的刀，表面有乳钉 16 枚，全长 27 厘米、宽 3.3 厘米。据与銎内刀同出的铜器判断，这两处遗址的时代，大体相当于殷墟文化第三期。殷墟在第四期出现的 II 式卷头刀，刀身、刀背的形制及表面的乳钉纹与上述两件铜刀基本相似。不同的是殷墟的刀，刀头弯卷，背部只有两个銎，上部与刀头相连接的是一套筒。此外，在乳钉纹的下方还有一排殷墟铜器上常见的夔龙纹。可见殷人不是单纯模仿西北方民族青铜刀的造型，而是吸收其长处加以改进和发展。

（本文在写作过程中得到郑振香、杨锡璋、陈志达、徐广德同志的帮助，谨志谢忱）

附表一

殷墟出土铜刀统计表

顺序号	地点、器号	类别、型式	全长（厘米）	身长	柄长	刀宽	重量（克）	期别	资料出处	备注
1	西区 M1125	（一）无柄首刀 I						晚	《1969—1977年殷墟西区墓葬发掘报告》，《考古学报》1979年第1期	简称《西区》报告
2	西区 M283：4	无柄首刀 I	14.6					晚	同上	
3	小屯 H250	无柄首刀 I	11.8			1.7	22	早	《记小屯出土之青铜器》中篇，《中国考古学报》第4册，1949年	简称《记小青》《中考报》
4	侯家庄 M1350（3：3547）	无柄首刀 II	12.8			1.5		中	同上	
5	侯家庄 M1244（3：2059）	无柄首刀 II							同上	
6	大司空村 M160：1	无柄首刀 II	12.3			2.35			《一九五三年安阳大司空村发掘报告》，《考古学报》第9册，1955年	
7	西区 M948：4	无柄首刀 III	残长 12.7					晚	《西区报告》，《考古学报》1979年第1期	
8	小屯 H379	无柄首刀 III	24—25					早	《记小青》中篇，《中考报》第4册，1949年	

续表

顺序号	地点、器号	类别、型式	全长（厘米）	身长	柄长	刀宽	重量（克）	期别	资料出处	备注
9	侯家庄 M1128	无柄首刀 III							同上	
10	小屯 M331	（二）椭圆首刀 I	残长 19.2	残长 13	6.2	3.1	60	早	同上	
11	小屯 M238	椭圆首刀 II	22.8	15.5	7.9	2.7	62		同上	
12	苗圃北地采集	椭圆首刀 III	39	27.3	8.7	6.7—7.5	410		考古研究所安阳队标本室	
13	小屯 M5:722	（三）环首刀 AI	13.9				30	早	《殷墟妇好墓》，文物出版社 1980 年版	
14	小屯 M5:842-1	环首刀 AI	13.6	7.4	6.2	0.9—1.4	25	早	同上	
15	小屯 M5:842-2	环首刀 AI	13.8					早	同上	
16	小屯 M5:1124	环首刀 AI	13.7	7.7	6	1.1—1.4	25	早	同上	M5 AI 式刀有 10 件

续表

顺序号	地点、器号	类别、型式	全长（厘米）	身长	柄长	刃宽	重量（克）	期别	资料出处	备注
17	小屯 M5：1125	环首刀 AI	14					早	同上	
18	侯家庄 M1209（3：3080）	环首刀 AI							《记小青》中篇，《中考报》第4册，1949年	
19	侯家庄 M1923（4：2211）	环首刀 AI							同上	
20	小屯 E16（4：1361－1）	环首刀 AII	21.5	14.5	7.2	2.1	50	早	同上	
21	侯家庄 M1461（4：28）	环首刀 AII							同上	
22	武官大墓 E9	环首刀 AII	23	14.1	8.9	2.2		早	《一九五〇年春殷墟发掘报告》，《中考报》第5册，1951年	
23	小屯 H092（13：2458）	（三）环首刀 AIII	25.7	15	10.7	3	175		《记小青》中篇，《中考报》第4册，1949年	
24	小屯 M40（13：1059）	环首刀 AIII	27.1	17.2	9.9	3.2	137		同上	

续表

顺序号	地点、器号	类别、型式	全长（厘米）	身长	柄长	刀宽	重量（克）	期别	资料出处	备注
25	西区 M391：8	环首刀 AIV	28.6					早	《西区报告》，《考古学报》1979 年第 1 期	
26	西区 M916：1	环首刀 AIV	19.6						同上	
27	大司空村 M663：48	环首刀 AIV	残长 26.5					早	《安阳大司空村南的一座殷墓》，《考古》1988 年第 10 期	
28	苗圃北地 M54：5	环首刀 AIV	残长 27.2			3		中	《1980—1982 年安阳苗圃北地遗址发掘简报》，《考古》1986 年第 2 期	
29	小屯 H181	环首刀 AIV	21	14.8	6.2	3.5	122	早	《记小青》中篇，《中考报》第 4 册，1949 年	
30	侯家庄 M1008	环首刀 AIV							同上	
31	侯家庄 M1769	环首刀 AIV							同上	
32	大司空村 M303：4	环首刀 AV	21	13.3	7.7			中	《殷墟发掘报告》，文物出版社 1987 年版	

续表

顺序号	地点、器号	类别、型式	全长（厘米）	身长	柄长	刃宽	重量（克）	期别	资料出处	备注
33	武官 M221：1	环首刀 BI	21					早	《安阳殷墟奴隶祭祀坑的发掘》，《考古》1977 年第 1 期	
34	西区 M73：7	环首刀 BII	13.8					中	《西区报告》，《考古学报》1979 年第 1 期	
35	西区 M321：10	环首刀 BII	15.3					晚	同上	
36	苗圃北地采集	环首刀 BII	24	14.4	9.6	3—3.3	115		安阳队标本室	
37	北辛庄 H1①：41	环首刀 BII	17	10	7	2	50	晚	同上	
38	侯家庄 M1537（4：255）	环首刀 BII							《记小青中篇》，《中考报》第 4 册，1949 年	
39	侯家庄 M1736（2：2421）	环首刀 BII							同上	
40	西区 M372：7	环首刀 BIII	19.4					中	《西区报告》，《考古学报》1979 年第 1 期	

续表

顺序号	地点、器号	类别、型式	全长（厘米）	身长	柄长	刃宽	重量（克）	期别	资料出处	备注
41	大司空村 M233：1	环首刀 BIII	27.2			4.6		中	《一九五三年安阳大司空村发掘报告》，《考古学报》第9册，1955年	
42	大司空村 M175：16	环首刀 BIII	23.2			3			同上	
43	四盘磨 M25	环首刀 BIII							《一九五〇年春殷墟发掘报告》，《中考报》第五册，1951年	
44	供电局 M31：19	环首刀 BIII	18.3	10.4	7.9	2.2~2.8		中	安阳队资料	
45	侯家庄 M1274（3：2631）	环首刀 BIII							《记小青》中篇，《中考报》第4册，1949年	
46	侯家庄 M1: 2046（4：2199）	（三）环首刀 BIII							《记小青》中篇，《中考报》第4册，1949年	
47	侯家庄 M1460	环首刀 BIII							同上	
48	侯家庄 M1: 2047	环首刀 BIII							同上	

续表

顺序号	地点、器号	类别、型式	全长（厘米）	身长	柄长	刀宽	重量（克）	期别	资料出处	备注
49	梅园庄 M118：8	环首刀 BIV	残长 12.8					中	《1987年秋安阳梅园庄南地殷墓的发掘》，《考古》1991年第2期	
50	梅园庄 M118：10	环首刀 BIV	31.3	20	11.3	5.5		中	同上	
51	戚家庄 M269：49	环首刀 BIV	27.5					中	《殷墟戚家庄东269号墓》，《考古学报》1991年第3期	
52	郭家庄 M160：222	环首刀 BIV	30	19.5	10.5	4.7—5	315	中	安阳队资料	
53	郭家庄 M114：1	环首刀 BIV	21.3	13.9	7.4	3.5—3.8	100	晚	安阳队资料	
54	西区 M166：4	环首刀 BV	19.6	11.6	8	3.5		晚	《西区报告》，《考古学报》1979年第1期	
55	后冈 H10：1	环首刀 BV	23.2	13.6	9.6	4.7	125	晚	《殷墟发掘报告》，文物出版社1987年版	
56	大司空村 M991：16	环首刀 BV	18.2	11.7	6.5	2.3—2.8		晚	安阳队资料	

续表

顺序号	地点、器号	类别、型式	全长（厘米）	身长	柄长	刃宽	重量（克）	期别	资料出处	备注
57	小屯F10：6	环首刀BVI	10.5	6.3	4.2	1.6		晚	《1975年安阳殷墟的新发现》，《考古》1976年第4期	
58	大司空村M539：37	环首刀C	27.2	16	11.2	1.8—2.6		早	安阳队资料	
59	小屯M164（13：2853）	环首刀C	27.4	16.7	10.8	2.5	131	早	《记小青》中篇，《中考报》第4册，1949年	
60	西区M1024：2	环首刀D	21.8					晚	《西区报告》，《考古学报》1979年第1期	
61	西区M976：4	环首刀D						中	同上	
62	小屯M5：690	（四）兽首刀I	36.2	21.9	14.3	3	450	早	《殷墟妇好墓》，文物出版社1980年版	
63	侯家庄M1311	兽首刀I	31.9	20.5	11.4	3.3	335		《记小青》中篇，《中考报》第4册，1949年	
64	侯家庄M1008：20A	兽首刀I							同上	

续表

顺序号	地点，器号	类别、型式	全长（厘米）	身长	柄长	刃宽	重量（克）	期别	资料出处	备注
65	小屯 H181	兽首刀II	29	18.5	10.5	3.7	218	中	同上	
66	小屯 M20（13：890）	兽首刀II	32	20.3	11.7	4.2	382		同上	
67	小屯 M20（13：872）	兽首刀II	31.4	19.8	11.6	4.4	379		同上	
68	小屯 M20	兽首刀II	30.1	19.8	10.3	3.6	301		同上	
69	大司空村 M51：20	（四）兽首刀II	32.7					中	《河南出土商周青铜器》，文物出版社1981年版	
70	西区 M1713：8	兽首刀III	30.5	18.3	12.2	4	225	晚	《安阳殷墟西区一七一三号墓的发掘》，《考古》1986年第8期	
71	侯家庄 M1537	兽首刀							《记小屯》中篇，《中考报》第4册，1949年	
72	武官 M1：9	（五）直柄刀I	22.2	15.4	6.8	3.1	75	早	《安阳武官村北的一座殷墓》，《考古》1979年第3期	

续表

顺序号	地点、器号	类别、型式	全长（厘米）	身长	柄长	刀宽	重量（克）	期别	资料出处	备注
73	小屯横十三丙北支二北支	直柄刀I	14.7	8.6	6.1	2.6	45		《记小青》中篇，《中考报》第4册，1949年	
74	侯家庄M1114（3：1585）	直柄刀I							同上	
75	侯家庄M1038（3：318）	直柄刀I							同上	
76	侯家庄M1343（3：3437）	直柄刀I							同上	
77	侯家庄M1432（3：3591）	直柄刀I							同上	
78	侯家庄M1003	直柄刀I	14.3	8.1	6.2	2.1	26	晚	《侯家庄第四本·一〇〇三号大墓》，历史语言研究所1962年版	
79	小屯M5：1172	直柄刀II	残长15					早	《殷墟妇好墓》，文物出版社1980年版	
80	武官大墓W8	直柄刀II	35	27	8	6.2		早	《一九五〇年春殷墟发掘报告》，《中考报》第5册，1951年	M5II式直柄刀共2件

续表

顺序号	地点、器号	类别、型式	全长（厘米）	身长	柄长	刃宽	重量（克）	期别	资料出处	备注
81	小屯 E16（4：1292）	直柄刀 II						早	《记小青》中篇，《中考报》第4册，1949年	
82	小屯 E16（4：1362）	直柄刀 II						早	同上	
83	侯家庄 M1：2045（4：2475）	直柄刀 II							同上	
84	小屯 M186（14：0002）	直柄刀 III	29.4	21.9	7.5	4.8	180	早	同上	
85	小屯 M186（14：0003）	直柄刀 III	28.4	21.4	7	4.8	192	早	同上	
86	小屯 M186（14：0004）	直柄刀 III	28.7	21.4	7.3	5.2	205	早	同上	
87	侯家庄 M1436	直柄刀 III	30	24	6	5.3	167	早	同上	
88	小屯 M5：1169	直柄刀 III	45.7	38.1	7.6		725	早	《殷墟妇好墓》，文物出版社1980年版	大型 III 式直柄刀 M5 共出 4 件

续表

顺序号	地点、器号	类别、型式	全长（厘米）	身长	柄长	刃宽	重量（克）	期别	资料出处	备注
89	小屯 M5：1171	直柄刀 III	29.4	21.9	7.5		200	早	同上	
90	小屯 M5：1647	直柄刀 III	27.8	20.6	7.2	4.8—5	150	早	同上	中型 III 式直柄刀 M5 共出 6 件
91	小屯 M5：1649	直柄刀 III	28.2	21	7.2	4.5—5.4	150	早	同上	
92	小屯 M5：1648	（五）直柄刀 III	25.4	20	5.4	5—5.4	200	早	同上	
93	苗圃北地 H4：5	（六）长柄窄刀刀 I	17.6	8	9.6	0.78		早	《殷墟发掘报告》，文物出版社 1987 年版	
94	苗圃北地 T26⑥：5	长柄窄刀刀 I	32	16.7	15.3	1.7		早	同上	
95	西区 M1014：1	长柄窄刀刀 II	20.5	12.3	8.2	1.7			《西区报告》，《考古学报》1979 年第 1 期	
96	白家坟西 M22：5	（七）夔龙柄刀 I	14.6	8.8	5.8	2.3		晚	《殷墟发掘报告》，文物出版社 1987 年版	

续表

序号	地点、器号	类别、型式	全长（厘米）	身长	柄长	刀宽	重量（克）	期别	资料出处	备注
97	大司空村 M292	夔龙柄刀 II	24	12	12	3—3.3	100	晚	安阳队标本室	
98	戚家庄 M269：2	（八）卷头刀 I	25.8			4.5	270	中	《殷墟戚家庄东269号墓》，《考古学报》1991年第3期	
99	戚家庄 M269：3	卷头刀 I	26			4.1	270	中	同上	
100	郭家庄 M160：59	卷头刀 I	33	30	3	6.2	350	中	安阳队资料	
101	郭家庄 M160：60	卷头刀 I	33	30	3	6.2	350	中	同上	
102	侯家庄 M1355	卷头刀 I	80			12		晚	《殷周的青铜武器》，《考古》1961年第2期	此墓共出9件 I 式卷头刀
103	郭庄北 M6：6	卷头刀 I	29			5.1		晚	《河南安阳郭庄村北发现一座殷墓》，《考古》1991年第10期	
104	西区 M1713：6	卷头刀 II	31	31		8.5	395	晚	《安阳西区一七一三号墓的发掘》，《考古》1986年第8期	
105	西北 M1713：94	卷头刀 II	31	31		8.5	395	晚	同上	

续表

顺序号	地点、器号	类别、型式	全长（厘米）	身长	柄长	刃宽	重量（克）	期别	资料出处	备注
106	苗圃北地 M22：1	（九）端刃刀 I	8.1					早	《殷墟发掘报告》，文物出版社1987年版	
107	小屯 M186（14：0005）	端刃刀 I	8.7	3.4	5.3	0.5	14	早	《记小青》中篇，《中考报》第4册，1949年	
108	小屯 M186（14：0006）	端刃刀 I	8.6	3.9	4.7	0.6	13	早	同上	
109	小屯大连坑南段方井（3.100152）	端刃刀 II				0.9	4		同上	
110	西区 M1127：15	端刃刀 II	17.6					中	《西区报告》，《考古学报》1979年第1期	
111	西区 M31：6	端刃刀 II	残长 5.9					晚	同上	
112	西区 M27：5	端刃刀 II	3.8					晚	同上	
113	郭家庄 M53：2	端刃刀 II	5.3					晚	安阳队资料	
114	西区 M166：2	端刃刀 III	19.6					晚	《西区报告》，《考古学报》1979年第1期	

附表二

殷墟出土卷头刀墓葬统计表

墓号	墓室大小（米）	葬具	随葬青铜礼器	随葬青铜兵器	卷头刀出土数量及位置	殉人及殉牲
郭家庄 M160①	4.5×2.9—5.7	棺椁	鼎6方觚10角10尊3簋3斝1瓿1盉等40件	钺3 戈119 矛97 镞906 弓形器1	2件刀，与钺、戈出于椁室东北角	人4、犬3
西区 M1713②	3×1.56—4.7	棺椁	鼎4觚3爵3尊1斝1簋1瓿2盉1盂1盘1	钺2 戈30 矛30	2件刀，一件在椁室东南与钺叠压，与戈相邻，一件在椁室西北	人3、犬3
戚家庄 M269③	3.03×1.53—5.55	棺椁	鼎4觚3爵2尊2斝1簋1瓿1方彝1罍1觯1	钺2 戈13 矛12 弓形器1	2件刀，与戈、钺同出于椁室东南角	犬2
郭庄北 M6④	3.2×1.35—7	棺椁	鼎4觚3爵3尊1斝1簋1瓿1罍1觯1	钺1 戈1 镞12	1件刀，与戈出于椁室四壁	犬2

① 中国社会科学院考古研究所安阳工作队：《安阳郭家庄160号墓》，《考古》1991年第5期。
② 中国社会科学院考古研究所安阳工作队：《安阳西区一七一三号墓的发掘》，《考古》1986年第8期。
③ 安阳市文物工作队：《殷墟戚家庄东269号墓》，《考古学报》1991年第3期。
④ 安阳市文物工作队：《河南安阳郭庄村北发现一座殷墓》，《考古》1991年第10期。

殷墟新出牛尊小议

——兼论衡阳出土的牺尊[*]

《安阳殷墟花园庄东地商代墓葬》（以下简称《花东墓葬》）发表了殷墟花园庄东地 M54 的资料。① M54 是殷墟发现的第三座保存完整、面积较大、出土遗物丰富的高级贵族墓葬。该墓为长方形竖穴，口部长 5.04 米、宽 3.3 米，底部长 6.03 米、宽 4.4 米、深 6.2 米。M54 出土随葬品 577 件，其中青铜器 265 件。在青铜器中，有礼器 40 件，器类包括炊器、食器、酒器、水器等，其中最引人注目的是 1 件牛尊（M54：475、146）。

牛尊整体呈体态健壮的牛形，头前伸，嘴微张，面额下凹，目字形眼，眼球凸出，两耳外展，头上有扁三棱状、向后弯卷的双角。背微下凹，上有一长方形盖，盖中部有半环形小钮，盖与器身为子母口扣合。牛腹丰肥，腹下有四条粗短的腿，足末端显蹄瓣，后部有凸起的小趾。臀部外鼓，臀后有一下垂短尾，尾端呈纺锤形。通长 40 厘米、带盖高 22.5 厘米、腰围 52.5 厘米，重 7.1 公斤（图一）。

这件牛尊纹饰繁缛、精美。牛眼两侧各饰一小虎纹，卷云纹

---

* 本文原载于《考古》2009 年第 4 期。

① 中国社会科学院考古研究所：《安阳殷墟花园庄东地商代墓葬》，科学出版社 2007 年版。

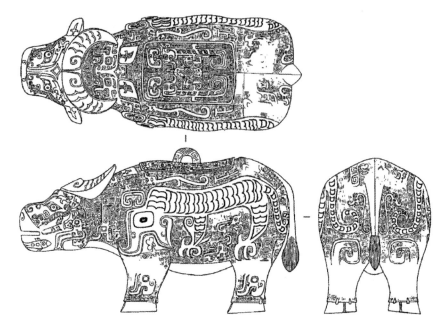

图一　花园庄东地 M54 出土铜牛尊（M54：475、146）

角，长身拱背，尾端上翘，腹下有双足，足端有利爪，体饰鳞状纹。牛下颌两侧各饰一鱼纹。耳下饰小鸟纹，小鸟头向牛背，勾喙，圆眼，长尾下垂，尾端分叉。牛双角饰节状纹。颈两侧饰夔纹，夔口向下做倒立状，张口，卷鼻，圆角方形眼，瓶形角。牛颈上部饰饕餮纹，饕餮为圆角方形眼，张口露齿，粗鼻梁，双角上竖。腹部两侧饰虎纹，虎头向下，对着前腿，张口露齿，嘴角上翘，圆角方形大眼，卷云纹角。虎躯体较长，尾顺臀部下垂，尾尖向外弯卷。虎前足在牛腹中部，后足在牛后腿上部，足端有四利爪。虎身及双腿饰双线节状纹，尾饰鳞状纹。在虎背上部有一条夔纹，躯体较长，一足，尾部上卷。虎前后腿之间有两条短体夔纹，口对着虎足。牛尾左右两侧各饰一"S"形直立夔纹。牛臀部及四足还有夔纹，但因锈蚀已模糊不清。尊上所有的主纹均以细密的云雷纹衬地。尊盖上钮两侧各有一夔纹，左右对称，卷云纹角，圆角长方形眼，直身，尾部弯折，尾端内卷。盖钮顶部饰菱形纹，钮足两端饰饕餮纹。这件牛尊纹饰中有动物 26 个以上，计虎 4 个（2 大、2 小）、鸟 2 个、鱼 2 个、饕餮 4 个、夔 14 个以上。

在牛颈下部与器盖内壁有铭文"亚长"二字。M54 出土的青铜礼器中，有铭文的占三分之二，其中 24 件为"亚长"铭，这表明"亚长"为 M54 的墓主。

M54 的时代为殷墟文化第二期偏晚，略晚于妇好墓，绝对年代可能在祖庚、祖甲时期，因此牛尊的时代应与墓葬相同或略早。

这件牛尊以其生动的造型、精美的纹饰，令无数学者及文物爱好者赞叹不已。本人有幸多次观看实物，经过认真思考，有以下三点认识。

一　牛尊所表现的牛的类别

在殷墟时期的殷都一带，牛是最常见的家畜，有黄牛与水牛两种。这件牛尊中的牛体格粗壮，四肢较短，头顶有一对向后弯曲的扁三棱状大角，均为水牛的特征，无疑它应是水牛。在殷墟考古发掘出土的青铜礼器中，牛尊的造型为首见，但在其他礼器上用牛头作为装饰图案则屡见不鲜。如侯家庄 1004 号大墓出土的牛方鼎，主纹是一牛头。[①] 殷墟出土的铜罍、尊的肩、腹部常见立体兽头，不少作牛头形，这些牛头纹饰，从牛角的特征看，均属水牛。在殷墟出土的石礼器中，也有作牛形的，如侯家庄 1500 号大墓出土的 2 件石牛[②]（图二，2）、妇好墓出土的"司辛"石牛[③]

---

①　梁思永、高去寻：《侯家庄第五本·1004 号大墓》，"中研院"历史语言研究所，1970 年。

②　梁思永、高去寻：《侯家庄第七本·1500 号大墓》，"中研院"历史语言研究所，1974 年。

③　中国社会科学院考古研究所编著：《殷虚妇好墓》，文物出版社 1980 年版。

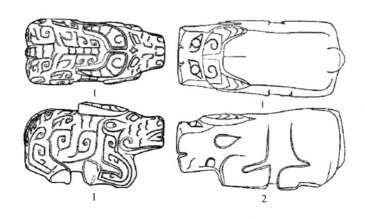

图二　殷墟出土石牛

1. 小屯 M5：315；2. HPKM1500：R14451：2

（图二，1），从外形看也似水牛。

在殷墟出土的动物骨骼中，牛骨的数量相当多，但大多是黄牛，罕见水牛。[①] 为什么遗址出土动物骨骼的种类与青铜礼器上的牛的形态不同，其原因是什么？

著名学者张光直指出，商周青铜礼器"是巫觋沟通天地配备的一部分，而其上所像的动物纹样也有助于这个目的"[②]。青铜礼器上的水牛，也应担负着通天地的职责。侯家庄 1500 号大墓和妇好墓中石牛的出土位置也可作为这一观点的旁证。侯家庄 1500 号大墓是一座带四条墓道的王陵，在南墓道深 6.72—6.84 米的夯土中发现石龙、牛、虎各 1 对，它们首尾相接，头北尾南，排成两行，在同一水平面上（图三）。[③] 在殷墟带墓道的大墓中，南墓道较其他墓道长，通常也较宽。如 1500 号大墓南墓道为斜坡状，通

---

① 研究动物考古的李志鹏博士告诉笔者，殷墟孝民屯遗址出土了许多牛骨，能看出形态的，均是黄牛。

② 张光直：《中国青铜时代》，生活·读书·新知三联书店 1983 年版。

③ 梁思永、高去寻：《侯家庄第七本·1500 号大墓》，"中研院"历史语言研究所，1974 年。

长 48.55 米，东、西、北三条墓道均呈台阶状，分别长 20.05 米、22.65 米和 22.6 米。南墓道是殷墟大墓中最重要的墓道，是下葬时将棺、椁及随葬品送至墓室的主要通道，亦是墓主灵魂通向另一个世界的重要通道。位于南墓道的石牛、龙、虎，应具有引导墓主灵魂升天的作用。妇好墓所出的"司辛"石牛出土时位于墓室中部椁顶上。石牛上的"辛"字是妇好的庙号，其作用与 M1500 出土的石牛应相同。

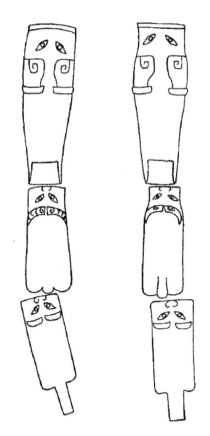

图三　HPKM1500 南墓道石龙、牛、虎排列情况

以上表明，在殷人的观念中，体格健壮、有一双弯曲而有力的大角的水牛，比黄牛更具灵性，所以让它充当作为人与神沟通的媒介，担负通天地神兽的重要角色，主要用于祭祀。而黄牛虽然有时也用于祭祀，但更多地用于食用和役使。

二 关于牛尊上的虎纹

牛尊上最大、最醒目的纹饰是位于牛腹部的虎纹，《花东墓葬》中称它作夔纹[1]，笔者认为不妥。夔是传说中的动物，是龙的侧面图像。殷代的夔纹一般为张口，躯体或直或曲，头上有角，尾部上卷或下卷，腹下有一足、二足或无足。虎纹是写实性动物纹饰，头较大，巨口张开，背部上拱或微凹，长尾，尾尖大多弯卷，腹下有双足，足端有利爪，躯体和尾部有条状纹（或作节状纹、云纹、鳞形纹）。青铜器上的虎纹与殷墟出土的石虎、玉虎、盾牌上的虎纹（图四）及甲骨文的"虎"字形态相似（图五）。牛尊腹部纹饰符合虎纹的特征，应为虎纹。虎纹在殷墟考古发掘出土的青铜礼器、兵器上不多见（表一）。

图四 殷墟的虎

1. 玉虎（妇好墓 M5：405）；2. HPKM1003 盾上的虎纹；3. 石虎（HPKM1550：R22121）

---

① 中国社会科学院考古研究所：《安阳殷墟花园庄东地商代墓葬》，科学出版社2007年版，第124页。

图五　甲骨文"虎"字（佚109）

表一　　　　　　　　　　　　殷墟青铜器上所见虎纹

器号	器类	虎纹位置或形态	铭文
M5：802	圈足觥	器、盖相合后，前端如一端坐的虎，前肢抱颈，后肢做蹲状，尾部上卷	妇好
M5：779	圈足觥	与上件为一对，纹饰相同	妇好
M5：777	蟠龙纹盘	虎纹位于盘口下内壁，与鱼纹、鸟纹相间	妇好
M5：853	蟠龙纹盘	虎纹位于龙头的左上侧	
M5：799	钺	虎纹位于钺身两面近肩处，为二虎相对，大张口，欲吞噬中部的人头	妇好
M260	司母戊大鼎	虎纹位于鼎的耳部，构图与 M5：799 钺近似	司母戊
后冈 M9：1	觥盖	盖的后端似虎头	
花东 M54：475、146	牛尊	虎纹在尊两侧腹部和牛眼两侧	亚长

　　此外，妇好墓出土铜四足觥（M5：803）盖上有一长条兽纹，有学者称之为虎纹[①]，有的称之为龙纹[②]，还有的称之夔纹[③]。

　　有虎纹的铜器有如下两个特点。其一，它们都是铸造精良的重要器物。如司母戊大鼎是迄今商代最大最重的青铜器；圈足觥、牛尊造型生动、纹饰瑰丽；蟠龙纹盘形体较大，纹饰精美；妇好

---

　　①　a. 张孝光：《殷墟青铜器的装饰艺术》，《殷墟青铜器》，文物出版社1985年版。b. 岳洪彬：《殷墟青铜礼器研究》，中国社会科学出版社2006年版，第220页。

　　②　刘一曼：《略论甲骨文与殷墟文物中的龙》，《21世纪中国考古学与世界考古学》，中国社会科学出版社2002年版。

　　③　中国社会科学院考古研究所编著：《殷虚妇好墓》，文物出版社1980年版，第59页。

铜钺是商代铜钺中最大最重的一件。其二，它们都出土于规格较高的墓葬中。目前出土有虎纹器物最多的墓葬是妇好墓，其中4件有妇好铭，应为妇好生前所用的器物。妇好为殷王武丁的配偶，地位尊崇。出土司母戊大鼎的西北冈M260是带一条墓道的大墓，墓主可能是武丁的另一位法定配偶姅戊。[①] 出土铜觥盖的后冈M9是一座带两条墓道的大墓，有亚字形椁室，墓主是地位极高的贵族或王室成员。[②] 出土牛尊的M54墓口面积16.6平方米，比妇好墓（面积22.4平方米）少6平方米，墓底面积达26.5平方米，比妇好墓大4平方米。该墓有殉人15个，殉狗15只，出土各类遗物570多件，特别是墓中出土了7件铜钺（1件为长40厘米的大钺，6件为中型钺），是殷墟商代墓葬中出土铜钺最多的一座墓。青铜钺是军事统帅权的象征，"墓中随葬青铜钺的多少和大小，直接反映了墓主人生前政治地位的高低和军事统帅权的大小"[③]。可见M54的墓主"亚长"是位军权在握的高级武将，是地位极高的贵族。

以上分析可知，虎纹是身份、地位、权力的标示物。

三　关于湖南衡阳出土的铜牺尊

1977年11月，湖南衡阳市包家台子出土了1件铜牺尊[④]，该器由器身和器盖组成，形如水牛。盖前端为牛首，后端为牛背。牛头部有扁平弯曲的双角，目字形眼，眼球凸出，双耳外展，牛

---

①　中国社会科学院考古研究所安阳队：《殷墟259、260号墓发掘报告》，《考古学报》1987年第1期。

②　刘一曼、徐广德：《论安阳后冈殷墓》，《中国商文化国际学术讨论会论文集》，中国大百科全书出版社1998年版。

③　杨锡璋、杨宝成：《商代的青铜钺》，《中国考古学研究》，文物出版社1986年版。

④　冯玉辉：《湖南衡阳市郊发现青铜牺尊》，《文物》1978年第7期。

腹下有四个粗短的蹄足，足后有凸起的小趾，牛臀部正中有下垂的
短尾。牛颈两侧饰夔纹，下部及牛尾上部饰饕餮纹；腹部两侧各有
一凤鸟纹，凤的躯体呈横长形，勾喙，圆眼，头上有向内弯卷的长
冠，爪伸至牛前足，尾伸至牛臀部之后向上弯卷，盖钮两侧饰鱼
纹；全器以云雷纹为地纹。长 19 厘米、通高 14 厘米，重 776 克
（图六）。上海博物馆有 1 件失盖的凤纹牺觥，造型、纹饰、尺寸均
与此器相似，有学者认为此器与衡阳牺尊可能是一对。①

图六　湖南衡阳市包家台子出土铜牺尊

　　关于衡阳出土牺尊的命名，学术界意见不一。有的称为牺尊、
牛尊②，也有的称它为觥③。这两种命名各有一定的道理。认为它

① a. 陈佩芬：《夏商周青铜器研究》，上海古籍出版社 2004 年版，夏商篇下一六
三。b. 陈佩芬：《凤纹牺觥》，《湖南文物》第 3 辑，1988 年。
② a. 高至喜：《论中国南方的商代青铜器》，见《中国考古学会第七次年会论文
集》，文物出版社 1992 年版。b. 王恩田：《湖南出土商周铜器与殷人南迁》，见《中国
考古学会第七次年会论文集》，文物出版社 1992 年版。
③ a. 陈佩芬：《凤纹牺觥》，《湖南文物》第 3 辑，1988 年。b. 朱凤瀚：《古代中
国青铜器》，南开大学出版社 1995 年版，第 675—676 页。c. 施劲松：《长江流域青铜器
研究》，文物出版社 2003 年版，第 115 页。

是觥的学者，可能强调的是此器有短流，以牛首和牛背为盖，盖较长。而称为尊的学者，则认为觥的特征除前端有流外，后端还应有半环状鋬，但此器无鋬。我们认为，还是称它为尊较为合适，原因有三点。

一是过去学术界称为牛尊的器物，如《西清古鉴》中的牛尊亦有短流，以牛首和牛背为盖。① 可见是否有流，不一定是区别觥与尊的最重要的标准。

二是此器与花东 M54 出土牛尊相比，尺寸较小，重量也轻，但外形上均像水牛。两器中的牛眼、角、腹部及蹄足（足后部都有凸起的小趾）最为相似。应属同一类器物。

三是尊可作为盛酒器的通称，即王国维所说的"小共名之尊"②。容庚单把立鸟兽尊作为一类，将"鸟兽形之尊彝统称之为尊"③。由于衡阳出土牺尊有流，具有觥的部分特征，我们认为将其称为觥形牛尊更科学。

衡阳牛尊的时代，学术界亦有几种意见：有的笼统说它是商代晚期④，有的认为属于殷代晚期（指殷墟文化第三、四期）⑤ 或殷墟晚期至西周初⑥，也有的将之定为殷墟文化第二期。⑦ 我们认为，尽管衡阳牛尊的纹饰与花东 M54 出土牛尊有所不同，但二器均有虎纹、饕餮纹、鸟纹、夔纹、鱼形纹、鳞状纹、云雷纹等，

---

① 朱凤瀚：《古代中国青铜器》，南开大学出版社 1995 年版，第 100 页。认为《西清古鉴》三二·十八的牛尊时代约为西周时期。

② 王国维：《说彝》，《观堂集林》卷三，中华书局 1984 年版，第 153 页。

③ a. 容庚：《商周彝器通考》，哈佛燕京学社 1941 年版。b. 陈佩芬：《夏商周青铜器研究》，上海古籍出版社 2004 年版，夏商篇下一六三。

④ a. 冯玉辉：《湖南衡阳市郊发现青铜牺尊》，《文物》1978 年第 7 期。b. 陈佩芬：《夏商周青铜器研究》，上海古籍出版社 2004 年版，夏商篇下一六三。

⑤ a. 朱凤瀚：《古代中国青铜器》，南开大学出版社 1995 年版，第 675 页。b. 王恩田：《湖南出土商周铜器与殷人南迁》，《中国考古学会第七次年会论文集》，文物出版社 1992 年版。

⑥ 向桃初：《湘江流域商周青铜文化研究》，线装书局 2008 年版。

⑦ 施劲松：《长江流域青铜器研究》，文物出版社 2003 年版，第 148 页。

这些都是殷墟文化第二、三期较常见的纹饰，二者都是以云雷纹衬地，在主纹上还阴刻云纹、鳞状纹的"三层花"，华丽繁缛。尤其是造型上，二器较相似，其时代应接近，大概相当于殷墟文化第二期偏晚。从衡阳牛尊上凤鸟纹的形制看，它的时代或许可到殷墟文化第三期早段。

关于衡阳牛尊及湖南出土鸟兽形尊的产地，学术界亦有不同的看法：一种认为它属于江南青铜器系统，为湖南地区铸造。[①] 另一种意见认为是中原地区[②]或可能是江汉平原铸造的。[③] 但从衡阳牛尊的形态、纹饰、装饰风格等均与花东 M54 出土牛尊相似看，我们认为它的铸造地在殷墟，至于它如何传入湖南，可作两种解释。

一是在殷墟时期，中原地区的商族与长江流域的民族有联系，此器在殷墟文化第二期偏晚或第三期流入湖南。殷墟文化第二期偏晚的郭家庄 M26 出土的 3 件硬陶瓿[④]与湖南岳阳对门山出土的 A 型硬陶瓮[⑤]（应称瓿）很相似。既然殷墟墓葬出土有来自湖南地区的遗物，那么在这一时期的湖南出土殷墟青铜器也在情理之中。二是牛尊是商末周初殷遗民南迁时带来的。[⑥] 至于哪种解释更合理，还有待于进一步研究。

① a. 高至喜：《论中国南方的商代青铜器》，《中国考古学会第七次年会论文集》，文物出版社 1992 年版。b. 熊传新：《湖南商代青铜器的发现与研究》，《湖南省博物馆开馆三十周年暨马王堆汉墓发掘五十周年纪念文集》，1986 年。

② 王恩田：《湖南出土商周铜器与殷人南迁》，《中国考古学会第七次年会论文集》，文物出版社 1992 年版。

③ 向桃初：《湘江流域商周青铜文化研究》，线装书局 2008 年版。

④ 中国社会科学院考古研究所安阳工作队：《河南安阳市郭家庄东南 26 号墓》，《考古》1998 年第 10 期。

⑤ 岳阳市文物工作队：《岳阳县对门山商代遗址发掘报告》，《湖南考古辑刊》第 6 辑，1994 年。

⑥ 王恩田：《湖南出土商周铜器与殷人南迁》，《中国考古学会第七次年会论文集》，文物出版社 1992 年版。

下编　甲骨学研究

殷墟花园庄东地甲骨卜辞选释与初步研究*

1991 年秋，中国社会科学院考古研究所安阳工作队为配合安阳市的筑路工程，在花园庄一带进行钻探，于村东 100 多米、殷墟博物苑南 400 多米处发现了一个甲骨坑，编号 91 花东 H3。10 月 18 日，我们对该坑进行发掘，10 月 21 日发现了较厚的甲骨堆积层，大多为龟卜甲。由于卜甲保存不好，极易碎裂，给清理工作带来极大的困难。又由于筑路工程工期紧迫，所以我们中止了工地的发掘，将整个甲骨坑套进一个特制的大木箱内，运回安阳考古站院内。从 1991 年 10 月 31 日至 11 月 26 日，1992 年 5 月至 6 月初，在站内开箱取甲骨，前后共花了两个多月时间才将甲骨全部取出。

从 1992 年秋开始直至 1998 年冬，我们对 H3 的甲骨进行修复、加固、粘对、缀合、拓片等工作。1998 年 11 月，我们开始对此坑甲骨进行全面整理，预计将用三年左右的时间完成整理任务。

我们曾在《考古》1993 年第 6 期发表了花园庄东地（以下简称"花东"）H3 的发掘简报①，简报发表后受到国内外学术界的重视，不少甲骨学者对这坑新的甲骨资料极为关注，常常询问有关情况。今年适逢甲骨文发现一百周年，为纪念这一具有历史意

---

* 本文为刘一曼与曹定云合著。原载于《考古学报》1993 年第 3 期。

① 中国社会科学院考古研究所安阳工作队：《1991 年安阳花园庄东地、南地发掘简报》，《考古》1993 年第 6 期。

义的日子，我们择选了 23 片刻辞甲骨先行发表，同时对 H3 卜辞的时代、特点、性质等问题提出一些看法。由于整理工作刚刚开始，我们对全坑甲骨还缺乏深入的研究，所以，本文的看法只是初步的，错误之处在所难免，望读者批评指正。

一　花园庄东地 H3 的概况及所属殷墟文化分期

（一）　H3 概况

H3 位于探方 T4 的中北部，是个较规整的长方形坑，南北长 2 米，东西宽 1 米，口部距地表 1.2 米，底部距地表 3.35—3.7 米，底部不大平，南部较高，中北部较低。坑壁整齐，在坑之东、西二壁自坑口以下 0.2—1.3 米处各有三个脚窝。

坑内的堆积可分四层：第 1 层浅灰土，土质松软，厚 0.6 米，出少量陶片、兽骨、木炭屑。第 2 层黄色夯土，厚 0.6 米，土质纯净，坚硬，不出遗物。第 3 层深灰土，土质松软，厚 0.9 米，在此层中部（距坑口 1.7 米）发现了甲骨堆积层。第 4 层亦为甲骨层，厚 0.4 米，甲骨堆中及其周围夹有黄土，土质较松软。

甲骨层厚度为 0.8 米，其上部约 0.2 厘米，中、小片甲骨较多，这可能是受上部填土的压力所致。中、下部以大块和完整的甲骨为主。甲骨出土时，有的竖立，有的平躺，有的斜置。竖放的甲骨少，主要发现于坑边，特别是坑的东北角和西北角尤为明显，几块竖立的大龟甲紧贴坑边。平放的甲骨最多，大多是反面朝上，露出钻、凿、灼的痕迹，少数是正面朝上。卜甲的甲首或卜骨的骨臼无一定的方向。卜甲与卜骨、龟腹甲与背甲、大块的与小块的、有字的与无字的相互杂处，彼此叠压得十分紧密，甲骨堆中几乎没有什么空隙。

H3 共出甲骨 1583 片，其中卜甲 1558 片（腹甲 1468 片，背甲 90 片），上有刻辞的 574 片（腹甲 557 片，背甲 17 片）；卜骨

25 片，上有刻辞的 5 片。共计刻辞甲骨 579 片。

此坑甲骨以大版的卜甲居多，其中完整的卜甲 755 版，除了整甲外，半甲、大半甲的数量亦多。据粗略统计，半甲以上的大块卜甲占此坑甲骨的 80%，特别珍贵的是有刻辞的完整卜甲达 300 多版，占有字甲骨总数的 50% 以上。

(二) H3 所属的殷墟文化分期

关于 H3 的时代，可从地层关系、出土陶器、甲骨上的凿钻形态等方面做考古学的考察。

1. 地层关系及出土陶器

花东 H3 发现于 T4 第 3 层下。第 3 层出土的陶片较小且碎，但从盆、罐残片的特征看，应属殷墟文化第一、二期。与 H3 处于同一层位的灰坑有三个，其中 H2、H9 也出有一定数量的陶片。

H2　位于 H3 的北部，为一个椭圆形坑，打破 H3 坑口的北部。坑内出有折沿、鼓腹、腹部饰细绳纹与环络纹的鬲片和唇沿外翻、盘略深的豆片。从鬲、豆的形式看①，属殷墟文化第一期。

H9　位于花东 T5 中部，南距 H3 约 3 米，是个较规整的圆形坑，出土的陶片较多，且有几件可复原的陶器。器形有鬲、豆、簋、盆、器盖、罍、甑等。簋呈敞口，圆唇，唇沿剖面呈 T 字形，深腹，腹壁斜直，圜底，矮圈足，腹饰凹弦纹四周。豆有两种形式，一种唇沿外翻，腹略深，矮圈足；另一种浅盘，沿较平，曲足。器盖呈菌状钮，短柱，盖较深，唇向内略倾斜，口部与顶部各饰弦纹二周。罐有两种形式，一种为泥质灰陶，短颈，圆肩，鼓腹，平底；另一种为泥质红陶，短颈，侈口，折肩，深腹，下

---

① 中国社会科学院考古研究所安阳工作队：《1991 年安阳花园庄东地、南地发掘简报》，《考古》1993 年第 6 期，第 490 页图四 1，图五 3，图四 2。

腹内收，平底。这些器形①与殷墟文化第一期同类器相似。

H3　出土陶片不多，有鬲、盆、罐、甗片及一件完整的小陶尊。② 鬲只存有下部及鬲足，形式有两种，一种为体呈长方形的夹砂灰陶鬲的足部，足根较高；另一种是夹细砂的环络纹鬲的下腹及足部，下腹较鼓，足较矮，绳纹及环络纹细密整齐。盆片折沿方唇，沿内壁斜直，沿面较窄，弧腹，上腹饰绳纹及二周弦纹。罐片小口，短颈，鼓腹，腹饰交叉绳纹，属圜底罐残片。小尊为泥质黑陶，敞口，束颈，腹壁较直，圜底，矮圈足，口径大于通高。此种小尊在殷墟相当罕见，其基本特征与苗圃北地 H25：32 泥质灰陶尊近似③，该器属苗圃一期（相当于殷墟文化第一期）。

H3 的口部开于 T4 第 3 层下，第 3 层属殷墟文化第一、二期。与 H3 属同一层位的 H2（打破 H3）、H9 及 H3 本身所出的陶器多是殷墟文化第一期较常见的器形。

2. 凿的形态

花东 H3 甲骨的反面均有凿、钻、灼。卜甲上的凿、钻、灼均以中缝为界，左右对称，钻、灼的方向均指向中缝。凿的形态比较一致，腹部呈弧线形（或略带弧度），大多头、尾较圆，部分凿头部略尖，尾部较圆，如花生仁状。凿长 1.2—1.8 厘米，以长 1.5—1.6 厘米的为多，宽 0.5—0.8 厘米，纵剖面多为弧底。钻近椭圆形，钻长 0.9—1.3 厘米、宽 0.7—1 厘米（图一）。

卜骨反面有凿、灼，无钻。上部的凿排成两行，内外沿的凿基本上是并列的。灼的方向一致，均对着臼角。凿的形态与卜甲的凿近似，但尺寸较短，腹部较丰肥。长 1.2—1.4 厘米、宽

---

① 中国社会科学院考古研究所安阳工作队：《1991 年安阳花园庄东地、南地发掘简报》，《考古》1993 年第 6 期，第 490 页图四 3、5、6、7，图五 2、4。

② 中国社会科学院考古研究所安阳工作队：《1991 年安阳花园庄东地、南地发掘简报》，《考古》1993 年第 6 期，第 491 页图七。

③ 中国社会科学院考古研究所：《殷墟发掘报告》，文物出版社 1987 年版，第 159 页图——九，1。

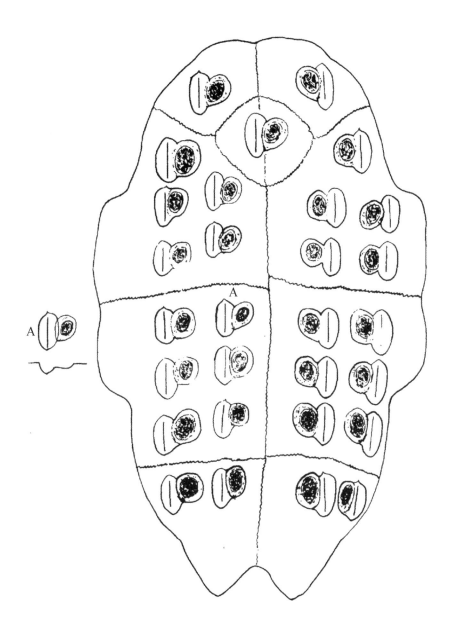

图一　殷墟花园庄东地卜甲钻凿形态（H3：52）（4/5）

0.7—0.9 厘米（图二）。

花东 H3 甲骨反面凿的形态与《小屯南地甲骨的钻凿形态》

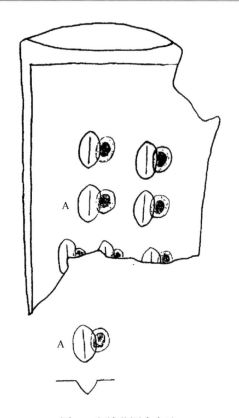

图二   殷墟花园庄东地

卜甲钻凿形态（H3：940）（4/5）

一文中所述的一型三式凿近似。① 该式凿在小屯南地发现甚少，只见两片，一片是《屯南》4512（T53：141），属自组卜甲；另一片是《屯南》2698（H102：1），属午组卜甲。这两片卜甲均属小屯南地早期，相当于殷墟文化第一期。

此外，在91花南T3③：6发现了两片无字卜甲，反面凿的形态与花东H3卜甲凿的形态基本相同②，凿长1.4—1.8厘米、宽0.5—0.6厘米。花南T3③属早期，相当于殷墟文化第一期。

从地层关系、出土的陶器、甲骨上凿的形态来看，花东H3的

---

① 中国社会科学院考古研究所：《小屯南地甲骨》下册第三分册，1984年10月。

② 刘一曼：《安阳殷墟甲骨出土地及其相关问题》，《考古》1977年第5期图五。

时代当属殷墟文化第一期。

二　H3 卜辞选释

H3 的卜辞以祭祀、天气、田猎、疾病等内容为主，尤以祭祀祖先的卜辞最多。下面我们选出 23 片甲骨做一介绍。

（一）H3：52　龟腹甲。完整（图三；图版壹；图版贰）。

1. 乙酉卜：子又之阤南小丘，其鼹获？一二三四五

2. 乙酉卜：弗其获？一二三四五

3. 乙酉卜：子于翌日丙求阤南丘豕，萃？一二三四

4. 以人萃豕？一二

5. 乙酉卜：既阜往敨，萃豕？一二

6. 弜敨？一二

7. 萃阤鹿？子占曰：其萃。一二

8. 一二

9. 一二

之，在本片第 1 段辞，可释为至，作动词。

阤，地名。字本从阜从心。在发掘简报中，我们曾将该字隶定为从心从火之字，现改从李学勤先生释。[①]

萃，动词，遇也。

求，从裘锡圭先生释。[②]《英藏》1906 "丁未子卜：重今日求豕，萃"，与此片第 3 辞 "求阤南丘豕，萃" 词义相近。意谓外出田猎，寻求野豕，会遇上吗？

（二）H3：47＋984　龟腹甲。左、右前甲均有残缺（图四；图版叁）。

---

① 李学勤：《花园庄东地卜辞的 "子"》，《河南博物院落成论文集》，中州古籍出版社 1998 年版。

② 裘锡圭：《释求》，《古文字论集》，中华书局 1992 年版，第 59—68 页。

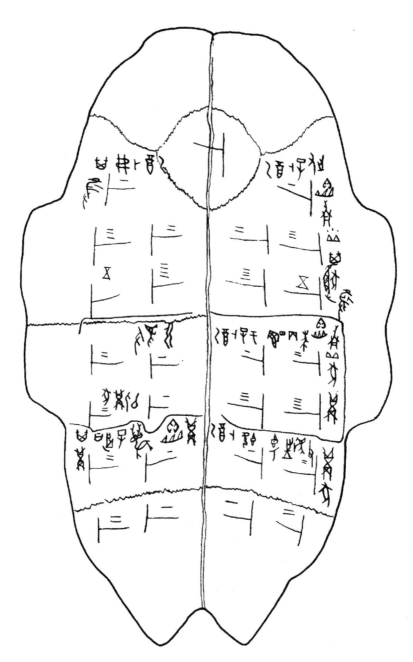

图三　殷墟花园庄东地出土刻字卜甲摹本（**H3：52**）（原大）

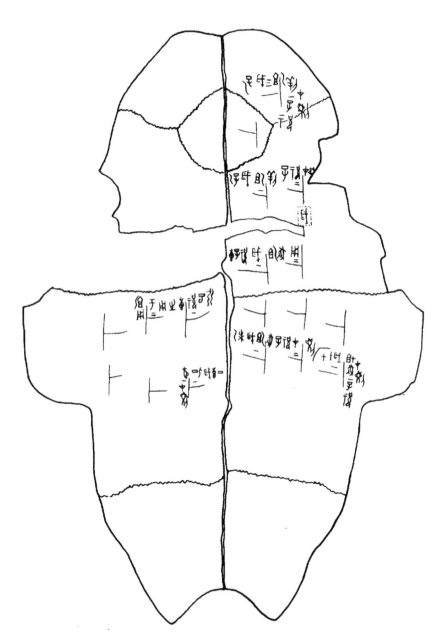

图四　殷墟花园庄东地出土刻字卜甲摹本（H3：47＋984）（3/4）

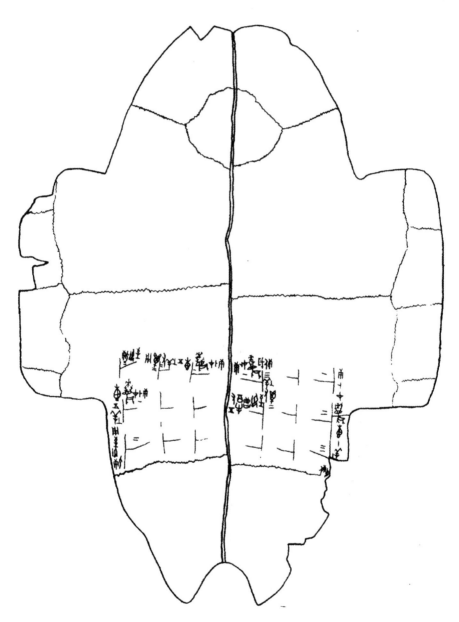

图五　殷墟花园庄东地出土刻字卜甲摹本（H3：113＋1518）（7/10）

1. 甲午岁祖甲豵一，子祝？在🐗。一

2. 乙未岁祖乙豵，子祝？在🐗。一二

3. 弜巳祝，叀之，用于祖乙？用。一二

4. 叀子祝，岁祖乙豵？用。一二

5. 丁酉岁妣丁豵一？在🐗。一

6. 乙巳岁祖乙豝，子祝？在🐗。一二

7. 乙巳岁祖乙豝一，子祝？在🐗。三

8. ☐岁 ☑。①

此片上部 6、7、8 三段为 H3：984，下部为 H3：47。在后右甲第一、二段辞之间有界划。

🐗，地名。是本坑卜辞较常见的地名之一，亦见于宾组与出组卜辞。

豵，字所从的"土"字横书，为豵字的另一种写法。

豵，象母豕之形。

岁，祭名。

（三）H3：113＋1518　龟腹甲。左甲桥边缘稍残缺（图五；图版肆）。

1. 庚卜，在麤：岁妣庚三牡又𢍰二，至钘，𠕛百牛又五？一

2. 庚卜，在麤：叀五牡又𢍰二用，至钘妣庚？一二三

3. 庚卜，在麤：叀五牡用，至钘妣庚？一二

4. 庚卜，在麤：叀十牡［用，至］钘妣庚？一二三

第 4 段辞"麤"之下部及"叀十牡"为 H3：1518，其余均为 H3：113。

麤，地名。过去未见。这是 H3 卜辞常见的地名之一。

𠕛，在此片为用牲之法。于省吾谓："𠕛从册声，古读册如删，

---

① 在本文甲骨卜辞释文中，□表示缺一字；☑表示不能确知所缺之字数；字外加方括号者，是由于该字模糊不清、残缺不全，释文是据文例推断出来的。

与刊音近义通，俗作砍。"①

（四）H3：126 + 1547　龟背甲之左半部上段，中下部残缺（图六；图七）。

图六　殷墟花园庄东地出土刻字卜甲拓本（H3：126 +1547）（9/10）

1. 丁卜，在：其东狩？一
2. 丁卜：其？一二
3. 不其狩，入商？在。一
4. 丁卜：其涉河狩？一二
5. 丁卜：不狩？一二
6. 不其狩？一
7. 其涿河狩，至于箕？一
各段卜辞之间有界划相隔。

① 于省吾：《甲骨文字释林》，中华书局 1979 年版，第 174 页。

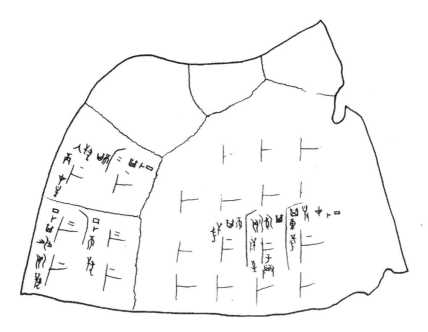

图七　殷墟花园庄东地出土刻字卜甲摹本（H3：126＋1547）（9/10）

𢀛与𣏟同为一字，地名。在宾组卜辞中较常见，为商王田猎之地。如《合集》10950"乙巳卜：王获在𣏟兕？允获"。

箕，亦地名。

涿，在第7段辞应为动词，其义与涉相近。

第2段辞，"其"字之左尚有空位，似漏刻一"狩"字。"其"之左，界划旁之"二"字为衍字，非兆序。

（五）H3：200　龟腹甲。首左甲残缺（图八；图版伍）。

辛丑卜：钔丁于祖庚至□一，曾羌一人，二牢，至牝一，祖辛钔丁，曾羌一人，二牢？"祖辛钔丁"，应为"钔丁（于）祖辛"之倒文。

钔，祭名。此片卜辞之钔（禦）是攘除灾祸之祭，即为攘除丁的灾祸而祭祀先王祖庚与祖辛。

（六）H3：224　龟腹甲。左甲桥边缘残缺（图九；图版陆）。

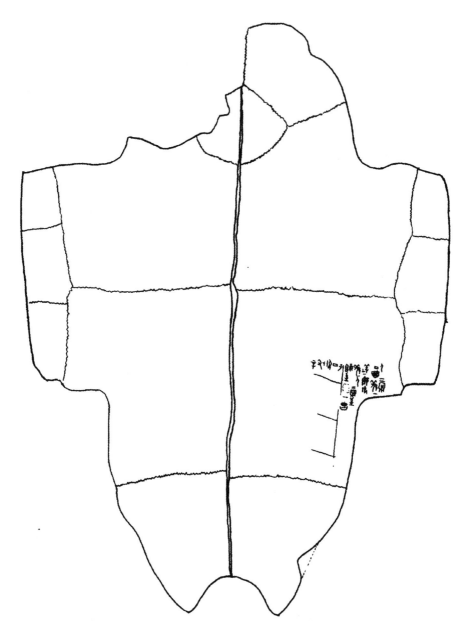

图八　殷墟花园庄东地出土刻字卜甲摹本（H3：200）（7/10）

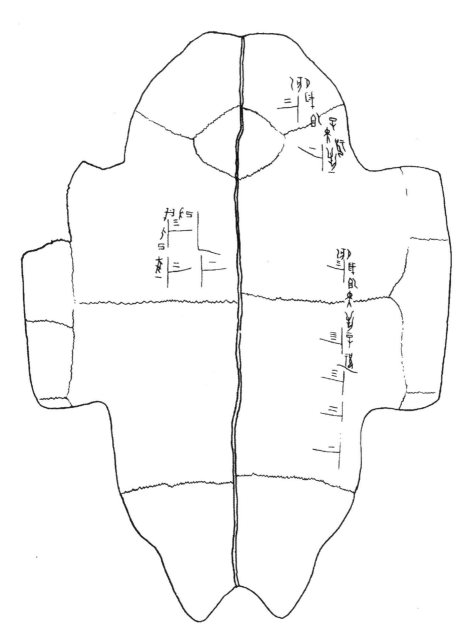

图九　殷墟花园庄东地出土刻字卜甲摹本（H3：224）（3/4）

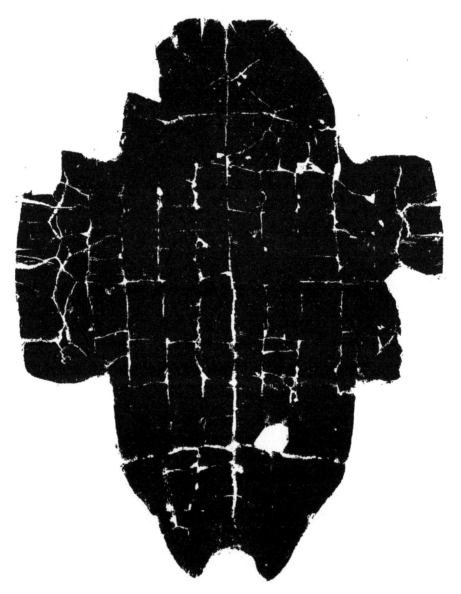

图一〇　殷墟花园庄东地出土刻字卜甲拓本（H3：237）（7/10）

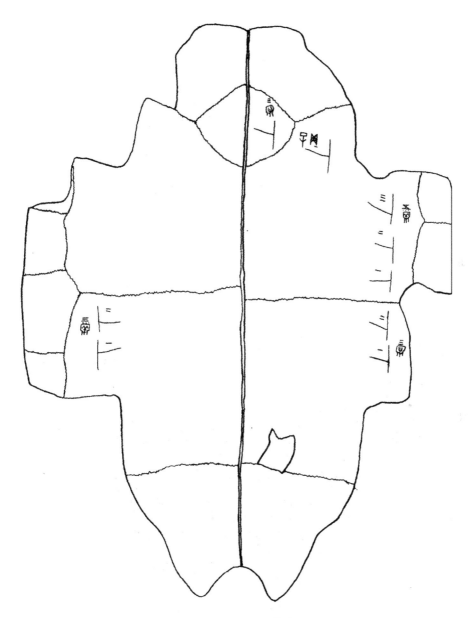

图一一　殷墟花园庄东地出土刻字卜甲摹本（H3：237）（7/10）

图一二　殷墟花园庄东地出土刻字卜甲拓本（H3：313）（7/10）

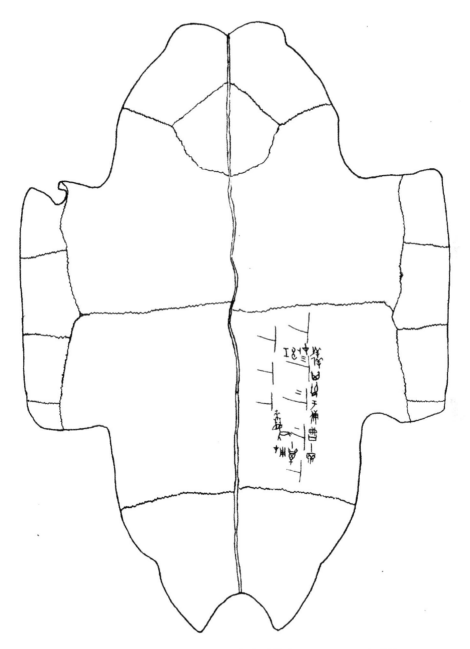

图一三　殷墟花园庄东地出土刻字卜甲摹本（H3：313）（7/10）

1. 乙亥夕岁祖乙黑牝一，子祝？一二

2. 乙亥夕岁祖乙黑牝一，子祝？三四

3. 己丑岁妣己羝一？一二三

4. 一二三

第 2 段辞之下部与第 3 段辞之右部有界划。

黑，从于省吾先生释。①

（七）H3：237　龟腹甲。首左甲、后右甲下部及左、右甲桥稍有残缺（图一〇；图一一）。

1. 子贞。一

2. 三牢？

3. 五小宰？一二三

4. 三牢？一二

5. 三小宰？一二

"子贞"是本坑卜辞主人"子"亲自贞卜之记录，但卜问何事则略去不记。

（八）H3：313　龟腹甲。左甲桥上部略残（图一二；图一三）。

壬申卜，在徉：其卻于妣庚，晋十宰，十坴？用。在麤。一二三

徉、麤均地名。一为前辞，一属验辞。这条卜辞是在徉地卜问卻祭妣庚，但后来在麤地才按照占卜的内容进行祭祀。

（九）H3：333　龟腹甲。完整（图一四；图版柒）。

1. 丁卯卜：雨不至于夕？一

2. 丁卯卜：雨其至于夕？子占曰：其至，亡翌戊。用。一

3. 己巳卜：雨不征？一

4. 己巳卜：雨其征巳？子占曰：其征冬（终）日。用。

5. 己巳卜，在狀：庚不雨？子占曰：其雨亡司。用。夕雨。一

---

① 于省吾：《甲骨文字释林》，中华书局 1979 年版，第 227—230 页。

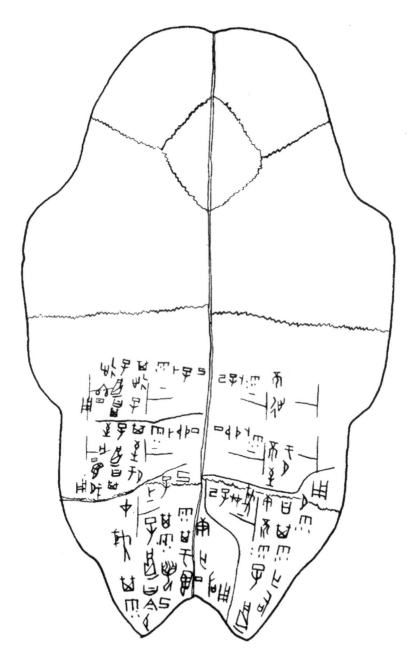

图一四　殷墟花园庄东地出土刻字卜甲摹本（H3：333）（原大）

6. 己巳卜，在犾：其雨？子占曰：今夕其雨，若。己雨，其于翌日庚亡司。用。

第2、6段辞之上部及第5段辞之上部及左侧均有界划。第4段辞之"终"字，第2段辞之"亡"字正压在卜兆之上。殷人契刻卜辞，一般要避开卜兆，将字刻于卜兆之旁，像此片卜辞叠压兆枝的现象极罕见。

延，即延，有延长、延续之意。

犾，地名。在武丁时期的卜辞及晚商金文中此字较常见，多作人名或族名。作地名之犾可能是犾的封地。

亡司，此词首见，疑作"亡事"解。上古司属心纽之部，事属精纽之部，同音可通。卜辞"有事"一词，学者多认为"事"指祭祀而言。但在子组卜辞中，"有事""亡事"之辞甚多，如《合集》21856"丁酉余卜：今八月有事？"《合集》21671"戊辰子卜贞：今岁有事？"这些辞中的"有事"并非指有祭祀，其义应如屈万里先生说的"当如《周易》震卦爻辞'无丧有事'之有事，谓意外之事也"[1]。我们认为，本片之"亡司"，可能近似上述子组卜辞中的"亡事"，义与"无祸"相近。

（十）H3：450＋458　龟腹甲。存中下部，缺首甲、中甲及前甲上部（图一五；图版捌）。

1. 甲戌其☒叀豕？用。

2. 祝，于白一牛用，延岁祖乙用，子祝？一二三

3. 祝，于二牢用，延岁祖乙用，子祝？一二三

4. 乙亥延岁祖乙二牢，匆牛，白彘，权鹵一，子祝？一二三

5. 戊子岁妣庚一犬？一二

6. 辛卯宜豕一？在入。一二

7. ☒丁，壬午丁龙？用。二三四

---

[1]　屈万里：《殷虚文字甲编考释》，"中研院"历史语言研究所，1961年，第33页。

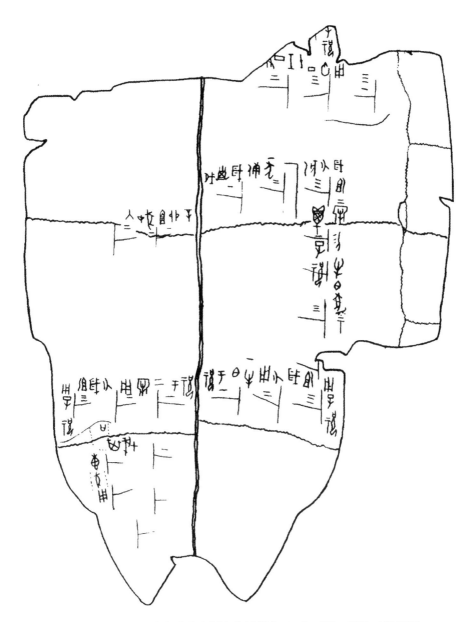

图一五 殷墟花园庄东地出土刻字卜甲摹本（H3：450＋458）（87/100）

图一六　殷墟花园庄东地出土刻字卜甲拓本（**H3：484**）（原大）

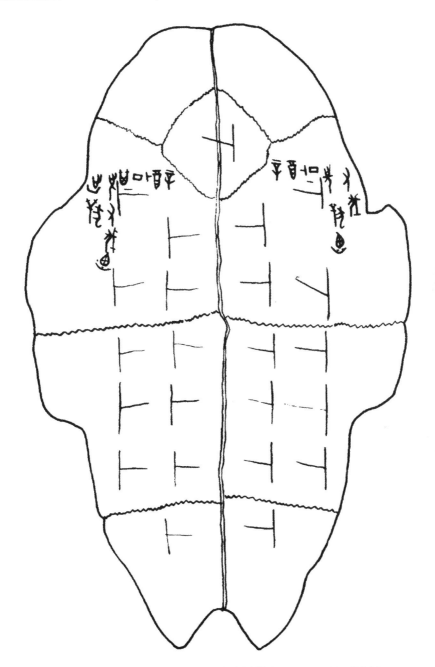

图一七　殷墟花园庄东地出土刻字卜甲摹本（H3：484）（原大）

8. ☐子祝？

第 1、3 辞及 4、5 辞之间有界划。

犾，在 877 片作 $\text{\upshape ✦}$，与 $\text{\upshape ✦✦}$ 同为犾字，只是手的位置与写法有差异，意义相同，为祭名。

$\text{\upshape ✦}$、岁亦为祭名。

宜，在第 6 辞为动词，祭名。

$\text{\upshape ✦}$ 牛，即杂色牛。

入，在本片作地名。此字在卜辞中常作动词，有出入、贡纳之意，作地名之例甚少，曾见于《屯南》附 12 "辛酉卜，在入，戌有祸？"

（十一）H3：484 龟腹甲。完整（图一六；图一七）。

1. 辛酉卜：丁先狩，迺又伐？ 一

2. 辛酉卜：丁其先又伐，迺出狩？ 一

伐，在此片为祭名。卜问先狩猎还是先进行伐祭。

（十二）H3：505 + 520 + 1546 龟腹甲。缺后左甲、前甲、首甲与中甲（图一八；图一九）。

1. 庚午卜，在 $\text{\upshape ✦}$：钌子齿于妣庚，［晋］牢，牝，白豕？用。一二

2. ☐又齿于妣庚，晋牢，$\text{\upshape ✦}$ 牝，白豕至豩一？ 用。一二

尾甲为 H3：520，后右甲绝大部分为 H3：505，边缘"［晋］牢"为 H3：1546。

此片是卜问为攘除子的齿疾而祭祀妣庚。

（十三）H3：620 龟腹甲。完整（图二〇；图二一；图版玖）。

庚申卜：岁妣庚牝一，子尻钌往？ 一二三四五六

子尻，人名。见于宾组卜辞与自组卜辞。

图一八　殷墟花园庄东地出土刻字卜甲拓本（H3：505＋520＋1546）（原大）

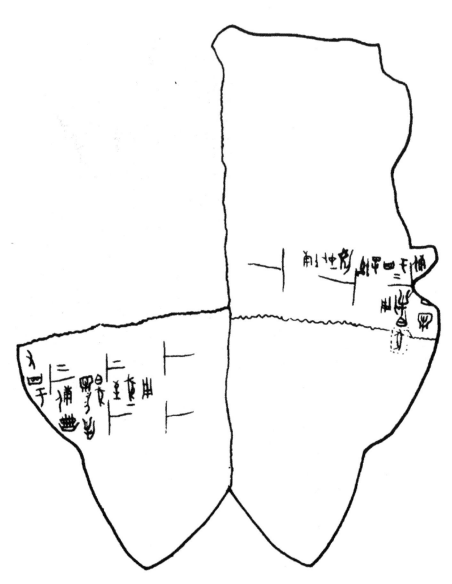

图一九　殷墟花园庄东地出土刻字卜甲摹本（H3：505＋520＋1546）（原大）

钔、往，在此片为祭名。往祭即后世的禳祭①，从下文所引的宾组卜辞有贞问尻的疾病之事，推测此辞是为攘除他的疾病而祭祀妣庚。

（十四）H3：661　龟腹甲。基本完整，只前左甲上部及左甲桥边缘处稍有残缺（图二二；图二三）。

癸亥夕卜：日征雨？子占曰：其征雨。用。一

（十五）H3：877　龟腹甲。右甲桥残损，摹本中的虚线部分为人工修复，非原甲（图二四；图版拾）。

1. 庚辰岁妣庚小宰，子祝？在麚。一

2. 甲申岁祖甲小宰，权冎一，子祝？在麚。一二

3. 乙酉岁祖乙小宰，狳，权冎一？一二

4. 乙酉岁祖乙小宰，狳，权冎一，🐚祝？在麚。二三四

麚，字本作🐚、🐚、🐚、🐚诸形，当为一字，于卜辞中为地名。

🐚，《殷墟甲骨刻辞类纂》②与《甲骨文字诂林》③均释为"龟"，《殷墟卜辞综类》④与《甲骨文字集释》⑤释为"员"，均欠妥，与字形不符。究竟为何字，待考。在本片为人名。此字又见于其他组的卜辞，应为异代同名。

（十六）H3：906　龟腹甲。基本完整，左、右甲桥及甲首上部的边缘稍有残缺（图二五；图二六）。

1. 甲卜：子疾首亡征？一

2. 子疾首亡征？二

3. 乙卜：弜又（侑）于庚？一

4. 乙岁于妣庚麚？一

5. 乙岁于妣庚麚？二

---

① 于省吾：《甲骨文字释林》，中华书局1979年版，第154—156页。

② 姚孝遂、肖丁：《殷墟甲骨刻辞类纂》，中华书局1989年版。

③ 于省吾主编：《甲骨文字诂林》，中华书局1996年版。

④ 岛邦男：《殷墟卜辞综类》，汲古书院1967年版。

⑤ 李孝定：《甲骨文字集释》，"中研院"历史语言研究所，1965年。

图二〇　殷墟花园庄东地出土刻字卜甲拓本（H3：620）（原大）

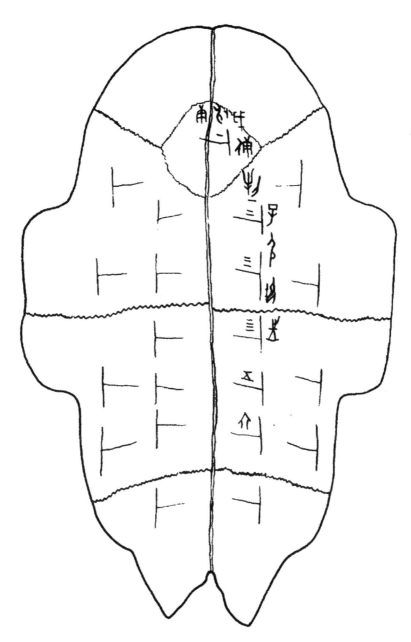

图二一　殷墟花园庄东地出土刻字卜甲摹本（H3：620）（原大）

图二二　殷墟花园庄东地出土刻字卜甲拓本（**H3：661**）（原大）

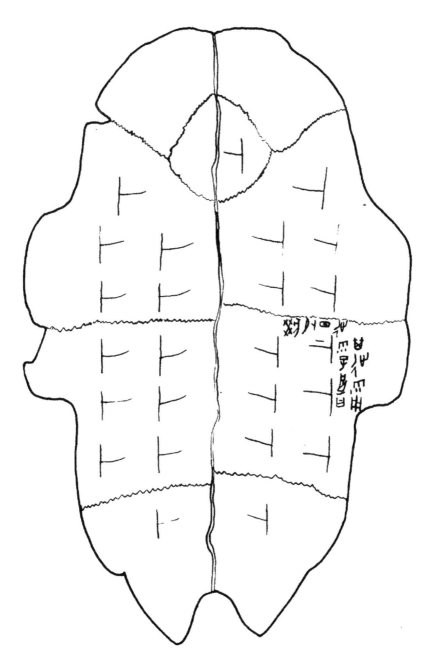

图二三　殷墟花园庄东地出土刻字卜甲摹本（H3：661）（原大）

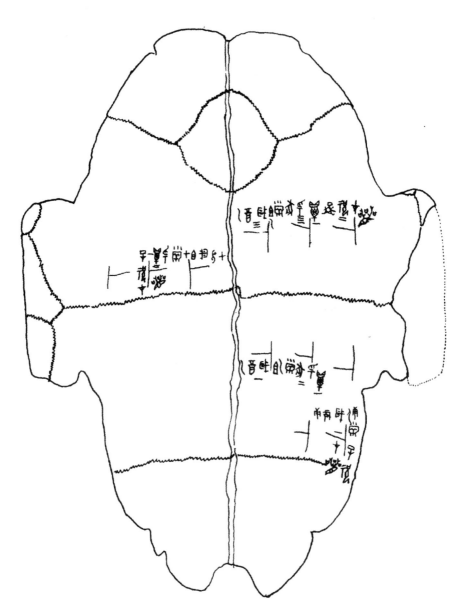

图二四 殷墟花园庄东地出土刻字卜甲摹本（H3：877）（9/10）

图二五 殷墟花园庄东地出土刻字卜甲拓本（H3：906）（17/20）

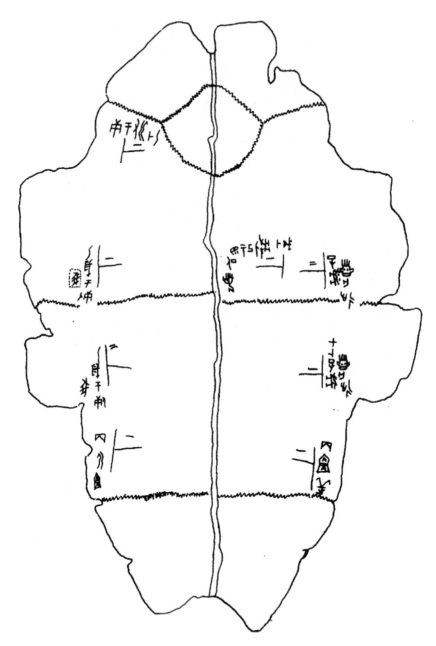

图二六　殷墟花园庄东地出土刻字卜甲摹本（H3：906）（17/20）

图二七　殷墟花园庄东地出土刻字卜骨拓本（H3：940）（93/100）

6. 丙宜羊？　一

7. 丙弜宜？　一

8. 戊卜：将妣己示眔妣丁，若？　一

第3段辞"庚"字之前疑漏刻一"妣"字。

首，字乃人首正视之象形，风格稚朴，带有原始性，说明时代较早。

将，本作𤉲，在此片作祭名。

（十七）H3：940　牛胛骨。残留肩胛冈上部及骨臼（图二七；图二八；图版拾贰）。

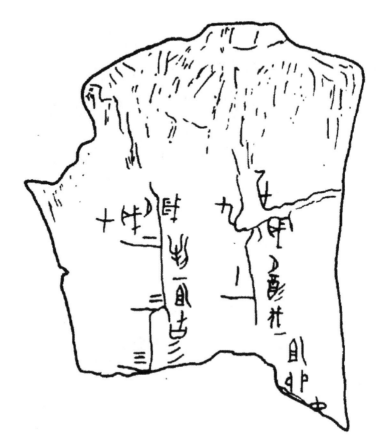

图二八　殷墟花园庄东地出土刻字卜骨摹本（H3：940）（93/100）

1. 甲戌夕岁牝一，祖乙召彡☒？一二三
2. 甲戌夕酌伐一，祖乙卯☒？九十
岁、召、彡、酌、伐，均祭名。
（十八）H3：974　牛胛骨。残留肩胛冈上部及骨臼（图二九；图三〇）。
庚午岁妣庚牢、牝，祖乙征，改？在［戔］。
在该条卜辞之上部及左侧有界划。
此片之妣庚，当为祖乙之配偶。
（十九）H3：985　牛胛骨。残留肩胛冈上部及骨臼（图三

图二九　殷墟花园庄东地出土刻字卜骨拓本（H3：974）（93/100）

一；图三二）。

1. 戊午卜，在斝：子立于录中□？子占曰：企昌。一

2. 戊午卜：我人禽？子占曰：其禽。用。在斝。一

3. 戊午卜：ㄓ禽？一

第1辞与2、3辞之间有界划。

斝，象形，与斝（《合集》19791）同为一字。在此为地名，是占卜之地点。

立，位也。

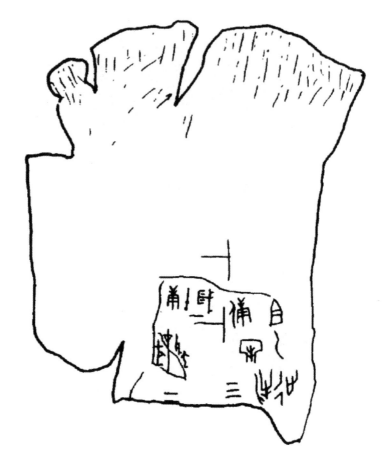

图三〇 殷墟花园庄东地出土刻字卜骨摹本（H3：974）（93/100）

录中即"中录"，地名。

（二十）H3：1199 龟腹甲。基本完整，首左甲及后左甲边缘略有残损（图三三；图三四；图版拾叁）。

1. 禽豕？子占曰：其禽。用。一二

2. 戊戌夕卜：翌日己子☐豕，冓？子占曰：不其禽。用。一二三四

3. 弗其禽？一二三四

"己"，为"己亥"之省。第 2 段辞"不"字下的"三"，

图三一　殷墟花园庄东地出土刻字卜骨拓本（H3：985）（91/100）

"其"字下的"一"，似衍字，因为该处无卜兆，非兆序，而"不三其一"意义难通。

第2辞"不其禽"之禽移位于左边一行，这种情况很少见。

（二一）H3：1347　龟腹甲。完整（图三五；图版拾壹）。

1. 癸巳卜：翌日甲岁祖甲牡一，犾豳一，于日出？用。一

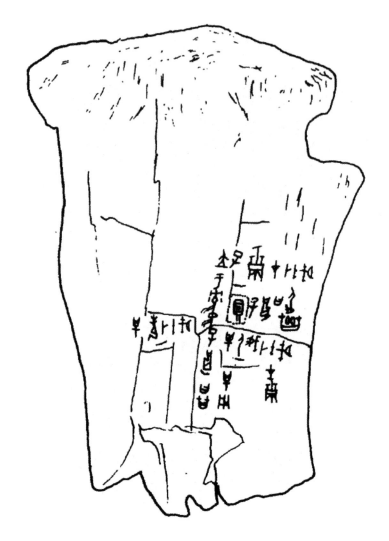

图三二　殷墟花园庄东地出土刻字卜骨摹本（H3：985）（91/100）

2. 甲午岁祖甲牡一，权凹一？ 一

3. 甲午卜：岁祖乙牝一，于日出改？ 用。一二

4. 乙未岁祖乙牝一，权凹一？ 一二

5. 甲午卜：岁祖乙牝一，于日出改？ 用。三

该版第2、4两辞属于命辞，分别省略了前辞"癸巳卜"和

图三三　殷墟花园庄东地出土刻字卜甲拓本（H3：1199）（原大）

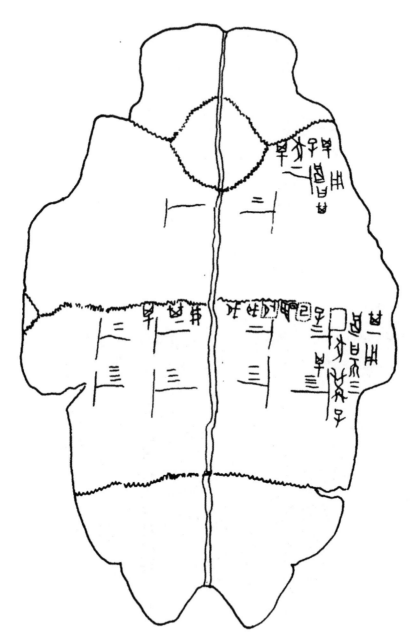

图三四 殷墟花园庄东地出土刻字卜甲摹本（H3：1199）（原大）

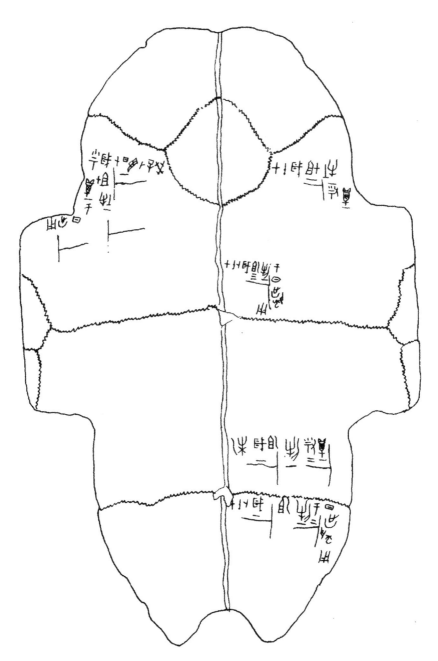

图三五　殷墟花园庄东地出土刻字卜甲摹本（H3：1347）（9/10）

图三六 殷墟花园庄东地出土刻字卜甲拓本（H3：1406）（原大）

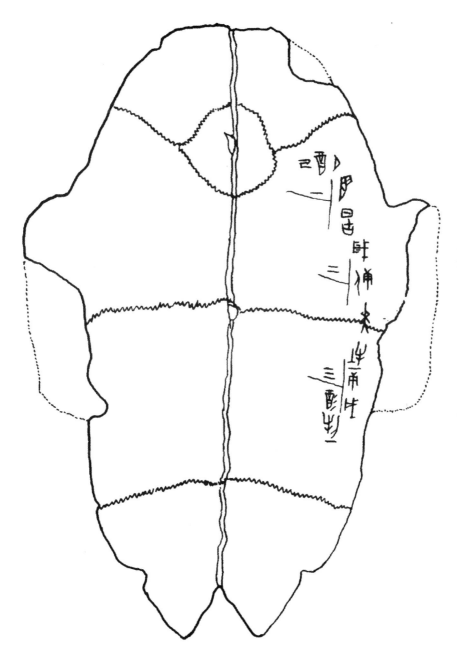

图三七　殷墟花园庄东地出土刻字卜甲摹本（H3：1406）（原大）

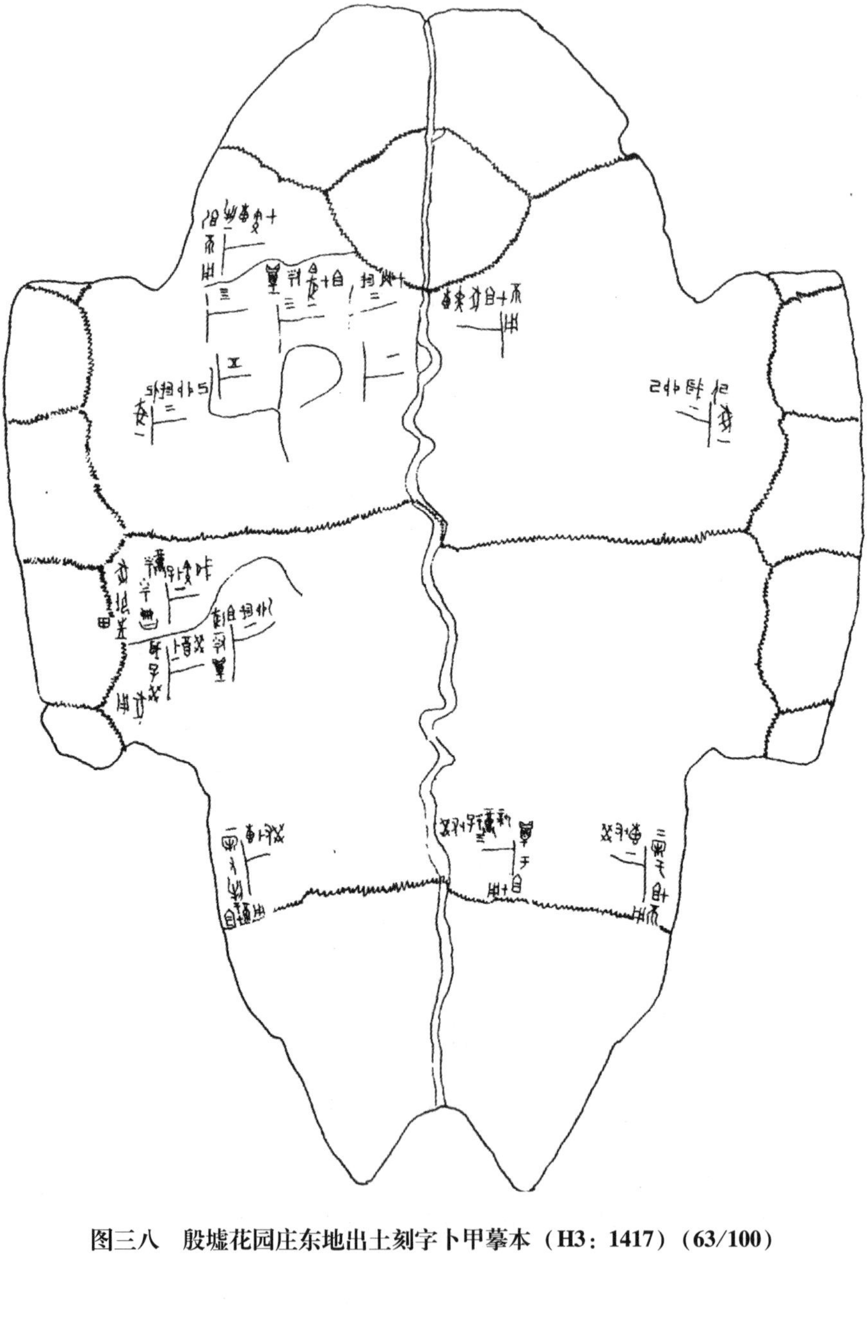

图三八 殷墟花园庄东地出土刻字卜甲摹本（H3：1417）（63/100）

"甲午卜"，由卜辞内容及兆序为一和一、二可推知，它的前辞应分别为"癸巳卜"和"甲午卜"，与第1、3两辞相同。

（二二）H3：1406　龟腹甲。左、右甲桥多有残缺，摹本上的虚线部分为人工修补，非原甲（图三六；图三七）。

己酉夕：翌日召岁妣庚黑牡一？庚戌酚牝一。一二三

"己酉夕"后省"卜"字。"庚戌酚牝一"为验辞。

（二三）H3：1417　龟腹甲。完整。此龟较大，长31厘米、宽22.2厘米（图三八；图版拾肆）。

1. 癸丑卜：叀一牢又牝于祖甲？不用。一

2. 癸丑卜：叀二牢于祖甲？不用。一

3. 癸丑卜：子福新鬯于祖甲？用。三

4. 甲寅叀牝祖乙？不用。一

5. 乙卯岁祖乙羢一、仅鬯一？一

6. 甲子岁祖甲白羢一、仅鬯一。二三四

7. 叀黑豕祖甲？不用。一

8. 癸酉卜：岁子癸豕？用。一

9. 戊寅卜：子福小示，晋羢，卯，往田？一

10. 己卯岁妣己龏一？一

11. 己卯岁妣己龏一？二

福，祭名。饶宗颐先生指出，"作动词时，可读为'酒'，《说文》酒为'楢'之或体"[1]。

三　H3 甲骨刻辞的特点

（一）字体

H3 甲骨刻辞的字体比较规范，异体字较少。字体风格大多较

---

[1]　饶宗颐：《殷代贞卜人物通考》，香港大学出版社1959年版，第145页。

细小、工整、秀丽，常见折笔字，也有不少笔锋较圆润的字。一些干支字及常用字的写法富有特征，如表一所示。

　　表中所列的 33 个字，与宾组卜辞相同的有"贞"字，与自组卜辞相同的有辛、子、酉、牛、羊、午、庚、未、旬等字，与午组卜辞相似的有牛、于二字，与子组卜辞相似的有辛、子、辰等字，与无名组卜辞相似的有辛、雨、羌、未、庚等字，与"历组一类"卜辞相似的有酉、弜、重、未、羌、庚等字，与"历组二类"卜辞相似的有未、巳、羌、不等字，与黄组卜辞相似的有癸、占、子、辛、午、巳等字。其中戊、戌、令、钔、邕、牝等字是此坑卜辞特有的写法，别具一格。

　　除表中所列之外，像侑祭之侑，宾组、出组、自组、午组等较早的卜辞作"㞢"，H3 一律作"又"。"以"字宾组卜辞作𢎁，H3 卜辞作𢎥。

　　另一个值得注意的现象是，H3 卜辞中某些字的写法表现了更多的原始性，如上文提到的 H3：906 的"首"字像人正面之形，刻画细致；H3：52 的"阺"，作偏旁的"阜"字横写，山峰直立于地面，远比竖写的阜字象形；H3：126 + 1547 的"涉"字，双"止"横写置于水符两侧，所会之意更为直观。

　　应当指出的是，H3 甲骨刻辞的字体中有不少属于过去学术界公认的晚期字形，尤其是四边出头的"癸"字，在字下面加一弯折笔画的"占"字，一直被甲骨文研究者认为是第五期（殷代晚期）的典型字体，因而作为一项断代的标准。但花东 H3 卜辞中，此种"晚期"字体比比皆是。而 H3 坑的地层关系、共存陶器均属早期（殷墟一期）。这表明，上述这些所谓的"晚期"字体早就出现了，只不过尚未流行，至文丁、帝乙、帝辛时期才被王的贞人集团所接受，成为当时广为流行的字体。所以，随着新资料的不断出土，过去对甲骨文断代的一些传统看法应当修正。甲骨文的断代需从多方面考虑，不仅要注意区分不同的卜辞组，研究卜辞的内容（称谓、贞人、字体、文例、事类等），还应十分注意甲骨文出土的地层、坑位、共存陶器的形态，多方面的综合分析才能得出正确的结论。

表一　　　　　　　　**花园庄东地 H3 甲骨刻辞常用字字形表**

戊	庚	辛	癸	子	寅	卯	辰
午	未	申	酉	其	令	邓	更
国	占	羌	鬯	贞	于	牛	羊
戍	雨	弜	旬	隹	不	牝	子、巳

(二) 文例

H3 卜辞的文例也有显著的特点，下面从前辞、占辞、用辞、行款几方面加以叙述。

1. 前辞多样化

H3 卜辞的前辞包括如下十四种形式，现各举一例。

（1）干支卜　乙酉卜：弗其获？（H3：52）。

（2）干支夕卜　壬辰夕卜：其宜羌一于戕，若？用。（H3：1325）

（3）干支夕　己酉夕：翌日召岁妣庚黑牡一？（H3：1406）

（4）干支卜贞　己卯卜贞：龟不死？（H3：486）

（5）干卜　壬卜：三日雨至？（H3：757）

（6）干夕卜　甲夕卜：日不雨？（H3：793）

（7）干卜贞　癸卜贞：子耳鸣无茬？（H3：196＋197）

（8）某贞　子贞。（H3：454）

（9）干支　戊辰：岁妣庚牝一？（H3：701）

（10）干支晟　辛酉晟：岁妣庚黑牝，子祝？（H3：540）

（11）干支卜某贞　癸卯卜，亚奠贞：子占曰：冬（终）卜用。（H3：212）

（12）干支卜，在某　壬申卜，在莑：其钔于妣庚，晋十宰，十豳？（H3：313）

（13）干卜，在某　庚卜，在麤：重五牡用，至钔妣庚？（H3：113＋1518）

（14）贞　贞：子亡祸？（H3：1158）

在上述十四种形式的前辞中，以"干支卜""干卜"最为常见；"干支夕""干支晟"较少；"干支卜某贞"最少，目前只见一版。"干支卜""干支卜某贞""干支卜贞""干支"等为各期各组卜辞中较常见的前辞形式，（2）（3）（5）（6）（7）（10）六种前辞在各期各组卜辞中少见或未见。

H3卜辞的前辞除种类繁多之外还有三个特点：

其一，只记天干，省去地支。其他组的卜辞也偶见不记地支的例子。

例一，《丙》57（2）"己卜贞：勿酌癸？"（宾组）

从拓片上看，"己"与"卜"之间，留出地支的位置，"贞"字上亦有很大的空间，与之对贞的该片第（1）辞的前辞为"〔己〕丑卜，宾贞"，可见《丙》57（2）本来是要刻地支与贞人名的。

例二，《续》3.35.4"〔辛〕卜，出贞：今夕亡祸？"（出组）

"辛"与"卜"之间亦空出地支的位置。看来，这两条卜辞未刻地支是属于漏刻，非卜者的原意，与H3卜辞只记天干的前辞之区别是明显的。H3卜辞省去地支的前辞数量较多，是这组卜辞的卜者刻记卜辞的惯用形式。

其二，在干支或天干后记时间词夕、昃。这类前辞过去虽有发现，但只有数例。

记"干支夕卜"的前辞曾见于午组卜辞与历组卜辞。如《合集》22093 所录午组卜辞"丙午夕（'夕'本作夘）卜：侑岁于父丁羊"，《合集》32171 所录历组卜辞"甲子夕卜：又祖乙一羌，岁三宰"，同属此例。

表二　　　　　　　花园庄东地 H3 龟甲行款形式表

序号	腹甲行款	左甲（中缝之左）	右甲（中缝之右）
1	单列直行	↓	↓
2	单列左行或右行而下	⌐↓	⌐↓
3	单列左行与右行	←	→
4	单列转复列左行或右行	∿	∿
5	复列左行或右行	↖	↗
6	单列左行（或右行）而下再左行（右行）	←⌐	⌐→
7	左行（或右行）而下再右行（左行）	⌐→	⌐→
8	右行而下转左行再上行		⌐↑
9	下行而左或右		↓←　↓→

记"昃卜"的卜辞见于自组卜辞，如《合集》21013"丁未卜，昃卜：翌日雨，小采雨东"。这条卜辞在《殷墟卜辞综类》记作"丁未卜：翌日昃雨，小采雨东"，在《殷墟甲骨刻辞类纂》的"采"条后写作"丁……卜，翌日雨，小采雨东……"

在"戻"条后又单列"戻卜"为另一条。细审原片，我们觉得这两种录文均欠妥。因为"戻卜"与"未卜"靠得很近，表示二者有密切关系，其字体较小，意味着与右面的卜辞不是同时镌刻的，可能是以后补刻的，特意将丁未这天占卜是在戻的时段标出。

其三，在"干支卜"或"干卜"后记地点。这类前辞在 H3 中亦为数不少，但在武丁时期的各组卜辞中甚为少见，而出组卜辞和黄组卜辞中却较常见。出组卜辞多作"干支卜某在某卜"，如《合集》24239"丙子卜王在夹卜"。在黄组卜辞中多作"干支卜在某贞"，如《合集》36501"丙午卜，在商贞"，又作"干支某卜在某贞"，如《合集》36743"丁卯王卜在朱贞"等。这两组记地点的卜辞前辞多记卜者，或于地名之后有"贞"字，与 H3 卜辞的前辞仍存在一些差异。

2. 常见占辞

H3 卜辞的占辞大多作"子占曰"，如 H3：52、333、661 等片，少数作"子曰"，如 H3：793"子曰：其雨"。"子曰"是"子占曰"的省略形式。

在武丁时代的几组卜辞中，宾组卜辞常见"王占曰"，个别作"王占卜曰"。自组卜辞也发现十多例占辞作"由占曰""由曰""扶曰"。而在子组卜辞中虽然也存在子作占辞，但较少见。

3. 用辞使用极普遍

H3 卜辞的用辞，有"用"与"不用"两种，以前者为多。"用"字有的出现于兆旁，如 H3：53 全版卜甲无卜辞，在四个卜兆旁各刻一"用"字。而大多数"用"字出现于卜辞的末尾，在命辞或占辞之后，如上文提到的 H3：313、333、661 等片。

4. 行款较复杂

II3 卜辞就卜甲而言，目前所见的行款变化有九种形式（表二）。

（1）单列直行

见于龟腹甲与背甲，一般字数较少。如腹甲 H3：237 第 2、3、4 辞（图一〇；图一一）。背甲 H3：126＋1547 第 4 辞（图六；图七）。

（2）单列左行或右行而下

见于龟腹甲与背甲。刻辞在左腹甲与左背甲则左行而下，如 H3：1417 第 4 辞（图三八；图版拾肆），H3：126＋1547 第 1 辞（图六；图七）。刻辞在右腹甲则右行而下，如 H3：1417 第 7 辞（图三八；图版拾肆）。

（3）单列左行或右行

见于龟腹甲与背甲。刻辞在左腹甲与左背甲左行，如 H3：450＋458 第 6 辞（图一五；图版捌），H3：126＋1547 第 6 辞（图六；图七）。刻辞在右腹甲右行，如 H3：237 第 1 辞（图一〇；图一一）。

（4）单列转复列左行或右行

见于龟腹甲。刻辞在左腹甲，先单列左行再复列下行而左；在右腹甲则先单列右行再复列下行而右。如 H3：484 两条对贞卜辞（图一六；图一七）。

（5）复列左行或右行

见于龟腹甲。刻辞在左腹甲，复列左行；刻辞在右腹甲则复列右行。如 H3：906 第 4 与第 1 两条卜辞（图二五；图二六）。

（6）单列左行（或右行）而下再左行（右行）

见于龟腹甲。刻辞在左腹甲，单列左行而下再左行，如 H3：1417 第 8 辞（图三八；图版拾肆），刻辞在右腹甲则单列右行而下再右行。

（7）左行（或右行）而下再右行（左行）

见于龟腹甲与背甲。刻辞在左腹甲与左背甲，先左行而下再右行，如 H3：1417 第 1 辞（图三八；图版拾肆），H3：126＋

1547 第 7 辞（图六；图七）。刻辞在右腹甲则先右行而下再左行，如 H3：1417 第 3 辞（图三八；图版拾肆）。

（8）右行而下转左行再上行

见于龟腹甲之右甲。如 H3：313（图一二；图一三）。

（9）下行而左或右

见于龟腹甲之右甲。如 H3：113 + 1518 第 4 辞下行而左（图五；图版肆），H3：793 第 1 辞下行而右。①

以上九种行款，以第（2）、（4）种最多，（1）、（3）、（7）种次之，其他四种最少。

下面我们将 H3 卜甲卜辞的行款走向与过去发现的卜甲做一比较。

董作宾先生曾总结殷墟卜甲刻辞的规律，他说："沿中缝而刻辞者向外，在右右行，在左左行。沿首尾之两边而刻辞者向内，在右左行，在左右行。"② 他的看法对大多数王的卜甲刻辞仍是适用的，但对非王卜辞则不尽然。

属于非王卜辞的午组卜甲卜辞大多符合上述的行款规律，但也有一部分与常规不同，如《乙》4063、4925、6690 等，在中缝两侧刻辞行款向内，在右左行，在左右行。子组卜甲卜辞的行款与王卜辞有显著不同，不论中缝之两侧或卜甲外沿，卜辞的行款大多是左行。如《合集》21586、21805、21635、21555、21804、21793、21537 等片，全版卜辞均同向，都左行。在子组卜甲中虽有不同方向的卜辞，但数量不多。

H3 卜甲刻辞与王卜甲刻辞的相同之处在于，沿腹甲中缝而刻的卜辞大多方向朝外，左甲左行，右甲右行。稍有不同的是，H3 卜辞单列（横行）的较多，或始刻时先单列（横行），然后再转

---

① 中国社会科学院考古研究所安阳工作队：《1991 年安阳花园庄东地、南地发掘简报》，《考古》1993 年第 6 期。

② 董作宾：《商代龟卜之推测》，《安阳发掘报告》第一期，1929 年。

复列。

H3 卜甲刻辞与王卜甲刻辞及子组卜甲刻辞行款的差异表现为：（1）沿首尾的两边刻辞，与沿中缝两侧刻辞方向相同，均自内而外，自外而内的例子极少，在本文发表的二十版卜甲中，只见 H3：113＋1518 第 4 辞一条卜辞（图五；图版肆）。（2）在一版有多条卜辞的完整卜甲中，未见方向完全相同的卜辞。（3）呈［　］形（或称侧置的 U 字形）行款的卜辞常见，而过去发表的具有这种行款的卜辞甚少。在《合集》20624 所录自组卜甲的左甲有"□辰卜：王纴有听"一条卜辞，文字呈这种排列方式，但这种例子很少。

H3 的刻辞卜骨仅 5 片，且无一片完整者。本文发表的三片均属牛胛骨的中上部。左胛骨的行款有两种，一片如 H3：940 第 1 辞（图二七；图二八），单列右行而下。另一片如 H3：974（图二九；图三〇），先单列，转复列右行，最后的三字又左行。但后三字与牝、征两行字有较大的间距，而与第一、二字"庚午"相近。整条卜辞似冂形，较为特殊。右胛骨 H3：985 第 1、2 两段辞是左行而下再右行，第 3 辞属单列左行（图三一；图三二）。

过去发现的殷墟卜骨刻辞的行款，如董作宾先生所言："缘近边两行之刻辞，在左方，皆为下行而左，间有下行及左行者。在右方，皆为下行而右，亦间有下行及右行者。左胛骨中部如有刻辞，则下行而右；右胛骨中部反是，但亦有下行而右者。"[①] H3 卜骨刻辞的行款与上述的规律不符。

(三) 祭祀对象与祭名

H3 卜辞的祭祀对象常见的有妣庚、妣己、祖乙、祖甲、兄丁、子癸，还有妣丁、妣甲、上甲、大乙、大甲、祖庚、祖辛、

---

① 董作宾：《骨文例》，《历史语言研究所集刊》七本一分，1936 年。

祖丁、祖戊、母戊等。这些称谓，绝大多数都见于宾组卜辞中，也有的见于子组、午组等非王卜辞中。

H3 称谓的特点是：（1）未见各组卜辞中常见的父辈称谓；（2）未见祭祀上甲以前的先公；（3）未见祭祀山川、社等自然神祇。

H3 卜辞的祭名有岁、钟、酻、彡、伐、屶、召、祝、将、又、汉、往、爵等多种，以岁祭最多，次为钟祭。武丁时期的王卜辞与非王卜辞中虽有岁祭，但不如 H3 卜辞突出。在子组、午组、非王无名组卜辞中，钟祭最常见，H3 卜辞钟祭亦较多，这是 H3 与这几组卜辞相似的一面。

祭祀时的祭品有牛（牡、牝）、羊（羘、羒）、豕（豛、豝）、白豕、犬、牢、宰、羌、及、圀等，一次祭祀用牲数量最多的是上文提到的 H3：113 + 1518 第 1 辞，祭祀姘庚一次用三豛、二圀、105 头牛。H3 卜辞所记的祭品种类及数量虽比不上宾组卜辞，但却比午组卜辞、子组卜辞、非王无名组卜辞要丰富。在非王卜辞中，祭祀用牲最多的是午组卜辞，《合集》22099 记一次祭祀用羊158 只。一百多头羊的价值当然比不上百头牛。

H3 卜辞记祭祀用牲，不仅经常要记牡牝，而且还记牲的毛色等。其他各组卜辞虽也见这方面的内容，但没有 H3 卜辞那么普遍。

H3 祭祀卜辞的另一个显著特征是，常见"某祝"（即由某人进行祈祷），其中以"子"祝最多。记述"某祝"之辞在已著录的卜辞中亦有发现，但数量不多，据《殷墟甲骨刻辞类纂》所录，"王祝"的辞条有 18 条，属第一期（一般认为属武丁时期）的只有 2 条。"臿祝"的辞条有 8 条，属一期的仅 1 条。这次发表的 23片 H3 甲骨卜辞，属祭祀内容的 16 片，其中记"子祝"的有 4 片11 条卜辞，记"臿祝"的有 1 片 1 条卜辞。

(四) H3 卜辞类型单一

H3 所出的 1500 多片甲骨，在整治、钻凿形态等方面大体相似。有刻辞的甲骨，其字体、文例等基本一致。大多数卜辞是卜问子及与子有关的事类。毫无疑问，此坑卜辞的占卜主体不是王而是"子"。我们认为，H3 卜辞全部是以"子"为占卜主体的单一的卜辞，这在殷墟出土的大型甲骨坑中还属仅见。

四　H3 卜辞的性质

(一) 历史的回顾

在讨论 H3 卜辞性质之前，先让我们简单回顾一下甲骨学界对殷墟卜辞性质的认识过程。

在甲骨文发现之初，学者们认为，殷墟卜辞都是殷王室的占卜记录。20 世纪 30 年代末，日本学者贝塚茂树最先提出了"子卜贞"卜辞不是"王卜辞"的见解。[①] 1953 年，他与伊藤道治在《甲骨文研究的再检讨》一文中，正式提出了"王族卜辞"和"多子族卜辞"，指出武丁时代除了殷王朝公家的占卜机关外，还存在着王族私家的占卜机关和属于多子族私家的占卜机关。[②] 1956 年，陈梦家先生在《殷虚卜辞综述》中，将武丁时代的卜辞分为宾组、自组、子组、午组等卜辞，认为宾组卜辞是正统卜辞，而自、子、午三组则是"非正统"卜辞。[③] 1958 年，李学勤先生在《帝乙时代的非王卜辞》一文中，提出殷墟卜辞中存在着非王卜辞，并提出了划分非王卜辞的四个标准：（1）问疑者不是商王；

---

① 贝塚茂树：《论殷代金文中所见图象文字》，《东方学报》（京都）第 9 号，1938 年。

② 贝塚茂树、伊藤道治：《甲骨文研究的再检讨》，《东方学报》（京都）第 23 号，1953 年。

③ 陈梦家：《殷虚卜辞综述》，科学出版社 1956 年版，第 158 页。

（2）没有王卜，辞中也不提到王；（3）没有商王名号，而另有一套先祖名号；（4）没有符合商王系的亲属称谓系统，而另有一套亲属称谓系统。① 李先生后来对自己的看法又做过修正。

1971 年，安阳小屯西地出土了 10 片牛胛骨刻辞。这些刻辞上有"父乙""父庚""父甲"称谓，郭沫若先生将其定为武丁卜辞。② 不久，裘锡圭先生根据字体风格定为三、四期卜辞，并认为卜辞上的亲属称谓与一般的亲属称谓不合，是由于这批卜辞是"非正统派"卜辞。③ 我们在《小屯南地甲骨》一书中，持相同的看法，并根据这批卜骨的钻凿形态，定为康丁、武乙时期卜辞。④

1979 年，林沄先生在《从武丁时代的几种"子卜辞"试论商代的家族形态》一文中，将学界认定的"非王卜辞"划分为甲种、乙种、丙种，并认为这三种卜辞的占卜主体是"子"，因而都是"子卜辞"⑤。林沄先生的贡献在于，他将殷墟卜辞的划分从"王"与"非王"的区别提高到"王"与"子"的区别，并认为"子"是男性贵族的尊称，"子卜辞"中之"子"是奴隶主贵族族长。这对研究商代的家族形态有重要意义。1986 年，彭裕商先生在《非王卜辞研究》一文中，支持并发展了林说，认为"子组"卜辞主人可能是武丁的兄弟或从兄弟。⑥

黄天树先生提出，"王室"与"王"是两个不同的概念，他认为，"王卜辞就是王卜辞，不能称之为'王室卜辞'，非王卜辞就是非王卜辞，不能称之为'非王室卜辞'。"又说："在判定某一组（类）卜辞是王卜辞还是非王卜辞的时候，主要依据占卜主

---

① 李学勤：《帝乙时代的非王卜辞》，《考古学报》1958 年第 1 期。

② 郭沫若：《安阳新出土的牛胛骨及其刻辞》，《考古》1972 年第 2 期。

③ 裘锡圭：《读〈安阳新出土的牛胛骨及其刻辞〉》，《考古》1972 年第 5 期。

④ 中国社会科学院考古研究所：《小屯南地甲骨》下册第一分册，中华书局 1984 年版。

⑤ 林沄：《从武丁时代的几种"子卜辞"试论商代的家族形态》，《古文字研究》第 1 辑。

⑥ 彭裕商：《非王卜辞研究》，《古文字研究》第 13 辑。

体（即卜辞主人），而不是依据问疑者。"① 这一看法无疑是正确的。

到目前为止，甲骨学界对殷墟卜辞性质的认识渐趋一致，都认为殷墟卜辞中存在着王卜辞和非王卜辞。我们认为，武丁时代的宾组、自组卜辞，祖庚、祖甲时代的出组卜辞，廪辛时代的何组卜辞，康丁、武乙时代的无名组卜辞，武乙、文丁时代的历组卜辞，文丁、帝乙、帝辛时代的黄组卜辞都是王卜辞；武丁时代的午组卜辞，子组卜辞、非王无名组卜辞，以及 1971 年小屯西地所出 10 片牛胛骨刻辞等，都是非王卜辞。当然，非王卜辞的情况也不完全相同，有的属于王室成员；有的虽不属于王室成员，但与殷王同宗，有密切的血缘关系；有的则可能是商族之外的他族。

我们认为，在卜辞分类中，不能只看卜辞字体，而要兼顾卜辞内容，因为卜辞内容最能反映卜辞性质，而卜辞字体的相同或相似，则可受多种因素影响。例如，《合集》21374 "辛囗壬午，王贞：寻不囚（非因字）？"该片字体属子组，但内容却是"王贞"。从实际内容出发，这条卜辞应该是王卜辞，而不是非王卜辞。类似的情况还有一些，此不一一列举。这里有一个问题需要解决，即正确认识整类卜辞的性质和正确看待特殊卜辞中的特殊情况，也就是人们常说的正确处理一般与特殊的关系。整组卜辞的性质是根据该类卜辞中的绝大多数（一般）卜辞的性质而定的，并不因为其中有一两个特例就去否定该类卜辞的性质。非王卜辞中，有些与殷王有密切的血缘关系，这些卜辞的主人又多在朝中为官。要求在这些卜辞中一点都不牵涉到"王"，不与"王"发生任何关系，实际上是不可能的。相反，有这种关系倒是正常现象。只要这类卜辞的占卜主体不是王，就可以确定该类卜辞是非王卜辞；至于个别的特例，是什么就是什么，实事求是。

---

① 黄天树：《子组卜辞研究》，纪念于省吾教授百年诞辰暨中国古文字讨论会论文（手写稿），1996 年，长春。

(二) H3 卜辞是"子卜辞"

上文已经提到，H3 卜辞的最大特点是占卜主体是"子"。全坑未见为王而占卜的卜辞。这个"子"作为卜辞主人的主要依据是：

第一，H3 卜辞中，大多是占卜"子"或与"子"有关的事情。如：

乙酉卜：子于翌日丙求阼南丘豕，菁？（H3：52）

甲午岁祖甲羟一，子祝？在羕。（H3：47 + 984）

甲卜：子疾首亡征？（H3：906）

庚午卜，在羕：钔子齿于妣庚，晋牢，牝，白豭？用。（H3：505 + 520 + 1546）

贞：子亡祸？（H3：1158）

戊午卜，在羋：子立于录中□？（H3：985）

第二，"子"又是 H3 卜辞中的主要贞人。据目前初步统计，H3 卜辞中共见贞人有子、亚奠、允、友、利、夫、子𨔶、弹、卯、子阼等。多数贞人出现的次数是一版，而唯独"子"出现的次数达十余版。这充分说明"子"之地位大大高于其他贞人。

根据以上两点，我们认为 H3 卜辞的占卜主体是"子"，该坑卜辞的占卜活动都是围绕着"子"而展开的。但是，这个"子"同 YH127 坑"子组"卜辞之"子"是不同的两个人，不仅卜辞字体风格不同，而且卜辞内涵也不相同，前文第三节已做交代，此不赘述。

(三) H3 卜辞中的"子"与殷王之关系

H3 卜辞中的"子"是何人物，是需要认真探讨与研究的问题。由于"子"这一称呼不仅见之于不同类型的卜辞，而且又见之于不同氏族徽号的铜器，可见"子"在殷周时代是具有一定身份与地位之男子的泛称，也是男性贵族的一种尊称。值得指出的是，殷代金文中常常出现"子"与"小子"相对。如《盉卣》："子令小子圅先以人于莫。"（《三代》13.42）《省卣》："子赏小子省贝五朋，省扬君赏。"（《三代》13.38）它表明，"子"与"小子"之关系应是一种君臣关系。可见"子"之地位是比较高的，应是奴隶主贵族中的氏族族长。

有意思的是，殷墟出土的文物中就有"子"与"小子"。苗圃北地采集到的一件陶垫，一面刻"子"字；另一面刻"棠"字，此二字应连读为"子棠"。又 70 年代出土的一件陶人，作站立状，上身裸露，腰悬"蔽膝"，胸前有"小子"二字。[①] 由此可见，"小子"的地位是要低一些。

H3 卜辞中的"子"究竟是何人物，这需要通过对 H3 卜辞中的称谓系统进行分析研究才能知晓。

H3 卜辞中的男性祖先称谓，据目前初步统计有上甲、大乙、大甲、祖乙、祖辛、祖丁、祖庚、祖甲、祖戊、兄丁等。值得指出的是，截至目前，尚未发现父辈称谓。此中预示着什么，需要认真研究。现将 H3 卜辞中男性祖先称谓同子组、宾组、自组、午组、非王无名组等卜辞中的男性祖先称谓对比，列如表三。

表三　　　　　　　　　　**男性祖先称谓比较表**

祖先称谓	H3"子"卜辞	子组卜辞	宾组卜辞	自组卜辞	午组卜辞	非王无名组卜辞
上甲	1488		《合集》248	《合集》19812		
大乙	876		《合集》4325	《合集》19817		
大甲	115＋241	《合集》21540	《合集》4325	《合集》19828		

① 中国社会科学院考古研究所：《殷墟的发现与研究》，科学出版社 1994 年版，第 251 页。

续表

祖先称谓		H3 "子"卜辞	子组卜辞	宾组卜辞	自组卜辞	午组卜辞	非王无名组卜辞
祖乙	祖乙	47A＋984	《合集》21541	《合集》183	《合集》19838		
	下乙			《合集》270 正		《合集》22044	
祖辛		200		《合集》190 正	《合集》19812 反	《存下》257	
沃甲	羌甲			《合集》226			
	祖甲	47A＋984		《合集》743	《合集》19812		
祖丁		659		《合集》849 正	《合集》19812		
南庚	南庚		《粹》338	《合集》14 正		《屯南》2118	
	祖庚	200		《合集》1822 正	《合集》19813	《合集》22079	
祖戊		1128		《合集》13871	《合集》19875	《合集》22051	
父戊			《合集》21544	《合集》2300	《合集》20017	《合集》22045	《合集》22187
阳甲	鲁甲			《合集》6647 正			
	父甲		《合集》21543	《合集》2869 反	《合集》19838		
盘庚	盘庚		《合集》21538 甲		《合集》19798		
	父庚		《合集》21538 乙	《合集》6647 正	《合集》21251		
小辛	小辛		《合集》21538 乙				
	父辛		《合集》21542	《合集》6647	《合集》19920		《合集》22194
小乙	小乙			《合集》383			
	父乙		《合集》21597	《合集》226 正	《合集》19928	《合集》22083 甲、乙	
父丁				《合集》1905		《合集》22046	《合集》22197
兄丁		684＋1152	《合集》21586	《合集》892	《合集》19907		
小乙			《合集》21586				

对于表三需要说明三点：第一，本表所列的称谓，以 H3 卜辞和原子组卜辞所出现的称谓为主，而不是将宾组卜辞、自组卜辞

等所出现的称谓统统列入。第二，本表所列的"祖某"或"父某"称谓中，午组与非王无名组的称谓与其他组的同一称谓不一定就是同一个人，但也不排除是同一个人，列入表中作为参考。第三，由于 H3 卜辞正式整理工作刚刚开始，摹本才做了很少一部分，故称谓的搜集可能会有遗漏。如果出现这种情况，请读者予以谅解。

根据表三，可以看到如下几点：

1. H3 所祭先公先王中，仲丁以前的有上甲、大乙、大甲三人，但出现次数很少，一版或两版。这些先公先王也都是宾组、自组卜辞经常祭祀的。

2. H3 卜辞中所祭先王以近祖为主，其中祖乙最多，近 20 版；祖甲有 10 余版；祖辛、祖庚、祖丁、祖戊各 1 版。此中的祖甲应是沃甲（羌甲），这是因为 H3 卜辞以祭近祖为主，祖乙以前只祭上甲、大乙、大甲三人；祖乙以下武丁祖辈名"甲"者只有沃甲，故祖甲应是沃甲。此中的祖庚应是南庚①，祖丁应是小乙之父祖丁。从祭祀出现的频率看，H3 卜辞中的"子"对祖乙、祖甲（沃甲）最为敬重，对祖辛、祖丁、南庚却很一般。被祭的祖戊不知为何人，有待研究。

3. H3 卜辞不祭阳甲、盘庚、小辛、小乙四人，而此四人恰恰是原子组卜辞最为敬重的，也是宾组、自组卜辞中的常祭先王。

4. 原子组卜辞所祭先王以父辈为主，集中在阳甲、盘庚、小辛、小乙四人，且均称父；祖辈以上者只有南庚、祖乙、大甲三人，且祭祀频率甚低，说明原子组卜辞主人亲父辈先王，而疏祖辈以上先王。

H3 卜辞同原子组卜辞所祭先祖既有联系又有区别。其联系在

---

① 武丁宾组卜辞中（《合集》1822），"南庚"与"祖庚"同版，有学者认为是两个人。我们认为，"祖庚"与"南庚"仍为一人。因为武丁卜辞中，同一人在一版上可以同时有两个称谓，如"盘庚"又称"父庚"（见本文表三）。

于，他们所祭先祖均见于宾组卜辞和自组卜辞，属殷之先公先王。其区别在于，H3 卜辞所祭多为南庚以前先王，且以祖乙、祖甲（沃甲）为主，而原子组卜辞所祭先王以父辈为主，集中于阳甲至小乙兄弟四人。这些事实说明，H3 卜辞主人"子"同原子组卜辞主人"子"是不同的两个人，H3 卜辞主人"子"很可能是沃甲之后，而子组卜辞主人"子"则可能是祖辛之后，祖丁之孙，是武丁的兄弟或堂兄弟。

H3 卜辞中女性祖先称谓主要有妣癸、妣己、妣庚、三妣庚、妣甲、妣丁、母戊等。为说明问题，现将 H3 卜辞中女性祖先称谓同子组、宾组、自组、午组、非王无名组等卜辞之女性祖先称谓比较，列如表四。

表四　　　　　　　　　　　　女性祖先称谓比较表

祖先称谓	H3"子"卜辞	子组卜辞	宾组卜辞	自组卜辞	午组卜辞	非王无名组卜辞
妣壬		《合集》21725	《合集》1823 正	《合集》19900	《合集》22050	
妣癸（中丁）	840＋859		《合集》94 正	《合集》19903	《合集》22048	
妣己	224	《合集》21548	《合集》248 正	《合集》19882	《合集》22092	《合集》22211
妣庚	113＋1518	《合集》21550	《合集》438 正	《合集》19806		《合集》22248
三妣庚	659					
妣甲（祖辛）	541		《合集》787			
妣丁	47A＋984	《合集》21666	《合集》10520	《合集》19790	《合集》22096	《合集》22264

祖先称谓	H3"子"卜辞	子组卜辞	宾组卜辞	自组卜辞	午组卜辞	非王无名组卜辞
妣辛		《合集》21540	《合集》2491	《合集》19899	《合集》22074	
中母己		《合集》21805				《合集》22248（中母）
母庚		《合集》21554	《合集》2545	《合集》19965	《屯南》2673	《合集》22240
母戊	1258	《乙》1479			《合集》22076	
母壬		《合集》21556	《合集》926	《合集》19969		

表四同前表相类似，表中所列称谓以 H3 卜辞和子组卜辞所出现的称谓为主，并非将其他类型卜辞中所有女性祖先称谓统统列入。尤其需要指出的是，因女性祖先一般只称"妣某""母某"，所指对象活动余地很大，若不与男性配偶相连，一般很难确指。因此，表中各类卜辞之同一称谓不一定就是同一个人。为了比较，只能将称谓相同者列在一起，以供参考。下面对一些重要称谓逐一讨论。

1. H3 卜辞中未见祭祀妣壬。殷代直系、旁系先王配偶中，名妣壬者有大庚之配和大戊之配。妣壬在子组、宾组、自组等卜辞中均被祭祀。

2. H3 卜辞中，祭祀靠前的先妣是妣癸，但次数少，目前只出现一片。殷武丁以前先王之配名"癸"者，只有中丁之配。H3 卜辞中的妣癸应是中丁之配妣癸，此人亦是宾组、自组等卜辞中的常见先妣。

3. H3 卜辞中，祭祀靠前的第二先妣是妣己，出现频率较高。殷先王之配中，名"己"者有中丁之配、祖乙之配和祖丁之配。

由于 H3 卜辞中祖乙被祭次数最多，且妣己曾与祖乙同版（H3：224），而中丁未见祭祀，祖丁仅见一版。故 H3 中的妣己很可能是祖乙之配妣己。妣己在子组、宾组、自组、午组、非王无名组中均被祭祀。

4. H3 卜辞中，被祭先妣最多的是妣庚，目前所见有 20 余版。这有两个原因：第一，先王之配名"庚"者多，有示壬之配、祖乙之配、沃甲（羌甲）之配、祖丁之配①；第二，祖乙、沃甲等是 H3 卜辞祭祀的重点先王，他们的配偶自然也会受到重视，故祭祀妣庚的次数自然要多。值得指出的是，H3 卜辞中见有祖乙、妣庚同版同辞（H3：974、977 等），祖甲、祖乙、妣庚同版同辞（H3：1472、1488）。此中，有的妣庚可能是祖乙之配，有的妣庚可能是祖甲之配。可见他（她）们是深受敬重的。

5. H3 卜辞中出现"三妣庚"这一称谓是很特殊的，其他卜辞未见。"三妣庚"作何解释？这里可有两种理解：一是指集合庙主，即三个妣庚在一起被祭祀；二是按同一庙号从上向下数第三个妣庚。我们认为，第二种可能性大。因为殷墟卜辞中常有按同一庙号之先后次序计算祖先称谓的现象，如康丁卜辞中的"二祖辛"（《合集》27340）是指小辛，乙辛卜辞中的"四祖丁"（《合集》36261）是指小乙之父祖丁。据此，H3 卜辞中的"三妣庚"可能为沃甲（羌甲）之配妣庚。沃甲是 H3 卜辞中被祭的重要先王，被祭次数仅次于祖乙，远在祖丁之上。再者，沃甲虽属旁系，但地位重要，其入周祭祀典，且有些学者认为，沃甲在宾组和出组卜辞中，都曾入大示受祀。② 况且前文已经指出，H3 卜辞之占卜主体可能是沃甲之后，故敬重沃甲之配妣庚也在情理之中。

---

① 《后上》3.8 一辞："庚子卜，贞：王宾祖辛奭妣庚彡日，［亡］尤？"但学界对该辞有不同的看法，有的认为是习刻，有的认为是误刻。而且仅此一条卜辞，没有第二条卜辞可作傍证。故本文暂不考虑且辛之配妣庚。

② 曹定云：《论武乙、文丁祭祀卜辞》，《考古》1983 年第 3 期。

6. H3 卜辞中的妣甲应是祖辛之配。因为在殷代直系、旁系先王之配中，名妣甲者只有示癸之配和祖辛之配。而从前面的讨论中已经看到，H3 卜辞祭祀先妣是起自中丁之配妣癸，中丁前面的大戊、大庚之配妣壬均未被祭祀，那远离中丁的示癸之配妣甲自然不在被祭之列。故此妣甲非祖辛之配莫属。

7. H3 卜辞中的妣丁不知是何人之配。此称谓在其他各类卜辞中均见，不知是否是同一人。有关妣丁的情况只能等待将来有更多的材料出现后再作讨论。

8. H3 卜辞的母辈称谓中不见母庚，而见母戊。母庚是小乙的法定配偶。此母庚见于子组、宾组、自组、午组等卜辞。H3 卜辞不见母庚，正好说明 H3 卜辞主人与武丁关系较远，不属小乙直系。H3 卜辞有母戊称谓，这一称谓不见于宾组、自组，但却见于午组。在女性祖先称谓中，H3 卜辞与午组卜辞都有母戊，这是耐人寻味的。

通过以上分析我们认为，H3 卜辞所祭祀的先妣集中于中丁之配至祖丁之配，不祭阳甲至小乙诸王之配。这说明 H3 卜辞主人与武丁不同父，甚至也不同祖。这与前面的推论是吻合的。

H3 卜辞祭祀男性祖先最多的是祖乙和沃甲（H3 中的祖甲），祭祀女性祖先最多的是妣庚，此妣庚多为祖乙之配与沃甲之配（三妣庚）。由此可以推断，H3 卜辞主人可能是沃甲之后，而沃甲又可能是祖乙之配妣庚所生（祖乙另有一法定配偶是妣己）。因此，H3 卜辞主人重点祭祀祖乙、沃甲和他们的配偶妣庚也就在情理之中了。

总结以上讨论可以认为，H3 卜辞主人与殷王同源于祖乙，可能是沃甲之后，到武丁时代与殷王的关系自然较远，故其卜辞是"非王卜辞"。

五 H3卜辞"子"之身份与地位

H3卜辞中之"子"在殷王朝中处于何种身份与地位是需要探讨的又一个问题。由于正式整理工作刚刚开始,故现在只能谈一些粗浅的看法。

(一)"子"主持祭祀

在殷代,祭祀是国家政治生活的重要组成部分,"国之大事,在祀与戎"。祭祀之主持人,一般多由殷王或殷王重臣、重要王室成员担任。这个位置是权力和地位的象征,他人难以染指。而H3卜辞中的"子"却能主持祭祀:

乙亥夕岁且乙黑牝一,子祝?(H3:224)

彡岁且乙用,子祝?(H3:450+458)

乙未岁且乙犯,子祝?在粦。(H3:47+984)

以上是"子"主持祭祀的卜辞的一部分。从这些卜辞中可以看到"子"之地位的重要。

(二)"子"作占辞

占卜是殷代国家政治生活中的大事,而占卜中对占问的事情作出判断与回答则绝非一般贞人所为。这种判断一般情况下都由殷王作出,常作"王占曰"。而H3卜辞中,却有相当数量的"子占曰"。今略举数例如下:

癸卯卜,亚奠贞:子占曰:冬(终)卜用。(H3:212)

癸亥夕卜:日彳雨?子占曰:其彳雨。用。(H3:661)

戊午卜：我人禽？子占曰：其禽。用。在𡹬。　　（H3：985）

菁阤鹿？子占曰：其菁。（H3：52）

己卯卜，贞：龟不死？子曰：其死。（H3：486）

上述诸辞说明，H3 卜辞中的"子"在占卜活动中起着十分重要的作用，能对占卜结果作出判断与回答。H3 卜辞中出现"子占曰"，这在过去的"非王卜辞"中还是少见的。据初步统计，H3 卜辞中的"子占曰"有十余版之多，说明"子"之地位确实很高，是其他"非王卜辞"主人不能比拟的。

（三）"子"与妇好之关系

妇好是武丁早期的一员女将，又是武丁的法定配偶，在武丁早年的军事、政治活动中，具有举足轻重的地位。H3 卜辞中的"子"与妇好关系十分密切。

乙亥卜：車子配史于妇好？（H3：11＋283）

戊寅卜：自𦣞𢼸其见于妇好？用。（H3：1390）

壬子卜：子以妇好入于戈。（H3：123＋373）

癸卯卜：子弜告妇好若？用。（H3：884）

以上卜辞表明，H3 卜辞中的"子"与妇好接触频繁，而且其地位与妇好不相上下。

(四)"子"与"丁"之关系

"丁"是武丁早期的又一个重要人物，他参与王朝的军政大事。H3 卜辞中的"子"与"丁"之关系亦十分密切。

壬卜：妇好告子于丁，弗司？（H3：864）

壬卜，在麓：丁畀子囗臣？一

壬卜，在麓：丁曰：余其𢎥子臣？允。二（H3：1290）

子梦丁，亡祸？（H3：1106）

以上四辞，将"子""妇好""丁"之关系描绘出来。尤其是"丁畀子囗臣"，是"丁"将一些"囗臣"送给"子"，供其使用，说明他们的关系非同一般。

(五)"子"有呼、令他人的权力

丁卜：子令友……（H3：405）

甲戌卜，在𢆶：子有令……（H3：1472）

乙亥卜：其乎多宁见，丁永。（H3：816＋1221）

翌甲其乎多臣凡？（H3：560）

甲卜：乎多臣见，翌日于丁用。（H3：1397）

上述诸辞是"子"呼、令他人辞中的一部分。其中"子令友"之"友"是 H3 卜辞中的"贞人"，可见"子"之地位确在一般贞人之上。辞中的"多宁""多臣"可能是朝中之臣，也有可能是"子"之家臣。

(六)"子"拥有相当规模的占卜机关

占卜机关规模之大小反映了卜辞主人地位之高低。而占卜机关规模的大小则可以通过如下事实反映出来：第一，拥有贞人多少；第二，拥有占卜材料之多少。

关于贞人问题，前文已经指出，II3 卜辞所见贞人在 10 人以上，这在非王卜辞中是罕见的。关于拥有占卜材料（龟版）多少可以从甲桥纪事刻辞中得到一定的反映。甲桥纪事刻辞记录着外地进贡龟版之多少，这种纪事刻辞宾组卜辞常见，自组卜辞偶见，此前之非王卜辞未见。武丁宾组卜辞中，进贡龟最多一次达1000只，次者800只，这是殷王权力和地位至高的反映。子组卜辞未见纪事刻辞贡龟记录，但卜辞中有贡龟记载：

> 庚辰，令螽隹来？螽以龟二，若令。《合集》21562

这条卜辞显示，螽进贡给子组卜辞主人两只龟，数量是很少的。而H3卜辞纪事刻辞中贡龟数量比较多，现摘引如下。

1. 只录入贡者，未录入贡数量。如史入，H3：437、H3：668；壹，H3：601；亚，H3：1506。

2. 记录入贡者及入贡数量。如庚入五，H3：567；芦入六，H3：63、H3：274；美入十，H3：299、H3：1360。

3. 未记入贡者，只记入贡数量。如十，H3：573、H3：958；三十，H3：306、H3：489、H3：657等。

以上H3卜辞甲桥刻辞说明，此坑卜龟有不少是外地进贡的，且一次最多可达30只。这种情况仅次于"王卜辞"，远在子组卜辞之上，是子组卜辞主人无法比拟的。

综上所述，H3卜辞中的"子"是一位地位很高、权力很大的人。他不仅是一位族长，可能是沃甲之后这一支的宗子，而且又是朝中一位重臣。他与朝中重要人物，如妇好、丁、子妻等交往甚密。他拥有仅次于殷王的庞大的占卜机关。由此可见，此"子"在武丁时代是一位权倾朝野的人物，其地位远在目前所见其他非王卜辞主人之上。

六　H3 卜辞的时代

据前文所述，花东 H3 属殷墟文化第一期，相当于武丁早期。① 现在让我们进一步分析 H3 之卜辞材料，看这一结论是否正确。

花东 H3 卜辞中有不少人名，这些人名中，有的活着，有的已经去世。这些人名又多见于武丁时代的其他卜辞，因此，考察这些人物的生死，正是我们判断 H3 卜辞历史时代极好的材料。花东 H3 卜辞中的人名，据初步统计有七八十位之多。有的人名是过去未见的，如子🐲、子堻、子禌、子妹、子弹、麌、磬妾、卲等；也有不少人名见于宾组、𠂤组、子组、非王无名组等卜辞。下文将后一类人名列出，以资比较。

(一) 子戠

　　甲子卜：子其舞，永？不用。
　　甲子卜：子戠弜舞？用。(H3：914)

此 "子戠" 在 H3 中是一位活着的人物。但是，在宾组和𠂤组卜辞中，子戠已经死去：

　　㞢子戠？《合集》13517（宾组）
　　□戌卜贞：不束余奠子戠？十月。《合集》20036（𠂤组小字）
　　乙丑卜，王：勿首㞢子戠？《合集》20037（𠂤组小字）

　　① 中国社会科学院考古研究所安阳工作队：《1991 年安阳花园庄东地、南地发掘简报》，《考古》1993 年第 6 期。

(二) 子尻

庚申卜：岁妣庚一，子尻钾往？（H3：620）

□寅卜，古贞：尻其屮疾？

☑贞：尻亡疾？《合集》13150 正（宾组）

丙戌卜，亘贞：子尻其屮□?《乙》5451（宾组）

尻亡疾。《合集》13749（自组小字）

以上均卜问尻、子尻之疾病一事，应是指同一个人。

(三) 子妻

贞：子妻爵祖乙，庚亡莫？（H3：1387）

乙丑卜：子妻示？（H3：1307）

贞：叀子妻往？

贞：子妻疾？《合集》3033

贞：子妻不其获咒？《合集》10426 正

以上均宾组卜辞。在宾组中，子妻是较常见的人物。

(四) 子利

癸酉卜，贞：子利爵祖乙，辛亡艱？（H3：1387）

□□卜，㱿［贞］：☑乎利☑?《合集》4205（宾组）

贞：子利亡疾？小告。《怀特》965（宾组）

(五) 屵、崖

壬辰卜：乎崖钌于又示？

乙未卜：乎崖燕见？用。(H3：876)

庚申：钌崖□癸子，瞀伐人，卯宰？(H3：659)

丙午卜，争贞：崖其系羌？《合集》495（宾组）

崖亡祸？《合集》3286 正（宾组）

戊辰卜，争贞：崖亡祸，古王事？二告。《合集》5448
（宾组）

庚辰卜，贞：崖亡若？《合集》21954（非王无名组）

(六) 妇好

甲申卜：子其见妇好？(H3：86)

乙亥卜：重子配史于妇好？(H3：11 + 283)

在宾组卜辞中，有关妇好的卜辞，据粗略统计，有一百七八十条
之多。如：

乙卯卜，宾贞：乎妇好屮及于妣庚？《合集》94 正

乙酉卜，争贞：乎妇好先𠬪人于庞？《合集》7288

辛巳卜，□贞：登妇好三千，登旅万，乎伐。《英藏》
150 正

己丑卜，㱿贞：勿〔重妇〕好比沚𬒉，上下若，受我
〔又〕？《合集》7502

己丑卜，㱿贞：翌庚寅妇好娩？

翌庚寅妇好不其娩？《合集》154

□寅卜，韦贞：嫔妇好？

贞：弗其嫔妇好？《合集》2638

最后两条卜辞卜问是否嫔祭妇好，表明妇好已经死去。

（七）宁豆

己未卜，贞：宁豆有疾亡［徝］？（H3：772）

乙卜，贞：宁豆又口，弗死？（H3：330）

贞：勿乎宁豆罖□?《合集》3508 反（宾组）

☑贞：叀宁豆☑其业于□?《合集》4715（宾组）

（八）丁

乙亥卜：其乎多宁见丁，永？（H3：816）

辛丑卜：钔丁于祖庚至□一，酚羌一人，一牢，至牡一，
祖辛钔丁，酚羌一人，二牢？（H3：200）

丙戌子卜，贞：丁不刍我?《合集》21717（子组）

王占曰：隹今夕癸见于丁。《合集》667 反（宾组）

庚申卜：扶令小臣取丁羊鸟?《合集》20354（自组大字）

甲子卜：丁乎求彘五，隹若?《合集》21566（子组）

（九）弔

乙丑卜：乎弔邔，若？（H3：793＋911）

贞：钔弔于兄丁?《合集》4306（宾组）

贞：师般弔业☑?《合集》4227（宾组）

丁卯子卜：弔归?《英藏》1900（子组）

(十) 子辟

乎多宁眔辟，丁永？(H3：816)

钔子辟中子不？《合集》20023（𠂤组小字）

己未卜：钔子辟小王不？《合集》20023（𠂤组小字）

戊午卜：王勿钔子辟？《合集》20024（𠂤组小字）

(十一) 弹

庚戌卜：叀弹乎见丁眔大，亦燕？用。昃。(H3：1467)

癸卯卜，在箕：弹以马？子占曰：其以。用。　(H3：1502)

令弹求奠目？二告。《合集》7239（宾组）

辛未卜，扶：勿乎弹征？二月。《合集》20557（𠂤组大字）

宾组卜辞学术界一般认为时代属武丁中、晚期（部分可延至祖甲），𠂤组卜辞时代在武丁早、中期（𠂤组大字类早于小字类），子组卜辞的时代自武丁早期至武丁中、晚期之交①，非王无名组时代约当武丁中期。以上列举的花东H3卜辞中的人物，见于宾组、𠂤组、子组、非王无名组等卜辞中，说明H3卜辞应属武丁时期。

武丁享国五十九年，H3卜辞时代究竟相当于武丁哪一段？下面我们从两个人物的活动作进一步分析。

1. 妇好　关于妇好之死，学术界有不同的说法。有的认为死

① 黄天树：《子组卜辞研究》，纪念于省吾教授百年诞辰暨中国古文字讨论会论文（手写稿），1996年，长春。

于武丁晚期或晚叶前期。也有的推断为武丁中后期。[①] 宾组卜辞因延续时间长，既有活着的妇好，也有死去的妇好。而 H3 卜辞中所见的妇好是位活跃的人物，这意味着 H3 卜辞的时代至少在武丁中期或更早。

2. 子畞　子畞在武丁宾组卜辞和自组小字类卜辞受到祭祀，说明他已经死去。但在 H3 卜辞中他却是位活着的人物。因此，H3 卜辞的时代应早于宾组卜辞和自组小字类卜辞，可能在武丁前期。

据此我们认为，花东 H3 卜辞的历史时代，上限在武丁前期，下限或可到武丁中期。这一结论与 H3 所处的地层关系和共存陶器的时代也基本吻合。

本文引书简称

《后》　　罗振玉：《殷虚书契后编》。

《续》　　罗振玉：《殷虚书契续编》。

《三代》　罗振玉：《三代吉金文存》。

《粹》　　郭沫若：《殷契粹编》。

《存》　　胡厚宣：《甲骨续存》。

《乙》　　董作宾：《殷虚文字乙编》。

《丙》　　张秉权：《殷虚文字丙编》。

《合集》　郭沫若主编、胡厚宣总编辑：《甲骨文合集》。

《屯南》　中国社会科学院考古研究所：《小屯南地甲骨》。

《英藏》　李学勤、齐文心、艾兰：《英国所藏甲骨集》。

《怀特》　许进雄：《怀特氏等收藏甲骨文集》。

---

① 曹定云：《殷墟妇好墓铭文研究》，台北：文津出版社 1993 年版，第 86 页。

殷墟花东 H3 卜辞中的马

——兼论商代马匹的使用*

1991 年秋，中国社会科学院考古研究所安阳工作队在殷墟花园庄东地发掘了一座甲骨坑——花东 H3。坑内出土甲骨 1583 片，上有刻辞的 689 片。[①] 这坑甲骨，属非王卜辞，内容新颖、丰富，其中有 30 多片涉及马的问题，为研究商代的养马业、马匹的使用等提供了宝贵的资料。

一 花东 H3 "马"卜辞选释

花东 H3，有关马的内容的卜甲 33 片，50 多条卜辞，其中有部分卜辞字迹模糊，辞意不完整，还有的属同文卜辞，现将其中有代表性的卜辞进行介绍，并作一简要的考释。

1. 癸亥卜：新马于贮见？一二（《花东》367 第 1 辞；图一，2）

---

* 本文为刘一曼与曹定云合著。本文原载《殷都学刊》2004 年第 1 期。

① 中国社会科学院考古研究所：《殷墟花园庄东甲骨》，云南人民出版社 2003 年版，前言，（简称《花东》）。

新，在此条卜辞中作形容词，指新旧之新。贮，为人名或地名。丁山认为宁是杼之本字。《汉书·地理志》所称梁国的杼秋县，可能即商代宁氏的故居。《清一统志》："杼秋，在今砀山县东六十里。"清代砀山县即今安徽省砀山县。① 丁氏的看法，可备一说。

见，本作𢙺，动词。在卜辞中用为看见、觐见、监视之义。姚孝遂认为𢙺与𢞗大多可通用，但"𢞗可用作献，𢙺则不能"②。

我们认为，从过去的甲骨文资料看，姚氏的说法基本上是对的，但太绝对化。因为在甲骨卜辞中也偶见用𢙺为献的例子。如《合集》8777"贞：乎见羊于西土？"辞中的"见"字作𢙺，应读为献。在第（1）辞之见（𢙺）字，也应读为献，意谓新马是由贮献来的。

值得注意的是，在第三期的何组卜辞中有"乙未卜晎贞：自贮入赤瑪，其瑚，不卥？吉"（《后下》18.8）的记载。自，为职官名，贮为人名。入，为贡纳，即自贮这个人，贡纳赤色的马，其性情是否顺服而不悍烈。③ 殷代常见以地为氏、以国为氏，人名与地名往往是相同的。由此，可以推测，贮（或宁）地产良马，从武丁时代开始，就向殷都入贡马匹，一直延续到殷代中期。

　　2. 癸酉：其又𦓓于宁［见］④？（《花东》81 第 4 辞；图一，1）

　　3. 其又𦓓于宁见？（《花东》168 第 2 辞；图二，1）

𦓓，本作𦓓，新见字，从索从马，是一种马的名称。宁与贮为

① 丁山：《甲骨文所见氏族及其制度》，中华书局 1988 年版，第 119—121 页。
② 于省吾：《甲骨文字诂林·第一册》，（以下简称《甲诂》），第 609 页。
③ 钟柏生：《释新缀四一八版卜辞》，《大陆杂志》第七十九卷，1989 年第 2 期。
④ 在本文中，字外加方括号者，表示该字模糊不清、残缺不全，释文是据文例推断出来的；□表示缺一字；☑表示不能确知所缺之字数。

一字的不同写法，是简繁之别。

　　4. 其又贮马［于］新［见］？（《花东》168 第 1 辞；图二，1）

　　此辞之"新"，用为地名。在《花东》H3 卜辞中，"新"字除了作形容词外，有用作地名的例子，如：《花东》9 第 1 辞"丙寅夕：宜在新，束牝一？"第 4 辞之"新"，可能属贮地中的一个较小的地名。

　　5. 丙子卜：或駆于宁见？（《花东》81 第 5 辞；图一，1）

　　或，在《花东》H3 卜辞中数见，用为人名。如：《花东》449 第 2 辞"辛未卜：丁弗其从白或伐邵？一"，"或"为人名，白即伯，是"或"的爵称。第 5 辞意谓或的母马是由宁献的。

　　6. 癸卯卜，在聂：弹以马？子占曰：其以，用。（《花东》498；图二，3）

　　聂，在卜辞中用为地名，是殷王与王室贵族田猎之地。如《合集》10956"贞：狩，勿至于聂？九月"。《合集》33374 反"辛巳卜，在聂：今日王逐兕，擒？允擒七兕"。《花东》36 第 6 辞："其涿河狩，至于聂？一。"

　　弓，学术界对此字的隶定有弦、弹、发等，我们认为以隶释弹较为合理。① 弹，在第 6 辞作人名。此人亦见于武丁时的自组卜辞与宾组卜辞中。如《合集》20577"辛未卜，扶：勿乎弹征？

---

① 于省吾：《甲骨文字诂林·第一册》，（以下简称《甲诂》），第 2600—2604 页。

二月"（自组大字）。《合集》7239"令弹求奠目？二告"（宾组）。

以，在卜辞中常用作为连词、介词。此字作动词时，有贡纳、进献之义，如《合集》33191"癸亥贞：危方以牛，其用于来甲申？"《屯南》9"己酉贞：彭以牛其用自上甲，三牢汎？"第 6 辞的"以"字，也是这种用法。可能 H3 卜辞的主人——子，要到彗地狩猎，需用马匹，因此占卜是否由弹献纳马呢？

　　7. 戊子卜：叀子妻乎匄马？用。一二（《花东》493 第 1 辞；图二，2）

子妻，人名。在宾组卜辞中，子妻是较常见的人物。如《合集》3033"贞：子妻疾？"　《合集》10426 正"贞：子妻不其获兕？"

叀，虚词，在这条卜辞中起提前宾语的作用。"叀子妻乎"即"乎（呼）子妻"。

匄，在卜辞中用为动词时，有乞求、祈求之义。如《南明》79"王其正（征），告于祖乙，匄又（佑）？"《玉篇》："匄，乞也，取也。"《集韵》："匄，求也。"匄字，又可引申为求取、征集之义。

第 7 辞之意为是否呼令子妻去征集马匹。

　　8. 丙午卜：其犁山匄宁💥？用。一
　　9. 弜匄？一
　　10. 丁未卜：叀𠂤乎匄宁💥？一
　　11. 叀魃乎饬💥？一
　　12. 弜匄黑马？用。（《花东》179 第 3—7 辞；图三，2）
　　13. 戊申卜：叀魃乎匄 [马]？用。在麗。一二二
　　14. 戊卜：叀邤乎匄？不用。二

15. 重辇乎匃? 不用。二 (《花东》467 第 8—10 辞; 图
三, 3)

辥山, 邵 (邙为邵之简体)、黸、辇, 均为人名。⿰, 为
马之一种。

16. 庚戌卜: 其匃禾马宁? 一

17. 庚戌卜: 弜禾马? 一 (《花东》146 第 4、5 辞; 图
三, 1)

禾马, 为马之一种, 或许就是第 8、10、11 条卜辞的⿰字分
书。"匃禾马宁" 即 "匃宁禾马"。

第 8—13 辞的丙午、丁未、戊申是相连的三日, 第 16、17 辞
之庚戌, 与第 13 辞的戊申只隔一天。这几条卜辞是反复卜问该派
谁往宁地征集马匹。从句末的用辞来看, 最后选了辥山、黸前往。

值得注意的是, 《花东》179、467 两片卜甲的长度在 20 厘米
左右, 《花东》146 长为 22.7 厘米。三片卜甲的甲桥较窄, 左、
右甲桥外缘均有缺口。可见当时的占卜, 对日期相近、卜问的事
类相同, 常常选用尺寸近似的龟甲作占卜的材料。这些外形相似
的龟甲, 可能是从同一地点某次进贡来的。

18. 乙丑: 自贮马, 又 (有) 剢? 一

19. 亡其剢, 贮马? 一

20. 佳左马其又 (有) 剢? 一

21. 又 (右) 马其又 (有) 剢? 一

22. 自贮马其又死? 子曰: 其又死。(《花东》60 第 3 - 7
辞; 图四, 1)

剢, 本作⿰, 像手持刀欲砍杀猪之形, 为会意字。此字与殷金

文刻簋（《三代》6.3）① 上的图形相似。不同之处是，此字竖向，金文则为横向，作 形。甲骨文中加又的刻字，过去未见，但省去又的刻（ ）字，已见数十例。卜辞中有些会意字，亦有省去"又"（手形）的，如射作 与 形。 为 之繁体。

关于刻字的意义，陈炜湛有较详细的论述。他认为有一些刻字，应隶为犾，但较多的刻字，与犾字无涉。如"戊亡其刻？"（《合集》4274）"丙辰卜，争贞：自出刻？"（《合集》779 正）"辞例与'有希'、'出 '、'出来嬉'等同，其义颇与灾异不吉之事有关。"② 我们认为，陈说可从。第 18、19 辞"有刻"与"亡其刻"对贞，22 辞又卜问"马其又死"，刻字显然是作为灾祸之义。

第 18—22 辞，是卜问贮献来的马匹，是否有灾祸，会否死亡？

23. 壬辰卜贞：又（右）駐［弗］安，又赵非鳸□？子占曰：三日不死，不其死。（《花东》369；图四，2）

駐，公马。过去著录中只见駓字，未见駐字。但是出现过用"⊥"符表示某种马的性别。如《后下》18.8 +《林》2·26·7"乙未卜，晌贞：又（右）史入駛其瑂，［不］卤？"之"駛"字作" "。郭沫若曾将该字拆成"马""駓""⊥"三字，认为"⊥"是王字。③ 钟柏生已指出其误，谓该字是指雄性的駛（一种良马）。④

赵，本作 ，从夭从玄，而"夭"乃走之初文，故可隶赵。

---

① 罗振玉：《三代吉金文存》，1937 年。
② 陈炜湛：《甲骨文异字同形例》，《古文字研究》第六辑，1981 年，第 243—245 页。
③ 郭沫若：《卜辞通纂·733 片考释》，日本东京求堂石印本，1933 年。
④ 钟柏生：《释新缀四一八版卜辞》，《大陆杂志》第七十九卷，1989 年第 2 期。

　　第23辞虽"又赿非鴈"之意未明，但全辞的大概意思是清楚的。即"子"为"右駐不安"而占卜。给"子"拉车的右駐患病，使"子"很焦虑，借助占卜，祈求神灵庇佑这匹良马不死。子看了卜兆后作出判断，如果三日之内这匹马不死，就不会死去。足见"子"对驾马是十分珍惜的。

　　24. 贞：又（右）马不死？
　　25. 其死？（《花东》431 第2、3辞；图四，3）
　　26. 乎用马？（《花东》46；图五，1）
　　27. 戊申卜：日用马于之，力？
　　28. 戊申卜：弜日用马于之，力？（《花东》196 第2、3辞；图五，2）

　　之，在第27、28两条卜辞中，用作代词，指用马之地点。从《花东》196 同版的几条卜辞曾记戊申前两天的丙午、后两天的庚戌，子活动的地点在麗，以及上文第13辞（《花东》467）戊申日占卜呼黐匃马之地点也是在麗。那么，第27、28条卜辞用马之地点亦当是麗。

　　力，在此辞为妯之省，读为嘉。此种用法亦见于午组卜辞。如"戊午卜贞：妇石力（嘉）？"（《合集》22099）
　　以上两条卜辞是"子"卜问在麗地是用马还是不用马好呢？

　　29. 戊卜：其日用骔，不坚？
　　30. 弜日用，不坚？
　　31. 骔其坚？　一
　　32. 骔不坚？　二（《花东》191 第1—4辞；图六，2）

　　此版未记地支，从所卜内容看，与上片《花东》196 相近，疑戊为戊申之省。

骉，本作🐎，新发现的字。《说文》："骉，马浅黑色，从马鬼声。"骉，当是指毛色浅黑的一种马。

𧲲，本作🐎，新见字，义未明。

第 29 辞大意为：戊（或戊申）这天卜问，当日用浅黑色的骉马，不会有灾异吧？

    33. 新马子用右？—

    34. 新马子用左？—

    35. 贮见子用右？—

    36. 贮见子用右？—（《花东》367 第 4—7 辞；图一，2）

从《花东》367 之第 2 辞作"癸亥卜：新马于宁见"可推知 35、36 辞省略了"新马于"三字。

    37. 丁未卜：新马其于贮见，又（右）用？—

    38. 丁未卜：新马于贮见，又（右）不用？—（《花东》7，第 6、第 7 辞；图六，1）

第 33—38 六条卜辞，大意是贮（宁）新贡人马匹，"子"将它用于辕的左边好还是右边好？殷代的马车是一辕、一轴、一衡、一舆的，驾马二匹，分置于辕的左、右侧，当时，拉车的马匹是要经过精心挑选的。

在已著录的卜辞中，有占卜为殷王的马车选用马匹之事，如《新缀》418：

    乙未卜，㫊贞：旧一乙左驶其坜，不卣？

    乙未卜，㫊贞：右史入驶其坜，[不]卣？

乙未卜，瞂贞：女(?)子入馺一乙，瑐?

乙未卜，瞂贞：自贮入赤瑪，其土剢，不卣? 吉。

乙未卜，瞂贞：左☐其瑐不卣☐

乙未卜，瞂贞：在潕田，寅入赤马，其瑐☐

乙未卜，瞂贞：辰入驶其瑐☐

这几条卜辞意谓殷王将到潕地田猎，但王田猎的马车旧的一匹左边拉车的马出了问题，因而卜问选用何种马：继续用旧马，或用右史，女(?)子、自贮、寅、辰等人入贡的良马。[①]

《新缀》418，属何组卜辞，时代约当廪辛、康丁，而花东 H3 卜辞属非王卜辞，时代属武丁前期。可见为驾车选马的做法由来已久，不但殷王如此，高级贵族亦如此。

39. 戊午卜：子又乎逐鹿，不逆马? 用。二三（《花东》295 第 1 辞；图七，1）

全辞意为：子又呼令驱逐鹿群，不用逆马吗?

40. 辛巳卜：新驲于以雈，在麗入? 用。子占曰：奏莫，卩。一

41. 辛巳卜：子重宁见，用逐? 用。获一鹿。一（《花东》259 第 1、2 辞；图七，2）

雈，在著录中用为地名，如《甲》3420 "己亥卜贞：王往雈，稭征往?"《通》别二．Ⅹ．5 "庚午卜，宾贞：翌乙亥皋其征，受雈又?"第 40 辞之雈，用为人名。该辞之贞辞意为：一匹新母马由

---

① 钟柏生：《释駣——附释"寻"字在卜辞中的一种用法》，《中国文字》新 26 期，台北：艺文印书馆 2000 年版。

崔献来的，在麤地贡纳。

第 41 辞的前辞省去"马"字。全辞意为：子用宁所献纳的马（驾车或骑乘）去田猎，结果获一头鹿。

42. 丙寅卜：其钘，隹宁见马于癸子，重一伐、一牛、一爯，晋梦？用。一二（《花东》29 第一辞；图八，2）

癸子，即子癸，是《花东》H3 祭祀卜辞中常见的祭祀对象。全辞之意为：子做了梦（殷人以为梦是不祥之兆）为此对子癸进行钘祭，是否用宁献的马作祭牲，再杀一人、一牛、用一爯酒好呢？

43. 丙寅卜：宁马異，弗马？

44. 丙寅：其钘，［隹］宁见马于癸子，重一伐，一牛、一爯，册梦？用。一二（《花东》289 第 5、6 辞；图八，1）

異，在卜辞中较常见，有几种用法：用作翼佐、佑助；时间词（指它日）；用为副词，读作式，指应当、会、能；作祭名等。① 有学者指出，"在第一期卜辞中'帝異''先王異'或与天象、疾病有关的卜辞，'異'用为动词，有'疑怪'之义；另外，卜问疾病的'王邑異'，为'变異''变化'之意"。② 在第 43 辞之"異"，疑用作怪異。第 44 辞与 42 辞为同文卜辞，该辞与 43 辞为左右对贞的卜辞。"宁马異，弗马"尽管文辞较省略，亦当卜问祭祀用牲之事。该辞之意为：宁献的马怪異，是否不用它作祭祀的牺牲。

45. ☑岁祖甲羊一，［岁］祖乙牝一，［在］甘，子祝？

---

① 于省吾：《甲骨文字诂林·第一册》，第 263—285 页。
② 钟柏生：《释新缀四一八版卜辞》，《大陆杂志》第七十九卷，1989 年第 2 期。

马用。(《花东》428 第 2 辞；图九，1)

此辞卜问，在甘地岁祭祖甲，是否用一头普通的羊，岁祭祖乙用一头公羊，由子进行祝祷。验辞为"马用"，即"用马"。最后岁祭时，没有用羊，而是用了马。

46. 癸酉卜：弜勿（刎）新黑马，又刎？（《花东》239 第 3 辞；图九，3)

勿，本作ζ。该字，过去不少学者隶为勾。裘锡圭指出，在甲骨文中，不少ζ字应该释为"勿"，不得释为"勾"。作动词的"勿"或读为"刎牛马之'刎'"①。其说可从。第 46 辞意为：不杀新黑马为祭牲，会有灾祸吗？

47. 贮马其秉？(《花东》522，图九，2)

这是小片卜甲，"贮"前可能还有文字。秉字，在著录中已见，作西方风名。但在《花东》H3 卜辞中，该字用为祭名或用牲法。如《花东》228 第 8 辞"丁亥卜：吉牛秉于宜？"；《花东》474 第 4 辞"己巳卜：子福告其秉革于妣庚？"疑第 47 辞之秉字，亦是这种用法。

48. 乙卜：弜归马？ 一
49. 归？ 一（《花东》412 第 1. 2 辞；图九，4)

第 48 辞之"归马"即"马归"。第 48、49 两条卜辞正反对

---

① 裘锡圭：《释"勿""發"》，《中国语文研究》1981 年第 2 期。

贞，卜问马群是否归来。①

以上是《花东》H3 涉及马的卜辞。与花东 H3 卜辞时代大体相近的武丁时代的非王卜辞中，也见到记录马的资料，但数量较少。

"子组卜辞"这类卜辞有三条，其中一条为："亡**兂**（咎）马？"（《合集》21749），卜问马群是否遭到灾祸。

"午组卜辞"只见一条卜辞："乙未卜：光［令］**孚**取马？三。"（《合集》22119 甲）卜问征集马匹之事。

殷墟第十五次发掘的"妇女卜辞"②亦有二条。其辞为"马不**卨**（烈）？"（《合集》22247），"束马"（《合集 22347》）。

花东 H3 关于马内容的卜辞与其他非王卜辞相比，有两个显著特点：1. 数量较多。有关马内容的卜甲三十多片（五十多条卜辞），占 H3 刻辞卜甲总数的 4.8%。2. 内容丰富。涉及马匹的贡纳，征集；卜问马群的安全，是否有灾祸，会不会死亡；关于驾车用马的选择；祭祀、田猎的用马；卜问马群是否归来等。特别是关于第一项贡纳、征集马匹内容占卜的比重较大，这反映出 H3 的"子"拥有马匹的数量较多，远在其他非王卜辞主人之上。联系到《花东》27、32 两辞，记载了子祭祀妣庚用"百牛又五"，可见 H3"子"的这一族的畜牧业相当发达，其经济实力是其他非王卜辞所不能比拟的。

二　商代马匹的应用

过去，已有学者谈及商代马匹应用较广泛，用于祭祀、战争、

---

①　有学者认为，48 辞"归马"之"马"，指"人马"，即骑手或马队。48、49 辞是占卜骑手（或马队）是否归来。该片卜辞，意味着 H3 的"子"族有自己的骑手（或马队）。这种看法，可备一说。

②　指《乙》8691—《乙》9052，字体近子、自、午组，内容多述妇人之事，陈梦家说"可能是嫔妃之作"，李学勤称为"妇女卜辞"。黄天树：《妇女卜辞》，《中国古文字研究》第一辑，吉林大学出版社 1999 年版。

出行、田猎等①，现就甲骨卜辞及考古发掘资料对祭祀、殉葬及驾车用马再做一些补充。

（一）用于祭祀

在王卜辞中有下列几条卜辞：

1. 丙申卜扶：祉瓡马大丁？用。（《合集》19813 正）
2. 丙辰卜扶：禵马至祖乙？（《合集》19847）
3. 其三马？重不勿马？兄辛？（《通》别一，何 8）
4. 甲辰卜：禵孚马自大乙？（《合集》32435，《屯南》1078 与之同文）
5. 癸未贞：重今乙酉又父□岁于祖乙，五马？兹用。二（《甲》696＋697）②
6. 贞：馭马？（《京》257）

第 1、2 辞属武丁时期的"自组卜辞"，第 3 辞属无名组卜辞，该辞有"兄辛"称谓，属康丁时代，第 4、5 辞属"历组卜辞"，属武乙、文丁时代。③

以上几条卜辞，所祭的先王有大乙、大丁、祖乙、廪辛，均属男性先祖。其中大乙、祖乙是商代有名的先王，在各期卜辞中，他们均受到较隆重的祭祀。廪辛，虽不是直系先王，但他是殷王康丁之兄，与之关系密切，所以在康丁卜辞中祭祀兄辛较常见。

上文所述的《花东》H3 卜辞的第 42—45 条，均是以马祭祀的卜辞，祭祀对象为祖甲、祖乙、子癸，他们亦属男性。H3 祭祀

---

① 王宇信：《商代的养马业》，《中国史研究》1980 年第 1 期。

② 屈万里：《殷墟文字甲编考释》，第 111 页，将《甲》696＋697 片的马字释作"彩"，我们认为从字形上看，以隶释"马"字为宜。

③ 关于"历组卜辞"的时代，学术界有不同的意见：一种意见认为它属武丁晚期至祖庚；另一种主张它属武乙、文丁时代。

卜辞中，所祭的男性先祖有 13 位，其中祖乙出现最多，达 64 版，祖甲次之，38 版。我们曾论证过，H3 的祖乙是中宗祖乙，祖甲是沃甲。H3 卜辞的主人可能是沃甲之后，是祖乙之配妣庚所生，故对此二祖很敬重。[①] 因而祭祀他们的次数较多。H3 卜辞被祭祀的子辈只见子癸一位，但有 19 版，仅次于祖甲，名列第三，高于其他 11 位男性先祖。可能子癸是 H3 卜辞主人——"子"的亲子，较早死去，他与"子"的关系密切。

H3 卜辞中被祭祀的女性先祖有 7 位，但所用的祭牲只有牛、羊等，不见用马，连被祭祀次数最多的妣庚（见于 120 版）亦如此。

卜辞的资料表明，用马祭祀只限于部分男性祖先（较重要的或与祭祀者关系密切的祖先）。可能当时对男性先祖与女性先祖在祭祀仪礼上存在着一定的差别。

在殷墟发掘的祭祀坑中，马坑遗迹屡见不鲜。1935 年春，殷墟第十一次发掘在王陵区发掘了马坑 20 个（东区 13 个，西区 7 个），每坑埋马的数目，少者 1 匹，最多的 37 匹，以一坑 2 匹的为多。[②] 1987 年春，在王陵区西区 M1550 大墓东南发掘了 30 座马坑，每坑埋马的数目少者 1 匹，最多的 8 匹，以 1 坑 2 匹和 6 匹为多，共计 30 座马坑埋马 117 匹。在这 30 座马坑的东侧和南侧近 80 厘米未发掘的祭祀坑中，据钻探了解，大部分坑中亦埋有马骨架。[③]

1936 年，在殷墟第十三次发掘中，在小屯北乙七基址南，发现了 100 多座祭祀坑，其中 M164，内埋 1 马、1 人、1 犬，还随葬了铜镞、弓形器、玉策等。[④]

---

① 刘一曼、曹定云：《殷墟花园庄东地甲骨卜辞选释与初步研究》，《考古学报》1999 年第 3 期。

② 胡厚宣：《殷墟发掘》，学习生活出版社 1955 年版，第 82 页。

③ 中国社会科学院考古研究所安阳工作队：《安阳武官村北地商代祭祀坑的发掘》，《考古》1987 年第 12 期。

④ 石璋如：《殷墟最近之重要发现·附论小屯地层》，《中国考古学报》第二册，1947 年。

1973 年，在小屯南地探方 T1 中部的（7A）层下，发现了一椭圆形的祭祀坑，在坑底中部再挖一长方形坑，内埋 1 马。在马坑的周围埋 5 具人骨架，其中 3 具成年，2 具幼童。该坑是以马为中心来配置人牲的。①

据研究，王陵区的祭祀坑，是殷王祭祀祖先时留下的遗迹，小屯北与小屯南地两处的马坑，可能也与王室的祭祀有关。

（二）用于殉葬

殷墟考古发掘中，多次发现以马殉葬的遗迹。西北冈王陵区的大墓，常见用马殉葬。如 M1001 大墓的东侧，发现 37 个埋人和动物的陪葬坑，其中马坑 7 个，3 个被破坏，余 4 坑共埋马 12 匹。② 武官大墓北墓道有 3 个马坑，分别埋马 6、6、4 匹，南墓道亦有 3 个坑，每坑埋马 4 匹，该墓共殉马 28 匹。③

在族墓地，以马殉葬的例子较少。如西区，已发表的 1969—1977 年的资料，在 939 座殷墓中，发现马坑 1 座（2 马 1 人），该马坑与 M43、M151 两座车马坑，同为 M93（一条墓道的大墓）的陪葬坑。西区，在墓室中殉马的墓 5 座——M696、M699、M700、M216、M217），前 3 墓为一条墓道的大墓，后 2 墓为有棺椁、面积较大的中型墓。④ 再如郭家庄墓地，1982—1992 年发掘了 191 座殷墓，其中马坑 2 座——M51 与 M143，前者是一条墓道的大墓

① 中国科学院考古研究所安阳工作队：《1973 年安阳小屯南地发掘简报》，《考古》1975 年第 1 期。

② 梁思永、高去寻：《侯家庄第二本·1001 号大墓》，"中研院"历史语言研究所，1962 年。

③ 郭宝钧：《一九五〇年殷墟发掘报告》，《中国考古学报》第五册，1951 年；中国科学院考古研究所安阳发掘队：《安阳殷墟奴隶祭祀坑的发掘》，《考古》1977 年第 1 期。

④ 中国社会科学院考古研究所安阳工作队：《1969—1977 年殷墟西区墓葬发掘报告》，《考古学报》1979 年第 1 期。

M172 的陪葬坑，后者是较大的中型墓 M160 的陪葬坑。①

在殷墟，商代后期的小墓，未见以马随葬的。

（三）用于驾车

商代后期，马车已较常见，它主要用于王及高、中级贵族外出田猎、游乐、对外战争上。这在甲骨文中已有记载。在殷墟的考古发掘中，已发现 40 多座殷代的车马坑。

关于殷代马车驾马的数目，至今学术界仍无统一的认识。在20 世纪 30 年代，郭沫若在《卜辞通纂》第 730 片考释中说："马皆以两两相并，骉与䮃、𩢏与骘、左马与骉、𩧋与小骉、𩥉与骉，最后曰'并辔'，'并辔'者谓用两辔也。此足证殷末王者之车，所驾者仅二马，即所谓骈，骖驷之制，盖后起者矣。"② 郭氏之说为多数学者赞同。但由于石璋如先生在《殷墟最近之重要发现·附论小屯地层》中曾谈到 1936 年发掘的小屯北 M20 车马坑为一车四马③，该文在学术界影响很大，至今仍有一些学者据此认为殷车的驾马既有二匹亦有四匹。但从殷墟车马坑的发掘资料看，无论是小屯北地 M20 等 5 座车马坑④，还是中华人民共和国成立以来发掘的四十多座车马坑，均是二马驾一车的。所以，我们认为，郭氏的说法，确不可易。

又，上文提到卜辞中记载王（或高级贵族）外出乘的马车辕左、右的驾马是经过精心挑选的。这在考古发掘中亦可找到一些证据。如殷墟车马坑中，分置于辕左、右的两匹马，马架的长度与宽

---

① 中国社会科学院考古研究所：《安阳殷墟郭家庄商代墓葬》，中国大百科全书出版社 1998 年版。

② 郭沫若：《卜辞通纂·733 片考释》，日本东京文求堂石印本，1933 年。

③ 石璋如：《殷墟最近之重要发现·附论小屯地层》，《中国考古学报》第二册，1947 年。

④ 石璋如在《小屯第一本·遗址的发现与发掘·丙编·殷墟墓葬之一·北组墓葬》（台北，1970 年）已改定小屯北 M20 埋二车四马，即每车二马。

度大多基本相近，表明原来马的高度也大体相似。我们曾对一些车马坑马的年龄作过初步鉴定，同坑二马的年龄大多接近。这些迹象表明，驾车的马不是任意配置，而是经过选择的。因为只有经过精心挑选，搭配合理的双马驾车，才能保证王和高级贵族出行的安全。

三　余论——马的价值

从甲骨文与殷墟发掘的资料可知，在殷商时代，只有王、王室成员、高中级贵族，才能用马祭祀或殉葬，才能乘坐马车，也就是说，马是具有贵族身份的人才拥有的牲畜，一般平民是难以问津的。

上文已提到，甲骨卜辞记载用马祭祀的很少，只十多条，多不记用马之数，只《甲》696＋697记了一次用马5匹。而卜辞中记用牛、羊、犬、人牲等祭祀极普遍，其中一次祭祀用牛和用人牲的数目都可达300到1000，一次祭祀用羊、豕、犬的最高数可达100[①]，远远高于用马数。考古发掘的资料，祭祀或殉葬用的人牲、人殉的数字，也比用马祭祀与殉葬要多。[②]

据此可以推测，在殷代马的价值高于牛、羊，亦高于作为人牲、人殉的战俘与奴隶。正因为马的价值较高，它又与王室贵族的生活有密切的联系，所以它成为王与高中级贵族青睐之物，成了赏赐、贡纳的高级礼品。

古本《竹书纪年》载，武乙三十四年："周王季历来朝，武乙赐地三十里，玉十瑴，马八疋。"

《史记·殷本纪》载："西伯之臣闳夭之徒，求美女奇物善马以献纣，纣乃赦西伯。"

由此可见，殷代名马的价值是相当高昂的。

---

① 姚孝遂、肖丁：《殷墟甲骨刻辞类纂·中册》，中华书局1989年版。
② 中国社会科学院考古研究所：《殷墟的发现与研究》，科学出版社1994年版，第103—120页。

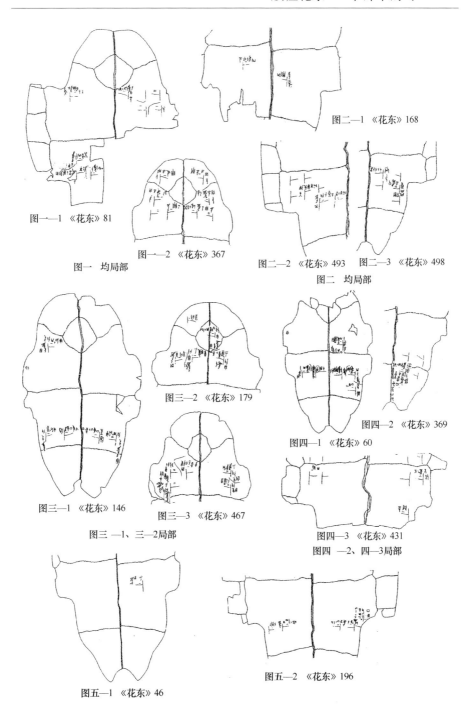

图一—1 《花东》81

图一—2 《花东》367

图一　均局部

图二—1 《花东》168

图二—2 《花东》493　图二—3 《花东》498

图二　均局部

图三—2 《花东》179

图三—1 《花东》146

图三—3 《花东》467

图三 —1、三—2局部

图四—2 《花东》369

图四—1 《花东》60

图四—3 《花东》431

图四 —2、四—3局部

图五—1 《花东》46

图五—2 《花东》196

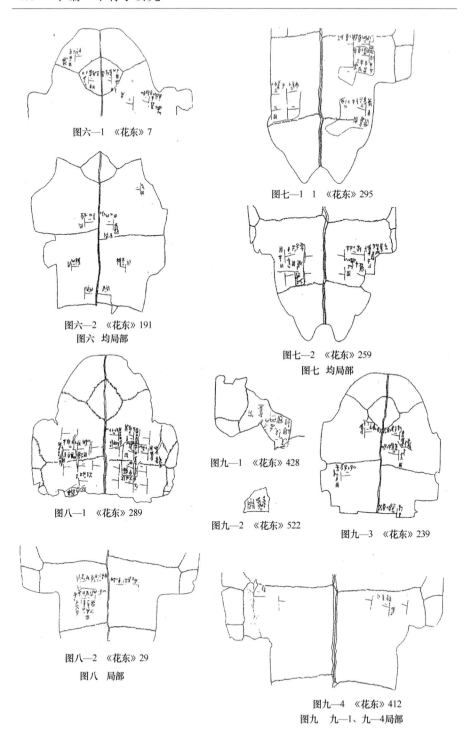

图六—1　《花东》7

图六—2　《花东》191

图六　均局部

图七—1　1　《花东》295

图七—2　《花东》259

图七　均局部

图八—1　《花东》289

图九—1　《花东》428

图九—2　《花东》522

图九—3　《花东》239

图八—2　《花东》29

图八　局部

图九—4　《花东》412

图九　九—1、九—4局部

论殷墟花园庄东地 H3 的记事刻辞[*]

　　殷墟花园庄东地 H3 甲骨坑，出土刻辞甲骨 689 片，其中刻辞卜甲 684 片，刻辞卜骨 5 片。[①] 在刻辞卜甲中，绝大多数属卜辞，但也有 60 片属记事刻辞。这是继 1936 年小屯北地 H127 坑之后，在殷墟考古发掘中，发现卜甲记事刻辞最多的一次，为对记事刻辞的研究及对殷代卜甲来源的研究提供了宝贵的资料。本文对花东 H3 坑的记事刻辞做一整理、研究，并将之与自组、宾组卜甲同类刻辞做一比较。

一　H3 的记事刻辞

　　H3 甲骨坑 60 片卜甲记事刻辞，按刻辞所在的部位，可分为甲尾刻辞与甲桥刻辞二类，现逐一介绍如下：

　　（一）甲尾刻辞 2 片。字均刻于卜甲之反面。

　　1. 乇，一字。见于《花东》329（H3：1021 反），字在右尾甲（图一，3）。

　　2. 卅（即三十），一字。见于《花东》462（H3：1433 反），

　　* 本文为刘一曼和曹定云合著。原载《2004 年安阳殷墟商文明国际学术研讨会论文集》，社会科学文献出版社 2004 年版。
　　① 中国社会科学院考古研究所：《殷墟花园庄东地甲骨》，云南人民出版社 2003 年版，前言。以下简称《花东》。

字在左尾甲（图一，1）。

（二）甲桥刻辞 58 片。又可细分为反面甲桥刻辞与正面甲桥刻辞两种：

1. 反面甲桥刻辞，48 片。

（1）屰入六，2 片。见于《花东》20（H3：63 反）、83（H3：274 反），字在左桥（图一，2、4）。

（2）庚入五，2 片。见于《花东》190（H3：567 反）、362（H3：1149 反），字在左桥（图二，1、2）。

（3）庚入二，1 片。见于《花东》190（H3：567 反）之右桥（图二，1），与左桥的"庚入五"基本对称。H3 卜甲记事刻辞中，左、右甲桥均有字者，仅此片，属两次贡龟的记录。

（4）𤔲入十，3 片。见于《花东》91（H3：299 反）、399（H3：1270 反）、436（H3：1360 反），字在右桥（图二，5、3、4）。

（5）周入四，1 片。见于《花东》327（H3：1009 反）（图三，1）。

（6）𠂤入五，1 片。见于《花东》425（H3：1343 反），字在左桥（图三，3）。

（7）史入，2 片。见于《花东》133（H3：437 反）、231（H3：668 反），字在右桥（图三，4、5）。

（8）屖入，1 片。见于《花东》466（H3：1436 反），字在右桥（图三，2）。

（9）大示五，1 片。见于《花东》184（H3：560 反），字在右桥（图四，2）。

（10）□［示］①，1 片。见于《花东》192（H3：573 反），字在左桥。该片"示"字下部被凿打破，其下是否有数字，已不

---

① 在本文的甲骨刻辞释文中，□表示缺一字；☑表示不能确知所缺之字数；字外加方括号者，是由于该字模糊不清或残缺不全，释文是据文例推断出来的。

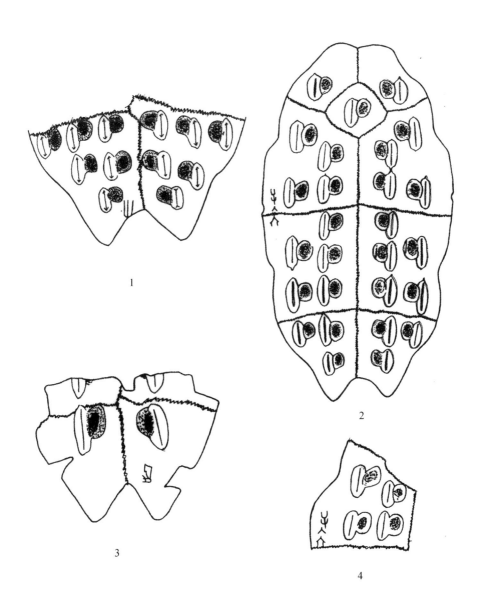

图一

1. 《花东》462（H3：1433 反）；2. 《花东》20（H3：63 反）；3. 《花东》329（H3：1021 反）；4. 《花东》83（H3：274 反）（1、4 为局部）

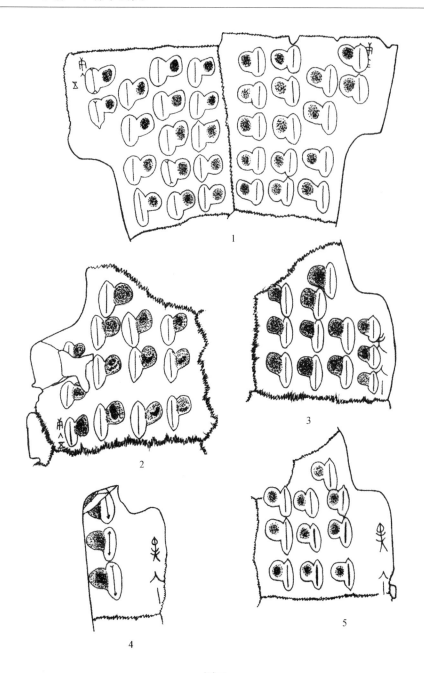

图二

1.《花东》190（H3：567 反）；2.《花东》362（H3：1149 反）；3.《花东》399（H3：1270 反）；4.《花东》436（H3：1360 反）；5.《花东》91（H3：299 反）（以上各片均局部）

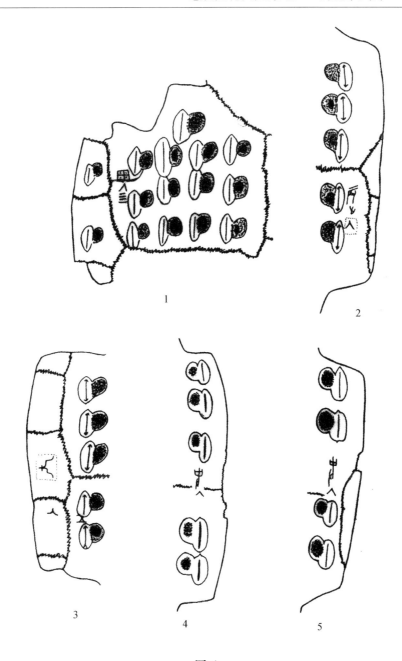

图三

　　1.《花东》327（H3：1009 反）；2.《花东》466（H3：1436 反）；3.《花东》425（H3：1343 反）；4.《花东》133（H3：437 反）；5.《花东》231（H3：668 反）（以上各片均局部）

得而知。"示"字上部，残留二分叉斜道，似"大"字之下部（图四，1）。

（11）我五，1片。见于《花东》470（H3：1453 反），字在左桥（图四，5）。

（12）封十，1片。见于《花东》172（H3：535 反），字在左桥（图四，4）。

（13）封，1片。见于《花东》71（H3：237 反），字在左桥（图四，3）。

（14）龠十，5片。见于《花东》138（H3：443 反）、242（H3：714 反）、272（H3：793 反）、417（H3：1308 反）、447（H3：1383 反），字在左桥（图五，3、1、4、5、2）。

（15）爵三，4片。见于《花东》79（H3：259 反）、440（H3：1365 反）、444（H3：1376 反）、483（H3：1477 反）字在左桥（图六 1、3、4、2）。第一个字，字形作禾，为复合氏族徽号，故录定为"爵"作一个字处理。其中《花东》79、440、444，凿将文字打破。

（16）□［四］，1片。见于《花东》407（H3：1285 反），字在右桥（图六，6），第一字被凿打破，未识。

（17）钭㪔，1片。见于《花东》156（H3：485 反），字在左桥（图六，5）。

（18）壹，1片。见于《花东》201（H3：601 反），字在左桥（图七，2）。

（19）亚，1片。见于《花东》500（H3：1506 反），字在左桥（图七，1）。

（20）上，1片。见于《花东》121（H3：397 反），字在右桥（图七，3）。该字形似今楷之"上"字，但非现今之上字，因为甲骨文之"上"写作"二"。该字存疑待考。

（21）叺，1片。见于《花东》62（H3：212 反），字在右桥

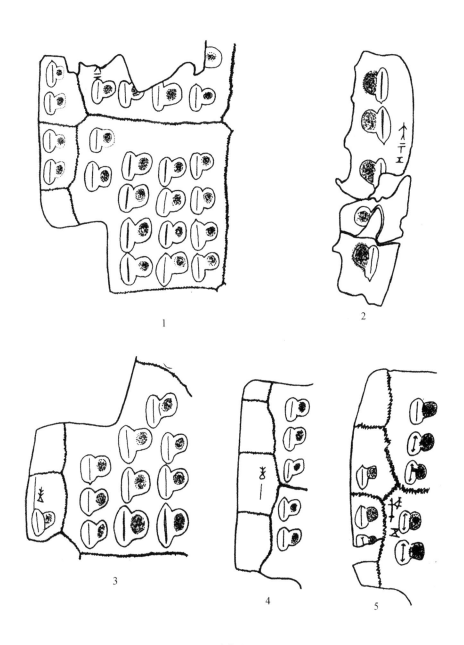

图四

1. 《花东》192（H3：573 反）；2. 《花东》184（H3：560 反）；3. 《花东》71（H3：237 反）；4. 《花东》172（H3：535 反）；5. 《花东》470（H3：1453 反）（以上各片均局部）

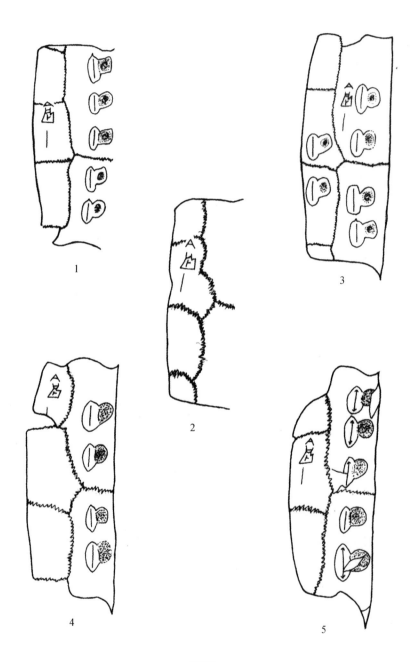

图五

1.《花东》242（H3：714 反）；2.《花东》447（H3：1383 反）；3.《花东》138（H3：443 反）；4.《花东》272（H3：793 反）；5.《花东》417（H3：1308 反）（以上均局部）

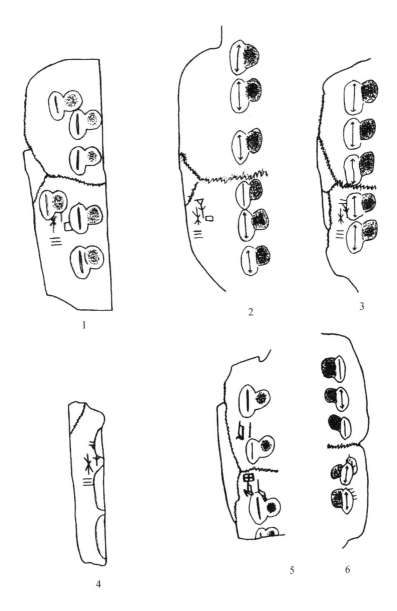

图六

1. 《花东》79（H3：259 反）；2. 《花东》483（H3：1477 反）；3. 《花东》440（H3：1365 反）；4. 《花东》444（H3：1376 反）；5. 《花东》156（H3：485 反）；6. 《花东》407（H3：1285 反）（以上各片均局部）

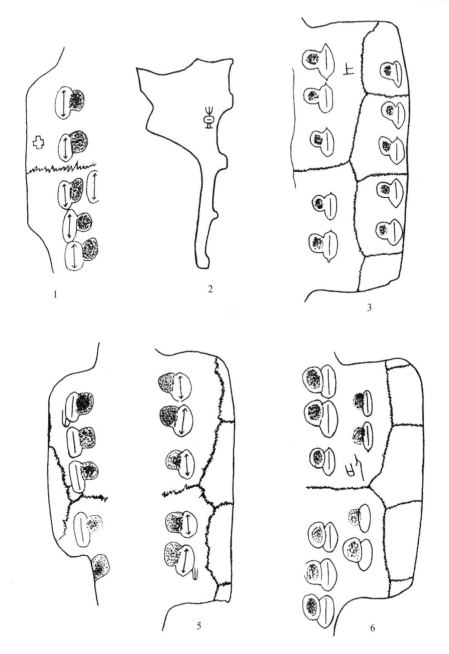

图七

1.《花东》500（H3：1506 反）；2.《花东》201（H3：601 反）；3.《花东》121（H3：397 反）；4.《花东》357（H3：1131 反）；5.《花东》94（H3：306 反）；6.《化东》62（H3：212 反）（以上各片均局部）

（图七，6）。

（22）卅（三十），12 片。见于《花东》94（H3：306 反）、158（H3：489 反）、225（H3：657 反）、250（H3：738 反）、287（H3：864 反）、348（H3：1085 反）、357（H3：1131 反）、360（H3：1148 反）、389（H3：1243 反）、438（H3：1364 反）、477B（H3：1469 反）、497（H3：1501 反）。除 357（H3：1131 反）一片字在左桥外，其余 11 片，字均在右桥（图七，4、5）。

（23）十，1 片。见于《花东》315（H3：958 反），字在左桥（图八，2）。

（24）一□，1 片。见于 341（H3：1057 反），字在左桥（图八，1）。该片字被凿打破，不能确定是一个字还是两个字，现暂隶为"一□"。

（25）□□，1 片。见于《花东》188（H3：565 反），二字甚残，未识。字在左桥。

2. 正面甲桥刻辞，11 片。

（1）自宁三，1 片。见于《花东》63（H3：215），字在右桥（图八，5）。

（2）自宁□，1 片。见于《花东》26（H3：86），字在右桥（图八，6）。因甲桥略残，"宁"下之字残缺，可能亦为三字。

（3）朕，3 片。见于《花东》119（H3：386）、173（H3：537）、367（H3：1180），字在右桥之下部。这三片卜甲，只 367 保存完整，长 18.8 厘米。173，甲尾略残，估计原来之长度近 21 厘米。119，只存下半段，后甲至甲尾尖的长度介于 367 与 173 之间，估计原甲之长度近 20 厘米。甲桥较窄，甲桥的中部有不规则的缺口（图八，7、4、3）。

（4）卯，5 片。见于《花东》23（H3：71）、60（H3：208）、146（H3：466）、318（H3：972）、396（H3：1262）字均刻于左桥之上部（图九，5、1、2、3、4）。这几片卜甲大小较接

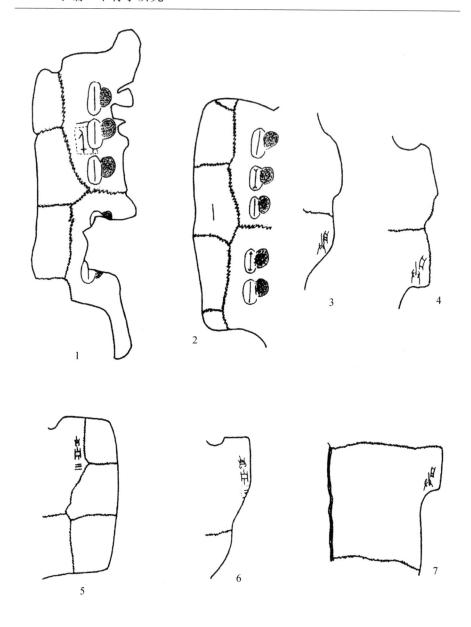

图八

1.《花东》341（H3：1057 反）；2.《花东》315（H3：958 反）；3.《花东》367（H3：1180）；4.《花东》173（H3：537）；5.《花东》63（H3：215）；6.《花东》26（H3：86）；7.《花东》119（H3：386）（以上各片均局部）

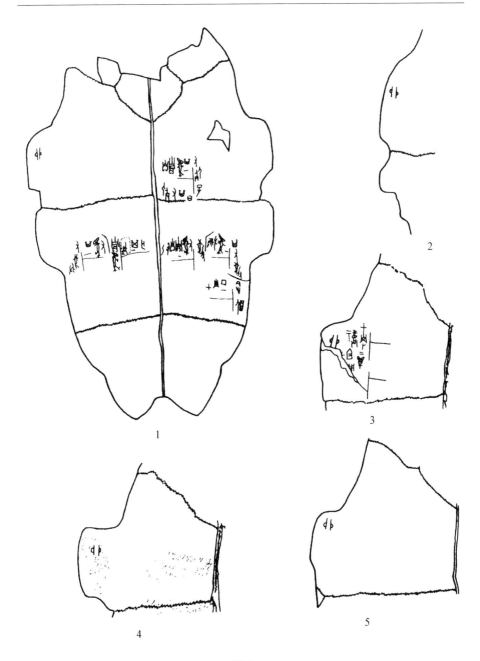

图九

1.《花东》60（H3：208）；2.《花东》146（H3：466）；3.《花东》318（H3：972）；

4.《花东》396（H3：1262）；5.《花东》23（H3：71）（以上各片均局部）

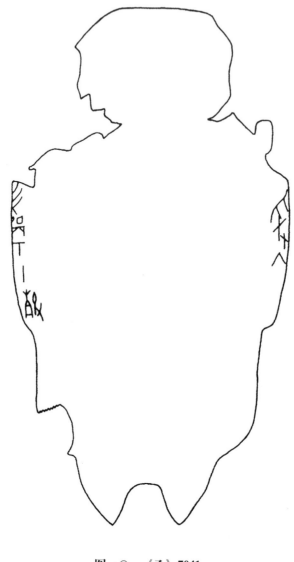

图一〇　《乙》**7041**

近，长度为 20.9 厘米、18.5 厘米、22.7 厘米、18.6 厘米、19 厘米，甲桥较窄，甲桥两侧之外沿有对应的小缺口。

（5）万家见一，1 片。见于《花东》226（H3：659），字在右桥（图一一，1）。

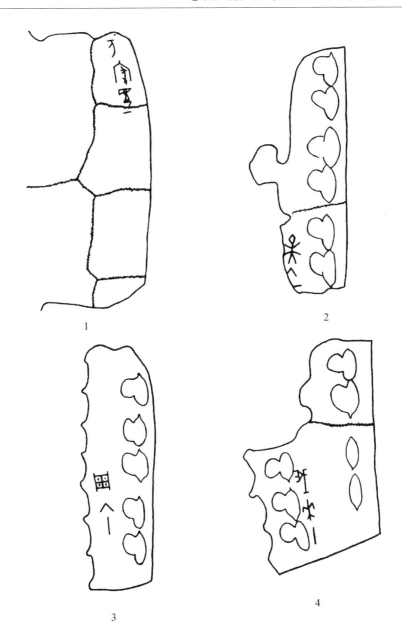

图一一

1.《花东》226（H3：659）；2.《合集》1076 反乙；3.《乙》5452；4.《乙》8467（以上各片均局部）

上述 11 片卜甲，甲桥刻辞的字体大多较正面的卜辞稍大些，内容与卜辞没什么联系，甲桥刻辞的反面无相应的凿、钻、灼痕。所以，这类刻辞，不是卜辞，其性质与反面甲桥刻辞是一样的，都属于记事刻辞。

二 H3 记事刻辞析义

（一）动词考释

H3 记事刻辞一般的句式为：名词—动词—数词。动词有入、示、见三个字。关于"入"诸家均释为贡入、贡纳之义。关于"见"（🦌），在卜辞中作动词时，常用本义，但有时可读为"献"。如《前》7·32·4"畢见百牛"。上面提到的《花东》226 甲桥正面记事刻辞之"见"，应读为"献"，义与贡纳相近。

关于记事刻辞中"示"字的意义，学术界说法不一，大体上有如下几种看法：

1. 释示作祭祀。持这一看法的学者有叶玉森①、王襄②、胡厚宣③、屈万里④等。

2. 释示为置。持这一观点的学者有董作宾⑤、李亚农、饶宗颐等。⑥

3. 释示为"眡"。持这种观点的学者，具体意见也稍有不同。郭沫若认为，是"检视"之意。⑦ 陈梦家认为"示"指"眡高"

---

① 叶玉森：《殷墟书契前编集释》卷五，上海大东书局石印本，1933 年，第 34 页。

② 王襄：《簠室殷契征文·典礼》第 37 片考释，天津博物院石印本，1925 年。

③ 胡厚宣：《武丁时五种记事刻辞考》，《甲骨学商史论丛初集》第 3 册，1944 年。

④ 屈万里：《殷墟文字甲编考释》，第 2952 片释文，"中研院"历史语言研究所，1961 年。

⑤ 董作宾：《帚矛说》，《安阳发掘报告》1933 年第 4 期。

⑥ 参见于省吾主编《甲骨文字诂林》，中华书局 1996 年版，第 1044—1063 页。

⑦ 郭沫若：《殷契粹编》，第 1523 片考释，科学出版社 1965 年版。

而言，"所指当系《荀子·王制篇》的'钻龟'，《韩非子·饰邪说》的'凿龟'"①。齐文心谓"示"指钻凿而言，但又说"'示高'可以理解为标明龟甲上面施钻凿的位置"②。王宇信认为，"某示若干"刻辞，所记都为检视、验收整治（指已凿钻完毕）的龟甲、兽骨，以备卜用之事。③

4. 释示的意义与"入"近似。赵诚说：示，用作动词，有交纳、进贡、奉献之义。④

上述诸说，以第三种看法影响较大，为多数学者接受，但是只要认真思索，不难发现，将"示"释为"眎"或"眎高"，是难以成立的。

1. 在宾组记事刻辞中，"示"前的人名有五十个左右，且多数为妇名。众所周知，在坚硬的甲骨上施凿、钻，绝非易事，从事这项工作需经专门训练，由技术娴熟的少数人负责。宾组记事刻辞中的"示"者，不但人多，还有妇好、渔、娈（子娈）、皐等王室成员，朝中显贵的名字，这实在令人费解。

2. 花园庄东地 H3 坑，有"示"字的刻辞二版，其中《花东》192（H3：573 反），"示"字下部的竖画被凿打破（图四，1），表明该字刻于卜甲施钻凿之前，"示"不是指施钻凿或标明钻凿之位置的。

3.《乙》7041 卜甲反面左甲桥的刻辞为："［帚］［𨸍］示十。殻。"（图一〇）靠甲桥外缘的"帚"字与"𨸍"字，外侧均残缺。张秉权指出："显然那是刻好以后，才被锯去的。"⑤ 这片卜甲说明，"某示若干"一类甲桥刻辞是刻于卜甲整治之前。

我们认为，"示"字的意义，以第 4 种解释较合理。其一，

① 陈梦家：《殷虚卜辞综述》，科学出版社 1956 年版，第 177 页。
② 齐文心：《历组胛骨记事刻辞试释》，《中国史研究》1991 年第 4 期。
③ 王宇信：《甲骨学通论》，中国社会科学出版社 1989 年版，第 140—142 页。
④ 赵诚：《甲骨文简明词典》，中华书局 1988 年版，第 320 页。
⑤ 张秉权：《甲骨文与甲骨学》，台北"国立编译馆"，1988 年，第 193 页。

"示"作为动词时，具有交纳、奉献之义，如《人》3065"示一牛"，《合集》1038 正"示九百人"就是这种用法。

其二，"某示若干""某入若干""某来若干"句式相似，意义可能相近。但有的学者据在卜甲上常见"某入若干""某来若干""某取若干"之辞常刻在右桥，而"某示若干"之辞刻在左桥，认为两者表示两件事情，示"只有释'眂（际）高作龟'的'示'才算合理"①。但是，在甲桥刻辞中见到这样的例子，如《乙》7673"雀入二百五十"（右桥），"帚羊来"（左桥）；《丙》278"永入十"（右桥），"帚𠂤示。宾"（左桥）。两版刻辞相对照，说明"示"的意义近似"来"，即龟甲是由某人献来的。

再者，从古音而言，"示"上古音脂部，船母，而"至"亦为脂部，声母属端母，均为舌音。音可通。示可读为至，至有来义。

（二）H3 的甲桥、甲尾刻辞均是有关龟甲来源的记录

上文我们已经对"入""示""见"的意义做了论述，"某入若干""某入""某示若干""某某见若干"的刻辞无疑当为贡龟的记录。那么，H3 坑的其他几种记事刻辞的意义当如何理解呢？

H3 正面甲桥刻辞的"自某若干"与宾组反面甲桥刻辞的"乞自帚井三。庚戌"（《甲》2969，右桥）相近。两者对照，可以看出 H3 刻辞"自"字之前省略了动词，句末也省了干支。但刻辞的性质是相同的。

H3 反面甲桥刻辞常见"某若干"，应是"某入若干"或"某示若干"的省略式，省去动词"入"或"示"字。

H3 甲桥与甲尾刻辞的"某"（一字），在宾组记事刻辞中屡见。但宾组记事刻辞以贞人的签名为主，如《甲》3030、《甲》

---

① 严一萍：《甲骨学》，台北：艺文印书馆 1978 年版，第 693—696 页。

3327 右尾甲的"殷"、《契》429 反，甲桥刻辞的"夒"，《乙》7782，甲桥刻辞的"争"等。非贞人的普通人名很少，如《丙》530 右桥上端的"龙"字，十分罕见。H3 甲桥与甲尾刻辞的单个名词有壴、亚、疋、卯、朕等，这几个字，在 H3 卜辞中，均不作为贞人名出现。我们推测，这些人名，是进贡龟甲的人的名字。

H3 记事刻辞的单个数字（"若干"）较常见，有 14 片，其中 1 片为甲尾刻辞，13 片为甲桥刻辞。这种形式的刻辞是过去著录所未见的。文字简略，是 H3 记事刻辞的显著特点，这些只记数字的刻辞，大概是省略去入贡者的名字与动词，只存贡龟的数字。当然亦不排除另一种可能，即这些只记数字的刻辞，有一部分是 H3 卜辞的占卜机关，派人到外地采集卜龟的记数。

综上所述，我们认为，H3 所有记事刻辞的内容，均与龟甲的来源有关。

三　人名或族名、地名考释

《花东》H3 记事刻辞涉及的人名或族名、地名二十个，有的已见于宾组卜辞，有的属新的发现，下面对这些人地名做些分析：

1. 屰。屰和逆（屰之繁体）均见于宾组卜辞中，用为人名（贞人名）、地名等。如《后下》11·5"壬辰卜屰贞：今［夕］亡［祸］？"逆，亦见于甲桥刻辞中，如《合集》270 反"逆入十"。殷代铜器中，有以"屰"为铭的器物，如《集成》17·10632—17·10634 等。多数学者认为，这类铜器上的铭文，是氏族名。

2. ✶。在卜辞中是常见的人物。据《殷墟甲骨刻辞类纂》一书的统计，有关✶的卜辞达一百九十多条，属于宾组卜辞的一百六十多条。✶是武丁时殷王朝的重要臣僚，卜辞称为"小耤臣""小众人臣"，管理农事、众人，还为王出巡、征伐等。他经常向殷王朝贡纳各种物品，龟甲是其中的一项。如《合集》1076 乙反"▮入一"，9221 反"▮入十"，13338 反"▮入五"等。

3. 周。殷西部的方国。武丁时期，周方常向殷王朝贡纳物品，还奉献巫（神职人员）、嬝（秦族妇女）等。周向殷王朝所献物品中有龟甲一项，如《乙》5542"周入十"，《乙》4063"周入"。周之地域在陕西省。

4. 大。在甲骨刻辞中，作名词时，用为人名、地名。如《丙》33，"臣大入一"（甲桥刻辞），《合集》24238"王步自菁于大，亡灾？"

5. 庚。在甲骨文中，庚字一般都用为天干、祖先庙号，但也有用作人名的例子，如宾组卜甲记事刻辞，《丙》350"庚入一"，《丙》142、《乙》931 中，见有用"庚"作为人名的。如《合集》21863"乙卯卜：翌丁巳令庚步？"在殷代铜器中，有"庚"铭的器物。如《集成》12·6722 庚瓹，13·7669 庚爵等，庚作为族名。

关于庚的地望，不少学者认为与武丁记事刻辞的"庚宗"同属一地。陈梦家考证，庚宗为鲁地，"今泗水东有庚宗亭，与费县接界。其地在曲阜之东。[①]"

6. 我。在甲骨文中，"我"除用为代词外，也常用作人名、族名、地名。在宾组记事刻辞中，屡见"我"入贡龟甲。如《合集》116 反"我以千"，《合集》248 反"我来三十"，《合集》795 反"我来十"等。

关于我之地望，学术界有不同的看法：

钟柏生据《丙》116"辛己卜，殼贞：雀得亘我？"认为雀与亘"地望皆在西方，由此可推断，'我'地亦在西方"[②]。

郑杰祥认为，古代我、仪、义音义相同，可通用。我地可能

---

① 陈梦家：《殷虚卜辞综述》，科学出版社 1956 年版，第 266 页。
② 钟柏生：《殷商卜辞地理论丛》，台北：艺文印书馆 1989 年版，第 234、235 页。

是今河南兰考县的仪封镇。①

江鸿、杨升南据《合集》5504 "乙未［卜］贞：立事［于］南，右从我，中从舆，左从曾"，联系到湖北枣阳、随县、京山出土了周代的曾国铜器，认为曾地在今湖北随县、京山、枣阳一带，舆在汉东举水流域。② 那么"我"之地域亦应在这一地区。③ 我们认为，应以江、杨之说为是。

7. 史。在甲骨文中用为官名、人名、族名。史作为贞人名，曾见于武丁时期的子组卜辞中。如《乙》830 "癸酉卜，史贞：人若？"在宾组记事刻辞中有史贡骨的记录，如《合集》7381 "己丑史示三屯。岳"。在殷代铜器铭文中，见有"史"铭铜器，如殷墟刘家庄南地 M32 出土的史瓿，西区 M2575 的史卣等。值得注意的是史铭铜器较集中地出于山东滕州东南前掌大遗址的殷代后期的墓葬中，该地可能是史的封地。

8. 壴。在甲骨卜辞中用作名辞时可作鼓（乐器），但大多用为人名（贞人名）、地名等。在第三期何组卜辞中，壴作贞人名，如《甲》2110 "壬申卜，壴贞：今夕亡国?"在武丁时的宾组卜辞中，壴是王的臣僚，如《合集》5549 正 "☑壴甾王事"，《合集》4843 "令壴归"。在宾组记事刻辞中，壴经常向殷王朝入贡龟甲，如《合集》9253 "壴入四十"，《合集》14577 反 "壴入二十"，9252 反 "壴入十"等。

关于壴的地望，诸家说法不一。张秉权谓："澶与壴可能为一地，而第三期贞人彭也可能是壴的后人"，又说"壴……或即后来的喜，则亦在桐城一带"④。

饶宗颐认为："鼓疑即《春秋》白狄之鼓……《左传》昭十

---

① 郑杰祥：《商代地理概论》，中州古籍出版社 1994 年版，第 189、190 页。

② 江鸿：《盘龙城与商王朝的南土》，《文物》1976 年第 2 期。

③ 杨升南：《商代经济史》，贵州人民出版社 1992 年版，第 635、636 页。

④ 张秉权：《殷墟文字丙编》上辑（二），"中研院"历史语言研究所，1959 年，第 169、175 页。

五年：'晋荀吴帅师，伐鲜虞，围鼓。三月，鼓人请降。以鼓子鸢鞮归。'京相璠曰：　'白狄之别也。下曲阳有鼓聚，故鼓子国也'。"①

钟柏生亦推断壴地在殷之西方或西南方。②

郑杰祥谓鼓，后世称顾，古顾城在范县东龙山庄一带。③

我们认为，饶说较合理。

9. 宁。甲骨卜辞中，宁用为人名（或贞人名）、族名、官名、地名等。宁，作贞人名，见于何组卜辞，如《甲》2880 "甲子卜，宁贞：王宾上甲，劦，亡尤？"在宾组记事刻辞中有宁贡龟的记录，如《乙》2149 "宁入十"，《乙》7768 "宁入"。在殷代铜器中，有"宁"铭器物，如《集成》12·6625 宁觚。宁，为族名。

10. 亚。在甲骨卜辞中，亚用为官名、爵称、人名（或贞人名）、地名等。亚，作为贞人名、人名见于武丁时的卜辞，如《佚》825 "壬子卜，亚贞：☐?"《铁》37·1 "庚申卜贞：亚亡不若？"在卜辞中，有"亚"向殷王朝贡献物品的记载，如《合集》914 正"亚以来"，来，指麦类作物。

在殷代铜器中，有"亚"铭铜器，如《集成》3·1144—3·1147 等。

11. 封。在甲骨卜辞中，封用为名词时可作人名、地名、方国名。如《佚》518 "王易宰封帚小馘祝……"封作为人名。《佚》272 "癸丑卜，行贞：今夕亡祸？在封卜"。封用为地名。《屯南》2279 "癸亥卜：王其翯封方，重戊午，王受又又，𢦏?"封用为方国名。

关于封的地望，饶宗颐谓："古地名有封父，《礼记·明堂

①　饶宗颐：《殷代贞卜人物通考》，香港大学出版社 1959 年版，第 93、194 页。

②　钟柏生：《殷商卜辞地理论丛》，台北：艺文印书馆 1989 年版，第 358、359 页。

③　郑杰祥：《商代地理概论》，中州古籍出版社 1994 年版，第 87、88 页。

位》：'封父龟。'《左传》定公四年：'武王分鲁公以封父之繁弱。'封父国在今河南阳武县东，汉置封丘县，其地正在商之边鄙。"又说，封父是因封而名。① 郑杰祥亦认为卜辞之封，即《左传》之封父，其地在今河南封丘县。②

12. 卯。在卜辞中通常用为地支，在祭祀卜辞中常作动词（用牲法）。该字作名词使用时可作人名（贞人名）、地名。如《粹》817"丙辰卜，卯贞：今日雨？"（武丁卜辞）《合集》4959"重卯令"，《前》2·10·4"□□卜，在卯贞：☑王步［于］陴亡灾？"等。

13. 㞒。在卜辞中常用为动词，读为震，但也有用作名词的例子。如《合集》5766"辛未卜贞：令㞒以射从斲☑方我"。

14. 朕。在卜辞中常用为代词，但也有用作人名或地名的例子。如《屯南》2672"丙子卜贞：朕臣商？"

15. 疋。在卜辞中有时用本义，表示人的足部，但也有用作人名或地名的例子。如《英藏》676"辛未卜：重疋乎从弜？"《合集》190 正"丁丑卜：疋隻（获）羌？"

16. 钘敫。钘字，在卜辞中常用作祭名，但也有用作方名、人名的例子。如《合集》6800"贞：菁于钘方？"《英藏》2674 正"鬥子曰钘""钘弟曰妖"。

敫，为新发现的字。该字在《花东》102、114 用为动词，但在《花东》156 甲桥刻辞中用为名词，"钘敫"可能是复合族氏名或地名。

17. 万家。万字，在卜辞中用作名词与动词。作名词时用为人名、国族名或地名，如《合集》19893"☑钘用宰☑重在万"。商代铜器有"万父丁甗"（《三代》5·2）舟万父丁卣（《三代》

---

① 饶宗颐：《殷代贞卜人物通考》，香港大学出版社 1959 年版，第 614、615 页。
② 郑杰祥：《商代地理概论》，中州古籍出版社 1994 年版，第 136 页。

13·3），铭文中的万字，大概是族名。①

家，在卜辞中用作人名、地名、宗庙、圈养的豕等。该字用为人、地名的例子，如《掇》2·10"甲申卜，方贞：令家卓保□"《合集》22091"乙酉卜：钭于莫乙，五牢鼎用？"《粹》960"王其田亡哉？在家。"《花东》226"万家见一"的"万家"，用为人名或族氏名。

四　H3 甲尾刻辞、甲桥刻辞与自组、宾组同类刻辞之比较

为了更好地认识 H3 记事刻辞之特点，下面将自组、宾组的甲尾刻辞、甲桥刻辞与《花东》H3 同类刻辞进行比较。

（一）甲尾刻辞

甲尾刻辞盛行于自组小字类卜甲及宾组早期卜甲（有学者称为自宾间类），刻辞主要见于甲尾的正面，个别刻于反面。黄天树指出，这类刻辞的格式有六种：

1. 某
2. 某入
3. 某某入
4. 某入若干
5. 某来
6. 某某来。②

自组小字类刻辞有 2、3、5、6 类，宾组早期刻辞有 1—4 类，

---

① 参见裘锡圭《甲骨文中的几种乐器名称——释"庸""豐""鞀"》附释"万"，《古文字论集》，中华书局 1992 年版，第 207、209 页。

② 黄天树：《殷墟王卜辞的分类与断代》，台北：文津出版社 1991 年版，第 99—102 页。

其中字最多、入龟数目最大的一条为《合集》9334 "弜入二百廿五"。

H3 甲尾刻辞只两片，全刻于甲尾之反面（一片左尾甲、一片右尾甲），各一字，一片为名词，属上述的第一种，另一片为数字，属新见的一种甲尾刻辞。

（二）甲桥刻辞

甲桥刻辞始见于自组小字类，数量极少，目前只见《屯南》4515 一片，其辞为："乙未来。"

甲桥刻辞盛行于宾组卜甲中，据粗略统计，宾组卜甲有甲桥刻辞近六百片，刻辞位于甲桥之反面，其格式如下：

1. 某入
2. 某入若干
3. 某来
4. 某来若干
5. 来自某
6. 某以
7. 某以若干
8. 某以自某
9. 某取若干
10. 某乞若干
11. 乞自某若干
12. 自某若干
13. 某示
14. 某示若干
15. 某若干
16. 某

其中以 2、4、7、9、10、14 种，即专名—动词—数字，为最常见的形式，15、16 种数量少。

宾组甲桥记事刻辞，字数少者一二字，一般三至五字，多者八、九字。常见在一版龟甲的左、右二桥都刻字，且左、右桥的刻辞内容互相联系，但各有侧重，凡记入、来、以、乞、取者多在右桥，左桥为例外，而"示"的刻辞，多在左桥，右桥为例外。

《花东》H3 甲桥刻辞，大多刻于卜甲反面，但也有一部分刻于正面。刻辞的字数，以一字为多，次为二三字，四字只一见。刻辞的格式有 1、2、12、14、15、16 六项，还增添了只记数字及"某某见若干"二项。通常只在一侧的甲桥刻字，左、右桥均有字的只一片。

宾组甲桥刻辞，内容丰富，涉及的人名七八十人，不少人名的前面还冠以臣、妇、子等称谓，数字之后有时还附卜人签名或地名。如《乙》4688，"妻入（右桥），帚井示卅屮一，殼（左桥）"。

H3 记事刻辞涉及的人名有二十人，其中与宾组相同的有屰、大、𡆥、庚、周、我、壴、亚、宁等九人，相异的十一人。在人名前无附加称谓词，数字后亦无卜人签名或地名。

宾组甲桥刻辞所记的贡龟数量，从一至一千不等，其中一百至一千的就有近七十条刻辞，可见当时从外地向殷王朝贡纳龟甲数量较大。这些从外地贡来的龟甲，既有尺寸较大的龟，但也有不少尺寸小的龟。据张秉权研究，入贡的数量往往与龟甲之大小成反比例：长度在 25 厘米以上的大龟，甲桥刻辞的数字，多在十以下，而长度在 15—18 厘米的小龟甲，甲桥刻辞上的数字较大，多在一百以上。[1] 如《丙》33，"臣大入一"长 31.1 厘米；《丙》195 "雀入二百五十"长 16.7 厘米，《乙》2684 "我以千"，长 13.4 厘米。可见宾组卜甲，龟的大小相差较悬殊。

---

① 张秉权：《甲骨文与甲骨学》，台北"国立编译馆"，1988 年，第 193 页。

《花东》H3 记事刻辞的贡龟数量为一、二、三、四、五、六、十、三十，未见三十以上者。龟甲的尺寸多较大，其中长 25 厘米以上的大龟，占有记事刻辞的龟甲的 77%，尺寸在 20 厘米以下的小龟只两片，长度分别为 17.5 厘米与 19 厘米。这些数字表明 H3 坑卜甲的选材比较注意，以大龟为主。而王的占卜机关，卜事频繁，需要龟甲的数量大，因而大龟、小龟不限，均在进贡之列。

五　几点认识

一是，关于甲桥刻辞与甲尾刻辞的关系。有学者指出，尾右甲刻辞盛行于自组小字类及自宾间组，到了"宾组一 A 类以后甲尾刻辞消失，常见的是甲桥刻辞，其形式也较甲尾刻辞有了变化，在入、来的后面加上了数目字。可见甲桥刻辞由甲尾刻辞发展而来并逐步代替了后者"①。在《花东》H3 资料出土之前，这一论断为多数学者所接受。但 H3 记事刻辞的新资料，使我们对此问题有新的认识：甲桥刻辞与甲尾刻辞同时见于属殷墟文化第一期晚段的 H3 坑，说明甲桥刻辞可能与甲尾刻辞同时产生，且流行的时间较后者稍长。

二是，H3 甲桥刻辞的特点是时代较早的反映。上文已论及，H3 卜甲记事刻辞的特点是：文辞简略、句式简单；刻辞的位置不大固定。这大概是甲尾、甲桥刻辞出现不久、尚不成熟的反映。我们曾论述，H3 的时代约当武丁前期，较宾组与自组小字类卜辞要早些。② 此坑甲桥刻辞之特征，与坑的时代是吻合的。

三是，H3 记事刻辞的人名（或族名）有一半多未见于宾组与

---

① 李学勤、彭裕商：《殷墟甲骨分期研究》，上海古籍出版社 1996 年版，第 127 页。

② 中国社会科学院考古研究所：《殷墟花园庄东地甲骨》，云南人民出版社 2003 年版，前言。

自组卜甲，表明 H3 坑的卜龟，有相当一部分与王的占卜机关产地不同，H3 坑的主人——子，有独立的贡龟渠道。H3 记事刻辞的人名（或族名）有一部分（约 43%）同于宾组、自组，那么这部分卜龟是王的占卜机关赠予，还是"子"单独接受外地的贡品？要回答这一问题，需将两类同名的记事刻辞的书风和刻辞的位置进行对比。下面剖析三例：

𤔡。上文已提到，𤔡见于《花东》91、399、436 三片，辞为"𤔡入十"，字在右甲桥的上部，第一字作𤔡。宾组甲桥刻辞，𤔡入贡龟甲的刻辞较常见，刻辞位于右甲桥的下端或中下部，第一字作𤔡或𤔡，与 H3 不同之处是中部的竖道不通至人之头顶，中下部两横划的方向不同（向上和向下弯折，或一向上弯、一直道），如《合集》1076 反乙（图一一，2）。

周。见于《花东》327，辞为"周入四"，刻于左桥中上部，周字作田，田字中部有四小点。宾组甲桥刻辞，涉及"周"的两片，《乙》5452 周字作田（图一一，3），《乙》4063 作田，字外侧的两竖划向外突出非田字，刻辞位于右甲桥中下部。

我。见于《花东》470，辞为"我五"，位于左桥，我字作𢦏，竖笔略呈弧线。宾组甲桥刻辞，我入贡龟甲的辞常见，作"我来若干""我以若干"，字在右桥，我字作𢦏，竖笔直，如《乙》8647（图一一，4）。

以上的例子说明，尽管 H3 甲桥上的贡龟人名与宾组相似，但字体风格与刻辞位置有别，因而可以推测，H3 的卜甲并非来自王的占卜机关，而是"子"单独接受外地的贡龟。

从 H3 甲桥、甲尾刻辞可知，给"子"贡龟的人有王的臣僚、卜人，如𤔡、屰、壴、史、亚、卯等，又有方国首领，如周、我等。表明子的地位显赫，权力很大。这是其他非王卜辞主人所不能比拟的。

H3 卜甲记事刻辞的地名，多数地望不能确指，已知的几个

地名是：西方的周、壴；东方的庚、史；南方的我；殷都稍南的
封。过去胡厚宣据有关甲骨卜辞及先秦文献记载，认为："殷代
之卜龟，盖由南方西方之长江流域而来，尤以来自南方者为
多。"① 宋镇豪谓，殷代卜龟的来源应该是多元的，除胡氏说的
地点外，还有西方的黄河流域中上游，北方的河北，东方的山东
等地。② H3 坑卜甲的产地，虽未见殷都以北的地点，但亦较为
广泛，说明殷墟卜龟产地多元说的观点是符合实际的。

① 胡厚宣：《殷代卜龟之来源》，《甲骨学商史论丛》初集第 4 册，成都齐鲁大
学国学研究所专利，1944 年。
② 王宇信、杨升南主编：《甲骨学一百年》，社会科学文献出版社 1999 年版，第
232、233 页。

花园庄东地 H3 祭祀卜辞研究[*]

1991 年殷墟花园庄东地 H3 出土了刻辞甲骨 689 片①，全部属非王卜辞，受到学术界的重视。该坑卜辞内容新颖，包括祭祀、田猎、天气、贡纳、疾病等方面，其中以祭祀卜辞最丰富。所以，本文拟对 H3 的祭祀卜辞进行整理，探讨这类卜辞的特点。

一　H3 卜辞的祭祀对象

1. 祖先及亲属称谓

（1）祖、妣

《花东》H3 祭祀卜辞中有祖先称谓的卜辞近 200 片，卜辞近 600 条，数量很多。祖辈称谓中有上甲、大乙、大甲、小甲、祖乙、祖辛、祖甲、祖丙、祖丁、祖庚、祖戊等 11 名。妣辈称谓有妣丙、妣癸、妣己、妣庚、三妣庚、妣甲、妣丁等 7 名（见表一、表二）。

在祖、妣称谓中，最常见的是祖乙、祖甲、妣庚、妣己、妣丁，下面先对他们进行论述。

＊ 本文原载《三代考古》二，科学出版社 2006 年版。

① 参见中国社会科学院考古研究所《殷墟花园庄东地甲骨》（此书简称《花东》），云南人民出版社 2003 年版。

表一 **H3 卜辞男性祖先及亲属称谓表**

祖先称谓	片数	卜辞条数	祖先称谓	片数	卜辞条数
上甲	3	3	祖丁	3	3
大乙	1	1	祖庚	1	1
大甲	4	4	祖戊	2	2
小甲	1	1	父丙	1	1
祖乙	64	94	兄丁	1	5
祖辛	1	1	庚	2	3
祖甲	38	79	子癸	19	30
祖丙	3	3	子兴	2	3

表二 **H3 卜辞女性祖先称谓表**

祖先称谓	片数	卜辞条数
妣 丙	1	2
妣 癸	1	1
妣 己	22	38
妣 庚	120	273
三妣庚	2	3
妣 甲	4	5
妣 丁	17	29
母 丙	1	3
母 戊	1	2

①二祖——祖乙、祖甲

H3 卜辞中，祖乙见于 64 版 94 条卜辞，祖甲见于 38 版 79 条卜辞。祖乙、祖甲不但出现的次数多，还时常同出于一版甲骨之上。二者同版的有 26 片，其中 9 片中还出现在同一条卜辞上。说明此二祖关系很密切。如：

　　乙卯：岁祖乙白狴一，皀，自西祭，祖甲征？

　　　　　　　　　　　　　　　　（《花东》4　第 3、4 辞）

　　　　己酉：岁祖甲羽一，岁［祖乙］① 羽一，入自麗？

　　　　　　　　　　　　　　　　　　　　（《花东》196）

　　特别引人注目的是，他们与上甲同版：

　　　　甲戌：酚上甲，旬岁祖甲羽一，岁祖乙羽一，岁妣庚歂一？
　一二三四五六　　　　　　　　（《花东》487　第3辞）

　　辞中的旬，当指下一旬甲申，即在该旬的甲申岁祭祖甲，乙
酉岁祭祖乙、庚寅岁祭妣庚。该条卜辞在上甲之后的下一旬接着
祭祀祖甲与祖乙，此祖甲、祖乙当为上甲之后的商代先王。那么
此二祖是何人呢？

　　在H3卜辞中，祖乙以前的祖先称谓，较明确的只有上甲、大
乙、大甲、小甲四人，但出现的次数不多，只1—4版，这说明
H3卜辞以祭近祖为主，小甲之后小乙之前，名乙之先王只中丁子
祖乙，他应是H3卜辞的祖乙。祖乙以后，武丁祖辈名甲者只沃甲
（羌甲），他应是H3卜辞的祖甲。②

　　②三妣——妣庚、妣己、妣丁

　　在H3卜辞中，妣庚见于120版273条卜辞，妣己见于22版
38条卜辞，妣丁见于17版29条卜辞，她们是哪位先王之配偶，
可从其与哪些先王同版或同辞的卜辞中去探求。

　　祖乙与妣庚同版的有24版，其中在8版中还同辞。如：

────────

　　①　本文甲骨卜辞中，字外加方括号者，表示该字模糊不清、残缺不全；□表示缺
一字；☑表示不能确知所缺之字数。
　　②　有一些学者据H3卜辞祭祀祖甲的时间一般要比祭祀祖乙早一日，说有"有悖
于商王祭祖的'常规'"，不同意我们对祖乙、祖甲的分析。我们认为，《花东》H3卜
辞祭祀祖先次序有悖于"常规"的原因是，H3卜辞是以祭祖乙以下的几位近祖为主，
其祭祀次序与周祭卜辞的常规相异，而与"黄组"的彷祭卜辞近似，即依先祖之日名在
旬中的位次排列，不依世次与辈分先后为序。我们的这种观点，将另文再述。

乙巳：岁祖乙牢，牝，卂于妣庚小宰？一

（《花东》115　第 2 辞）

乙巳：岁妣庚犰，卣祖乙啚？一二三

（《花东》274）

庚午：岁妣庚牢、牝，祖乙祉钦？在𢀛。一二三

（《花东》311）

庚申：岁妣庚小宰，权毞一，祖乙祉，子鄕？

（《花东》321　第 4 辞）

甲子卜：夕岁祖乙，禶告妣庚？用。二

（《花东》474　第 2 辞）

这几条卜辞，妣庚与祖乙连祭。在周祭卜辞中妣庚是祖乙的法定配偶之一，故可推测，上述卜辞之妣庚是祖乙之配。

下面讨论妣己。殷先王之配名"己"者，有中丁之配、祖乙之配、祖丁之配。在 H3 卜辞中未见祭祀中丁，祖丁只见于 3 片，而祖乙被祭祀的次数很多，虽未见他与妣己同辞，但他们同版的有 4 版（《花东》35、67、314、459）。如：

甲戌卜：暮钦祖乙岁？用。一

丙子：岁妣庚牡，告梦？一

丙子卜：子梦禶告妣庚？用。一

己卯：岁妣己犰一？一

己卯：岁妣己犰一？一二三

（《花东》67　第 1、4、5、7、8 辞）

乙亥夕：岁祖乙黑牝一？子祝。一二三四

己丑：岁妣己羴一？一二三

（《花东》67　第 1、3 辞）

在《花东》67 中，妣己不但与祖乙而且与妣庚同版，反映出三人关系非同一般，在周祭卜辞中妣己是祖乙的另一位法定配偶，故可推测，H3 之妣己，是祖乙之配。

在 H3 的祖、妣称谓中，妣庚达 120 片，比祖乙、妣己多得多，为什么？我们认为，其中有一部分妣庚是祖甲（即羌甲）之配。原因是：其一，羌甲（沃甲）与祖乙均是 H3 卜辞祭祀的重点先王，其配偶应受到祭祀；其二，沃甲在武丁、祖庚、祖甲时曾列入大示，其法定配偶妣庚在出组卜辞周祭中受到祭祀[1]；其三，H3 卜辞中，有 5 片 5 辞祖甲、祖乙、妣庚同辞，此中的妣庚有的可能是祖乙之配，有的就可能是祖甲（沃甲）之配（如《花东》115　第 3 辞）；其四，在 H3 卜辞中，妣庚与祖甲同版的有 16 片，其中还发现妣庚与祖甲同日而祭的例子。如：

　　　　癸卯：岁祖乙羘一，权鬯一？在麗，子祝。一
　　　　甲辰：岁妣庚羘一，权鬯一？在麗。一二
　　　　甲辰：岁祖甲牡一、羘一？在麗。一二
　　　　　　　　　　　　　（《花东》463　第 1、2、3 辞）

此片之妣庚应为祖甲之配。其五，在 H3 卜辞中，羌甲之配又称"三妣庚"[2]，但此称谓只见二片（《花东》226、427），而祖甲（羌甲）之称有 38 片，二者数目相差悬殊。而在 H3 卜辞中，祖甲与祖乙两个称谓总共见于 102 片，与妣庚见于 120 片之数比较接近，可见妣庚之称，是包含了祖乙之配与祖甲之配。

关于妣丁：

在 H3 卜辞中，妣丁与祖乙同版的一片（《花东》226），与祖

---

①　见《合集》23325；"庚辰卜，□贞：王宾羌甲奭妣庚，叠，亡尤？"
②　参见刘一曼、曹定云《殷墟花园庄东地甲骨卜辞选释与初步研究》，《考古学报》1999 年第 3 期。

甲同版的一片（《花东》157），与此二祖同版的一片（《花东》13），与妣庚同版的 3 片（《花东》183、409、488），如妣己、妣庚同版的 5 片（《花东》39、181、273、304、427），在这 5 片中有 3 片妣丁与妣己同见一辞。如：

　　　　辛卜：钌子而于妣己累妣丁？

　　　　　　　　　　　　　　　　　　　　（《花东》181）

　　以上的资料表明，妣丁与祖乙、祖甲、妣庚、妣乙关系较密切，但在周祭卜辞所见的先妣中，至今尚未见到"妣丁"之称，故我们推测，H3 的妣丁可能是祖乙或祖甲的非法定配偶，但到底属于哪位先祖，尚难确指。

　　③其他的祖、妣

　　过去我们已作过论述：祖辛即祖乙子祖辛，祖庚是南庚，祖丁是小乙父祖丁，祖丙、祖戊不知何人。妣丙为大乙之配，妣癸可能是中丁之配，妣甲为祖辛之配。①

　　（2）父母兄子

　　1999 年以前，我们曾认为 H3 卜辞无父辈称谓，后来在做《花东》释文时，又对卜甲作了反复观察，在一版卜甲中发现了父丙。其辞为：

　　　　子弜猷其［彤］［刖］父丙？　一

　　　　　　　　　　　　　　　　　　（《花东》286　第 27 辞）

　　此父丙可能是 H3 卜辞主人之生父，但因其一见，也不排除属其他父辈。父丙曾见于午组卜辞，该父丙与 H3 的父丙是否同一

_____

　　① 参见中国社会科学院考古研究所《殷墟花园庄东地甲骨》，云南人民出版社 2003 年版，前言。

人，尚难定论。

H3 卜辞的母辈称谓有两名：母戊、母丙。

> 壬申卜：母戊祊？
>
> 壬申卜：福于母戊，告子齿［疾］？［用］。
>
> > （《花东》395　第 6、7 辞）
>
> 乙卜：重羊于母、妣丙？一
>
> 乙卜：重小宰于母、祖丙？三
>
> > （《花东》401　第 1、2 辞）

后二辞母与妣丙、祖丙共用一个丙字。即第 1 辞祭母丙与妣丙，第 2 辞祭母丙与祖丙。母戊称谓见于子组、午组卜辞，母丙称谓见于宾组、自组卜辞。H3 卜辞与其他两组卜辞相同的母辈称谓不一定指同一个人，但也不排除指同一人的可能性。

H3 卜辞的兄辈称谓只兄丁一人，见于 1 片卜甲 3 条卜辞。

> 丁卜：酌伐兄丁卯宰，又凸？一二
>
> 酌伐兄丁告妣庚，［又］福？一
>
> 酌伐兄丁告妣庚，又岁？
>
> > （《花东》236　第 3、4、5 辞）

兄丁之称谓亦见于宾、自、子组，是否同一人，尚难论定。

H3 卜辞的子辈称谓有二人：子癸与子兴。

子癸见于 19 版 30 条卜辞，数量仅次于祖乙、祖甲。如：

> 丙寅卜：其钌，佳宁见马于癸子，重一伐、一牛、一凸，酱梦？用。一二
>
> > （《花东》29　第 1 辞）

子兴见于两版 3 条卜辞。如：

戌卜：哉弜酚子兴、妣庚？

（《花东》28　第 1 辞）

子癸受祭祀的次数多，且祭品较丰富，说明他与 H3 卜辞占卜子体的关系很亲近，他可能是 H3 卜辞占卜主体的亲子。

2. 其他祭祀对象

小示，见于 1 片 1 辞。

丁丑卜：其钔，子往田，于小示？用。

（《花东》21　第 2 辞）

此辞之命辞应读为"子往田，其钔于小示？"小示，指旁系先王。

右示，见于 1 片 1 辞。

壬辰卜：乎［羌］钔于右示？二

（《花东》290　第 2 辞）

右示，即右边的神主。

睪，见于 3 片 5 辞。如：

壬子卜：子以妇好入于戗，子乎多钔正见于妇好，攺新十，往睪？一二三四五

（《花东》37　第 22 辞）

辛亥卜：子攺妇好取，往睪，在戗？一二

（《花东》195　第 1 辞）

璺，从字形看，疑为甖之异构，先公名。往，在上两辞为祭名，于省吾谓，即后世的禳祭。①

枏，见于1片2辞。

戊卜：以酒橚枏？一
戊卜：其橚枏？一

（《花东》53　第9、10辞）

橚，从爵从木，为H3新发现之字，可能与爵字的用法近似。爵，卜辞用为祭名。如《屯南》2118"乙丑卜：帚石寮爵于南庚？"在上二辞之橚，亦用为祭名。枏字，从木从申，亦新见字，应为被祭之对象，先公或自然神。

滇，见于1片2辞。

戊卜：酋妣庚、滇于癸？

（《花东》53第1、2辞）

滇，似先公名，酋为祭名。

商，在H3卜辞中的商见于13片，有的用作地名，有的用作祭祀对象。下面列举后一种用例：

甲寅卜：乙卯子其学商丁永？用。子尻。一
丙辰卜：徙奏商？用。一

（《花东》150　第3、5辞）

学在第一辞用为祭名，商在此二辞中均用为祭祀对象。

---

① 于省吾：《甲骨文字释林》，中华书局1979年版，第154—156页。

奏字，在第二辞中用为祭名，如同《合集》1255"奏于示壬"之奏。①

在《花东》336 中，第 1 辞之贞辞与《花东》150 第 3 辞相同，但该版第 3 辞谓："丙辰卜：于妣己钟子尻？用。"丙辰为乙卯之次日。这几条卜辞内容有联系，说明"学商"与"奏商"都是为了子尻的健康而祭祀。②

庚，见于 2 片 3 辞。如：

　　岁二羊于庚，告弹来？

（《花东》85　第 5 辞）

丁，H3 卜辞之丁较复杂，有作天干，有作活着的人名，有作被祭祀之对象。最后一种较少，只 3 片 4 辞。如：

　　☐钟于丁，雨？

（《花东》258　第 4 辞）

H3 卜辞，被祭祀的庚与丁的行辈、与子的关系如何，因资料少，尚难推断。

二　H3 祭祀卜辞的祭名

花东 H3 祭祀卜辞的祭名，有 79 个（表三）。多数的祭名只出现一两次或三四次，见于 8 条以上的卜辞的祭名有 21 个，按其

---

① 宋镇豪先生对此二辞的理解与我们不同，他认为学指学习，奏指奏乐器，商是祭歌名，可备一说。见《从甲骨文考述商代的学校教育》，《2004 年安阳殷商文明国际学术研讨会论文集》，社会科学文献出版社 2004 年版。

② 参见《花东》第 86 与 150 片之释文对"奏商"与"学商"的论述。

出现次数之多少，排列如下：

岁、钐、祝、宜、权、饮、酚、又、舌、往、告、酉、禶、皀、伐、隤、彡、将、卯、寮、祭。

H3 的祭名中，有两个值得注意的现象：

1. 祭名与祭祀对象的性别有关系

（1）一些常用的祭名，在不同性别的祖先中，使用的频率有较明显的差别，下面以钐、祝、权、饮、酚、又、告、皀为例：

钐祭，共发现 68 条卜辞。除去无祭祀对象或祭祀对象性别不明确的 9 条外，余 59 条卜辞。其中祭祀男性祖先或亲属（祖乙、祖甲、祖辛、上甲、大乙、祖庚、子癸、二祖等）为 21 条，祭祀女性祖先为 38 条。前者占 35.6%，后者占 64.4%。

祝祭，共发现 55 条卜辞。祭祀男性先祖（祖乙、祖甲）41 条，祭祀女性祖先（妣庚、妣癸）的 14 条，前者占 74.55%，后者占 25.45%。在祝祭卜辞中，内容为"子祝"的有 46 条，占祝祭卜辞的多数。其中祭祀男性先祖的 36 条（祖乙、祖甲），祭祀女性先祖只有 10 条，均为祭妣庚的卜辞。前者占"子祝"类卜辞的 78.26%，后者占 21.74%。可见由"子"主持的祝祷之祭，主要用于重点的祭祀对象，尤其是以重要的男性祖先为主。

权祭，共发现 43 条卜辞。祭祀男性祖先（祖乙、祖甲、上甲）有 38 条，祭祀女性先祖的 5 条，均为祭祀妣庚的卜辞。前者占此类卜辞的 88.37%，后者占 11.63%。

饮祭，共发现 32 条卜辞，其中 22 条有祭祀对象，属男性祖先（祖乙、祖甲）7 条，属女性祖先的 15 条（妣己、妣庚、妣丁、三妣庚），前者占 31.82%，后者占 68.18%。

酚祭，共发现 31 条卜辞，其中 26 条有祭祀对象，属男性祖先及亲属（上甲、大乙、祖乙、兄丁、子癸、子兴、庚）的 16 条，属女性祖先的 10 条，均为祭祀妣庚的卜辞。前者占 61.54%，后者占 38.46% 。

又（侑）祭，共发现 27 条卜辞，其中 20 条卜辞有祭祀对象，属男性祖先（祖乙、祖甲）的 6 条，属女性祖先（妣庚、妣甲）的 14 条。前者占 30% ，后者占 70% 。

告祭，共发现 20 条卜辞，其中有祭祀对象的 15 条卜辞，属男性祖先（祖乙、祖甲）的 4 条，属女性祖先（妣庚、妣丁、母戊、匕）的 11 条，前者占 26.67% ，后者占 73.33% 。

㝢祭，共发现 15 条卜辞，其中有祭祀对象的 13 条卜辞，属男性祖先或亲属（祖乙、祖甲、子癸）的 12 条，属女性祖先的只 1 条，是祭祀妣庚的。前者占 92.31% ，后者占 7.69% 。

以上八个祭名中，祝祭、权祭、酌祭、㝢祭，在对男性祖先（或亲属）的祭祀中，出现的频率较高，女性祖先较低；钌祭、㪍祭、又（侑）祭、告祭，在对女性祖先的祭祀中使用较多，对男性祖先使用较少。

（2）某些祭名只在某一性别的先祖中使用。下面举 4 例。

伐祭，H3 卜辞中，伐祭卜辞有 15 条，除 4 条无祭祀对象外，还有 11 条。其中见于祖乙卜辞 5 条、兄丁卜辞 5 条、子癸卜辞 1 条，未见于女性祖先。

卯祭，H3 卜辞中，卯祭卜辞有 9 条，除 1 条无祭祀对象外，见于祖乙卜辞 4 条，祖甲卜辞、祖丁卜辞、兄丁卜辞、子癸卜辞各 1 条。未见于女性祖先。

将祭，H3 卜辞中，将祭卜辞 9 条，其中祭祀妣庚的卜辞 7 条，祭祀妣己与妣丁的卜辞各 1 条，未见祭祀男性祖先。

寮祭，H3 卜辞中，寮祭卜辞 8 条，除 1 条无祭祀对象外，其余 7 条均为祭祀妣庚的卜辞。亦未用于祭祀男性祖先。

上述伐、卯之祭只见于男性祖先，将、寮之祭只见于女性祖先，可见在 H3 卜辞中使用某些祭名，存在着性别差异。

2. 经常使用两个或两个以上的祭名

H3 祭祀卜辞中，使用重叠祭名，主要见于祭祀祖乙、祖甲、妣庚等几个重要的祖、妣。请看以下的例子：

乙卯：岁祖乙狃，权卣一？

（《花东》37　第 25 辞）

卜问对祖乙是否进行岁祭与权祭，前者用狃，后者用卣酒。

甲申：重大岁又于祖甲？
甲申卜：重小岁饮于祖甲？用。一羊。

（《花东》228　第 2、3 辞）

卜问对祖甲进行大岁（规模大的岁祭）与又（侑）祭，还是用小岁（规模小的岁祭）与饮祭。

己卜：其酚钟妣庚？

（《花东》53　第 17 辞）

卜问对妣庚是否进行酚祭与钟祭。

乙巳：岁祖乙白豭一，又皂，祖乙永？

（《花东》29）

卜问是否对祖乙进行岁祭、又（侑）祭与皂祭。

庚卜：在麓：岁妣庚三牡又卣二，至钟，曹百牛又五？

（《花东》27）

卜问祭祀妣庚是否行岁、又（侑）、钔三祭，并砍杀 105 头牛。晋，在此条卜辞作用牲之方法。

甲寅：岁祖甲牝，岁祖乙宰，白豕，岁妣庚宰，祖甲汜蚁卯？二

（《花东》115　第 3 辞）

卜问是否对祖甲、祖乙、妣庚进行岁祭，还对祖甲再行汜、蚁、卯三祭。

戊：往酉酚伐祖乙，卯牡一、权曶一，口又伐？

（《花东》226　第 6 辞）

卜问对祖乙是否用往、酉、酚、伐、权祭，五种祭名重叠使用，极为复杂。

据粗略统计，两个以上的重叠祭名，在祭祀祖乙的卜辞中有41 条，占该类卜辞的 48.24%；在祭祀祖甲的卜辞中有 30 条，占该类卜辞的 41.1%；在祭祀妣庚的卜辞中有 39 条，占该类卜辞的37.14%；而在祭祀其他先妣的祭名中，很少使用重叠祭名。如祭祀妣己的卜辞，有祭名的有 34 条，大多为一个祭名，两个祭名的只 4 条，占该类卜辞的 11.76%；祭祀妣丁的卜辞，有祭名的 21条，出现 2 个祭名的仅 1 条，占该类卜辞的 4.76%，可见祭祀时同时使用几种祭名（亦即祭祀仪式），是对重要的祖先才使用的。

三　H3 祭祀卜辞中的祭品

H3 祭祀卜辞祭品亦多样，可分为人牲、动物牺牲、酒、玉

器、纺织品、粢盛等，每类中又分若干种（表四）。

1. 人牲

H3 卜辞中的人牲有人、伐、羌、莧、夃、臣、妾等，下面各举一例：

> 暮酢，宜一牢，伐一人？
>
> （《花东》340　第 3 辞）

> 甲戌夕：酢伐一祖乙，卯□。九十
>
> （《花东》310　第 2 辞）

> 辛丑卜：钔丁于祖庚至☒一，曹羌一人，二牢，至妝一，祖辛钔丁，曹羌一人，二牢？
>
> （《花东》56）

"祖辛钔丁"应为"钔丁祖辛"之倒文。

> 甲辰：岁祖甲莧一，友彘？二三
>
> （《花东》228　第 3 辞）

莧，为族邦之名，地望在殷王朝西北[1]，友读为又。

> 己卜：重夃、臣、妾钔子而妣庚？
>
> （《花东》409　第 27 辞）

H3 卜辞，用人祭祀数量不多，有的卜辞不记数，有的只记一人。

---

[1]　参见《花东》179 片释文。

2. 动物牺牲

（1）常见的动物（主要是家畜）

H3 祭祀卜辞祭牲用的家畜有牛、羊、豕、犬、马等。

①牛　在 H3 卜辞中祭祀用的牛可分为牛、白牛、黑牛、勾牛、牡、勾牡、黑牡、牝、勾牝、黑牝、牢、勾牢等 12 种。例如：

祝，于白一牛用，彳岁祖乙用，子祝？

（《花东》142　第 3 辞）

先饮白㞢，宜黑二牛？

（《花东》278　第 7 辞）

己亥：彳岁祖乙二牢，勾牛，白麤、权邕一，子祝？二三

（《花东》142　第 5 辞）

勾牛，指黄黑相间的杂色牛。

甲午：岁祖甲牡一，权邕一？

（《花东》426　第 2 辞）

癸酉卜：重勾牡岁甲祖？用。

（《花东》37　第 1 辞）

甲祖，指祖甲。

己酉夕：翌日舌妣庚黑牡一？

（《花东》150　第 2 辞）

乙亥夕：岁祖乙黑牝一，子祝？

（《花东》67）

庚午卜，在𠬝：舌子齿于妣庚，［曾］牢，勾牝，白豕？用。

（《花东》163　第 1 辞）

　　重二勻牢□白豕妣庚？

（《花东》278　第 11 辞）

　　关于牢字，学术界有释为牛、羊、豕三牲，有释为二牛（或指一牡牛与一牝牛），有释作圈养的牛，或专门圈养，供祭祀用的牛。[①] 我们认为后一种解释较合适。

　　用牛的数量一次最高 105 头（《花东》27），还有 50、40、30（均见于《花东》113）、20（《花东》120）、10（《花东》276）、5（《花东》113）、3（《花东》88）、2（《花东》236）、1（《花东》142）。

　　②羊　可分为羊、牡、牝、宰、小宰、羍等，例如：

　　癸卜：甲其尞十羊妣庚？　一二

（《花东》286　第 15 辞）

　　己卜：重三牡于妣庚？　一

（《花东》181　第 16 辞）

　　丁酉：岁祖甲牡一、豕一，在麗，子祝？　一

（《花东》7　第 1 辞）

　　戊卜：重一宰，卯伐妣庚，子舌？

（《花东》75　第 6 辞）

　　岁十小宰，又豕？　三

（《花东》435　第 3 辞）

　　乙亥：岁祖乙小羍，子祝，在麗。　一

（《花东》354　第 1 辞）

---

　　① 于省吾主编：《甲骨文字诂林》，中华书局 1996 年版，第 1504—1507 页。

牢，指专门圈养，供祭祀的羊。羝，为新见字，指专门圈养供祭祀的公羊。

用羊祭祀，一次数量最高 10 羊（《花东》286），还有 7 羊（《花东》286）、5 羊（《花东》113）、3 羊（《花东》32）、2 羊（《花东》85）、1 羊（《花东》173）。

③豕　可分为豕、白豕、豚、白豚、豛、白豛、豮、白豮、家、豭等，例如：

　　　□三十豕酚妣丁□?

（《花东》488　第 7 辞）

　　　乙卯：岁祖乙豚一，权鬯一?

（《花东》63　第 7 辞）

　　　甲寅：岁祖甲白豚一?

（《花东》170　第 4 辞）

　　　乙巳：岁祖乙三豛? 在麗。

（《花东》463　第 6 辞）

　　　□祖甲白豛一，祖乙白豛一，妣庚白豛一? 二

（《花东》309　第 4 辞）

　　　丁未：岁妣丁豮一?

（《花东》27　第 1 辞）

　　　乙巳：岁祖乙白豮一，又皀，祖乙永?

（《花东》29　第 5 辞）

　　　甲辰：岁妣庚家一?

（《花东》61　第 3 辞）

家，学者一般将甲骨文的家字释为宗庙名、人名或地名。[1] 但

---

① 于省吾主编：《甲骨文字诂林》，中华书局 1996 年版，第 1995—2001 页。

这几种用法对此条卜辞均难读通。家字的本义是表示房屋内有豕。可能当时某些供祭祀的猪，饲养在有顶棚有墙的圈内，其意义与牢、宰近似。《花东》61（3）是卜问岁妣庚是否用一头经专门圈养的豕。

辛卜：其宜，叀大豕？

（《花东》139　第9辞）

豕，是H3卜辞新见的字，从字形看，指棚下饲养的豕。豕的意义应与《花东》61的“家”字相似，也是指经专门圈养供祭祀的豕。

用豕祭祀，数量最高为30（《花东》488　第7辞），以下为10（《花东》284　第1辞）、5（《花东》113　第25辞）、3（《花东》38　第3辞）、1（《花东》63　第7辞）。

④犬　发现的数量较少，见于4片5辞，所用犬数均为一。如：

戊子：岁妣庚一犬？

（《花东》421　第6辞）

⑤马　发现数量少，只2片2条卜辞。如：

丙寅卜：其𠳋，隹宁见马于癸子，叀一伐、一牛、一鬯，𦉪梦？用。

（《花东》29）

癸子，即子癸。全辞意为：子做了梦（殷人以为梦是不祥之兆），为此对子癸进行𠂤祭，是否用宁献的马作为祭牲，再杀一人、一牛、用一卣鬯酒好呢？

（2）野兽

H3 所见用作祭牲的兽类有廌、鹿、麑、兕、龟等。

①廌　用作祭牲的野兽中，有 7 片 15 条卜辞有廌，较为常见。还细分为廌、幽廌，黇、麀几种。如：

　　　　己卜：重廌、牛姒庚？

　　　　　　　　　　　　（《花东》139　第 6 辞）

廌，本作🦌，《说文》："解廌，兽也。似山牛一角。古者决讼，令触不直，象形。"从字形上看，该字头上有一对长角，非独角。到底属于哪种野兽，待考。

　　　　辛卯卜：子𢦔宜，重幽廌？用。一

　　　　　　　　　　　　（《花东》34　第 1 辞）

该辞卜问子进行𢦔宜之祭，是否用黝黑色的廌作祭品。

　　　　辛卯卜：重口宜囗麀，牝，亦重牡用？一
　　　　壬辰卜：子𢦔宜，右、左重黇用？
　　　　中重黇用？
　　　　壬辰卜：子亦𢦔宜，重黇，于左、右用？

　　　　　　　　　　　　（《花东》198　第 4、6、7、8 辞）

这条卜辞说明当时用野兽祭祀如同用家畜一样，都注意区分是公还是母；又反映出在祭祀时祭品的陈放有一定的次序，是区分右、中、左的。

②鹿　只见一条卜辞，未记数目。

癸丑：宜鹿？在入？

（《花东》170　第1辞）

③麑，为小鹿，见于二条卜辞，亦未记数目。如：

辛未卜：其徙鑗麑？一

（《花东》395　第1辞）

鑗，祭名。
④兕　见于二条卜辞。

辛未：岁祖乙黑牡一，权毗一，子祝？曰：毓（后）祖
非。曰：云兕正祖隹。曰录猷不毛𢽏。

（《花东》161　第1辞）

该辞命辞为卜问岁祭、权祭祖乙，由子进行祝祷。后面有三
段占辞，第二段占辞之"正"字释为祭名。祖为被祭之先祖，兕
作为正祭祖先之祭品。

庚申：岁妣庚牡一？子占曰：洀［羌］，自来多臣殴？二
（《花东》226　第7辞）

殴，本作𣪊，新见字。从字形看，像双手拿着锤在击兕牛。该
辞大意为：卜问岁祭妣庚是否用一头公牛？子作的占辞认为用洀
（人名）送来的羌人和多臣送来的已被击杀的兕牛作祭品。
⑤麀　见于一条卜辞。

戊辰：宜［妣庚］麀？用。在入。

（《花东》240　第 5 辞）

炰，本作 ▨，从字形看像将龟置于火上烧烤。该辞卜问宜祭妣庚，是否用烧烤的龟作为祭品。①

这些祭祀用的野兽，有一部分是"子"田猎时猎获的。在上面提到的《花东》395 第 1、4 二辞，卜问用麂进行祭祭。在该版第 9 辞谓："癸酉卜：子其罕？子占曰：其罕。用，四麂，六龟。"该辞最后的四麂、六龟为验辞，是子田猎的猎获物。子将其所获之兽，用来祭祀先祖。

3. 酒

H3 卜辞，用酒祭祀较常见，酻祭（沃酒于地而祭）卜辞有 31 条。以酒作为祭品的有鬯与酒。

（1）鬯，指香酒，H3 卜辞用鬯祭祀见于 55 片 72 条卜辞。如：

乙卜：其又十鬯妣庚？

（《花东》276　第 2 辞）

乙亥：岁祖乙□，衩鬯一？

（《花东》198　第 1 辞）

用鬯的数量有 10、5、3、2、1，省去计量单位。考古发掘出土的青铜卣，不止一次发现里面还装有酒液，且甲骨文中有"鬯一卣"（《宁》3.232）的词句，可能卣是作为计算酒数量的单位。H3 卜辞中，10 鬯只见《花东》276 一辞，一鬯较多，有 21

---

① 龟是何种动物，学术界尚无一致的看法。王国维、王襄等释龟，谓"似兔青色而大，头与兔同，足与鹿同"。唐兰、白玉峥释兔（参见于省吾主编《甲骨文字诂林》，第 1612、1620 页）

条卜辞。

（2）酒

只见于一条卜辞，即上文提到的"以酒欚神"（《花东》53
第9辞）。酒字作 🅰，酉为盛酒的器皿，其内的小点表示酒液，极
象形。

4. 玉器

H3卜辞，用玉器作祭品较常见，种类有玉、🅱、璧、良、舁、
戏、纲等。

（1）玉

己亥卜：于宫舁玉，🅲?，用。

（《花东》29　第4辞）

宫字亦可隶写为宁。于省吾谓："宁为廷或庭之初文"，"古代
太室中央谓之庭"。[1] 陈梦家说："升，与宗、祊、大室、亥、宁皆
属建筑，皆是藏庙主之所在。"[2] 商代的宁是举行祭祀活动的场所。
如《粹》281："乙酉卜，争贞：□小乙于宁，☑羌三人"，内容是
卜问于宁祭祀先王小乙，用羌三人。此辞"于宫舁玉"，是在庭举
行舁玉之祭。

（2）🅱

丙卜：叀小皂，🅱，［子］☑。

（《花东》359）

---

① 于省吾：《甲骨文字释林》，中华书局1979年版，第85页。
② 陈梦家：《殷虚卜辞综述》，科学出版社1956年版，第471页。

　　⊕字，过去已见著录，但学术界对该字的来源有不同的解释，有说它像矢锋形，又有的认为像句兵之形，还有人说像圭形，莫衷一是。[①] 在《花东》490 有"己卯：子见啇以⊕于丁？用"，与"己卯：子见啇以玉丁？永用"二辞对贞。见，读为献。⊕与玉词位相同，由此可推知⊕为玉类器物。殷墟出土的玉器中，头呈三角形，体作长条形。与⊕形相近的器物有玉戈、尖首圭，某些尖首的柄形饰等，以玉戈为最多。⊕可能是玉戈类器物的泛称。[②]

　　㠯，用为祭名。如同《花东》265 第 5 辞："辛未：岁妣庚小宰，告又叙邑，子祝，㠯祭？"中的㠯字的用法。

　　该辞卜问是否进行小规模的㠯祭，并以⊕为祭品。

　　（3）璧

　　　　癸巳卜：子穮，重日璧叙丁？用。

（《花东》37　第 5 辞）

　　穮，祭名。义与醥同。赵诚谓醥是用束茅灌邑酒以祭品。[③]叙，动词，义为奉献。该辞意为：子进行穮祭，当日将祭祀所用之玉璧献与丁。

　　（4）良

　　　　庚子卜：子穮，重异罘良叙？

（《花东》178　第 1 辞）

　　良字，已见于著录，大多用作人名，少数用为地名，学术界

---

　　①　参见于省吾主编《甲骨文字诂林》，中华书局 1996 年版，第 710—713 页。

　　②　参见刘一曼、曹定云《殷墟花园庄东地甲骨卜辞考释数则》，《考古学集刊》第 16 集，科学出版社 2006 年版。

　　③　赵诚：《甲骨文与商文化》，辽宁人民出版社 2000 年版，第 183 页。

对该字的本义有不同的看法，尚未取得一致的认识。①　H3 的一片卜甲上有两条对贞的卜辞，使我们对良字有新的认识。

乙巳卜：重璧？用。

乙巳卜：重良？

（《花东》475　第 2、3 辞）

这两条卜辞表明，良是玉器。

一些玉器的名称，在典籍中常省去玉旁，如璋作章、珪作圭。从古音而言，良、琅二字同属阳部来母，为双声叠韵，可以通假，故良可释读为琅。关于琅，《说文》云："琅玕，似珠者。"良字的形体作 ，中部的长方形或椭圆形，象征该玉器为圆形。玉珠是较小的圆形玉饰，人们披戴时需用细线将其连缀，该字上下方的两条曲线，可能表示柔软的丝线之形。②

（5）舁

舁，为 H3 新见字，未识。该字见于上述的《花东》178 第 1 辞，与"良"并列，可能亦是一种玉器。参照《花东》37 第 5 辞，可推知"重舁眔良改"之后省去一"丁"字。若此，《花东》178 第 1 辞之意为子进行禳祭，将祭祀所用之舁与琅（玉珠）献与丁。

（6）玾

辛亥卜：子改妇好玾，往璺，在狄？

（《花东》195　第 1 辞）

玾，从玉从又。连劭名认为甲骨文从"又"与从"双"往往

---

① 　参见于省吾主编《甲骨文字诂林》，中华书局 1996 年版，第 3353—3356 页。

② 　参见刘一曼、曹定云《殷墟花园庄东地甲骨卜辞考释数则》，《考古学集刊》第 16 集，科学出版社 2006 年版。

无别，从而将该字释为弄。① 《说文》谓："弄，玩也。"从该字的
形体看，像手抚摸玉器在玩赏，正符合《说文》之意。我们认为
连说可从。珏，为玉弄器。数十年来的殷墟发掘，在商代遗址与
墓葬中，出过许多小件的玉蝉、玉蛙、玉鱼、玉兔、玉鸟、玉龟、
玉兽面等，都属于玉弄器。

（7）緝

乙巳卜：又✿，重之异丁緝五？用。

（《花东》475　第 4 辞）

緝，本作🦻，像耳垂下穿以丝线。学术界对该字的意义说法不
一，有释瑱、珥、联等。② 我们认为以释珥较为妥帖。③ 商代的耳
饰为玉（石）的環玦类物品，用丝线加以连缀，再穿于耳垂的小
孔中。緝字耳下只存丝形，省去玉珥。

又，读为侑，祭名。联系以上《花东》37、178、359 等几片
卜辞中记述的祭祀时所用的玉器来看，此片的緝（玉珥）也在祭
祀时使用。祭祀毕，将一些玉器赠与丁。

5. 纺织品
H3 祭祀卜辞中，有关纺织品的有絑与帚。
（1）絑

辛亥卜：弹爯妇好絑三，窑爯妇好絑二，用。往鑿？

（《花东》63　第 3 辞）

---

① 连劭名：《甲骨文"玉"及相关问题》，《出土文献研究》，文物出版社 1985 年
版。
② 参见于省吾主编《甲骨文字诂林》，中华书局 1996 年版，第 652—653 页。
③ 李学勤：《沣西发现的乙卯尊及其意义》，《文物》1986 年第 7 期。

　　　　壬子卜：子以妇好入于戋，子乎多钾正见于妇好，攺紤
十，往鼞？

　　　　　　　　　　　　　　　　　　　（《花东》37　第22辞）

　　紤，本作𢇙，像以斤断丝之形。在著录中有"蟲致紤"（《合
集》9002）。王贵民认为，甲骨卜辞的"致"字后皆名词，紤为
一种丝织物之名称。[1]　其说可从。

　　上述第1辞的弹、嵳为人名，第2辞的多钾正为官名。[2]　紤
十、紤三、紤二，为紤的数量，大概指十束（或十捆）、三束、
二束。

　　此述二辞的大意是：子与妇好进入戋地之后，子是否呼令弹、
嵳、多钾正进献丝织品予妇好，用以对鼞进行祭祀。

　　（2）帯

　　　　甲子卜：岁妣甲牡一，晋三小宰又帯一？在茻。一

　　　　　　　　　　　　　　　　　　　（《花东》455　第1辞）

　　　　己卜：又圅又五帯钾子而妣庚？一

　　　　　　　　　　　　　　　　　　　（《花东》409　第25辞）

　　帯，本作帯，是帚（𢇇）的简体，裘锡圭谓"是置立之'置'

---

　　①　王贵民：《论贡、赋、税的早期历程——先秦时期贡、赋、税源流考》，《中国
经济史研究》1988年第1期。
　　②　我们在《花东》第37片释文中，曾将第22辞之"正"释为祭名。朱凤瀚先生
在《读安阳殷墟花园庄东地出土的非王卜辞》一文中（《2004年安阳殷商文明国际学术
研讨会论文集》，社会科学文献出版社2004年版），释该辞之"正"为长，"御正"即
是治事之官。朱文的释读比《花东》释文更合理，现改从朱释。

之本字"①。帚在已著录的卜辞中多用作祭名。② 在此二辞中应用为祭品。因该字从巾，故推测它可能是一种纺织品③，至于是什么织物，尚难确指，需进一步研究。

在殷墟发掘的祭祀坑中，曾发现纺织物的残迹，如 1959 年发掘的后冈圆形祭祀坑中，曾发现成束的丝织品和一些麻织物的残迹，是尞祭时的祭品。

6. 粢盛

H3 祭祀卜辞中，作祭品的谷类作物有糜与粸。

（1）糜

癸亥：岁子癸牝一，叀自丁糜？

（《花东》48）

乙巳：岁祖乙三豕，子祝，叀糜？在𢀊。

（《花东》171　第 2 辞）

糜，本作𪎭，从黍从米，指采摘加工之后的黍粒。叀为祭名。

（2）粸

庚寅：岁妣庚小宰，叁自丁粸？　一

（《花东》416　第 4 辞）

粸，本作𪎭，H3 新见字，从采从米。即加工后的采粒。于省

---

　　① 裘锡圭：《甲骨文中的几种玉器名称——释"庸"、"豐"、"䂂"》，《中华文史论丛》1980 年第 2 辑。
　　② 参见于省吾主编《甲骨文字诂林》，中华书局 1996 年版，第 2889 页。
　　③ 胡厚宣先生在《殷代的蚕桑和丝织》一文中，认为帛、帠、㡀等从巾的字，是用丝帛制成的物品。见《文物》1972 年第 11 期。

吾认为"秾"从禾采声，指小麦①，其说可从。耊，用作祭名。

　　以上叙述了 H3 祭祀卜辞祭品的类别。从表四中可以看出，祭品之种类与数量是因祭祀对象之不同而有差异的。这点与祭名的情况有些相似。

　　其一，某些祭品的使用，在男、女先祖中存在差别。如人牲，祭祀祖乙、祖甲、祖辛、祖庚、子癸、妣庚、妣丁时使用，前五位男性，共见人牲卜辞 10 条，后二位女性，人牲卜辞 3 条；鬯，在祭祀祖乙、祖甲、兄丁、子癸、妣庚、妣甲时使用，前四位男性，用鬯卜辞 48 条，后二位女性，用鬯卜辞 16 条。帚，只出现于祭祀妣庚与妣甲的卜辞，未见于男性先祖。

　　其二，对重点祭祀对象使用的祭品种类与数量较多。如：

　　　　甲戌：岁祖甲牢，幽鬳，白狳，叔一鬯？
　　　　乙亥：岁祖乙牢，幽鬳，白狳，叔二鬯？

　　　　　　　　　　　　　　　　　（《花东》237　第 7、9 辞）

祭祀祖乙、祖甲一次用牢、鬳、狳、鬯四种祭品。

　　　　庚卜：在麓：岁妣庚三牡又鬯二，至钔，曶百牛又五？

　　　　　　　　　　　　　　　　　　　　　　（《花东》27）

祭妣庚，一次用牛、牡、鬯三种祭品，用牛数量高达 105 头。

　　上文提到的《花东》29 第 1 辞对子癸的祭祀，一次用伐、马、牛、鬯四种祭品，而对普通的祖、妣，多为一两种祭品，数量也较少。

　　其三，对重点的祭祀对象所用的祭牲的颜色比较讲究。如对

---

① 于省吾：《甲骨文字释林》，中华书局 1979 年版，第 247—249 页。

祖乙、祖甲、妣庚的祭祀常用白豕、黑豕、白狂、白𢑑、黑𢑑、白牡、黑牡、黑牝、白麄等。对其他的祖先一般不标明祭牲之颜色。

四　H3 祭祀卜辞的祭祀地点与祭祀场所

1. 祭祀地点

（1）王都（安阳）

H3 大多数的祭祀卜辞，未记录占卜及祭祀之地点，其中有相当部分（如《花东》86、150、237、275、326、327、336、338、420、487、501 等，不胜枚举）大概是在王都宫殿宗庙区举行的祭祀。这种推测的依据是：H3 出于宫殿宗庙区东南，过去的著录中也发现过几片字体酷似 H3 的卜辞①，传出于小屯东北地及其附近，这表明"子"所属的占卜机关，在王都宫殿宗庙区的范围以内；从 H3 卜辞的内容看，"子"是地位很高的人物，参与朝政、受令征伐、参与王室祭祀活动，与武丁及其配偶妇好关系密切。这位"子"，多数时间是居住在王都的，因而在王都占卜"子"活动的卜辞可以省略地点不记了。

（2）𢁞，在 H3 卜辞中见于 22 片 28 辞，其中 13 片 15 辞属祭祀卜辞。例如第三章提到的《花东》163 第 1 辞就有"在𢁞，钔子齿于妣庚"。

（3）狄，在 H3 卜辞中见于 19 片 29 辞，其中 11 片 16 辞属祭祀卜辞。如第一章提到的《花东》311，记"岁妣庚牢、牝，祖乙征改，在狄"。

（4）麗，在 H3 卜辞中，见于 13 片 21 辞，其中 10 片 16 辞属

① 与《花东》H3 卜辞字体酷似的有《合集》19803、19849、22172、22351、21853、22292 等片。前四片已见于蒋玉斌《甲骨文献整理（两种）》一文（《古籍整理研究学刊》2003 年第 3 期）。后两片是笔者翻阅《合集》后发现的。这里应指出的是 21853 与《花东》6 第 2 辞、481 第 1 辞、333、342 同文，22172 与《花东》319 第 1、2 辞同文。

祭祀卜辞，如第一章提到的《花东》463 第 1 辞卜问"岁祖乙"，地点"在麗"。

（5）麗，H3 卜辞中，见于 8 片 15 辞，其中 6 片 12 辞属祭祀卜辞。如第二、三章提到的《花东》27"在麗：岁妣庚三牝"。

（6）吕①，在 H3 卜辞中见于 9 片 13 辞，其中 3 片 8 辞属祭祀卜辞。如：

> 乙夕卜：岁十牛妣庚于吕？用。
>
> （《花东》401 第 5 辞）

（7）入，在 H3 卜辞中，入字极常见，大多作动词。作地名的有 7 片 13 辞，其中 6 片 12 辞属祭祀卜辞。如第三章提到的《花东》170 第 1 辞"宜鹿，在入"。

（8）潢，在 H3 卜辞中，见于 4 片 5 辞，均属祭祀卜辞。如：

> 己丑：岁妣庚牝一，子往潢呇？四
>
> （《花东》55 第 4 辞）

（9）辜，在 H3 卜辞中，见于 3 片 14 辞，其中 2 片 4 辞属祭祀卜辞。如：

> 庚卜，在辜：重牛妣庚？
>
> （《花东》37 第 7 辞）

（10）．．，在 H3 卜辞中，见于 5 片 5 辞，属祭祀卜辞的只 1 片 1 辞。如第三章提到的《花东》455 第 1 辞"岁妣甲"，"在

---

① 吕字本作 **吕**，宋镇豪释为潢。见《从甲骨文考述商代的学校教育》，《2004 年安阳殷商文明国际学术研讨会论文集》，社会科学文献出版社 2004 年版。

羴"。

（11）权，在 H3 卜辞中见于 4 片 11 辞，属祭祀卜辞的 3 片 10 辞，如第一章提到的《花东》53 第 1、2 辞卜辞"曹妣庚、湏于权"。

（12）甘，在 H3 卜辞中，见于 2 片 3 辞，属祭祀卜辞的 1 片 2 辞。如：

　　　丙戌：岁祖甲牡，岁祖乙羊一，在甘，子祝？

（《花东》428　第 4 辞）

（13）罘，在 H3 卜辞中，见于 4 片 5 辞，其中 2 片 3 辞属祭祀卜辞。如：

　　　［辛］［卜］：岁祖□牝，叠自⊠在罘，祖甲征？—

（《花东》363　第 3 辞）

（14）徍，在 H3 卜辞中，见于 1 片 1 辞，属祭祀卜辞。如：

　　　壬申卜，在徍：其舌于妣庚，曹十宰，□十豳？用。在麓。

（《花东》95）

（15）丝束，在 H3 卜辞中，见于 1 片 1 辞，属祭祀卜辞。

　　　壬卜：其尞妣庚于丝束，告又录，亡征伽？

（《花东》286　第 9 辞）

（16）新，在 H3 卜辞中，见于 10 片 14 辞，大多用为形容词，属祭祀卜辞的 1 片 2 辞。如：

　　　丙寅夕：宜在新，東牝一？一二三四

　　　　　　　　　　　　　　　　（《花东》9　第 1 辞）

（17）並，在 H3 卜辞中，只见于 1 片 1 辞。

　　　戉卜：哲妣庚在並？一

　　　　　　　　　　　　　　　　（《花东》53　第 11 辞）

　　以上列举的十多个祭祀地名之确切地点，由于资料所限，难于一一考证，但从下面的一些卜辞可以了解几个主要地点的关系及其大概的位置。

　　《花东》146 第 4—6 辞、179 第 3—7 辞、467 第 8—11 辞内容相近，是卜问呼令某人外出"勾马"之事。这几片卜甲上的卜辞，卜日可以连接，其中有的卜辞，记了地点。

　　　戊申卜：重黻乎勾［馬］？在麗。

　　　　　　　　　　　　　　　　（《花东》467　第 8 辞）

　　　己酉卜：今夕①丁往𡛝？

　　　　　　　　　　　　　　　　（《花东》146　第 2 辞）

　　　庚戌卜：其勾禾马，宁？

　　　　　　　　　　　　　　　　（《花东》146　第 4 辞）

　　戊申、己酉、庚戌三日相连。可推知𡛝与麗相邻近。

－－－－－－－－－－

　　①　在《花东》146 片释文中，我们曾将"今夕"释为"今月"，现在认为，应以释"今夕"为是。

庚戌：岁妣庚㞢一，入自麗？一

壬子卜：其将妣庚示宫，于东官？用。一

（《花东》490　第 10、12 辞）

癸丑卜：其将妣庚［示］于犾东官？

（《花东》195　第 5 辞）

从后面这条卜辞可知《花东》490 第 10、12 辞之"东官"在犾。该辞略去犾未记。庚戌与壬子相隔二天，则麗与犾相距不远。

丁丑卜：子舌于妣甲，酋牛一，又岜一，［亡］灾，入商酌？在麗。

（《花东》176　第 1 辞）

己卜，在麓：于商告妣亡由于丁，若？

（《花东》494　第 4 辞）

《花东》176 第 1 辞是在麗地卜问子邻祭妣甲，用一牛、一岜，进入商地行酌祭。494 第 4 辞是在麓地卜问，于商地告祭先妣不要给丁以灾祸。可推知麗、麓二地与商的距离很近，那么这两个地点亦当相距不远。

丁酉：岁祖甲牝一、权岜一？在麗。一

己亥卜，在吕：子其射，若？不用。

（《花东》37　第 8、10 辞）

丁酉与己亥相隔二天，则吕与麗地相距不远。

在《花东》53，吕、双、並几个地名同版。该片第 1 辞为："丙卜：子其往吕？曰又求，曰往吕。"第 2、3 辞于戊这天卜问酋妣庚、凤是否于杈，第 11 辞亦于戊卜问替妣庚是否在並。由此可推测吕、杈、並三地亦相距不远。

> 戊子：宜羌一妣庚？在入。一
> 庚寅：岁妣庚牝一？在戍。一

（《花东》493　第 2、3 辞）

戊子与庚寅隔两天，则入地与戍地距离亦较近。

以上列举的这些地名，大多可以联系，彼此相距不远。这些地名是 H3 卜辞主人——"子"经常前往祭祀或活动之地，是"子"的封邑或领地，也是他所统领的这一大族的居住地和活动区域。其中较重要的是戍与𠂤，这两个地名在 H3 卜辞中出现的次数较其他地点多；在 H3 卜辞中有占卜"子宿在𠂤？"（《花东》10）"子于戍宿"（《花东》267　第 1 辞）的卜辞，也就是说，"子"曾在𠂤、戍住宿，那里可能有"子"的馆舍。尤其是戍，在子的领地中位置更为突出。其一，在戍地有宗庙性建筑——宫、东官（下文还要论及）等，"子"常在"宫""官"里从事祭祀先人的活动；其二，子与武丁之配偶妇好到戍活动（见《花东》37　第 20—22 辞）；其三，在 H3 卜辞中有占卜"子其乍丁雔于戍？"（《花东》294　第 1 辞）的内容，表明丁（应为武丁）也常到那里驻足，所以"子"要为武丁建筑"行宫"。可见"戍"是"子"统辖的地区中最重要的邑聚。

那么，戍、𠂤之地望于何处呢？让我们还是通过同版关系进行分析。

𠂤，见于著录，与雇同版：

> 辛丑卜，行贞：王步自𠂤（𠂤之异体字）于雇，亡灾？
> 癸卯卜，行贞：王步自雇于勎，亡灾？在八月。在师

雇卜。

（《合集》24347）

辛丑与癸卯隔两天，𤔲至雇之路程在两日以内，相距不远。关于雇之地望，我们认为应如王国维、陈梦家所推测的指《左传》文公七年晋赵盾与诸侯盟于扈之扈地。在今河南原阳县原武镇西北。[1]

在上文已提到麗、麄二地与商的距离很近。关于商之地望，学者有不同的看法，有认为指河南商丘，有认为指安阳殷墟，还有的说王畿地区，即安阳及其附近地区。[2] 我们同意商为殷墟之说。上文提到𤔲与麗相近，也就是说它与安阳之距离不远。那么𤔲只有处于雇（河南原阳县原武镇）与商（安阳）之间的位置，才会到此二地距离都不远。在安阳南、原阳北的淇县宋窑遗址和辉县琉璃阁遗址、孟庄遗址，都发现过殷商时期的遗迹、遗物，故可推测 H3 卜辞占卜主体"子"的领地𤔲、𢁘等可能在淇县、辉县一带[3]，麗、麄地大概在𢁘、𤔲之北，离殷都更近些。

2. 祭祀场所

在 H3 卜辞中，记录有关用于祭祀的建筑有——宗、官、宫、室、𡧛、亚等。现分述如下：

①宗，在 H3 卜辞中，见于 3 片 3 辞，属祭祀卜辞 2 辞。

---

① 陈梦家：《殷虚卜辞综述》，科学出版社 1956 年版，第 305 页。

② 陈梦家：《殷虚卜辞综述》，科学出版社 1956 年版，第 255 页；朱凤瀚：《读安阳殷墟花园庄东地出土的非王卜辞》，《2004 年安阳殷商文明国际学术研讨会论文集》，社会科学文献出版社 2004 年版。

③ 朱凤瀚据《花东》36 田猎卜辞的地名，推测 H3 "子"的贵族家族居地在郑州以北、淇县以西一带（见《读安阳殷墟花园庄东地出土的非王卜辞》，《2004 年安阳殷商文明国际学术研讨会论文集》，社会科学文献出版社 2004 年版）。

　　　　子又音，在宗，隹永？

（《花东》234　第 1 辞）

　　又，读侑，音即后代的歆，饗也。① 宗，指宗庙。
　　②官，在 H3 卜辞中见于 10 片 10 辞，6 片 6 辞属祭祀卜辞。

　　　　　于官饮？

（《花东》53　第 20 辞）

　　有学者释"官"为馆之初文，义为馆舍，是住所②，《花东》
53 之"官"及《乙》5321"戊戌卜：屮伐父戊，用牛于官"之
"官"，说明"官"不单是住处，亦是祭祀场所。
　　③宫，见于 2 片 2 辞，均属祭祀卜辞。
　　上文在论述祭祀地点时已提到："其将妣庚示宫，于东官？"
（《花东》490　第 12 辞）"于"与"东官"之间应有"犬"，该
辞略去未记。
　　H3 卜辞之宫，写作吕，为宫之简体。是放置妣庚神主之处。
《花东》490 第 12 辞意谓："于犬东官（馆）的宫内，将祭（奉
享之祭）妣庚。"
　　④室，在 H3 卜辞中，见于 3 片 3 辞，其中 1 片 1 辞属祭祀
卜辞。

　　　　　壬：盟于室，卜？

（《花东》236　第 27 辞）

　　盟，为祭名。《尔雅·释宫》："室有东西厢曰庙"，是室为庙

---

① 赵诚：《甲骨文简明词典》，中华书局 1988 年版，第 234 页。
② 赵诚：《甲骨文简明词典》，中华书局 1988 年版，第 236—237 页。

中之一部分。

　　⑤宯，在 H3 卜辞中，见于 2 片 2 辞，其中 1 片 1 辞属祭祀卜辞。

　　在第三章论述祭品时已提到"于宯禹玉"（《花东》29　第 4 辞）。宯（庭）是祭祀的场所。

　　⑥亚，在 H3 卜辞中，见于 7 片 8 辞，其中只 1 片 1 辞属祭祀卜辞。

　　　　壬子：岁祖甲 ▨ 于□亚？

　　　　　　　　　　　　　　　　　　　（《花东》309　第 2 辞）

　　在著录中有"屮于亚"（《合》206），"其钊于父甲亚"（《文》312），可见"亚"是藏祖先神主及祭祀之所。

　　以上列举的祭祀是于宫室馆舍内或其附近举行的。在 H3 祭祀卜辞中，大多数不记祭祀场所，从卜辞内容分析，有的是于室外或郊野举行的。如：

　　　　甲寅：岁祖甲白牡一，权豈一，皂，自西祭？

　　　　　　　　　　　　　　　　　　　（《花东》170　第 3 辞）

　　　　己巳：宜羌一于南？

　　　　　　　　　　　　　　　　　　　（《花东》270　第 1 辞）

　　这两条卜辞的西与南是指方位，指祭祀时向着西方或南方进行。

　　　　重三羊寮妣庚？

　　　　　　　　　　　　　　　　　　　（《花东》286　第 12 辞）

燎，指烧柴以祭，当在室外举行。

考古发掘的一些遗迹可以与甲骨文相印证：在殷墟，不但在宫殿宗庙区（如乙七、乙八内及其附近）发现祭祀坑，而且在族的聚居区，如白家坟东，1997 年发掘的一座长约 17 米、宽约 11 米的大型夯土建筑基址的"前堂"，也发现了十多座儿童瓮棺葬祭祀坑。该建筑基址，室内无灶坑、不分间，非居住的地方，发掘者推测可能是族的"宗庙"。① 类似的遗迹，在小屯西地亦发现过。② 上述发掘的资料表明，在族的聚居区内是有供祭祀活动用的大型建筑的。

又，在后冈发现过用于燎祭的圆形祭祀坑③，在大司空村发现过伐祭的祭祀坑。④ 这些祭祀坑远离建筑基址，大概是重要的族在室外进行隆重祭祀的遗迹。

五　H3 祭祀卜辞的特点

有比较才能有鉴别，在总结 H3 祭祀卜辞的特点时，有必要将其与时代大体相同的两种较重要的非王卜辞——子组卜辞、午组卜辞进行比较。

1. 称谓

H3 卜辞的祖先、亲属称谓有 23 名（见表一、表二），即 11 祖、7 妣、1 父 2 母、1 兄、1 子。祭祀次数较多的是妣庚、祖乙、祖甲、妣己、子癸。

---

① 唐际根：《安阳白家坟东地殷代遗址》，《中国考古学年鉴·1998》，文物出版社 2000 年版，第 154—155 页。

② 中国社会科学院考古研究所：《殷墟发掘报告》，文物出版社 1987 年版，第 98—99 页。

③ 中国社会科学院考古研究所：《殷墟发掘报告》，文物出版社 1987 年版，第 265—279 页。

④ 安阳市博物馆：《安阳大司空村殷代杀殉坑》，《考古》1978 年第 1 期。

子组卜辞的祖先亲属称谓有 21 名：2 祖（祖乙、南庚）、6 妣（后妣甲、妣丁、妣庚、妣己、妣辛、妣壬）、6 父（父甲、父乙、父丁、父庚、父辛、父戊）、5 母（母戊、母己、母庚、母壬、母癸）、1 兄（兄丁）、1 子（子丁）。以妣己、妣庚、父庚、父甲、父乙、父辛为常见。

午组卜辞的祖先亲属称谓有 29 名：11 祖（祖乙、下乙、外丙、祖戊、外戊、祖己、祖庚、祖辛、祖壬、祖癸、南庚）、7 妣（妣乙、妣丁、妣戊、妣己、妣辛、妣壬、妣癸）、6 父（父乙、父丙、父丁、父戊、父己、父辛）、3 母（母戊、母庚、母辛）、1 兄（兄己）、1 子（子庚）。以父戊、父丁、祖戊、下乙、妣乙、子庚为常见。

H3 卜辞与子组、午组卜辞均有祖乙（午组卜辞称为下乙）、南庚，而此二称谓亦见于宾组卜辞，这表明这三组非王卜辞都是祖乙之后，与时王有着血缘关系，他们之间又有着亲属关系。

H3 卜辞与子组卜辞、午组卜辞在称谓上的显著区别在于：

（1）H3 卜辞重祖辈称谓（特别是近祖称谓）而轻父辈称谓。在 H3 卜辞中，祖辈称谓又集中于祖乙、祖甲，且常见同版、同辞，这在子组、午组卜辞未见。H3 的父辈称谓只父丙，而子组与午组卜辞均有 6 位父辈，而且对父辈经常祭祀。子组卜辞所祭祀的父甲、父庚、父辛、父乙与宾组相同，意味着子组卜辞的占卜主体与时王武丁关系最亲近，可能是武丁的兄弟或从兄弟。[1] H3 卜辞与午组卜辞的占卜主体与时王的关系则远一些。

（2）H3 卜辞的祖辈称谓基本上与宾组卜辞相同，尤其是 H3 卜辞还祭祀上甲、大乙、大甲等著名的先王，这也是在子组与午组卜辞中未见的。有学者指出，"此三位神主皆属所谓大示范畴，在诸祖先神中地位均较高，这说明 H3 卜辞占卜主体之贵族在子姓

---

[1]　李学勤、彭裕商：《殷墟甲骨分期研究》，上海古籍出版社 1996 年版，第 317 页。

贵族中的宗法地位及其社会地位均较高，有可能超过其他几位非王卜辞占卜主体之贵族"①。这一分析是有道理的。

2. 祭名

H3 卜辞的祭名近八十个，子组卜辞（指《合集》中的乙一收录的卜辞）祭名约十个，午组卜辞（指《合集》中的丙一收录的卜辞）十六七个，数量比 H3 少得多。H3 卜辞的祭名以岁祭最多，次为钔祭、祝祭、宜祭、权祭、酌祭。子组卜辞以钔祭为主，次为酌祭、彡祭。午组卜辞亦以钔祭为主，次为屮祭、岁祭、奉祭、寮祭、兴祭等。《花东》H3 卜辞，一次祭祀常常连用几个祭名（最多时四五个祭名重叠），而子组、午组卜辞有时也有祭名重叠，但一般只两个，偶见三个。H3 祭祀卜辞，常见占卜主体——"子"亲自进行祝祷（即"子祝"），子组与午组祭祀卜辞不见此种情况。

3. 祭品

在祭品的种类上，H3 祭祀卜辞用人牲少量，多用兽牲（牛、羊、豕、犬、马及麂、鹿、兕、兒），还用鬯、玉器、谷类、纺织品等，子组、午组卜辞只用少量人牲，多用牛羊豕，未见用野兽和其他物品。

一次祭祀用牲的最高数，H3 卜辞为 105 头牛，子组卜辞为 12 宰、午组卜辞为 158 只羊。105 头牛的价值比 158 只羊要高。

在用兽牲祭祀时，H3 卜辞往往要记兽牲是雄还是雌，还标明毛色，对重点祭祀对象注意选择白色或黑色的牲（白豕、白牛、黑牛、幽麂等）。子组、午组卜辞，有时亦见标明豕属公猪，或见用白豕祭祀，但数量少。对牛、羊牲，一般不予区分雄雌。

总的说来，《花东》H3 祭祀卜辞的特点是：祭祀对象以近祖为主，祭名繁多、祭品丰富、用牲量大。反映出 H3 卜辞占卜主

---

① 朱凤瀚：《读安阳殷墟花园庄东地出土的非王卜辞》，《2004 年安阳殷商国际学术研讨会论文集》，社会科学文献出版社 2004 年版。

体——"子"主持的祭祀，祭祀仪式相当复杂、场面隆重，规格
较高。这也表明"子"有强大的政治、经济实力，其政治、经济
地位，仅次于商王，远在"子组""午组"及其他非王卜辞占卜
主体之上。

殷墟花园庄东地甲骨卜辞考释数则[*]

1991 年秋，中国社会科学院考古研究所安阳工队在殷墟花园庄东地发掘了 1 座甲骨坑——花东 H3。坑内出土甲骨 1583 片，其中有文字的 689 片。[①] 这坑甲骨，内容新颖，属非王卜辞，为甲骨学与商史研究增添了宝贵的资料，受到学术界瞩目。现在就 H3 卜辞中某些字词进行考释，并对字词中涉及的相关问题谈一下我们的看法，错误之处在所难免，敬希读者批评指正。

一 释狼

狼字见于《花东》[②] 108（H3：356＋917＋947＋1565），其辞为（图一）：

①辛丑卜：子妹其获狼？ 𠨍。一

②辛丑卜：叀今逐狼？ 一二

③辛丑卜：于翌逐狼？ 一二

④辛丑卜：其逐狼，获？ 一

＊ 本文为刘一曼、曹定云合著，原文载于《考古学集刊》第 16 集。

① 在中国社会科学院考古研究所安阳工作队的《1991 年安阳花园庄东地·南地发掘简报》（《考古》1993 年第 6 期）中，H3 刻辞甲骨为 579 片，后来在整理此坑甲骨时，我们又发现 110 片小片卜甲上有字，故应以 689 片为准。

② 中国社会科学院考古研究所：《殷墟花园庄东地甲骨》，云南人民出版社 2003 年版。（文中简称《花东》）

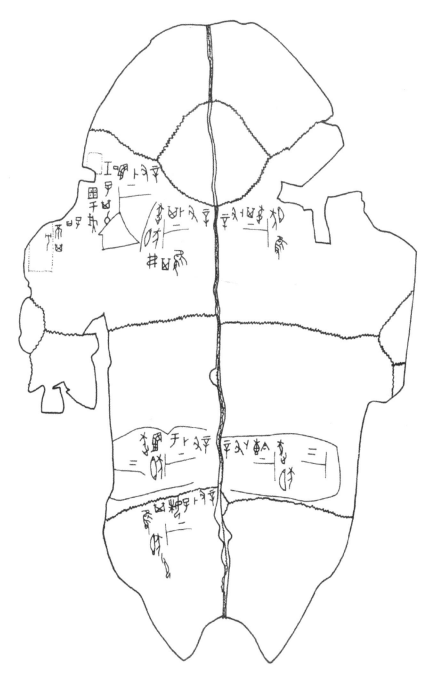

图一　《花东》108（H3：356＋917＋947＋1565）

⑤辛丑卜：其逐狼，弗其获？一

狼本作🐺或🐕。🐺为动物之形，腹瘦，尾长，这些特征似犬，那么🐺字是否犬之繁体或某一类犬呢？这可从卜辞内容找到答案。

第1辞之"妹"字，非人名，亦非"昧爽"，如李宗焜所言：应该解为否定词，其音义与文献的"蔑"字相近①，🀁字，为用辞，意义与"用"字相近。该辞卜问，子没有获🐺吗？

第2、第3辞，卜问逐🐺之时间，是今日还是翌日（指次日）。第4、第5辞卜问逐🐺，能否将它捕获。

甲骨文之逐字，表示追逐野兽，是围猎的一种形式。此版第1—5辞应属田猎卜辞。在甲骨文田猎卜辞中，田猎之对象有豕（野猪）、鹿、麌、麋、兕、虎等，均是野兽，犬是家畜，不是田猎的对象，所以该字非犬类动物。

🐺字，在《花东》108五见，一侧的🐕字，尾长而下垂，而《花东》H3的犬字，尾长而上卷较甚，两者存在一定的区别，🐕非犬字。狼的外貌似犬，且尾部多作下垂状，故该字是狼的象形字。

另一侧的θ日，为声符，从形体观察，似口袋状，一端或二端以细绳捆扎，为囊的原始字。晚殷金文的囊字作🀆（《集成》②8.4144🀃簋）、🀇（《集成》5.2710作册鼎）形，表示以囊盛贝之意。装贝的囊袋，上部较小，中下部丰肥，较甲骨文更为象形。囊、良二字韵母同为阳部，叠韵，可以通假，故🐺字应释为狼。③

---

① 李宗焜：《论殷墟甲骨文的否定词"妹"》，《历史语言研究所集刊》第六十六本第四分，1995年。

② 中国社会科学院考古研究所：《殷周金文集成》，中华书局1984—1994年版。（文中简称《集成》）

③ 关于"狼"字的释读，开始我们从字形和音读上分析：从🐺，θ（囊）声，疑此字为"狼"。后来与冯时同志进行讨论，他提出："🐺"之尾下垂，似"狼"而非"犬"，θ为金文"囊"的早期形态，"囊""良"音可通。至此。该字得到较合理的解释。

龵字释为狼，对释读《花东》108①—⑤辞，是文从字顺的。

二　释攺

攺字见于《花东》37（H3：123＋373）、63（H3：215）（图二）等16片卜甲的30条卜辞中。字的写法大多作㪙，个别作㪙。㪙，在已著录的甲骨文中，极罕见，只见于《合集》① 21623（属子组卜辞）。黄天树将之隶释为攺。②

我们认为这种隶定是可取的。从字形分析，该字像手持十、丨（棍棒）启户之形。啓字，在甲骨文中大多作㪆、㕤、㗂诸形，所会之意亦是以手启户。甲骨文的偏旁攵与夂可以通用，如牧字作牧或牧，而夂与夊形近，故㪙、㪙是攺字的另一种写法。

作㪆、㕤形的攺字，有下列几种用法：

（1）开启。用字的本义。如"己巳卜：其啓宙（庭）西户"（《合集》30294）。意谓将大庭西面之户打开。啓为攺之繁体。

（2）天晴。如："戊寅卜：今日戊启？"《合集》30193

（3）人名。如："□辰卜贞：攺亡疾？"③《合集》22393

（4）地名。如"戊申卜，永贞：望乘有保在啓？"　《英藏》④ 1555

（5）先导，前行。如："丙辰卜，争贞：氿𢧜啓，王从，帝若受我又？"《合集》7440 正

上述攺字的五种用法，对于《花东》出现㪙字的卜辞，均难读通。那么，《花东》卜辞的攺字，究竟当何解释呢？下面我们选

---

①　郭沫若等：《甲骨文合集》，中华书局1978—1983年版。（文中简称《合集》）

②　黄天树：《子组卜辞研究》，《中国文字》第二十六期，台北：艺文印书馆2000年版。

③　在本文甲骨卜辞释文中，□表示缺一字；☑表示不能确知所缺之字数；字外加方括号者，是由于该字模糊不清，残缺不全，释文是据字例推断出来的。

④　李学勤、齐文心、艾兰：《英国所藏甲骨集》，中华书局1986年版。

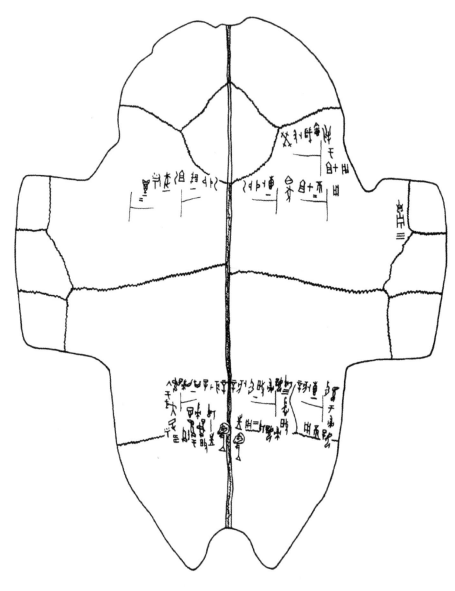

图二 《花东》63（H3：215）

择几条有代表性的卜辞作些分析：

①甲子卜：乙，子改丁璧罘玉？一《花东》180，第2辞

丁，人名。

②辛亥卜：弹㞢妇好紤三，屵㞢妇好紤二，用。往瑿《花东》63，第3辞

弹、屵、妇好，均人名。

紤，从糸从斤。此字见于著录，如"蠱致紤"（《合集》9002），王贵民认为，甲骨卜辞"致"字后皆名词，此字为一种丝织物之名称。① 其说可从。

③癸亥：子往于🜚，㞢子丹🜔龟二？一　　　　《花东》450

子丹，人名，🜚、🜔为地名。

④壬卜，在麓：丁曰：余㞢子臣？允。二《花东》410第2辞

⑤辛卜：丁曰：其㞢子臣人？一　　　《花东》257，第20辞

⑥丙卜：叀十牛㞢丁？用。一　　　《花东》203，第7、8辞

⑦叀三十牛㞢丁？三　　　　《花东》203，第4、5辞

第1—5辞，作某（人名）㞢某（人名）物品（或牲或人）的型式。第6、第7辞，从同版卜辞考察，是省略了主语"子"。

为了探寻这类卜辞中"㞢"字的意义，下面引几条句子成分、内容等与之相近的卜辞作一对照：

A1，子见酓以玉丁？　　　　《花东》37，第3辞

B1，子其入鬳、牛于丁？　　　　《花东》38，第4辞

C1，子㞢丁璧𤔲玉？　　　　《花东》180，第2辞

A2，以一彎见丁？　　　　《花东》37，第4辞

B2，五十牛入于丁？　　　　《花东》113，第16辞

C2，叀三十牛㞢丁？　　　　《花东》200，第4、5辞

后三条卜辞省略主语，但从同版卜辞的内容分析，它们与前三条卜辞的主语相同，均是"子"。见、入、㞢三字应为动词，"丁"是间接宾语，酓（酒类物品）以玉、鬳与牛、璧𤔲玉、一彎、五十牛、三十牛是直接宾语。

---

① 王贵民：《论贡、赋、税的早期历程——先秦时期贡、赋、税源流考》，《中国经济史研究》1988年第1期。

A1、A2 辞的"见"，读为"献"。谓"子献酒与玉于丁"，"用一壶香酒献给丁"。B1、B2 辞之"入"，义为贡入、贡献。"见"与"入"，在卜辞常作为诸侯、方国、臣僚向殷王朝奉献各种物品时的用语。故 B1、B2 辞谓"子贡献鹰与牛于丁"，"（子）将五十头牛献于丁"。《花东》H3 卜辞，有多条涉及丁，其地位明显高于子。由此推测，C1、C2 等卜辞之"攺"字，意义与"见"，"入"相近，可释作"奉献"。

第 4 辞（《花东》410 第 2 辞）"余攺子臣"之"余"，是代词，指丁而言，与该辞同版，且与之对贞的卜辞为："壬卜：在麗：丁畀子圉臣。"（图三，《花东》410 第 1 辞）圉字，从字形分析，是戴着手铐被关起来的人，战争中的俘虏或奴隶。畀字，义为"给予""赠以"。可见第 4 辞、第 5 辞之"攺"，义与"畀"相近。由于子奉献给丁玉器、牲畜、酒等诸多物品，所以，丁也回赠子一些奴隶。

我们把"攺"字，释为"奉献"或"给予"，读 H3 其余含"攺"字的卜辞，均可解读。

现在，让我们回过头来检查一下"攺"字的这种考释，对上文提到的《合集》21623 是否适用？该辞为："辛巳卜贞：梦亚雀攺余刀，若？"刀字作ʲ形。若用过去学者对'攺'字的几种解释，这条卜辞无法读通。

如何能走出困境，给该辞以合理的解释？黄天树依据子组卜辞的刀字与匕（ᡧ）字形近，怀疑刀字是"匕（比）"字之误。他说："如果可以这样读的话，那么'亚雀攺，余匕（比）'若，与宾组战争卜辞中常见的'某攺，王比，若'句式相同。"此条卜辞的大意是"梦见以亚雀为前军，我在后压阵，会顺利吗？"基于这种理解，他认为："这条卜辞也许是记子组家族跟亚雀家族一同

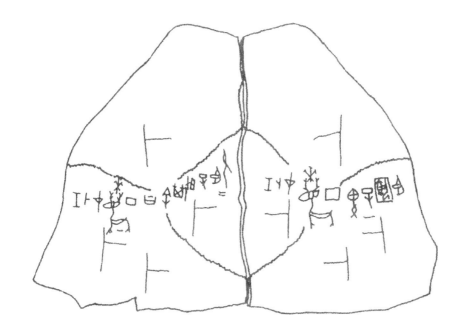

图三　《花东》410（H3：1290）

协助商王参与一次大规模战争的史料，弥足珍贵。"①

　　黄天树的看法，可备一说，但仔细推敲，又觉得难以认同。因为立论的前提是刀字（ ）是匕字之误，这只是一种推测，子组卜辞的刀字与匕字还是存在一定差别的。从《合集》21623 的拓片看，该字确为刀字，不一定误作匕。若依我们对"改"字的理解，这条卜辞的大意为：子组卜辞主人——子，梦见亚雀赠予（或奉献）刀，为此卜问会顺利否。

　　亚雀，是武丁时代的重要诸侯，与王、王室显贵关系密切，甲骨文中有关于他向殷王朝贡龟、致象、致猱等的记载。在西北冈侯家庄 1001 号大墓中，曾发现一件残损的棒槌形鹿角器——

---

① 黄天树：《子组卜辞研究》，《中国文字》第二十六期，台北：艺文印书馆 2000年版。

《甲》3942，其上刻"亚雀"二字，可能是亚雀向殷王贡纳的手工业品。由于亚雀经常向殷王朝贡纳各种物品，所以，子组卜辞的主人子，梦见他赠送（或奉献）刀，也是情理之中的事情。

三 有关玉类的字词考释及相关问题

（一）释玉

玉，本作玊，见于《花东》29（H3：105）（图四）、37（H3：123＋373）等7片。

该字已见于著录，但学术界隶释不一，主要有四种意见：

（1）释珏。叶玉森谓："卜辞宝字作⚿（《后下》18）⚿（《前》6.31.3），从王即玉，从玊即珏"①。

（2）释朋。郭沫若说："骨文朋字更有连下作环形，如玊（《前》6.26.7）若玊（《前》5.4.7）者。"② 孙海波的《甲骨文编》③ 将此字收于"朋"字之下，岛邦男的《殷墟卜辞综类》④、李孝定的《甲骨文字集释》⑤ 均将此字释为朋。

（3）释琮。沈之瑜将考古发掘出土的良渚文化玉琮的形制与该字对照，说它是琮的象形字。⑥

（4）释玉。连劭名说："所有甲骨文和金文的朋字，从未发现有连下作环形的，所以说'玊'绝不是朋字。"他又认为："'王'是'玊'的简化；甲骨文玊又作工；𤥨又作𤣩，其简省规律

---

① 叶玉森：《殷墟书契前编集释》五卷，上海大东书局1933年版，第5页。
② 郭沫若：《释朋》，《甲骨文字研究》，人民出版社1952年版。
③ 孙海波：《甲骨文编》，中华书局1965年版。
④ 岛邦男：《殷墟卜辞综类》，日本汲古书院1967年版。
⑤ 李孝定：《甲骨文字集释》，"中研院"历史语言研究所，1965年。
⑥ 沈之瑜：《释玊》，《上海博物馆集刊》总第二期，1983年。

完全一样……所以亞应当释为玉字。"①

我们认为连劭名说可以。但连劭名又提出亞字的别体亞，像玉柄形器，认为玉字的来源与之有关。对此，我们未敢苟同，因为此字作亞亞亞亞诸形，两侧均有齿状扉棱，而柄形饰两侧是没有突齿的。在殷代玉器中，两侧出扉棱的玉器是玉戚，可能它与亞字的来源有关，这一问题还需进一步探索。

《花东》180（图五）241、391 三片上有田字，《花东》288有田字，应是亞字的横书。在 H3 卜辞中，横书的例子并不罕见，如阞字的偏旁阜写作，涉字水旁的双止作形等。

(二) 释

字，见于《花东》193（H3：583）（图六）、203（H3：610＋703）等 8 片，在《合集》14735 等 8 片上亦见此字。字的隶释学术界有三种不同的看法：

（1）释亯。王襄、张秉权谓亯字作，与此形近。②

（2）释辉。白玉峥等谓此字像烛光之形，以寄光辉之义。③

（3）疑为祭名，姚孝遂据《屯南》附 14 辞"王于来丁祖丁"，疑字用为祭名。④

对此字的来源，一些学者在论述（吉）字时有所提及，亦有三种解释：

（1）以象矢锋之形。⑤

（2）像句兵之形。于省吾说："契文吉字上从，像句

①　连劭名：《甲骨文"玉"及相关问题》，《出土文献研究》，文物出版社 1985 年版。

②　于省吾主编：《甲骨文字诂林》第三册，中华书局 1996 年版，第 1976—1977 页。（文中简称《甲诂》）

③　于省吾主编：《甲骨文字诂林》第三册，中华书局 1996 年版，第 976—977 页。

④　于省吾主编：《甲骨文字诂林》第三册，中华书局 1996 年版，第 1976—977 页。

⑤　于省吾主编：《甲骨文字诂林》第一册，中华书局 1996 年版，第 710—713 页。

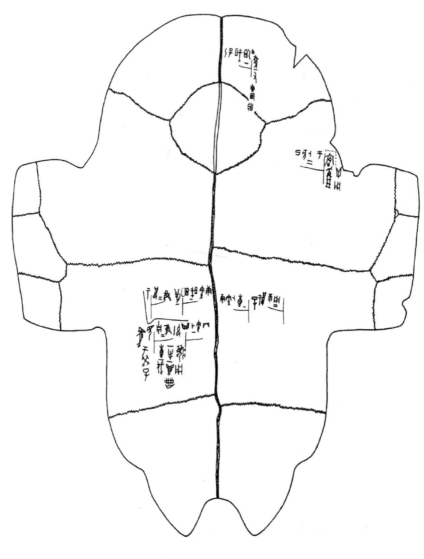

图四 《花东》29（H3：105）

兵……字横之则作。近世出土商代之句兵多矣，其末纳秘者作形，左象其援，右象其内。"[1]

① 于省吾主编：《甲骨文字诂林》第一册，中华书局1996年版，第710—713页。

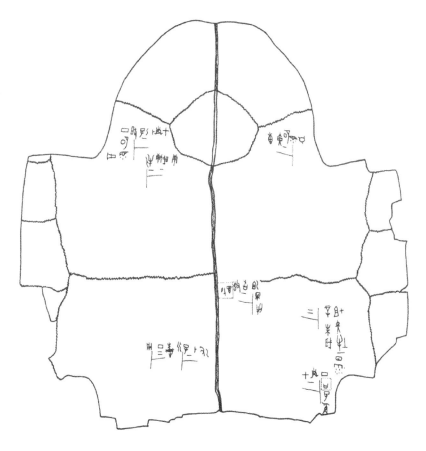

图五　《花东》180（H3：550）

　　（3）像圭形。劳榦谓："吉字上部所从，在甲骨者，自以类似句兵之圭而有邸者为主，再就各种变化及省略者言之，实亦兼具有圭之亲属中各种形制之器物。"①

　　殷墟所出土的矢镞的形态与⋔形存在较明显的差别，第一种说法缺乏依据。

　　句兵大多为铜质兵器，色泽黄绿色，但《花东》193有"子重白⋔再用"的词句，白为形容词，表示⋔为白色，第二种说法难

---

　　①　于省吾主编：《甲骨文诂林》第一册，中华书局1996年版，第710—713页。

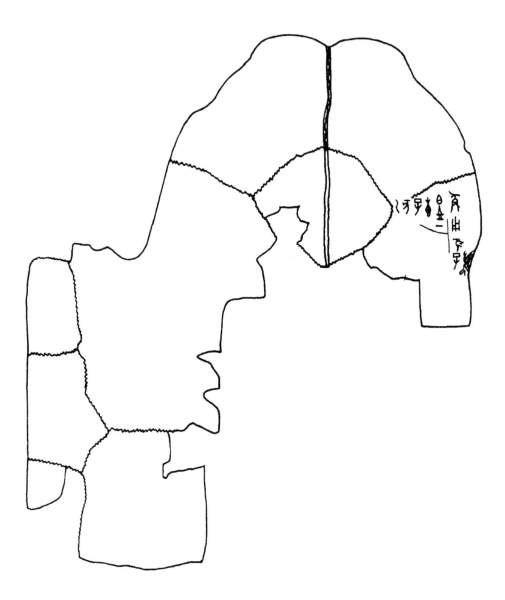

图六　《花东》193（H3：583）

以令人信服。

　　那么，第三种说法是否有道理，⩕到底是什么质地的东西呢？请看以下的卜辞：

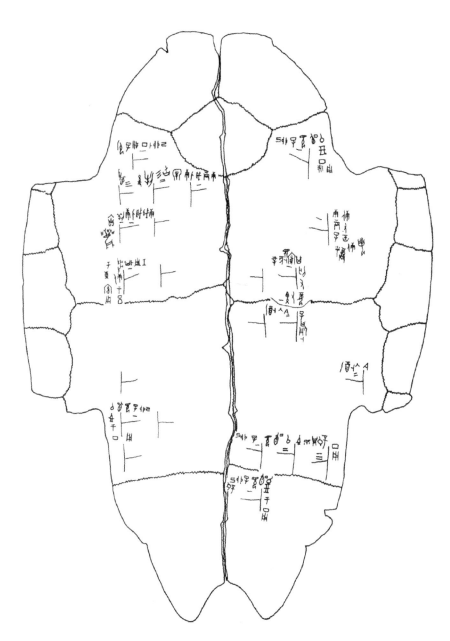

图七　《花东》490（H3：1492）

丙戌卜，㱿贞：尞王亥🜚？　　　　　　　　　《合集》11006 正

甲申卜，争贞：尞于王亥其玉？　　　　　　《合集》14735 正

二条卜辞内容，句式相近，后者只比前者多了虚词"于"与"其"。二条卜辞相对照，可以清楚地看出🜚字，如"玉"一样，应理解作一种物品。又，甲申与丙戌相隔只两天，这两条卜辞，可能有一定的联系，也许是为同一件事而占卜的。

在《花东》490（H3：1492）一版之中有两条玉与🜚对贞的卜辞（图七）：

己卯：子见晿以玉丁？永用。　　　　　　　　右前甲

己卯：子见晿以🜚于丁？用。　　　　　　　　左后甲

两条卜辞为同一天同卜一件事情。见，读为献。玉与🜚词位相同，足以证明，🜚当为玉类物品。

但是，我们不能简单地说🜚像玉圭之形。因为在殷墟玉器中，圭出土数量不多，并有平首与尖首之分，且以平首的为主。玉戈的数量远较圭为多。玉戈、尖首圭、部分尖首的柄形饰，形体与🜚字相近，即这些玉器前锋较锐，呈锐角三角形，下部之柄（即内）呈长方形。[①] 我们认为，🜚可能是玉戈类器物的泛称。

在《花东》286（H3：684 正）有两条卜辞很值得注意：

丙卜：叀🐾吉再丁？

丙卜：叀〔纫〕🜚再丁？

---

　　① 中国社会科学院考古研究所：《殷虚妇好墓》，文物出版社 1980 年版，Ⅲ式玉戈，图版一一二，一一二；Ⅰ式玉柄形饰，图版一五八、1，1088 号；Ⅳ式玉圭，图版八四、2，950 号。

两条卜辞左右对贞，卜问再丁（人名）用𠁣还是用吉？可见吉与𠁣意义相近（也可能吉是𠁣之繁体）。由此可进一步推测，"吉"之本义是一种尖头长条状的玉器（戈类），受到殷人的喜爱，因而引申出吉祥、吉利等的意义。过去姚孝遂曾认为"吉凶之吉，与其本形无涉"的说法，是值得商榷的。[①]

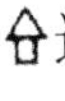

(三) 释璧

璧，见于《花东》37（H3：123＋373）、180（H3：550）（图五）等 6 片，为花东 H3 新发现的字。璧字的形体有𤓰、𪓐、𤓮、𢩠几种。

𤓰字从〇（或从囗）、从辛，为金文𨐌（辟）字之所从。罗振玉在考证辟字时说："按古文辟从辛人。……古金文作𨐌，增〇，乃璧之本字，从〇辟声"[②]，其说可取。《花东》H3 诸片的𤓰字，省去人形，当是璧字的早期形态。此字左为形符，右为声符。众所周知，商代所出的璧、环、瑗等玉器，均呈圆形，〇或囗（甲骨文中，〇或囗属一字的不同写法）应是璧一类玉器的象形字。

《花东》180 第（3）辞："重黄璧（𤓰）𩛥璧（𢩠）"，最后一字，与璧字通常的形符〇或囗存在着差异。但在《花东》490 第（1）辞中"己卯：子见�以璧玉（或玉璧）于丁？用"（图七右尾甲），璧字作𪓐，字左边的形符不是圆形，而是𢩠，表明它是璧字的异体。

在殷墟妇好墓中，曾出土 1 件玉器，编号为 M5：1029（参见《殷墟妇好墓》图版八六，四）。发掘者描述该器物时谓："近圆形，边缘有三个机牙，向同一方向回旋，中心有近似心形的

---

① 于省吾主编：《甲骨文字诂林》第一册，中华书局 1996 年版，第 713 页按语。
② 罗振玉：《殷墟书契考释》，王国维手写石印本，1915 年，第 52 页。

孔。"① 类似的器形，在以后殷墟的发掘中也有零星的发现。《花东》180 的○字，周边有三道短弯道，亦向同一方向旋转，与该玉器酷似。有不少学者，称上述边出牙的圆形玉器为"璇玑"，说是浑天仪一类天文仪器的构件。夏鼐提出异议，将之称为异形璧。他说："这种璧的外周边缘有三组齿形突出，实为边缘有饰的璧，和天文仪器无关。"他还对这类璧的渊源作了论证。② 现在考古学界一般都采纳了夏氏的说法，称此种玉器为牙形璧。

殷墟甲骨文中有不少象形字，源于当时社会生活中的具体事物。我们认为，○字，正是牙形璧的生动写照。

(四) 释玴

玴字，见于《花东》37 (H3：123 + 373)、195 (H3：586 + 1006 + 1536)、198 (H3：599) (图八) 3 片，亦见于《合集》10577、20757 等片。

玴，本作玨，从玉从又。孙海波的《甲骨文编》将它收于"捌"字条目之下，这是由于他将亚释作朋所致。在上文，我们已经指出，亚为玉字非朋，所以孙氏的隶定不确。较多的学者，如岛邦男、李孝定等持审慎的态度，对该字未作考释。20 世纪 80 年代中期，连劭名对该字提出新的看法。

他说："甲骨文中从'又'与从'収'往往无别，如鸟又作鸟，秃又作秃，所以'玴'当释'弄'字。"③ 在周代金文中弄字作弄，殷金文中作弄④，像双手捧玉之形，与小篆弄字作弄的形体吻合。因而，我们认为连说可信。故玴可能为弄之异构。

---

① 中国社会科学院考古研究所：《殷虚妇好墓》，文物出版社 1980 年版，第 119 页。

② 夏鼐：《商代玉器的分类定名和用途》，《考古》1983 年第 5 期。

③ 连劭名：《甲骨文"玉"及相关问题》，《出土文献研究》，文物出版社 1985 年版。

④ 容庚：《金文编》，中华书局 1985 年版，第 160 页。

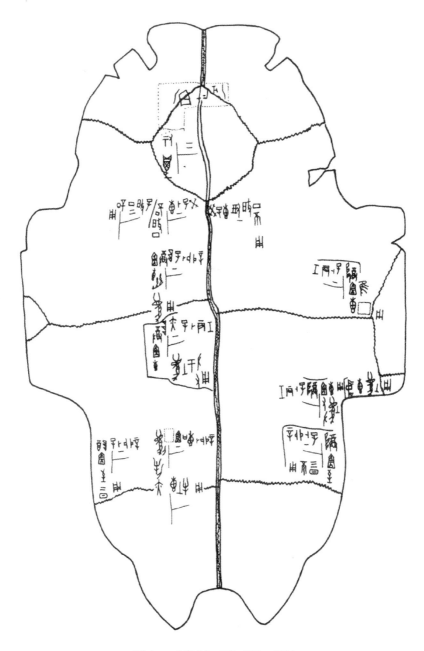

图八　《花东》198（H3：599）

关于"弄"字的意义，《说文》谓："弄，玩也。"从甲骨文的字形看，似用手抚摸玉器在玩赏。正符合《说文》的意思，这也应该是该字造义的本义。数十年的殷墟发掘，在遗址和墓葬中，出土过许多小件玉器，如玉蝉、玉蛙、王鱼、玉鸟、玉龟、玉兽面等小件的艺术品、装饰品，就是这种玉质的弄器。在殷代，弄器不限于玉质的，也有其他质地的器物。如 1975 年在小屯北 F11 的 1 个祭祀坑内，出土了 1 件铜器盖（F11：12），盖内略凹，铸有阴纹"王乍**奴**弄"① 四字（在《劫掠》中有 1 件铜卣 R188 与此同铭），器盖长 6.3 厘米，宽 5.2 厘米，可知其所盖之物是件小巧的铜器（可能是小方鼎），宜于把玩、观赏，这件小铜器的用途，如同铭文中所记述的，是王为某位**奴**姓妇女所作的弄器。

(五) 释缉

缉字，见于《花东》203（H3：610 + 703）（图九）、286（H3：864 正）等 4 片，亦见于《合集》4070 臼、32176、32721、29783 等 4 片。

缉字，本作⌒，从耳从丝，对此字的释读，学术界有不同的看法：

（1）释瑱。郭沫若说："缉疑䐗（瑱）之古字，象耳有充耳之形。"② 李学勤支持郭说，谓"缉，读为'珥'。郭沫若同志在《萃编》释文里释此字为'瑱'，意义是一致的"。李氏释晚殷乙卯尊铭的"缉琅九"为 9 件玉耳饰。③

（2）释茸。于省吾谓"按郭说非是……'缉'应读作茸，'缉'、'茸'并谐耳声，故通用"④。

---

① 中国社会科学院考古研究所安阳发掘队：《1975 年安阳殷墟的新发现》，《考古》1976 年第 4 期。

② 郭沫若：《殷契粹编》第 720 片释文，科学出版社 1965 年版。

③ 李学勤：《沣西发现的乙卯尊及其意义》，《文物》1986 年第 7 期。

④ 于省吾：《甲骨文字释林》，中华书局 1979 年版，第 13 页。

（3）释聭。蔡运章说："此字从耳从丝，象用丝绳系于耳上的样子，当隶为聭，从其构成来看，应是联字的初文或省体。"①

上述三说，第一、第三种较有道理。商代的耳饰为玉（石）的环、玦等物品。有的学者观察了一些戴耳饰的商代雕塑人像后，认为当时的人"恐不是直接将耳饰像后世一样戴在耳垂穿洞中，或卡到耳垂软肉上"②。从绢字的字形及商代耳饰的形态来看，商人可能是用丝线穿于耳垂之穿中，丝线之下连缀着玉耳饰。甲骨文的绢字，省去丝线下所缀之玉珥，只存丝形。我们认为，绢本义作珥，是可信的。

郭沫若通过字形分析，疑绢为瑱之古字，但可惜的是，他未将这种认识运用到通读卜辞上。在《萃编》1000（《合集》29789，为无名组卜辞）上记"其䵝，戈一、绢九，又……"由于绢字刻作ᕍ，郭氏将之释为"坒"。《殷墟刻辞类纂》又释该字为"斧"。李学勤据"午（ᛸ）"字在无名组卜辞可刻成"土"，从而认为该字是"绢"，即"珥"字③。

《合集》出现"绢"字的另三条卜辞，均不用该字的本义，有的作动词，有的作人名。

《花东》H3四条"绢"字的卜辞，均应释作"珥"。（参见下文）

(六) 释良

良字见于《花东》178（H3：546＋1417）（图一〇）、475（H3：1467）、484（H3：1479）3片，亦见于《合集》9810反、13016、13936正、17528等20片多条卜辞。

良字，本作ᵹ。关于良字的造字本义，诸家说法不一。

---

① 蔡运章：《释聭》，《中原文物》1981年特刊。
② 宋镇豪：《夏商社会生活史》，中国社会科学出版社1994年版，第394页。
③ 李学勤：《沣西发现的乙卯尊及其意义》，《文物》1986年第7期。

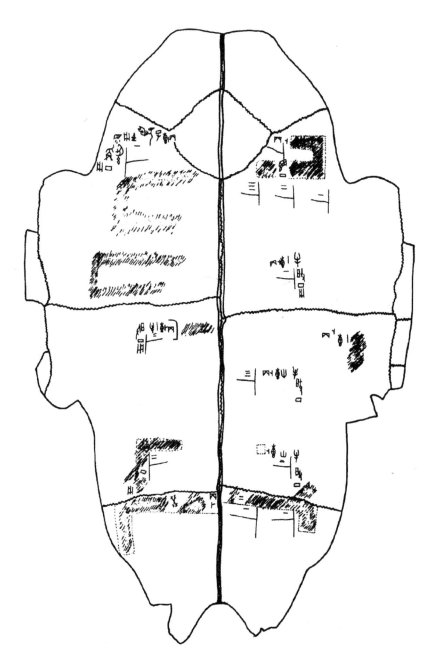

图九 《花东》203（H3：610＋703）

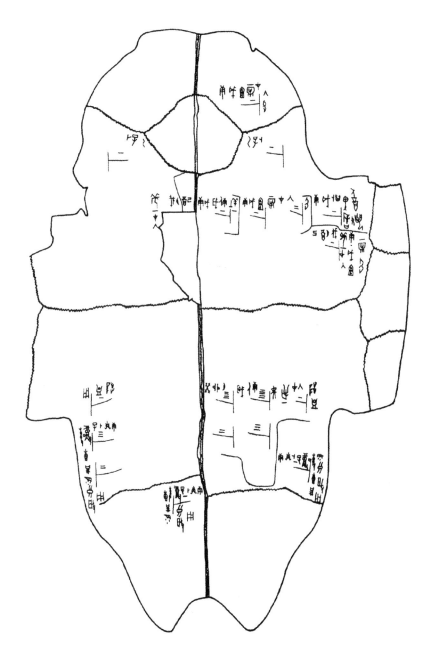

图一〇　《花东》178（H3：546＋1417）

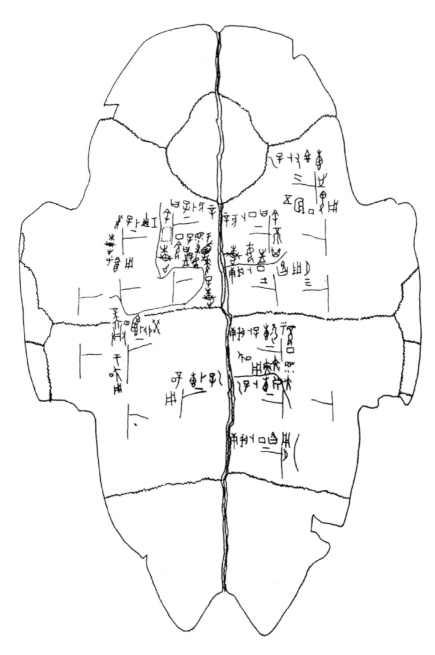

图一一 《花东》475（H3：1467）

唐兰将⊌与⊟作为一字，谓字的下部为豆形，上部‖像熟食之香气①，对此，李孝定已指出其误，谓⊌与⊟为二字。②

何金松说："'良'字像人头形，上像头发，中像头的主体，下像长须，说得更具体一些，'良'为长者人头的象形。"③

徐中舒说良字"就是描绘半穴居两道出入的走廊。半穴居有两道出入，空气流通，生活条件改善了，故有良好、明朗诸义"④。

姚孝遂对这些意见提出批评，谓"诸家说'良'字形体皆穿凿附会，无一足取"⑤。

著录中的"良"字，大多用作人名，少数用作地名。

《花东》H3 卜辞的良字的字形与辞例，使我们对该字有新的认识。

《花东》475（H3：1467）左后甲与右后甲有两段卜辞对贞：（图一一）

乙巳卜：重璧？用。一　　　　　《花东》475 第 2 辞

乙巳卜：重良？一　　　　　　　《花东》475 第 3 辞

在该版同日占卜的另一条卜辞为："乙巳卜：又⊟，重之畀丁，绁五？"璧、⊟、绁（珥）为玉器，与璧对贞的良，也应当理解为玉器。　　．

---

① 于省吾主编：《甲骨文字诂林》第四册，中华书局 1996 年版，第 3353—3354 页。

② 于省吾主编：《甲骨文字诂林》第四册，中华书局 1996 年版，第 3353—3354 页。

③ 于省吾主编：《甲骨文字诂林》第四册，中华书局 1996 年版，第 3353、3356 页。

④ 于省吾主编：《甲骨文字诂林》第四册，中华书局 1996 年版，第 3353、3356 页。

⑤ 于省吾主编：《甲骨文字诂林》第四册，中华书局 1996 年版，第 3353、3356 页。

一些玉器的名称，在典籍中常省去玉旁，如璋作章，珪作圭。再者，从古音而言，良、琅二字同属阳部，来母，为双声叠韵，可以通假。所以我们认为良即"琅"。

关于琅字，《说文》云："琅玕，似珠者。"晚殷金文见此字，上文提到的乙卯尊，铭文为："乙卯，子见才（在）大（太）室，白口一，绷琅九……"① 李学勤谓该琅字是："似珠的琅玕。"②

花东 H3 的良字作 ♉ ♉ 形，中部的○□，象征该玉器为圆形。玉珠是较小的圆形玉饰，人们披戴时需用细线将其连缀，❨可能就是表示柔软的细丝线之形。

(七) 释璃

璃，见于《花东》296（H3：884）（图一二）。该字本作 ⿰，从玉从鸟（鸟亦为声），为新发现的字。璃，可能是玉弄器中的玉鸟。该片卜辞为："癸卯卜：其入璃，永？用。"卜问是否入贡玉鸟之事。

(八) 释分卯

分卯，见于《花东》391（H3：1249）第（10）、第（11）辞（图一三）。其辞为：

甲午卜：子乍玉，分卯，其告丁，若？一
甲午卜：子乍玉，分卯，子弜告丁，用若？一

两条卜辞从正反面卜问一事。"乍"，即作。"乍玉"，即制作玉器。"卯"字，在卜辞用为动词时，其义如郭沫若说的："对剖

---

① 陈贤芳：《父癸尊与子尊》，《文物》1986 年第 1 期。
② 李学勤：《沣西发现的乙卯尊及其意义》，《文物》1986 年第 7 期。

也。"[1] 多用于对剖祭牲，如"卯三十牛""卯三大牢"等。这两条卜辞的"分卯"，义为将玉料剖开、分开。将玉料分开，这是制作玉器的第一道工序，称为"开料"即将玉料切割成片状或切割成立方体、圆柱体，然后作进一步的加工。对制作玉器而言，合理、正确的开料，至关重要。所以，子卜问是否将制作玉器及切割玉料之事告诉丁。

这条卜辞，为我们留下了制作玉器的资料，弥足珍贵。

(九) 释乍豐

乍豐，见于《花东》501（H3：1509），其辞云："丁卜：今庚其乍豐，羍丁畬若?"（图一四）

豐，本作豐，王国维释作豐，读为醴。谓盛玉以奉神人之器谓之豐若豐，推之而奉神人之酒醴亦谓之醴，又推之而奉神人之事通谓之禮。[2] 王说在学术界有很大的影响。

后来，裘锡圭指出："'豐'字应该分析为从'壴'从'珏'，与'豆'无关。它所从的壴跟'鼓'的初文'壴'十分相似。结合卜辞所反映的豐和庸的密切关系来考虑，可以断定'豐'是一种鼓的名称。"他又认为豐可能是玉装饰的贵重的大鼓。[3] 我们认为裘说可从。

裘锡圭还提到卜辞的"乍豐""作庸"，大多数指作乐而言，"其中是否有应该当制作豐、庸讲的，还需要研究"。他的这一提法，给我们以启示，《花东》501 的这条卜辞的"作豐"，应当释为制作玉鼓。该辞的"今庚"指今旬的庚日。羍，为 H3 卜辞新见之字，作动词，其义与"入""见""屰"等字相近。全辞之意

① 郭沫若：《卜辞通纂》第 39 片考释，日本东京文求堂石印本，1933 年。

② 王国维：《释豐》，《观堂集林》卷六，中华书局 1959 年版，第 1 册，第 291 页。

③ 裘锡圭：《甲骨文中的几种乐器名称——释"庸"、"豐"、"韶"》，《古文字论集》，中华书局 1992 年版，第 199—200 页。

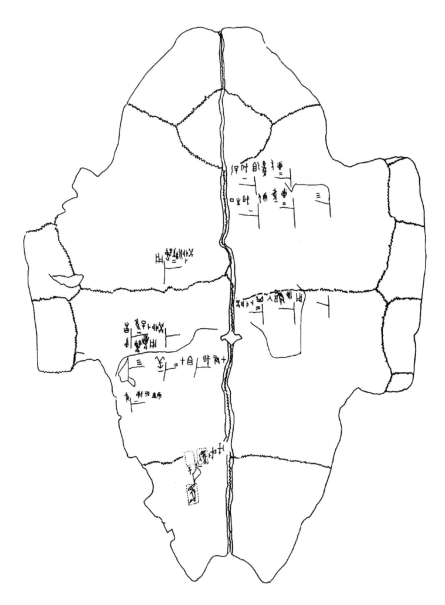

图一二   《花东》296（H3：884）

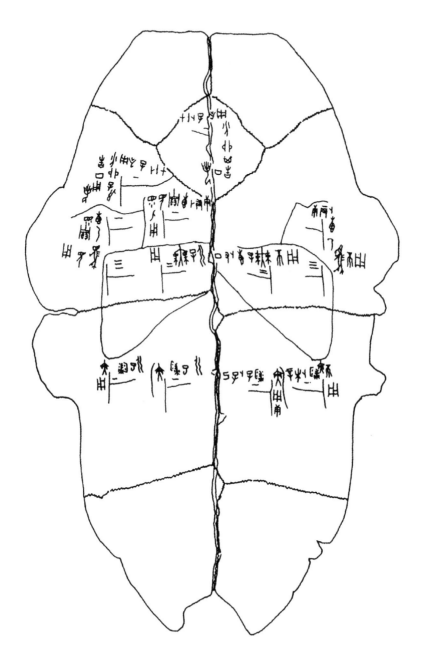

图一三　《花东》391（H3：1249）

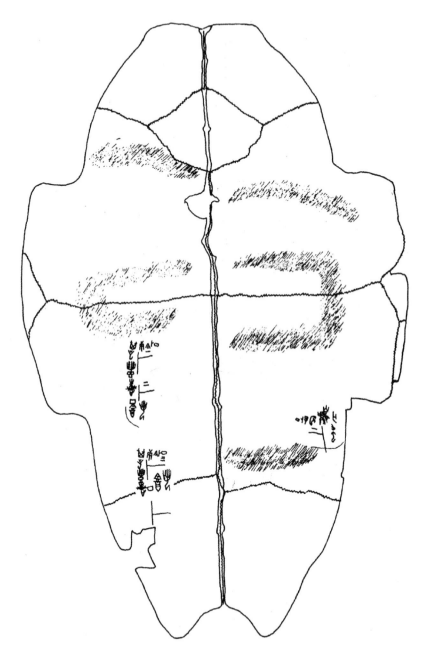

图一四　《花东》501（H3：1509）

为：丁日占卜，庚日制作以玉为装饰的大鼓，奉献给丁，作为丁饮食时使用的乐器，是否顺利。

有学者谓，"殷人尚声"，统治阶级不但祭祀用乐，连日常饮食也"以乐侑食"①。《花东》501 卜辞为这一说法提供了证据。

(十) 从《花东》卜辞，看殷人用玉及相关问题

《花东》H3 卜辞，涉及玉及玉器的有 30 多条，为研究商代用玉制度，提供了珍贵的资料。下面将这些卜辞，辞意较完整者，引述如下：

（1）己亥卜：子梦□见子玉，□至艱？　　《花东》149 第 3 辞

见，读为献。从这条卜辞，可以推测，子爱玉，平时曾接受别人奉送的玉器，以致连做梦也梦到某人给他献玉之事。联系到宾组卜辞中也有"王梦玉"的记载②，表明殷代统治阶级嗜玉成风，玉成了他们梦寐以求的珍宝。

（2）子见晌以玉丁？用。　　　　　　　　《花东》37 第 2 辞

（3）己卯：子见晌以玉璧（或璧玉）于丁？用。

《花东》490 第 1 辞

（4）己卯：子见晌以合于丁？用。　　《花东》490 第 3 辞

（5）己卯：子见晌以合𦋺璧丁？用。　　《花东》490 第 2 辞

（6）戊寅卜：翌己，子其见玉于皿，永？用。

《花东》427 第 2 辞

皿字未识，人名。

（7）丙午卜，在麗：子其乎尹人璧□丁，永？

《花东》196 第 1 辞

---

① 宋镇豪：《夏商社会生活史》，中国社会科学出版社 1994 年版，第 331—337 页。

② 王宇信：《卜辞所见殷人宝玉用玉的几点启示》一文，论述了卜辞"梦玉"之事，可参考。载《东亚玉器》第一册，香港中文大学中国考古艺术研究中心，1998 年，第 18—25 页。

（8）甲子卜：子攺丁璧眔玉？　　《花东》180 第 2 辞

（9）叀黄璧眔璧？　　《花东》180 第 3 辞

（10）子攺丁璧？用。　　《花东》198 第 11 辞

（11）癸巳卜：叀璧攺丁？　　《花东》198 第 10 辞

（12）癸巳：叀玟攺丁？不用。　　《花东》198 第 12 辞

（13）乙巳卜：又☐，叀之畀丁，緝五？用。《花东》475 第 4 辞

（14）乙卜：☐丁以玉？　　《花东》90 第 5 辞

（15）玉☐其入于丁？若。　　《花东》90 第 6 辞

☐字未识，疑为一种有盖的玉器皿。

（16）甲午卜：丁其各，子叀㣈玉攺丁？不用。舌祖甲彡。

《花东》288 第 8 辞

（17）丙卜：叀〔紉〕☐爯丁，亡緝？　　《花东》286 第 19 辞

（18）丙卜：叀子揹，☐用眔緝爯丁？用。《花东》203 第 11 辞

揹，动词，义未明。爯，举也。卜辞的大意为：子举起☐与緝（珥）献给丁。

（19）丙寅卜：丁卯子☐丁，爯嵩、☐一、緝九？在☐，来獸自斝。　　《花东》480 第 1 辞

（20）乙亥：子叀白☐爯用，隹子若？　　《花东》193

（21）癸巳卜：子☐，叀日璧攺丁？用。　　《花东》37 第 5 辞

（22）庚子卜：子☐，叀昪眔良攺？用。

《花东》178 第 1—3 辞

☐，祭名。

（23）壬子卜：子以妇好入于㚤，攺玟三，往鑋？

《花东》37 第 20 辞

（24）辛亥卜：子攺妇好玟，往鑋，在㚤？

《花东》195 第 1 辞

往，祭名，即后世的禳祭。① 𩁹，为某位先公之名。

（25）癸卯卜：其入璏，永？用。　　　　　《花东》296 第 3 辞

在该版与之对贞的另一条卜辞作"癸卯卜：子弜告妇好？"（第 4 辞）可能此条卜辞省去主语"子"及"告妇好"等字词。

（26）己亥卜：叀今夕再玉，若永？用　　《花东》149 第 2 辞

（27）己亥卜：于宦再玉，𢆶？用。　　　　《花东》29 第 4 辞

宦，于省吾谓"宦为廷或庭之初文"。"古代太室中央谓之庭。② 陈梦家说："'升'与宗、祊、大室、宎、宦皆属建筑，皆是藏庙主之所在。"③ 商代宦是举行祭祀活动的场所。如《粹》281 "乙酉卜，争贞：□小乙于宦，☒羌三人"，内容是卜问于宦祭祀先王小乙，用羌三人。故《花东》29，"于宦再玉"是于庭举行再玉之祭。

（28）丙卜：叀小皀合，〔子〕☒　　　　　　　《花东》359

皀为祭名，合作祭品。

从以上所列的《花东》H3 的用玉卜辞，可以得出以下的几点认识：

其一，玉器是贵族向上奉献及相互赠送的礼品。

在以上所列的 28 条卜辞中，关于奉献、赠玉的达 25 条之多，占这类卜辞的绝大多数。其中子献玉于丁的卜辞 20 条（即 2—18，20—22），计玉器 6 种，内含稀有的牙形璧。献玉于妇好的卜辞 3 条（即 23—25），计玉器 2 种（玨、璏），献于皿的 1 条（即 6），仅玉料 1 种。

从 H3 辞的内容观之，丁的地位最高，在"子"与妇好之上。故此"丁"应是武丁。子为了取得这位王室显贵的信任，多次给他奉献各种玉器。妇好是武丁的配偶，身份也高，子亦向她赠送一定数量的玉器。皿，在 H3 卜辞仅一见，地位大概在妇好之下，

---

① 于省吾主编：《甲骨文字释林》，中华书局 1979 年版，第 154 页。

② 于省吾主编：《甲骨文字释林》，中华书局 1979 年版，第 85 页。

③ 陈梦家：《殷虚卜辞综述》，科学出版社 1956 年版，第 471 页。

子只送玉料与他。可见，子奉送玉器的种类、次数之多寡，与被赠对象的地位、身份之高低是成正比的。换而言之，在殷代，地位越高，权力越大的上层贵族，得到下属或同僚的献玉、赠玉也就越多。这些情况表明，玉（特别是贵重的礼玉）也与青铜礼器一样，是贵族权力、地位的标志物。

其二，玉戈是殷代玉器中的最重要的器物。

在以上列举的献玉、赠玉的卜辞中，涉及的玉器七种，其出现的次数是：

（1）𠁩，见于8片，9条卜辞。

（2）璧，见于6片，8条卜辞。

（3）緎（珥），见于4片，4条卜辞。

（4）玒，见于3片，3条卜辞。

（5）良（琅），见于2片，4条卜辞。

（6）瑪，见于1片，1条卜辞。

（7）玉𠁩，见于1片，1条卜辞。

以𠁩出现最多，璧次之。

下面将殷墟妇好墓、郭家庄160号墓[1]及《殷墟的发现与研究》[2]一书记载的玉礼器、玉仪仗器物出土的件数列表如下：

表一　　　　殷墟妇好墓、郭家庄160号墓、《殷墟的发现与研究》
所见的玉礼器种类与数量统计表

单位　　　　　　　种类	戈	戚	钺	圭	璧	环	瑗	琮
殷墟妇好墓	39	9	2	8	17	24	17	10
郭家庄160号墓	5	1	1		2	2		
《殷墟的发现与研究》	170	—20—		9	—110—			10

---

① 中国社会科学院考古研究所：《安阳殷墟郭家庄商代墓葬》，中国大百科全书出版社1998年版。

② 中国社会科学院考古研究所：《殷墟的发现与研究》，科学出版社1994年版。

　　表中的数字以玉戈最多，这与《花东》H3 卜辞以𠂤（戈类玉器）为多是相吻合的。

　　玉戈不单数量多，它是方国或诸侯向殷王朝或王室贵族贡纳的重要物品。如妇好墓所出的玉戈中，有 1 件刻铭"卢方剭入戈五"，意谓卢方剭一次贡纳了 5 件玉戈。在同墓所出的玉戈中还有 4 件形制、玉质均与该件玉戈相近。大概属卢方贡纳的同一批玉戈。① 小屯 18 号出土 1 件朱书玉戈，文字为"……在沘执，更孝在入"②，可能也是入贡王室之物。

　　玉戈是祭祀中的重要器物。上述第 28 条（《花东》359）及前文所引的《合集》11006 正，均记用𠂤（玉戈类器物）作为祭品。

　　在美国哈佛大学福格艺术馆收藏的 1 件商代玉戈，援部刻铭，其辞为："曰䵼王大乙，才（在）林田，馀㝢。"李学勤将之释为："王在林地田猎后䵼祭先王大乙，馀在祭祀中在旁奉侍，可能就手持这件玉戈，因而事后刻铭留念。"③ 我们认为，还可以作另一种解释：这件玉戈是祭祀时陈放的祭品，祭祀完毕，王将之赏给在旁奉侍的馀。无论哪种解释都说明，玉戈在殷代是用于祭祀的重要器物。

　　1999 年，在殷墟刘家庄北地的一座殷墟晚期中型墓葬 M1046 中，出土了 18 件朱书"石璋"文字作"𠂤于某某"，"某某"包括墓主的先世、墓主生前所事之君、墓主已死的儿子等。这批"石璋"，应是祭品。④ 从"石璋"的形制观察，有不少是头呈锐角三

---

　　① 中国社会科学院考古研究所：《殷虚妇好墓》，文物出版社 1980 年版，第 131—139 页。

　　② 中国社会科学院考古研究所安阳工作队：《安阳小屯村北的两座殷代墓》，《考古学报》1981 年第 4 期。

　　③ 李学勤：《论美澳收藏的几件商周文物》，《文物》1979 年第 12 期。

　　④ 中国社会科学院考古研究所安阳工作队：《安阳殷墟刘家庄北 M1046》，《考古学集刊》第 15 集，2003 年。

角形，援为长条状，有长方形内，可以称为石戈的。

玉戈（或石戈）上刻的文字与卜辞的记述相印证，表明殷代玉戈是一种重要的礼器，是玉器中的核心器物，这是殷代玉礼的一个显著特点。

其三，殷代祭祀用玉种类较广泛。

上文所列的 28 条有关玉与玉器的卜辞，大多是子向丁、向妇好等奉送的物品，从 16、21—24、26—28 等条卜辞看，这些玉器，多用于祭祀活动中。H3 卜辞所记的祭祀用玉，有玉𢧢（戈）、璧、良（琅）、玨、珥（珥）等。

关于珥，已见于《粹》1000，"其𤕦，戈一、珥（珥）九，又……"李学勤谓"𤕦"，读为裸，他说："足见裸礼和戈、珥等祭祀用玉器有关联，这些玉器可能属于当时的裸玉。"[1] 他还将该辞与乙卯尊铭的"□一，珥琅九，屮……"对照，认为"两文恐非偶合，而是殷礼定制的体现。"[2] 值得注意的是，上文第 19 辞（《花东》480 第 1 辞）有"𢧢一，珥九"，这为李说提供了新的证据。

关于玨，已见于著录，但学者对它是否用于祭祀有不同的看法。如《合集》32288"□□卜：其姣玨（弄）？"有学者说它是地名。[3] 王宇信提出异议，他说："此辞记烧玉质的弄器以贿神求雨。"[4] 上文第 23 辞（《花东》37 第 20 辞）"戌玨三，往礜"，意谓奉献 3 件玉弄器对先公礜进行禳祭。所以，我们认为王说是可信的。

---

① 李学勤：《〈周礼〉玉器与先秦礼玉的源流——说裸玉》，《东亚玉器》第一册，香港中文大学中国考古艺术中心，1998 年。

② 李学勤：《沣西发现的乙卯尊及其意义》，《文物》1986 年第 7 期。

③ 于省吾主编：《甲骨文字诂林》第四册，中华书局 1996 年版，第 3281 页。

④ 王宇信：《卜辞所见殷人宝玉用玉的几点启示》一文，论述了卜辞"梦玉"之事，可参考。载《东亚玉器》第一册，香港中文大学中国考古艺术研究中心，1998 年，第 18—25 页。

　　20 世纪 30 年代，在殷墟小屯北地的发掘中，在 M331，出土了 1 件玉鱼，其上刻有"大示耆"三字。[①] 90 年代，在三门峡虢国墓地西周晚期墓，出了一些商代玉器，其中 1 件玉瑗上刻有"小臣妥**耆**"四字。[②]"**耆**"与"耆"义同。前者谓"大示"（直系祖先）、后者谓已故的"小臣妥"在作祟，给商王或某位高级贵族带来祸害。故要进行禳祭以除之，玉鱼和玉瑗就是在这种祭祀中奉献的祭品，祭毕，将祭祀的原因刻记于玉器上。

　　1991 年，在后冈发掘了 1 座殷代晚期的小墓 M3，出土了 12 件石柄形饰，其中 6 件有朱书文字："祖庚""祖甲""祖丙""父辛""父癸""父□"[③]，这是墓主生前祭祀祖辈与父辈的物品。石是玉的代用品，由此推知，当时有些玉柄形饰也可用于祭祀。

　　甲骨文与殷代出土的玉器实物资料表明，殷代祭祀用玉并非如周代那样需用璧、圭、璋等瑞玉，而是较为广泛，既可用戈、璧、瑗等礼玉，也可用琅、玟（弄玉）、玉鱼、玉柄形饰、珥等小件玉饰。可见殷代用玉制度与周代是有一定区别的。

四　释采

　　花东 H3 甲骨卜辞中，有一字作🐾，见于 183（H3：560 正）、266（H3：784）、277（H3：823 + 824 + 922 + 995）和 366（H3：1162）。该字为 H3 新出，从"禾"从"爪"，当隶释为"采"。"采"乃典型会意字，象人用手去摘禾穗。《说文》："采，禾成秀也，人所以收，从禾爪。穗，采或从禾，惠声。"《花东》183 第

---

　　① 石璋如：《殷代头饰举例》，《历史语言研究所集刊》第二十八本下，1957 年，第 637 页。

　　② 姜涛、贾连敏：《虢国墓地出土商代小臣玉器铭文考释及相关问题》，《文物》1998 年第 12 期。

　　③ 中国社会科学院考古研究所安阳队：《1991 年安阳后冈殷墓的发掘》，《考古》1993 年第 10 期。

11、第 12 辞云：

癸卜：不采，旬日雨？一
癸：岁妣庚牡？一

《花东》277 其辞云（图一五）：

丁。
一旬。
☑，二旬。
其采，五旬？
弗采，五旬？

以上卜辞中，"采"之形体基本一致，均作𝍠，其"爪"旁是用一个完整的人手来表示（𝅼），属整体象形。但在其后的发展过程中，整体象形逐渐被局部象形所取代、𝍠变为𝍣。这后种形体，甲骨文和两周金文中虽然目前未见，但在战国玺印中却有发现，今将《古玺汇编》中收集的战国玺印"采"字列之如下：

这两枚战国玺印①，第一枚释"采昃"，原载于商承祚编《契斋古印存》；第二枚释"上剩䢦"原收于林廷勋《玺印集林》和故宫博物院编《故宫博物院藏印》。这两枚古玺中的"采"字，其形均作𝍣，其"爪"（手）在禾茎上部，与甲骨文之𝍠有密切的渊

① 故宫博物院编、罗福颐主编：《古玺汇编》，文物出版社 1981 年版。

源关系。《古玺汇编》隶作"采"是完全正确的。在花东 H3 卜辞出土之前，甲骨文和两周金文中虽未发现"采"字，但甲骨文中，却有以"采"为偏旁之字，其字作 和 ，分别隶作"剥"和"犁"，今列之如下：

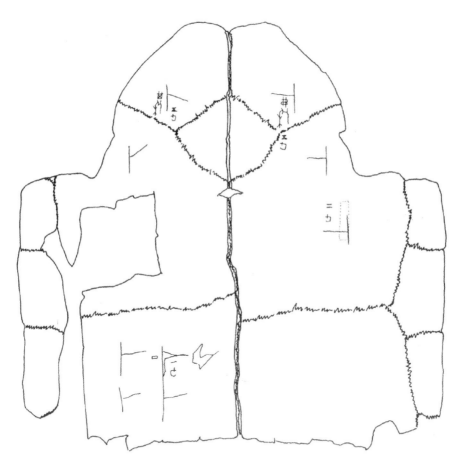

图一五　《花东》277（H3：823＋824＋922＋995）

　　庚戌卜，王曰，贞：其剥右马？
　　庚戌，王曰，贞：其剥左马？　　　　　　　　　　《合集》24506

乙未卜，王曰，贞：自贮入赤马，其犂不卟吉。

《合集》28195

关于此二字之隶定，《殷墟甲骨刻辞类纂》将第一字隶为"剥"（从采从刀），完全正确；但将第二字隶定为"利圣"则欠妥。第二字与第一字结构基本相同，只不过后者在"禾"下增加了"土"，故应隶定"犂"，其意义与"剥"基本相同。关于"剥""犂"之字义，以往学者多有论断，但多不中的。唯有于省吾先生作出了正确的考释。他说：

第二期甲骨文的"其剥右马"和"其剥左马"（《后下》5.15），剥字𥝐，罗振玉释为利（增考中七三）。又第三期剥字孳乳作𥟖……《说文》："采，禾成秀也，人所收、从爪禾，惠声。"甲骨文剥或作犂（左下从土），其上从又，其右从刀，象手持禾穗以刀割之，而又以采或犂为声符，乃会意兼声之字。剥或犂后世省化作采。自汉以来，又代之以从禾惠声的穗字，而采字遂罕有用之者。①

于先生上述论断十分精辟，若放之于花东 H3 卜辞𥝐字之考释，亦完全合适。唯于先生云"剥"或"犂"后世省化作"采"则须修改。因为，比二期甲骨文更早的花东 H3 卜辞出现了"采"字，在二期和三期甲骨文中则增繁为剥和犂，在战国玺印中又省化为"采"。"采"字之变化，也经历了"否定之否定"的过程。汉代以后，"采"字逐罕用，而以"穗"字代之。

"采"读为"穗"，其义为收割。以此解释花东卜辞，其意十分顺当。《花东》183 第 11 辞："癸卜：不采，旬日雨?"其意为：

---

① 于省吾：《甲骨文字释林》，中华书局 1979 年版，第 328—329 页。

这一旬有雨，似不宜收割。《花东》277 第 4、第 5 辞"其采，五旬"和"弗采，五旬"，是卜问在第五旬收割？还是不收割？《花东》366 之卜辞则反映了当时农耕与狩猎之关系，今征引如下：

> 乙丑卜：[㞢]☒宗，丁采，乙亥不出狩？一三
>
> 乙丑卜：丁弗采，乙亥出？子占曰：庚、辛出。一二三

　　这是两条对贞的卜辞。第 1 辞乃乙丑卜问，丁（卯）日开始收割，乙亥（下旬第二天）是否不出去狩猎？而第 2 辞亦为乙丑卜问，若丁（卯）日不开始收割，则乙亥（下旬第二天）出去狩猎？而子占曰："庚（午）、辛（末）可出去狩猎。"庚午、辛未是本旬的第七、第八两天。由于丁丑日不开始收割，故本旬的庚午、辛未日就可以出去狩猎，比乙亥日提前了三四天。由此可见，这是一条反映当时农耕经济与狩猎经济之关系的重要卜辞。当时可能是处于收割前夕，如何调整收割与狩猎之时间，既不误农时，也不耽误打猎，时间之安排就十分重要，故要卜问。这说明了殷代对农作物之收割十分重视，也从另一个侧面反映了农耕经济在当时已占有相当重要的地位。

五　释豭、豝及相关文字

1. 释豭、豝

　　"豕"是殷代祭祀中重要的牺牲之一。豕有公、母，其公豕作 ^呾，母豕作 ^呮，分别隶释为豭、豝，这是大家都知道的。然 ^呾、^呮属形声字，并非文字的最早形态。按照汉字的发展规律，在形声字之先，应有比形声字更早的独体象形字。

　　花东 H3 辞中，发现相当数量的豭、豝之独体象形字体，如《花东》4（H3：9），其祭祀用"豕"中，其公豕作 ^呮，母豕作

🐗，应分别隶释为豭、豝。该版卜辞如下（图一六）：

甲寅：岁祖甲白豭一、权豰一，皂，自西祭？一
甲寅：岁祖甲白豝一？一二

上引卜辞之"豭"和"豝"，均为独体象形字。🐗，以前甲骨卜辞中出现过，学界多隶释为毂，我们认为应隶为豭；🐗，花东H3首次出现，因为是母豕，当隶释为豝。这两个独体象形字，分别突出公豕之生殖器和母豕之奶头，其意甚明。但以后，这两个独体象形字被形声字所取代，分别作🐗与🐗：🐗为形符，⊥、🐗为声符。它们的演变过程大致如下：

🐗→🐗→豭
🐗→🐗→豝

花东H3辞中，"豭"既有独体象形字，也有形声字；"豝"字亦然。这两种不同形体的字，其占的比例又如何呢？我们为此作了相关统计："豭"，《花东》共有26片卜甲出现过，其作🐗者有19片，其作🐗者有8片；豝，《花东》共有30片卜甲出现过，其作🐗者25片，其作🐗者5片。这说明：豭、豝之独体象形字在H3卜辞中占了绝大多数，而豭、豝之形声字只占少数。这从另一个侧面反映H3卜辞之时代应比较早。

豭、豝常用于祭祀，但祭祀的对象却各有所侧重。初步考察显示：豭在H3卜辞中，虽然也祭祀妣庚等先妣（如《花东》247、446），但主要是祭祖乙、祖甲、上甲、子癸等先公先王和其他男性亡灵（如《花东》459、291、478、493）；豝，虽然也祭祀祖乙、祖甲（如《花东》309、394），但主要是祭祀妣庚、妣甲、妣丁（如《花东》261、267、274、275等）。这说明，豭主要用

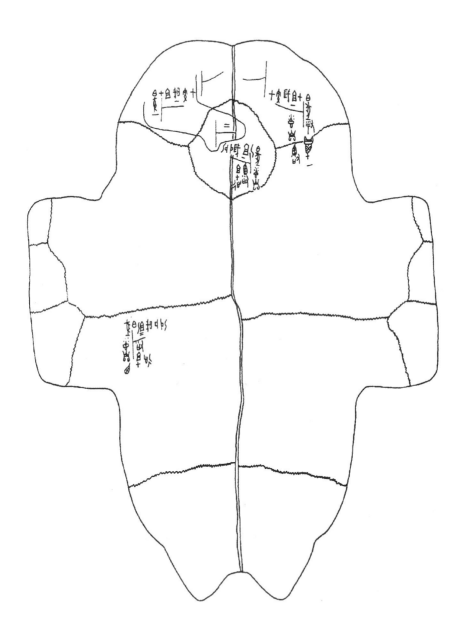

图一六　《花东》4（H3：9）

于祭祀先公先王，而妣主要用于祭祀先妣。

2. 释豕、豢

花东 H3 卜辞中有𤟒字，从"∧"从"𤞤"可直隶为"豢"。该字见于《花东》139（H3：445），其辞如下（图一七）：

　　　乙卜：季母亡不若？　一二
　　　辛卜：其宜重豕？　一
　　　辛卜：其宜为大豢？
　　　辛：宜羌妣庚？　一

该片为祭祀妣庚的卜辞，辛日卜问："是用豕？还是用大豢？""豢"从字之结构看，似为棚下豢养之猪。"大豢"，即为棚下豢养之大猪。

殷墟卜辞中，常见的牺牲以牛、羊为主。卜辞中常见𡘇、𡘇，此二字隶释为牢、宰，学界早已定论。但关于"牢"之定义，学界则长期众说纷纭，莫衷一是。后姚孝遂先生指出："凡是用于祭祀之牺牲，必系之于牢，经过特殊之饲养，所谓'衣以纹绣，食以刍菽'，一般是十天到三个月。……牛经过特殊饲养之后，则称为牢。作为祭牲、用'牢'要比用'牛'隆重。"又云："这种经过特殊饲养的牛羊，其大者为'大牢'、'大宰'，其小者为'小牢'、'小宰'。"① 这一解释是十分正确的。所以，"牢""宰"实际上就是圈起来进行特殊饲养而用于祭祀的牛羊。

"豢"用于祭祀，其意为棚下豢养之猪，其义应与"牢""宰"相类，即为特殊饲养而用于祭祀之豕，这应是"豢"之真正含义。《花东》139 片第 8、第 9 辞云："其宜重豕？""其宜重大豢"是卜问祭祀妣庚时，是用豕好呢？还是用豢（特殊饲养之豕）

---

① 姚孝遂：《牢、宰考辨》，《古文字研究》第九辑，中华书局 1984 年版，第 32—34 页。

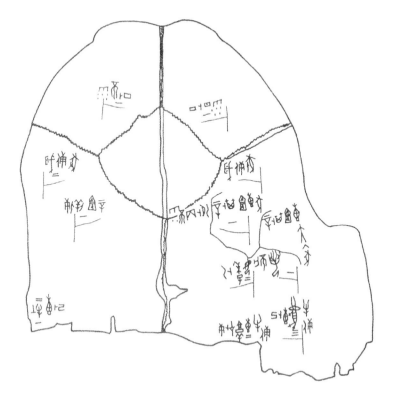

图一七　《花东》139（H3：445）

好呢？可见，"豕"与"豖"之区别，在于是否经过了特殊饲养。

《英藏》1871有<0xF0>字，其形与<0xF0>相同，只不过"豖"旁多了两点。该卜辞云：

☐卜：今日 ☐<0xF0> ☐戊 ☐盧豕 ☐赢

豖与豕相比，仅多了两点，应为同字异构。这两点可能是表示祭牲之血滴，比"豖"更为形象。

"豖"为特殊饲养而用于祭祀之豕，故其意义与"牢""宰"相似。从这个意义讲，豖当隶释为"家"。换言之，"豖"与"家"实为同字，"豖"可能是"家"之原始形态。

甲骨文中已有"家"字，其形体有两种：其一作🏠；其二作
🏠。前者为形声字，从宀豭（豭）声；后者为会意字。关于"家"
之字义，以往学者多有论及，概括起来，主要有两种：第一，指
先祖宗庙，如"上甲家"（《合集》13580）、"父庚、父甲家"
（《合集》30345），这些"家"均为祖先宗庙之所；第二，指有血
缘关系的宗族集团，如"我家"（《合集》13584 甲正）、"王家"
（《合集》34192、13585 反）。同样的用法亦见于文献和金文，如
《尚书·大诰》："天降割于我家"；《毛公鼎》："命女辥我邦我
家"；《左传·桓公二年》："天子建国、诸侯建家"等。

然而，以上"家"之词义均非"家"之本义，而是引申义。
上揭花东 H3 卜辞之"家"字证明："家"之本义原本为经特殊饲
养而用于祭祀之豕，与"牢""宰"之义相同。《花东》61（H3：
212 正）卜辞则为此作了直接的证明，今引征如下：

　　甲辰：岁妣庚家一？　一

此"家"字作🏠，与以往甲文之"家"完全相同。有意思的
是：此"家"不是指"宗庙"；亦非指有血缘关系的宗族集团，
而是指"牺牲"。因此，此"家"为祭牲无疑，"家一"就是一头
经过专门饲养而用于祭祀之豕。同样的辞例也见于以往之卜辞：

　　吴取家。　　　　　　　　　　　　　　《合集》13586
　　□酉卜：☑其舌☑妣庚☑家。　　　　　《合集》19894

以上二辞之"家"，也应理解为特殊饲养而用于祭祀之
"豕"。尤其《合集》19894 是祭祀妣庚，其后之"家"当为
牺牲。

总之，"家"之本义同"牢""宰"相似，应为经特殊饲养而

用于祭祀之豕，其后才引申为宗庙、宗族。

3. 释剢

花东 H3 新出劓字。该字从"豕"从"刀"从"又"，可直隶为劓，见于《花东》60（H3：208）第 3、第 4、第 5 辞（图一八）：

……

乙丑：自贮马又劓？　一

亡其劓马。

隹左马其又劓？　一

劓虽为 H3 新出，但剢字过去习见，学界均隶释为"剢"（从豕从刀），早已定论。劓与剢之区别，在于前者"刀"旁多一"又"（手）、实为同字异构，"劓"为"剢"之繁体。金文《剢簋》（《三代》6.3）有一图形文字，其形为手持刀剖杀猪之状（图一九）乃"劓"之真实象形。所不同的是，卜辞之"劓"是竖向，而《剢簋》图形文字是横向。金文《父已爵》（《三代》16.17）之图形文字则为竖向手持刀杀牲（图 19－2），其形与甲骨文基本相同。甲骨卜辞中，一些从"又"（手）之字，在其后的发展过程中，"又"（手）往往省化了：如"射"本作，后来省手作。"剢"字亦然。故"劓""剢"属繁简之别，劓亦可隶释为"剢"。

"剢"之本义为持刀杀猪，但在卜辞中有时又引申为其他的意思。例如"戉亡其剢"（《合集》4274）、"自出剢"（《合集》9 正、180）、此中"剢"已非本义。陈炜湛先生认为："辞例与'出希'、'出囗'、'出来娩'等同，其义颇与灾异不吉之事有关。"[1] 我们认为，陈说有道理，《花东》60 中的第 3 辞"自贮马又剢"与第 4

_____

[1]　陈炜湛：《甲骨文异字同形例》，《古文字研究》第六辑，中华书局 1981 年版，第 243—245 页。

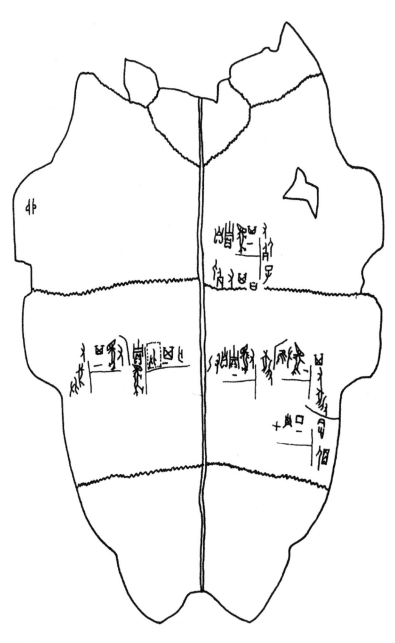

图一八　《花东》60（H3：208）

辞"亡其刻"对贞，"刻"字应有"灾异"这义。

图一九

1. 刻簋《三代》6.3　2. 父己爵《三代》16.17

4. 释戏

花东 H3 新出字，其字从"豕"从"戈"，可直隶为"戏"。该字见于《花东》113（H3：368＋430）、363（H3：1155）。《花东》113 其辞云（图二〇）：

> 曾四十牛妣庚，迺若［茅］其狩？
> 三十牛入？　一
> 三十豕入？　一
> 叙人戏，于若？　一

"戏"字不见于《说文》，但《集韵》有"戏"字，并云："戏，击也，推也，或作搋。"从字形分析，象持戈击豕之头部，表示搏杀之义，与"戏"之义吻合。"豕""豕"义同，"戏""戏"实为同字，就是《集韵》中的"戏"字，故可隶释为"戏"。

上引《花东》113 卜辞记载进纳三十牛、三十豕，而第 20 辞云"叙人戏，于若？"其意为"叙人用戈击杀豕，这样可以吗？"

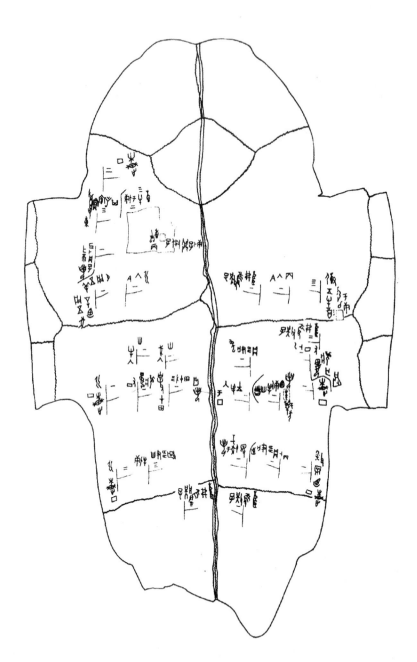

图二〇　《花东》113（H3：368＋430）

六　释勿、勿，并兼论相关问题

1. 甲骨卜辞中有勿、勿二字，其勿有时又作勿

勿、勿置于牛、马之前时，作勿牛、勿马；有时又与"牛"组合作勿。勿、勿在甲骨文中出现频率较高，属常见之字。对于勿、勿隶定与考释、甲骨学界则长期意见相左，至今也未得出公认的结论。从21世纪初罗、王考释甲骨文，到20世纪的一百余年间，对勿、勿之考释大致可以归纳为三类意见：

第一类，将勿、勿释为"勿"，将勿释为"物"。这类意见首起于王国维。他在《戬寿堂所藏殷墟文字考释》中说：

> 上云（按：指《戬》3.7）"吾十牛"，下云"吾物"，是物亦牛名也。……《说文》"物，万物也，牛为大物。天地之数起于牵牛，故从牛勿声"。案许君说甚迂曲，古者为杂色为物，当由物本杂色牛之名，后推之以名杂帛。《诗·小雅》曰："三十维物，尔牲则具。"传曰："异毛色者三十也。"实则三十维物与三百为群，九十其犉句法正同，谓杂色牛三十也。……①

自王国维释"勿""物"后，一些学者接踵而至。王襄、商承祚、孙海波等均认为：勿、勿为"勿"，勿为物，"物"为杂色牛之名。

在此类意见的学者中，徐中舒先生则独具慧眼，认为勿、勿所从之"勹"乃古之农具"耒耜"。他说：

---

① 王国维：《戬寿堂所藏殷墟文学考释》，《艺术丛编》第三集石印，1917年，第10页。

古像耒形之字下端皆作歧出形，可以利、勿、方三字证之。……利所从之 𠂤 诸形即力形之变，像用耒端利田起土之形。……利所从之 𠂤 ，或读为勿，勿，利古音（皆）脂部字。……勿之本义当为土色，经传多借物之。……甲骨文物或作勿，皆谓杂毛中，无作否定词用者。①

徐文发表后，在学者中引起了较大的反响，孙海波、胡光炜、吕振羽等，均认为 𠂤 是古耒之象形，勿、物为杂色牛。

第二类，将 𠂤 、𠂤 释为勿、将 𤘹 释为物。此类意见，首起于郭沫若。他在《殷契粹篇考释》中说："卜辞勿作 𠂤 ，勿作 𠂤 ，判然有别。勿乃笏之初文，象笏形而上有题录。勿乃犁之初文，象以犁起土之状。勿多假为犁牛之犁，犁之本字作 𤘹 ，若 𠂤 ，旧均误释为物。"②

郭说提出后，也得到一些学者的响应，饶宗颐、董作宾等均从之。李孝定则云："𠂤 实犁之初字，当如郭沫若说隶定作勿。今许书无此字、当于 𤘹 下别出重文作 𠂤 ，云：'古文 𤘹 ，象形。'"③

持此类意见之学者，虽然都释 𠂤 为勿，释 𤘹 为犁（或黎），但对"犁"之具体含义仍有不同的理解。一些学者认为犁（黎）为黑色，犁牛则是黑色之牛或杂色之牛；而有的学者则视勿、犁为牛耕。

第三类，释 𤘹 为牢，释 𤘹 为物。

此类观点后起，实际上是第一类观点和第二类观点相调和的产物。此类观点以朱芳圃为代表。他说："……甲骨文分物、牢二

①　徐中舒：《耒耜考》，《历史语言研究所集刊》第二本第一分册，1930 年，第13—17 页。

②　郭沫若：《殷契粹编考释》第 424 片释文，日本东京求堂石印本，1937 年；科学出版社 1965 年版，第 66 页。

③　李孝定：《甲骨文字集释》，"中研院"历史语言研究所，1965 年，第 322 页。

形，后世析为二字，平列者为物……直到者为犁。”[1] 饶宗颐先生亦云：“勿牛即犁牛”，“物即杂色牛”。他也是将勿释为“勿”，将[牛勿]释为“物”的。[2] 持这种观点之学者还有一些，此不一一列举。

以上三类意见实际上是两种观点的对立，即第一类和第二类观点的对立。这两种观点大相径庭，各不相容。郭说提出后，第二类观点在学界渐占优势。然就在20世纪80年代，裘锡圭先生发表了《释“勿”、“發”》一文举出不少例子证明：甲骨文中不少的“勿”字应释为“勿”，而不得释为“勿”。因此，他认为：“勿”应该释“勿”“刎”；“[牛勿]”应该释为“物”。王国维最初之解释是对的，而郭沫若将勿释为勿，[牛勿]释为黎是不对的。[3]

裘文发表后，也遭到一些学者的反对，但他举出的一些卜辞例证，则是不容回避的事实。我们认为：就某些卜辞而言，裘的观点可以说通；但就全部卜辞而言，裘的观点仍会碰到难处。截至目前，两派中的任何一方，均无法解释卜辞中全部勿、勿之含义，都会碰到难以解释的问题，从而使勿、勿之考释陷入困境。

2. 花东H3新材料之发现

花东H3卜辞中有勿、勿，见于《花东》37、142、163、239、241、278、345等，其词分别有勿牛、勿牡、勿牝等。今引征如下：

乙亥：[illegible]岁祖乙二牢、勿牛、白彘、衩鬯一。

《花东》142（图二一）

癸酉卜：叀勿牡岁甲祖？用。一

癸酉卜：叀勿牡岁甲祖？用。二　　《花东》37

庚午卜：在[illegible]，钾子齿于妣庚，☐牢，勿牝白〔豕〕？用。

① 朱芳圃：《殷周文字释丛》，中华书局1962年影印本，第184页。

② 饶宗颐：《殷代贞卜人物通考》，香港中文大学出版社1959年版，第982页。

③ 裘锡圭：《释“勿”、“發”》，《中国语文研究》第二期，香港中文大学中国文化研究所与多泰中国语文研究中心，1981年。

一二　　　　　　　　　　　　　　　　　《花东》163

尤其值得注意的是，《花东》349（H3：1106）有𤳄"马"一
词，今列之如下（图二二）：

𤳄马？

𤳄马二

子亡囚？二

《花东》349"𤳄马"是 H3 卜辞之新发现，此"𤳄马"就是以
往卜辞中所见的"𤳄马"，证明"𤳄"为"𤳄"之原始形态。这是
一个十分重要的发现，说明"𤳄"所从之"𤰔"原本作"𤰔"即
古代"耒耜"之象形。殷墟考古发掘中，常见窖穴边和墓穴边留
有双齿耒之痕迹；又《花东》365（H3：1159）之"耤"字作
"𤓰"，其左旁之"耒"作"𤰔"形。以上事实证明：第一，过去
徐中舒先生认为"𤳄"所从之"𤰔"是古代"耒耜"之象形，今
由"𤳄"字的发现而得到证实；第二，"𤳄"既然从"耒"，"𤳄"
为耒耜翻起土块之状，故𤳄当释为勹，𤳄当释为物，而不应当释为
"物"。这样，字形和字义才能互相吻合。过去，有学者认为勹
（犁）是牛耕则欠妥。𤳄是用耒耜翻土，而非牛耕。牛耕是春秋以
后之事，殷时尚不存在。

由于 H3 卜辞中𤳄字之发现，故以往关于𤳄考释的三类意见
中，第二类释"勹""物"之意见是基本正确的。

但事情还有另外的一面：若将𤳄、𤳄都释为"勹"，则 H3 卜辞
中，有的卜辞则明显解释不通。例如《花东》285（H3：862）其
辞云（图二三）：

子征𤳄利，若？一

□言利？一

子祉□言，不若？一

□言利？一

又《花东》345（H3：1069）之卜辞亦云（图二四）：

又羌？一

□又羌？一

上引卜辞中的“□言利”和“□又羌”之“□”明显为否定词。若将□释为“匇”，则于卜辞明显不通。根据字形和辞义，上引卜辞中的“□”应当释为“勿”。只有这样，才能文通意顺。需要特别指出的是：《花东》285之“□言”和345之“□又羌”，其“□”所从均是两点，而非三点。“勿”作“□”（二点）与“匇”作“□”（三点），也许最初是“勿”“匇”二字的一个重要区别。

上引卜辞中的“□言”和“□又羌”之“□”只能释为“勿”，与“勿”之所从有密切关系。裘锡圭先生曾认为：□、□应释为“勿”“刎”；□、□所从之□原本为刀，“□”为用刀切割东西。[①] 所以，“勿”本为“刎”，是“刎”之本字；后因“勿”借为否定词“勿”，久借不归，才又在“勿”旁添“刀”作“刎”。这样理解和解释亦完全合乎情理。

但H3卜辞材料中，“匇马”作“□马”，“匇”明显从“耒”，而非从“刀”。将“□马”释为“勿马”，则明显有悖于字形，而其辞义也难以说通。“□马”只能释为“匇马”别无他途。

我们从花东H3卜辞材料中看到如下事实：甲骨卜辞中的□、□原本存在区别：□为匇；□为勿。它们原本有不同的来源：□从

① 裘锡圭：《释“勿”、“發”》，《中国语文研究》第二期，香港中文大学中国文化研究所与多泰中国语文研究中心，1981年。

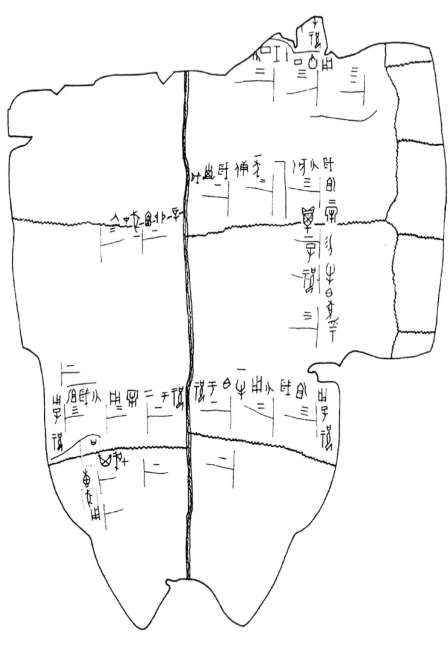

图二一　《花东》142（H3：450＋458）

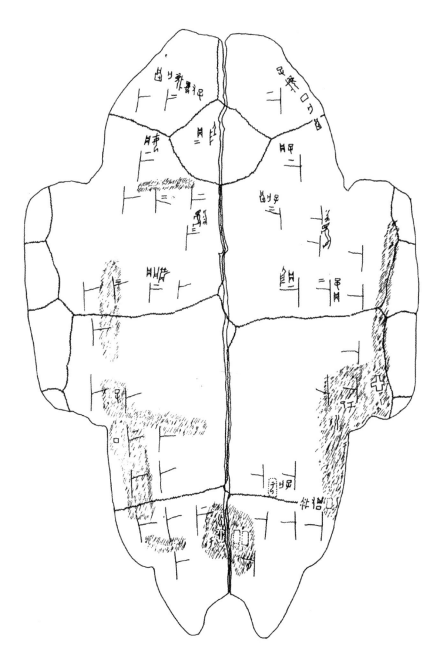

图二二　《花东》349（H3：1106）

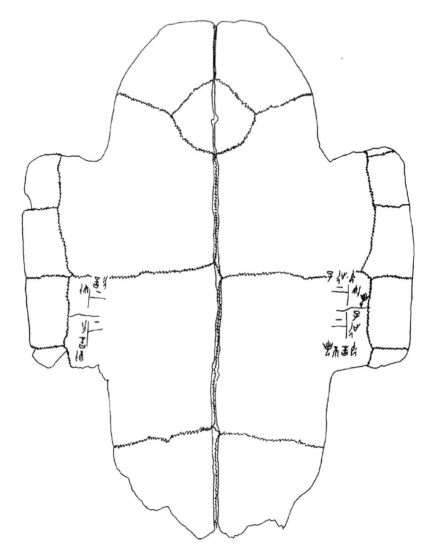

图二三　《花东》285（H3：862）

"耒"，像用耒耜翻起土块；而"勿"从"刀"，像用刀切割东西。"劦"释为"匆"，"勿"释为"勿"，都是会意字，都是动词。但后来，"匆"则引申为黎、犁，表示动物毛色；"勿"则借为否定词，与"弗""弜""不"之字义同类，其义相近。这两个字的演变过程大致

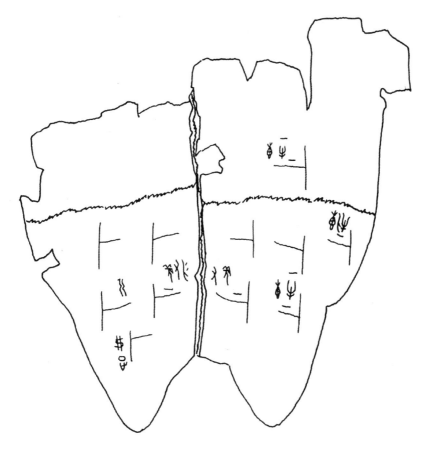

图二四　　《花东》345（H3：1069）

如下：

从耒：

从刀：

"勿"作，从刀，还有一个重要旁证：所从之两点若分于"刀"
之两边作，这就是"分"字。所以，"勿"和"分"均从"刀"，它们在构成上有相近之处。

勹和勿在文字早期可能存在区别，尽管这种区别是极其微小，是"多一点"与"少一点"的问题。因为字形太相近了，故在其后的运用过程中，勹、勿二字逐渐相混："勹"可以作"彡"；而"勿"也可作"彡"。彡、彡二字究竟释为"勹"，还是释为"勿"，只有分析卜辞辞义才能清楚。例如，"勹牛"一词，一般卜辞中多作"彡牛"，而在第三期甲骨文中却有作"彡牛"者：

　　　　重彡牛王受又？大吉。用。　　　　　　　《合集》29491
　　　　重彡牛王受又？　　　　　　　　　　　　《合集》29614

上引卜辞中的"勹牛"均作"彡牛"，说明彡、彡二字相混。我们查阅《殷墟卜辞综类》，共检查了 73 条"勹牛"卜辞，其中有 59 条卜辞作"彡牛"，有 14 条卜辞作"彡牛"。又如"勹牡"一词，《乙》2373 作彡牡①，而《戬》42.42 作"彡牡"②。再如"勹牝"，《后下》5.10 作"彡牝"③，而《京》3436 作"彡牝"④。"勿鼏"一词，《合集》15486 作"彡鼏"，而《合集》15487 则作"彡鼏"。以上事实充分证明：勹、勿在字形上确实相混，它们究竟应释为"勹"还是释为"勿"要认真分析辞义才能清楚。

勹、勿究竟何时相混，是需要研究的一个问题。大家知道，殷墟甲骨文并不是最早的汉字，它离汉字之产生已经有一段较长的时间。根据目前看到的材料，在武丁时代的卜辞中，勹、勿之

---

① 董作宾：《殷墟文字乙编》，"中研院"历史语言研究所，1948—1949 年。（文中简称《乙》）

② 姬佛陀：《戬寿堂所藏殷墟文字》，上海仓圣明智大学石印本，1917 年。（文中简称《戬》）

③ 罗振玉：《殷墟书契后编》下卷，影印本，1916 年。（文中简称《后下》）

④ 胡厚宣：《战后京津新获甲骨集》，上海群联出版社 1954 年影印本。（文中简称《京》）

字形已经相混了。这种情况同样出现在花东 H3 卜辞材料中。我们检查了花东 H3 中全部九片有㓞、勿之卜辞，今将其隶释情况列表如下：

表二　　　　　　花东 H3 卜辞㓞、勿隶释表

	原编号	原形		隶释	
		㓞	勿	勹	勿
37	H3：123＋373	㓞		勹	
142	H3：450＋458	㓞		勹	
163	H3：505＋520＋1546	㓞		勹	
239	H3：696＋1539	勿			勿
			勿		勿
241	H3：713	勿			勿
278	H3：829	㓞		勹	
285	H3：862		㓞		勿
345	H3：1089		勿		勿
349	H3：1106	㓞		勹	

从表二可以看到三点：第一，H3 卜辞中，凡"㓞"均释为"勿"；第二，㓞绝大多数均释为"勹"，只有二例释为"勿"；第三，《花东》239 之㓞、㓞均释为"勿"，说明㓞、㓞此时虽有区别，但已经相混了。

3. 甲骨卜辞中勹、勿考释之清理

由于勹、勿原本有不同来源，意义并不相同。但在其后的发展过程中，勹、勿因形近而相混，同一意义之字，有时作㓞，有时作㓞。这种情况，使得众多的甲骨学者在其考释过程，长期陷入困境。学者们往往各执一端：要么通释为"勿"（刎），要么通释为"勹"。他们将自己的观点运用于卜辞考释时，虽然有一部分卜辞能解释通；然都又有一部分卜辞解释不通。究其原因，都是没有弄明白，勺、勿本有不同来源，而后又相混这一重要事实。如今随着花东 H3 卜辞材料之公布，勺、勿二字相混之原因得以弄明，我们可以对甲骨卜辞中勺、勿二字之考释作通盘清理了。勺、勿二字之隶定与考释，可以归纳为如下三种情况。

第一种，𢇛、𢇛作为形容词，置于牛、羊等牺牲之前，应隶释为"勺"。其辞例较多，今略举如下：

（1）"勺牛""牣"

　　贞：翌丁未酯，燎于丁十小宰，卯十勺牛？八月。

《合集》39

　　癸巳卜、菁贞：燎勺牛屮五牦？　　　　　《合集》15616

　　癸亥贞：甲子☒上甲三牣？　　　　　　　《合集》32377

　　戊子卜：九牣？　　　　　　　　　　　　《合集》33602

上引卜辞、前二条为一期卜辞，后二条为四期卜辞。前二条作"勺牛"，后二条作"牣"（合文）。此中之"勺牛"均为牺牲，用于祭祀。"勺牛"何意？"勺牛"即"犁牛"，过去一般都理解为杂色牛。《论语·雍也》："犁牛之子骍且角。"刘宝楠《正义》："犁牛者，黄黑相杂之牛也。"此解释十分正确。"勺牛"不是一般的杂色牛，而是黄黑相间的杂色牛。1980 年 7 月，上海博物馆收购到一片重要卜骨，其辞中有"幽牣"和"黄勺牛"对贞。[1] 幽者，黑也。"幽牣"就是以黑色为主的黄黑杂色牛；"黄勺牛"者，就是以黄色为主的黄黑杂色牛。上博这片卜骨可为"勺牛"之解说作了一个很好的证明；同时也为"牣"是"勺牛"合文作了一个很好的证明，𢇛不得释为"物"。

---

① 沈之瑜：《甲骨卜辞新获》，《上海博物馆集刊》第三期，上海古籍出版社 1986 年版。

（2）匇牡、匇牝、鞫、牣

己丑卜，王曰贞：匇牡？　　　　　　　　　　《合集》24557

甲□贞：翌□出于□匇牛□匇牝□？十月。

《合集》15090

辛酉卜：争贞：今日坐于下乙一牛，曹十鞫？

《合集》6947 正

丁酉卜：□来乙巳酢彳岁伐十，五十牣。　《屯南》2308①

由于"匇牛"是黄黑相杂之牛，故上述匇牡、匇牝、鞫、牣均应是黄黑相杂的牡、牝、窂、牢，与"匇牛"之性质基本相同。

（3）匇马

此词见于前引《花东》349（H3：1106），"匇马"作"𢒉马"。今重引如下：

匇马。

匇马。

子亡囚？二。

此版卜辞中"匇马"何解？是值得思考。前已论证"匇牛"为黄黑相杂之牛。据此，"匇马"亦应为黄黑相杂之马。

第二种，𢒉、𢒉作否定词，应释为"勿"。此类辞例亦多，今略举如下：

贞：勿告。十一月。　　　　　　　　　　　《合集》25886

癸巳卜，出贞：勿令□。　　　　　　　　　《合集》3826

---

① 中国社会科学院考古研究所：《小屯南地甲骨》，中华书局1980年版。（文中简称《屯南》）

辛卯卜：王曰贞：勿用？ 《合集》24546

☐勿见多食，受☐。 《合集》30898

贞：勿乎？九月。 《合集》26914

贞：勿凡？ 《合集》24551

贞：勿宾？ 《人文》1550①

曰：雀勿伐。 《丙》621②

贞：勿叙？ 《续》3.10.11③

贞：勿升？ ☐月。 《明》328④

上引诸辞中的"勿"字、除《合集》3826、《续》3.10.11及《丙》621作𠂤外，其余诸辞之"勿"均作𠂤。由于它们置于动词"令""告""用""见""乎""凡""伐""叙""宾""升"等之前，均为否定词。因此，不管是𠂤还是𠂤，均应隶释为"勿"。

甲骨卜辞中，还有一个常见的词作"勿鼄"，今列之如下：

丁丑卜，方贞：勿鼄，岁卜，屮牢鼎用弗☐。

《合集》15486

癸丑卜，贞：勿鼄羊，佳牛。 《合集》15487

上引卜辞中的"勿"，以往学者多释为"匀"，而裘锡圭先生列举下例卜辞进行对比：

① 贝塚茂村、伊滕道治：《京都大学人文科学研究所藏甲骨文字》，京都大学人文科学研究所1959年影印本。（文中简称《人文》）

② 张秉权：《殷墟文字丙编》，"中研院"历史语言研究所影印本，1957—1972年。（文中简称《丙》）

③ 罗振玉：《殷墟书契续编》，1933年影印本。（文中简称《续》）

④ 明义士：《殷墟卜辞》，上海别发洋行1917年石印本。（文中简称《明》）

　　□□卜，亘贞：弓鼍不雨，帝受我年。二月。

　　　　　　　　　　　　　　　　　　　　　　《银》1.464①

　　庚申卜，㫗贞：弓佳鼍。　　　　　　　　　《乙》8314

　　两相对比后，裘先生指出："勿鼍"之"勿"似乎也应该释为否定词"勿"。② 此说正确。

　　弓、弓在西周金文中均释为"勿"：《盂鼎》"勿废朕命"，其"勿"作弓；《召伯虎殷》"勿敢对"，其"勿"作弓；《师梦殷》"敬夙夕勿灋朕命"，其"勿"作弓和弓。

　　第三种，弓、弓作动词，置于牛、羊等牺牲之前，应释为"刎"。今列卜辞如下：

　　庚子卜，亘贞：刎牛于辜？　　　　　　　　《粹》421
　　庚子卜，古贞：刎牛于鬶？　　　　　　　　《前》4.35.2

　　上引卜辞中的"刎"字，其形体作弓，裘锡圭先生认为应释为"勿"，读为"刎牛马之刎"③。裘说可从。

　　"刎"之本义为割、断。《广雅·释诂》："刎，断也。"《史记·项羽本纪》："乃自刎而死"，此"自刎"乃指自己用剑割断咽喉。《韩非子·外储右下》："马前不得进，后不得退，遂避而逸，因下抽刀而刎其脚。"此"刎"乃割断之义。因此，上辞"刎牛于辜"，"刎牛于鬶"之"刎"，当是指将牛头砍断。这是祭祀的一种用牲方式。

　　卜辞中有"弓幽牛"一词，现列之如下：

---

　　①　郭若愚：《殷契拾掇》，上海出版公司 1951 年版。（文中简称《掇》）
　　②　裘锡圭：《释"勿"、"發"》，《中国语文研究》第二期，香港中文大学中国文化研究所与多泰中国语文研究中心，1981 年。
　　③　裘锡圭：《释"勿"、"發"》，《中国语文研究》第二期，香港中文大学中国文化研究所与多泰中国语文研究中心，1981 年。

　　　　𢀖幽牛。　　　　　　　　　　　　　　　　　《合集》29511

　　该词目前仅一见。幽者，黑也。"幽牛"即"黑色之牛"。𢀖置于"幽牛"之前，当为动词。此"𢀖"亦当释为"刎"。"𢀖幽牛"即"刎幽牛"。

　　卜辞中又有"不𢀖马"一词，现列之如下：

　　　　其三马？
　　　　重不𢀖马？
　　　　重𢀖马？　　　　　　　　　　　　　　　《合集》27631（佚203）

　　关于该辞之考释，金祥恒先生将"𢀖马"释为"匀马"，并云："匀马即驋马也。"[1] 按：金祥恒先生此释欠妥。此版"重不𢀖马"与"重𢀖马"对贞，"𢀖"前置否定词"不"，可知"𢀖"不是形容词，而是动词。若将"𢀖"释为形容词"匀"（驋），则于卜辞辞义不通。根据该辞之语法结构，"𢀖"当为动词，应释为"勿"（刎）。"重不𢀖马"即"重不刎马"；"重𢀖马"即"重刎马"。放之卜辞，文通意顺，毫无扞格。

　　值得指出的是，该辞"刎马"之"刎"，其字作𢀖，而非作𢀖（匀），保留了"勿"（刎）之原始形态，并未与𢀖（匀）字相混。该版卜辞属于甲骨文第三期，时代较晚，但仍保留"勿"（刎）之原始形态，弥足珍贵。

　　《花东》239（H3：696＋1539）有"𢀖新黑马"一词，今列之如下：

　　　　癸酉卜：弜𢀖新黑马，又刎？　一

①　金祥恒：《释𢀖》，《中国文字》第七卷，1968年，第3279—3289页。

　　癸酉卜：叀召□𠂤马？　一

　　癸酉卜：弜𠂤新黑▨。　二

　　此版中"弜𠂤新黑马"，其"𠂤"又作"𠂤"，一字出现了两种形体，说明"𠂤""𠂤"已经相混。本版"弜𠂤新黑马"与前引"叀不𠂤马"，其语法结构完全相同："𠂤"前均置以否定词"不"或"弜"。因此，该版中的"弜𠂤新黑马"之"𠂤"，亦应释为"勿"（刎）。"弜𠂤新黑马"即"弜刎新黑马"。该版卜辞云："弜刎新黑马，又刎？""又刎"之"刎"，在此不为动词，而为名词，其义当引申为"灾异"，前文已述。故此，"弜刎新黑马，又刎？"其意应是："不刎新黑马，不会有什么灾异吧？"如此解释，辞意顺当。相反，若拘泥于字形，释为"勹"，则辞义又不可解了。

　　4. 结论

　　以上详细讨论了𠂤（勹）、𠂤（勿）之源流、用法、隶定之种种情况，可作如下结论：

　　甲骨卜辞中的𠂤、𠂤原本是不同的两个字：𠂤为勹，𠂤为勿。二字之音读和字义均不相同。后来这两个字因形近而相混，致使勹、勿二字很难从字形上区分。这是甲骨学界在考释𠂤、𠂤时，长期陷入困境的原因所在。

　　甲骨卜辞中的𠂤、𠂤二字，究竟是释为"勿"，还是释为"勹"，不能看字形，主要是分析卜辞辞义，要根据卜辞辞义才能定夺。

　　凡置于牛、马、羊等动物之前，而作形容词用者之𠂤、𠂤，一般均应释为"勹"。"勹牛"即"犁牛"，亦即黄黑相杂之牛。𤛮非"物"，而是"勹牛"二字合文。

　　凡置于动词之前，而作否定词用者之𠂤、𠂤，均应释为"勿"，其义与"不""弗""弜"等相当。

　　凡置于牛、马、羊等动物之前，而作动词用者之𠂤、𠂤，一般均应释为"勿"（刎）。"刎"之义为割、为断。

花东 H3 坑甲骨埋藏状况及相关问题[*]

我们曾在《殷墟花园庄东地甲骨·前言》①（以下简称《花东》）及《论殷墟甲骨埋藏状况及相关问题》②中对花东 H3 坑甲骨的埋藏状况作过叙述，但较简略。最近由于从事《花东》的再版工作，重新查对以前的发掘笔记，对 H3 坑甲骨出土情况再作整理，偶有所得，故写此文。

花东 H3 坑，是专门挖建的埋藏甲骨的窖穴。坑内甲骨放置有的正面朝上，有的反面朝上，卜甲的甲首或卜骨的骨臼无一定方向。卜甲与卜骨，龟腹甲与背甲、大块的与小块的、完整的与残缺的、有字的与无字的相互杂处，紧密叠压，颇有杂乱无章之感。当笔者将甲骨出土情况图上有字甲骨的埋放位置与甲骨上的刻辞内容相联系时，却发现一些值得注意的现象。

一　内容关联的甲骨大多相距较近

首先要说明的是，内容关联指的是卜日相同（或相近）的同

---

* 本文原载《考古学报》2017 年第 3 期。

① 中国社会科学院考古研究所：《殷墟花园庄东地甲骨》，云南人民出版社 2003 年版。

② 刘一曼：《论殷墟甲骨埋藏状况及相关问题》，《揖芬集——张政烺先生九十华诞纪念文集》，社会科学文献出版社 2002 年版。

文（或基本同文）卜辞、卜日不同但卜事相同（或相近）的卜辞，姚萱《殷墟花园庄东地甲骨卜辞的初步研究》一书附录二，花园庄东地甲骨有关联的卜辞排谱①，孙亚冰《殷墟花园庄东地甲骨文例研究》第三章第二节异版卜辞的占卜次序，第四章花东的成批卜辞②，以及魏慈德、韩江苏的著作中都对这类卜辞进行过整理与研究③，此部分主要是吸收姚、孙二氏的研究成果。花东 H3 异版有关联的卜辞有数十组，每组 2—5 片不等（以 2 片为多），现选取其中位置相邻近的二十组作介绍。

1.《花东》63（H3：215）与《花东》37（H3：378）二版皆位于 H3 之西南部，相距近 30 厘米（图一）。④

《花东》63，长 22.5 厘米、宽 18 厘米。全版七条卜辞，卜日干支从辛亥至乙卯。

第 2 辞　辛亥卜：子其以妇好入于戗，子呼多御正见（献）于妇好，收紒十，往罂? 一
第 5 辞　癸丑卜：岁食牝于祖甲? 用。
第 6 辞　乙卯卜：重白豕祖甲（乙）⑤? 不用。一二
第 7 辞　乙卯卜：岁祖乙牡一，权㞷一? 一二

《花东》37，长 25.2 厘米、宽 19.7 厘米。全版 26 条卜辞，

---

①　姚萱：《殷墟花园庄东地甲骨卜辞的初步研究》，线装书局 2006 年版，第 383—433 页。

②　孙亚冰：《殷墟花园庄东地甲骨文例研究》，上海古籍出版社 2014 年版，第 224—272 页。

③　魏慈德：《殷墟花园庄东地甲骨卜辞研究》，台湾古籍出版有限公司 2006 年版，第 135—154 页；韩江苏：《殷墟花东 H3 卜辞主人"子"研究》，线装书局 2008 年版，第 574—654 页。

④　不同版甲骨的距离，是指其在平面图上的距离。

⑤　姚萱：《殷墟花园庄东地甲骨卜辞的初步研究》指出"甲字必为乙字之误刻"，线装书局 2006 年版，第 250 页。

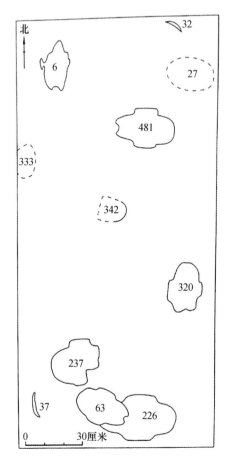

图一　卜甲出土位置平面图

卜日从癸酉至乙卯。

第22辞　壬子卜：子以妇好入于戈大，子呼多御正见（献）于妇好，改紒十，往璧？一二三四五

第23辞　癸丑卜：岁食牝于祖甲？用。二

第24辞　乙卯卜：重白豕祖乙？不用。一

第25辞　乙卯：岁祖乙牲，伇甴一？一

《花东》63（2）与《花东》37（22），贞辞同文，前辞的卜日前者为辛亥，后者为壬子，相互连接。《花东》63（5）与《花东》37（23）同文，可能还是成套卜辞①，《花东》63 之（6）、（7）与《花东》37（24）、（25）为成批卜辞（也是同文卜辞）②。这两版卜甲尺寸相差不远，卜辞终卜之日均为乙卯，关系密切。

2. 《花东》237（H3：685）与《花东》226（H3：659）二版亦位于 H3 之西南，相距 20 厘米，较近（图一）。

《花东》237，残长 24.4 厘米，经推算③，其原长约 33.8 厘米、宽约 23.4 厘米。全版 15 条卜辞，干支从甲寅至庚寅。

第 3 辞　丁巳：岁祖乙牝一，舌祖丁彡？一

《花东》226，长 31.8 厘米、宽 23.2 厘米。全版十一条卜辞，干支从丁酉至庚辰。

第 5 辞　丁巳：岁祖乙牝一，舌祖丁彡？三

《花东》237（3）与《花东》226（5）为成套卜辞，两版卜甲大小相当。又，《花东》237（2）记："乙卯卜：重☒豕？不

---

① 成套卜辞指同一天占卜同一事件的同一回合贞问的若干条卜辞，其序数相互联系，贯穿成套（见张秉权《甲骨文与甲骨学》，台北"国立编译馆"1988 年版，第 199 页）。《花东》63（5）可能漏刻序数，孙亚冰将之与《花东》37（23）作为成套卜辞（见《殷墟花园庄东地甲骨文例研究》，上海古籍出版社 2014 年版，第 234 页）。

② 成批卜辞指同一天占卜同一事件的多个回合贞问的所有卜辞，序数并不相连（见孙亚冰《殷墟花园庄东地甲骨文例研究》，线装书局 2006 年版，第 251、252、267 页）。

③ 本文推算残龟甲之长度的方法，大体上是参考董作宾《商代龟卜之推测》（《安阳发掘报告》1929 年第 1 期）用比例推算的方法，即量出残卜甲某一部位长度（如顶端至第二道齿纹之尺寸，第二道齿纹至卜甲尾端之尺寸或第三道齿纹至卜甲尾端之尺寸），将之与一完整的卜甲相应部位的尺寸作比较，用比例推算之方法，由一部分之长来求全长。

用。一二。"与《花东》63（6）、37（24）内容可能相似。

3.《花东》27（H3：89）与《花东》32（H3：113）二版位于 H3 之东北角，相距约 15 厘米（图一）。

《花东》27，长 25.1 厘米、宽约 19 厘米。全版有一条卜辞：

　　　　庚卜，在蠹：岁妣庚三牂又豕二，至御，劃百牛又五？
三四

《花东》32，长 28.1 厘米、宽 20.7 厘米。全版四条卜辞，卜日均为庚日。

　　　　第 1 辞　庚卜：在蠹：岁妣庚三牂又豕二，至御，劃百牛又五？一

二条卜辞同文，只序数不同，应属成套卜辞。《花东》27 与《花东》32 属成套卜甲，其大小相近。

与《花东》27、《花东》32（1）同文的还有《花东》320 第 6 辞，但未刻序数。该版共七条卜辞，内容较复杂，其出土位置在 H3 东南部，相距较远（图一）。

4.《花东》6（H3：19）与《花东》333（H3：1032）二版位于 H3 之西北，相距约 30 厘米。

《花东》6，残长 20.4 厘米，推算其原长约 23.5 厘米、宽17.6 厘米。全版七条卜辞，干支从甲辰至乙丑（图一）。

　　　　第 2 辞　乙丑卜：又吉号，子具虫其以入若永，又岂值？
用。一二三四

《花东》333，长 14.8 厘米、宽 9.7 厘米。全版只一条卜辞：

乙丑卜：又吉䇂，子具㞢其以入若永，又㞷徝？用。五六七八

上述两条卜辞同文，且序数相接，属成套卜辞。两版卜甲尺寸相差较大。

与《花东》333 同文的还有《花东》342、《花东》481（1），序数均为一。此二版位于 H3 中部略偏北，与《花东》6 及《花东》333 相距 3. 5—4 厘米（图一）。

5. 《花东》76（H3：255）与《花东》478（H3：1470）二版位于 H3 之东部，相距约 30 厘米（图二）。

《花东》76，残长 23. 1 厘米，复原后长近 26 厘米、宽 18. 4 厘米。全版二条卜辞，卜日均为乙卯。

第 2 辞　乙卯卜：其御大于癸子，𠬝豖一，又鬯？用。又疾。一二三

《花东》478，长 25. 6 厘米、宽 19. 4 厘米。全版只一条卜辞：

乙卯卜：其御大于癸子，𠬝豖一，又鬯？用。又疾子炅。一二三

此二版卜甲，尺寸相近，卜辞内容及字体风格相似，序数相同，应为同时所卜。

6. 《花东》29（H3：105）《花东》21（H3：67）与 296（H3：884）前二片位于 H3 之东南，相距不到 10 厘米。后一片在 H3 的西边略偏南，与《花东》29 相距 40 厘米（图二）。

《花东》29，长 25 厘米、宽 20 厘米，全版 5 条卜辞，卜日干支从丙寅至乙巳。

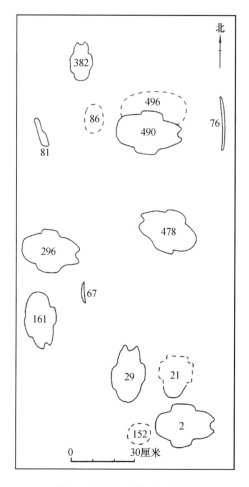

图二　卜甲出土位置平面图

第 5 辞　乙巳：岁祖乙白彘一，又鬯，祖乙永？一

《花东》21，残长 18.5 厘米，推算其原长约 25 厘米、宽 18.9 厘米。全版 3 条卜辞，干支从乙亥至乙巳。

第 3 辞　乙巳：岁祖乙白［彘］，又鬯？一二

《花东》296，长28.7厘米、宽22厘米。全版8条卜辞，卜日干支从戊戌至丁未。

第7辞　乙巳：岁祖乙白彘，又鬯？一二

以上三条卜辞，《花东》21（3）与《花东》296（7）同文，序数亦相同，《花东》29（5）包含了此二条卜辞的内容，但多了辞末的"祖乙永"三个字及"彘"后的"一"字，它们属于成批卜辞。

三条卜辞应为同时所卜。《花东》29与《花东》21大小相当，最终的卜日相同，两片出土位置很近。《花东》296尺寸稍大些，与29及21相距也不远。

7.《花东》2（H3：2）与《花东》152（H3：501）二版位于H3的东南部，相距仅几厘米（图二）。

《花东》2，长27厘米、宽20.2厘米。全版4条卜辞，只（1）（2）两辞记卜日，干支为戊子。第（3）（4）辞同文，其辞为：

友贞：子冥？一

《花东》152，残长7.7厘米，残宽11.1厘米，推算其原长约26.4厘米。此版只1条卜辞：

友贞：子冥？一

《花东》2（3）、（4）与《花东》152同文，序数亦相同，可能为同时所卜。两版卜甲大小相近。

8.《花东》67（H3：224）与《花东》161（H3：502）二版

位于 H3 西边偏南，相距十几厘米（图二）。

《花东》67，长 24.2 厘米、宽 18.1 厘米。全版 3 条卜辞，卜日为乙亥、己丑。

　　　第 1 辞　乙亥夕：岁祖乙黑牝一，子祝？一二
　　　第 2 辞　乙亥夕：岁祖乙黑牝一，子祝？三四

《花东》161，长 24 厘米、宽 17.5 厘米。全版二条卜辞，卜日为辛未、乙亥。

　　　第 2 辞　乙亥夕：岁祖乙黑牝一，子祝？一

该辞与《花东》67（1）、（2）同文，但序数不同，此三辞为同时所卜的成批卜辞，前者还属同版成套卜辞。

9.《花东》86（H3：281）与《花东》382（H3：1215）二版位于 H3 之西北，相距十几厘米（图二）。

《花东》86，长 16.5 厘米、宽 9.8 厘米。全版二条卜辞，卜日干支为丙辰、乙巳。

　　　第 1 辞　丙辰卜：延奏商，若？用。一二三四五

《花东》382，长 15.5 厘米、宽 10.9 厘米。全版只一条卜辞，其辞为：

　　　丙辰卜：延奏商，若？用。一二三四

《花东》382 与《花东》86（1）同文，后者只比前者的序数多一"五"字。两条卜辞均刻于腹甲的右前甲与右后甲，行款与

字体酷似，二片大小相近，均字中填朱，应为同时所刻。

10.《花东》81（H3：266）、《花东》490（H3：1492）与《花东》496（H3：1501）三版位于 H3 之北部。前者在西北，后二版在东北。《花东》490 叠压《花东》496，与《花东》81 相距约 30 厘米（图二）。

《花东》81，复原长 26.3 厘米、宽 20 厘米。全版 8 条卜辞，卜日从壬子至丙子。

第 1 辞　壬子卜：其［将妣庚］示宫，于东官？用。

《花东》490，长 29.6 厘米、宽 21 厘米。全版 12 条卜辞，卜日从己卯至壬子。

第 12 辞　壬子卜：其将妣庚示宫，于东官？用。一

《花东》496，长 30.5 厘米、宽 19.6 厘米。全版 3 条卜辞，内容相同，序数相接。

丙卜：其将妣庚示，岁裸？一
丙卜：其将妣庚示？二
丙卜：其将妣庚示？三

以上三片《花东》81（1）与《花东》490（12）为同文卜辞，为同时所卜，《花东》496 与之内容相近，卜日可能相距不远。《花东》490 与《花东》496 大小相近，《花东》81 稍小。三片中祭祀妣庚的这几条卜辞，字体笔画较细，风格相似，且均字中填墨，可见其联系密切。

11.《花东》355（H3：1128）与《花东》316（H3：963）两版位于 H3 的中部，相距近 30 厘米（图三）。

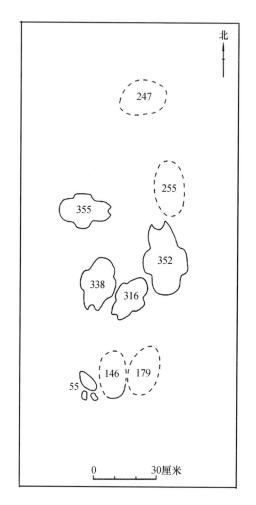

图三　卜甲出土位置平面图

《花东》355，长 20.2 厘米、宽 14.2 厘米。全版 5 条卜辞，卜日干支从乙巳至戊申。

第 5 辞　戊申：岁祖戊犬一？　一

《花东》316，长 20 厘米、宽 14 厘米。全版亦 5 条卜辞，卜日干支从戊申至癸丑。二版最终卜日隔五日。

第 1 辞　戊申：岁祖戊犬一？一二

两条卜辞契刻部位不同，但字体风格相似。二片卜甲大小相当，为同时所卜。

12.《花东》338（H3：1042）、《花东》179（H3：541）与《花东》146（H3：466）三版位于 H3 的中南部，《花东》338 与《花东》179 相距约 25 厘米，《花东》146 与《花东》179 左右并列，贴得很近（图三）。

《花东》338，长 22.4 厘米、宽 15.3 厘米。全版 4 条卜辞，卜日均为甲辰。

第 2 辞　甲辰：岁莧祖甲，又友？用。一

《花东》179，长 20.3 厘米、宽 13 厘米。全版 7 条卜辞，卜日从己亥至丁未。

第 2 辞　甲辰卜：岁莧祖甲彘，叀子祝？用。一

两条卜辞卜日相同，内容相近。《花东》179 还有 3 条卜辞关于"勾马"一事。

第 3 辞　丙午卜：其敕火勾𤞤？用。一
第 5 辞　丁未卜：叀加呼勾宁𤞤？一
第 6 辞　叀麒呼勾宁𤞤？一

《花东》146，长22.7厘米、宽13.9厘米。全版5条卜辞，卜日为己酉、庚戌。

> 第4辞   庚戌卜：其匄禾马，宁？一
> 第5辞   庚戌卜：弜匄禾马？一
> 第6辞   庚戌卜：其匄禾马，宁？二

《花东》179（3）、（5）、（6）与《花东》146（4）、（5）、（6）六条卜辞的内容是关于派人往宁地征集马匹之事。丁未与庚戌只隔三日，两版卜辞关系密切。上述三版卜甲大小相当。

13.《花东》255（H3：754）、《花东》352（H3：1113）《花东》247（H3：911）、《花东》55（H3：199＋201＋1614）前二版位于H3之中东部，相距几厘米。《花东》247在《花东》255之北，与之相距不足30厘米。《花东》55在H3之西南，与《花东》352距离约50厘米（图三）。

《花东》255，长23厘米、宽17.2厘米。全版8条卜辞，卜日自甲寅至己丑。

> 第7辞   己丑：岁妣庚一牝，子往满御［兴］？一二三

《花东》352，长29.7厘米、宽21.4厘米。全版6条卜辞，卜日自己丑至丙申。

> 第1辞   己丑：岁妣庚牝一，子往于满御？一

《花东》247，长22.5厘米、宽13.5厘米。全版17条卜辞，卜日自戊申至庚寅。

第 15 辞　己丑：岁妣庚牝一，子往满御？一

《花东》55，为龟背甲右半部之下部。残长 20.3 厘米，宽 13.3 厘米。全版四条卜辞，卜日自丁亥至己丑。

第 3 辞　☑往满御？一
第 4 辞　己丑：岁妣庚妣一，子往满御？四

以上四条卜辞卜日相同，内容相似，只 255（7）句末多一 "興"字，352（1）多一"于"字。基本上可以看作同文卜辞。

14. 《花东》34（H3：115 + 241 + 246）、《花东》335（H3：1038 + 1457 + 1579）、《花东》420（H3：1314）与《花东》169（H3：529）四版皆位于 H3 中部。其中《花东》34 与《花东》335 上下重叠，在 H3 的中部偏西，《花东》420 与《花东》169 位于 H3 的中部，相距 10 厘米（图四）。

《花东》34，长 24.6 厘米、宽 18.2 厘米。全版 14 条卜辞，卜日从辛卯到己酉。

第 4 辞　甲辰，宜丁牝一，丁各戾于我，翌［日］于大甲？用。一二

《花东》335，长 25 厘米、宽 19 厘米。全版 2 条卜辞，卜日从丁酉至甲辰。

第 2 辞　甲辰：宜［丁］牝一，［丁］各戾于我，翌日于大甲？一二三

《花东》34（4）与《花东》335（2）均刻于左后甲下部，行

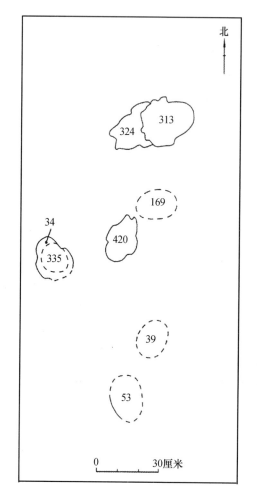

图四　卜甲出土位置平面图

款亦相同。两版卜甲大小相当。

　　《花东》420，长 20.6 厘米、宽 14.4 厘米。全版 5 条卜辞，卜日从甲辰至壬子。

　　　　第 1 辞　甲辰卜：丁各戻于我？用。一

　　　　第 2 辞　甲辰：宜丁牝一，丁各戻于我，翌日于大甲？

一二

第 2 辞与《花东》34（4）同文，序数亦相同，其契刻位置在右后甲之下部，与《花东》34（4）左右相对。

《花东》169，长 22.6 厘米、宽 14.5 厘米。全版二条卜辞，卜日均甲辰。

第 1 辞　甲辰卜：丁各畏于我，［翌日］于大甲？一

该辞省去"宜丁牝一"几字，刻于右后甲下部，行款与《花东》420（2）相似。

以上四条卜辞卜日相同，同卜一事，内容相同或相近，关系密切。

15.《花东》53（H3：196 + 197 + 871）与《花东》39（H3：130 + 1123）位于 H3 之西南部，相距约 20 厘米（图四）。

《花东》53，长 27.6 厘米、宽 16.4 厘米。全版 26 辞，卜日从丙至癸。

第 19 辞　己卜：叀子興往妣庚？
第 25 辞　癸卜贞：子耳鸣，亡毄？一
第 26 辞　癸卜贞：子耳鸣，亡毄？二

《花东》39，长 26.8 厘米、宽 16.6 厘米。全版二十一条卜辞，卜日从乙至庚。

第 18 辞　己卜：其酚子興妣庚？一
第 21 辞　庚卜：弜羞，子耳鸣，亡小艰？一

《花东》53（19）与《花东》39（18）均是于己日卜问为子兴而祭祀妣庚之事。而《花东》53（25）、（26）与《花东》39

（21）是为子耳鸣一事卜问。前者为癸日卜，后者为庚日卜，从庚至癸，相隔三天，较近。二片卜甲大小相当。

16.《花东》313（H3：948）与《花东》324（H3：994）二版位于 H3 北部偏东，《花东》313 在上，叠压着《花东》324（图四）。

《花东》313，复原后长 27.7 厘米、宽 21 厘米。全版 3 条卜辞，卜日为戊戌、己亥。

第 2 辞　已亥卜：于妣庚［夑］，亡豕？用。一二
第 3 辞　已亥：岁妣己［羊］？用。一

《花东》324，长 26.8 厘米、宽 19.8 厘米，全版 5 条卜辞，卜日从戊戌至己巳。

第 2 辞　已亥卜：弜巳（祀）［馭］罘峀黑？一
第 3 辞　已亥卜：子重今☐用，隹亡豕？一

以上二版的（2）、（3）辞卜日均为己亥，内容有关祭祀用牲。《花东》313 两辞记有先妣名，而《花东》324 版则没记祭祀对象。《花东》313（2）、《花东》324（3）均有"亡豕"一辞，这一词语较特殊，在《花东》一书中仅此两见。此二片大小相当，卜日相同，内容有些差别，但用词相似，可能为同时所卜。

17.《花东》218（H3：642）与《花东》379（H3：1203）二版位于 H3 的南部偏中，相距 10 多厘米（图五）。

《花东》218，长 15.8 厘米、宽 9 厘米。全版 2 条卜辞，卜日均为丙辰。

第 1 辞　丙辰卜：子冥重今日晌糯于妇，若？用。一

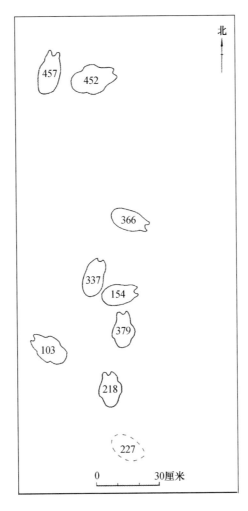

图五　卜甲出土位置平面图

第 2 辞　丙辰卜：子宾其昫糵于妇，若永？用。一

《花东》379，长 15.4 厘米、宽 10 厘米。全版三条卜辞，卜日均为丙辰。

第 1 辞　丙辰卜，子其昫糵于妇，重配呼？用。一

第 2 辞　丙辰卜：子炅丁往于黍？　一
第 3 辞　不其往？　一

《花东》218 与《花东》379 二版卜甲，卜日相同，字体风格相似。《花东》379（1）与《花东》218（1）、（2）三条卜辞都是卜问"昫糯于妇"之事，关系密切，二版卜甲大小相当，是丙辰日同时使用的卜甲，占卜之后不再使用。

18.《花东》154（H3：484）、《花东》337（H3：1041）与《花东》366（H3：1162）三版位于 H3 之中部。《花东》366 在北，与其南边的《花东》337、《花东》154 相距 20 多厘米，而《花东》337、《花东》154 相距只 2 厘米，很近（图五）。

《花东》154，长 17.9 厘米、宽 10.8 厘米，全版 2 条卜辞，卜日均为辛酉。

辛酉卜：丁先狩，迺又伐？　一
辛酉卜：丁其先伐，迺出狩？　一

《花东》337，长 17.8 厘米、残宽 8.8 厘米。全版 5 条卜辞，卜日为乙、己、庚。

十月丁出狩？　一

《花东》366，长 14.6 厘米、宽 8.7 厘米。全版 2 条卜辞，卜日均为乙丑。

乙丑卜：[㠱] 囗宗，丁采，乙亥不出狩？　一三
乙丑卜：丁弗采，乙亥其出？子占曰：庚、辛出。　一
二三

　　此三版卜甲，内容均是卜问丁何时出狩之事。《花东》366 的占卜时间乙丑，较《花东》154 的辛酉日只晚四天。《花东》154 与《花东》337 大小相当，《花东》366 略小。

　　19.《花东》457（H3：1406）与《花东》452（H3：1396）二版位于 H3 之西北，相距不足 10 厘米（图五）。

　　《花东》457，长 16.6 厘米、宽 11 厘米。全版只一条卜辞。

　　己酉夕：翌日吾岁姒庚黑牡一？庚戌酚牝一。一二三四

　　《花东》452，长 19.4 厘米、宽 14 厘米。全版也只一条卜辞。

　　［庚］戌：岁姒庚牝一，子祝？在麓。一

　　《花东》457 与《花东》452，内容相近，是卜问祭祀姒庚用何种祭牲。前者卜日为己酉，后者为庚戌，两相连接。

　　20.“子贞”卜辞组　花东 H3 片数最多的异版卜辞同文组是内容为“子贞”的卜辞。一版卜甲上只记“子贞”，没有其他卜辞的计 17 版，分布于 H3 的南部、西部和东北部（图六）。

　　南部：《花东》111（H3：361）、《花东》145（H3：463）、《花东》224（H3：655）、《花东》143（H3：454）、《花东》164（H3：528）、《花东》232（H3：669）六版。《花东》143 长 22.2 厘米，《花东》111 长 27 厘米，余四版长 28—30 厘米。这六片卜甲贴得很近，其中 143、164、232 相叠压，111 与 145 亦上下叠压。

　　西部：自南向北为《花东》306（H3：920）、《花东》339（H3：1046）、《花东》418（H3：1311）、《花东》326（H3：1068）、《花东》12（H3：42）五版。其中《花东》12 与《花东》339 长 23—26 厘米，余三版长 28—29 厘米。《花东》306 叠

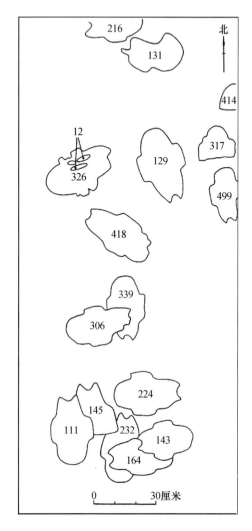

图六　卜甲出土位置平面图

压《花东》339、《花东》12 叠压《花东》326。此组最南的《花东》306、《花东》339 与南边的《花东》224 相距约 20 厘米。

东北：自北向南为《花东》216（H3：639）、《花东》131（H3：432）、《花东》414（H3：304）、（花东）317（H3：317）、《花东》499（H3：1505）、《花东》129（H3：428）六版。其中

《花东》499、《花东》216 二版长 21 厘米，其余四版长 28—29 厘米。《花东》216、《花东》131 甲首朝东，其余四版甲首向北。此组的《花东》129 距西部的《花东》326、《花东》418 约 1.5—2厘米。

从"子贞"卜甲分布情况推测，这十七版卜甲可能占卜时间不一样，卜者按照占卜时间的先后将之分为三组存放，最后将它们分别捆扎起来倾入坑内。

二　内容关联的甲骨部分相距较远

此类情况在 H3 中也时有发现，兹举数例。

1. 《花东》253（H3：751＋1001）与 288（H3：865），前者在坑之中北部，后者在坑之西南，相距约 1 米（图七）。

《花东》253，长 30.5 厘米、宽 22.3 厘米。全版 3 条卜辞，干支从辛未至癸巳。

> 第 2 辞　癸巳：岁癸子羘一？　一
> 第 3 辞　癸巳：岁癸子羘一？　二

《花东》288，长 26.2 厘米、宽 20.1 厘米。全版 12 条卜辞，干支从乙酉至己亥。

> 第 6 辞　癸巳：〔岁〕癸子羘一？　一

《花东》253（2）、（3）为同版成套卜辞。《花东》288（6）与《花东》253（2）为同文卜辞，序数亦相同。以上三辞的"癸子"即"子癸"，卜辞内容是有关岁祭子癸之事。

2. 《花东》110（H3：366＋369＋1560）与《花东》118

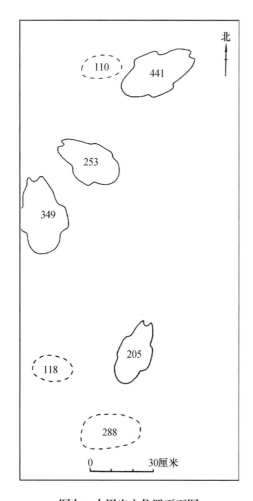

北

图七　卜甲出土位置平面图

（H3：387），前者在 H3 之西北，后者在 H3 之西南，相距约 1.2
米（图七）。

　　《花东》110 为龟腹甲的下半部，残长 17.4 厘米（复原后长
27.7 厘米）、宽 20 厘米。全版 3 条卜辞，卜日自戊申至庚申。

　　　　第 2 辞　庚申卜：引其死？

《花东》118，为龟右背甲之上半部，残长 15.2 厘米。全版只一条卜辞。

壬午卜：引其死，在闅，亡其史（事）？二

在《花东》五百多片甲骨卜辞中，卜问"引其死"的仅此二片。二条卜辞的卜日，庚申至壬午相距较远。

3.《花东》349（H3：1106）、《花东》441（H3：1366）与《花东》205（H3：615），《花东》441 位于 H3 之东北，《花东》349 位于 H3 的西边偏中，相距约 60 厘米。《花东》205 在 H3 的南部，与《花东》349 相距 50 多厘米，与 441 相距 1.1 米（图七）。

《花东》349，长 32.5 厘米、宽 22 厘米。全版 20 条刻辞，无干支。

第 8 辞　陟贞。一
第 9 辞　爵凡贞。一
第 18 辞　陟贞。二

《花东》441，长 29 厘米、宽 17.7 厘米。全版 8 条刻辞，不记干支。

第 1 辞　陟贞。一
第 4 辞　贞陟。二
第 8 辞　贞爵凡。一

《花东》205，长 28.5 厘米、残宽 14.5 厘米，全版 5 条刻辞。

第 1 辞　爵凡。一

第 2 辞　陟贞。二三

此三版的陟贞、爵凡贞为两组异版成批卜辞。三版均属大甲，字体风格相似，各版上都有字体拙劣的习刻文字，当为同时所卜。

4.《花东》123（H3：401＋1607）、《花东》175（H3：540）与《花东》437（H3：1364），《花东》123 位于 H3 的西边偏南，《花东》175 在 H3 的西北角，《花东》437 在 H3 的东边偏中。三片之距离 80 多厘米（图八）。

《花东》123，复原长 29.5 厘米、宽 20 厘米。全版 3 条卜辞，卜日均辛酉。第 1、2 辞同文，其辞为：

辛酉昃：岁妣庚黑牝一，子祝？一二三

《花东》175，长 32.2 厘米、宽 23.9 厘米。只 1 条卜辞。

辛酉昃：岁妣庚黑牝一，子祝？一二

《花东》437，长 27.1 厘米、宽 17 厘米。全版 7 条卜辞，卜日为庚申、辛酉。

第 7 辞　辛酉昃：岁妣庚黑牝一，子祝？一二

以上三版四条卜辞均同文，后二条序数也完全相同，应为同时所卜的。

5.《花东》288（H3：865）与《花东》50（H3：189＋217＋284＋1542），前者在坑之西南，后者在坑之西北，相距约 1 米（图八）。

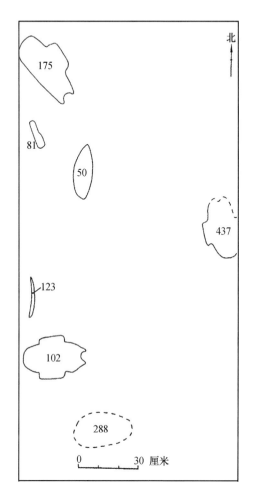

图八　卜甲出土位置平面图

　　如上所述，《花东》288 全版 12 条卜辞，所卜事项较多。其中两条与田猎相关。

　　　第 9 辞　乙未卜：子其往阶，获？不黾。获三鹿。二
　　　第 10 辞　乙未卜：子其往于阶，获？子占曰：其获。用。获三鹿。二

《花东》50，为龟背甲之右部，长24.6厘米、宽10.6厘米。全版6条卜辞，干支从丁亥至乙未。整版卜辞内容是有关田猎的。

第3辞　乙未卜：子其田，从坒，重求豕，冓？用。不豕。一二三

第4辞　乙未卜：子其［往］田，重豕求，冓？子占曰：其冓。不用。一

第5辞　乙未卜：子其往田，若？用。一

第6辞　乙未卜：子其往田，重鹿求，冓？用。一

《花东》50（3）—（6）辞与《花东》288（9）、（10）二辞卜日均为乙未，《花东》50（6）辞卜问子外出田猎，寻求鹿，会遇上否。而《花东》288之（9）、（10）二条卜辞则卜问往阞地狩猎，能否有所猎获，验辞记载，这次狩猎获得三头鹿，可见二片内容密切相关，可能是乙未日用腹甲与背甲多次占卜田猎之事。

三　内容不同的甲骨部分相距较近

这类情况在 H3 中也有一定数量，下面试举八例。

1. 《花东》501（H3：1509）与《花东》502（H3：1510）二版位于 H3 中部偏东，相距十几厘米（图九）。

《花东》501，长27.5厘米、宽18.3厘米，全版三条卜辞，卜日均为丁日。

第1辞　丁卜：子耳鸣，亡巷？一

第2辞　丁卜：今庚其乍豐，羍丁舍，若？一二

《花东》502，长26.6厘米、宽19.2厘米，全版6条卜辞，

只一条记卜日，为戊日。其内容分二项：其一，卜问营建建筑物及其位置；其二，祭祀。

第 1 辞　享？ 一
第 3 辞　峕于南？
第 4 辞　于北？
第 5 辞　戊：岁妣庚牝一？在□。一

以上二片内容没有联系，但大小相近。

2.《花东》319（H3：975）、《花东》320（H3：976）、《花东》321（H3：977）、《花东》322（H3：981）与 H3：973　五版卜甲位于 H3 东边偏南，叠压在一起，H3：973 在上，《花东》322 在最底下（图九）。

《花东》319，长 29.4 厘米、宽 22.2 厘米。全版 2 条卜辞，卜日均乙丑。

第 1 辞　乙丑：岁祖乙黑牡一，子祝，骨御茊？在𩵋。一
第 2 辞与第 1 辞同文，序数为一二。

《花东》320，复原长 26.4 厘米、宽 19.5 厘米。全版七条卜辞，卜日为丁日、庚日（庚寅）。主要内容有三项，其一关于何（人名），其二祭祀妣庚，其三子向丁贡献物品。

第 4 辞　其圆何？
第 5 辞　丁卜：弗其匕（比）何，其艰？ 一
第 6 辞　庚卜：在麓：岁妣庚三羝又邕二，至御；曹百牛又五。
第 7 辞　庚寅：子入四𠙻于丁？在麓。

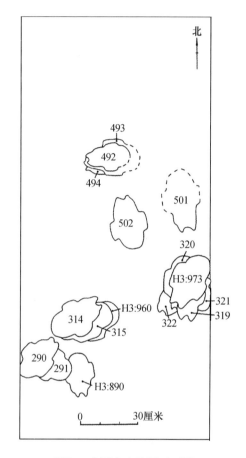

图九 卜甲出土位置平面图

《花东》321，长27.7厘米、宽21.2厘米。全版六条卜辞，卜日从甲辰至甲子。主要内容有四项：祭祀子癸，祭祀妣庚、祖乙，卜问婡、妃中周妾之生死。

第1辞 甲辰：岁癸子牡一？ —

第3辞 丙辰卜：婡又取，弗死？ —

第4辞 庚申：岁妣庚小牢，犬罒一，祖乙征子鄉？ —

第5辞 甲子卜，贞：妃中周妾不死？ —

《花东》322，长 27.4 厘米、残宽 18.7 厘米。全版只一条卜辞，卜日为甲日。

　　　　甲卜：弜改于妣庚？一

H3：973，长约 27 厘米、宽 17 厘米。无字卜甲。

以上这五片卜甲，四片长度在 27—29.4 厘米之间，只《花东》320 长 26.4 厘米，总的来说，其尺寸较相近。

3.《花东》290（H3：876）、《花东》291（H3：877）与 H3：890　三版位于 H3 的西南角，前者在上，后者在下，依次叠压（图九）。

《花东》290，长 23.3 厘米、宽 17.5 厘米。全版 13 条卜辞，卜日从辛卯至戊戌。内容分四项：卜问（某种天象）"至南"的时间、祭祀大乙、多宁及茫的活动等。

　　　　第 4 辞　癸巳卜：至今三旬又至南？弗𰼷三旬？二旬又三日至？一
　　　　第 7 辞　甲子下：其御宜戋，乙未戋，𪾢酉大乙？用。一
　　　　第 8 辞　乙未卜：呼多宁及西乡？用。戋。
　　　　第 12 辞　乙未卜：子其史茫西哭子媚，若？一

《花东》291，长 21 厘米、宽 15.5 厘米。全版四条卜辞，卜日自庚辰至乙酉。内容关于祭祀妣庚、祖甲、祖乙。

　　　　第 1 辞　庚辰：岁妣庚小宰，子祝？在麗。一
　　　　第 2 辞　甲申：岁祖甲小宰，礿岂一，子祝？在麗。一二
　　　　第 3 辞　乙酉：岁祖乙小宰，狀、礿岂一？一二

H3：890，长 20 厘米、宽 15 厘米，无字卜甲。

此三版的尺寸，长 20—23.3 厘米，大小相近。

4.《花东》314（H3：957）、《花东》315（H3：958 反）与 H3：960　三版位于 H3 南部偏西。前者在上，后者在下，依次叠压（图九）。

《花东》314，长 25.1 厘米、宽 19 厘米。全版八条卜辞，卜日从甲戌至己卯。内容主要是祭祀祖先的，祭祀对象为祖乙、妣庚、妣己。

第 1 辞　甲戌：暮钦祖乙岁？用。

第 4 辞　丙子：岁妣庚壮，告梦？一

第 7 辞　乙卯：岁妣己死一？一

《花东》315，长 27.7 厘米、宽 18.7 厘米。全版只一条甲桥记事刻辞，只一个"十"字。

H3：960，长约 27 厘米，宽 18 厘米，无字。此三版卜甲，尺寸亦相近。

5.《花东》492（H3：1495）、《花东》493（H3：1496）与《花东》494（H3：1497）　三版位于 H3 中部偏北，上下叠压得比较紧密（图九）。

《花东》492，长 21 厘米、宽 13.2 厘米。只一条卜辞。

壬寅卜，子宍：子其屮甲于帚（妇），若？用。一

《花东》493，长 26.2 厘米、宽 19.7 厘米。全版 8 条卜辞，卜日自戊子至甲午。主要内容有祭祀妣庚、祖甲，征集马匹，子梦丁等。

第 1 辞　戊子卜：叀子妻呼勹马？用。一二
第 2 辞　戊子：宜羗一妣庚？在入。一
第 6 辞　壬辰卜：⊕癸巳梦丁𩵋，子用𩵋，亡至艰？一
第 7 辞　甲午：岁祖甲豭一，隹蚰？一

《花东》494，长 21 厘米、宽 17 厘米。全版 4 条卜辞，卜日为戊、己。内容大体相同，均卜问告祭先妣是否有灾祸于丁。

第 1 辞　戊卜，在麓：其告妣亡由于丁，若？一二
第 3 辞　己卜，在麓：其告妣亡由于丁，若？三四

此三版卜甲，《花东》492 与《花东》494 大小相似，《花东》493 稍大些。

6. 《花东》465（H3：1436）、《花东》472（H3：1455）与《花东》474（H3：1463），三版位于 H3 的中部偏南，前者在上，后者在下，依次叠压（图一〇）。

《花东》465，长 32.2 厘米、宽 19.3 厘米。全版五条卜辞，卜日为甲、乙、戊。卜辞大多被刮削，意义不大清楚，只第 1 辞存留的字稍多，其辞为：

甲卜：乙 □ 告子 □ 于妣庚 □。

《花东》472，长 30 厘米、宽 21.5 厘米。全版 11 条卜辞，内容是关于祭祀及祭祀时用牲的种类、数量等。

第 4 辞　于庚夕酌？一
第 5 辞　于辛亥酌？一一
第 6 辞　三羊？一

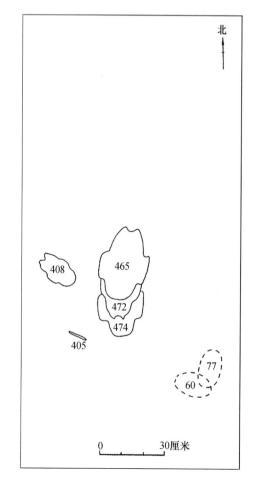

图一〇　卜甲出土位置平面图

　　第 11 辞　叀一豕？ 一

　　《花东》474，长 28.4 厘米、宽 20.9 厘米。全版九条卜辞，卜日从甲子至辛巳。主要内容有四项：卜向子宀、祭祀祖乙与妣庚、祭祀子癸、关于子学等。

　　第 1 辞　甲子卜：子宀？ 一

第 2 辞　甲子卜：夕岁祖乙，裸告妣庚？用。二

第 3 辞　乙丑卜：子学？

第 7 辞　庚午卜：子其裸于癸子？一二

三片卜甲长在 28.4—32.2 厘米之间，尺寸相差不远，均属于大甲。

7.《花东》405（H3：1284）与《花东》408（H3：1286）

二版位于 H3 西边偏南，前者在南，后者在北，相距近 20 厘米（图一〇）。

《花东》405，长 19.4 厘米、宽 12.4 厘米。全版 2 条卜辞，但通篇被刮削，字迹模糊不清，残存有"岁"字，估计原卜辞可能与祭祀有关。

《花东》408，长 19.2 厘米、宽 11.7 厘米。全版 7 条卜辞，亦通篇被刮削，意义不明。从该片第 6 辞残存文字有"二母"推断，可能该辞与祭祀有关。

8.《花东》60（H3：208）与《花东》77（H3：256）二者位于 H3 之东南，《花东》77 的南部被《花东》60 叠压（图一〇）。

《花东》60，复原长度 18.3 厘米、宽 10.9 厘米。全版六条卜辞和一条甲桥记事刻辞。干支为甲子、乙丑。卜辞的内容分为两项：五条卜辞卜问马匹的安全，一条问丁是否来宿。

第 2 辞　甲子：丁各宿？一

第 3 辞　乙丑：自贮马又刿？一

第 7 辞　自贮马其又死？子曰：其又死。一

《花东》77，长 17.7 厘米、宽 9.9 厘米。全版 4 条卜辞，全部被刮削，意义不明。该版第 2 辞，只残留一"宿"字，是否与

60（2）之"丁宿"有联系，尚不可知。此二片卜甲大小相近。

四　内容不同的甲骨大多相距较远

这类情况在 H3 中最为常见，下面列举四例。

1.《花东》457 与《花东》452、《花东》103 与《花东》227。前二版卜辞的内容为祭祀，位于 H3 之西北。后两片内容为卜雨，位于 H3 西南，相距 100—140 厘米（图五）。

2.《花东》86 与《花东》382、《花东》218 与《花东》379。前二版内容为"延奏商"，在 H3 之西北（图二），后两版为"勺糲"，在 H3 的南部偏中（图五），两组相距 80—120 厘米。

3.《花东》81 与《花东》102。前版内容涉及祭祀及关于马匹的贡纳等，位于 H3 的西北。后版卜问某人的吉凶、子的疾病等，位于 H3 的西南，二片相距 80 厘米（图八）。

4.《花东》32、《花东》27 与《花东》2。前二版内容是卜问庚日祭祀妣庚之事，位于 H3 东北角（图一）。后一版是关于"子射"及"子炅"的卜问，位于 H3 之东南角（见图二），与前二片相距 120—150 厘米。

除了此四例外，还有《花东》1 与《花东》5、《花东》14 与《花东》15、《花东》18 与《花东》25、《花东》23 与《花东》26、《花东》46 与《花东》85、《花东》226 与《花东》266、《花东》221 与《花东》237、《花东》271 与《花东》286、《花东》295 与《花东》304、《花东》361 与《花东》375 等多片内容不同、彼此相距较远（相距 90—150 厘米）的卜甲，因篇幅关系，以上各片的内容不再赘述。

五　几点推测

以上叙述的花东 H3 数十组甲骨埋藏状况，透露出 H3 子卜辞甲骨占卜后保存（归档）和最终处理的一些信息，从中我们可以作出几点推测。

1. 甲骨按内容存放并有专人保管

张秉权在论述"成套腹甲"时曾提到，殷人每一天之中常常卜问许多事情，取用许多甲骨，而每版甲骨常占卜多次，有时两次占卜的时间相隔不少日子，但这些"成套甲骨"的次序依然保持原状，可知甲骨用过之后，需妥善地加以保管。"那末，就非得有若干专门管理的人员（龟人）不可了，同时，也必须要有一个特殊的场所（龟室）来加以典藏保存。这情形，正和后世保管档案一样，需要专门的人才，并且需要精密的分档储存方法和妥慎周到的维护照管，以及有特殊设备的场所。"[①] 张氏的这些看法，是通过整理、研究小屯北 YH127 坑的宾组卜辞获得的，是指王占卜机构的情况[②]，很有见地，对我们研究 H3 甲骨的保存有所启迪。

花东 H3 卜辞占卜主体为"子"，在"子"管辖的占卜机构内，卜事虽没有王的占卜机构繁杂，但每天占卜的事情也不少。同一天占卜同一件事常使用两版或三、四版甚至五版卜甲。[③] 占卜之后卜者将这些卜日相同（或相近）、卜辞内容相同（或相近）的卜甲放在一起，由专人保管，以便下次再使用，到甲骨最终用毕之后，管理人员大体上按甲骨的内容（或最后一次占卜的时间）进行存储。到最后倾入坑内埋藏时，虽有不少卜甲经过抛掷，位置散乱，但仍有较多的甲骨（如上文列举的二十组）还保留原来存储时彼此相邻近的位置。

2. 腹甲与背甲可能分别存放

花东子卜辞的卜者，有时也用腹甲与背甲占卜相同的事件，

---

① 张秉权：《甲骨文与甲骨学》，台北："国立编译馆"1988 年版，第 206 页。

② YH127 坑以宾组卜辞（王卜辞）占绝大多数，但还有少量午组卜辞、子组卜辞（均非王卜辞）。

③ 孙亚冰：《殷墟花园庄东地甲骨文例研究》，上海古籍出版社 2014 年版，第 262—270 页。

如上文提到的《花东》288 与《花东》50，《花东》110 与《花东》118，《花东》355、《花东》352、《花东》244 与《花东》55，前者为腹甲，后者为背甲。在占卜之后，由于背甲的背面隆起且较窄，而腹甲较宽平，二者形态有差异，负责保管甲骨的人员将它们分别放置，故到入坑埋藏时，内容有关联的背甲与腹甲的出土位置相距较远。

3. 多用大小相近的卜甲占卜相同事件

花东子卜辞的卜者，在同一天占卜同一事件时大多使用大小相近的卜甲。孙亚冰在她的著作中已指出不少成套卜甲或成批卜辞大小相当的片号。她认为"成套卜甲"或"成批卜辞"所用龟版的尺寸大多都不一致，少数较为一致。[①] 她的统计主要以完整的卜甲为依据。我们将残破的卜甲的尺寸作了推算，进行重新统计，发现"成批卜辞"或"成套卜辞"用龟版的尺寸大小相当或基本相近的占了多数，尺寸相差较远的占少数。YH127 坑的宾组成套腹甲，殷墟第十五次发掘的 H251、H330 的成套卜甲也是大多用尺寸相近的卜甲。[②] 这可能是武丁时期流行的一种占卜用龟的习惯吧。

4. 甲骨埋藏前曾作最后处理

花东子的占卜机构内保管甲骨的人员，在甲骨入坑埋藏之前，还对部分存档的甲骨进行最后的清理，打乱原来的存放次序，不再按甲骨的内容，而是按其大小（有时还掺有尺寸相近的无字甲骨）分别捆扎或用织物包裹在一起扔入坑中，所以 H3 坑中发现不少内容不同、大小相近又紧密叠压的卜甲。

---

① 孙亚冰：《殷墟花园庄东地甲骨文例研究》，上海古籍出版社 2014 年版，第 233、270、308 页。

② 孙亚冰：《殷墟花园庄东地甲骨文例研究》，上海古籍出版社 2014 年版，第 237 页。

5. "子贞"多用大甲

上文提到的完全同文的异版卜甲，片数最多的是"子贞"卜辞，共 17 片。这 17 片卜甲，长度在 20—27 厘米的中等卜甲 6 片，占全部"子贞"卜甲的 35.3%，长度在 28—30 厘米的大卜甲十一片，占 64.7%，没有发现 20 厘米以下的小卜甲。

下面让我们看一下 H3 坑有字卜甲大、中、小甲之比例。《花东》一书中，著录有字甲骨 561 号，除去重片 2 片，反面文字 30 片，实际著录有字甲骨 529 片（卜甲 524，卜骨 5 片）。完整的或半块以上的字甲 450 版（450 个龟甲）。其中长度在 28—30 厘米的大甲 117 版，占 450 版卜甲的 26%；20—27 厘米的中等卜甲 295 版，占 65.6%；19.5 厘米以下的小卜甲 38 版，占 8.4%。也就是说，H3 中的有字卜甲以中等大小的卜甲比例最大。

"子贞"卜辞的卜甲，未见小甲，大甲占 64.7%，比例较大，其原因是什么？我们认为，这是由于 H3 占卜主体"子"，是一位与王关系密切的高级贵族，是朝中的重臣，政治地位显赫，权倾朝野。[①] 他到自己管辖的占卜机构亲自贞问，其下属对他十分尊崇，在原先存储的已整治好的龟甲中为他选取较大的卜甲占卜，大概应是情理之中的事吧。

---

① 刘一曼、曹定云：《殷墟花园庄东地甲骨卜辞选释与初步研究》，《考古学报》1999 年第 3 期。

小屯北 YH127 坑与花东 H3 坑之比较[*]

　　1936 年 6 月 12 日，在殷墟第十三次发掘期间，在殷墟小屯北发现了 YH127 坑，坑内出土刻辞甲骨 17096 片，震动了中外学术界，这是殷墟甲骨文的第一次重大发现[①]，1991 年 10 月 20 日，在殷墟花园庄东地的发掘中，发现了 H3 坑，出土了刻辞甲骨 689 片[②]，以完整的大版的卜甲为主，该坑被评为 1991 年全国考古十大发现，这是殷墟甲骨文的第三次重大发现。这两个甲骨坑，对商代甲骨文及商代史的研究均有重大价值。2006 年是 YH127 坑发现 70 周年，花东 H3 坑发现 15 周年，在这样的日子里，将这两个甲骨坑作一比较，会加深我们对其学术价值的认识。

一　小屯 YH127 坑与花东 H3 坑之相同点

　　（一）集中埋藏甲骨的窖穴。YH127 坑，甲骨堆积层厚达 2.3 米，花东 H3 坑，甲骨层厚 0.8 米，这两个坑，在甲骨堆积中其他

---

　　* 此文原载《纪念殷墟 YH127 甲骨坑南京室内发掘 70 周年论文集》，文物出版社 2008 年版。

　　① A. 石璋如：《小屯后五次发掘的重要发现》，《六同别录》（上册），1945 年；B. 董作宾：《殷墟文字乙编序》，《中国考古学报》第四册，1949 年。

　　② A. 中国社会科学院考古研究所安阳工作队：《1991 年安阳花园庄东地·南地发掘简报》，《考古》1993 年第 6 期；B. 中国社会科学院考古研究所：《殷墟花园庄东地甲骨》，云南人民出版社 2003 年版。

遗物甚少。可见此二坑都是有意埋藏甲骨的。

（二）甲多骨少。YH127 坑出刻辞甲骨 17096 片，其中刻辞卜骨只 8 片，其余全为龟甲，刻辞卜骨占甲骨总数的 0.047%，花东 H3 出土甲骨 1583 片，卜骨 25 片，卜骨占甲骨总数的 1.6%，H3 出刻辞甲骨 689 片，其中刻辞卜骨只 5 片，其余全为刻辞卜甲，刻辞卜骨占甲骨总数的 0.725%。

（三）完整的、大版的卜甲数量多。笔者从发表于《乙》《丙》两书的 YH127 坑的拓片统计（扣除重出的卜甲号），完整的和基本完整的卜甲 292 版，占刻辞卜甲总数的 1.7%，长度在 30 厘米以上的大卜甲 40 多版。花东 H3，完整的和基本完整的刻辞卜甲 345 版，占刻辞卜甲总数的 50%，长度在 30 厘米以上的大卜甲 20 多版。若以大版卜甲（完整卜甲加上大半甲）计算，YH127 坑的大版卜甲大概在 514 片以上，而花东 H3 大版卜甲为 431 片，比 YH127 坑少些。①

（四）字中填朱、填墨和刻划卜兆的现象较常见。YH127 坑多见大字填朱、小字填墨，如《乙》6664 等；花东 H3，见有小字填朱、大字填墨的情况，如《花东》215、288 等。

（五）龟腹甲与卜骨的整治以及甲骨反面凿、钻、灼排列的方式相似。如：两坑所出的龟腹甲，甲首反面均铲平，不留边缘，甲桥与腹甲连接处成钝角或直角，边缘呈弧线状；腹甲反面左右两部分钻与灼的方向均指向中缝，背甲反面钻与灼的方向均指向中脊，很有规律。②

（六）发现记录龟甲来源的记事刻辞。YH127 坑，记龟甲来源的刻辞有数百片，包括甲桥刻辞、甲尾刻辞与背甲刻辞三种。③

---

① 曹定云、刘一曼：《1991 年殷墟花园庄东地甲骨的发现与整理》《东海大学中国文学系中华文化与文学学术研讨会论文集》，台北：东海大学中国文学系，2005 年。

② 刘一曼：《安阳殷墟甲骨出土地及相关问题》，《考古》1997 年第 5 期。

③ 胡厚宣：《武丁时五种记事刻辞考》，《甲骨学商史论丛初集》，第 3 册，1944 年。

花东 H3, 只有前两种, 甲桥刻辞有五十多片, 甲尾刻辞只两片。①

（七）两坑之时代大致相近, 均在武丁时期, 但花东 H3 以武丁前期的卜辞为主, 而 YH127 坑则以武丁中晚期的卜辞为主。

二　YH127 坑与花东 H3 坑之不同点

（一）坑之形状及坑内堆积不同。YH127 坑, 坑口呈圆形, 上口距地表深 1.7 米, 直径 1.8—2 米, 坑内堆积分三层, 上层灰土, 厚 0.5 米, 中层灰土与龟甲, 厚 2.3 米; 下层灰绿土, 厚 1.6 米（图一）。因灰绿土中含有陶片、兽骨, 表明该坑在埋放甲骨之前已经使用过一段时间, 即人们利用一个已使用过的坑来埋放甲骨。坑内的灰土与甲骨层呈北高南低的斜坡, 可以推测, 当时的人们是从北边将废弃物及甲骨倒入坑内。

花东 H3, 坑口呈长方形, 距地表 1.2 米、边长 2 米、宽 1 米。坑内堆积分四层: 第一层浅灰土, 厚 0.6 米; 第二层黄色夯土, 厚 0.6 米; 第三层深灰土, 厚 0.9 米; 第四层黄土, 厚 0.4 米（图二）。甲骨出于第三层中部及第四层, 甲骨层厚 0.8 米。也就是说, 此坑是专门为埋放甲骨而挖成的, 所以从坑底开始就堆放甲骨。H3 坑的坑壁整齐, 在坑之东西二壁各有三个对称的脚窝。当时人们在放置甲骨时, 是从坑边的脚窝下至坑底, 先将一些完整的卜甲竖放于坑之东北角与西北角, 然后再将大量甲骨倒入坑内, 放置甲骨完毕后用土加以掩埋。当填土至坑的中部时, 便倒入细黄土, 并加以夯打。在殷墟发掘中, 灰坑（包括甲骨坑）的填土大多较松软, 很少夯打的。而墓葬的填土大多经过夯打, 其目的是保护墓主遗骨与墓中随葬品的安全。H3 坑上部的填土被夯打, 其用意是甲骨坑的主人, 希望这些神圣之物, 永远安宁地长

---

① 刘一曼、曹定云:《论殷墟花园庄东地 H3 的记事刻辞》,《2004 年安阳殷商文明国际学术研讨会论文集》, 社会科学文献出版社 2004 年版。

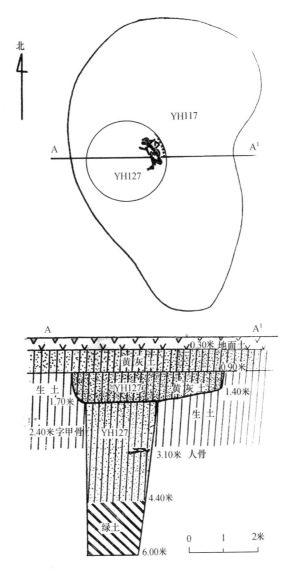

图一　小屯北地 YH127 坑平剖面图

（YH117 坑打破 YH127 坑）

眠于地下，免遭他人亵渎。

　　（二）YH127 坑的卜甲中，发现了毛笔书写的文字。花东 H3

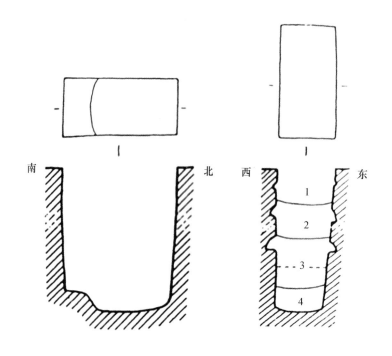

图二　花园庄东地 H3 平、剖面图

1. 浅灰土；2. 黄色夯土；3. 深灰土（虚线下为龟甲层）；4. 黄土

的卜辞全是契刻的，未见书辞。

（三）两坑均出过一些有孔卜甲，但孔在卜甲的位置及孔之大小有异。YH127 坑的有孔卜甲数量很少，孔的位置在改制成椭圆形（或称鞋底形）的背甲的中部，孔径 0.8—1 厘米。花东 H3 的有孔卜甲主要见于腹甲。这又可分两类：其一，在腹甲甲桥的中部各有一孔，孔的直径多在 0.6—0.8 厘米；其二，孔的位置不大固定，在甲桥、前甲、后甲、尾甲均有。均处于断裂处的边缘。数目成偶数，4、6、8、10 不等，对应排列，孔径 0.2—0.4 厘米。第一类甲桥穿孔腹甲和 YH127 坑的穿孔背甲，孔的位置较固定，这是便于用绳子将数版或多版卜甲串联、捆扎在一起，是为了携带或保存。第二类孔，有的打破了卜甲反面的钻、凿、灼，有的打破了正面的刻辞。说明这些小孔是在占卜或刻辞之后才制作的。小孔的作用是将一些经过占卜刻辞后，不慎断裂的卜甲，用细绳加以连缀。可见 H3 的某些重要卜甲，占卜之后要保存一段时间才舍弃的。

（四）两坑均发现了被刮削的卜辞。YH127 坑，常见刮削后重刻的例子。这样的例子，在花东 H3 只有数片；刮削之后未刻卜辞，则比比皆是。据朱歧祥的统计，花东 H3，刮后不刻，有 126 片，占全部刻辞甲骨的 23%。他认为，"刮削的背后是殷墟花园庄甲骨的主人'子'因贤能而受武丁或妇好的猜忌，遂遭放逐疏远，失却继承王位的机会。子或其家族后人为免遭祸患，遂将子卜辞中许多记录子主持政事和祭祀的事例删除，这是我们所见花东甲骨被刻意刮削的主要原因"①。这一看法，可备一说。但仔细推敲，又感到尚有疑问。即为什么 H3 大多数卜辞，包括子参与重大政治活动，记子与武丁、妇好关系等的卜辞，保存完好？是否刮削卜辞并不带政治色彩？它只是花东 H3"子"占卜机关的一种习惯，占卜刻辞之后的一段时间，又将一些内容不大重要的无保留价值的卜辞刮去。

（五）两坑与宫殿基址的距离不同。YH127 坑距离小屯宫殿基址较近。它东距乙十二基址十五六米，东北距乙七基址三十多米，可能王的占卜机关（如宾组卜辞的占卜地）就在 YH127 坑附近的宫殿基址内。花东 H3，北距乙组基址四百多米，其周围八九十米未发现大的夯土基址，只在 H3 坑西北一百多米处，发现一些稍大的夯土基址。估计"子"的占卜机关离 H3 坑稍远。

（六）在 YH127 坑的甲骨堆中，紧靠坑之北壁，出土一具蜷曲的人架，大部分压在龟甲之上，头及上躯在龟甲层以外（图

---

① 朱歧祥：《殷墟花东甲骨文刮削考》，《东海大学中国文学系中华文化与文学学术研讨系列第十二次会议：甲骨学国际学术研讨会论文集》，台北：东海大学中国文学系，2005 年。

三），发掘者石璋如先生认为，此人可能是保管甲骨者，因甲骨被埋藏，随之殉职，乃一跃而入。[①] 花东 H3 甲骨堆中未见人骨或兽骨。

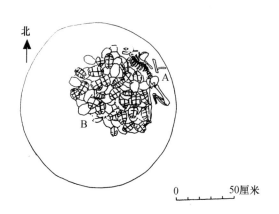

图三　小屯北 YH127 坑的人骨

（A. 人骨；B. 龟骨）

（七）YH127 坑虽以大版的龟甲为多，但卜甲大小相差较悬殊，最大的龟甲《丙》184（《乙》4330＋4773），长 44 厘米、宽 35 厘米。最小的龟甲《丙》95，长 11.5 厘米、宽 6.5 厘米。花东 H3，未见长度大于 35 厘米或长度小于 13 厘米的卜甲，此坑所用卜龟，要求较严格。

（八）YH127 坑的卜甲记事刻辞记载外地一次入贡龟甲的数量，从一至一千不等。如：《乙》2684 "我以千"，《丙》168 "雀入五百"，《乙》7490 "雀入百"，《乙》7782 "妇好入五十" 等。花东 H3 卜甲记事刻辞，记一次贡龟数量为一、二、三、四、五、六、十、三十，未见三十以上者。

（九）YH127 坑的刻辞卜甲，类型复杂、内容丰富。全坑卜辞以王的卜辞（绝大多数是宾组卜辞）为主，坑的主人应是王。

---

① 石璋如：《小屯后五次发掘的重要发现》，《六同别录》（上册），1945 年。

但坑内还有部分非王卜辞，包含以下几类：1. 子组卜辞，计 153 片；2. 午组卜辞，计 170 片；3. 劣体类子卜辞，计 220 片；4. 圆体类子卜辞，计 64 片。[①] 由于该坑刻辞甲骨属于几个卜辞组，所以字体风格多样，有雄浑遒劲的大字、陡峭规整的中型字，还有秀润柔弱的小字。全坑卜辞内容极其广泛。如该坑所出宾组卜辞，内容包括祭祀、世系、战争、军队、方国、农业、渔猎、畜牧、建筑、贡纳、天文、历法、气象、疾病、生育、旬夕、交通、鬼神崇拜、吉凶梦幻、卜法、文字等，涉及商代的政治、经济、文化、社会生活各个方面，是研究商代历史的珍贵资料。

花东 H3，全坑同属一类子卜辞，即非王卜辞。刻辞的字体较规范，异体字少，字的风格大多细小、工整、秀丽。卜辞内容较集中，主要有祭祀、气象、田猎、疾病、吉凶梦幻等。

三　两坑同、异原因之探讨

两坑相同之处有七点，在殷墟甲骨坑中，是相同因素较多的两个坑。在相同点中，又以两坑所出的大版龟甲多，卜甲的整治、占卜、卜后对卜兆及刻辞的处理相似为突出。究其原因是与花东 H3 的主人——"子"，是一位地位很高、权力很大的人有关。这位"子"不仅是一位族长，还可能是沃甲之后这一支的宗子，而且又是朝中重臣，其地位远在目前所见的其他非王卜辞主人之上。[②] 所以他才可能拥有较多的大卜龟。据研究，"殷代遗址所出的大卜龟，大概与青铜礼器一样，也是等级、权力、地位的标示物"[③]，殷代的中小贵族，也进行占卜，但占卜材料是以卜骨和尺

---

① 蒋玉斌：《殷墟子卜辞的整理与研究》，吉林大学，博士学位论文，2006 年。

② 刘一曼、曹定云：《殷墟花园庄东地甲骨卜辞选释与初步研究》，《考古学报》1999 年第 3 期。

③ 刘一曼：《安阳殷墟甲骨出土地及相关问题》，《考古》1997 年第 5 期。

寸较小的卜甲为主的。花东 H3 的 "子" 有相当规模的占卜机关，有贞人十多名。在他的占卜机关内，有一定的分工及工作程序，甲骨的整治、钻凿灼的排列、刻辞、占卜后对卜兆与刻辞的处理等，都遵循着王的占卜机关所规定的具体操作规程。因而花东 H3 的甲骨才可能与 YH127 坑甲骨有较多的相同点。

两坑相异之处有九点。尤其是 YH127 坑有不少显著的特点，最重要的是全坑以宾组卜辞（王卜辞）占绝大多数，卜辞的主人是王。商代晚期，特别是武丁时期，国力强盛，王权得到加强，商王有至高无上的权力。当时的王权是与神权相结合的。王的行动，要通过甲骨占卜，得到神的认可。他是代神行事的。商王拥有强大的占卜机构，在他的占卜机构中，既要占卜国家大事，也要占卜王的日常生活中的各种杂事，且一事多卜，从正面、反面反复卜问，卜事极其频繁。这样对甲骨的需求量大，在选材上，既有表示其权力的大龟，亦有数量相当多的小龟。YH127 坑的卜甲记事刻辞记载，卜甲产地广泛，有山东、山西、陕西、河北、河南、湖北、安徽等地[1]，甚至还有海外地区，如 YH127 坑的《丙》184 大龟，经专家鉴定，与现在马来半岛的龟同种。[2]

在 YH127 坑中除王卜辞外，还出有数百片非王卜辞，这在殷墟出刻辞甲骨的窖穴中是仅有的。有的学者感到不大好理解。我们认为，这正说明了商王与非王卜辞主人关系之密切。据近年来的研究，一些学者已认识到在王的卜辞中存在着少量占卜主体为 "子" 的非王卜辞。而在非王卜辞中也存在着少量占卜主体为王的卜辞。特别是像花东 H3 卜辞的命辞中，提到时王武丁的多

---

[1] 王宇信、杨升南主编：《甲骨学一百年》，社会科学文献出版社 1999 年版，第 231—235 页。

[2] 伍献文：《"武丁大龟" 之腹甲》，"中研院"《动植物研究集刊》第 14 卷 1—6 期，1943 年。

达 210 条。① 这些现象说明商王与一些同宗的大家族的族长之间有
频繁交往。像 YH127 坑中的"子组卜辞""午组卜辞"的主人，
身份较高，与王同族、同宗（"午组卜辞"主人可能是武丁的堂
兄弟），有独立的占卜机关。但从这两组卜辞的资料看，可能占卜
机关的规模不大，人员不多。在甲骨的来源、卜后甲骨的处理等
问题上，对王的占卜机关有一定的依附性。所以在 YH127 坑就发
现了它们的卜辞。

　　YH127 坑中出土一具人骨。长期以来，从事甲骨文或商代考
古研究的学者都同意石璋如先生的"卜人殉职"的说法。笔者在
1973 年之前对此深信不疑。但 1973 年小屯南地发掘，在一些埋藏
甲骨数量较多的灰坑中，与甲骨同出的也有完整的人骨和兽骨，
引起了我们的注意。

　　小屯南地出土刻辞甲骨较多并出人骨、兽骨的灰坑有 H23、
H103、H50，其中以 H23 的例子为典型。H23，坑口为长方形，
长 1.64—1.86 米，坑内填土呈黄灰色，从坑口至 8.7 米处，不断
有甲骨出土，但其中有七层甲骨出土较集中，大版的较多。全坑
出甲骨 405 片，上有刻辞的 181 片②，在坑深 3.45 米（距地表 4.3
米）时，出土卜骨 13 片，在坑之东部靠近坑壁处，发现一具侧身
屈肢的人架，在人架髋骨前方，有一具完整的狗骨架（图四），据
发掘者鉴定，人骨为男性，年龄在 20 岁以下，坑中的人与狗是处
死以后埋入的。

　　H23 的人骨、狗骨，出于坑之中部。在殷墟一些带墓道的大
墓及某些较大的中型墓，在墓道或墓室中部、上部的填土中，常
见埋人、埋动物（大多是犬）的现象。学术界一般认为，这些填

---

　　①　黄天树：《重论关于非王卜辞的一些问题》，《东海大学中国文学系中华文化与
文学学术研讨系列第十二次会议：甲骨学国际学术研讨会论文集》，台北：东海大学中
国文学系，2005 年。
　　②　中国社会科学院考古研究所：《小屯南地甲骨·前言》，中华书局 1980 年版。

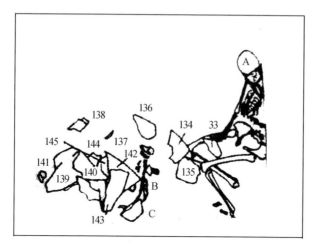

图四　小屯南地 H23 坑的人骨、犬骨

(A. 人骨；B. 犬骨)

土中的人与兽，不是殉人、殉牲，而是埋葬过程中进行祭祀活动时被杀害的人牲、兽牲。由此我们认为，小屯南地 H23 等坑的人骨、兽骨，YH127 坑的人骨，可能也属于这一性质。小屯南地 H23 坑中的人骨较年轻，不会是卜人，YH127 坑的人骨年龄不明，但当时的卜人地位高，是不会充当人牲的。所以"卜人殉职"说，尚难成立。

　　小屯南地 H23 等三个甲骨坑出的卜辞属王的卜辞（无名组卜辞、历组卜辞）。从这三个坑及 YH127 坑的情况可以推测，当时王的占卜机关，在埋藏一些很重要的甲骨时，是要进行祭祀活动的。

　　以上我们简论了小屯 YH127 坑与花东 H3 坑的异同点。这两个甲骨坑以甲骨数量大、整龟多、内容丰富，一直受到学术界的高度重视。迄今，对这两坑卜辞的研究，学者们已经取得丰硕的成果，但是这两坑卜辞还有许多奥秘尚未揭开，等待我们继续探求。我们相信，这种探索、研究，必将推动殷墟甲骨文和商代史的研究向纵深发展。

殷墟近出刻辞甲骨选释[*]

　　1986 年与 1989 年中国社会科学院考古研究所安阳工作队在小屯村中进行发掘，获刻辞甲骨 305 片，2002 年与 2004 年考古所安阳队又在小屯村南进行发掘，获刻辞甲骨 233 片。这两批甲骨，内容较重要，受到学术界的关注。2004 年秋，考古所成立甲骨整理组，对这两批甲骨进行整理，编纂成《殷墟小屯村中村南甲骨》一书（以下简称《村中南》）。《村中南》于 2012 年春出版，该书在附录中刊载了近几年在小屯北、花园庄东地、苗圃北地、大司空村出土的 17 片刻辞甲骨。全书发表甲骨文 515 片、531 号（经缀合后的数字）。为纪念考古所成立 60 周年，我们选择其中内容较好的 20 片先行发表。

一　《村中南》66　89T7②B：2

　　卜骨　牛肩胛骨上部边缘残片。历组卜辞（图一－1）。

　　1. 辛丑□：三千□令 ▱^①?

　　2. 辛丑卜：王正（征）刀方?

　　* 本文为刘一曼、岳占伟合著。原载于《考古学集刊》第 18 集。

　　① 本文甲骨释文中，□表示缺一个字，▱表示不能确知所缺之字数，字外加方括者表示该字模糊不清、残缺不全，释文是根据文例推断出来的。

3. □□卜：□□令□召□受又？

刀方，即召方。① "王征刀方"的卜辞，见于《合集》②
33034、33035、33036 等片。

二　《村中南》228　89T8③：163＋168

卜骨　牛肩胛骨上部残片。历组卜辞（图一－2）。

1. 己酉□：召［方］☒。
2. 己酉卜：其㪔人 ☒［召］☒。三
3. 弜㪔人？
4. 丙辰贞：于□告□炆？

㪔，本作㪔，从㭁从收。卜辞中常见 "㪔人" 一词，词中的
"㪔"字，当读作 "征"，征召之意。③ "㪔人" 及㪔人之数目，在
宾组有关战争的卜辞中，是相当常见的。如《合集》6168："贞：
㪔人三千，呼伐吾方，受有祐。" 但在历组卜辞中，则罕见这方面
内容。《合集》33018 " ☒王㪔□［往］伐召，受又"，字体与
《村中南》228 近似，但 "㪔" 下缺字。从这两片卜辞内容可知，
"㪔人" 是为了征伐召方。

《村中南》66 第 1 辞，"三千" 后缺字，联系该片的第 2、第
3 辞的内容，可以推测，该片卜辞大意是卜问是否命令三千人征

---

① 陈梦家：《殷虚卜辞综述》，科学出版社 1956 年版，第 287 页。
② 郭沫若主编：《甲骨文合集》，中华书局 1978—1983 年版。
③ 于省吾主编：《甲骨文字诂林》（下文简称《甲诂》），中华书局 1996 年版，第
953—956 页。

伐召方。从以上这两片卜辞可知，武乙文丁①时期，殷王朝征伐召方的规模不少，动用的兵员较多，这对研究殷代后期的对外战争是很有意义的。

三 《村中南》169   89T8②：96

卜骨 牛胛骨右部边缘残片。无名组卜辞（图一－3）

1. 于雨☐。
2. 丁酉卜：其𡘇雨于十小山，重豚三？
3. ☐宰？

十小山，本作𡶈，合文，新见字。上部𡭔，为"十、小"二字合文。甲骨文的"小"字，作𡭔或𡭔形，以写作三点为多。此片之"小"字作四点，由于它与"十"字合写，故四小点的位置有所调整，分置于"十"字的左、右侧，两相对称，作𡭔形。"十小"的形体，如同"小甲"既可写作"𡭔十"，又可写作"𡭔"（见《合集》18407、18408、32384）一样。

在甲骨卜辞中，有对山、五山、九山、十山祭祀的卜辞。如《合集》33233 正"癸巳贞：其尞十山，雨"。燎祭十山，是为了求雨。此片第 2 辞之"𡘇"字，用为祭名，祈求之义。全辞大意是卜问为了求雨而祭祀十小山，用三只小猪为祭牲，内容与《合集》33233 正近似。

---

① 历组卜辞，我们认为属于武乙、文丁时代的卜辞，也有不少学者认为是武丁中晚期至祖甲时的卜辞。参见李学勤、彭裕商《殷墟甲骨分期研究》，上海古籍出版社1996 年版，第32—35、185—268 页。

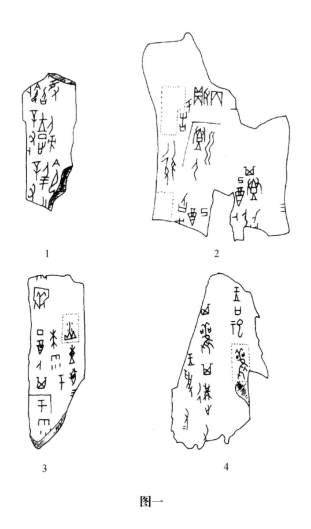

图一

四 《村中南》210 89T8③：146

卜骨 牛肩胛骨左下部残片。无名组卜辞（图一-4）。

1. ☑王口祀，［雚］☑。

2. ☑其雚，其菁又☑，王受又?

口，在甲骨文中大多用作名词，用本义或作人名。但也有少数口字，若用作名词，则文义不通。高去寻在研究《乙》[①] 8688 "王口即大乙檗，于白麓厢。宰丰"（牛距骨记事刻辞）时指出，该辞的"口"字，据文义当释为曰，或原本是曰字的省笔。[②] 后来，裘锡圭在《关于殷墟卜辞中所谓"廿祀"和"廿司"》[③] 一文中肯定了高氏的说法，并对"口"字的这种用法补充了一些例子，作了更进一步的研究。他指出，卜辞中的"王曰祀"，应理解为"王令臣下举行祭祀"。我们认为，本片第 1 辞的"王口祀"，也应释为"王曰祀"。

蘿，本作⿰。在卜辞中多用为"觀"，如《屯南》[④] 2232 "王其蘿（觀）日出"。但也有用为祭名，如《合集》32137 "征蘿岁"，《合集》27115 "禳乙大，酚蘿，王每"[⑤]，本片之"蘿"，用为祭名。

圣，为重文符号，"王受圣"，即王受有祐。

五 《村中南》212 89T8③：148

卜骨 牛肩胛骨右部边缘残片。历组卜辞（图二 - 3）

1. ☐在衣，十月卜。

2. 丁酉贞：王乍三自，又中又（左）？二

3. 辛亥贞：王秦？在祖乙宗卜。

4. 辛未卜：又于出日？二

① 董作宾：《殷墟文字乙编》，历史语言研究所，1948—1953 年。

② 高去寻：《殷墟出土的牛距骨刻辞》，《中国考古学报》第四册，1948 年。

③ 裘锡圭：《关于殷墟卜辞中所谓"廿祀"和"廿司"》，《文物》1999 年第 12 期。

④ 中国社会科学院考古研究所：《小屯南地甲骨》，中华书局 1980、1983 年版。

⑤ 于省吾主编：《甲骨文字诂林》，中华书局 1996 年版，第 1688—1690 页。

本片第 1 辞之衣写作𧙃，较特别，为"衣"字之异体，地名。关于"衣"之地望，学者多认为在今沁阳地区，但也有一些学者认为，"衣"地在殷墟都城附近不远处。① 此片中部带三小点的"衣"与 1959 年大司空村出的"辛贞在衣"卜骨，1973 年《屯南》2564 卜骨上的"衣"字相似，我们认为𧙃在安阳殷墟，或在安阳附近。𧙃与𧘇所指的地点可能是不同的。

自，即师。第 2 辞最后一字应释为"左"。"乍"学术界多释为建立，亦有学者认为应训为"起"，或表示"征发"②。关于商代每师的人数，学术界有百人、三千人、万人几种说法，我们认为以释万人为宜。③

第 4 辞之"又"，读为"侑"，祭名。出日，指日出，殷人对日出、日落要进行祭祀，如《屯南》1116"甲午卜贞：又（侑）出入日"。

此片卜骨与《粹》597 同文（图二 –2）。这两片卜骨，卜辞分布的部位、排列方式、字体风格都相似，仅兆序不同，本片为"二"，该片为"三"，应属同一次占卜的"成套卜辞"和"成套卜骨"。④《粹》597 无第 1 辞，第 3 辞又缺了"王乍"及"卜"三字。从这两片卜骨的兆数可知，这一组成套卜骨，还应有兆序为"一"的一片，有待今后出土。

"王乍三自，右中左"这条卜辞，对研究商代军队的建制非常重要，长期以来被学者所引用。至于商王为什么要"乍三自"则不得而知。《村中南》212 片第 1 辞，与《屯南》2564 第 1 辞之后半部同文（图二 –1），该辞为："［己］丑贞：王寻告土方于五示？在衣，十月卜。"该片卜辞的字体与本片相近，也属于历组卜

---

① 朱彦民：《商族的起源、迁徙与发展》，商务印书馆 2007 年版，第 316—324 页。
② 沈长云：《殷契"王乍三自"解》，《史学集刊》1990 年第 4 期。
③ 肖楠：《试论卜辞中的师和旅》，《古文字研究》第 6 辑，中华书局 1981 年版。
④ 张秉权：《殷墟文字丙编·序》上辑（一），"中研院"历史语言研究所，1957 年。

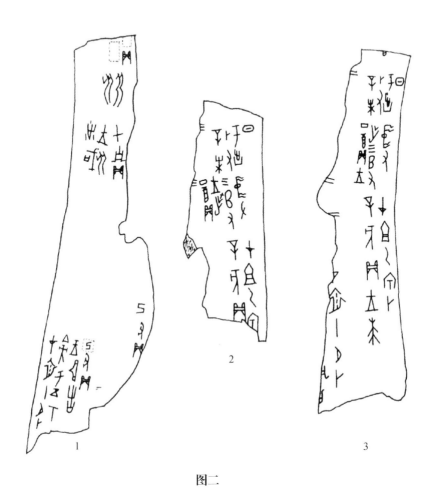

图二

辞（父乙类），只是笔划较细。两条卜辞占卜的地点及月份相同，可能为同年同月所卜。若此推测不误的话，则此二片卜骨卜问之事，应有内在的联系。即由于土方的入侵，商王寻告于五示（五位先祖），到了第九天的丁酉日，"王乍三自"，可见商王"作三师"是为了应对土方的入侵而做出的决策。

六　《村中南》296　02H4：17

卜甲　龟腹甲之右前甲。自组卜辞（图三–2）。

1. 丁未卜贞：口✧监彘？允彘。
2. 丁未卜贞：我亡口？
3. ［丁］未卜贞：金益彘？十二月。
4. 庚申贞：☒？

口✧，新见字，未识。

监，本作🖼，像人弯腰站在盛水的器皿前作俯首监容之状。过去发现的监字，右边的人形作跪状，此片作弯腰站立状，为监字之异体。在第1辞，该字用作祭名。

益，本作🖼。在卜辞中用为人名、祭名（或用牲法）。后一种用法的例子，如《合集》15827正"贞：益犾百"。此片第3辞之益，用为祭名或用牲法。

金，本作🖼。金字作为偏旁已见于"鎷"字中（《合集》36984），是胡厚宣最早发现的。"鎷"字作🖼形，左部偏旁下部略残，据周金文金字的形态，可复原为全。鎷字，既表示马名，又表示马的毛色如铜。① 周金文的"金"字，大多作🖼，少数作🖼，通常有两点或三点，但也偶见不加点的。② 此片的"金"，作全，为独体字，在甲骨文中，属第一次发现。在此片第3辞，用为人名。

---

① 王宇信：《建国以来甲骨文研究》，中国社会科学出版社1982年版，第154—156页。
② 容庚：《金文编》，中华书局1985年版，第905—918页。

七　《村中南》316　02H6 上：30

卜甲　左腹甲残片。自组卜辞（图三 – 1）。

1. 己未卜扶：屮子己豕？一二
2. 壬☐。一
3. 甲子卜扶：夕酚䧹甲宰？一
4. ☒卜，☐卜：☐用☐。一三

各条卜辞之间有界划。

第 1 辞之"子己"，这是在各期各组卜辞中没有见到的新称谓。此片第 3 辞之"䧹甲"，为商王武丁父辈阳甲，那么第 1 辞之"子己"应为武丁之子小王孝己。在自组卜辞中，见有祭祀小王孝己的内容，如《合集》20022 "戊午卜ㄔ：屮小王？"《合集》39809 "☐屮小王己牡？"但以"子己"的称谓出现，还是第一次。

八　《村中南》319　02H6 上：32 + 33 + 50 + 51 + H9：102 + 103 + 110

卜甲　龟腹甲之右半部及左后甲。自组卜辞（图四）。
卜辞排列以干支为序。

1. 戊辰卜：彝，而、行竟入？三
2. 弜竟☐？三
3. 戊辰：啓☐？
4. 不啓？一

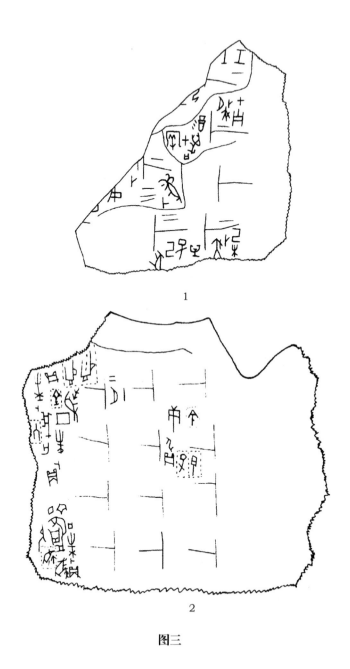

图三

5. 己巳：甘来❓? 三月。

6. 辛［未］卜：今日辛［臧］屯?

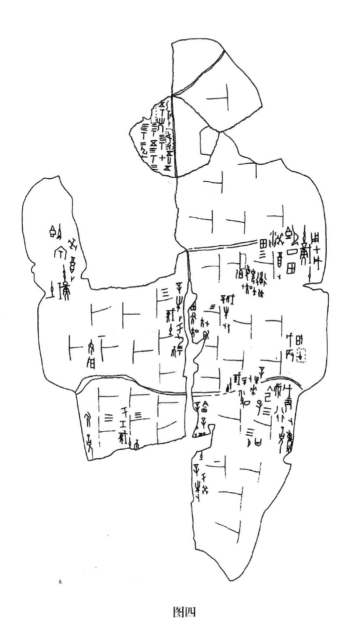

图四

7. 辛未卜：辛戩屯不？ 一
8. 辛未卜：戩屯？ 三
9. 辛未卜：于九示戩屯不？ 三

10. 于壬戳屯不？三

11. 辛未卜：于癸？一

12. 癸酉卜：即祊上甲戳屯？用甲戌。三

13. 癸酉卜：即宗戳屯？

14. 🔲上甲、🔲大乙、光大丁、争大甲、□祖乙？

15. ☑上甲、大乙、大丁、大甲、祖乙？

16. 乙亥卜：□五廿五，五示卅六，四示七☑，三示五，☑三示〔三〕，四示二九☑。

第 1 辞之彝为祭名，而、行为人名，竟为动词。

第 5 辞之甘，用为人名。和，义未明。

第 6—10 辞之戳，本作🔲，从戈从黑，新见字。其形象以戈砍劈人头之状。被砍之人作🔲形，于省吾将之释为黑。[1] 西周金文的黑字写作🔲，唐兰谓该字表示受墨刑的人。[2] 学术界一般认为，商代已有墨刑，至于哪些字表示此种刑法，至今尚无定论。[3] 考虑到商周文字有传承关系，疑西周金文黑字之意源于商代。若此推断可以成立，那么"戳"字的原意是以戈砍一受过墨刑之人的头颅，引申为表示杀戮人牲的一种方法。在殷墟发掘出土的人头骨中，曾发现人的头骨顶部有铜戈的残片，可以与此字相印证。此片第 6—10 辞之"戳屯"，"戳"作动词，为用牲法，义与伐近。

屯，本作🔲。此字有多种隶释，今从于省吾隶为屯。其意义有四：1. 在骨臼记事刻辞中指一对卜骨；2. 用为时间副词，如"今屯""来屯"，指"春"；3. 读作"纯"，指丝织品；4. 一种

---

① 于省吾：《甲骨文字释林》（下文简称《释林》），中华书局 1979 年版，第 227—230 页。

② 唐兰：《陕西岐山县董家村新出西周铜器铭辞的译文和注释》，《文物》1976 年第 5 期。

③ 宋镇豪：《甲骨文中所见商代的墨刑》，《考古学集刊》第 15 集，科学出版社 2004 年版。

奴隶的名称，常用作祭祀时之牺牲。如《合集》32187"于甲戌用屯"。本片之"屯"是第 4 种用法。

戁，本作　从戈从夒。字形似用戈割一头顶有长发辫之人的颈部。甲骨文中顶有长辫之人为夒人，故该字可隶为戁，义与戁（　）同，戁，表示以钺砍杀人首，此字以戈代钺，均表示杀戁之义。第 12、第 13 辞之"戁屯"，戁作动词，为用牲法。

第 12 辞之"祊"字作□形，与"丁"字形体相同。关于祊，屈万里谓，即《诗·小雅·楚茨》"祝祭于祊"之"祊"①。杨树达训祊为庙②，刘源赞同杨说，又作了更详细的论证。③ 第 12 辞命辞之大意是，上甲到宗庙内来就享（飨），杀屯人为祭品。在卜问之次日甲戌施行此卜。

此片第 14、第 15 辞卜问是否对上甲至祖乙五示进行祭祀。在自组卜辞中，上甲、大乙、大丁、大甲、祖乙分别被祭祀的卜辞屡有发现，但未见对这五位先王一起合祭的卜辞。而合祭上甲至祖乙五示，见于宾组卜辞中，如《合集》248 正"翌乙酉业伐于五示：上甲、成、大丁、大甲、祖乙？"所以，第 14 辞、第 15 辞，对"自组卜辞"而言，属新见的资料。

九 《村中南》340 02H6 下：107 + 111

卜甲 龟腹甲前、后甲之大部。自组卜辞（图五）。

1. 甲午卜：庚子十牢？用。昃雨，妹、盖日戉。一
2. 甲午卜：十宰？一二

---

① 屈万里：《殷墟文字甲编考释》第 8 片释文，"中研院"历史语言研究所，1961年。

② 杨树达：《积微居甲文说》，上海古籍出版社 1986 年版，第 43—44 页。

③ 刘源：《再谈殷墟花东甲骨卜辞中的"□"》，《甲骨文与殷商史》新一辑，2008 年。

3. 辛丑卜：匄姅，夙昪？一

4. 不其昪？一

5. 辛［丑］☑。一

6. ［辛］☑。一

7. 一二

8. 一二

第1辞之昃、妹、盖日均为表示时段之词。昃，约当下午2时。

妹，即昧爽之昧，天将亮的时间。

盖，本作🐏，从羊从目。"盖日"，陈梦家、李孝定等认为是时称，指昃之前的日中①，宋镇豪则指出"盖日"非时称，是雨止日出之意。② 我们认为，时称之说较合理。

第1辞大意是，在甲午日卜问，是否在庚子日用十牢进行祭祀。结果用了此卜，即在庚子那天用十牢进行了祭祀。在验辞中还记录了天气状况：庚子日昃时（下午二时）下雨，次日（辛丑）昧爽及日中之时天晴。

姅，本作🍃。此片之姅字，井字中有一短画作🍃，罕见。但在西周金文中，"井"字中间有短画或有点，是很常见的。姅，为井国之女子。甲骨文的井国有两个：一为井方，位于殷之西北，是殷之敌国；另一为诸侯国，在殷都之北部，今河北邢台一带，与殷王朝关系密切。在宾组卜辞中所见之妇姅，当是后一个井国之女子，以国族为名。③

🍃为🍃字之省笔，隶为夙。在卜辞中常用作时称。夙代表的时

① a. 陈梦家：《殷虚卜辞综述》，科学出版社 1956 年版，第 232 页。b. 李孝定：《甲骨文字集释》，"中研院"历史语言研究所，1965 年，第 1157 页。

② 宋镇豪：《试论殷代的记事制度》，《全国商史学术讨论会论文集》，1985 年。

③ 宋镇豪：《夏商社会生活史》，中国社会科学出版社 2005 年版，第 230 页。

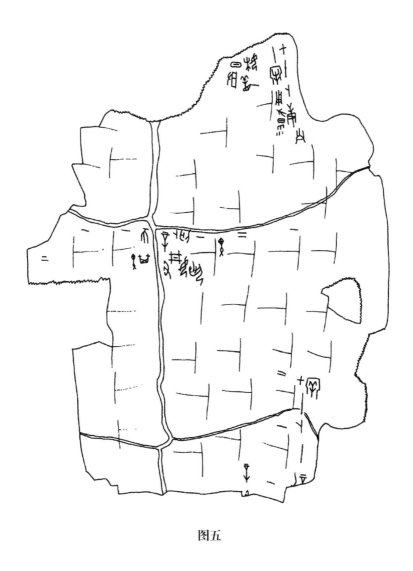

图五

间学术界有不同的看法，李孝定认为是"早"[1]，宋镇豪认为，是"天未旼明而星月犹见，故夙时是下半夜至天明前之间的时段"，"夙应在旦前，却仍属夜间"[2]。我们以为宋说可取。

---

[1]　李孝定：《甲骨文字集释》，"中研院"历史语言研究所，1965 年，第 2283 页。
[2]　宋镇豪：《试论商代的记时制度》，《全国商史学术讨论会论文集》，1985 年。

畀，本作 ⌇，像扁平而长澜的矢镞，其义为"付与"。如《乙》3631 "贞：乎（呼）畀臱牛"。①

匄，本作 ⌇，义为乞求、祈求。

此片第3辞是有关婚娶内容的。全辞的大意是：辛丑日占卜，向井国求娶女子，至夙时，对方是否给予。这方面内容的卜辞，在自组卜辞中发现很少，因而此片卜辞相当珍贵，对研究商代社会生活有重要意义。

一〇　《村中南》341　02H6 下：108＋110＋112＋121

卜甲　龟腹甲之右半部及左首甲与左前甲。自组卜辞（图六）。

卜辞排列以干支为序。

1. 戊辰卜贞：夫亡𡿧？七月。

2. 甲申卜：钏雀父乙一牛？用。一

3. 甲申卜贞：雀［不］𡿧？七月。允不。五

4. 丁亥卜：㞢大乙五牢？庚寅。六

5. 丙申卜鼎（贞）：㞢祖丁五牢？用。丁酉。

6. 鼎（贞）：㞢祖丁三牢不？二

7. 丙辰鼎（贞）：㞢大丁五牢？用。丁巳。一

8. 己未卜：㞢大庚三牢不？五

9. 己未鼎（贞）：弜㞢大庚？用。六

10. 辛酉鼎（贞）：子通☒。一

11. 辛酉卜：于十一月立人？二

12. 辛酉卜：☒于☒［日］一月立［人］？一二

① 裘锡圭：《"畀"字补释》，《古文字论集》，中华书局1992年版，第90—98页。

13. 辛酉卜：于二月立人？一
14. ［辛］□□，☑王出若？九月。二三
15. 一二
16. 三

—— 《村中南》342　02H6 下：109

卜甲　龟腹甲左后甲及左尾甲之大部。自组卜辞（图七）。

1. 甲申卜贞：雀不屮？允不。一
2. 甲申卜贞：雀其屮？不。
3. 丙戌卜：又彳大丁五牢？六
4. 庚寅卜贞：屮祖辛五牢？用。辛［卯］。一
5. 庚☑甲☑。
6. ［丙申］卜贞：祖丁五牢？丁酉。
7. 贞：三牢祖丁不？三
8. 己未卜鼎（贞）；奴弜屮大庚？用。五

341 与 342 两片的颜色、质地、字体内容均很相似，为一甲之折，但因中部缺片，尚未能缀合。342 片之第 2、第 6、第 7、第 8 辞与其 341 片第 3、第 5、第 6、第 9 辞为对贞卜辞。下面将这两片的主要字词，一并作扼要的考释。

夫，本作𠀻。该字在卜辞中主要有两种用法：1. 地名。如《合集》37750"丁卯卜贞：王田夫，往来亡𢆉？" 2. 人名。在宾组、自组和《花东》①H3 子卜辞中都见到以"夫"作人名的例子。如《合集》4414"□卯卜：王勿令夫？"341 片第 1 辞之

① 中国社会科学院考古研究所：《殷墟花园庄东地甲骨》，云南人民出版社 2003 年版。

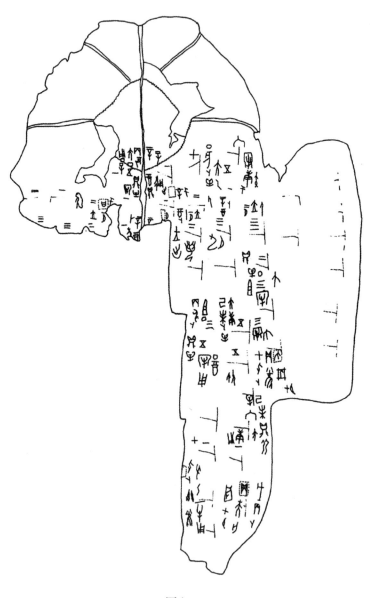

图六

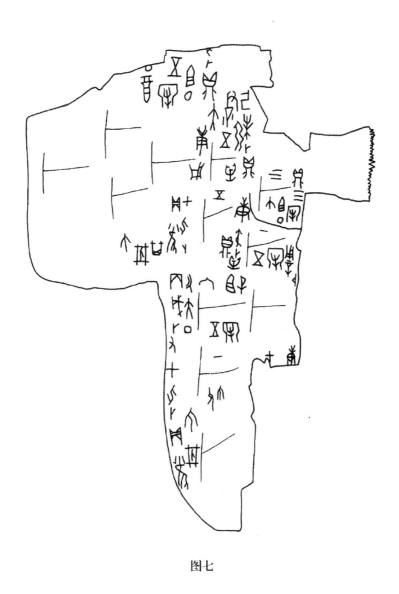

图七

"夫"也用为人名。

雀，本作 。人名。武丁时期的一名武官，与殷王武丁关系密切。雀见于宾组、自组、子组、午组卜辞中。如《合集》413"甲申卜：钺雀父乙一羌一宰"。

御，本作🔥，祭名。御，即御。《说文》："御，祀也。"杨树达谓："甲骨文记御祀往往具攘疾之义。"①

父乙，指商王武丁之父小乙。341 片第 2 辞大意是为了攘除雀的疾病而祭祀小乙，用一头牛作为祭品。

🔥，释殟，即死亡。②

子通，人名。

立人，张政烺谓即"立衆"和"立衆人"。"立即涖"，义为临，有征召会聚之义。③

一二　《村中南》343　02H6 下：115 反

卜骨　骨臼与骨脊均未锯切的完整的牛肩胛骨。自组卜辞（图八）。

　　　癸亥卜：令雀伐羌、🔥，雀甾王事。不米衆？五

🔥，在卜辞中用为方国名，是被殷王朝征伐之敌国。如《合集》6960"壬子卜：王令雀🔥伐🔥？十月"。《合集》6962"勿乎（呼）雀伐畏"。此片畏与羌同辞，其地望可能与羌方相距不远。

甾，本作🔥。在此片作动词。"甾王事"即行王事，为商王办事。

一三　《村中南》320　02H6 上：39 反

卜骨　牛肩胛骨中下部之反面。午组卜辞（图九）。

---

① 杨树达：《积微居甲文说·卜辞琐记》，中国科学院排印本，1954 年，第 70 页。
② 张政烺：《释甲骨文"俄"、"隶"、"蕴"三字》，《中国语文》1965 年第 4 期。
③ 张政烺：《卜辞裒田及其相关诸问题》，《考古学报》1973 年第 1 期。

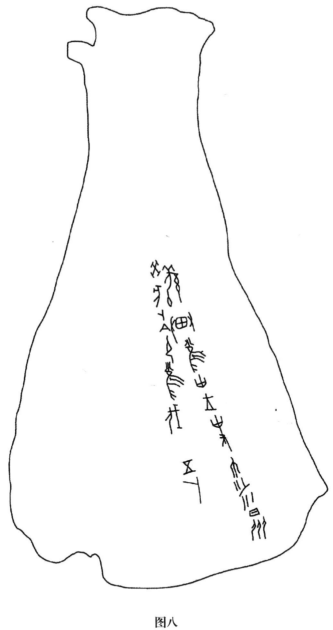

图八

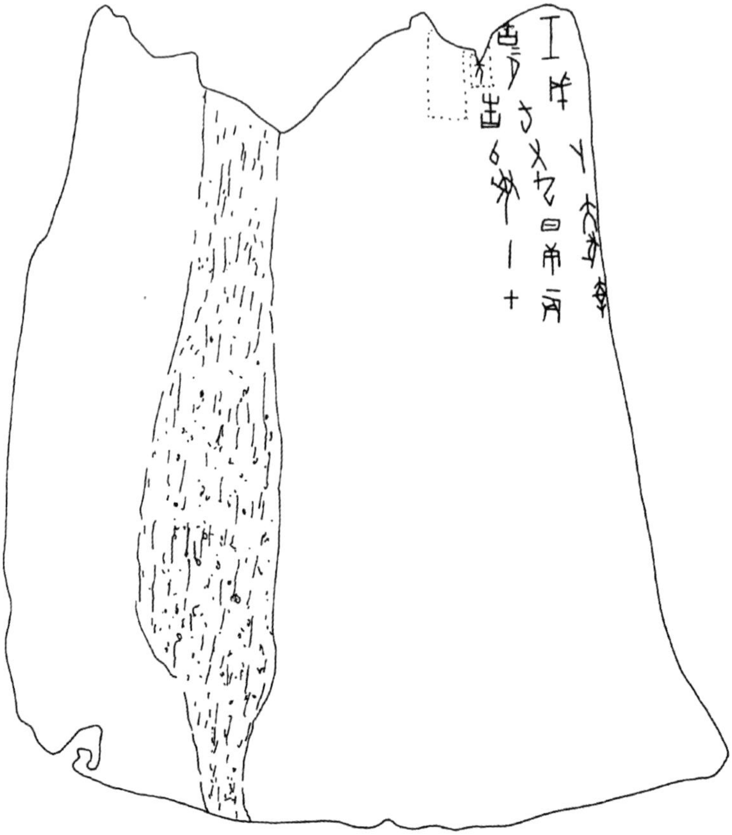

图九

壬戌卜：豢卒☐？二月。旬又九日庚辰，☐告以𢼂十七☐。

豢本作𢑛，人名。武丁时的一员武官，在宾组和𠂤组卜辞中都有他活动的记载。如《合集》6561“丁酉卜：令豢征𦎫，𢦏？”

“卒”下一字残，似为“缶”字之下部，为方国部族名。在宾组卜辞中屡见对“缶”征伐的记录，如：《合集》20385“己未卜：𩁹缶？二月。允𩁹。”𩁹作动词时，义与执同。

𢼂，本作𢼂，从虎从又。虎（𠂆）字已见于著录，用为方国部族名或地名。此片之"叔"字，在"虎"之右侧上方（人背后之上部）增添了"又"字，其结构如同甲骨文之㲋（🦴）字，表示从后面以手捕人之意。"㲋"为俘虏之通称。"叔"之原义表示虎族之俘虏，引申为异族战俘之通称，义与"㲋"字相似。

　　整条卜辞的意思是：于某年二月壬戌日卜问，豖去夹击某一部族（或缶族），结果于19天的庚辰日，抓捕了该族的17个人。

一四　《村中南》337　02H6 上：101

卜甲　龟腹甲之右前甲及甲桥残片。午组卜辞（图一○-1）。

　　1. 乙卯卜：钌子匿于父丙羊？
　　2. □□卜贞：☑。

　　匿，本作🖐，从匚从若。《屯南》3566 有🖐字，与此字为同字异构。晚商青铜器有"匿"铭铜器（《集成》①7373—7377、9114、9115），匿为族名。子匿，是午组卜辞中新发现的人名。

　　第1辞之命辞大意是卜问为子匿攘疾除忧而祭于父丙，用一羊作祭品。可见子匿与午组卜辞主人关系密切，大概是午组卜辞的主要亲属成员。

一五　　《村中南》357　02H9：84

卜甲　龟腹甲之左后甲。午组卜辞（图一○-4）。

　　1. 丙申卜：钌倖于母戊？二

---

①　中国社会科学院考古研究所：《殷周金文集成》，中华书局 1984—1994 年版。

2. 丙申卜：□倖于☒? 二

3. 丙申卜：钔倖于妣辛?

4. ☒盧豕?

5. 二三

倖，本作伃，从人从辛。此字见于《屯南》2248（H50：214），该片为小卜甲，卜辞为：1. 丙［申］□：钔□于☒。2. □申卜：□倖于☒重☒。字体、内容与本片相似，可能是同时所卜的。由于"倖"字之形体与"妣辛"近似，在《屯南》下册释文及《小屯南地甲骨考释》的释文均将它释作"妣辛"。此片第3辞，"倖"与"妣辛"同辞，可知伃当释为"倖"，为人名。第1辞与第3辞，卜问为禳除倖的灾殃而祭祀母戊与妣辛。

盧，本作異。在第4辞作为用牲法。于省吾认为盧与膚古通用，膚有剥或剥离之义，故盧豕义为"割裂豕肉以祭"①。

一六　《村中南》364　02H9：102

卜甲　龟腹甲之左前甲。午组卜辞（图一〇-3）。

1. 甲戌卜：其来于黽羊百、辛牛百、黄璧五? 四五

2. 壬午：来，其人［羌］㞢? 六

3. 二三

黽、辛为地名。

⸙、⸙为"牛百""羊百"之合文，上下二字共用中部的一横画，如同合文"五百"作⸙一样。

---

① 于省吾：《甲骨文字释林》，中华书局1979年版，第31—32页。

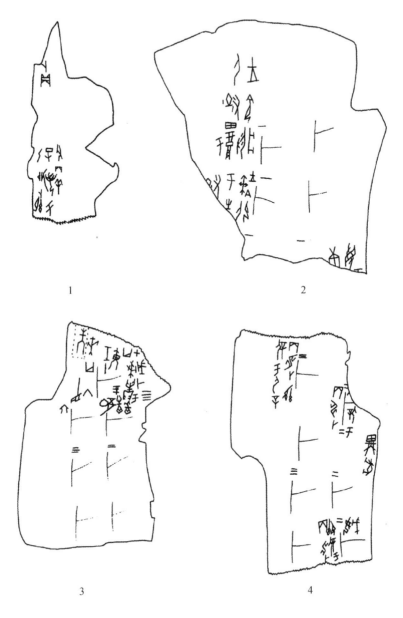

图一〇

　　，为"五璧"之合文。"五"字处于序数"四"与"六"
的中间，当为序数，但该字一字二用，又兼作数词，表示璧之数目。"黄璧"一词，曾见于《花东》180 第 3 辞，辞为"重黄璧罜璧"。该片的璧字作叮形，与本片的璧字作叮结构相似。稍有不同的是，本片的璧字，右部偏旁较低，往左倾斜。

第 1 辞之大意是卜问是否从黾地送来羊百头，辛地送来牛百头及黄璧五件。此条卜辞及《合集》22099（午组卜辞），"朕耳鸣，出钔于祖庚羊百出用五十八"，一次祭祀可用羊 158 头，反映出午组卜辞主人这一宗族，拥有庞大的畜群，畜牧业很兴旺。

一七   《村中南》375   02H9：159

卜骨   牛右肩胛骨上部。历组卜辞（图一〇－2）。

    1. 庚 ▢受 ▢一
    2. 王令束人于出圣 ▢? 一
    3. 王令疫人圣田于酉? 一

受，本作◈，在卜辞中用为人名与地名。如《合集》22 "甲子卜：囝贞：令受量田于 ▢"。此片第 2、3 辞是关于坚田之事，推测第 1 辞是商王命令受从事此项活动。

束，本作釆。在卜辞中用作地名、部族之名。如《京都》2154 "辛亥：㝯令束人先涉 ▢"。

出，该字在卜辞中常用作"侑、有、又"，本片第 2 辞用为地名，罕见。

疫，本作㈤。在卜辞中用作人名、部族之名。如《乙》6446 "癸未卜，殷贞：疫以羌?"

酉，本作酉。该字常用作祭名。在第 3 辞用为地名。

圣，本作㕣，与㕣（坚）㕣（量）为同一字之异写，只繁简有些差异。此字的解释，众说纷纭，其中较有影响的是于省吾释圣，谓即墾，圣田即墾田。① 张政烺释衰，谓衰田是开荒。② 二说虽有些不同，但都认为是开垦荒地，这是比较符合卜辞之义的。

据《殷墟甲骨刻辞类纂》③ 所载，有关圣田的资料 18 条，王令圣田的人员有多尹、多羌、刚、皋、泳、犬征族等，地点有京、罘、龙、下人刖、蜀等，此片"束人于屮圣 □""疫人圣田于酉"，为新发现之圣田人员及地点，表明当时参与圣田的人员较广泛，地点也较多，研究商代的农业生产有重要价值。

一八　《村中南》4S1　02H57：30 正

卜骨　完整的牛肩胛骨。（图一一）

1. 癸亥：钔禾？二
2. 癸亥卜：弜钔，受禾兮、河、岳？二
3. 丙申卜：雨？二
4. 未夕雨？
5. 于巫帝犬、三豕？
6. 上甲？二
7. 河？二
8. 上甲？二
9. 河？二
10. 尞岳羊豕？二
11. 戊卜：雨？二
12. 己卜：雨？二
13. 庚卜：雨？二

---

① 于省吾：《甲骨文字释林》，中华书局 1979 年版，第 232—242 页。
② 张政烺：《卜辞衰田及其相关诸问题》，《考古学报》1973 年第 1 期。
③ 姚孝遂、肖丁：《殷墟甲骨刻辞类纂》，中华书局 1989 年版。

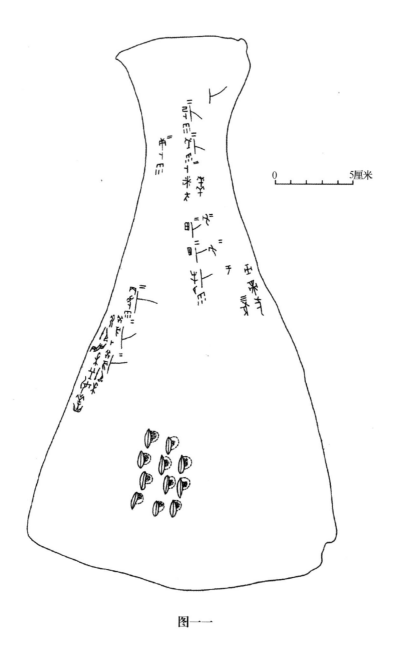

0　　　　　　　5厘米

图一一

　　此片第 4 辞（位于骨版中部）的“未”字，误写作“牛”字。位于其上方的第 6 辞—9 辞，“上甲”（合文）、“河”二字，字体稚拙，第 10 辞之岳缺下部。这几条卜辞似习刻。

第11辞"卜"字在"雨"字之下，这样读不辞，是顺序颠倒了。

此片的上甲、河、夘、巫岳均为被祭祀之对象。帝，用为祭名。

一九　《村中南》452　02H57：30反

卜骨　完整的牛肩胛骨（图一二）。

卜辞排列以干支为序。

1. 壬申卜：受禾？二
2. 壬申卜贞：文邑受禾？
3. 癸酉卜：受禾？二
4. 癸酉卜贞：文邑受禾？
5. 甲尞？二
6. 乙尞？二
7. 癸巳卜：丙尞，舞？二二
8. 癸尞？二
9. 尞？二
10. 二

第7辞"癸巳"二字较小，"卜"字向右出支（横画向右），与第1辞~第4辞之"卜"字向左出支不同。可以推测，"癸巳卜"三字是后加的，第5辞、第6辞的卜日，可能也是癸巳。

第1辞、第3辞，位于骨版的最下部，有相应的卜兆，当为卜辞，是占卜的记录。第2辞、第4辞，在骨版的中部，没有相应的卜兆，其内容与第1辞、第3辞基本相似，只是增加了"贞、文、邑"3个字，每条辞从1行变成2行。为什么会出现这种情

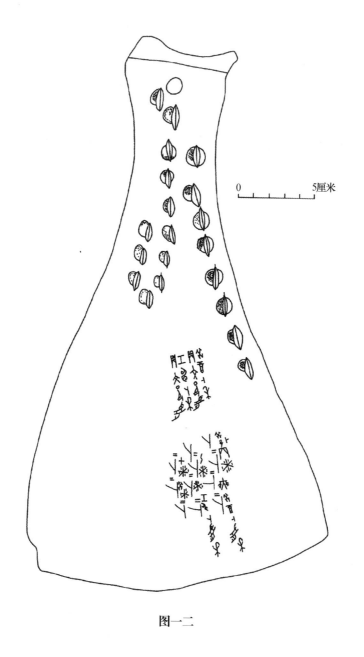

图一二

况？我们推测，大概在第 1 辞、第 3 辞刻好后不久，卜者（或刻者）认为这两条卜辞内容重要，而原来的记录太简单，连"受禾"的地点也没有刻上，故需增加上述三字再刻一遍。在重刻此二辞时，刻辞者又作了艺术化的处理，在字的排列上突破通常卜辞的格式，将"贞"字安排在第2行的第1个字，而将原来最末的"禾"字，置于"卜"字之下。在甲骨卜辞中，这种行款，是非常罕见的。

第2辞、第4辞两条卜辞，共4行，每行4字，字距疏密有度，行距均匀，从第1行至第4行，下部渐次往左倾斜。字的用笔方圆兼施，流畅优美。在甲骨文中，此片应属上乘的书法作品。

应当指出的是，"文邑受禾"刻辞，曾见于《合集》33242、33243两片，但文字不大完整。其中前一片的文邑之"文"，只存下部，在《殷墟甲骨刻辞类纂》上册118页归入"大邑"辞条之下，学者多从之。后一片，原为《甲》3614号，屈万里在《殷墟文字甲编考释》的释文中，认为"文"当"大"之讹。冯时在《"文邑"考》① 一文，对这两片卜辞重新作了论证，他不同意屈说，认为上述两片均为"文邑受禾"。本片第4辞与上述两片为同文卜辞，字体风格和行款均相似，可能是同时所刻的。它的发现，为冯说提供了佐证。

关于文邑的地望，冯时认为是夏之故邑，在晋南襄汾陶寺一带，可备一说。

二〇　《村中南》附录四　04ASH141：2

卜骨　牛肩胛骨之中下部。二期刻辞（图一三）。

1. 甲子　乙丑　丙寅　丁卯　戊辰　己巳［庚午］［辛未］　［壬申］　［癸酉］
2. 甲戌　乙亥　丙子　丁丑　戊寅　己卯［庚辰］

---

① 冯时：《"文邑"考》，《考古学报》2008年第3期。

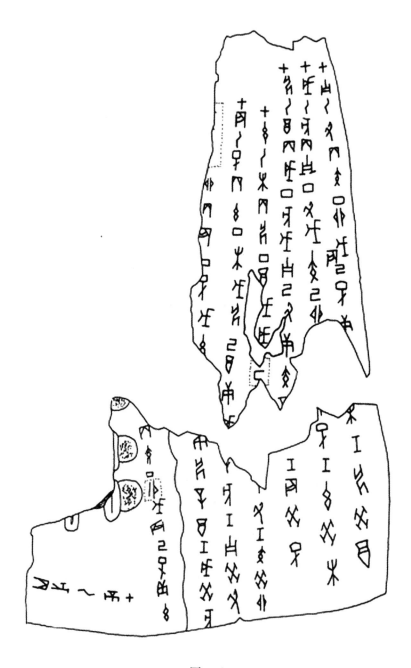

图一三

　　　［辛］巳　　［壬午］　　　［癸未］

　　3. 甲申　乙酉　丙戌　丁亥　戊子　己丑　庚寅　［辛卯］壬辰　癸巳

　　4. 甲午　乙未　丙申　丁酉　戊戌　［己亥］　　［庚子］［辛丑］壬寅　癸卯

　　5. 甲辰　乙巳　丙午　丁未　戊申　己酉　庚［戌］［辛］亥　壬子　癸丑

　　6. ［甲寅］　　［乙］卯　丙辰　丁巳　戊午　［己未］［庚申］　辛酉　壬戌　癸亥

　　7. 丙寅　丁［卯］戊辰　己巳　庚午

　　8. 甲戌　乙亥　丙

　　　这是一版干支表。第6行与第7行之间有界划，第8行横书。

　　　此版属于二期（出组卜辞），时代约当祖庚、祖甲时期。全版应有135字，现存完整的字111个，部分残缺的字13个，完全缺失的字11个。

　　　此版第1行—6行六十干支的字体规整，书风雄劲，行款也较整齐，是有经验的刻手（"师傅"）的作品。第7行字体比较幼稚，且"庚"字为误刻，可能是学习刻辞不久的"徒弟"之作。这种师徒字体共见于一版的甲骨，早已见于著录，《粹》1468、1469乙等片就是其例，郭沫若先生对此已有阐述。①

　　　在甲骨文中，刻六十干支的六旬式的干支表，是为备忘日历之用，也是作为给初学刻辞者的一个范本。在殷墟出土的刻辞甲骨中，刻干支表的甲骨，较常见，从一旬到六旬都有发现，但大多残缺不全，只几个字或数十个字。完整的、六旬式的干支表发现较少，其中字数较多的只几片，如属于第一期的有《合集》

---

　　①　郭沫若：《殷墟粹编》，科学出版社1965年版，第734页。

11730，该片骨版下部残，存 77 字。属于第二期的《合集》24440，126 字，但该版字体不佳，多数字漏刻横画。属于第五期的有《殷契卜辞》165，上刻完整的六十干支，共 120 字，行款整齐。以上这几片，均属传世品，出土地点不明，可能出于小屯村一带。此片干支表，不但字数多，且字体工整，书风雄健，时代较早，又是出自大司空村遗址的考古发掘品，因而它的发现，是极其珍贵的。

　　大司空村遗址过去曾出土过两片刻辞卜骨和不少无字的甲骨①，又发现过带一条或两条墓道的大墓和许多中小型墓葬，出土了不少精美的青铜器。2004 年还发掘出数十座面积较大的夯土基址。以上发现表明，该遗址应是身份相当高的大贵族的族邑。殷代，地位高的高级贵族，可独立进行占卜活动。从该遗址出土的基本完整的六旬式的干支表，我们可以推测，当时居住在大司空村的这一宗族的族长，拥有自己的占卜机关，该遗址有望在不久的将来，会出土新的一类"子卜辞"（非王卜辞）。

　　附记：此文在写作过程中得到冯时先生帮助，他对《村中南》296 片、319 片的考释，提出过宝贵意见，谨致谢忱。

---

　　①　中国社会科学院考古研究所：《殷墟发掘报告（1958—1961）》，文物出版社 1987 年版，第 200、201、311 页。

论殷墟大司空村出土的刻辞甲骨 *

大司空遗址位于洹河东北岸，与小屯隔河相望，相距约 1 公里（图一）。早在 1935—1936 年，历史语言研究所考古组在村南作过两次发掘①，从 1953 年至今，中国社会科学院考古研究所安阳工作队、河南省文化局文物工作队、安阳市博物馆等文物考古单位又陆续在大司空村的北部、南部、东南（今豫北纱厂内）进行过多次发掘，发现了丰富的遗迹、遗物。在遗物中受到古文字学者注意的是出土了刻辞甲骨 5 片，现按其出土的先后，作一叙述：

1. 1953 年，在大司空村东南的灰坑 1 的底部，发现 2 片卜甲，发掘者认为属习刻②，但在发掘报告中未介绍卜甲上的文字。

2. 1959 年，在大司空村东南的 H314 第 3 层发现 1 片刻辞卜骨，编号 SH314③：3（原编号为 59ASH114③：3）。该卜骨属牛肩胛骨之上部，整治较粗，未切臼角。近骨臼的左下侧，有"辛贞在衣"四字，分二行，每行二字，字的笔画较细。

出这片刻辞卜骨的 SH314，根据坑内所出的陶器形制，属于

---

* 本文原载《古文字研究》第 28 辑，2010 年。

① 石璋如：《殷墟最近之重要发现附论小屯地层》，《中国考古学报》第 2 册，1947 年，第 12、75 页。

② 马得志等：《一九五三年安阳大司空村发掘报告》，《考古学报》第 9 册，1955 年，第 71 页。

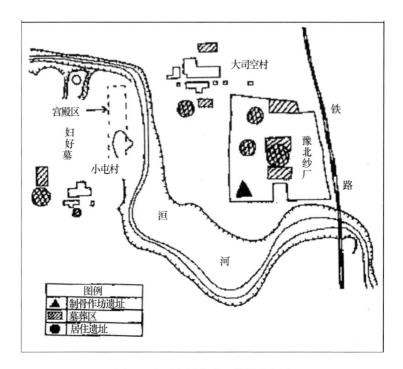

图一 大司空村遗址、墓葬分布图

殷墟文化第二期。①

关于这片卜骨的字体特征，1961 年的《简报》与 1987 年的《报告》的提法略有差异，前者认为："具有武丁时期（甲骨文第一期）的特征。"② 后者谓："字体具有武丁时期宾组卜辞的特点。"③ 最近我们对《简报》与《报告》所发表的该卜骨的摹本进

① 这片卜骨之时代在 1961 年的《简报》中订为大司空村一期，后来随着发掘资料的增多，研究日益深入，考古工作者对殷墟文化的分期更加细化，将此卜骨订为殷墟文化二期。参见中国社会科学院考古研究所《殷墟发掘报告》（本文简称《报告》），文物出版社 1987 年版，第 10 页。

② 中国科学院考古研究所安阳发掘队：《1958—1959 年殷墟发掘简报》（文中简称《简报》），《考古》1961 年第 1 期。

③ 参见中国社会科学院考古研究所《殷墟发掘报告》，文物出版社 1987 年版，第 201 页。

行了对照，发现卜骨的形制完全相似，但"贞"与"衣"两个字的写法有些不同。前者为"囚、仚"（图二，A），后者作"囚、介"（图二，B）即前者"贞"字上方近方头，后者贞字上部近锐角；前者"衣"字中部有三点，后者中部无点。为了弄清楚哪张摹本更接近卜骨的本来面目，我向《简报》与《报告》的执笔者陈志达先生请教。陈先生告诉我，应以《简报》的摹本为准，因为该摹本是对着原卜骨的字体细心绘制的。在编写正式报告时，未找到原骨，书中的卜骨图是照《简报》的摹本重描的，当时从事这一工作的绘图组的同志，对甲骨文字不大了解，未能准确地将原摹本上的文字特征描绘出来。

从 1961 年摹本的字形特征看，该片不具备"宾组卜辞"的书风。其一，字体笔道较宾组略细；其二，宾组卜辞的"贞"字，上部呈锐角，该片近方头。这种形态的"贞"字，常见于"自组"，又见于"午组""历组"（父乙类）和小屯以外的某些"子卜辞"中。①

该片最后的"衣"字中有三点，疑为"衣"之异体。《简报》在释"衣"时谓："'衣'的地名也常见于卜辞，为殷王田游之区，一般认为在今沁阳。这片卜骨的发现，我们怀疑'衣'这个地点就在安阳附近，而与王都有着密切联系。"在《报告》中，则删去后一句话，保留前一句话。表明报告的执笔者修正前说，认为"衣"地在沁阳。故仚地在何处，还值得探讨。

在甲骨卜辞中，介字常见，仚字发现很少，只见于二条卜辞：

《村中南》212（89T8③：148）："……［在］仚。十月卜。"②（图三）此片与《粹》597 为"成套卜辞"和"成套卜骨"，其上

---

① 中国社会科学院考古研究所：《安阳殷墟花园庄东地商代墓葬》，科学出版社 2007 年版，图二三，H7：18 刻辞卜骨，第 27 页。

② 中国社会科学院考古研究所：《殷墟小屯村中村南甲骨》（本文简称《村中南》），云南人民出版社 2012 年版。

有为甲骨文学者熟悉的"王作三师右中左"的卜辞。

《屯南》2564（H83：11＋15）："［己］丑贞：王寻告土方于五示？"

在俞。十月卜。（图四）

A.《简报》摹本　　　　　　　　　B.《报告》摹本

图二　59ASH314③：3

从字体看，二片均属历组父乙类卜辞，字体相似，只是后一片笔画稍细。两条卜辞占卜的地点及月份相同，可能为同年同月所卜，内容相近的卜辞。这样我们可将此二片卜辞的内容联系起来作些分析。即由于土方的入侵商王告祭于五示（五位祖先），在己丑日之后的第八天丁酉日，贞问"王作三师"，从而可以推测，"王作三师"是为了应对土方的入侵而做出的决策。"五示"之宗庙在安阳小屯东北地，"王作三师"也当是在王都进行的卜问。所以，俞地很可能是殷都安阳中的某一个具体地点，也可能在安阳附近。也就是说，用作地名的"衣"字，俞与俞所指的地点是不同的。

3. 1959 年，在大司空村东南，又发现另 1 片刻字卜骨（出土单位与编号不明），其上刻"文贞"二字，字体纤细，《报告》整理者谓"显系彐刻"。

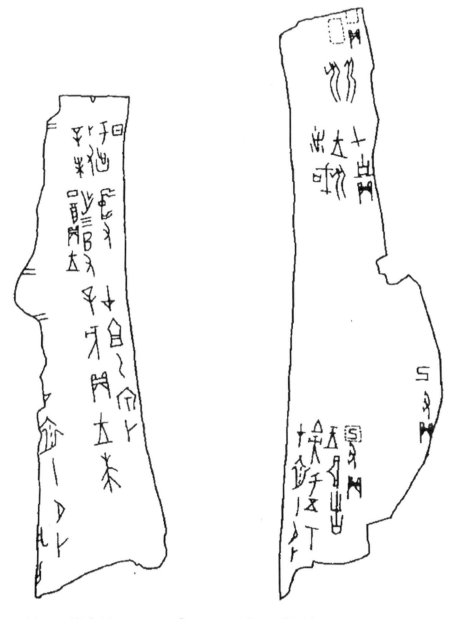

图三　《村中南》212（89T8③：148）　图四　《屯南》2564（H83：11＋15）

关于 1959 年大司空村出土的两片刻辞卜骨的性质，学术界也有不同的看法，《殷墟的发现与研究》① 与《甲骨学一百年》② 两部有影响的著作均认为此二片属武丁时期的习刻，这种观点得到许多学者的认同。2006 年，蒋玉斌博士在其毕业论文《殷墟子卜辞的整理与研究》中，对此问题提出新的看法。他说："'辛贞'的前辞形式，王卜辞未见。第二件虽有可能是习刻，但习刻内容亦必有来源。'文贞'的'文'若是卜人，也未见于王卜辞。考虑到大司空村在洹河北岸，离集中出土王卜辞的小屯村颇远，这里出的两片字骨盖为当地某一族属卜用，因此其上卜辞也可归到子卜辞之列。"③ 蒋氏对"文贞"一片是习刻，添加了"可能"二字，未完全肯定，但对二片卜骨的性质与多数学者的看法不同，将之归属"子卜辞"（"非王卜辞"）。笔者认为，他的这一看法是有道理的。下面再谈一下我们的意见。

学者们认为此二片是习刻的理由是：（1）其上的辞例与王卜辞（宾组卜辞）不同，过于简略。（2）字的笔画纤细。

我们认为判断习刻的主要标准是：（1）正面无兆璺，反面相应的位置无凿、钻、灼（或凿、灼）痕迹，不是占卜的记录。（2）字体歪斜、浮浅，书体幼稚，行款紊乱，文句不通。其中第一条标准是最重要的，因为也有少数"习刻"字体不错，行款也较整齐。④ 据曾经观察过此二片卜骨实物的学者回忆，卜骨的反面是有凿钻灼的，字体较规整，但笔画很细。

下面我们看一下此二片的辞例。第一片，"辛贞在衣"，只有前辞无贞辞（问辞），内容是记贞卜的日期与地点，而记日期只用

① 中国社会科学院考古研究所：《殷墟的发现与研究》，科学出版社 1994 年版，第 151、152 页。

② 王宁信、杨升南主编：《甲骨学一百年》，社会科学文献出版社 1999 年版，第 48 页。

③ 蒋玉斌：《殷墟子卜辞的整理与研究》，吉林大学，博士学位论文，2006 年，第 149 页。

④ 刘一曼：《殷墟兽骨刻辞初探》，《殷墟博物苑苑刊》创刊号，中国社会科学出版社 1989 年版，第 113—121 页。

天干省去地支。这与宾组卜辞常见的"干支卜某贞"的前辞形式有明显的差别，但在《花东》一书的 H3 子卜辞的前辞中，见有类似的形式，如《花东》410（H3：1290）"壬卜，在蠢；丁夘子囷臣？"不同的是此片天干后用"卜"不用"贞"字，且有贞辞。

第 2 片"文贞"。"贞"前之"文"字，当理解为贞人名。在殷代，人名（贞人名）、氏族名、地名往往是一致的，如"箙"（一期宾组贞人名），其名见于殷代铜器（《集成》① 1216，1217、4781、5464 等），一般认为，这是"箙"族使用的青铜礼品。在卜辞中，"箙"又用作地名，《合集》9741"箙受年"之"箙"，就是其例。此片之"文"，也见于《集成》1015、7743 等器，在甲骨文中，如《合集》33242、33243 及《村中南》452 有"文邑受禾"的卜辞，可见该字又用作地名。因此，第二片之"文"，既是贞人名，又表明他来自"文"族或"文"地。

单记"某贞"其后无贞辞的文例，不见于王卜辞，但在《花东》书中是相当常见的，有三十余版，其中，单记"子贞"的就有 26 版之多。如《花东》163，是一片大的完整卜甲，全版只"子贞"二字，字体规整，有兆序"一"，反面有对应的凿钻灼，应是卜辞。再者字体纤细，不应是判断习刻的标准，在《花东》甲骨中，字体纤细的卜辞也不少。所以，我们认为，"文贞"一片，以理解为卜辞为好。

4.2004 年，在大司空村东南的 H141 号坑出土 1 片干支表，编号 04ASH141：2，为牛肩胛骨之中下部，字中填褐色。计 8 行字（图五）。

（1）甲子　乙丑　丙寅　丁卯　戊辰　己巳［庚午］［辛未］壬申　癸酉

（2）甲戌　乙亥　丙子　丁丑　戊寅　己卯［庚辰］［辛巳］

---

① 中国社会科学院考古研究所：《殷周金文集成》（本文简称《集成》），中华书局 1984—1994 年版。

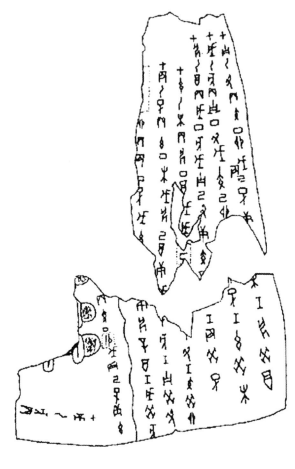

图五　04ASH141：2

壬午　癸未

　　（3）甲申　乙酉　丙戌　丁亥　戊子　己丑　庚寅［辛卯］
壬辰　癸巳

　　（4）甲午　乙未　丙申　丁酉　戊戌［己亥］［庚子］［辛］
丑　壬寅　癸卯

　　（5）甲辰　乙巳　丙午　丁未　戊申　己酉　庚［戌］［辛］
亥　壬子　癸丑

（6）［甲寅］［乙］卯　丙辰　丁巳　戊午［己未］［庚］申
辛酉　壬戌　癸亥

（7）丙寅　丁［卯］　戊辰　己巳　庚午

（8）甲戌　乙亥　丙？

该版卜骨，全版应有 135 字，现存完整的字 111 个，部分残缺的字 13 个，完全残缺的字 11 个。第（1）—（6）行，是六十干支，其中第（1）—（3）行较（4）—（6）行高出两个字的位置，各行的行距与字距较均匀，字体也较规整。应是有经验的刻手（"师傅"）的作品。第（7）行与第（6）行之间有一道弯曲的界划隔开。该行字，字体略小，笔画稍细，字体较稚拙，一行 10 个字，就错了寅、庚二字，可能是学习刻辞不久的"徒弟"之作。这种师徒字体共见于一版的甲骨，早已见于著录，郭沫若先生在《粹》1468 片的释文中已有阐述，他说："中第四行字细而精美整齐，盖先生刻之为范本，其余歪斜刺劣者，盖学刻者所为。"①

此片干支表，从"戊、戌、巳、酉、丑、亥"等字的形体看，似出组卜辞字体，尤其是巳作𝄞，酉作𝄞，是出组中最典型的字，而此片所出的 H141 坑，据出土陶器的形态，为殷墟文化第二期。② 殷墟文化第二期之时代从武丁晚至祖甲，与学术界所订的"出组卜辞"的年代相符。

甲骨文中，刻六十干支的六旬式的干支表，是为备忘日历之用，也是作为给初学刻辞者的一个范本。在殷墟所出的刻辞甲骨中，刻干支表的甲骨较常见，从一旬到六旬都有发现，但大多残缺不全，只几个字或数十个字。完整的六旬式的干支表较少，其中字数较多的只几片，如属一期宾组的有《合集》11730，该片骨版下部残，存 77 字，属二期出组的有《合集》24440，126 字，

① 郭沫若：《殷契粹编》，科学出版社 1965 年版，第 734 页。

② 发掘报告尚未发表，H141 坑的时代是主持这次发掘的岳洪彬同志告诉笔者的。

但该片字体不佳，多数字漏刻横画。属于第五期黄组的有《殷契卜辞》165，上刻完整的六十干支，120 字，行款整齐。以上几片，均属传世品，出土地不明，大概出于小屯一带。而此版干支表，不但文字多。且字体较工整，时代又较早，又是出于大司空村的考古发掘品，因而它的发现是极其珍贵的。

上述五片刻辞甲骨出于大司空村东南部不是偶然的。该地除出刻辞甲骨外，还出土了较多无字的卜骨、卜甲，并出土过尚未卜用的基本完整的背甲 7 块。

大司空村东南，经过多次发掘，发掘出数十座面积较大的夯土建筑基址，在其附近分布着五六百座灰坑、窖穴，出土了大量的陶、石、骨、蚌器和少量的青铜刀、铲、锯等生产工具，还发现过一处制骨作坊。该地殷代墓葬数量多，已发掘了一千多座，以小墓居多，但也有部分中型墓葬，还有带二条墓道的大墓两座、一条墓道的大墓三座。发现了八座附属于大中型墓葬的车马坑，还发现了一座埋三十余具人骨的椭圆形祭祀坑。在一些未经盗掘的墓葬中，出土了一百多件青铜礼品和不少质地精良的玉石器、骨器。以上的发现表明，该遗址是一处较重要的族邑，在族邑内居住着地位较高的高、中级贵族。在当时殷都的族邑内，中小贵族或平民都进行占卜活动，但只有地位显赫的高级贵族才拥有专门的占卜机构。[①] 大司空村出土的干支表以外的几片刻辞甲骨，大概是居住在该族邑内的高级贵族的占卜机构卜用后的遗物。

或许有人要问，在大司空村东南的族邑内，为什么会发现"出组"字体的干支表？1980 年该地发掘的一座属殷墟文化第二期的墓葬——ASM539，为我们解开这一疑团提供了线索。该墓出土各类器物近百件，其中青铜礼品 14 件，器物种类齐全，形制、纹饰也较精。在铜簋和爵上有"帝出"铭文，可推测该墓墓主是

---

① 刘一曼：《安阳殷墟甲骨出土地及其相关问题》，《考古》1997 年第 5 期。

出族人，担任了"啬"的职务。① 据学者研究，殷人生前是以族为单位进行生产、生活活动的，死后合族而葬，族的墓地就在族邑区的范围之内。M539 墓的发现，透露出"出"族人在武丁晚至祖甲时期，曾聚居于该地的信息。在甲骨文第二期（祖庚、祖甲时期），"出"是殷王朝贞人集团中的重要贞人，根据殷代人名与族名往往相一致的原则，他来自"出"族。这位王朝贞人"出"，虽入朝为卜官，但与其本族仍有较多的联系，他邀请王的占卜机关有经验的刻手到其族邑的占卜机构传授契刻技术，或者将技术娴熟的刻手所刻的干支表带回族色，让族邑内从事占卜契刻卜辞的人员作为范本所摹仿，无论哪种情况，都是情理之中的事情吧！

附表	古文表		
𣄣	𣄣	𠂤	𤔔
𠂤	𠂤	𠂤	𠓜

---

① 中国社会科学院考古研究所安阳工作队：《1980 年河南安阳大司空村 M539 发掘简报》，《考古》1992 年第 6 期。

二、甲骨文断代研究

考古发掘与卜辞断代[*]

甲骨文的发现是在 20 世纪末。最初，人们的研究范围多局限在释读文字或考订殷代历史、礼制等方面，自 1928 年中央研究院历史语言研究所在安阳殷墟进行考古发掘并获得了大量的甲骨刻辞以来，不少研究者认识到，殷墟的时代并非武乙至帝乙三世，而是《古本竹书纪年》所说的"自盘庚徙殷至纣之灭，二百七十三年，更不徙都"。所以，殷墟出土的卜辞，在这二百七十三年中也必然有所变化。若能区别其时代，辨别出哪类卜辞属于哪一帝王，对研究殷代后期各阶段的历史必将有更重要的意义。

最先注意到这个问题的是董作宾。在 1928 年殷墟第一次发掘以后，他发现小屯村北朱姓地（1 区 9 坑）所出的甲骨文字，既有许多规整的小字（《甲》8、12、26、59、297、318、349 等），又有雄伟的大字（《甲》1、5、50、68、301、316、347 等）；而刘姓地（2 区 26 坑）则不出小字的甲骨，但有一种细弱的书体（《甲》140、145、148 等）；张姓地（3 区 24 坑）见"癸□贞旬亡囮"的卜旬文例（《甲》356、385）、田猎卜辞"亡戈"的辞例（《甲》357、358、360、390、425），在书体上和前两地所出的卜辞也不大相同。他怀疑这三个地方甲骨文字的不同

---

* 本文为刘一曼、郭振禄、温明荣合著，原载《考古》1986 年第 6 期。

与时代先后有关系。① 这一发现，促使他去探索判别卜辞时代的方法。

1929 年 12 月，在第三次发掘中，于小屯村北"大连坑"南段的一个长方坑内，发现了四块比较完整的刻辞卜甲，董氏对这四块卜甲作了深入研究，写了《大龟四版考释》一文（载《安阳发掘报告》第三期，1931 年）。在这篇文章中，董氏将多年来人们感到迷惑不解的卜下贞上一字考定为贞人，于是，首创了贞人说。在这篇文章中董氏还提出了断代的八个标准，从而在卜辞的断代研究上取得了突破性的进展。

1933 年，董作宾发表了《甲骨文断代研究例》（《历史语言研究所集刊外编》，《庆祝蔡元培先生六十五岁论文集》上册，1933 年），把断代的八个标准扩展为世系，称谓，贞人，坑位，方国，人物，事类，文法，字形，书体等十项标准。他又将晚商二百七十三年的甲骨文分为武丁及其以前；祖庚、祖甲；廪辛、康丁；武乙、文丁；帝乙、帝辛五个时期。这篇名著的发表，是甲骨文研究中一件划时代的大事，为以后卜辞分期断代的研究奠定了基础。后来董氏在《甲编》序中，回顾这段历史时说："这断代分期的新研究方法，追本溯源，不能说不是在发掘工作中求得的。"

董氏在卜辞分期的研究中，十分重视田野考古的作用。在《甲骨文研究的扩大》（载《安阳发掘报告》第二期，1930 年）一文中他指出："至于他们（指卜辞）的先后顺序，也只有向地层中寻找了。"还指出卜辞的时代要与"同出器物，互相参证"。在《大龟四版考释》一文他提出卜辞断代的八个标准中就有坑层与同出器物两项。在《甲骨文断代研究例》中，虽然删去了坑层与同出器物两项，但仍把坑位作为卜辞分期断代的重要标准

---

① 董作宾：《殷墟文字甲编·序》，商务印书馆 1948 年版。

之一。以后，在《甲骨学五十年》中，他将分期的十个标准分为直接与间接两类，坑位属于直接标准一类，可见他对坑位的重视。

表一

区名	所在	发掘次数	坑位名称	卜辞期数
一，E	村北　朱坤十四亩地 何姓七亩北半	一	9、16、7、18	1、2、5
		三	村北纵五癸，又东支 村北纵六甲，村北纵六乙	
		四	E5、E8、E9、E21、E23	
二，A	村北　刘姓二十亩地中段	一	25，26，33	1、2
		三	横13戊，横13己，横13庚，横13壬南支，横13癸，横13.5戊，横13.5己，横13.5丁，横13.5庚，横14丁西段，横14戊，横14辛，横14壬，中段　横14西坑	
		四	A3，A13，A14，A16，A22	
三，F	村中、村南	一	24，27，28，30，31，35，36，37	3、4
		二	101，102，103，104，105，106，109，110，114，117，118，120，130，131 斜1，斜1支，斜2，斜2支，斜2北支，斜3，斜3东正，斜4，西斜，西斜西支，西斜东支，连坑1，连坑2，连连1，连连2，小连沟，场南横沟	
		五	F1，F2，F3，F4	

续表

区名	所在	发掘次数	坑位名称	卜辞期数
四，B	村北　张姓十八亩地 大连坑在中部	二	村北纵1，村北纵2	1、2、3
		三	大连坑〔从1癸，从2甲，从2乙，从二甲，乙西支横13.5乙，横13.5丙，又北支1，北支2，北支3，横13.25乙，大连东段，大连西段，大连南段 横13乙，横13丙，又北支，从1己，从1丙	
		四	B3，B4，B8，B10，B12，B16，B30，B31，B46	
五，E	村北　何姓七亩地南半	四	E16（圆井）	1、2
		五	E57，E59，E60（圆坑）	

董氏的坑位说，是指甲骨分布的区域。他认为各个时期卜辞的分布都有一定的范围，所以，不同地点出土的甲骨，时代是有区别的。他将殷墟第一次至第五次发掘中在五个区出土的甲骨，用五期加以区分，如表一所示。

董氏在卜辞分期研究中注重坑位，这就将卜辞分期的研究与田野考古结合起来，与那种单纯依靠文例、字体、称谓、贞人等的研究相比，是一个很大的进步，为以后的卜辞断代研究开辟了新的途径。他所说的甲骨分布区域，在卜辞断代中也有一定的意义。如陈梦家对廪辛、康丁卜辞的区分标准之一，就是它们分布区域有所不同。即康丁卜辞主要出于村中、村南，廪辛卜辞出于村北和侯家庄，尚未在村中、村南发现。①

应当指出，坑位对卜辞的分期虽有一定作用，但不能像董氏那样将其作用无限夸大，以为只要知道某片卜辞出土的地点就可

① 陈梦家：《殷虚卜辞综述》，科学出版社1956年版，第144页。

以断定它的时代。如他在《甲骨学五十年》中所举的《甲》185
"□戌王贞：亡旦父辛（亡旦父辛）"①，这片卜辞出于小屯村中
（第三区），而按他的坑位法，"凡是村中出土的卜辞一小部分是
第三期，大部分是第四期，尤以武乙为多"，因此，他断言这父辛
是廪辛，这片卜辞属武乙时代。其实，村中、村南除出康丁、武
乙、文丁卜辞外，还出少量一期和五期的卜辞，这片从字体上分
析，属武丁时代的自组卜辞，其上的父辛应指小辛。

又，董氏本来是重视坑位的，可是后来为了迁就他的文武丁
复古之说，就把坑位法置于脑后了。最明显的例子莫过于他对
E16坑的断代。E16坑是个时代较早的灰坑，坑内自、勺、徉等贞
人的卜辞与宾组贞人同出，不见晚期的卜辞和其他晚期的遗物。
在《甲编》序中，董作宾说："第四次发掘的E16坑，这是一个
圆井，应该叫做窖的。井中只有一二期的卜辞……在第二期祖甲
时，此窖塌陷，也就废而不用了。""E16坑可以证明是在祖甲以
前。"但在《乙编》序中，他将自、扶、勺等十七贞人，从一期降
到文武丁时代，如此，E16坑所出的卜辞也应该晚到文武丁时代。
这样与他的坑位说就发生了矛盾。因为依其坑位说，村北是不出
第四期卜辞的，E16坑位于村北五区，所出卜辞为一二期，正相
符合。若将E16所出卜辞改为文武丁卜辞，他所提出的村北不出
第四期卜辞的结论也就不能成立了。

董氏还用坑位法，推求了以前著录的甲骨文字的出土地点。
在《甲编》序中，他推测了十几种著录中所收的甲骨的出土地，
如表二所示。

---

① 屈万里的《殷墟文字甲编考释》将《甲》185释为"亡旦父辛"，我们认为应
以屈说为是。

表二

甲骨文字出土地点	开始发掘	继续发掘	收藏者	著录者	特点
第一区（朱姓地，滨河）	光绪三十年（1904）	1920 年	罗振玉 明义士等	前、后、续、菁、库、龟、卜等	1、2、5 期
第二区（刘姓地，朱地西南）	光绪二十五年（1899）		刘鹗	铁、戬、馀、拾等	1、2、4 期
第三区（张姓菜园，小屯村中）	宣统元年（1909）	1923—1928 年	明义士 刘体智等	粹、后、佚等	3、4 期

　　董氏的推测，大致不错，但也不完全正确。对此，陈梦家在《综述》中有较详细的论述。如《前》《续》《菁》《库》《金》《诚》《林》等书都有第三期的甲骨，与董氏所说的三期卜辞，在以前的著录，除了《佚存》所收美国斯美士的一部分，《粹编》所收善斋的一部分之外，别的书都没有的说法是不相符合的。这种推断上的错误说明了：第一，或者是这些书所收的甲骨不完全出于第一区；第二，或者是第一区除出一、二、五期卜辞外，也出三、四期卜辞。如果第二种推测是正确的话，就进一步说明了董氏坑位说在断代上的局限性，用起来须格外慎重。

　　在卜辞分期的研究中运用田野考古方法的另一个学者是陈梦家。他在《殷虚卜辞综述》一书的第四章第二节中也谈到了坑位问题。他认为：第一，坑位应该和发掘区不同，它必须是某些独立的储积甲骨的穴窖才有可能定这个坑包含某个或某些朝代的卜辞；第二，虽然有意的储藏或堆积甲骨的窖穴才有作为断代的可能，然而也有限度，一个只包含武丁卜辞的坑穴最早是武丁时代的储积，也一样可能是武丁以后的储积；第三，不可以某坑的甲骨年代来拘束同坑的其他实物的年代，反之其他实物的花纹形制足以决定此坑堆积中的实物的最晚时期；第四，坑以外还要注意层次；第五，断定某坑甲骨属于某期，必须严格而准确地掌握卜辞本身的断代标准，如卜人、称谓、字体、文例等。

他又说："坑位只能供给我们以有限的断代启示，而在应用它断代时需要十分的谨慎……上述的穴窖（指有意储积的穴窖）所包含的甲骨至少有三种可能：（1）只包含一个时期，如武丁卜辞；（2）包含连续几期卜辞，如武丁、祖庚、祖甲卜辞；（3）包含自首至尾几个时期的卜辞，如武丁、庚、甲和乙、辛卜辞。关于（3），因为它包含了太长的时期，对于我们的断代，没有很大的帮助。关于（2），可消极的指示没有更晚的卜辞。关于（1）在断代上有用，譬如某一组不能决定年代的甲骨，若总是和具有武丁卜人的甲骨同出一坑，则此组甲骨很可能是武丁时代的。"

陈氏在运用坑位进行卜辞分期的研究中，取得了一定的成绩，如他将学术界有争议的自组卜辞、子组卜辞、午组卜辞定为武丁卜辞，除了提出称谓等方面的证据外，还提供了坑位上的根据。他认为自组、子组和宾组常常同出于一坑，而且同坑中很少有武丁以后（可能有祖庚）的卜辞，反映出它们时代一致，即子组、自组应与宾组一样，均属武丁时代的卜辞。又，午组和其他少数的卜辞在 YH127 坑与上述三组卜辞有共存关系，也当属武丁时代。后来，考古发掘的情况也表明，陈氏的意见是对的。

我们认为，虽然陈氏的坑位说——分析甲骨坑的堆积状况、坑内卜辞的共存关系，在甲骨断代上有一定意义，但他对某些问题的提法，如认为只有有意的储藏或堆积甲骨的窖穴才能断代等，则是值得商榷的。因为，虽然有意的储存甲骨的窖穴是较理想的可供断代的单位，但这类灰坑数量不多，如果把坑位断代的范围仅局限于此，那么，它应用的范围就太狭窄了，不能充分发挥其积极作用。而普通的灰坑，虽然其中的堆积以陶片、兽骨等为主，甲骨只是夹杂其间，零星出土，但这种坑在卜辞分期断代中也往往有一定作用。

其次，无论是董氏，还是陈氏，他们在阐述各自的坑位说之时，都曾提到了层位（地层）的作用，董氏还提到了同出器物，但他们在卜辞分期的研究中都没有真正运用过地层学的原理。我们认为，在研究卜辞分期的时候，坑位固然应该注意，而层位（地层）则更应该注意，同时应该将二者结合起来。根据地层学的观点，对储存甲骨的灰坑，还应该从纵的方面加以区分。即，早期坑，坑内的甲骨和其他遗物均属早期；中期坑，坑内有中期的甲骨及其他遗物，还可能有部分早期甲骨和其他遗物；晚期坑，坑内有晚期的甲骨和其他遗物，但也常有部分早、中期的甲骨及其他遗物。第一种坑，对断定甲骨的时代有重要价值，因为中、晚期之遗物不会出现于早期坑中。如陈氏在论述自、子、午组卜辞的时代时所列举的 YH127 坑，此坑不但宾、自、子、午组卜辞共存，而且从地层上看是属于早期的，陈氏只注意了前者，忽略了后者，而后者对决定这几组卜辞的时代更为重要。第二种坑对于中期卜辞，第三种坑对于晚期卜辞时代的断定也有一定意义，但前者对早期卜辞，后者对中期和早期卜辞时代的断定则无意义，可见中、晚期灰坑在断代上是有其局限性的。

总之，由于甲骨本身是通过发掘出土的，而卜辞断代又是通过科学发掘的启示才得以提出，所以，考古地层学对甲骨文分期断代有重要参考价值，而甲骨的分期研究成果又为殷墟文化各期绝对年代的确定，遗迹、遗物的年代和性质的考订提供了可靠的依据。

下面我们具体用考古学的方法（包括地层与坑位两个方面）对部分、卜辞的时代进行分析。

1. 自组、午组、子组和少数特殊书体的卜辞的时代

自从董作宾在《乙编》序中将这些卜辞归入文武丁时代以后，学术界对它们的时代就一直存在着争论。主要有盘庚、小辛、小

乙说①；武丁说②；武丁早期说③；武丁晚期说④；武乙、文丁说⑤；帝乙说⑥等几种意见。近几年来，通过讨论，特别是由于考古发掘的新发现，对这个问题的看法渐趋一致，大多数人都认为它们属武丁时代。但也还有少数学者力主文武丁时代说。⑦ 所以，争论尚未结束，在这里还有必要作进一步的阐述。

首先，我们看看这些甲骨出土的层位。在考古发掘中，这几组甲骨虽然在晚期的地层和灰坑中有所发现，但更多的是它们经常发现于较早的地层或灰坑中。中华人民共和国成立前，殷墟曾做过十五次发掘，但前几次的发掘，由于缺乏经验，未能正确地区分每一探沟、探方的地层，也不能很好判断遗迹之间的打破关系，所以有些单位所包含的遗物会出现早、晚相杂的现象。下面我们只选择后几次发掘的少数单位作例子加以分析。⑧

（1）B17，在乙五基址下，所出的卜辞为《甲》3357、3358，属𡸳组卜辞。

（2）B30，在乙五基址下，所出的卜辞为《甲》3303、3304、3305，其中3304为𡸳组卜辞，另两片也似早期字体。

（3）H38，在乙五基址下，所出卜辞为《乙》475、476。前

　① 胡厚宣：《战后京津新获甲骨集》序要，1954年。

　② 姚孝遂：《吉林大学所藏甲骨选释》，《吉林大学学报》1963年第4期。

　③ 林沄：《甲骨断代中一个重要问题的再研究》（见林沄：《从子卜辞试论商代家族形态》注4所引，《古文字研究》第一辑，中华书局1979年版）。

　④ 陈梦家：《殷虚卜辞综述》，科学出版社1956年版，第144页。

　⑤ 岛邦男：《贞人补正》四，《第四期武乙、文丁时期之贞人》，（《殷墟卜辞研究》）；许进雄：《卜骨上的凿钻形态》，第21—22页。

　⑥ 李学勤：《帝乙时代的非王卜辞》，《考古学报》1958年第2期。近几年，他在《关于𡸳组卜辞的一些问题》（《古文字研究》第三辑，1980年版），《论妇好墓的年代及有关问题》（《文物》1977年第11期）等文章中已纠正旧说，认为这几组卜辞属武丁时代。

　⑦ 严一萍：《甲骨学》下册，台北：艺文印书馆1978年版；严一萍：《甲骨断代问题》，台北：艺文印书馆1983年版。

　⑧ 石璋如：《小屯·遗址的发现与发掘·乙编》，1959年。

者近宾组卜辞，后者似祖庚卜辞。

（4）H76，在乙五基址下，所出卜辞为《乙》483，属宾组卜辞。

这四个坑，均被乙五基址所叠压，而乙五基址内有三个出刻辞甲骨的坑（打破基址或与基址同时的坑）B125、B126、B130。B125，所出卜辞为《乙》277—289、8646、8501，属宾组和出组卜辞；B126，所出卜辞为《乙》290—296，属宾组卜辞；B130，所出卜辞为《乙》297，亦属宾组卜辞。因此乙五基址应为祖庚、祖甲时期之遗存，基下灰坑时代的下限，不能晚于祖庚、祖甲，或者更早一些。

（5）YH005，在乙六基址下，所出卜辞为《乙》298、8649、8650，近自组或早期字体。此坑出了一些完整的陶器，其中鬲、簋、盂、罍等的形式，属于殷墟文化第二期（大司空村二期），大概坑之时代也与此相近。

（6）H36，在乙基八下，所出卜辞为《乙》474、8683—8687、8657—8660，属自组卜辞。其中有一出刻辞卜甲的坑C75，所出的卜辞为《乙》8648、8682，字体似自组，但此基址打破了水沟，水沟之年代相当于殷墟第二期，所以基址的年代上限不能早于第二期。H36的年代大概相当于祖庚、祖甲时期。

（7）YH127，这是乙十二基址的一个旁窖，是一个埋藏甲骨的窖穴，坑内共出甲骨17096片。绝大多数是宾组卜辞，少量子组、午组，自组和一些字体较特别的卜辞。YH127的最上层是M156，其下为一大而浅的灰坑H117，H117之下为H121，在此坑以下才是YH127[①]，可见这一组遗迹中，YH127之时代最早。M156之时代大体相当于殷墟文化第三期（大司空村三期）。又，从YH127坑内甲骨堆中所夹杂的陶簋口沿观察，似属殷墟第一期

---

①　石璋如：《小屯后五次发掘的重要发现》，《六同别录》上册，1945年。

（即大司空村一期）之物。① 这些迹象表明，这个坑的时代要早于第三期，可能也与殷墟二期相近。

（8）YH448，这是丙一基址之旁窖。所出的卜辞为《乙》9036、9037（图一，1、2），属"午组卜辞"。此坑出土的陶簋，腹壁较直，矮圈足（参见《殷墟陶器图录》228G，1947 年），型式近似殷墟第一期（大司空村一期）。

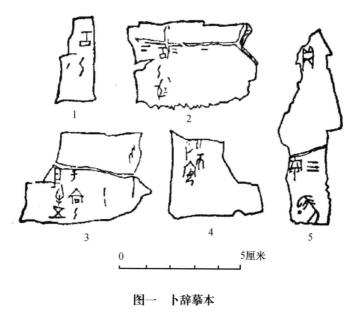

0　　　　　　　　　　　　5厘米

图一　卜辞摹本

1.《乙》9036；2.《乙》9037；3.《屯南》2698；4.《乙》9099；5.《屯南》4575

1973 年，在小屯南地的发掘中，在早期的灰坑和地层中，也发现了自组、午组和一些字体较特别的卜辞。

如 H102 出的《屯南》2698（图一，3）属午组卜辞；H104 出的《屯南》2765、2766 属自组卜辞；H107 出的《屯南》2767—2771 属自组和午组卜辞；探方 T55 ⑥A出的《屯南》4575

① 邹衡：《试论殷墟文化分期》，《北京大学学报》（人文科学版）第 5 期，第 84 页下注①。

（图一，5），过去《屯南》前言误定为宾组，今正。这片卜辞字体较特别，贞字的写法也见于《乙》8695、8713（《合集》丙二22261、22249）等片，时代近于自组。

特别是 T53 ④A 所出的自组卜甲《屯南》4511—4517，其中4517 还有自组卜辞的贞人扶（图二），尤为学术界所瞩目。许多学者认为，这是断定自组卜辞属于早期的一个重要证据。但是，有的学者根据打破 T53 ④A 的 H91 灰坑中所出的两片卜甲能与 T53 ④A 自组卜甲（T53 ④A：145）缀合，就对 T53 ④A 之时代提出不同的看法，认为"在 T53 ④A 和 H91 两个不同的地层中出土的龟甲可以缀合在一起，你能说，'T53 ④A 属于武丁晚期，H91 属于康丁、武乙、文丁吗？'中间会相隔几十年，然后分别入土吗？这明明是同一个时期的龟甲是属于文武丁时代的……地层颜色的不同，很可能当时堆积的物质不同所形成，不一定是属于两个时期，否则分别出土的两片腹甲，何以能缀合在一起？"① 我们觉得，这种说法是由于对田野发掘情况不明了而产生的误解。在发掘中，经常可以见到时代较晚的地层、灰坑、墓葬等遗迹破坏了时代较早的地层、灰坑，在这种情况下就可能出现早、晚不同期的坑、层出土的遗物缀合在一起的现象，陶片如此，甲骨也如此。例如，小屯南地殷代晚期的灰坑 H17 被隋墓 M13 的墓道破坏了一半（参见《屯南》上册图二），H17 的一部分甲骨落到 M13 墓道中（七百多片），于是这两个单位所出的甲骨有一些就可缀合（如《屯南》639、646、663、681 等），这些被缀合的甲骨，谁都会认为它们的时代属于早期（殷），不会属于晚期（隋）。

关于这一现象，李济在 1929 年描述隋代卜仁墓的地层时就曾指出，纵二甲乙西支的"这种褐色及黑色的硬土为破土葬卜处士的时候破去了，并且直破到黄沙土底，连在这块的文化层土（按：

---

① 严一萍：《甲骨学》下册，台北：艺文印书馆 1978 年版，第 1028—1029 页。

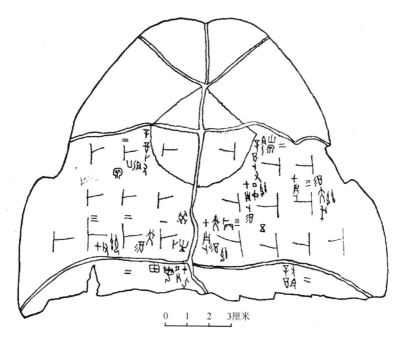

0　1　2　3厘米

图二　《屯南》4517 摹本

指殷文化层）都全出来，然后才安葬卜君。在这种情形之下，那上下的土层当然就会夹杂起来。会葬卜处士的亲友大概总有见过土中所包的字骨白陶片等实物，但他们……填窆的时候，仍旧把那些张、杜、杨、许未见的文字埋下去，直到我们去发掘的时候才重见天日"①。从这段描述中我们可以看出，当年在隋卜仁墓的填土中也曾发现过甲骨，他们之中或许有的也可与殷坑层中出土的甲骨相缀合。所以，尽管与 T53 ④A：145 缀合的两片卜甲出在时代稍晚同时又打破它的 H91 坑，并不影响 T53 ④A 自组卜甲的时代属于早期。

上述十多个单位的资料表明，这几组卜辞所出的层或坑时代

① 李济：《民国十八年秋季发掘殷墟之经过及其重要发现》，《安阳发掘报告》1930 年第 2 期。

较早，尤其是自组和午组卜辞出于殷墟文化第一期的灰坑和地层中，从而说明这几组卜辞的时代是较早的。

下面，我们再看看这些甲骨的共存关系。中华人民共和国成立前发掘的甲骨坑，不少缺乏地层关系的科学资料，但我们可以分析坑中各种甲骨的共存情况，作为断代的参考，现在选出 11 个有两种或两种以上的甲骨卜辞的坑，列表三如下。①

表三

坑号	所出刻辞甲骨	共存情况	发掘次第
YH006②	《乙》299—467　8502—8531　8651—8656	自、宾、子	13
B119	《乙》1—237　8638　8639　8661　8674　8675　8662	自、宾	13
YH127	《乙》487—8500　8663—8673	宾、自、子、午	13
YH265	《乙》8935—8936	宾、自	15
YH330	《乙》8939—8994	子、自	15
YH344	《乙》8997—9022　9066—9079	自、子	15
H107	《屯南》2767—2771	自、午	1973 年
A26	《甲》110—179　368—375　391	宾、自、出	1
纵一癸北	《甲》929　943　211	宾、自、出	3
横十三乙	《甲》950—969	自、出	3
E16	《甲》2941—3176　3324—3328　3322　3330—3346　3361　3362	宾、自、出	4

从表中可以看出，自组、子组、午组及少数字体特别的卜辞，常与宾组卜辞同坑而出（有的坑如 E16 也有少量出组卜辞），而这些坑不见晚期的卜辞。宾组卜辞属武丁时代，这是学术界已公认的，所以这些卜辞之时代也应与宾组相近。

---

①　参见肖楠《再论武乙文丁卜辞》，《古文字研究》第九辑，中华书局 1984 年版，表三。

②　YH006 中的《乙》8651—8652 为五期卜辞，邹衡先生在《试论殷墟文化分期》中指出，此片"坑号可疑，或为 YH006 南井之误"。

这几组卜辞虽同属早期，但是它们之间也有时代先后之别。据近几年的考古发现和研究，学术界对殷墟文化各期年代的认识有了新的发展。由于妇好墓、小屯十七、十八号墓的年代属于武丁晚期，共存的陶器为殷墟文化第二期，因此有的学者推测殷墟文化第一期的下限不晚于武丁，上限大概早于武丁。发现在殷墟第一期的自组卜辞，其时代应为武丁前期，比宾组要早。① 我们同意这一看法。另一些字体特别，尚不能分组的卜辞，如《屯南》4575 等，也应属武丁前期。

应当注意的是，武丁时代的卜辞（特别是宾组卜辞）字体和文例都相当规范，是较成熟的文字。在此以前，文字的发展必定经过一个漫长的阶段。所以，殷墟是否有武丁以前，即盘庚、小辛、小乙时代的卜辞，就成了学术界十分关注的问题。过去有的学者（如董作宾、胡厚宣）虽然曾指出这类卜辞的存在，但并未真正得到证实。所以，直到今天这仍是一个需要探索的悬而未决的问题。我们认为，要解决这一问题，仍然需要从地层学入手进行探索，而《小屯南地甲骨》一书为这种探索提供了新的线索。

在小屯南地 T53 的第 7 层下发现了一个椭圆形灰坑 H115，出土了一片龟腹甲（《屯南》2777，图三）。此甲上部残缺，背面有钻、凿、灼痕，在左边甲桥上有"羍生"二字，笔画纤细。坑内除出卜甲外，还出了几片陶片，但可惜过于破碎，器形不辨。所以判断此坑的时代主要以地层叠压和灰坑的打破关系为依据。在 H115 之上部有一组打破关系：

T53 ④A→H111→H112→H115

即 H115 被 H112 叠压，H112 被 H111 打破，而 H111 又被 T53 ④A 打破。如前所述，T53 ④A、H111 的时代属小屯南地早期（殷墟文化一期），这样，H111 的时代下限当不晚于殷墟一期，上

---

① 郑振香、陈志达：《论妇好墓对殷墟文化和卜辞断代的意义》，《考古》1981 年第 6 期。

限则比一期略早。所以《屯南》2777 这片字甲，比 T53 ④A 所出的自组卜甲时代要早。

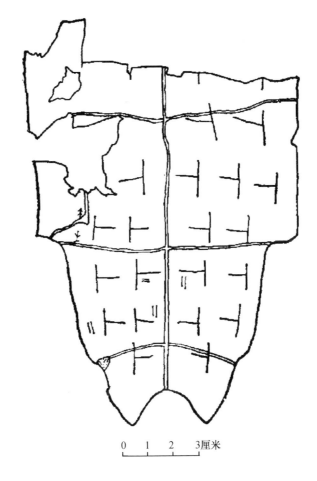

0   1   2   3厘米

图三 《屯南》2777 摹本

此外，在中华人民共和国成立前的发掘中，在小屯丙一基址以北，丙五基址以西发现了时代较早的墓葬 YM232、331、388。在 YM331 中出了一片卜骨《乙》9099，时代也相当早。《乙》9099 辞为"□ [未] 卜安……[午] 不"（图一，4）。此片在《甲骨文合集》第七集之号为 22458，编入丙二，附属于午组卜辞。我们认为，"午""不"两字的写法似午组字体，但"卜""安"两字又接近自组的风格。YM331，出了成组的青铜礼器①，铜鼎、斝、觚、爵等的形式与安阳殷墟三家庄 M3 所出的近似，比属殷墟第一期的 59 武官 M1 所出的同类器稍早。根据三家庄发掘的地层关系，M3 早于殷墟第一期（大司空村一期）的灰坑 H1。所以，有的研究者认为，M3、YM331、YM338 是早于武丁时代的墓葬。②

上述两片刻辞甲骨所在的灰坑和墓葬都比殷墟文化第一期略早，而第一期的下限为武丁前期，那么这两片卜辞的时代就可能在武丁以前了。其实，在郑州二里冈，早在 1953 年就已发现了商代二里冈期的刻字牛肋骨和圆骨片，但当时有的古文字学家认为其时代属殷代晚期③，从而使这一新发现未能引起学术界的注意。最近，参与当年发掘的学者著文较详细地阐述了当年这两片字骨出土时的地层和同出的遗物，确认它们的时代为二里冈期。④ 所以，安阳殷墟存在时代早于武丁的甲骨，也当是意料之中的事情。

2. "历组卜辞"的时代

这一问题，过去我们已经谈了不少，下面仅就地层与共存关系两方面稍作补充。

从小屯南地的全部材料来看，"历组卜辞"父乙类（文丁卜辞）都出于中期二组或更晚的地层与灰坑中，没有一片是出于中期一组或更早的地层与灰坑之中，故我们作出文丁卜辞只出于中期二组地层与灰坑，不出于中期一组地层与灰坑的结论是根据了大量的事实，并不是仅据孤证立论。同样，全部"历组"父丁类

① 李济：《记小屯出土之青铜器》上篇，《中国考古学报》第三册，1948 年。

② 杨锡璋：《殷墟青铜器的分期》，《中原文物》1983 年第 3 期；《安阳殷墟三家庄东的发掘》，《考古》1983 年第 2 期。

③ 陈梦家：《殷虚卜辞综述》，科学出版社 1956 年版，第 27 页。

④ 裴明相：《略谈郑州商代前期的骨刻文字》，《全国商史讨论会论文集》，1985 年。

（武乙卜辞）都出于中期一组或更晚的地层与灰坑之中，没有一片出于早期地层与灰坑之中。不仅小屯南地如此，过去在小屯村北的发掘中，"历组卜辞"也从未在相当于祖庚、祖甲至廪辛、康丁时的建筑基址乙一、三、八、十一、十三的基层或基下所叠压的甲骨坑中发现过。在地层关系上出现上述现象不是偶然的，而是由"历组卜辞"本身的时代所决定的。需要进一步提出的是，出现在中期地层与灰坑中的卜辞是否为早期的遗落物，或者说这种中期地层是否是从更早的地层中翻移过来的再生堆积呢？回答是否定的。因为在考古发掘中，判断晚期地层中出现的遗物是否为早期的遗落物，首先需看其是否曾出现于早期地层。而在考古发掘中所遇到的任何早期遗物，总是首先和大量地出现在早期地层，绝不会首先和大量地出现于晚期而从不见于早期地层。如果真是那样的话，我们又如何判断它们是早期遗物呢？

从甲骨坑中卜辞的共存关系来看，表三所列的十一个时代较早的甲骨坑内，没有"历组卜辞"，甚至在以廪辛何组卜辞为下限的灰坑或探坑中（如 H20、YH393、D49）也不见它们的踪影。迄今为止，殷墟已发掘多次，"历组卜辞"已发现了数千片，但从未发现它们与𠂤组、子组、午组、宾组及庚、甲卜辞共存于较早的（殷墟文化一、二期）灰坑、地层之中。又，"历组卜辞"与康丁卜辞同坑而出，在小屯南地也是最常见的现象。如 H23、H24，这两个灰坑所出的卜辞数量甚多，全部是卜骨，无一片卜甲，卜辞的类别是康丁卜辞和"历组卜辞"（包括父丁类和父乙类），无一片早期卜辞。这两个中期二组灰坑，只打破中期一组的灰坑而没有打破早期的坑、层，因为它们所在的探方 T11、T21 没有相当于殷墟一期或二期的地层和灰坑，只是在 T22 之东边，与 T32 相邻处发现了早期的沟 G1，但是沟内没有发现早期的刻辞甲骨。这样，我们至少可以说，这两个坑中的"历组卜辞"不是从更早的地层中被翻移来的再生堆积。同时，"历组卜辞"不但与康丁卜辞经常同坑而出，而且它们分布的区域也基本相同，都集中于村中、村南。

总而言之，抛开"历组卜辞"的字体、文例、内容（这些方面的看法我们过去已作过一些论述），单从考古学的角度看，它无疑是属于武乙、文丁时代的。

3. 晚期卜辞的地层关系

晚期帝乙、帝辛卜辞，出在殷墟文化第四期的灰坑或地层中。如1972年小屯西地的发掘，在出殷墟第四期陶器的灰坑中，发现了帝乙、帝辛字体的卜旬辞。中华人民共和国成立前，小屯村北发掘的YH006南井所出的《乙》8688，YE181方坑的《甲》3687、3690都是乙、辛卜辞，这两个坑同出的陶器也相当于殷墟四期。不过，晚期坑所出的卜辞较复杂，常有早、晚相杂的现象，这就需要我们仔细分析辨认，除了从卜辞内容、字体等方面进行分析外，从考古学方面来说，还需剔除那些曾经出现于早、中期地层、灰坑的部分。

在晚期的卜辞中，有一种"干支卜王其田亡灾"的田猎卜辞，灾字作𤀈或𤀈，王字作王，贞字两足外撇，如《京津》4518、《粹》965、《佚》197、《屯南》648（图四）等。灾字作𤀈、𤀈形从廪辛时就已出现，直至乙、辛时代仍在流行。所以对这种卜辞的分期学术界意见不大一致，有的将其定为三期、四期，四期，也有的定为四期末、五期。在1973年小屯南地的发掘中，这类卜辞不出于早、中期的灰坑而只见于晚期的灰坑（H17、H57、H58等）。小屯南地晚期相当于殷墟第四期前半叶。

又，这类卜骨背面有凿、灼，无钻，凿的型式是腹部呈弧线，比较肥大，两端尖圆或平圆，长度多在2厘米以下，与康、武、文时代卜骨常见的长方形凿不同，而与乙、辛卜骨的凿相似。

这类卜辞的字体，虽然有一部分与康丁、武乙字体近似，但像寅、申、戊、子、王、贞、其等常用字的写法与乙、辛字体相

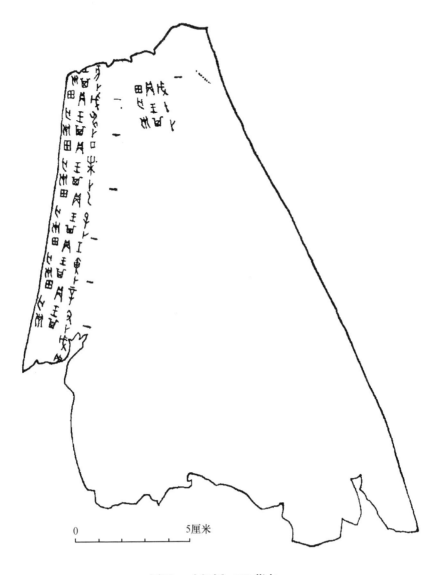

图四　《屯南》648 摹本

似。从坑位、字体、凿形等综合分析，我们认为这类田猎卜辞应为乙、辛之物，可能属帝乙时期。

综上所述，考古学的地层、坑位（包括共存器物）对于卜辞的断代应是重要的标准之一。它对时代越早的卜辞的作用就越大，是主要的断代依据。而对晚期的卜辞仍具有一定的参考作用。但是，地层、坑位只能判断卜辞的相对年代，要判断它属于哪个王，还要通过对卜辞的内容（世系、称谓、贞人、字体以及同出的其他遗物等）作多方面的分析，才能得到正确的结论。

重论午组卜辞*

　　午组卜辞的名称是陈梦家先生于《殷虚卜辞综述》162 页中最先提出来的，他把有贞人午、弁及字体与称谓自成一系，与宾、自、子组有区别的卜辞归属午组卜辞。[①] 尽管较多的学者认为午、弁不是贞人，[②] 但仍采用他的定名。1979 年，我们曾以肖楠的笔名发表过《略论"午组卜辞"》一文[③]，该文至今已三十多年，学者对午组卜辞的特征、内容、时代等问题的研究已日益深入，特别是 2002 年考古研究所安阳工作队在小屯村南又发掘出五十多片午组卜辞。新的资料开阔了我们的眼界，学者们的研究也加深了我们对此类卜辞的了解。笔者认为，过去对此类卜辞的论述，有的需要修正，有的应作补充。故本文拟在近数十年来学者们研究的基础上，结合新出土的资料，对午组卜辞的特征、主要内容、坑位、凿钻形态、时代等问题，作进一步的论述。

---

　　* 本文原载《甲骨文与殷商史》新二辑，上海古籍出版社 2011 年版。

　　① 陈梦家：《殷虚卜辞综述》，科学出版社 1956 年版，第 162 页。

　　② 林沄：《从子卜辞试论商代家族形态》，《古文字研究》第一辑，中华书局 1979 年版，第 315 页。在该文中，作者认为午组卜辞没有贞人，并将该组卜辞称为"乙种子卜辞"；裘锡圭：《论"历组卜辞"的时代》，《古文字论集》，中华书局 1992 年版，第 280 页；前川捷三：《关于午组卜辞的考察》，《古文字研究》第八辑，中华书局 1983 年版，第 94 页。

　　③ 肖楠：《略论"午组卜辞"》，《考古》1979 年第 6 期。

一　午组卜辞的主要特征

本文所述的此组卜辞的主要特征，主要指字体和兆序字的特征。

（一）字体

午组卜辞的字体特征，学者多认为是好用尖锐的斜笔与折笔，尤其是惯用 S 形折线，异体字较多等。①

应指出的是，在午组卜辞中还存在着少量字体与上述特征不同的卜辞。蒋玉斌博士在《殷墟子卜辞的整理与研究》中将这些卜辞区分出来，并称为 B 群、C 群与 D 群字。其中 B 群字体，如《合集》22093、22094 等片，有的字与自组大字接近，故不少学者认为这是自组大字与午组字体共版。蒋文对此作了细致的分析，认为 B 群字与午组卜辞的主体字（他称 A 群），在字形结构上差别不大，"差别主要是其字体比较散乱，契刻习惯还不稳固。这是契刻技艺不成熟的表现……是未摆脱笔书风格的一小群乙种子卜辞。它很可能是刻手实习的卜辞"②。我们认为蒋氏将此类字体分出来作为午组卜辞的另一小群字体是有道理的，但说它是"刻手实习的卜辞"则值得商榷。在《村中南》③ 366、496 上也见有这种字体的卜辞，除了行款不大整齐，笔画转折自然，线条也较圆润流畅，似较有经验的刻手的作品。我们推测，午组卜辞的某些刻手，在大量折笔字的卜辞中，插入圆笔大字，是为了使整版卜辞字体不过于刻板、单调，呈现出刚柔互济、生动活泼的风格，

---

① 蒋玉斌：《殷墟子卜辞的整理与研究》，吉林大学，博士学位论文，2006 年，第 74、75 页。

② 蒋玉斌：《殷墟子卜辞的整理与研究》，吉林大学，博士学位论文，2006 年，第 77、78 页。

③ 中国社会科学院考古研究所：《殷墟小屯村中村南甲骨》（简称《村中南》），云南人民出版社 2012 年版。

这是一种艺术化的处理。这种不同风格的字体同版的例子，在宾组卜辞中也是屡见不鲜的，如《合集》11497 正、903 正、6834 正就是其例。

（二）兆序字

蒋玉斌指出，午组卜辞的一个显著特点是兆序字刻在卜兆兆干的正顶。[①] 我们检查了 2002 年小屯村南出土的数十片甲骨实物，发现绝大多数午组甲骨（约占 93%）兆序字均在兆干的顶部，而自组甲骨则在卜兆的左上端（兆枝向左）或右上端（兆枝向右）。所以用兆序字的位置作为判断卜辞分类的一个标准是可行的。

二　午组卜辞的主要内容

（一）祭祀对象

关于午组卜辞的祭祀对象，陈梦家、李学勤、彭裕商、黄天树等学者在其著作中均作过论述。[②] 现根据《村中南》的资料，作些补充（本文只对《村中南》新发现的、过去未见著录的卜辞引出其文，并发表摹本，对大多数卜辞只列其号），订补如下：

表一

1. 祖乙	《合集》22044，《村中南》457、458
2. 祖丁	《合集》22184，《英》1986
3. 祖戊	《合集》22047、22050、22051、22052，《村中南》453
4. 祖己	《合集》22055、22056

---

① 蒋玉斌：《殷墟子卜辞的整理与研究》，吉林大学，博士学位论文，2006 年，第 82、163、164 页。

② 参见陈梦家《殷虚卜辞综述》，科学出版社 1956 年版，第 162—165 页；《殷墟甲骨分期研究》，第 314 页；黄天树：《黄天树古文字论集》，学苑出版社 2006 年版，第 136—137 页。

续表

5. 祖庚	《合集》22044、22045、22079，《村中南》478
6. 祖辛	《合集》22184
7. 祖壬	《合集》22044、22050
8. 祖癸	《屯南》2771
9. 三祖庚	《合集》22188
10. 妣乙	《合集》22025、22065—22069、22050、22074、22077、22145，《村中南》366、478
11. 妣丁	《合集》22069、22070，《村中南》297
12. 妣戊	《合集》22098，《村中南》297、311
13. 妣己	《合集》22050、22112
14. 妣辛	《合集》19899、22050、21874、22071、22073、22074、22099，《屯南》2248，《村中南》297、357、481
15. 妣壬	《合集》22050
16. 妣癸	《合集》22048、21874、22050、22074，《村中南》294、338
17. 父乙	《合集》22083 甲、乙
18. 父丙	《合集》22098，《村中南》337
19. 父丁	《合集》22046、22047、22056、22066、22072、22073、22093、22099、22199，《村中南》453
20. 父戊	《合集》22045—22049、22065、22073、22074、22092、22094、22098、22101，《村中南》414、453、483、496
21. 父己	《合集》22100、22074、22075、22184，《村中南》352、447
22. 父辛	《合集》22048
23. 母乙	《村中南》478 "癸亥卜，在子：钌叏于母乙，臣于祖庚，卯羊二，豭二?"辞中 "母乙" 倒写为 "乙母"（图三）
24. 母戊	《合集》22076，《村中南》357
25. 母庚	《屯南》2673
26. 母辛	《村中南》470 "戊戌卜：钌父、母辛?"（图四） 该辞卜问钌祭父辛、母辛，父、母共用一个 "辛" 字
27. 兄己	《合集》19775、19776、22075、22196、22276，《村中南》457、458
28. 兄癸	《合集》22196
29. 子庚	《合集》22044、22046、22047、22078、22079 甲乙、22080、22081、22088、22095

30. 卜（外）丙	《合集》22066
31. 大甲	《村中南》355 "奉禾甲大？"辞中 "大甲" 倒写为 "甲大"（图十四）
32. 南庚	《屯南》2118
33. 𢆶（盘）庚	《屯南》2671
34. 下乙	《合集》22044、22078、22088、22091 甲、22176、22177
35. 入（内）乙	《合集》22060、22065、22074、22088、22092、22098，　　《村 中 南》297、365
36. 上乙	《合集》22160
37. 黑乙	《合集》22091 甲
38. 𠂤乙	《屯南》2698
39. 乙	《合集》22467、22078、22094
40. 石甲	《合集》22044、22116、22119 甲，《屯南》2671，《村中南》462
41. 受丁	《合集》22092
42. 内戊	《合集》22050
43. 外戊	《合集》22049
44. 司（后）戊	《合集》22044
45. 天戊	《合集》22054
46. 上戊	《村中南》462 "壬午卜：叀今日尞𡧪上戊？用。"（图一）
47. 内己	《合集》22055
48. 司己	《合集》22092、22212，《村中南》478、507
49. 关己	《村中南》297 "关己，妣丁？"（图五）
50. 天庚	《合集》22094
51. 庚	《合集》22048
52. 上庚	《合集》22073
53. 天癸	《合集》22094
54. 子竹	《合集》22045
55. 子𠦪	《合集》22067
56. 天	《合集》22055、22453，《屯南》2241，《村中南》453
57. 武	《合集》22075
58. 目	《村中南》308、299 "戊午卜：尞目羍雨？"（图二）
59. 龙	《村中南》478 "乙丑卜：羍妊生于龙？"（图三）

　　以上 59 个祭祀对象中，祖壬、祖癸、三祖庚、妣乙、母辛、兄癸、子庚、上乙、黑乙、侖乙、石甲、受丁、内戊、外戊、司戊、天戊、上戊、内己、司己、关己、天庚、子竹、子𩵋、天、武等 25 个为午组的特有称谓。

　　上述祭祀对象中有不少与王卜辞（宾组与𠂤组）相同。但由于殷代对未即王位的祖先也进行祭祀，而未即位的祖先数量较多，所以其中有的同名并不指同一个人。

　　午组卜辞与王卜辞共同祭祀的先王，有外丙、大甲、祖乙（午组卜辞称之为下乙[①]、内乙[②]）南庚、盘庚，反映出午组卜辞主人与殷王有共同的祖先，有亲属血缘关系。由于午组卜辞中祭祀下乙、内乙的卜辞较多，故可以推测午组卜辞主人的这一家族（或宗族）是祖乙之后。[③]

　　午组卜辞与宾组卜辞均有父乙、母庚，有学者据此认为"午组的'子'和商王有着较密切的血缘关系，因此午组的父乙和母庚与宾组所指很可能是一样的。即父乙指武丁之父小乙，母庚指小乙之配"。"午组的占卜主体'子'不仅是与商王同姓的族长，而且和商王武丁的辈分相同，很可能是从父弟兄。"[④]

　　上述看法，可备一说，但笔者未敢苟同。因为在午组卜辞中父乙与母庚各见一片，未发现他们与其他的祖先称谓有同版关系或在内容上有关联。这与子组卜辞中诸父的情况有所不同。属子组卜辞的《合集》21538 和 21539 两片，祭祀父甲、父乙、父庚与盘庚、小辛所用的祀典完全相似，且父甲、盘庚、父庚、小辛同版，所以，子组卜辞的父甲、父庚、父辛、父乙，即阳甲、盘庚、小辛、小乙，从而可推测，该组卜辞的占卜主体可能是武丁

---

　　①　胡厚宣：《卜辞下乙说》，《甲骨学商史论丛》初集，1944 年，第 3 页。
　　②　严一萍：《释四祖丁》，《大陆杂志》第 18 卷，第 8 期，1959 年。
　　③　胡厚宣：《卜辞下乙说》，《甲骨学商史论丛》初集，1944 年。
　　④　黄天树：《午组卜辞研究》，《黄天树古文字论集》，学苑出版社 2006 年版，第 142 页。

的亲兄弟或从兄弟。①我们认为目前发现的资料，尚难确认午组卜辞的父乙、母庚是小乙及其配偶。

值得提及的是，在非王卜辞中，对男性祖先的祭祀以祖乙为主，除午组卜辞外还有花东 H3"子"卜辞。但 H3 卜辞中，祭祀祖甲的卜辞数量也较多，且还见祖甲与祖乙同版同辞，我们认为 H3 的"子"，是羌甲（即沃甲）之后的这一支的宗子。②与子组卜辞相比，H3"子"卜辞的占卜主体与时王武丁的亲属关系较远，但该组卜辞的祖辈称谓除祖乙、祖甲外，还有上甲、大乙、大甲、小甲、祖辛、祖丁、祖庚，表明该组卜辞的"子"与商王的关系又较午组卜辞占卜主体近些，且宗法地位也较高。③

（二）人物

对午组卜辞所见的人物，肖楠、李学勤、彭裕商、黄天树、赵鹏等曾作过整理，以赵鹏列举的人名最多，计 35 人。④我们对诸家所指出的人名加以审核，又增补了《村中南》新出土的数据，得出午组卜辞的人名有 39 个。这里要说明的是，本文所说的人名，均指活着的人物。下面我们将这些人名逐一列出，各家公认的人名只列出片号，对新发现的人名或甲骨学者有不同看法的人名做些讨论。

---

① 彭裕商：《非王卜辞研究》，《古文字研究》第十三辑，中华书局 1986 年版，第 62—63 页。

② 中国社会科学院考古研究所：《殷墟花园庄东地甲骨·前言》，云南人民出版社 2003 年版，第 26—32 页。

③ 朱凤瀚：《读安阳殷墟花园庄东地出土的非王卜辞》，《2004 年安阳殷商国际学术研讨会论文集》，社会科学文献出版社 2004 年版。

④ 赵鹏：《殷墟甲骨文人名与断代的初步研究》，线装书局 2007 年版，第 267、272 页。

表二

1. 子梦	《合集》22065、22145
2. 子亳	《合集》22145、22276
3. 子匿	《村中南》337"乙卯卜：钔子匿于父丙羊？"（图六） 该字作⌘，从匚从若，已见于《屯南》3566，作⌘，为"匿"字之异体。 在晚商青铜器中有匿铭铜器（《集成》366、7373—7377、9114、9115），①字的结构与甲骨文之匿字相似。
4. 量	《合集》22097、22092、22094，《村中南》497
5. 冉	《合集》22067
6. ⌘（⌘）	《合集》22086、22088《村中南》327
7. 倖	《村中南》357"丙申卜：钔倖于姄辛？"（图七）该字作⌘，从人从辛。已见于《屯南》2448第（2）辞，因字形与姄辛近似，故该书的释文及《小屯南地甲骨考释》中的释文②均隶释为"姄辛"。此片"倖"与"姄辛"同辞，可证该字当为"倖"，作人名。
8. 守	《村中南》453"辛丑卜：钔守告直于父戊羊？"（图九）该字作⌘，从宀从又。 古文从又从寸无别，故可隶为守。守字已见于晚商金文（《集成》1096、2967—2969、6589、6590—6592），字作⌘形，在甲骨文中尚属首见。
9. 河	《屯南》2241"叀钔河牛于天？《村中南》453"丁酉卜：河钔于祖戊牛，福□于天？"（图九）此二片之河作⌘、⌘，从水从乃，《小屯南地甲骨考释》289页隶为"河"，也有学者隶释为"䜣"。③ 午组卜辞的"䜣"字作⌘（见《合集》22048、22186），从弓从斤，在字形上与上二片之"河"有相似之处，但差别还是明显的。故我们认为以隶"河"为好。上述二辞大意是为被除河的灾殃用牛对祖先神灵进行祭祀。
10. 新	《合集》22073
11. 爵	《合集》22050

---

① 中国社会科学院考古研究所：《殷周金文集成》，中华书局1984—1994年版，第一卷，第442页；第五卷，第9—10、307页。

② 姚孝遂、肖丁：《小屯南地甲骨考释》，中华书局1985年版，第290页。

③ A. 黄天树：《午组卜辞研究》，《黄天树古文字论集》，学苑出版社2006年版，第144、145页；B. 赵鹏：《殷墟甲骨文人名与断代的初步研究》，线装书局2007年版，第267、268页。

续表

12. 窒	《合集》22050、22103
13. 石	《合集》22048、22092、22069、22094、22105＋22424，《村中南》457
14. 陕	《合集》22043
15. 弥	《合集》22048、22106、22186
16. 虎	《合集》22065
17. 家	《合集》22901 甲
18. 光	《合集》22043
19. 戊	《合集》22043、22104
20. 雍	《合集》22048
21. 亚	《合集》22086、《村中南》507
22. 庶	《合集》22045
23. 夫	《合集》22530
24. 尹	《合集》22050、《村中南》457
25. 象	《村中南》320（图十九）
26. 窒候	《合集》22065
27. 亚雀	《合集》22086、22092，《村中南》475
28. 良	《合集》22049、《村中南》492（图八）
29. 妻	《合集》22049、《村中南》492（图八） 午组卜辞的良、妻是否用为人名，学术界有不同的看法。①《合集》22049"戊午卜贞：妻又（有）凸今夕？""戊午卜：至妻祈束父戊，良又（有）凸"《村中南》492（1）"丁巳卜：又凸今夕？"（2）"丁巳卜：良凸?"（3）"祈妻，千？"凸字，学术界有不同的解释。②我们从姚孝遂的考释，即该字与灾咎之义有关。以上两片卜辞内容有关联，是卜问妻、良二人是否有灾咎，并为此举行祈祭。
30. 妇石	《合集》22099、《屯南》2118
31. 妇婷	《合集》22077

①　前川捷三认为良为人名，见《关于午组卜辞的考察》，《古文字研究》第八辑，中华书局1983年版，第199页；蒋玉斌认为妻是人名，见《殷墟子卜辞的整理与研究》，吉林大学，博士学位论文，第91页。但较多的学者尚未认同。

②　姚孝遂释凸字与灾咎之义有关（见于省吾主编《甲骨文字诂林》，中华书局1996年版，第3367页）；姚萱认为凸指疾病好转、痊愈之意（见《殷墟花园庄东地甲骨卜辞的初步研究》，线装书局2006年版，第199—212页）。

续表

32. 娘	《合集》22099
33. 旻	《合集》22099、《村中南》389
34. 薑	《合集》22099
35. 姪	《村中南》478"乙丑卜：奉姪生于龙?"（图三）
帚姪	《村中南》237、361"乙卯卜：午帚姪于☒"，姪与帚姪为同一人
36. 彶	《合集》22098
37. 笶	《合集》22099
38. 婍	《村中南》350"己酉卜姣婍? 二月。庚用。之夕雨。"（图十一）
39. 昬	91 花南 M99 上③：1"戊午卜：昬奉生? 三月"。① 此片"奉"字写法较特殊，缺两斜画。"昬奉生"之辞例如同《合集》22099"辛酉卜：女奉屮生?"只是省去"屮"字。昬，当为人名，女性。

　　这39人中，属于午组卜辞占卜主体"子"所统领的成员有35名。大致可分为以下几类：第一类是午组"子"的弟辈或子辈：子亳、子梦、子匫；第二类是"子"的妻妾、弟媳或儿媳：妇石、妇婷、帚姪（姪）、娘、旻、薑、妻、笶、昬；第三类是与"子"有一定亲属关系的家族成员：量、石、倖、河、弞、⿰（⿰），守、新、爵、良、家、窈、虎、亚、庶等，"子"卜问其咎休祸福，并为他们举行钐祭；第四类，"子"的下属、家臣：陕、戉、光、雍、冉、尹、彶、婍等。这些人接受子的调遣，从事生产、生活等各类活动。

　　午组家族的外部成员有亚雀、夫、豙、⿱侯等。

　　已有一些学者指出，午组的某些家族成员或其下属又见于宾组、自组及其他非王卜辞中，如戉、光、陕、弞、石等，在武丁时期的王卜辞中较常见。他们也是王的臣属，特别是戉、光等还是较重要的武官。卜辞中关于他们活动的记录，已为研究者所熟知，

---

　　① 中国社会科学院考古研究所安阳工作队：《1991 年安阳花园庄东地、南地发掘简报》，《考古》1993 年第 6 期。

本文不再赘述。

这里要补充的是《村中南》453 新发现的午组人物"守"，其名未曾见于卜辞。但殷墟西北冈 1001 号大墓出土的两件铜觚，上有"守"字铭文。[①] M1001 为四条墓道的大墓，属于商王的陵墓，有学者推测，其墓主为武丁。[②] 这种观点较有说服力。午组卜辞属于武丁时代的卜辞，那么 M1001 所出的"守"觚，可能是"守"生前所用之器物，后来贡献给武丁，因此在王陵中发现。这表明午组之"守"与武丁关系较密切，大概是王的臣属或近侍。以上的资料反映出午组的不少家族成员或下属，在武丁时期的政治舞台中相当活跃，由此可以推测，午组卜辞这一家族，应是强宗大族，其占卜主体"子"之地位虽不如花东 H3 之"子"，但身份也相当显赫，是一位颇有势力的族长。

（三）经济状况

在商代，每一个宗族（或家族）是一个独立的生产单位，有独立的经济。午组卜辞中这方面的内容较少。

1. 农业

过去未见祈禾内容的卜辞，在 2002 年小屯村南出土的午组甲骨中有新的发现，见于以下三条卜辞：

內虫禾？	《村中南》294（图十二）
壬寅卜贞：𠭯禾？	《村中南》486（图十三）
辇禾甲大？	《村中南》355（图十四）

第 1 条卜辞缺干支，但同版的另一条卜辞的干支为"壬寅"，

---

① 梁思永、高去寻：《侯家庄第二本·1001 号大墓》，"中研院"历史语言研究所，1962 年。

② 曹定云：《论殷墟侯家庄 1001 号墓墓主》，《考古与文物》1986 年第 2 期。

可能 294 与 486 两片卜甲为同时所卜同一件事。𝕳与𝕳为一字之异构，地名。第 2 辞之"𝕳禾"省去"屮"字。禾，泛指谷类作物。在宾组卜辞中常见"受屮年"之辞例，此片之"屮禾"与之义近，这两条卜辞是卜问午组家族在𝕳地的谷物能否获得好收成。

第 3 辞之"甲大"即"大甲"。午组卜辞中的祖先称谓，有时也偶见倒称，如《合集》22079，称祖庚为"庚祖"。

农作物的丰收，离不开充足的雨水。午组卜辞中，卜雨的卜辞有十多条，其中祈雨的卜辞有以下几条：

　　乙亥卜：尞于土（社），雨？　　　　　　《合集》22048
　　戊午卜：尞目，桒雨？　　　　　　　《村中南》299（图二）

目，先公或自然神。这两条卜辞的大意是为祈雨对社神、目神进行尞祭。

　　己酉卜：炆嫀？二月。庚用。之夕雨。
　　叀翌庚［炆］嫀？之夕雨。　　《村中南》350（图十一）

此片卜辞之炆，作祭名，即祭祀时将人焚烧。炆祭为祈雨之祭，被炆者多为女性。嫀，作𝟷形，像头上戴笄之女子，人名。《合集》19802 有"炆嫀"一词，嫀字作𝟷，与此字为同字异构。

从这几条卜辞的内容可以看出午组卜辞占卜主体"子"对祈雨之重视，也反映出"子"非常祈盼农作物的丰收。

2. 畜牧业

午组卜辞中有畜牧业内容的卜辞较常见，较重要的有如下几条：

　　丙子卜：桒牛于祖庚？　　　　　　　　　《合集》22186

戊戌卜：雍受牛？不允。　　　　《村中南》295（图十）

卜辞中的"雍"字，用为人名、祭名、地名。用作地名的例子如《合集》9798"戊午卜：雍受年？"此片之"雍"，也用为地名。

"萃牛"与"受牛"，表达了午组卜辞占卜主体"子"希望家族养牛业兴旺的意愿。

甲戌卜：其来于𪊪羊百、辛牛百、黄璧五？

《村中南》364（图十五）

𪊪、辛为地名。𦥃，𦥅为牛百、羊百之合文。上下二字共享中部一横画，如同合文五百写作𦥃一样。𦥆，为五与璧之合文。"黄璧"一词，曾见于《花东》180第（3）辞，该片璧字的形体与此片近似，卜辞的大意是卜问是否从外地送来牛百头、羊百头及黄璧五件。

辛未贞：亡壬小牢千豕四爵？　　《村中南》335（图十七）

这条卜辞的"千豕"，是甲骨卜辞中所见卜问使用猪牲的最高数目。

庚戌卜：朕耳鸣，㞢钌于祖庚羊百㞢用五十八，㞢毋用
汏，今日？　　　　　　　　　　　《合集》22099

此条卜辞卜问占卜主体"子"，因患耳鸣之疾，一次用158头羊来祭祀祖庚，以求病愈。

以上这三条卜辞，表明午组"子"的家族，拥有庞大的畜群，

畜牧业很发达。

3. 田猎

田猎卜辞见于以下两片，共6条：

> ［丁］未卜贞：其田于东？
>
> 丁未卜：田于西？
>
> 庚戌卜贞：余令阺比羌田，亡囚？
>
> 庚戌卜贞：比羌田于西，囚？
>
> 庚戌卜：往田于东？ 　　　　　　　　　《合集》22043
>
> 戊申卜：尹其田，亡囚？ 　　　　　　　《村中南》457

（四）军事活动

殷代的大家族（或宗族）有自己的武装，战时商王常征调各家族的武装参战。①这方面的卜辞有如下几条②：

> 戊寅卜：步自？ 　　　　　　　　　　《合集》22043
>
> 丁酉卜：步自、亡［囚］？ 　　　　　《合集》22119 乙
>
> 丙戌卜贞：𤉡至自，亡若？ 　　　　　《合集》22088

自，即师，指军队。

> 丁未卜：其𤊽（征）戎，翌庚戌？
>
> 丁未［卜］：不𤊽（征）戎，翌庚戌？ 　　《合集》22043

---

① 林沄：《从子卜辞试论商代家族形态》，《古文字研究》第一辑，中华书局 1979 年版，第 331—332 页。

② 《合集》22088、22043、22119 乙，这几条卜辞，黄天树先生在文中已经列出，见黄天树《午组卜辞研究》，《黄天树古文字论集》，学苑出版社 2006 年版，第 139 页。

戎字作𢦐，方国名。

　　　乙未卜：于庚𤓷畏？　　　　　　《村中南》468（图十八）

该辞之"未"字，漏刻了左上与右下两竖画。

𤓷，本作𠙹，林小安谓该字为"各"字之异写，读为格，来也，至也，也可引申为格击之义。① 本片之𤓷，用其引申义。

畏，本作𥄎，方国名，是殷王朝征伐之敌国，如《合集》6960"壬子卜：王令雀𩁁伐畏？十月"。《村中南》468 辞大意为卜问是否于庚日去格击畏方。《村中南》343"令雀伐羌、畏"（𠂤组卜辞），《合集》5663"多犬及畏、岂（微）"，知畏与微、羌相去不太远，其地望可能在殷之西或西北部。

　　　庚午卜：亚雀弗戋方印（抑）？《村中南》475（图十六）

亚雀，人名，是武丁时期的一员武将，在宾组、子组卜辞中都有他活动的记载。他与午组占卜主体"子"关系较密切，所以也对他的活动进行卜问。

戋，义为打击、伤害。方，据学者考证认为是北方草原民族，武丁时期经常对商王朝进行侵扰。②

　　　壬戌卜：𧱵宰☒？二月。旬又九日庚辰，□告以𠬪十七☒。　　　　　　　　　　　　　　　《村中南》320（图十九）

---

① 林小安：《殷武丁臣属征伐与行祭考》，《甲骨文与殷商史》第2辑，上海古籍出版社1996年版，第255—256页。
② 罗琨：《商代战争与军制》，见宋镇豪主编《商代史》卷八，中国社会科学出版社2010年版。

豙，人名。武丁时的一员武官，在宾组和自组卜辞中都有他活动的记载。如《合集》6561"丁酉卜：令豙征旹，"戈？"

"𡕣"下一字残，似为"缶"字之下部，为方国部族名。在宾组和自组卜辞中屡见对"缶"征伐的记录，如《合集》20385"己未卜：辖缶？二月。允辖"。辖作动词时，义与执同。

叙，本作𡳞，从虎从又。虎（𧆐）字已见于著录，用为方国部族名或地名。此片之"叙"字，在"虎"之右侧上方（人背后之上部）增添了"又"字，其结构如同甲骨文之𡙎（𡙎）字，表示从后面以手捕人之意。"𡙎"为俘虏之通称。"叙"之原义表示虎族之俘虏，引申为异族战俘之通称，义与"𡙎"字相似。

整条卜辞的意思是：于某年二月壬戌日卜问，豙去夹击某一部族（或缶族），结果于十九天的庚辰日，抓捕了该族的十七个人。

以上几条有关征伐、格击戎、𡙎、方的卜辞，透露出午组占卜主体"子"曾派家族成员参与了上述几次战斗的信息，因而为此进行了占卜。

三　坑位

午组卜辞有的出于殷墟文化中晚期的坑、层，有的出于殷墟文化早期的坑层（一、二期）。前者对断代没有多大意义，故下面只将出午组卜辞的早期坑、层列出：

（一）村北 YH127

（二）村北 YH448

（三）屯南 H102

（四）屯南 H107

（五）91 花南 M99 上③：2

（六）2002 村南 H4

YH127 坑，学术界都认为其时代较早，相当于殷墟文化一、二期。（二）至（五）几个单位，据地层关系和与甲骨共出的陶器，相当于殷墟文化第一期。[①]因上述单位的资料早已发表，为学者所熟知，无须再述。下面介绍一下村南 H4，该坑出于 2002 年小屯村南 T3 的西北部，坑中出刻辞甲骨 16 片，其中午组卜辞 5 片、自组卜辞 5 片，还有 6 片尚不能确定组别，但从字体和凿钻形态看，属于早期。坑内与甲骨共出的陶鬲、豆、簋、盆的形态是殷墟文化第一期常见的器形。发掘者认为该坑属于殷墟文化第一期。[②]

四 凿钻形态

过去发表的午组甲骨凿、钻资料很少，学者对其情况不大了解。这次我们整理了 2002 年小屯村南的午组甲骨，其中凿、钻保存较好的近 40 片，加上过去《屯南》发表的十多片午组甲骨的凿钻资料，共 51 片。这 51 片甲骨长凿的形态可分为以下三型：

Ⅰ型，规整的尖头弧形凿，按其头、尾的形态又分为三个亚型。

ⅠA 型，作◊形，头尾有针尖状突出，18 片，占 35.3%。（图二十、二十三）

ⅠB 型，作◊◊形，只头或尾的一端有针尖状突出，9 片，占 17.6%。（图二十三右行下侧之凿）

ⅠC 型，作◊形，两端无针尖状突出，19 片，占 37.3%。（图二十四、二十五）

---

① 刘一曼、郭振禄、温明荣：《考古发掘与卜辞断代》，《考古》1986 年第 6 期；刘一曼：《考古学与甲骨文研究》，《考古》1999 年第 10 期。

② 中国社会科学院考古研究所：《殷墟小屯村中村南甲骨·前言》，云南人民出版社 2003 年版。

Ⅱ型，圆头弧形凿，作 ◌ 形，3 片，占 5.9%。（图二十二）

Ⅲ型，尖头直腹凿，作 ◌ 形，腹部较直，头、尾近三角形。2片，占 3.9%。（图二十一）

以上是甲与骨一起统计的数字。这 51 片午组甲骨中，属卜骨的只有 6 片，每片均见 ⅠC 型凿，或以 ⅠC 型为主，同版还有少量ⅠB 或ⅠA 型凿。在午组卜甲中，则以ⅠA 型凿为最常见。

在 2 片午组卜骨（《村中南》470、472）上发现骨面钻凿。

在 5 片午组卜骨上发现小圆钻，圆钻可分为二型：

Ⅰ型，大圆钻中包含小圆钻，平面呈 ◎ 形，只见于《村中南》355。大钻直径 1.2 厘米，小钻径 0.7 厘米（图二十五）。

Ⅱ型，单独的圆钻，直径 0.8—1.4 厘米，以 1.1—1.4 厘米的占多数。（《村中南》299、355、470、507、350，最后一片见图二十四）。

以上午组甲骨所见的几种凿型，在宾组、自组、《花东》"子"组都有发现，其中宾组甲骨，以ⅠA 型凿占绝大多数，自组与《花东》"子"卜辞以ⅠC 型凿占多数，这与午组甲骨较相似，但彼此亦有一些差异，即在同一类型凿中自组甲骨凿之长度大多较午组略短，《花东》的凿一般较午组稍丰肥。[1]

又，午组与自组卜骨，均有骨面钻凿和小圆钻，但未见于《花东》。故总的来看，午组甲骨的凿钻形态与自组甲骨相似之点更多。

五　时代

关于午组卜辞的时代，在 20 世纪 70 年代之前，学术界分歧较大，1973 年小屯南地发掘，发现了午组卜辞出于小屯南地早期

---

[1]　中国社会科学院考古研究所：《殷墟小屯村中村南甲骨》，《小屯村中村南甲骨凿钻形态》。

灰坑中，随着《屯南》的出版，大家的意见渐趋一致，绝大多数学者都认为午组卜辞的时代应属武丁。但武丁在位 59 年，时间较长，那么午组卜辞存在于武丁的哪一个阶段呢？学者中存在一些不同的看法。主要有两种意见：一种认为其年代大致在武丁中期或略偏晚①，上限可上及武丁早、中期之交，下限延伸至武丁晚期之初②；另一种主张午组是武丁早期（前期）的卜辞。③ 笔者认为，后一种看法更有道理，原因如下：

（一）上文已提到，午组卜辞所出的坑层，可以确定为殷墟文化第一期的五个单位，而殷墟文化第一期的时代相当于武丁早期。④

（二）从凿钻形态看，午组与自组甲骨，相似点最多，两者时代相近。

（三）午组中不少人物见于武丁时期的王卜辞和几组非王卜辞中，其中对断代最有价值的是亚雀，有一些学者对他的活动进行了细致的分析，指出他是武丁早期（前期）的人物，⑤ 应当是可信的。

（四）午组卜辞的字体，有较早的特征。下举二例。例一，午组的戈字，作↑形（多用作偏旁）柲顶端弯折，是该组特有的写

---

① 李学勤、彭裕商：《殷墟甲骨分期研究》，上海古籍出版社 1996 年版，第 316 页。

② 黄天树：《午组卜辞研究》，《黄天树古文字论集》，学苑出版社 2006 年版，第 148 页。

③ 刘一曼、郭振禄、温明荣：《考古发掘与卜辞断代》，《考古》1986 年第 6 期；刘一曼：《考古学与甲骨文研究》，《考古》1999 年第 10 期。

④ 中国社会科学院考古研究所：《中国考古学·夏商卷》，中国社会科学出版社 2003 年版，第 294 页。

⑤ 王宇信：《武丁时期战争卜辞分期的尝试》，《甲骨文与殷商史》第 3 辑，上海古籍出版社 1991 年版；林小安：《殷武丁臣属征伐与行祭考》，《甲骨文与殷商史》第 2 辑。

法。① 令人感到意外的是，1999 年安阳洹北商城 T11③：7 出土的一件残骨匕上，刻了"戈亚"二字，字体规整，刀法娴熟，非习刻。② "戈"字的形体也是柲顶弯折，与午组卜辞的"戈"字相似。T11③：7 的时代为洹北商城晚期，约当盘庚、小辛、小乙时期。因此可以说，骨匕上的"戈"字，是午组"戈"字的滥觞。例二，20 世纪 30 年代，在小屯北发掘的 M331，出土了一片卜骨《乙》9909，残存 5 字，其中"卜""安"二字接近自组的风格，但"午""不"两字又似午组字体。学者多认为 M331 是早于武丁的墓葬。③ 以上的例子表明，午组的一些字体，与武丁以前的文字，是一脉相传的，具有较早的特征。

综上所述，笔者认为午组卜辞的时代应属于武丁早期。

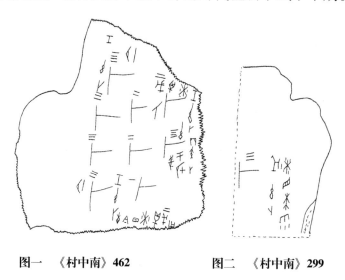

图一　《村中南》462　　　　图二　《村中南》299

① 蒋玉斌：《殷墟子卜辞的整理与研究》，吉林大学，博士学位论文，2006 年，第74、78 页。

② 中国社会科学院考古研究所安阳工作队：《1998—1999 年安阳洹北商城花园庄东地发掘报告》，《考古学集刊》15，2004 年，第 339 页。

③ 杨锡璋：《殷墟青铜容器的分期》《中原文物》1983 年第 3 期；杨锡璋、杨宝成：《殷代青铜礼器的分期与组合》，《殷墟青铜器》，文物出版社 1985 年版，第 80—83页。

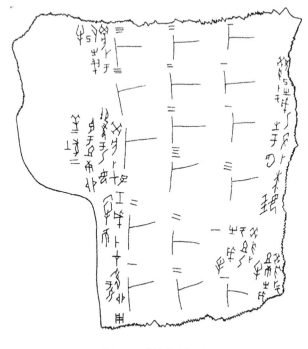

图三　《村中南》478

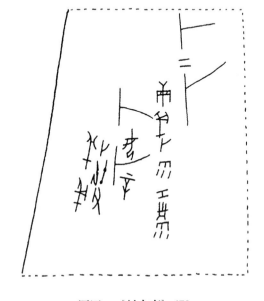

图四　《村中南》470

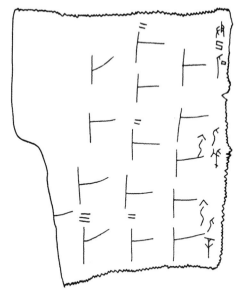

图五　《村中南》297

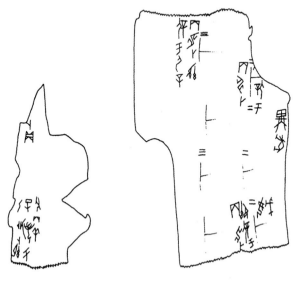

图六　《村中南》337　　　　　　图七　《村中南》357

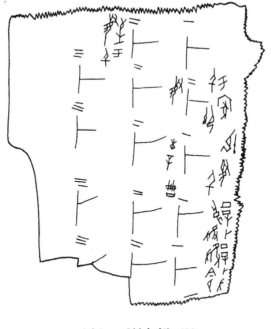

图八　《村中南》492

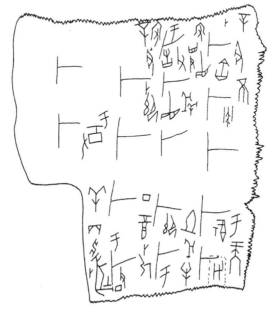

图九　《村中南》453

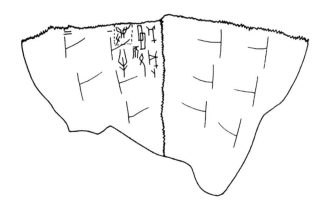

图十　《村中南》295

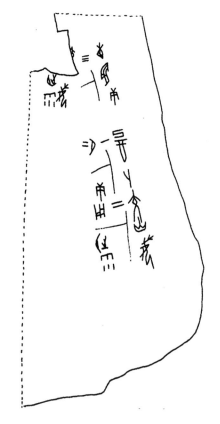

图十一　《村中南》350

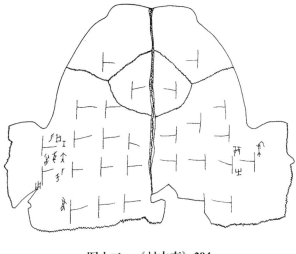

图十二　《村中南》294

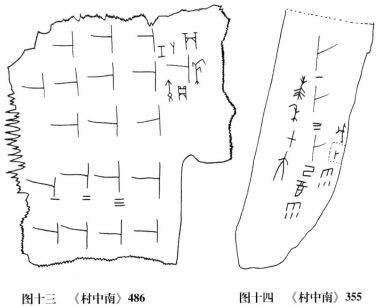

图十三　《村中南》486　　　　　图十四　《村中南》355

图十五 《村中南》364   图十六 《村中南》475

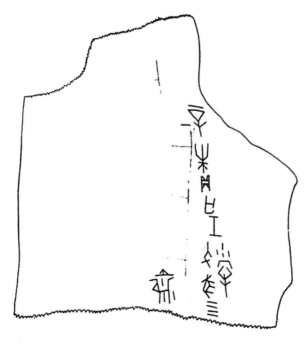

图十七 《村中南》335

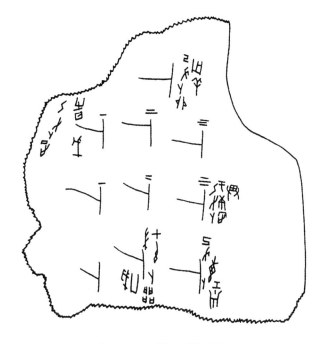

图十八　《村中南》468

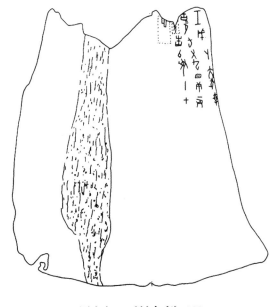

图十九　《村中南》320

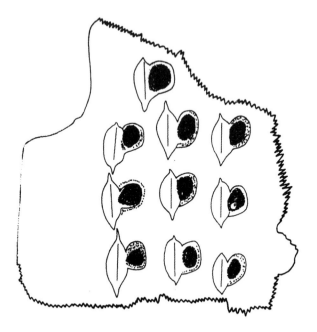

图二十 《村中南》468 反

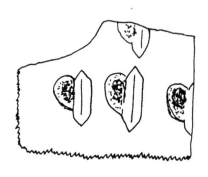

图二十一 《屯南》2671

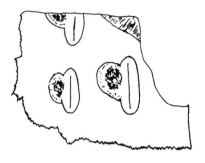

图二十二 《屯南》2698

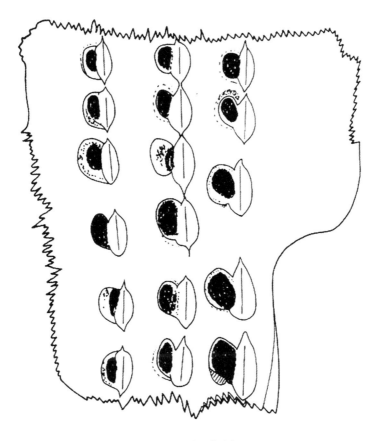

图二十三　　《村中南》478

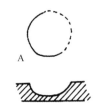

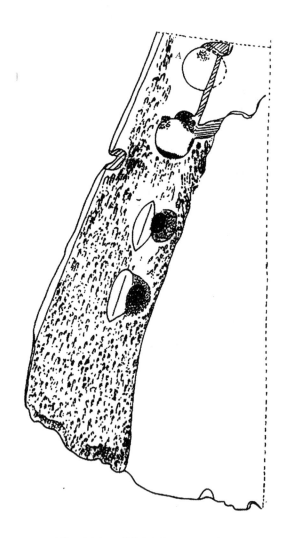

图二十四　《村中南》350（局部）

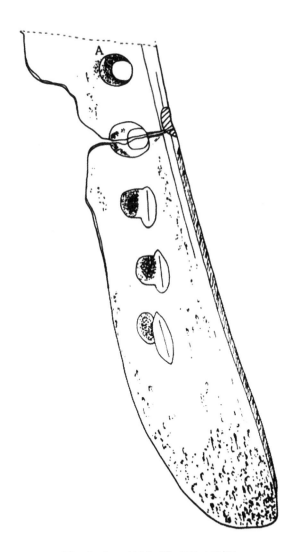

图二十五　　《村中南》355（局部）

三论武乙、文丁卜辞[*]

　　1973 年春、秋两季，中国科学院考古研究所安阳工作队在安阳小屯南地进行了两次重要发掘，共开探方 21 个，发掘面积 430 平方米。在这一年度的发掘中，共发现刻辞甲骨 5335 片（整理后数字），是中华人民共和国成立后最为重要的一次发现，为学术界所瞩目。1975 年，我们发表了《1973 年安阳小屯南地发掘简报》，对发掘和所出甲骨情况做了扼要报道。此次出土甲骨的主体是传统的武乙、文丁卜辞，而它们出土的层位属于小屯南地中期和晚期，"小屯南地中期相当于'大司空村 II 期'的前半叶，绝对年代为康丁、武乙、文丁时代，约公元前 12 世纪后期至 11 世纪初期；小屯南地晚期相当于'大司空村 II 期'后半叶，绝对年代为帝乙、帝辛时代，约在公元前 11 世纪中叶"。卜辞时代与卜辞出土层位是吻合的。

　　1976 年，殷墟小屯西北地发掘了著名的妇好墓，出土了丰富遗物，又一次引起学术界的轰动。1977 年，学术界展开了对该墓年代的讨论。讨论中，李学勤先生根据妇好墓新材料，认为武丁宾组卜辞中的妇好与历组卜辞（即传统的武乙、文丁卜辞）中的"妇好"是同一个人，而妇好墓是属武丁后期，因此，历组卜辞的时代应当提前。他说："从近年发表的各种材料看，自组等必须列

　　* 本文为刘一曼、曹定云合著，原载《考古学报》2011 年第 4 期。

于早期。妇好墓的发现，进一步告诉我们，历组卜辞的时代也非移前不可。""我们认为，历组卜辞其实是武丁晚年到祖庚时期的卜辞。历组与宾组的妇好，实际是同一个人。"①由此引发了对历组卜辞年代的讨论。学术界存在两种意见：一种主张此类卜辞时代为武丁晚年至祖庚时期②；另一种则坚持旧说，即认为历组属武乙、文丁卜辞③。光阴荏苒，不同观点的争论至今已三十多年，学者之间尚未取得一致的看法。但这场争论，促使大家深入探讨甲骨文的分类、分期及各类卜辞的年代等问题，推动甲骨文研究向纵深发展，还是很有意义的。

我们力主后一种观点，曾于1980年、1984年以肖楠的笔名先后发表了《论武乙、文丁卜辞》（下文简称《一论》)④与《再论武乙、文丁卜辞》（下文简称《再论》)⑤。之后，我们忙于殷墟发掘、《花东》甲骨的整理及其他工作，对此问题一直没有再发表文章。1989年、2002年考古所安阳队在小屯村中、村南的发掘中，又发现了多片历组卜辞，使我们对这类卜辞的时代再次进行了认真的思考。我们认为，以前提出的有关历组卜辞的主要观点是对

① 李学勤：《论"妇好"墓的年代及有关问题》，《文物》1977年第11期。

② 李学勤：《小屯南地甲骨与甲骨分期》，《文物》1981年第5期；裘锡圭：《论"𧻚组卜辞"的时代》，《古文字研究》第六辑，中华书局1981年版；林沄：《小屯南地发掘与殷墟甲骨断代》，《古文字研究》第九期，中华书局1984年版；彭裕商：《也论历组卜辞的时代》，《四川大学学报》1983年第1期；李学勤、彭裕商：《殷墟甲骨分期研究》，上海古籍出版社1996年版；黄天树：《殷墟王卜辞的分类与断代》，科学出版社2007年版。

③ 肖楠：《论武乙、文丁卜辞》，《古文字研究》第三辑，中华书局1980年版；谢济：《试论历组卜辞的分期》，《甲骨探史录》，生活·读书·新知三联书店1982年版；张永山、罗琨：《论历组卜辞的年代》，《古文字研究》第三辑，中华书局1980年版；肖楠：《再论武乙、文丁卜辞》，《古文字研究》第九辑，中华书局1984年版；陈炜湛：《"历组卜辞"的讨论与甲骨文断代研究》，《出土文献研究》，文物出版社1985年版；林小安：《武乙、文丁卜辞补证》，《古文字研究》第十三辑，中华书局1986年版；方述鑫：《殷墟卜辞断代研究》，文津出版社1992年版。

④ 肖楠：《论武乙、文丁卜辞》，《古文字研究》第三辑，中华书局1980年版。

⑤ 肖楠：《再论武乙、文丁卜辞》，《古文字研究》第九辑，中华书局1984年版。

的，但在个别具体问题上，需要做些修正与补充，故特写此文，再次申述我们的看法。

一　武乙、文丁卜辞的分类

过去我们在《屯南·前言》及《一论》《再论》中，对武乙、文丁卜辞的分类、字体、文例特征等已做过较详细的阐述，这里只做扼要的介绍。

据字体，武乙、文丁卜辞可分为四类。

第一类，字体纤细秀丽，笔画较均匀，字形有的较小，有的稍大，略窄长。此类卜辞无贞人，学术界称为无名组卜辞。[①] 这类卜辞的父辈称谓有两个：

1. 父丁，见于《合集》32223、32715、32111、32718、32719、32720、32714、32716、32390、32654、32655、32603、32645、30335 及《屯南》68、590、647 等片（图一，4）。其中《合集》32654"兄（祝）在父丁升？""至于祖甲？"《合集》32655"祖甲燎，其至于父丁？"学者多认为是武乙祭祀其祖父祖甲、父亲康丁的卜辞。

2. 父辛，见于《屯南》3720、2281（图一，3）、《村中南》[②] 277 等片（图二，1）。其中《屯南》2281"□辰卜：翌日其酚其祝自中宗祖丁、祖甲 ☑ 于父辛？"辞中的祖甲、父辛，是武乙对其祖父祖甲、父廪辛的称呼。上述列举的无名组中有父丁、父辛称谓的卜辞，无疑应是武乙卜辞。这类卜辞与有父庚、父甲、父己、兄辛称谓的康丁卜辞，字体风格很相似，若不依据称谓，是难于

---

① 李学勤、彭裕商：《殷墟甲骨分期研究》，上海古籍出版社 1996 年版，第 269—307 页。

② 中国社会科学院考古研究所：《殷墟小屯村中南甲骨》（简称《村中南》），云南人民出版社 2012 年版。下文凡引及此书者，不复注。

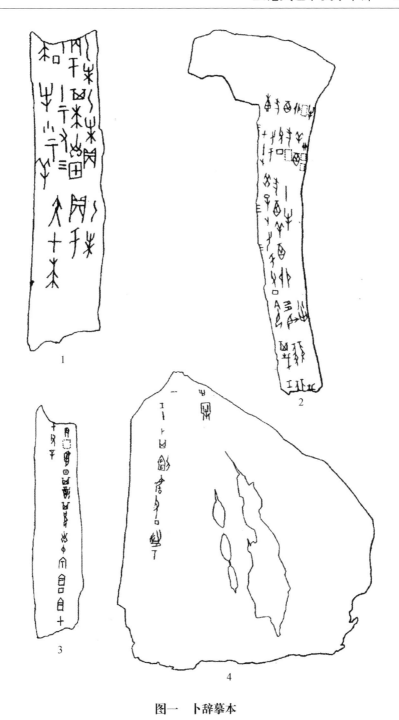

图一　卜辞摹本

1.《屯南》4331；2.《屯南》503；3.《屯南》2281；4.《屯南》647

将其区分的。

在无名组卜辞中，有一类字体"灾"写作"𛱩"或"𛱪"的田猎卜辞，如《屯南》607、660、2172、2178、2236、2301、2306、2440、2640、4236、4405 及《合集》33373、33482 等片，还有"王"字作"𤣩"的祭祀卜辞，如《屯南》2617，过去在《屯南》释文中，我们未对它们进行分期，现在据这些卜辞中某些干支字或常用字稍接近黄组字体，且在小屯南地，它们除出于晚期的坑层外，只见于中期四段的灰坑中（如 H50、H85），所以我们认为，这些卜辞的时代较典型的无名组卜辞略晚，应属武乙、文丁时期。[①]

第二类，字体刚劲有力，笔画转折处棱角分明，此类字，字的结构基本相似，但字形之大小，笔画之粗细有差异。有的字，字体粗大，遒劲有力，如《屯南》608、856、996、1111、4331（图一，1），《合集》32790、33611，《村中南》202（图二，3）、203（图二，5）等；有的字，笔画粗细及字形大小适中，如《屯南》194、994、2079、2058，《村中南》12（图二，4）、46 等；还有的字，笔画较细，字体多为折笔，但某些字圆折兼施，较柔和，如《屯南》503（图一，2）、611、866、1062 等。

第三类，字体风格与第二类较相似，多属折笔字，但某些干支字或常用字的写法，如庚、酉、贞、車、羌、用、翌、受、困等，与第二类有区别，富于特征，如《屯南》582、2605、4100（图三，2）、4103（图三，1）、《合集》32051、33148 等。

第四类，字体较小，笔锋圆润，如《屯南》751（图三，3）、2126、2534、2601（图四）、《合集》32031 等。此类字，字的结构与第三类基本相似。

第二类至第四类卜辞，只有一个贞人"历"，为数不多，只二

---

① 主张历组卜辞时代提前的学者，称此类卜辞为无名黄间类卜辞。

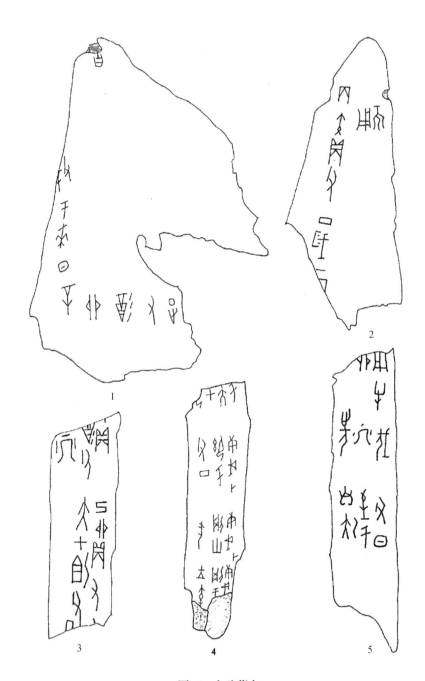

图二　卜辞摹本

1.《村中南》277；2.《村中南》46；3.《村中南》202；4.《村中南》12；5.《村中南》203

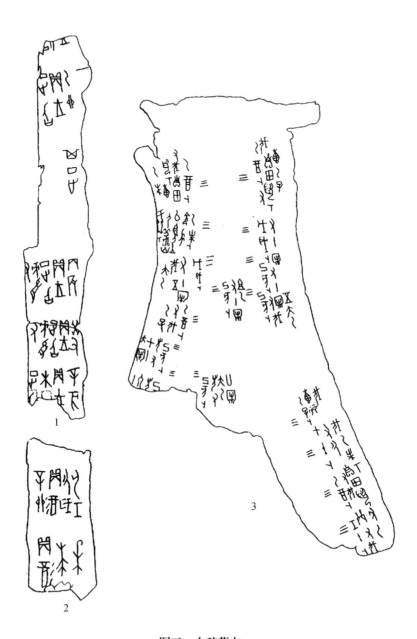

图三　卜辞摹本

1.《屯南》4103；2.《屯南》4100；3.《屯南》751

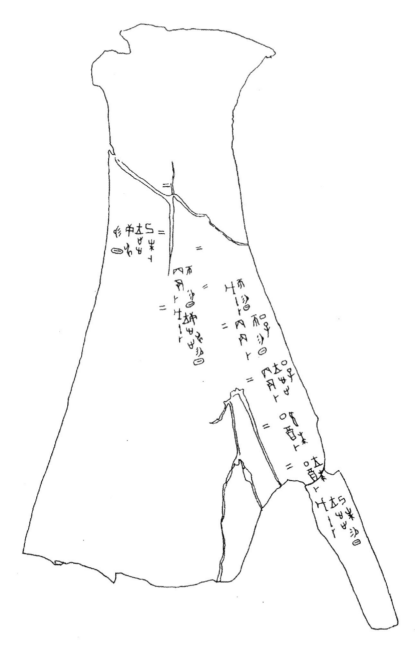

图四　《屯南》2601 摹本

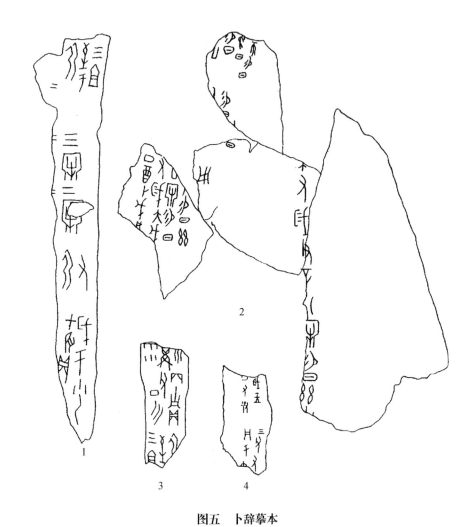

图五 卜辞摹本

1.《合》336；2.《缀新》588；3.《明后》B2526；4.《人文》1817

十多片，学术界将之称为"历组"卜辞。第二类卜辞的父辈称谓以"父丁"为主，故学者称为"历组父丁类"。该类还偶见"父辛"（《缀新》588，图五，2）。第三、四类卜辞父辈称谓主要是"父乙"，故学者称为"历组父乙类"。不过仔细想来，这种称呼并不是很贴切，因为第二类字体的祭祀卜辞也发现少量的"父乙"（如《合集》32730、32731 等），而在第三类卜辞中，发现个别的

"父丁"（如《合集》32680）。由于大多数甲骨学者都知道这些称呼的含义，故本文为讨论方便，仍采用"父丁类""父乙类"之称。

这里还应提到的是，关于《粹》221、222（《合集》34122、34121）、《佚》884（《合集》34120）"上甲廿示"卜辞的时代。在 20 世纪 80 年代初，学术界有不同的看法，有学者指出，它们不是文丁卜辞，可能是武丁卜辞。[①] 我们当时接受郭沫若《殷契粹编考释》的观点[②]，在《屯南·前言》及《一论》中认为它们是文丁卜辞。经过反复思考，认识到应当改变原来的看法。我们认为，尽管学者之间对"上甲廿示""二示"的含义存在不同的理解，但一个不能否定的事实是，上述三片及字体与之相类的一批卜辞的干支及常用字的字体与历组卜辞父乙类（上述第三、四类文丁卜辞）相差较远，而与自组及一期卜辞较接近[③]，其时代应较早，约当董作宾五期分法的第一期。因而，与"上甲廿示"相类的一批卜辞，如《屯南》2173、2628、3568、3598、3911、4242、4305、4566、4573、4566、《屯南》412 +《合集》20170等片，不属本文讨论之列。

二　武乙、文丁卜辞的坑位和地层关系

众所周知，殷墟甲骨是从地下出土的，其中有相当一部分是经科学发掘而获得的，它与商代的陶、铜、玉、石、骨器一样，是一种文化遗物。判断甲骨时代，研究它所出的坑位和地层关系

① 李学勤：《关于自组卜辞的一些问题》，《古文字研究》第三辑，中华书局 1980年版；裘锡圭：《论"歷组卜辞"的时代》，《古文字研究》第六辑，中华书局 1981 年版。

② 郭沫若：《殷契粹编考释》，科学出版社 1965 年版，第 414、415 页。

③ 曹定云《论上甲廿示及其相关问题》中的《自组卜辞、粹 221、佚 884、文丁卜辞典型字体比较表》，见《殷商考古论丛》，台北：艺文印书馆 1996 年版，第 141 页。

是至关重要的。

(一) 关于1928—1937年殷墟甲骨出土情况

1928—1937年，中央研究院历史语言研究所考古组在殷墟进行了十五次发掘，出土过不少武乙、文丁（历组）卜辞。我们在《再论》的表三及方述鑫在《殷墟卜辞断代研究》第195—198页均有论述，读者可以参考。

应当指出的是，1928—1937年考古发掘所获的武乙、文丁卜辞大多是第一次至第五次殷墟发掘，在村中、村南出土的。早年的殷墟发掘所说的坑，是指发掘单位（如大小不一的探沟、探方），与我们现在说的甲骨埋藏的灰坑、窖穴有所不同。早年的发掘，记录出土文物（包括甲骨），不是按它所在的文化层次，而是按其深度来登记的，这是不太科学的。因为文化层有高低起伏，在殷墟发掘中，同一个探方内，晚期层（或坑）有时比早期层更深，故埋藏较深的遗物不一定比较浅的遗物时代早。

关于1928—1937年殷墟甲骨出土情况，我们在《再论》中曾做过详细分析。这项工作是从两方面进行的：第一，分析甲骨出土的层位关系；第二，分析甲骨出土的共存关系。其结果归结为一句话："在廪康以前的地层和坑位中，没有发现'历组卜辞'。"①

(二) 关于1973年小屯南地甲骨出土情况

过去我们在《屯南·前言》《一论》《再论》中已做过介绍，本文结合《1973年小屯南地发掘报告》的资料②，再做简要叙述。

---

① 肖楠：《再论武乙、文丁卜辞》，《古文字研究》第九辑，中华书局1984年版，第122页。
② 中国社会科学院考古研究所安阳工作队：《1973年小屯南地发掘报告》，《考古学集刊》第9集，科学出版社1995年版。

1973 年我们曾将小屯南地殷代遗址分为早、中、晚三期，早期与中期各分二段。该次发掘，在五十九个灰坑中都发现了刻辞甲骨。早期一段坑 H115，出一片时代比武丁略早的卜辞。早期二段五个坑，出自组、午组或字体似宾组的卜辞。中期坑，除出少量早期卜辞外，大量出无名组与历组卜辞。晚期坑除出早期、无名组、历组卜辞外，还见有黄组卜辞。

本文主要叙述出无名组、历组卜辞的中期坑。小屯南地中期有灰坑 32 个（附表）。① 其中，中期三段有 11 个，四段有 21 个。中期四段坑出的陶器型式较三段略晚。并且有的中期四段坑打破中期三段坑，如 H39→H37、H85→H99、H47→H55、H24→H36。无名组与历组父丁类卜辞，除出于晚期坑层外，见于中期四段与三段的灰坑，而历组父乙类卜辞除出晚期坑层外，则只出于中期四段，不见于中期三段坑。故我们认为，历组父乙类晚于父丁类及无名组卜辞是有考古学依据的。

(三) 1986—2004 年小屯村中、村南的发掘

1986 年、1989 年、2002 年、2004 年考古研究所安阳发掘队在小屯村中、村南进行了几次发掘，共发现刻辞甲骨 514 片。大多数甲骨文可以分期，其中属午组、自组、一期卜辞 90 多片，无名组卜辞 140 多片，历组卜辞 160 多片，黄组刻辞 1 片。

村中、村南刻辞甲骨，除 160 多片出于隋唐以后的地层外，其余均出于殷代的灰坑或地层。下面将殷代坑层甲骨出土情况列表如下（表一）。

---

① 此表参考了郭振禄《小屯南地甲骨综论》（《考古学报》1997 年第 1 期）一文 35 页中的表一，并对该表的甲骨号进行了核对，卜辞类型也有所订正。

表一　　　　　　　　《村中南》所出无名组、历组号码统计表

甲骨出土年代	灰坑或层位号	甲骨著录号	甲骨类别	时代
1986 年	T2（3A）	7	无名组	三期晚或四期初
	T2（4B）	5	无名组	三期晚
	H5	6、8	无名组	三期晚或四期初
1989 年	T4（4）	19	无名组	三期
	T8（3）	200—279、281—283	无名组、历组（父丁、父乙类）	三期或三期晚
	T8（3A）	280、284—288、291、292	自组、无名组、历组父丁类	三期或三期晚
	H7	9—15	无名组、历组父丁类	四期早段
	T6（3B）	28、29、33、35	无名组、历组父丁类	四期早段
	T6（3C）	34、59	历组父丁类	四期早段
	T6（3D）	36—58、60—64	无名组、历组（父丁、父乙类）	四期早段
	T7（3A）	68	无名组	四期早段
2002 年	H4	294—309	午组、自组、一期	一期
	H6 下	340—348	自组、一期	二期早段
	H57	446—498	午组、宾组、一期、历组（父丁、父乙类）	三期
	H6 上	310—339	无名组、自组、一期、历组（父丁、父乙类）	三期
	F1	499	历组父乙类刻辞	三期
	H9	350—400	午组、自组、一期、历组（父丁、父乙类）	四期
	H55	411、413—445	午组、一期、无名组、历组（父丁、父乙类）、黄组	四期
	H23	401—405	午组、无名组	四期
	H24	406、407	无名组	四期
	H47	408—410	自组、无名组、历组父丁类	四期
	H54	412	午组	四期
	G1	500、501	历组父丁类	四期
	T4A（3）	507、509—512	午组、无名组	四期
2004 年	T5（10）	513、514	无名组习刻	四期

从表一可知，午组、自组和一期卜辞出于早期灰坑（殷墟文化一期及二期早段）H4 与 H6 下，黄组刻辞（《村中南》438）出于殷墟文化第四期的灰坑 H55 中，而无名组、历组（父丁与父乙类）出于殷墟文化第三期（或三期晚）、四期或四期早段的灰坑及文化层中。

《村中南》刻辞甲骨，以无名组、历组卜辞占多数，其中五片有父辈称谓的卜骨。

《村中南》277〔T8（3）：221〕（图二，1）：

⬜父辛，来日辛卯，酚又正？

《村中南》202〔T8（3）：139〕（图二，3）：

己卯贞：又⬜大甲、祖乙、父丁⬜？

《村中南》203〔T8（3）：135〕（图二，5）：

自大乙至于父丁①？

《村中南》12（H7：1）（图二，4）：

庚戌卜：刚于王牵？
庚戌卜：刚三十犬？
庚戌卜：御于父丁？
于大甲御？

---

① "丁"字误写为"日"。

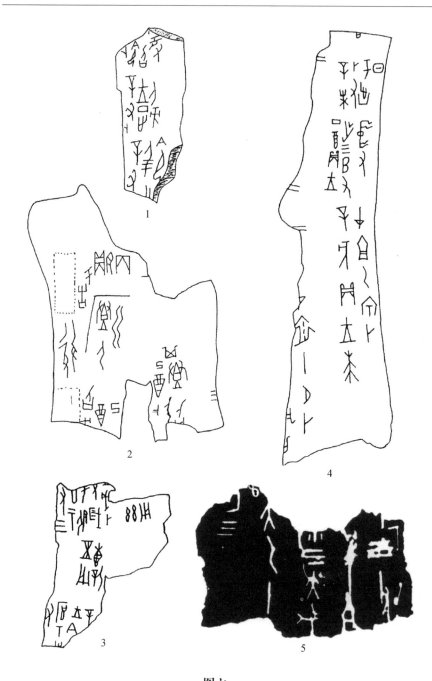

图六

《村中南》46［T6（3D）：28］（图二，2）：

　　　　丙寅贞：父丁岁一［牢］？不用。

以上第一片字体属无名组，而后四片字体属历组父丁类。在1989年小屯村中的发掘中，还出了一片与《粹》597同文的历组父乙类卜辞，《村中南》212［T8（3）：148］（图六，4）：

　　　　☐在衣，十月卜。
　　　　丁酉贞：王作三师，又（右）中广（左）？
　　　　辛亥贞：王羍？在祖乙宗卜。
　　　　辛未卜：又于出日？

　　T8（3）的时代相当于殷墟文化三期晚段，89H7与T6（3D）相当于殷墟文化四期早段。

　　总之，1986—2004年小屯村中、村南的发掘，历组卜辞的出土情况与1973年屯南发掘基本相似，即历组卜辞只出于殷墟文化三、四期的坑层中。稍有不同的是村中南的三期灰坑与地层，从出土陶片考察，属三期偏晚阶段，较小屯南地中期三段略早。

　　殷墟田野发掘从1928年开始，到2011年。检查历次甲骨出土的情况是：1973年小屯南地的发掘，历组卜辞出在小屯南地中期、晚期地层[①]；1949年以前的殷墟发掘，甲骨出土的情况也是"在廪康以前的地层和坑位中，没有发现'历组卜辞'"[②]；1986—2004年小屯村中、村南的发掘，历组卜辞还是出在中期及其以后

---

　　① 肖楠：《论武乙、文丁卜辞》，《古文字研究》第三辑，中华书局1980年版，第116—117页。
　　② 肖楠：《再论武乙、文丁卜辞》，《古文字研究》第九辑，中华书局1984年版，第122页。

的地层和灰坑中，历次发掘都没有在早期地层中发现过历组卜辞，这是最基本、最重要的事实。

三　武乙、文丁卜辞的称谓与世系

本文所指的武乙、文丁卜辞称谓主要是指历组卜辞，无名组中的武乙、文丁卜辞不在其列。武乙、文丁卜辞称谓比较多，本文也不逐一论及，而只是讨论对时代有决定意义的父辈、母辈及特殊的祖辈称谓。关于世系，是通过对祭祀卜辞中的集合庙主进行分析，找出其中存在的先王世次，从而对卜辞时代做出判断。

(一) 武乙卜辞中的称谓。

武乙卜辞中的父辈称谓有"父丁""父辛"；母辈称谓主要是"母辛"；祖辈称谓主要是"三祖"。现分述如下。

1. "父丁"称谓　"父丁"称谓有以下几种组合。

（1）单称"父丁"，如：

> 壬辰卜：𢾅自且乙至父丁。　　　　　　　《合集》32031
> 丁亥贞：用于父丁？　　　　　　　　　　　《佚》875
> 庚子：又伐于父丁，其十羌？　　　　　　　《合集》32071

（2）"小乙、父丁"连称，如：

> ☑乙丑，在八月酌，大乙牛三，祖乙牛三，小乙牛三，父丁牛三？　　　　　　　　　　　　　　　　　《屯南》777
> 自祖乙告，祖丁、小乙、父丁？　　　　　《屯南》4015
> ☑大乙、大丁、大甲、祖乙、小乙、父丁？　　《合》15
> 甲午贞：乙未酌，高祖亥☑，大乙羌五牛三，祖乙羌☑，

小乙羌三牛二，父丁羌五牛三，亡卷？兹用。　　《南明》477

（3）"祖乙、父丁"连称，如：

重夕🐭🐭酚☒告于祖乙、父丁？　　　　　《合集》32578

丁未贞：王其令望乘帚（归），其告于祖乙一牛，父丁一（牛）？　　　　《缀》334（《粹》506 + 《明续》499）

☒大乙，大丁、大甲、祖乙、父丁？　　　　《甲》754

（4）"毓祖乙、父丁"连称，如：

庚午贞：王其卟，告自祖乙、毓祖乙、父丁？

《屯南》2366

对上述卜辞中的"父丁"究竟指谁？以往学术界有不同的看法。

其一，明义士认为是指武丁。1928 年，他将所收购的一部分甲骨拓成墨本，定名为《殷墟卜辞后编》，在其未完成的"序言"中，将 1924 年冬小屯村中一坑所出的三百余片甲骨加以分类，企图以称谓和字体决定甲骨的时代。他认为历组卜辞中的"父丁"是武丁，"父乙"是小乙。①

其二，董作宾认为是康丁。他在《甲骨断代研究例》中讨论到有父丁、母辛称谓的历组卜辞时说："本来，武丁之配有妣辛，康丁之配也名妣辛。称父丁、母辛固然可以是武乙时卜辞，但同时也可以是祖庚、祖甲时的卜辞。"因此他说："单以称谓定时代的方法，被穷于应付了。在贞人、文法、字形等方面，固然也可

---

①　陈梦家：《殷虚卜辞综述》，科学出版社 1956 年版，第 135—136 页。

以帮着解决，而最有力的标准却是坑位。因为这父丁、母辛的卜辞出土村中（第三区），我们可以断然说，这是武乙时期的卜辞。这里的'父丁'自然是指康丁。"①

其三，郭沫若也认为"父丁"是指康丁。他在《殷契粹编考释》第 20 片中指出，该片中的"父丁"是康丁。② 这一看法也影响到后来的学者。

其四，1975 年小屯南地甲骨开始整理，我们甲骨整理小组（笔名"肖楠"），在其《小屯南地甲骨》专著和相关文章中始终认为，历组卜辞中的"父丁"是指康丁。因为，1973 年小屯南地所出甲骨中，历组卜辞全部出在中期地层。中期地层又分为中期一组与中期二组。中期二组地层打破或叠压在中期一组之上。这证明，中期一组早于中期二组。而出土的甲骨情况是，中期一组出"父丁"类卜辞，中期二组则"父丁"类与"父乙"类卜辞同出。正是根据这一地层关系，我们认为，此"父丁"必为康丁。③

其五，李学勤先生认为，此"父丁"是祖庚称其父武丁。他在《小屯南地甲骨与甲骨分期》中说："这里父丁排在小乙之后，自系武丁。如果说父丁是康丁，那么这些祀典中就是把武丁和祖庚这两位直系的名王略去了。无论从历史还是从卜辞惯例来看，这都是不可能的。"④ 裘锡圭先生亦持相同的看法。他列举了如下卜辞作为依据：

　　　　甲申贞：小乙日，亡蚩？
　　　　丙戌贞：父丁日，亡蚩？《明后》2487 +《人文》2288⑤

---

① 文载《庆祝蔡元培先生六十五岁论文集》上册，中央研究院历史语言研究所，1933 年，第 409—411 页。

② 郭沫若：《殷契粹编考释》，科学出版社 1965 年版，第 20 片。

③ 肖楠：《论武乙、文丁卜辞》，《古文字研究》第三辑，中华书局 1980 年版。

④ 李学勤：《小屯南地甲骨与甲骨分期》，《文物》1981 年第 5 期。

⑤ 《明后》2487 +《人文》2288 是许进雄在《明后·序》中缀合的。

裘先生认为，"甲申隔一天就是丙戌，其间也没有容武丁、祖甲的余地"①。总之，李学勤和裘锡圭两位先生都认为，历组卜辞中的父丁必是武丁。

以上五种说法实际是两种观点，即认为"父丁"是武丁，或认为"父丁"是康丁。在这两种观点中，我们始终认为"父丁"为康丁的观点是正确的，这是因为，1973 年小屯南地的田野发掘为此结论提供了最好的地层证明。

2."父辛"称谓　今征引如下：

☑又岁父辛［八］牢，易日？兹［用］。

《缀新》588（图五，2）

该片中的"父辛"当是武乙称其父康辛，卜辞内容与卜辞时代完全吻合。这称谓也是出组卜辞所不见的。历组父丁类卜辞中既有"父丁"称谓，又有"父辛"称谓，那么，这类卜辞只能是武乙卜辞，是武乙称其父廪辛与康丁，没有别的选择，这是该类卜辞中"父丁"为康丁的有力佐证。

3."母辛"称谓　今征引如下：

□未卜，又母辛☑十，犬十？兹用。　　　　《甲》397
□未卜，又母辛以人十，犬十？兹用。引吉。《摭续》77

武乙卜辞的"母辛"同祖庚、祖甲（出组）卜辞中的"母辛"有很大的区别，武乙卜辞中出现了"兹用""引吉"等习惯用语，这是祖庚、祖甲（出组）卜辞所罕见和不见的。所以，出组卜辞中的"母辛"同武乙卜辞中的"母辛"是不相同的两个人。

---

① 裘锡圭：《论"辈组卜辞"的时代》，《古文字研究》第六辑，中华书局 1981 年版。

4. "三相"称谓　这是武乙卜辞中最为重要的称谓，今引征如下：

> 甲辰贞：□岁于小乙？
> 弜又？
> 二牢？
> 三牢？ 二
> 弜至于三祖？ 二《合》336（《合集》32617）（图五，1）

在该片祭祀中，"三祖"明显排在"小乙"之后，这是确定无疑的。

> 弜至三祖？
> 丙子贞：父丁彡？
> 不遘雨？　《明后》B2526（《合集》32690）（图五，3）

在此片祭祀中，"父丁"明显排在"三祖"之后，这同样是确定无疑的。如今的问题是，这两片祭祀卜辞中，甲辰与丙子虽相隔33天，但都有祭祀"三祖"的卜问，祭祀"三祖"的日期是在甲辰至丙子的日期之中。我们以"三祖"作为接合部（联结点），将两版卜辞内容系联如下：

> 甲辰贞：□岁于小乙？
> 弜又？
> 二牢？
> 三牢？ 二
> 弜至于三祖？ 二
> 弜至三祖？

丙子贞：父丁彡？

不遘雨？

上述两版卜辞系联之后，大家可以看到，在小乙至父丁之间的祭祀过程中，明显存在着"三祖"；致祭"三祖"的时间是在"小乙"之后，但却在"父丁"之前。此中的致祭次序是小乙→三祖→父丁，这是小乙与父丁之间存有"三祖"先王的确证。历组提前论学者所征引的小乙、父丁卜辞，中间确实是略去了"三祖"。该祭祀过程清楚地证明，此中的"父丁"就是康丁。

武乙卜辞中的"三祖"还见于《南辅》63，其辞云："庚子卜：其又岁于三且？"此"三祖"是谁？陈梦家曾指出，是武乙称祖己（孝己）、祖庚、祖甲。[①] 屈万里先生亦主此说。[②] 陈、屈二位之论是正确的。

与武乙卜辞中的"三祖"相对应，在康丁卜辞中有"三父"之称，今引征如下：

凡于☒三父又？　　　　　　　　　　《人文》1817（图五，4）

上述康丁卜辞中的"三父"当指父己、父庚、父甲，亦即孝己、祖庚、祖甲。此"三父"之称与武乙卜辞中的"三祖"之称完全吻合，证明历组父于类卜辞中的"父丁"确实是康丁。

除此之外，武乙卜辞中还存在着单独祭祀武丁和祖甲的卜辞。今列举如下：

弜☒于祖乙，以祖［丁］、祖甲☒？　　　　《拾遗》1.11

①　陈梦家：《殷虚卜辞综述》，科学出版社1956年版，第494页。
②　屈万里：《殷虚文字甲编考释》，"中研院"历史语言研究所，1961年，第627片，第99页。

唯祖庚耇? 唯祖辛耇? 唯祖乙耇? 唯祖□耇?

《屯南》1046

以上二例中,《拾遗》1. 11 的"祖丁"应指武丁,祖甲应指武丁子祖甲;《屯南》1046 之"祖□",根据先后次序排列,当为"祖丁",即武丁。至此,我们有充分的理由说,武乙卜辞中的"父丁"不是武丁,而是康丁。

(二) 武乙卜辞中集合庙主所反映的世系

武乙卜辞中的集合庙主比较多,本文只选择其中对时代有决定作用的"十示又三""十示又四"进行分析。

1. "十示又三"卜辞 引述如下:

乙未贞:其桼自上甲十示又三,牛;小示,羊?

《后上》28.8

甲辰贞:今日桼禾自上甲十示又三? 《屯南》827

乙未贞:其桼自上甲十示又三,牛;小示,羊?

乙未贞:于〔父〕丁〔桼〕? 《屯南》4331(图一,1)

上述三例中,《后上》28.8 及《屯南》4331 之"十示又三"与"小示"相对,可知"十示又三"必是"大示"。我们又从《屯南》4331 得知,"父丁"是单独祭祀,是不包括在"十示又三"之中的,这就为我们判断这类卜辞的时代提供了依据。当年董作宾先生根据《佚》986 中的"十示",在论述《后上》28.8 中的"十示又三"时说:"可知这十示又三,是增加了三示,祖丁以后的三世是小乙、武丁、祖甲,可知此片至早也须在第三期

（廪辛、康丁之世）。但从字形考之，自作⊙，未作⋇，当是武乙时物。"① 董氏的推断是正确的。

我们认为，此"十示又三"是上甲、大乙至祖甲十三世直系先王（大示）。在此合祭中，上甲与大乙之间略去了三匚二示，而父丁（康丁）又是单独祭祀的。所以，此"十示又三"之先王数与武乙时代所祭直系先王数完全吻合，与此同版单祭的"父丁"当然是康丁。

2. "十示又四"卜辞　征引如下：

> 辛未卜：羍于大示？ 三
> 于父丁羍？ 三
> 弜羍，其告于十示又四？ 三
> 壬申卜：羍于大示？ 三
> 于父丁羍？ 三
> 《屯南》601（图七；《南明》655 与此同文）

关于此"十示又四"，陈梦家先生认为是"小示"，并说："小示的十四示，当指上甲至中丁十二大示之后，自祖乙至康丁的六世十四王（不包括祖己）。"② 我们曾指出：陈先生认为是"小示"是对的，但具体的推算却欠妥。既为"小示"，则只祭旁系先王，而武乙时代，从卜丙至廪辛的全部旁系先王恰好是十四位。所以，此小示"十示又四"当是卜丙至廪辛的旁系先王。与此同版的"父丁"当然也必是康丁。③

综上所述，武乙卜辞中，无论是"大示"的"十示又三"，

---

① 董作宾：《甲骨文断代研究例》，《庆祝蔡元培先生六十五岁论文集》上册，中央研究院历史语言研究室，1933 年，第 369 页。

② 陈梦家：《殷虚卜辞综述》，科学出版社 1956 年版，第 464 页。

③ 曹定云：《论武乙、文丁祭祀卜辞》，《考古》1983 年第 3 期。

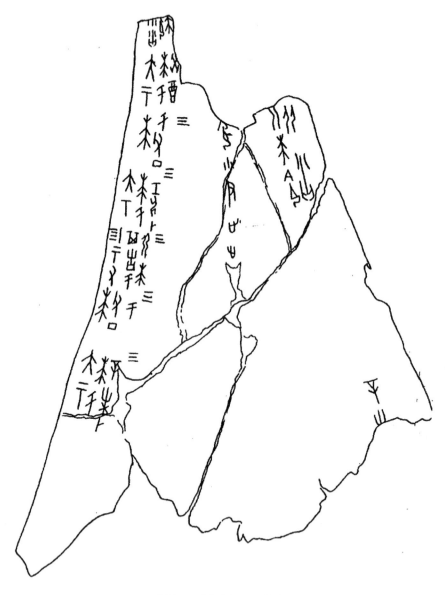

图七　《屯南》601摹本

还是"小示"的"十示又四"，其所祭先王数与武乙时代的世系完全吻合，故此中的"父丁"确实是康丁。

(三) 文丁卜辞中的称谓

本文所指的"文丁卜辞"即历组父乙类卜辞。文丁卜辞中，其父辈称谓只见"父乙"；母辈称谓只见"母庚"。此与武丁卜辞中众多的父辈和母辈称谓相比，真有天壤之别。

1."父乙"称谓

有如下三种组合。

（1）单独的"父乙"称谓。

壬午卜：𢀙又伐父乙？	《屯南》751（图三，3）
甲戌卜：又于父乙一牛？	《合集》32722
癸亥卜：兄（祝）于父乙？	《合集》32723

（2）"兄丁、父乙"连称。

丙子贞：将兄丁于父乙？用。	《粹》373
癸巳卜：将兄丁凡父乙？	《甲》611

（3）称"兄丁、父宗"。

　　辛酉卜：将兄丁于父宗？《掇续》223（《合集》32765）

此称目前仅一见，"兄丁、父宗"即"兄丁、父乙宗"。庙主称"宗"，是文丁卜辞的特点之一。

2."母庚"称谓

文丁卜辞中的母辈称谓只有"母庚"一个，此与武丁卜辞中存在着母庚、母丁、母壬、母癸等多母的情况又有极大的差别。今择引如下：

庚申卜：母庚示旬？不用。　　　　　　　　《明后》2524

上述文丁卜辞中的"父乙""兄丁""母庚"同武丁卜辞中的"父乙""兄丁""母庚"有很大的区别：首先，此三称在武丁卜辞中是同版关系，是分别祭祀的对象，而在文丁卜辞中，"父乙""兄丁"往往同辞，是"合祭"的对象。其次，武丁卜辞中，此三称所受祭祀种类比较多，除御祭、出祭外，还有告祭、晋祭、酌祭等，而文丁卜辞中，此三称所受祭祀种类少得多，主要是又祭，其次是告祭、将祭；而母庚只受又祭，兄丁只受将祭。

此外，武丁卜辞中，此三称所受牺牲比较多，以"宰"为主，其次是牛、羊、伐等；而文丁卜辞中，此三称所受牺牲比较少，主要是牛，次为羊，没有见到"宰"。

以上情况表明，文丁卜辞中的"父乙""兄丁""母庚"同武丁卜辞中的"父乙""兄丁""母庚"是不相同的人，其时代自然也不相同。

(四) 文丁卜辞中集合庙主所反映的世系

文丁卜辞中对时代推断有重要意义的集合庙主是"伊、廿示又三"。今引征如下：

叀新☒用？
[壬]戌卜：又岁于伊、廿示又三？
　　　　　《京》4101（图六，3；《佚》211与此同文）

关于此辞，陈梦家先生曾指出："'伊廿示又三'，当读作

'伊、廿示又三'。伊尹事汤，放大甲而为大甲所杀，为沃丁所葬。则此二十三示应是自大甲至康丁的二十三王，乃小示。"① 我们曾经指出："陈先生对此世系的推算是对的，但认为是小示则可商。'伊、廿示又三'是伊尹、大甲以下直系、旁系先王的合祭，故不是小示。此伊、廿示又三'与文丁卜辞的时代亦相吻合。"②

综上所论，无论是从地层关系，还是从卜辞称谓和世系进行分析，文丁卜辞内容与其所处的时代是完全吻合的。

四　武乙、文丁卜辞的事类

武乙、文丁（历组）卜辞与武丁、祖庚（宾祖、出祖）卜辞在占卜事类方面既有某些相似性，又有明显的差异性。前者多是各个时期都可以重复发生的事件，后者则是某一时期所特有的事类。关于这一问题，我们过去已有所论述，现稍做补充。

商周时期，"国之大事，在祀与戎"，即祭祀与战争是商王国政治生活的重要内容。所以殷墟卜辞中，祭祀内容占了多数，战争内容也有一定数量。在战争与祭祀两件大事上，在商代后期的不同阶段是有所不同的。

（一）关于战争

我们在《再论》中已经分析了武丁、祖庚、祖甲与武乙、文丁时的方国关系③，文中指出，武丁时期作战的主要对象是舌方，武乙、文丁时期作战的对象主要是召方，两者有显著区别。林小安在《武乙、文丁卜辞补正》与《再论"历组卜辞"的年代》两

---

① 陈梦家:《殷虚卜辞综述》，科学出版社 1956 年版，第 465 页。
② 曹定云:《论武乙、文丁祭祀卜辞》，《考古》1983 年第 3 期。
③ 肖楠:《再论武乙、文丁卜辞》，《古文字研究》第九辑，中华书局 1984 年版;《甲骨学论文集》，中华书局 2010 年版，第 114—115 页。

篇文章里，对伐舌方的卜辞做了详细的分析，其文的要点是：在殷墟卜辞中，占卜伐舌方的卜人有宾、殻、争、古、亘、永、筮、韦、𠨎、出等十名（除"出"外，其余均为宾组卜人），涉及近五百条卜辞。从卜辞中看出，武丁对这场战争十分重视，不但御驾亲征，还调集了满朝重臣，如𠦪、师般、望乘、子画、沚馘等名将前往作战。战争的规模大，动用了三千、五千的兵力，持续的时间也较长，是武丁晚至祖庚初年最重要的战争。若历组卜辞与宾组、出组同时，历组的贞人必定对此重大事件进行占卜，但为何置若罔闻？这一现象唯一的答案是贞人历不是武丁晚至祖庚时代之卜官，这类卜辞也不是武丁至祖庚的卜辞。[①] 我们认为林氏的分析很有见地。

　　下面再谈一下有关召方之事。张永山、罗琨在有关文章中对此曾做过详细的论述，他们指出，在武丁宾组卜辞时期，召方与商王朝是联盟关系，而在历组卜辞时，却成了主要的敌国。[②]

　　在 1986—2004 年小屯村中南所出的历组卜辞中，依然不见舌方的踪影，但发现了两片征伐召方的卜辞，其内容如下：

　　　　己酉□：召［方］☒? 三
　　　　己酉卜：其燬人☒［召］☒? 三
　　　　弜燬人?
　　　　丙辰贞：于□告☒夊? 　　　　《村中南》228（图六，2）
　　　　辛丑［卜］：三千□令☒?
　　　　辛丑卜：王正（征）刀方?
　　　　□□卜：□□令□召□［受］又?

　　　　　　　　　　　　　　　　　　《村中南》66（图六，1）

　　① 林小安：《再论"历组卜辞"的年代》，《故宫博物院院刊》2000 年第 1 期。
　　② 张永山、罗琨：《论历组卜辞的年代》，《古文字研究》第三辑，中华书局 1980 年版。

刀方，即召方。① 燬，即征召之意。② 在已发现的伐召方的六十多条卜辞中，未见"燬人"或"燬人"之数目。③ 上述两片卜辞，既有"燬人"，又见"三千"，虽然《村中南》66 第一辞"三千"之后缺字，但从同版的二、三辞可推知，该辞是卜问是否命令三千人伐召方。可见武乙、文丁时期，征伐召方动用的兵员较多，战争的规模也较大，召方确是这一时期殷王朝最主要的敌国。

(二) 关于祭祀

在宾组、出组、历组卜辞中，祭祀祖先的卜辞数量大，现只选取对断代意义最有价值的祭祀父乙、父丁的祭名与用牲情况做一比较。④

1. 祭名

(1) 父乙　在宾组卜辞中，祭祀父乙的祭名有出、御、宾、酌、告、酉、晋、摯、伐、舌、祝、彡、登等多种，出祭最多，占了约 50%，次为御祭，宾、酌、告、酉、晋也有数条，后几种偶见。

历组对父乙祭祀的祭名有又、将、刚、祝、告、伐、岁、裸，以又、将、刚为多，其中将、刚、祝、岁四个祭名不见于宾组，而宾组的御、宾、酌、晋等多个祭名也不见于历组祭祀父乙的卜辞。

(2) 父于　在出组卜辞中，祭祀父丁的祭名有宾、岁、又、彡、舌、叔、豂、夕、告、麷、御、禽、摯、彡、祭、酌、升等，以宾、岁、又为主，特别是宾祭，占了近半。

历组卜辞对父丁的祭祀，祭名有告、又、摯、彡、岁、御、

---

① 陈梦家：《殷虚卜辞综述》，科学出版社 1956 年版，第 287 页。

② 于省吾主编：《甲骨文字诂林》，中华书局 1996 年版，第 953—955 页。

③ 《合集》33018 有"☐王燬☐ [往] 伐召，受又"，可能是"燬人"之辞。

④ 方述鑫在《殷墟卜辞断代研究》第 223—224、230—231 页，对宾组、自组与历组父乙类，出组与历组父丁类的祭名做过比较，读者可参考。

酌、伐、燎、尊、甗、报、汛、祝、彡、馘、舁、舌、米、刉、叙、
餗等，以告祭最常见，次为又祭、莘祭，历组的报、汛、燎、祝、
刉、尊、叙、甗、米、餗等不见于出组，出组的宾、叙、禴、褘等
不见于历组。

出组与历组对父丁的祭祀卜辞有一部分祭名相同，但内容有
别。以告祭为例，出组对父丁的告祭只见二条卜辞，内容较简单。
《英》1957："贞：告于父丁?"《合集》23259："甲子卜，大贞：
告于父丁，今日温酌?"而历组对父丁告祭的卜辞达三十条，内容
丰富。如《合集》33526："癸丑贞：王令利出田，告于父丁，牛
一? 兹用。"《合集》32680："丁卯贞：其告于父丁，其狩，一
牛?"《合集》33710；"辛巳贞：日戠，其告于父丁?"《合集》
31995："己丑卜：雔众，告于父丁，一牛?"《合集》33015："己
酉卜：召方来，告于父丁?"《屯南》1089："甲戌贞：告于父丁，
餗一牛? 兹用。"以上卜辞反映出，当时田猎、日食、战争、祭祀
等多方面的事情，商王都要对其父进行告祭①。

2. 用牲 宾组、出组、历组卜辞对父乙、父丁的祭祀，在用
牲方面也存在较明显的差别。下面我们以《类纂》）所载的卜辞
资料，对这几组卜辞的用牲状况做一统计（表二）。

表二　　　　　　　宾组、出组、历组卜辞祭祀父乙、父丁用牲统计表

用牲 \ 卜辞组别 卜辞条数	宾组祭祀 父乙卜辞	出组祭祀 父丁卜辞	历组祭祀 父丁卜辞	历组祭祀 父乙卜辞
羌	2	4	15	
伐	1		2	
奴	9			

---

① 张永山、罗琨在《论历组卜辞的年代》一文中，对历组卜辞告祭父丁的内容曾
做过论述，读者可参考。

续表

卜辞组别 卜辞条数 用牲	宾组祭祀 父乙卜辞	出组祭祀 父丁卜辞	历组祭祀 父丁卜辞	历组祭祀 父乙卜辞
苂	2			
牢	1		15	
牛	9	19	34	3
宰	24	18	6	
羊	8		6	
犬			4	
豕	1		1	
青	3			
合计	60	41	83	3

宾组祭祀父乙记用牲的卜辞 60 条，其中用人牲的卜辞 14 条，种类为羌、伐、自、苂，用人牲最高数为三十伐（《合集》886），次为十（《合集》702 正）。用畜牲 46 条，种类有牢、宰、羊、牛、豕、青，用畜牲最高数为百宰（《合集》6664 正），次为三十（《合集》886）。

历组祭祀父乙记用牲的卜辞较少，全部用牛，最高数为三牛（《合集》34240）。

出组祭祀父丁记用牲的卜辞 41 条，其中人牲 4 条，均为羌，最高数为三十（《合集》22549）。用畜牲 37 条，种类较简单，只牛（牡、牢归入牛类）、宰二种，用牲最高数为十牛（《合集》23180），次为五（《合集》22555）。

历组祭祀父丁记用牲的卜辞 83 条，其中用人牲的卜辞 17 条，种类为羌与伐，最高数为百羌以上（《屯南》1111），次为伐四十（《屯南》636）。用畜牲 66 条，种类有牛、牢、羊、宰、犬、豕，一次用畜牲最高数为百，有百犬、百豕、百牛（《合集》32674）、百小宰（《合集》32675、《屯南》4464）。历组祭祀父丁较出组祭祀父丁用牲种类多，数量也大。

　　这里需要提到的是祭祀卜辞中的牢与宰两个字的含义。关于牢，学术界有不同的看法，有释为大牢，指牛、羊、豕三牲，有释作二牛（或指一牡牛与一牝牛），还有释圈养的牛，或特别圈养供祭祀用的牛，关于宰，有学者释为小（少）牢，指羊、豕二牲，也有释作圈养的羊，或特别圈养供祭祀的羊。[①] 我们认为，牢、宰是指特别圈养供祭祀的牛和羊，用牢宰祭祀较用牛、羊为隆重。

　　牢与宰在宾组、出组、历组祭祀卜辞中，其数量与占的比例是不同的。从表二可知，宾组祭祀父乙记用牲的卜辞中以宰为多，计24条，占全部牲畜条数（46条）的52.2%，若宰与羊合算为32条，则羊牲占70%，牢只见1条，牛、牢合算10条辞，占22%。出组祭祀父丁卜辞，宰牲为18条，占该组畜牲条数（37条）的48.7%。牛牲19条，比例升至51.3%。历组祭祀父丁用宰的卜辞6条，占该组畜牲条数（66条）的9.1%，若以宰、羊合算为12条辞，则羊牲占18%。牢15条，占该组畜牲条数的22.7%，若牢与牛合计为49条辞，占该组畜牲条数的74%。

　　虽然我们只统计了宾组、出组、历组祭祀父乙、父丁的用牲情况，但它能大体反映出这三组卜辞用牲之差异，其中最主要的不同点是，宾组、出组卜辞祭祀祖先使用的畜牲以宰为主，牢很少[②]，羊牲的比例大。何组、无名组牢、宰并用，历组用牢多于宰，牛牲比例较羊牲大，而到了黄组，祭祀祖先的卜辞绝大多数用牢与牛，宰与羊很少。可见宰与羊、牢与牛祭祀卜辞条数多寡之变化，反映了时代之差异。历组卜辞之父乙、父丁较宾组的父乙、出组的父丁晚。

　　让我们再看一下殷墟商代后期祭祀遗存中羊牲与牛牲的情况。

　　（1）羊牲　据已发表的考古资料，殷墟埋羊牲的祭祀坑数目约

---

　　① 于省吾主编：《甲骨文字诂林》，中华书局1996年版，第1504—1517、1538—1540页。

　　② 非王卜辞中的用牲情况与王卜辞有些差异，如《花东》的子卜辞，用牢祭祀祖先有30片，用宰祭祀42片。用牢较宾组卜辞多。

27座，其中单独埋羊的3座，其余的20多座，除羊外还有其他牺牲（主要是犬）。羊牲的数目在180头以上。[①] 羊牲祭祀坑绝大多数发现于小屯北宫殿宗庙区内。如小屯乙七基址南面的M182（属北组墓葬）、M152（属中组墓葬），乙七、乙十三基址的M105、M109、M364、M368等12座"基中墓"[②]，丙一基址东南的M338、M339，丙十七基址中部的M393，丙组基址北段的M357等。这些祭祀坑内埋羊的数目少者1头，最多的42头。此外，在郭家庄西南及西北冈也各发现一座埋羊的祭祀坑。

（2）牛牲　殷墟埋牛的祭祀坑或文化层有12个单位。分布于小屯宫殿区、西北冈王陵区、苗圃北地、大司空村、孝民屯等地，牛牲总数约503个个体。除小屯北M390坑属牛与羊合埋外，其余的坑都单独埋牛。这类坑大多埋的是整牛，但也发现埋牛的某一部分骨骼。在白家坟的VD区，探方T2东北隅的地层中，发现牛角40余支，为20头牛的角。在孝民屯铸铜遗址，发现了专埋牛的牙齿与下颌骨的坑，如H265，坑内埋3600多个牛的门齿，属于434个牛的个体。[③]

上述埋羊、牛的祭祀坑（或文化层）共三十九个单位，除少数几座坑不好断代外，大多数坑（或文化层）是可以据其与周围遗迹的关系及坑内共存陶器的形态进行分期，属于殷墟文化一、二期的有羊坑19座（埋羊120只）、牛坑5座（埋牛44只），小屯宫殿基址发现的羊坑、牛坑，绝大多数都属于这一时期。[④] 属于

---

① 谢肃：《商代祭祀遗存研究》，商文化牺牲祭品统计表，中国社会科学院研究生院，博士学位论文，2006年。
② 有学者称这类墓为"置础墓"，但这些墓葬中的人牲是在基址的夯筑过程中埋入的，和置础立柱在时间上不一致，故应称为"基中墓"较好。
③ 殷墟孝民屯考古队：《河南安阳孝民屯商代铸铜遗址2003—2004年的发掘》，《考古》2007年第1期。
④ 有关小屯宫殿基址及其周围祭祀坑的时代可参考中国社会科学院考古研究所：《殷墟的发现与研究》，科学出版社1994年版，第51—69页；杜金鹏：《殷墟宫殿区建筑基址研究》，科学出版社2010年版，第161—176、257—258、329—334页。

殷墟文化三、四期的有羊坑 2 座（埋羊 3 只），牛的坑、层六个单位（埋牛约 459 个个体），苗圃北地、孝民屯、白家坟发现的埋牛的坑、层及郭家庄西南的羊坑属于这一阶段。

考古资料表明，殷墟文化一、二期（相当于宾组、出组卜辞时期）用羊牲祭祀较多，牛牲较少，而殷墟文化三、四期（相当于无名组、历组、黄组卜辞时期）则大量使用牛牲祭祀，用羊牲则相当少，这与甲骨卜辞的记载大体上是符合的。

五　关于《屯南》4050 与《屯南补遗》244 的缀合问题

2004 年 11 月，中国古文字研究会在杭州召开，林宏明博士提交了《从一条新缀的卜辞看历组卜辞时代》一文。林博士在该文中缀合了《屯南》4050 与《屯南补遗》244。① "缀合后发现内容和王国维、董作宾所缀合的《合》32384 内容类似、字体相同的历组卜辞，虽然这组卜辞缀合后仍然非常残缺，但重要的是此版为历组卜辞这类列举一系列先公先王的残辞，目前唯一一例可以见到'父'字的。将这组缀合和《合》32384 比较，两者行款大致一致，推测这可能是一组同文卜辞。"② 缀合后的卜辞内容如下（图六，5）：

（☐乙）三，
☐大乙十，☐
☐小甲三，大戊☐

---

① 中国社会科学院考古研究所安阳工作队：《1973 年小屯南地发掘报告·（五）小屯南地甲骨补遗》，《考古学集刊》第 9 集，科学出版社 1995 年版。
② 林宏明：《从一条新缀的卜辞看历组卜辞时代》，《古文字研究》第二十五辑，中华书局 2004 年版，第 87 页。

☑乙十，且☑

☑□三，父☑。

关于《合集》32384，其辞是历组父丁类中的祭祀卜辞，文为：

乙未酚系品：上甲十，乙三，

⊏丙三，⊏丁三，示壬三，示癸三，大乙十，

大丁十，大甲十，大庚七，小甲三，☑

☑戋甲三，祖乙☑。

缀合后的卜辞与《合集》32384 相比，增加了第五行，而且还出现了父名。对于"父"下之字，林宏明博士认为是"丁"，并说："根据世系，笔者以为这个'父'为'父丁'（武丁）的可能性比康丁大出许多。"①

林文发表以后，李学勤先生认为，这为历组卜辞提前"再次提供了有力证据"。又说：缀合后的第五行"父"下之字应为"乙"；"所见的'父'，只能是'父乙'，即'小乙'……假如以辞中'父乙'为武乙，是怎样也没有办法讲通的"②。

我们认为，林宏明博士的缀合是成功的，他认为"父"下之字可能为"丁"也是对的。因为，该片是典型的历组父丁类卜辞。李学勤先生认为"父"下为"乙"不妥。至于该片的时代，却不能因为"缀合"而提前：第一，缀合后仍然是片残辞，所缺之字甚多，"父"字前和"父"字后，仍不知所指是谁。第二，虽然"父"后之字可以定为"丁"，但也不能说父丁就一定是武丁。因

① 林宏明：《从一条新缀的卜辞看历组卜辞时代》，《古文字研究》第二十五辑，中华书局 2004 年版，第 89 页。

② 李学勤：《一版新缀卜辞与商王世》，《文物》2005 年第 2 期。

为残缺的"父丁"卜辞，证明"父丁"属哪一个王，其力度当然要比"小乙、父丁"卜辞要小。如今，由于有"小乙→三祖→父丁"之祭祀过程被发现，完整的"小乙、父丁"卜辞中的"父丁"已经被证明不是武丁，而是康丁，那残缺的"父丁"卜辞更是不足为据了。

六　关于武乙、文丁卜辞中的同版问题

在武乙、文丁卜辞讨论中，有学者对某些问题，尤其是同版问题提出过疑问。关于这些问题，有的我们过去回答过，有的尚未回答。现借此机会，一并回应如下。

（一）关于《屯南》2384（H57：179）中的同版问题

《屯南》2384 是"出组"与"历组"同版的卜辞，内容如下：

> 其上 1—9：庚辰卜：王。
> 其下：庚辰贞：其陟☒高祖上甲，兹用，王㽮，兹□？一

该片上部 1—9 辞是典型的出组卜辞，而下部是典型的历组父丁类卜辞。背面的钻凿形态是早期的，而不是武乙时候的。该版胛骨卜辞，我们在《屯南·释文》中指出："此骨为同版不同期卜辞，骨上部为祖庚、祖甲时期的卜辞，骨下部是武乙时期的卜辞……这是武乙时期利用了庚、甲时期的卜骨的空隙而形成的。"①

《小屯南地甲骨》（上册）问世以后，不少主张历组卜辞早期

---

① 中国社会科学院考古研究所：《小屯南地甲骨·释文》，中华书局 1983 年版，第 1010 页。

说的学者认为这是历组与出组时代相同的佳证。① 在这些先生看来，同版就一定同期，似乎成为一条定律。

其实在甲骨卜辞中，同版只是一种现象。同版可以同期（相对而言）；同版也可以不同期。具体情况具体分析，不能一概论之。在《小屯南地甲骨》中，同版不同期尚有其他的例证。如《屯南》2157，该版上部似康丁卜辞，下部似乙辛卜辞。出现这种情况，明显是晚期利用了早期卜骨之故。②

殷墟卜辞中，不同时期的卜辞出现在同一版上应当是可以理解的。殷代卜龟（骨）是很宝贵的，占卜完后，不会马上扔掉，而是保存下来，因为这是档案，时王甚至后继者还会不时地检验查看；而史官们也会经常查阅这些卜骨，从中总结出占卜的经验；后来的史官也会翻阅以前的卜龟（骨），从中学习前辈的技术。在以上这些过程中，难免会有史官在过去空缺的卜骨上，重新占卜或刻辞，这是合乎情理的事情。这有点像近现代学者常会在古书上作眉批，难道人们会将古书与眉批看作同一时代吗？所谓卜辞同版同时只是相对的，是从大处着眼而言的，因为两种刻辞相隔时间可能是几天、几个月、几年，人们可以忽略不计，算作是同一时期，若从细微处出发，同版不同时则是绝对的，即便是同一天，二者之间也有先后；如果这种不同时超过了十年、几十年，甚至上百年，人们就不能再说它们是同一时期的了！

在《小屯南地甲骨》中还存在另外一种现象：卜甲（骨）上的卜辞与其上的纪事刻辞归属于不同的时代。有学者将这种现象也称作同版。其实，这与真正的卜辞同版是有区别的。因为，纪事刻辞发生于甲骨整治过程结束之时，是甲骨整治管理者检验甲

① 李学勤：《论小屯南地出土的一版特殊胛骨》，《上海博物馆集刊》1987 年第 4 期。

② 中国社会科学院考古研究所：《小屯南地甲骨·释文》，中华书局 1983 年版，第 1010 页。

骨时的签署记录，不是真正的卜辞；而卜辞则是贞人占卜之后史官刻在甲骨上的记录。这两种记录的性质完全不同，而且发生的时间也不相同。此中存在的时间差究竟有多长，很不好说，可能几天、几个月，也有可能是几年、几十年甚至上百年。这就好像信纸信封上面在印刷时印有单位名称，这种名称往往有明确的时代标记，但写信人何时用此纸（包括信封）写信，则是另一回事，写信人可能在当年用此纸写信，也可能是在几年、几十年之后用此纸写信。殷代整治好了的龟骨是十分珍贵的，会放在库房备用，待贞人占卜时，再从库房取出，占卜完后，史官在上面刻上卜辞。此中前后间隔的时间同样会有长有短。所以，这种现象不能叫同版，只能称为"同龟（骨）"。这种"同龟（骨）"的现象，卜辞中有不少例证。例如《屯南》910、911 就是典型代表。今将该片正面卜辞与反面的刻辞分列如下：

正面（911）　　戊寅☐?

己卯贞：莘禾于示壬，三牢?

☐酉卜：于伊☐丁亥?

反面（910）　　壬子，殻 [示]。

该卜骨正面从字体看是历组父乙类，属文丁卜辞；而反面有宾组卜人的签名，是武丁时的纪事刻辞。这同样是"晚期利用了早期的卜骨"[1]。已故著名学者张政烺先生说："《南地》910、911 片是一骨之正背两面，背面有'壬子，殻示'四字，是一期纪事刻辞……骨面有历组卜辞三条。……可见此是一期人藏之骨，至历组卜人始用之，而非宾组、历组合作的产物。"[2] 类似

---

① 中国社会科学院考古研究所：《小屯南地甲骨·释文》，中华书局 1983 年版，第 907 页。

② 张政烺：《帚好略说补记》，《考古》1983 年第 8 期。

的情况也见于《屯南》2263 与 2264，2263 是正面，其上似乙辛卜辞；2264 是反面，其上是康丁至武乙纪事刻辞。① 再如《英藏》2415：

正面　　☒令龰人先涉？
反面　　丁卯龰出于☐三牢，［在］☒。

该片的正面大部分是伪刻，只有一行是卜辞，字体近似历组；背面是宾组字体的纪事刻辞。② 这也是后来（康丁、武乙）时代贞人利用了武丁时代已整治好的卜骨进行占卜的缘故。

以上三例都是卜辞与纪事刻辞"同龟（骨）"的现象。这不能叫"同版"，因为后者不是卜辞；且往往不在同一版上，而是在龟（骨）的正面与反面，所以只能称作两种刻辞"同龟（骨）"。这两种刻辞原本就发生在不同的时间，性质本不相同，因此它们之间的时代不同也就不足为怪了。

七　关于殷墟卜辞中的异代同名问题

殷墟卜辞中有两个妇好，一是武丁（宾组卜辞）时的妇好，另一个是武乙、文丁（历组卜辞）时的妇好。这两个妇好，无论从字体的写法还是她们的平生事迹，以及死后所享受的祭祀待遇等方面都有很大区别。关于这些区别，我们过去多次做过论述，现在不再重复。③

李学勤先生将历组卜辞提至武丁和祖庚时代，其起因就是因

---

① 中国社会科学院考古研究所：《小屯南地甲骨·释文》，中华书局 1983 年版，第 994 页。

② 李学勤、齐文心、艾兰：《英国所藏甲骨集》下编上册，中华书局 1992 年版，第 135 页。

③ 肖楠：《再论武乙、文丁卜辞》，《古文字研究》第九辑，中华书局 1984 年版。

为妇好。殷墟五号墓（妇好墓）发掘之后，在学术界引起极大反响。此墓属于殷墟二期早段，墓中的主人（妇好）见之于武丁时代的宾组卜辞，其卜辞数量还相当多。因此，"妇好"墓主人的身份与时代不存在任何疑问。正是根据此事，李学勤先生认为："殷墟甲骨不只是武丁时期的宾组卜辞有妇好这个人物，多出自小屯村中的一种卜骨也有妇好。这种卜骨字较大而细劲，只有卜人𢆶（历）。我们称为历组卜辞。按照旧的五期分法，历组卜辞被认为属于武乙、文丁时期的第四期。新出土的各墓青铜器及玉器上的文字，其字体更接近于历组卜辞。"据此，李先生认为历组卜辞的时代必须提前。[①]

其实，妇好之"好"从"女"从"子"，"子"乃此女子之母国国号。如同妇井是井国之女子，道理是一样的。[②] 武丁时代，子国之女嫁到殷王室为妃，称为"妇好"；武乙、文丁时候，子国之女也嫁到殷王室为妃，同样还得叫"妇好"。这两个妇好相距时代甚远，怎能将武丁卜辞的妇好与武乙、文丁卜辞中的妇好看作是同一个人呢？

在殷墟卜辞中，异代同名的现象很普遍。关于这一问题，我们在《一论》《再论》中已有论述，甲骨文中出现的绝大多数人名不是私名，而是氏名，因为这些人名往往又是国名、地名、族名，这是古代以国为氏、以邑（封地）为氏的反映。我们过去论述此问题，主要依据卜辞中的资料，现在考虑到甲骨文中的不少人名，在商代后期（甚至西周早期）的铜器铭文中作为族名出现，所以本文拟从商代铜器铭文的族名这一角度再做补充。商代铜器铭文的族名相当多，这里我们只选取十几个既见于铜器又见于甲骨文的较重要的名号做一分析（表三）。

---

① 李学勤：《论"妇好"墓的年代及有关问题》，《文物》1977 年第 11 期。
② 参见肖楠《再论武乙、文丁卜辞》中有关"妇好"章节（《古文字研究》第九辑，中华书局 1984 年版；《甲骨学论文集》，中华书局 2010 年版，第 109 页）。

表三　　　　　　　　　　　　　　商代铜器铭文中常见族名表

铭文	铜器著录号			卜辞出现组别
	二期	三期	四期	
戈	3018、3172	1203	766、1204	自组、午组、宾组
龚	377、5446	2112、2941	461、3147	自组、宾组、历组
齒	6604、7456	7457	J829、OU264	宾组、出组、无名组、历组、黄组
旗	J866、J867	10646、1114	2400、2401	宾组、何组、无名组、历组
史	1075、6610	1084、8615	1088、2957	宾组、花东子卜辞
天	380、1430	1426、9156	1429、7779	出组、历组
何	5445、11721	2750、6424	5756、5757	自组、宾组、花东子卜辞、出组、何组、历组
宁	1361、1362	J793、1366	1116、6625	花东子卜辞、无名组、何组
犬	7179	1565、6356	10840	自组、宾组、何组、无名组、历组、黄组
中		J1114、J1115	8630、8166	宾组、出组、无名组
光	1025、8600	6030	2709、J565	自组、午组、宾组
并	9830	8898	6579	自组、宾组、出组、历组
臷	6702、6703	6700、J760	505、J681	宾组、花东子卜辞
芦	2546、9854	8059、7796	1035、OU47	宾组、花东子卜辞、历组

　　说明：表中J指刘雨、卢岩《近出殷周金文集录》（中华书局2002年版），OU指刘雨、汪涛《流散欧美殷周有铭青铜器集录》（上海辞书出版社2007年版），其他均为中国社会科学院考古研究所《殷周金文集成》（中华书局1984—1994年版）号码①。

　　表三所举的十四个族名，其中十三个均见于殷墟文化第二、三、四期的铜器上，只有"中"铭，见于三、四期，但由于在宾组卜辞（武丁中晚期）有其名号，故我们认为，将来在殷墟二期的墓葬中可能会有此铭出土。

　　表中所列的大多数铜器是传世品，但也有少量是经科学发掘出土的，下面我们选取考古发掘出土的旗与臷铭铜器，来考察一

————————————

　　① 此表参考严志斌《商代青铜器铭文研究》中的《商代青铜器铭文分期一览表》，中国社会科学院研究生院，博士学位论文，2006年；赵鹏《殷墟甲骨人名与断代的初步研究》中的附录三《殷墟甲骨文所见人名列表（部分）》，线装书局2007年版。

下器主旝与戜在不同时期的情况。

旝铭铜器,见于郭家庄东南 95M26 与 06M5 两座墓葬①,前者时代为二期晚段,后者为三期早段。② 95M26 出青铜礼器 12 件和钺、戈、矛、镞等兵器 46 件,五件铜礼器上有"旝"铭。06M5 出青铜礼器 9 件和钺、戈、矛、镞等兵器 21 件,三件铜礼器上有"旝"铭。此二墓的墓主应为"旝"。我们对此二墓的随葬品曾做过研究,认为 95M26 的墓主是位权力较大的指挥官,而 06M5 墓主则属于中下级武官。③

戜铭铜器出于殷墟西区族墓地第八墓区的 M271 与 M1125。④ 前者出青铜礼器 4 件和铜戈、矛等兵器 4 件,时代属殷墟三期;后者出青铜礼器 3 件和戈、矛、镞等兵器 5 件,时代属殷墟四期。两墓的墓主为小贵族,低级武官。⑤

以上的例子表明,这两组具有同一名号的墓主,生前均出自同一族氏。这反映出殷代的职官具有世袭性,即一些强宗大族的族长或重要人物世代为官,尤其是世代出任武职的更常见。

殷代铜器铭文中屡见异代同名现象,给我们以启示,即甲骨文中的"同名"也应当如此解释,特别是一些时代相隔较远的卜辞组如宾组、出组与历组,宾组与无名组,宾组、出组、何组与黄组中的同名者,应是出于同一个氏族中不同时代的人。

过去有的学者注意到,甲骨文的一、四期(宾组与历组)"同名"现象较各期多,由此对异代同名产生怀疑,甚至认为,宾

---

① 中国社会科学院考古研究所安阳工作队:《河南安阳市郭家庄东南 26 号墓》,《考古》1998 年 10 期;安阳市文物考古研究所:《河南安阳市郭家庄东南五号商代墓葬》,《考古》2008 年第 8 期。

② 发掘报告执笔者认为 06M5 属殷墟文化二期,我们据该墓出的铜器、陶器的型式较二期器物略晚,改订为殷墟三期早段。

③ 刘一曼:《甲骨金文的"旝"与殷墟"旝"墓》,《殷都学刊》2011 年第 1 期。

④ 中国社会科学院考古研究所安阳工作队:《1969—1977 年殷墟西区墓葬发掘报告》,《考古学报》1979 年第 1 期。

⑤ 刘一曼:《论安阳殷墟墓葬青铜武器组合》,《考古》2002 年第 3 期。

组、出组与历组的同名不是异代同名，而是指时代相同的同一个人。在《再论》一文中，我们谈到一、四期卜辞"同名"较其他各期多的现象曾说道："这与卜辞内容有一定的联系：一、四期卜辞内容多、涉及面广，故'人名'也多，'同名'现象自然就多；而二期以祭祀（特别是周祭）、卜旬、卜王为主，三期以田猎卜辞为主，五期以祭祀、田猎、卜旬为主，另有一些征人方的材料，涉及的'人名'相对少一些，故同名现象相对也少一些。"

现在看来，上面的解释仍然是合理的，我们不能以同名现象在各期（或各组）出现多寡的不同而对异代同名产生怀疑或否定。因为，如同表三所示，一些重要的族氏，从武丁（甚至更早）直至帝乙、帝辛时期，一直活跃在商王朝的政治舞台上，这昭示出在殷代各个时期，异代同名的确是一个非常普遍的现象。

八　历组卜辞产生时代探索

武乙、文丁卜辞中，除少量的无名组卜辞外，绝大部分是历组卜辞。"武乙、文丁卜辞"与"历组卜辞"不是同一个概念，历组卜辞并不等同于武乙、文丁卜辞。本文所论的武乙、文丁卜辞是历组卜辞的主体，所占份额起码在95%以上。这就意味着，历组卜辞中可能有极少量其他时代的卜辞。我们以《类纂》为依据，对该类卜辞中的父辈称谓做过统计，其中有父丁称谓215条，有父乙称谓21条，有父庚称谓1条，父庚称谓约占总数的0.4%，因此我们说历组卜辞的主体是武乙、文丁卜辞是没有错的。但卜辞的产生与时王的更替并不等同，历组卜辞究竟产生于何时是可以讨论的。由于历组卜辞的主体是武乙、文丁卜辞，故历组卜辞的产生离武乙时代不会太远，很可能在康丁之世，这是一种合乎逻辑的推论。这一推论在地层上并无障碍，1973年小屯南地的发掘表明，中期一组地层既出康丁卜辞，也出武乙卜辞

（历组父丁类）。① 康丁与武乙在时间上是相连的，在地层上是共存的。

历组卜辞中的"父庚"称谓，目前虽只一见，但值得注意，今引征如下：

辛亥卜：馭于父庚？　　　《邺三》42. 3 （《合集》27435）

对于该片卜辞的称谓与时代，陈梦家先生曾做过研究。他认为这片仍是武乙卜辞，其"父庚"是廪辛卜辞中的"兄庚"②。他这样说，也有一定道理。可我们仔细审阅过这片卜辞，按其字体可以归入历组，但并非典型历组，有的字又接近于无名组。严格地讲，该片是无名组向历组过渡的一种卜辞，这一特征正好说明了它是历组卜辞的早期形态。因此我们认为，此片中的"父庚"很可能是康丁称其父祖庚，故该片可能是康丁时期的卜辞。

《屯南》2668 有"其又岁于兄庚"一辞，不过，那是一片习刻；《屯南》2296 有"中己岁兄己岁"一辞，此片中的"兄己"不能作为孝己的证据。因为，殷代各王时代中，名"兄己"者多有其人，仅凭"兄某"是不能定其时代的。即便是单个的"父某"，如果没有更多的称谓或称谓组合，没有明确的地层证据，也是难以定其时代的。

九　字体变化在卜辞断代中的地位和作用

在甲骨分期断代的研究中，人们通常会将卜辞字体进行分类，以便整理与研究。这种方法在考古学上称作类型学。但甲骨卜辞本身是地下遗物，是通过考古学方法发掘出来的，所以人们又必

① 中国社会科学院考古研究所：《小屯南地甲骨·前言》，中华书局 1980 年版。
② 陈梦家：《殷虚卜辞综述》，科学出版社 1956 年版，第 457 页。

须运用考古地层学的方法，对出土甲骨进行整理。这两种方法都是需要的，二者互相融合、互相补充，相得益彰。但在二者的关系中，地层学是基础，是根本，地层学决定着类型学。所谓类型学，就是按遗物（器物）的外部特征与内涵进行分类，将具有相同或相近特征的器物归纳在一起进行分析与研究，以便考查它们的变化与发展。这是考古学中经常运用的方法，也是一种有效的方法，但它的前提是必须建立在地层学的基础之上。类型学本身有其局限性，不同的时代，事物的外形有时会有相似与雷同之处。如果离开地层学，单纯凭器物的外部形态进行分类，并断定器物的时代，那就非常危险，甚至有误入歧途的可能。此外还应指出，文字的形态会受师承关系的影响，这点应引起学者足够的重视。

在所谓历组卜辞中，真正有贞人历（𝕏）的卜辞是很少的。将相当多字体相同或相近的卜辞称之为"历组"卜辞，学者中至今仍有人不予认同，这是可以理解的。我们认为，称"历组"卜辞也不是不可以，但在研究中，要切忌滥用，不要一见字体稍微相近，不考虑其他，尤其是不考虑地层关系，就笼统地称之为"历组"卜辞，并随之着手改变其时代，那样就难免出错。

在卜辞分期断代中，人们自然要注意字体的变化。从历史的角度看，甲骨文字体确实总是处在不断变化和发展之中，这是不容怀疑的。人们之所以能将卜辞进行分类，所根据的还是字体的变化。但具体到某些个别的字，情况就不一样了。例如，过去董作宾先生所总结出来的甲骨文第五期的"癸"，其形作"𝕏"，笔画都出头。一般研究者都据此作为认定第五期的依据。然而，1991年花园庄东地 H3 所出卜辞中，"癸"字出头者比比皆是。难道我们能将花东的甲骨看成第五期的吗？或者反过来将过去的第五期提到武丁或武丁以前吗？无论哪种做法都是不妥的。再如"王"字的写法，过去传统看法分"新派""旧派"，"旧派"写作"𝕏"，"新派"写作"𝕏"。如今，在花园庄东地 H3 甲骨中，这两个"王"字是并存的，《花东》420"王"作"王"；480"王"作"土"①，无所谓谁早谁晚。因此，仅凭某些个别"字"的写法变化，就去断定卜辞的时代，是不可取的，也是非常危险的。判断卜辞的时代，一定要看卜辞的群体特征，要根据地层关系，要看称谓组合、世系、事类等各种因素。总之一句话，要综合各种因素，切忌根据一两点就匆忙下结论。

十　关于殷墟卜辞"两系说"

在历组卜辞时代的讨论中，李学勤先生提出了"两系说"。他说："以性质而言，以商王为占卜中心的是王卜辞，不以商王为占卜中心的是非王卜辞。……以发现地点而言，有的组类只出于或主要出于小屯村北，有的组类只出于或主要出于小屯村中和村南。在王卜辞中，只有自组村北、村南都出，其他可分为村北、村南两系。"② 后来，"两系说"又被进一步完善，并用图示表述如下：

（村北）自组→自宾间组→宾组→出组→何组→黄组
（村南）自历间组→历组→无名组→无名黄间组——↑

进而指出："自组卜辞村南、村北均有出土，是两系共同的起源，自宾间组只出村北，自历间组只出村南，才开始分两系发展，往后宾组、出组、何组、黄组为村北系列，历组、无名组、无名黄间类为村南系列，无名黄间类以后，村南系列又融合于村北系列之中，黄组成为两系的归宿。"③

我们推测，提出"两系说"的学者，大概是难以解释历组卜

---

① 中国社会科学院考古研究所：《殷墟花园庄东地甲骨》（六），云南人民出版社2003年版，第1723、1744页。

② 李学勤、彭裕商：《殷墟甲骨分期新论》，《中原文物》1990年第3期。

③ 李学勤、彭裕商：《殷墟甲骨分期研究》，上海古籍出版社1996年版，第305—306页。

辞与宾组、出组之间的差异，以及历组与他组之间的地层关系，因而将之从何组、黄组的链条中抽出，并放在无名组的前面，以摆脱历组卜辞在地层上遇到的困境。

对于"两系说"，方述鑫、林小安等学者已提出过质疑①，本文在他们论述的基础上，再做一些补充。

其一，"两系说"与小屯甲骨出土的实际情况不符，因为村南是出宾组、何组、黄组卜辞的，如《屯南》2113、2663、910 与《村中南》384、454、455 等为宾组卜辞，《屯南》2384 上有出组卜辞（与历组同版），《屯南》4327、4447 为何组卜辞，《屯南》648、2157（第 2辞）、2263、2405、2489、3564、3793、4363、4474、4475、4476 及《村中南》438 为黄组卜辞。村北也出历组卜辞，如甲二基址 E52 的《甲》3649、大连坑的《甲》2667、2859，丙一基址 H354 的《乙》9089、C 区 YH258 的《乙》9064 等片都属于历组卜辞。

其二，两系中上下衔接的各组卜辞应当是年代相承袭，字体一脉相承，中间没有缺环，但何组与黄组卜辞的联系不是紧密的，两者之间有一定的空隙。这点，"两系说"的学者已经注意到了。但他们指出，何组与黄组之间还有一批过渡的卜辞，《安阳侯家庄出土的甲骨文字》中的第 9—42 片就属于此种卜辞，它的字体较何组三类带有更多的晚期特征。这批过渡性的甲骨卜辞在殷墟是存在的，只是尚未在小屯出土而已。② 我们认为，这种推测根据不足。蒋玉斌博士研究了侯家庄第 9—42 片甲骨，他认为那是另一种子卜辞（非王卜辞），不属于王卜辞之列。③ 蒋氏的看法是有道理的。王卜辞与子卜辞是性质不同的卜辞，不应当将侯家庄的

---

① 方述鑫：《殷墟卜辞断代研究》，文津出版社 1992 年版，第 168—169 页；林小安：《再论"历组卜辞"的年代》，《故宫博物院院刊》2000 年第 1 期。

② 李学勤、彭裕商：《殷墟甲骨分期研究》，上海古籍出版社 1996 年版，第 306页。

③ 蒋玉斌：《殷墟子卜辞的整理与研究》，吉林大学，博士学位论文，2006 年，第132—137 页。

"子卜辞"拿来填补小屯"两系说"中王卜辞的空白。

其三，村南村北近在咫尺，在殷代是在同一宫殿区中，殷王朝没有必要在同一时期设立两个占卜机关。若是在同一时期存在两个独立的占卜机关，那应当在占卜事类上有所分工。但历组与宾组、出组卜辞在内容方面均有占卜祭祀、天气、田猎、农业、战争等事项，两者之间没有多大的不同，分设两个占卜机关的意义又在哪里？若是在同一时期存在着两个独立的占卜机构，那么各机构的人员应当在各自的衙署内从事占卜活动，为何又发现宾组、出组与历组的字体同见于一块甲骨之上的现象？

其四，"两系说"将历组卜辞放到了无名组卜辞的前面，是同田野考古中的地层关系相违背的。在1973年小屯南地的发掘中，无名组卜辞虽与历组父丁类卜辞同出在中期一组，但历组父乙类卜辞只出在中期二组；且有多组中期二组坑打破中期一组坑。这说明，无名组卜辞的产生早于历组卜辞，这是建立在确切地层关系上的结论。

总之，无论从卜辞内容进行分析，还是从田野发掘的地层关系进行检验，"两系说"都是难以成立的。

附表　　　1973年小屯南地中晚期灰坑出土刻辞甲骨统计表

期段	灰坑号	甲骨著录号	卜辞类型	灰坑时代
中期三段	H8	569—571	历组父丁类	三期早段
	H16	572、573、补36	习刻	
	H36	2077—2084、2086	无名组、历组父丁类	
	H37	2085	无名组	
	H55	2254	无名组	
	H72	2529—2531	一期、无名组	
	H91	2659、2660	自组	
	H92	2661—2663	宾组、习刻	
	H95	2667—2676、补112	午组、无名组	
	H99	2682—2697	自组、一期、无名组	
	H109	2772	历组父丁类	

期段	灰坑号	甲骨著录号	卜辞类型	灰坑时代
中期四段	H23	690—856、补37、38	无名组、历组（父丁、父乙类）	三期晚段
	H24	857—2057 补39—88	无名组、历组（父丁、父乙类）	
	H31	2058—2076	无名组、历组父丁类	
	H32	补89	不明	
	H38	2087、2099、2101—2103	无名组、历组父丁类	
	H39	2100、2104—2112	无名组、历组（父丁、父乙类）	
	H47	2113—2115、2117—2129	午组、宾组、无名组、历组（父丁、父乙类）	
	H50	2160—2249、补92—95	午组、无名组、历组（父丁、父乙类）	
	H59	2494—2500、补105	无名组	
	H61	2502—2509	自组、午组、无名组、历组父乙类	
	H74	2532、2533	无名组	
	H75	2534—2542	无名组、历组父乙类	
	H78	2547、2548	习刻	
	H79	2549—2551	无名组	
	H80	2552—2559	无名组、历组父丁类	
	H84	2565—2583	一期、无名组、历组父丁类	
	H85	2584—2639、补106、107	午组、无名组、历组（父丁、父乙类）	
	H87	2654—2658、补108、109	历组父丁类	
	H93	2664—2666、补111	无名组	
	H98	2677—2681	无名组、历组父丁类	
	H103	2699—2764、补113、114	无名组、历组（父丁、父乙类）	

续表

期段	灰坑号	甲骨著录号	卜辞类型	灰坑时代
晚期五段	H1	1—25	无名组、历组（父丁、父乙类）	四期早段
	H2	26—482 补 1—32	无名组、历组（父丁、父乙类）	
	H3	483—521、补 33	无名组、历组（父丁、父乙类）	
	H4	522—525	无名组、历组父丁类	
	H5	526—535	无名组、历组父丁类	
	H6	536—561、补 34	无名组、历组（父丁、父乙类）	
	H7	562—568	无名组、历组（父丁、父乙类）	
	H17	574—689	无名组、历组（父丁、父乙类）、个别自组、黄组	
	H45	2115、2116、补 90、91	无名组、历组父丁类	
	H48	2130—2159	无名组、历组（父丁、父乙类）、个别字体近黄组	
	H54	2250—2253	一期、无名组、历组父丁类	
	H57	2255—2454、补 96—103	无名组、历组（父丁、父乙类）、黄组，个别属一期及出组	
	H58	2455—2493、补 104	无名组、历组（父丁、父乙类）、个别黄组、自组、一期	
	H60	2501	无名组	
	H63	2510—2518	无名组、历组父丁类	
	H64	2519—2523	无名组	
	H65	2524—2528	自组、无名组、历组（父丁、父乙类）	
	H77	2543—2546	无名组、习刻	
	H83	2560—2564	无名组、历组（父丁、父乙类）	
	H86	2640—2653	无名组、历组（父丁、父乙类），个别午组	
	H114	2773—2776	一期、无名组	

引用书目简称

《后上》　罗振玉：《殷虚书契后编》上，1916 年影印本。

《拾遗》　叶玉森：《铁云藏龟拾遗》，1925 年影印本。

《佚》　　商承祚：《殷契佚存》，金陵大学中国文化研究所，1933 年。

《邺三》　黄濬：　《邺中片羽三集》，北平尊古斋影印本，1942 年。

《甲》　　董作宾：《殷虚文字甲编》，中央研究院历史语言研究所，1948 年。

《缀》　　曾毅公：《甲骨缀合编》，修文堂书房，1950 年。

《摭续》　李亚农：《殷契摭佚续编》，商务印书馆 1950 年版。

《南明》　胡厚宣：《战后南北所见甲骨录·明义士所藏甲骨》，来薰阁书店 1951 年版。

《南辅》　胡厚宣：《战后南北所见甲骨录·辅仁大学所藏甲骨文字》，来薰阁书店 1951 年版。

《京》　　胡厚宣：《战后京津新获甲骨集》，群联出版社 1954 年版。

《合》　　郭若愚、曾毅公、李学勤：《殷墟文字缀合》，科学出版社 1955 年版。

《人文》　贝塚茂树：《京都大学人文科学研究所藏甲骨文字》，京都大学人文科学研究所，1959 年。

《粹》　　郭沫若：《殷契粹编》，科学出版社 1965 年版。

《明后》　许进雄：　《殷墟卜辞后编》，台北：艺文印书馆 1972 年版。

《缀新》　严一萍：　《甲骨缀合新编》，台北：艺文印书馆 1975 年版。

《合集》　郭沫若主编，胡厚宣总编辑：《甲骨文合集》，中华书局 1977—1983 年版。

《屯南》　中国社会科学院考古研究所:《小屯南地甲骨》,中华书局 1980—1983 年版。

《类纂》　姚孝遂、肖丁:《殷墟甲骨刻辞类纂》,中华书局 1989 年版。

《花东》　中国社会科学院考古研究所:《殷墟花园东庄地甲骨》,云南人民出版社 2003 年版。

四论武乙、文丁卜辞

——无名组与历组卜辞早晚关系[*]

一　问题的提出

历组卜辞是武乙、文丁卜辞的主体。自 20 世纪 70 年代以来，关于历组卜辞时代的争论进行了近四十年。争论中，我们于 1980 年、1984 年分别发表了《论武乙、文丁卜辞》与《再论武乙、文丁卜辞》两篇文章，论述该类卜辞是属于武乙、文丁时代。尤其是 2011 年发表的《三论武乙、文丁卜辞》一文，指出在历组卜辞中明确存在"小乙—三祖—父丁"这一祭祀顺序，这是小乙与父丁之间存有"三祖"先王的确证，小乙之后的父丁必是康丁，在学术界产生了较大影响。当然，历组卜辞不等同于武乙、文丁卜辞。武乙、文丁卜辞中，除历组卜辞外，还有其他一些卜辞，其中就包括相当一部分后来学术界所称的无名组卜辞。严格来说，无名组卜辞的叫法并不科学，因为卜辞中的无名者（指贞人）并不都是一类。由于现今甲骨学界讨论的无名组卜辞都有其特定的指向，并非泛指所有的无名者，本文为讨论方便，故仍沿用之。

无名组卜辞是 20 世纪 80 年代初提出的。在此之前，甲骨学

＊ 本文由曹定云、刘一曼合著，原载《考古学报》2019 年第 2 期。

界对这一类卜辞有自己的处置方法。董作宾先生在他的五期分法中，将无名组卜辞归于第三期，历组卜辞归于第四期。①　胡厚宣先生在其《战后宁沪新获甲骨集》中说："其三期四期，即廪辛康丁及武乙文丁时物，虽有少数可以分为两期，或可以确知其当属于一王者，但绝大多数，往往类似混同，不易分辨，故今多列为一期。改正订补，俟之将来。"②　将三、四期合并为一期。在胡厚宣先生领导编辑《甲骨文合集》时，将大部分无名组卜辞编入第三期，有一部分编入第四期。我们在《小屯南地甲骨·释文》一书中，没有称无名组卜辞，而是将这部分卜辞分别对待，分别定为康丁卜辞、康丁—武乙卜辞、武乙卜辞和少量接近帝乙时代的卜辞③，林沄学友说："肖楠把'无名组卜辞'仍称为'康丁卜辞'，这是很不妥当的。"④　这显然是误解。如今看来，《甲骨文合集》和《小屯南地甲骨》之分期虽说不十分完备与精确，但大致不误。在此二书的分期中，无名组卜辞主要属于康丁、武乙，有少量属于文丁，历组卜辞属武乙、文丁，无名组卜辞早于历组卜辞。但在武乙时期是同时并存的。这两种卜辞往往同时并存于一个坑，就是最好的证明。

在关于历组卜辞时代的讨论中，李学勤先生提出了"两系说"。他认为王卜辞只有自组村北、村南都出，其他可以分为村北、村南两系。后"两系说"又进一步完善，并用图表表述如下：

---

① 董作宾：《甲骨文断代研究例》，《庆祝蔡元培先生六十五岁论文集》上册，"中研院"历史语言研究所，1933 年，第 359 页。

② 胡厚宣：《战后宁沪新获甲骨集》，来薰阁书店 1951 年版。

③ 中国社会科学院考古研究所：《小屯南地甲骨·释文》，中华书局 1983 年版。

④ 林沄：《小屯南地发据与殷墟甲骨断代》，《古文字研究》第九辑，中华书局 1984 年版，第 141、142 页。

（村北）自组→自宾间组→宾组→出组→何组→黄组

（村南）自历间组→历组→无名组→无名黄间组┘①

　　关于李先生的"两系说"，我们早已作过评论②，在殷代历史的实际中是根本不存在的。今日亦无任何考古地层证据能够证明，故本文不予多说。在此要特别指出的是，在李先生的"两系说"中，历组是早于无名组的。这一结论显然与甲骨文事实不符，本文需要特别加以澄清。

　　在关于历组卜辞时代的争论中，学友林沄后来也加入其中，支持"两系说"。我们对林沄学友的观点一直未作正面回应。近几年来，林沄的观点越来越频繁地出现于文章中，他先是在2012年1月写的《卡内基博物馆所藏甲骨研究·序》中提出甲骨文发展的自然顺序，即"自历间组—历组一类—历组二类—历无名间组—无名组—无名黄间组—黄组"③。并于2012年6月在台北召开的第四届国际汉学会议上，发表了《评〈三论武乙、文丁卜辞〉》一文。④ 2013年11月，林沄又在中国台湾地区召开的古文字年会上，进一步就历组卜辞时代提出了看法⑤其实，这些并不是什么新看法，其在20世纪80年代就已提出。他在《小屯南地发掘与殷墟甲骨断代》一文中，将殷墟全部王室卜辞的分类和时代归纳为：

---

　　① 李学勤、彭裕商：《殷墟甲骨分期研究》，上海古籍出版社1996年版，第305、306页。

　　② 刘一曼、曹定云：《三论武乙文丁卜辞》，《考古学报》2011年第4期。

　　③ 林沄：《卡内基博物馆所藏甲骨研究·序》，周忠兵：《卡内基博物馆所藏甲骨研究》，上海人民出版社2015年版。

　　④ 林沄：《评〈三论武乙、文丁卜辞〉》，《出土材料与新视野》，"中研院"历史语言研究所，2013年。

　　⑤ 林沄、刘金山：《〈甲骨文断代研究例〉在断代中仍可发挥作用》，《古文字与古代史》第四辑，"中研院"历史语言研究所，2015年。

自历间组→历组一类→历组二类→无名组→无名组晚期→黄组

自组大字↗→自组小字→自宾间组→典型宾组→宾组晚期→出组→何组 ①

他认为，从字体上看，"自组→自历间组→历组一类→历组二类→无名组→无名组晚期→黄组是一个逐步过渡的连续序列，从字体以外的其他方面可以找出不少证据，证明排成这样一个序列是完全合理的"②。林沄的"两系说"同李学勤的"两系说"大同小异，他同样认为历组卜辞早于无名组卜辞，而历组一类（我们所称的文丁卜辞）又早于历组二类（我们所称的武乙卜辞）。在这一根本问题上，林、李二位的观点完全一致。对此，我们应作认真的回答，以澄清甲骨分期上的是非。这里，首先要解决的就是历组卜辞与无名组卜辞的早晚问题。

二　无名组与历组卜辞的类型

解决无名组卜辞与历组卜辞的早晚关系，首先必须对这两类卜辞正确地进行分类，我们过去对无名组卜辞没有作过专门分析，曾分别称之为"康丁卜辞""康丁—武乙卜辞""武乙卜辞""接近帝乙时代卜辞"。这些提法都不太严谨。如今，我们在过去的基础上，重新进行分类。为此，我们以《屯南》为主，兼顾《合集》《村中南》等书，共收集无名组卜辞四百零四片，分为五个类型（见附表）。关于无名组中部分字体较晚的田猎卜辞，因其内容与字体的特殊性，须另作专门的讨论。现将本文所收的无名组卜辞分类介绍如下。

---

① 林沄：《小屯南地发掘与殷墟甲骨断代》，《古文字研究》第九辑，中华书局1984 年版，第 142 页。

② 林沄：《小屯南地发掘与殷墟甲骨断代》，《古文字研究》第九辑，中华书局1984 年版，第 136 页。

　　第一类，亦称 A 类，以《屯南》68（图一，1）、1011（图一，2）、1048（图二，1）等为代表，归入此类的有《合集》27606（图一，3）、27364（图一，4）、27615（图二，2）、27617、27621、28278 等，作为考察依据，共收集卜辞八十一片。① 此类卜辞还可细分（见附表），为避免烦琐，权作一类叙述。

　　此类卜辞的特征是字体工整，带笔锋。字体大多较狭长，较大。也有少数卜骨字体较小，笔画较细，字的结构兼有历组与无名组的特点。其特征性的字是：庚作 [字]，子作 [字]、[字]，丑作 [字]、[字]，岁作 [字]，用作 [字]、[字]，重作 [字]，其作 [字]，又作 [字]，眔作 [字]，翌作 [字]，羌作 [字] 等。尤其是 [字]、[字]、[字]、[字] 等字都独具特征，与他组有明显的区别。

　　此类卜辞称谓大多分书，也有少量合书。常见的父辈称谓有：父甲与父己同版（《合集》28278），父甲与父己、祖丁同版（《合集》27348），父丁与祖丁同版（《屯南》68），祖丁、父甲、兄辛同版（《合集》27364）。单独的父丁（《屯南》590、《合集》32645、32673），父辛与祖甲、中宗祖丁同版（《屯南》2281），父戊（《屯南》1048）等。其兄辈称谓有：兄庚与兄己同版（《合集》27615、27617）。单独的兄庚（《合集》27619、27620、27621）、兄己（《合集》27611、27612、27613、27614）、兄辛（《合集》27625、27626、27627）等。这些父、兄称谓将为考察这类卜辞的时代提供重要依据。

　　第二类，亦称 B 类，以《屯南》95（图三，1）、42（图三，2）、766（图三，3）、1098、2359、2483、2557、3542、3828、4582 等为代表；《合集》27416、27622、27624、27633 等可归于此类。这类卜辞我们共收集一百七十三片。同 A 类一样，这些卜

---

① 此八十一片是此次写作论文中收集到的卜辞片数，不是精确的统计，只作为参考，以下同，不另注。

图一 无名组卜辞A类

1.《屯南》68；2.《屯南》1011；3.《合集》27606；4.《合集》27364

辞也还可细分（见附表）。

这类卜辞的字体比较小，刻划纤细紧密，秀丽匀称，有笔锋。一些常用字的写法，有的同于 A 类，有的则与 A 类有区别，如庚字大多作𢆶，丑作𠃌，用作𤰞、𤰞，重作𠁹与𠁹，雨作𠕲、𠕲，羌作𦊀、𦊀、𦊀，翌作𦥑，受作𤔔，其作𠙹、𠙹与𠙹，吉作𠮷、𠮷与𠮷等。尤其是庚、重、雨、吉、翌诸字，与 A 类区别明显。

图二　无名组卜辞A类

1.《屯南》1048；2.《合集》27615

　　这类卜辞的父辈称谓有：父甲与祖丁同版（《合集》27363、27370），父甲与父己同版（《屯南》95），父己与父庚同版（《合集》27416，《屯南》210、957），父丁与祖丁同版（《合集》32603），单独的父甲（《屯南》4510）、父己（《屯南》2483）、父戊《屯南》4078）、父辛（《村中南》277）。其兄辈称谓有兄辛，见于《屯南》2996、《合集》27633（与子癸同版）、27624

等，其祖辈称谓有祖丁，见于《屯南》60、《合集》32603（与父甲同版），《屯南》1005 与 2359（与毓祖丁同版）。祖乙，见于《屯南》618、4554，祖辛，见于《屯南》139、656（与小乙同版）等。

图三　无名组卜辞 B 类

1.《屯南》95；2.《屯南》42；3.《屯南》766

　　第三类，亦称 C 类，以《屯南》257、610（图四，1）、1103（图四，2）、2341、2542、2699、2739、4033 等为代表，共收集卜辞约有七十四片，其中可分若干组（见附表）。

这类卜辞的字体有的较小，有的较大，笔画纤细，字不整齐，较草率，笔道软，转角圆，字无笔锋，称谓多分书。其特征性字体是：庚作、，同于B类；子作、，岁作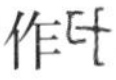、，王作，用作、，叀作、，其作、、，又作、，吉作、、，翌作、，冓作，雨作等。其中、、等字尤具特征。有的字虽同于第二类，但笔锋柔软散漫。

1 2

图四 无名组卜辞C类

1.《屯南》610；2.《屯南》1103

这类卜辞的父辈称谓有：父甲与父庚、祖丁同版（《屯南》1055），父庚与父己、祖丁同版（《屯南》2742），父庚与父己同版（《屯南》610）。单独的父甲（《屯南》1061、2520、3666）父庚（《屯南》2209、3002）父己（《屯南》2140、《村中南》437）。其兄辈称谓有：兄辛与小乙、祖乙同版（《屯南》657）。

其祖辈称谓主要有祖乙，见于《屯南》3030 等。

　　第四类，亦称 D 类，以《屯南》2064、2232、2320、2219（图五）、2168、2279、2328 等为代表，归入此类者有《合集》28957、28958、29146、32390、32654、32714 及《村中南》51、63 等，共收集卜辞五十八片（见附表）。

图五　无名组卜辞 D 类（《屯南》2219）

　　该类卜辞的字体大多较小，匀称秀丽；称谓多合书。其特征性的字体是：庚作&、&，子作&，用作&，重作&，弜作&，其作&，吉作&、&，雨作&，戌作&，又作&等，尤其是&、&、&等字独具特征。

　　这类卜辞的父辈称谓有：父丁与祖甲同版（《合集》32654、32655）；单独的父丁（《合集》32714、32390）。这些称谓为断定该类卜辞的时代提供了依据。

　　第五类，亦称 E 类，以《屯南》2617（图六）、2306、2346、2440、3564 等为代表，共收集卜辞十八片，根据字体仍可细分（见附表）。

图六　无名组卜辞 E 类（《屯南》2617）

该类卜辞字体风格具有特征性，如庚作 𝄇、𝄇、𝄇，酉作 𝄇，子作 𝄇，戊作 𝄇，戌作 𝄇，王作 𝄇、𝄇，灾作 𝄇、𝄇，用作 𝄇、𝄇，叀作 𝄇、𝄇，吉作 𝄇，其作 𝄇，又作 𝄇 等，尤其是 𝄇 字，与前面区别明显；又子作 𝄇，王作 𝄇 等，也很具特色。

该类卜辞目前见到的称呼有"大京武丁"（《屯南》4343）、"武乙宗"（《屯南》3564）。

关于历组卜辞类型，我们过去多有分析，尤其在《三论武乙、文丁卜辞》一文中作过详细讨论，兹简略介绍如下。

第一类，亦称 A 类，即"历组父丁类"。该类字体刚劲有力，转角处棱角明显。但这类字形状大小、笔画粗细又有差异，有的字体较大，遒劲有力，以《屯南》608、856、1111、4331 等为代表，《合集》32790、33611 及《村中南》202、203 等亦可归入此类；有的字笔画粗细大小适中，如《屯南》194、994、2079、2058 及《村中南》12、46 等；还有的字笔画较细，字体多折笔；但某些字圆折兼施较柔和，如《屯南》503、611、866、1062 等。

该类卜辞的父辈称谓以父丁为主，但也有父辛称谓，见于《缀新》588。

第二类，亦称 B 类，即"历组父乙类"。该类卜辞字体也可细分为两种：一种字体风格与"父丁类"较相似，多属折笔字，但某些干支或常用字的写法与"父丁类"又有区别，如庚、酉、贞、叀、羌、用、翌、受、囚等都有其特殊的写法。属此种者有《屯南》582、2605、4100、4103 及《合集》32051、33148 等。另一种（《三论》中的第 4 类）字体较小，笔锋圆润，如《屯南》751、2126、2534、2601 及《合集》32031 等。

该类卜辞的父辈称谓主要是父乙。不过，以上这种类别上的叫法严格说来并不十分贴切，因为"父丁类"字体卜辞中，也有少量的父乙称谓，如《合集》34240、32735 等，而"父乙类"字体卜辞中，也有个别的父丁称谓，如《合集》32680。这种现象的存在合乎情理，但并不妨碍我们的分类。故本文仍采用"父丁类""父乙类"以作区分。

三　无名组与历组卜辞的称谓与时代

要想确定无名组与历组卜辞的早晚关系，必须首先从其称谓入手，且着重于父辈与兄辈称谓，尤其要分析每一类卜辞的称谓组合（同版关系），这样可以为每一类卜辞的时代提供重要依据。先分析无名组卜辞称谓。

第一类（A），父辈称谓有：父甲与父己同版（《合集》28278），父甲与祖丁、兄辛同版（《合集》27364），父丁与祖丁同版（《屯南》68）。另有父丁（《屯南》590、《合集》32673）、父戊（《屯南》1048）。其兄辈称谓有：兄庚与兄己同版（《合集》27615、27616、27617），另有单独的兄庚（《屯南》1011、《合集》27619、27620、27621）、兄己（《合集》27611、27612、27613、27614）、兄辛（《合集》27625、27626、27627）。还有"三祖"之称（《合集》27179），根据上述称谓，应有下列时代的卜辞。

祖甲时代卜辞　根据是兄庚与兄己同版，兄庚是祖庚，兄己是孝己，而单独的兄庚、兄己也应指祖庚、孝己。此类中单独的父丁有的可能是指武丁，但目前仍缺乏明确的同版关系证据。

康丁时代（廪辛在位短，暂不考虑）卜辞　根据是父甲与父己同版，父甲为祖甲，父己为孝己；父甲与祖丁、兄辛同版，父甲指祖甲，兄辛指廪辛，祖丁指武丁。单独的兄辛也应指廪辛。

武乙时代卜辞　根据是父丁与祖丁同版（《屯南》68），父丁指康丁，祖丁指武丁，此外，单独的父丁可能是指康丁（《屯南》68 可证）。又父辛与祖甲、中宗祖丁同版，父辛是指廪辛，祖甲是武丁子祖甲，中宗祖丁是指武丁。三祖则指孝己、祖庚、祖甲。

从上面分析可以看出第一类卜辞时间跨度较大，从祖甲一直到武乙。因此，判断该类卜辞时代，不仅要看字体，更要看称谓，二者必须结合才能得出正确的结论。

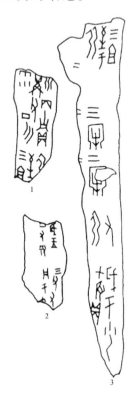

图七　卜辞摹本

1. 《合集》32690；2. 《合集》27491；3. 《合集》32617

第二类（B），父辈称谓有：父甲与祖丁同版（《合集》27363），父甲与父己同版（《屯南》95），父己与父庚同版（《合集》27416、《屯南》210、957），"三父"（《人文》1817 即《合集》27491；图七，2）。此外，还有单独的父己（《屯南》2483、《合集》27013）父戊（《屯南》4078）、父丁与祖丁同版（《合集》32603）、父辛（《村中南》277），其兄辈称谓有兄辛（《屯南》2996、《合集》27633）等。根据上述称谓，可推断卜辞时代。

康丁时代卜辞　根据是父己与父庚同版，父己指孝己，父庚指祖庚；父甲与父己同版，父甲指祖甲，父己指孝己；父甲与祖丁同版，父甲指祖甲，祖丁指武丁，单独的父己应当指孝己；合称的"三父"是指祖庚、祖甲、孝己。兄辛应是指廪辛。这些称谓均与康丁时代吻合。

武乙时代卜辞　根据是父丁与祖丁同版，父丁指康丁，祖丁指武丁。单独的父辛指廪辛。

第三类（C），父辈称谓有：父甲与父庚、祖丁同版（《屯南》1055），父庚与父己、祖丁同版（《屯南》2742），父庚与父己同版（《屯南》610），父己与己父同版《屯南》2315）。此外，有单独的父甲（《屯南》1061、3666）、父庚（《屯南》2209、3002）、父己（《屯南》2140），根据上述称谓，可推断卜辞时代。

康丁时代卜辞　根据是同时有父甲、父庚、父己称谓，且多为同版，此三父当是祖庚、祖甲、孝己，为康丁卜辞无疑。单独的父甲、父庚、父己自然也是指此三人。称谓与时代完全吻合。

第四类（D），父辈称谓有：父丁与祖甲同版（《合集》32654、32655），另有单独的父丁（《合集》32714，32390）。据此推断，该类是武乙时代卜辞，其中的父丁是康丁，祖甲即武丁子祖甲。称谓与时代也完全吻合。

第五类（E），该类字体卜辞中，目前没有见到父、兄称谓，见到的只有"大京武丁"（《屯南》4343）、"武乙宗"（《屯南》3564）。从字体与称谓分析，该类应是文丁时代卜辞。

历组卜辞中的称谓，我们过去多有分析，现简略介绍如下。

父丁类卜辞中有父庚（《合集》27435），目前仅一见。父丁称谓很多，初步统计，这类字体卜辞中有父丁称谓的有二百十五条①，其中又可分下列几种情况：小乙、父丁连称（《屯南》4015），祖乙、父丁连称（《甲》754），毓祖乙、父丁连称（《屯

---

① 刘一曼、曹定云：《三论武乙、文丁卜辞》，《考古学报》2011年第4期。

南》2366），单独的父丁就更多了，如《合集》32071、《佚》875等。此外还有父辛称谓（《缀新》588），有"小乙—三祖—父丁"（《合集》32690、32617；图七，1、3）之祭祀顺序。①

根据上述称谓，"历组父丁类"卜辞中可能有极少量的康丁卜辞（目前只一见），其根据是有父庚称谓（《合集》27435）。尽管学术界对此父庚有不同看法，但我们仍认为，该片有可能是康丁卜辞。学者多认为，卜辞的组别与王世往往出现不相一致的情况，"历组父丁类"卜辞字体产生于康丁时期是极有可能的。但"历组父丁类"卜辞主体是武乙卜辞，此中的父丁是康丁，父辛是廪辛，"三祖"是祖庚、祖甲、孝己。

此外，"历组父丁类"卜辞中还存在集合庙主大示"十示又三"（《屯南》827）、小示"十示又四"（《屯南》601），我们推断，此"十示又三"是上甲、大乙至祖甲十三世直系先王（大示），在此合祭中，上甲与大乙之间略去了三报二示，而父丁（康丁）又是单独祭祀的。因此，此"十示又三"之先王数与武乙时代所祭直系先王数完全吻合，与此同版单祭的父丁当然是康丁。关于"十示又四"，我们也指出，既为小示，则只祭旁系先王，而武乙时代，从外丙至廪辛的全部旁系先王恰好是十四位。因此，此小示"十示又四"当是外丙至廪辛的旁系先王，与此同版的父丁当然也必是康丁。② 总之，不管是从称谓还是从集合庙主分析，"历组父丁类"卜辞的主体必是武乙时代。

"历组父乙类"卜辞中称谓较少，主要是父乙，另有兄丁。称谓组合有如下几种：兄丁、父乙连称（《粹》373、《甲》611），兄丁、父宗连称（《合集》32765）。其次是单称的父乙（如《屯南》751、《合集》32722、32723）等，其集合庙主有"伊、廿示又三"（《京》4101，《佚》211与此同文）。

---

① 刘一曼、曹定云：《三论武乙、文丁卜辞》，《考古学报》2011年第4期。

② 刘一曼、曹定云：《三论武乙、文丁卜辞》，《考古学报》2011年第4期。

根据上述称谓与集合庙主，可以确定"历组父乙类"是文丁卜辞。卜辞中的父乙是武乙；兄丁虽难以确定何人，但不影响卜辞时代的确定。有人认为，此中的父乙、兄丁就是武丁卜辞中的父乙、兄丁，其实二者之间有很大区别。武丁卜辞中的父乙、兄丁是同版关系，是分别祭祀的对象，而文丁卜辞中的父乙、兄丁是同辞关系，是合祭的对象。它们之间的不同是显而易见的。最重要的是，该类卜辞中有集合庙主"伊、廿示又三"，此中祭祀的先王是"伊尹、大甲以下直系、旁系先王的合祭……与文丁卜辞的时代亦相吻合"①。

综上所述，历组卜辞可以分为两大群体，即"历组父丁类"与"历组父乙类"。"历组父丁类"有可能产生于康丁时期，但主体是武乙卜辞，"历组父乙类"主体则是文丁卜辞。当然，这种称谓与字体的结合不是绝对的，前面已有论述，不再重复。

四　无名组与历组卜辞的早晚关系

关于无名组卜辞与历组卜辞之早晚关系，是我们同李学勤、林沄的"两系说"最主要的分歧之一，前面已经指出，李学勤与林沄的"两系说"大同小异，他们都认为，历组卜辞早于无名组卜辞，在卜辞发展序列中，将无名组卜辞排在历组卜辞之后。同时，历组卜辞本身又是"历组父乙类"早于"历组父丁类"，这就是"两系说"的核心所在。

我们已经指出，所谓无名组卜辞的叫法并不科学，无名组卜辞本身是不同字群的混合体，因为都无"名"（贞人名）。而实际情况是，其中至少可以分为 A、B、C、D、E 不同的字群，而且称谓也不相同。今对无名组卜辞进行分析，看其与历组卜辞究竟谁

---

① 刘一曼、曹定云：《三论武乙、文丁卜辞》，《考古学报》2011 年第 4 期。

早谁晚。

　　为比较无名组与历组卜辞的早晚关系，我们将上文论述的无名组及历组卜辞各类型的时代进行清理。由于无名组卜辞是一个复杂的混合体，故按 A、B、C、D、E 以作区分，根据不同字群中的称谓列为表一，以观察其变化。需要说明的是，表一只表示质的变化，而不表示量的变更。通过表一及各类卜辞的统计，可以看出如下六点。

表一　　　　　　　　　无名组卜辞与历组卜辞早晚关系比较表

	无名组卜辞					历组卜辞	
	A	B	C	D	E	父丁类	父乙类
祖甲	▲						
康丁	▲	▲	▲			1 例	
武乙	▲	▲		▲		▲	
文丁					▲		▲

注：廪辛在位时间很短，暂不计入表中。

　　1. 无名组 A 类产生于祖甲时期，续存于康丁、武乙，延续时间较长。B 类存在于康丁、武乙时期，C 类只存在于康丁时期，D 类只存在于武乙时期，E 类存在于文丁时期。无名组存在的时间最长，从祖甲直到文丁。

　　2. B 类是五类卜辞中最多的，达一百七十三片。该类存在于康丁、武乙时期。从该类卜辞的称谓看，有父丁、父辛称谓的卜辞远较有父庚、父甲、父己、兄辛称谓的卜辞少。可以粗略估算，在 B 类中，康丁卜辞可占五分之四以上。再加上 C 类及 A 类中的康丁卜辞，康丁时代的卜辞应占全部无名组卜辞的大多数。

　　3. D 类存在于武乙时期，E 类存在于文丁时期，两类合计七十六片，加上 B 类与 A 类中的武乙时代卜辞，大约一百四十片。若加上其他著录书中的武乙、文丁时代的无名组卜辞及何组晚期的武乙卜辞，其总数五六百片。由于"两系说"将历组卜辞从传统的武乙、文丁卜辞中抽出，因此，这五六百片也就是"两系说"中全部武乙、文丁时代的卜辞数量。

4. 按照通常情况，武乙、文丁时代卜辞数量至少应有数千片以上。因为，武乙、文丁在位一共五十七年①，其卜辞数量不应比年数较短的祖庚、祖甲卜辞少。在《合集》中，共刊出刻辞甲骨四万一千九百五十六片，二期的祖庚、祖甲卜辞（出组）有四千七百三十四片，那么，武乙、文丁卜辞粗略估计也应在五六千片以上。而如今"两系说"所能掌握的全部武乙、文丁卜辞，充其量不过五六百片，由此可见，将历组卜辞从传统的武乙、文丁卜辞中抽出，提前到武丁晚至祖庚时代是不合情理的。

5. 历组卜辞时代比较集中而又单纯，它基本只存在于武乙、文丁时代，从总体看，"父丁类"是武乙卜辞，"父乙类"是文丁卜辞。

6. 无名组与历组卜辞在武乙、文丁时期是同时并存的，不存在由谁发展到谁的问题。但无名组卜辞之产生显然比历组卜辞要早，它在祖甲时代已经有相当数量，在康丁时代已大量存在，这是历组卜辞无法比拟的。因此，将历组卜辞放到无名组卜辞前面，并说无名组是从历组发展而来，显然与殷墟卜辞的实际情况不符。

总之，无名组卜辞产生在先，历组卜辞产生在后。无名组卜辞的产生要比历组卜辞早二代（祖甲、康丁），在武乙、文丁时期是同时并存的。但无名组卜辞中的主体是在康丁时代，历组卜辞的主体是在武乙、文丁时代。因此一般说来，无名组卜辞早于历组卜辞是顺理成章的结论。

---

① 曹定云：《殷代积年与各王在位年数》，《殷都学刊》1999 年第 4 期。

五　论"小乙一三祖一父丁"中的"三祖"

在历组卜辞时代的争论中涉及"三祖"称谓。我们在《三论》中指出，"三祖"就是孝己、祖庚、祖甲，林沄学友说：此"'三祖'是陈梦家早已发现的称谓，他推测是武乙称祖己、祖庚，祖甲"①。事实上，两版"三祖"卜辞（图七，1、3）可以复原小乙→三祖→父丁这一祭祀顺序，证明历组卜辞中的父丁就是康丁，因此，"历组父丁类"卜辞必是武乙卜辞，这是对"两系说"的否定。林沄学友对此也"勉强同意"②。《三论》还指出，此"三祖"就是康丁卜辞中的"三父"（图七，2），本文归之于无名组 B 类。康丁称"三父"，武乙称"三祖"，称谓与时代完全吻合，应无疑义。

无名组卜辞 B 类中有"三父"（《人文》1817）之称，是指孝己、祖庚、祖甲；而历组卜辞则有"三祖"（《合集》32617、32690）之称，此"三祖"也是指孝己、祖庚、祖甲。同样的三个人，无名组卜辞 B 类称父，而历组卜辞父丁类称祖，谁先谁后，谁早谁晚，不言而喻。

林沄学友虽然"勉强承认了'小乙→三且→父丁'"这一祭祀顺序，却并不承认此"三祖"就是孝己、祖庚、祖甲，而是宾组卜辞（《合集》2330、893 反、930）中的"三父"。他说："陈梦家认为这里的'三父'是指'武丁前一世四王中之三'，当即小乙的三位兄长阳甲、盘庚、小辛，到了祖庚时代，他们自然变成了小乙之外的'三且'，不是很合适吗？"③ 此说不妥。

---

① 林沄：《评〈三论武乙、文丁卜辞〉》，《出土材料与新视野》，"中研院"历史语言研究所，2013 年。

② 林沄：《评〈三论武乙、文丁卜辞〉》，《出土材料与新视野》，"中研院"历史语言研究所，2013 年。

③ 林沄：《评〈三论武乙、文丁卜辞〉》，《出土材料与新视野》，"中研院"历史语言研究所，2013 年。

第一，历组卜辞中的三祖是在小乙之后、父丁之前，他们只能是孝己、祖庚、祖甲。这个"三祖"是与无名组 B 类中的"三父"（《人文》1817）相匹配的。如今林沄学友要把历组卜辞中的"三祖"当成阳甲、盘庚、小辛，明显是找错了对象。

第二，退一步说，假定此"三祖"是祖庚、祖甲时候的"三祖"（阳甲、盘庚、小辛），须知此三人是小乙之兄，而且都先于小乙去世。按照当时宗法制度、人伦关系与祭祀礼仪，应当先祭"三祖"然后再祭小乙，其祭祀顺序应当是三祖→小乙→父丁。如果逆祭，则应当是父丁→小乙→三祖。三祖要么居前，要么居后，才合情理，可历祖卜辞中的祭祀顺序是小乙→三祖→父丁，三祖在小乙之后，父丁之前，这与三祖→小乙→父丁是绝然不同的两种祭祀顺序。小乙—三祖—父丁中的"三祖"必然是孝己、祖庚、祖甲。林沄学友将阳甲、盘庚、小辛（三祖）放在小乙之后，父丁之前进行祭祀，明显违背当时的祭祀制度，与小乙—三祖—父丁中的"三祖"格格不入。

六　无名组与历组卜辞所出地层

关于无名组卜辞与历组卜辞所出地层，我们过去多有论述。"两系说"将历组卜辞放到无名组卜辞前面，是同田野考古中的实际情况相违背的。"在 1973 年小屯南地的发掘中，无名组卜辞与历组父丁类卜辞同出在中期一组，但历组父乙类卜辞只出在中期二组，且多有中期二组灰坑打破中期一组灰坑。这说明，无名组卜辞的产生早于历组卜辞。这是建立在确切地层关系上的结论。"① 这一结论与卜辞称谓比较所得出的结论是互相吻合的。

对于上述结论，林沄学友自己也不得不承认："肖楠所认为的

---

① 刘一曼、曹定云：《三论武乙、文丁卜辞》，《考古学报》2011 年第 4 期。

文丁卜辞，包括了我们所划分的‘自宾间组’、‘历组一类’和‘历组二类’中有父乙称谓者。据此而检查这次发掘中所得全部甲骨的坑位记录，除了《前言》中未能说明期别的灰坑和地层外，凡出有"自宾间组'和‘历组一类’卜辞的灰坑和探方地层，确实都是属于小屯南地中期二组堆积及更晚的堆积。……所以，肖楠把‘自宾间组’、‘历组一类’和有父乙称谓的‘历组二类’，定为文丁卜辞，就这次发掘的层位现象来说，并无明显破绽。"①

林沄学友虽然没有在1973年小屯南地的发掘中找到历组卜辞提前的证据，但他还是要极力寻找地层证据。他说："解放前殷墟发掘的原始记录和出土遗物至今还没有全部发表，因此要确定解放前发掘的每片甲骨的出土层位现在还做不到。由于他们认为何组卜辞的下限是廪辛时代。而无名组卜辞年代始于康丁，所以才说历组卜辞不出于廪辛以前地层。其实，这是根本不科学的。因为历组卜辞即使不和任何其他字体的卜辞共出，只要这个坑的开口在殷墟文化二期的层位，它就可以是早期的。共存卜辞的年代根本不能证明其年代的上限或下限。"②

林沄学友在这里没有把问题说清楚，"开口在殷墟文化二期的层位"是指什么？是指打破二期？还是指压在二期下。如果是一个具体灰坑，其情况必然是二者必居其一。其他的情况（既不压在下面，又不打破）是不可能存在的，如果压在二期下，那它与二期就不是同一层位（指考古中划分的实际层位）。所谓"开口在殷墟文化二期"肯定是打破二期地层。如果是这种情况，凭什么说它一定是早期的呢？

林沄学友又说：《殷墟甲骨文分期研究》的作者看过石璋如

---

① 林沄：《小屯南地发掘与殷墟甲骨断代》，《古文字研究》第九辑，中华书局1984年版，第142页。

② 林沄：《卡内基博物馆所藏甲骨研究·序》，周忠兵：《卡内基博物馆所藏甲骨研究》，上海人民出版社2015年版。

1982 年的论文，对历组卜辞的出土情况有一段话很值得引起注意："如场南横坑（……），出有陶罐 133D，114C，陶瓹 274D 和一件圆底陶罐，邹衡先生认为其时代属殷墟早期（林按：'早期'是指不能确指为一期或二期，可参考邹衡《试论殷墟文化分期》……）。但坑中却出有历组卜辞三片：《甲》877（林按：此版为无名组）、878、880，还有何组卜辞一片：《甲》477（𡧊卜），历无名间组一片：《甲》879，出土深度历组在最下"（《殷墟甲骨分期研究》，第 259 页），可见历组卜辞是和何组卜辞有同坑共存的现象，且见于出早期陶器的单位。[1]

　　林沄学友所指的出三片历组卜辞的坑，实际属于第一次发掘所得（场南横坑），是 1928 年在小屯村中麦场以南开的探沟。这个所谓的坑，同后来考古中按地层划分出来的"坑"实在是不可同日而语。殷墟早期的发掘（尤其是第一次发掘），由于缺乏经验，出土物是按出土深度登记的，与我们今天所说的地层、坑位相距甚远。殷墟真正的科学发掘，是在考古学家梁思永参加发掘之后，将近代田野考古方法带进了殷墟，也带进了中国考古界。因此，殷墟第一次发掘所作的各种记录，充其量只能作为参考，根本不能作为论证时代早晚的依据。所出陶器与所出甲骨是否是同一坑都无法判断，"出土深度历组在最下"就什么问题也说明不了。我们不苛求前人，任何学科都有一个发展的过程，但我们应当用科学的态度看待不同时期的不同记录，这样才能得出科学的结论。

七　地层学与类型学的关系

　　无论是中华人民共和国成立以前的殷墟田野发掘，或是中华人民共和国成立以后的殷墟田野发掘，都没有为历组卜辞提前提供任

---

① 林沄：《卡内基博物馆所藏甲骨研究·序》，周忠兵：《卡内基博物馆所藏甲骨研究》，上海人民出版社 2015 年版。

何证据，也没有为历组卜辞早于无名组卜辞提供任何证据。在此情况下，林沄学友提出了另一个说法：他的类型学不受地层学的约束，可以独立于地层学之外，因而他的结论是绝对可靠的。他说：

> 在中国考古学中十分盛行类型学（或称型式学）方法，本质上就是用遗存在形态上的顺序渐变现象来推断遗存的相对早晚关系。当然，并非一切形态上的顺序渐变都有年代早晚的意义。只有某种形态的顺序渐变能和另外一种或更多种的形态顺序渐变表现出平行演变的现象，才可以断定其形态的变化确有年代早晚的意义。
>
> 刘、曹两位学友在研究过程中，已经逐步接近殷墟各类卜辞早晚发展序列的真相，只是在方法上还不相信类型学的方法实际是一种独立于地层学的推定遗存年代早晚的方法，所以才功亏一篑。其实，当初首创这种方法的蒙德留斯成功地确定了一系列青铜器的年代早晚关系，是根本没有可参照的层位学根据的。苏秉琦先生当年研究斗鸡台东区墓葬时，也是没有层位关系为依据的。如果仔细研究甲骨这种遗存的多方面的形态变化，在类型学上建立起比较可靠的各类卜辞的演变序列，只要肯定师组卜辞出于殷墟一期的地层，或是黄组卜辞明确出于殷墟四期的地层，便可以确定这个序列哪一头早，哪一头晚。无须每类卜辞都还要一一确知其最早的出土层位来作断代证据。而可以从每类卜辞所见的祭祀对象来确定其存在年代。①

林沄学友的上述观点非常明白，只要这个"类型系列"头尾时代确定了，其中间部分是不用考虑地层的，没有地层证据

① 林沄：《卡内基博物馆所藏甲骨研究·序》，周忠兵：《卡内基博物馆所藏甲骨研究》，上海人民出版社 2015 年版。

照样可以成立。当年苏秉琦先生整理斗鸡台墓葬报告时，不是什么地层依据都没有吗？因此，类型学可以独立于地层学，决定自己的发展系列。这就是林沄学友观点的核心。也是他将历组卜辞提到无名组卜辞之前的主要根据。

关于地层学与类型学的关系，我们过去多有论述。只要是田野考古，就存在地层问题。古生物学如此，古人类学也是如此；史前时代如此，历史时代同样也如此。古今中外，概莫能外。甲骨是地下文物，只要是正式发掘，就存在地层问题，就要根据地层来确定它的时代，这是天经地义的科学的态度。类型学是需要的，它有其独特的作用；但类型学有其局限性，它受地层学制约，而不能超越地层学，甚至凌驾于地层学之上，否则，田野考古也就失去其存在的价值。

关于类型学与地层学的关系，俞伟超先生曾有精彩论述。他认为，判别物品形态发展的顺序演化是 A→B→C，而不是 C→B→A，除了有纪年性物品为依据外，"还是要靠层次关系来解决问题。……就考古学的发展过程来说，首先引导人们去总结类型学原理的，也是因不同地层中出土物形态有别的启发。所以，在地层学与类型学的关系中，归根结蒂，地层学是有决定性意义的"[1]。当年苏秉琦先生整理斗鸡台墓葬，没有地层可依，靠类型学整理出来，那是"没有办法的办法"；如今考古学有了长足的发展，我们不但要用类型学，更需要用地层学来解决出土文物的年代问题。

甲骨学研究，对文字字形进行分类整理是完全必要的，否则研究无法下手。但这一方法同样存在着局限性。我们曾指出：

---

[1] 俞伟超：《关于"考古类型学"的问题——为北京大学七七至七九级青海、湖北考古实习同学而讲》，《考古类型学的理论与实践》，文物出版社 1989 年版，第 11 页。

　　类型学本身有其局限性，不同的时代，事物的外形有时会有相似与雷同之处。如果离开地层学，单纯凭器物的外部形态进行分类，并断定器物的时代，那就非常危险，甚至有误入歧途的可能。此外还应指出，文字的形态会受师承关系的影响，这点应引起学者足够的重视。从历史的角度看，甲骨文字体确实总是处在不断变化和发展之中，这是不容怀疑的。人们之所以能将卜辞分类，所根据的还是字体的变化。但具体到某些字，情况就不一样了。例如，过去董作宾先生所总结出来的甲骨文第五期的"癸"，其形作"✕✕"，笔画都出头。一般研究者都据此作为认定第五期的依据。然而，1991年花园庄东地 H3 所出卜辞中，"癸"字出头者比比皆是，难道我们能将花东的甲骨看成是第五期的吗？或者反过来将过去的第五期提到武丁或武丁以前吗？无论哪种做法都是不妥的。再如"王"字的写法，过去传统看法分"新派""旧派"，"旧派"写作"太""新派"写作"王"。如今，在花园庄东地 H3 甲骨中，这两个"王"是并存的，《花东》420"王"作"王"，480"王"作"太"，无所谓谁早谁晚。因此，仅凭某些个别"字"的写法变化，就去断定卜辞的时代是不可取的，也是非常危险的。①

　　以上论述讲明一个道理，即地层学与类型学是考古学最常用的两种方法，它们互相配合，互相补充，相得益彰。但二者的关系，地层学是基础，是根本，地层学决定着类型学，如果将类型学置于地层学之外，甚至凌驾于地层学之上，显然是不科学的。林沄学友甚至说："不从事田野考古的研究者们也不必真认为有确

---

① 刘一曼、曹定云：《三论武乙、文丁卜辞》，《考古学报》2011 年第 4 期。

凿的地层证据证明历组卜辞不能提早到武丁、祖庚时代"①，此话不妥，这是在公开宣扬不搞考古的甲骨学研究者，在甲骨分期研究中不用考虑有无确切的地层证据。众所周知，甲骨文是从地下出土的，其中有相当一部分是经科学发掘而获得的。它与商代的陶、铜、玉、石、骨、蚌器一样，是一种文化遗物。所以，若要研究甲骨文的分期断代，即便是不从事田野考古的学者，也应当了解甲骨文所处的坑位和地层关系，并将之作为断代的一个重要依据，这才是科学的态度。

八　结论

无名组卜辞、历组卜辞与武乙、文丁卜辞不是一个概念，无名组卜辞中有祖甲、康丁卜辞，也有武乙、文丁卜辞；历组卜辞可能产生于康丁末期，但它的主体是武乙、文丁卜辞。武乙、文丁卜辞是该时期无名组卜辞、何组卜辞②与历组卜辞之和。其概念不同，不可混淆。

无名组卜辞产生于祖甲时代，盛行于康丁时期，有少量无名组卜辞延续至武乙、文丁时代；历组卜辞可能产生于康丁时期，盛行于武乙、文丁时代。在武乙、文丁时期，这两种卜辞是平行发展的。但在产生的时间上，无名组卜辞显然早于历组卜辞，这既有卜辞内容的证据，又有考古地层上的证据，是无可动摇的。

地层学与类型学的关系，是考古学研究中（包括甲骨学）带有根本性的理论问题，虽然两者都非常重要，但地层学是根本，地层学决定着类型学。只有这样，才可能得出科学的结论。

---

①　林沄：《评〈三论武乙、文丁卜辞〉》，《出土材料与新视野》，"中研院"历史语言研究所，2013 年。

②　何组卜辞中可能有部分卜辞延至武乙时期，如《甲》2938 有父辛、祖己称谓，便是明证。

附表　　　　　　**本文所涉无名组卜辞分类登记表**

类别		卜辞片号	片数	总数
第一类 A	①	《屯南》214、246、277、305、456、895、1011、1048、1219、1226、2041、2165、2290、3629，《合集》27372（南辅62）、27611、27612、27613、27614、27615、27616、27617、27619、27620、27621、30335、32448、32449、32643、32645、32660、32664、33425	33	81
	②	《屯南》68、76、173、174、589、590、647、736、768、794、922、1042、1094、1123、1124、1255、2943、3109＋3149、3186、3265、3776、3778、3794，《合集》27623、27625、27626、27627、28276＋28278，（《缀新》609）、32449、32451、32452、32673	32	
	③	《屯南》632、952、1031、2281、2298、2299、2364、2365、3249、4576，《合集》27179、27606、27348、27364，《村中南》21、238	16	
第二类 B	①	《屯南》6、18、42、60、95、139、208、210、244、261、271、323、335、345、469、594、618、624、625、626、658、669、699、765、957、1501、2483、2557、2996，《合集》26879、26880、26898、26906、26910、26911、26912、26916、26976、26992、26994、27013、27017、27040、27087、27092、27099、27111、27217、27254、27280、27281、27348、27363、27370、27398、27401、27416、27419、27454、27491（《人文》1817）、27589、27609、27622、27624、27629、27633、27902、28089、28180	69	173
	②	《屯南》641、651＋671＋689、656、662、673、694、698、714、728、738、743、762、766、779、789、815、817、880＋1010、1005、1098、1443、2071、2107、2140、2163、2184、2185、2199、2254、2256、2265、2311、2324、2343、2345、2354、2363、2395、2396、2406、2445、2483、2623、2666、3203，《合集》28335、28628、29239甲、30032、30688、30693、30958、32451、32603	54	
	③	《屯南》2291、2300、2304、2329、2349、2355＋2357、2356、2358、2359、2383、2531、2538、3054、3124、3156、3157＋3410、3542、3759、3828、4078、4200、4240、4285、4334，《村中南》37、44、48、56、64、67、110、113、123、169、210、215、237、277、292、402、431、432、437	43	
	④	《屯南》4510、4451、4534、4544、4554、4562、4582	7	

续表

类别		卜辞片号	片数	总数
第三类 C	①	《屯南》53、88、158、236、257、366、606、610、637、650、657、692、715、722、763、786、2146、2209、2315、2360、2363、2520、2742,《合集》27628、27630、27631	26	74
	②	《屯南》888、915、942、958、987、1003、1004、1013、1055、1061、1073、1088、1092、1103、1127、2137、2140、2194、2292、2327、2341、2386、2392	23	
	③	《屯南》2397、2529、2542、2598＋2608、2618、2699、2706、2710、2715、2729、2735、2739、2854、3002、3030、3208、3445、3722	18	
	④	《屯南》3666、3792、4033、4483、4556、4563,《村中南》83	7	
第四类 D		《屯南》39、49、2064、2136、2168、2179、2181、2193、2219、2230、2232、2279、2286、2301、2302、2320、2328、2350、2388、2561、2579、2636、2711、2713、2751、2839、3550、4181、4301、4558、4559,《合集》27796、28258、28497、28939、28945、28951、28954、28955、28956、28957、28958、29042、29055、29057、29058、29146、29198、29202、29208、30447、31848、32390、32654、32655、32714,《村中南》51、63	58	58
第五类 E	①	《屯南》607、660、2157（上）、2172、2178、2182、2263、2266、2306、2323、2346、2440,《村中南》410,《合集》29087、33482	15	18
	②	《屯南》2617、3564、4343	3	

注：凡是缀合成功者都只算一片，总共四百零四片。

引用书目简称

《屯南》　中国社会科学院考古研究所：《小屯南地甲骨》，中华书局 1980—1983 年版。

《合集》　郭沫若主编，胡厚宣总编辑：《甲骨文合集》，中华书局 1978—1983 年版。

《村中南》　中国社会科学院考古研究所：《殷墟小屯村中村南甲骨》，云南人民出版社 2012 年版。

《缀新》　严一萍：《甲骨缀合新编》，台北：艺文印书馆 1975 年版。

《人文》　贝塚茂树：《京都大学人文科学研究所藏甲骨文字》，京都大学人文科学研究所，1959 年。

《甲》　董作宾：《殷墟文字甲编》，中央研究院历史语言研究所，1948 年。

《佚》　商承祚：《殷契佚存》，金陵大学中国文化研究所，1933 年。

《粹》　郭沫若：《殷契粹编》，科学出版社 1965 年版。

《京》　胡厚宣：《战后京津新获甲骨集》，群联出版社 1954 年版。

关于武丁以前甲骨文的探索[*]

武丁时代的甲骨文，字体、文例都相当规范，是较成熟的文字。在此之前，文字的发展必然经过一个较漫长的阶段，因而探索比武丁更早（即盘庚、小辛、小乙时代）的甲骨文是学术界十分关注的问题。20 世纪 50 年代，胡厚宣曾作过一些推测，但没有进行详细论证[①]，自 1982 年以来，不断有学者对这一问题进行探索[②]。

学者们认识到寻找武丁以前的甲骨文必须从考古学的地层、坑位入手，注意那些地层关系较早的发掘单位所出的刻辞甲骨。在一些学者研究的基础上笔者作了认真的思考，认为以下八片可能属于早于武丁的甲骨文：

1.《屯南》2777（卜甲）。出于 1973 年小屯南地 H115 中，在甲桥下部有"羍生"二字，笔画纤细（图一）。H115 的上部有一组打破关系。

T53 ④A→H111→H112→H115

---

* 本文原载《甲骨文与殷商史》新十辑，上海古籍出版社 2020 年版。

① 胡厚宣：《战后京津新获甲骨集》序要，群联出版社 1954 年版。

② A. 李学勤：《小屯丙组基址与"扶"卜辞》，《甲骨探史录》，生活·读书·新知三联书店 1982 年版；B. 刘一曼等：《考古发掘与卜辞断代》，《考古》1986 年第 6 期；C. 李学勤、彭裕商：《殷墟甲骨分期研究》，上海古籍出版社 1996 年版，第 328—331 页；D. 刘一曼：《考古学与甲骨文研究》，《考古》1999 年第 10 期；E. 曹定云：《殷墟田野发掘与卜辞断代》，《考古学集刊》第 15 集，文物出版社 2004 年版。

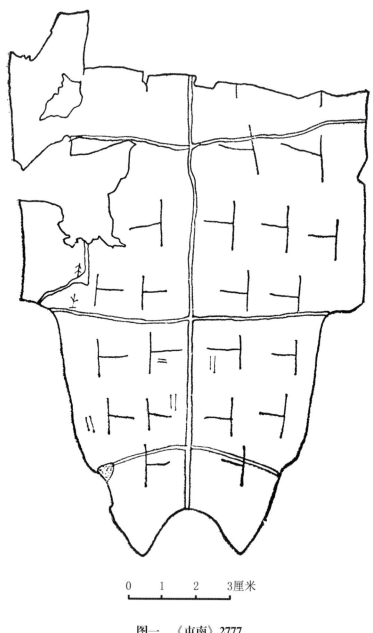

0　　1　　2　　3厘米

图一　《屯南》2777

　　H115 出土的陶片少而碎，难以分期。但叠压在它上面的 H112 所出的陶片器形可辨，即鬲 A I、B I 式、簋 I、豆 I、盆 Ⅲ，其形态属小屯南地早期一段。① 在最上面的 T53 ㊹Ａ层出土的陶片属小屯南地早期二段，该层出土了自组卜甲（小字类）。小屯南地早期二段的年代相当于武丁前期（即早期）。H115 的时代下限不晚于小屯南地早期一段，故 H115 出的那片有字卜甲，很可能属于武丁以前的卜辞，但也有学者对该片时代提出不同的看法。②

　　2.《乙》9099（卜骨）（图二）。出于 1937 年第十五次发掘的小屯东北地丙一基址北的 YM331 填土中，该墓出土了成组的青铜器，其中铜鼎、瓬、爵、斝的形制与小屯 M388 及三家庄 M3 所出的同类器近似。据三家庄发掘的地层关系，M3 早于大司空村一期的灰坑 H1，是早于武丁时期的墓葬。③ 这样，《乙》9099 就当属武丁以前的卜辞。

　　3.《乙》9023—9024（同一片卜甲，正反面均有字）（图三甲、乙）。

图二　《乙》9099

　　① 中国社会科学院考古研究所安阳工作队：《1973 年小屯南地发掘报告》，《考古学集刊》第 9 集，科学出版社 1995 年版，第 137 页。

　　② 李学勤、彭裕商认为《屯南》2777 的时代"早到武丁以前的可能性不大"。见《殷墟甲骨分期研究》，上海古籍出版社 1996 年版，第 331 页。

　　③ 杨锡璋：《殷墟青铜器的分期》，《中原文物》1983 年第 3 期；中国社会科学院考古研究所安阳工作队：《安阳殷墟三家庄东的发掘》，《考古》1983 年第 2 期。

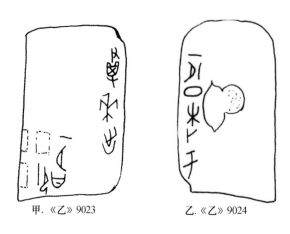

甲．《乙》9023　　　　　乙．《乙》9024

图三　《乙》9023、9024

　　4.《乙》9100（卜骨）（图四）。以上两片刻辞甲骨也是第十五次发掘时所获的。出于小屯北 M331 西边的 M362 的填土中。据石璋如叙述，M362 与 M331 两墓东西并列，"而且同在一个大方框的范围之内，不过 YM362 埋入较 YM331 为早"（图五）。① 从排列形式看，两墓年代大致相同，均属早于武丁的墓葬。所以，该墓所出的两片刻辞甲骨的时代可能早于武丁。②

　　5. 洹北商城刻辞骨匕（T11③：7），上有"戈亚"二字（图六），该骨匕出于探方 T11 第③层，发掘者认为该层属于洹北花园庄晚期，较洹南的大司空村一期（武丁早期）要早，时代相当于盘庚、小辛、小乙时期。③

---

　　① 石璋如：《小屯第一本·遗址的发现与发掘丁编·甲骨坑层之二》，台北历史语言研究所，1992 年，第 241、242 页。

　　② 李学勤、彭裕商：《殷墟甲骨分期研究》，上海古籍出版社 1996 年版，第 329 页。

　　③ 中国社会科学院考古研究所安阳工作队：《1998 年—1999 年安阳洹北商城花园庄东地发掘报告》，《考古学集刊》第 15 集，文物出版社 2004 年版，第 339、352、356 页。

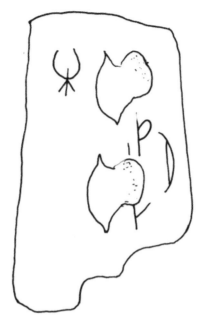

图四   《乙》9100

6. 《乙》484，属于子组卜辞①（图七），出于 YH90，该坑位于 C119 探方的东部，是乙十二基址的旁窖。据石璋如说，YH90 实际上是"填平 H138 夯土之一部"（H90 是 H138 的一部分）②，H138 与周围遗迹的关系是：

乙十二基址→M148→K15（水沟）→H88→H138（图八）
          ↘M49

在这一组发掘单位中，H138 是最早的遗迹。关于乙组基址下水沟的年代，学术界多认为约属武丁早期，陈志达则认为"水沟

---

① 《乙》484，朱凤瀚认为属自组小字类卜辞（见《古代文明》第 3 卷，文物出版社 2004 年版，第 182 页），蒋玉斌将该片归入子组卜辞（见《殷墟子卜辞的整理与研究》，吉林大学，博士学位论文，2006 年，第 96 页），笔者认为，以蒋说为是。

② 石璋如：《小屯第一本·遗址的发现与发掘丙编·殷墟墓葬之一·北组墓葬》（上），"中研院"历史语言研究所，1970 年，第 320 页，又第 315 页插图九十五。

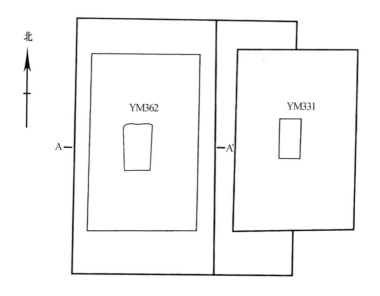

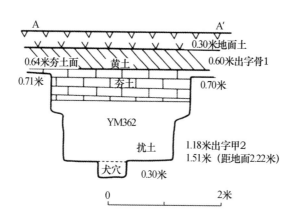

图五　YM362 平、剖面图

的年代约当武丁以前至武丁早期"①。H138（H90）被水沟打破，故可以推测该坑的时代很可能早于武丁，若此，《乙》484 便很可

---

① 杜金鹏：《殷墟宫殿区建筑基址研究》，科学出版社 2010 年版，第 168 页；陈志达：《安阳小屯殷代宫殿宗庙遗址探讨》，《文物资料丛刊》第 10 辑，文物出版社 1987 年版，第 71 页。

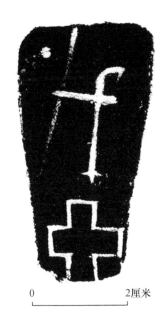

0 —————— 2厘米

图六　洹北商城"戈亚"骨匕（T11③：7）

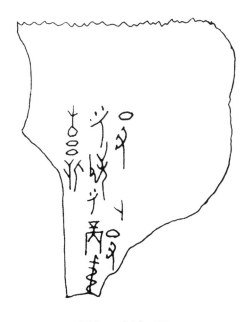

图七　《乙》484

能是早于武丁的卜辞。

7.《合集》21691（图九），著录于《合集》第七集乙类中（该类主要是子组卜辞）。《合集释文》将之释为"丁未父丁史隹司父"。在《殷墟甲骨刻辞摹释总集》[①] 中将该片摹释作"……丁未有事惟司父……"白于蓝在《殷墟甲骨刻辞摹释总集校订》[②] 中指出《摹释总集》的错误，将该片释作"……丁未父丁……史惟……司父……"基本上同于《合集释文》。由于《合集》21691属小片甲骨，字细小，不大清晰，故未引起甲骨学者足够的注意，不少研究子组卜辞的论著中都未引用该片。[③] 笔者细审了拓片，认为该片字体应属子组卜辞，其上确有"父丁"称谓。

《合集》21691 中的"父丁"是谁？这是讨论子组卜辞时代必须探求的问题。在 20 世纪 50 年代初，胡厚宣就注意到时代较早、字体较特别的一些卜辞（现在学术界说的非王卜辞）上有"父丁"称谓，他认为"父丁即祖丁"，"疑当属盘庚、小辛、小乙之物"。[④] 但是胡氏并未对他的观点作详细论证，故此说未引起学术界足够的重视。笔者认为，胡氏的观点对研究几组非王卜辞的时代是很有意义的。"父丁"称谓见于午组、非王无名组及子组卜辞中，尤以午组卜辞中出现较多，但午组卜辞尚未见出于早于殷墟文化一期晚段的坑、层中，在称谓上，未见于其他卜辞组的特有的称谓很多，与商王的血缘关系上不如子组密切，故午组卜辞的"父丁"不一定指"祖丁"。而子组的情况则与之不同，子组卜辞的父辈称谓除此片的父丁外，还有父甲（《合集》21543）、父乙（《合集》21539）、父庚与盘庚（《合集》21538 乙、21538 甲）、

---

① 姚孝遂等：《殷墟甲骨刻辞摹释总集》，中华书局 1988 年版。

② 白于蓝：《殷墟甲骨刻辞摹释总集校订》，福建人民出版社 2004 年版，第 183页。

③ 李学勤、彭裕商的《殷墟甲骨分期研究》、黄天树的《子组卜辞研究》、常耀华的《子组卜辞人物研究》等著作均未提及《合集》21691。

④ 胡厚宣：《甲骨续存》序，群联出版社 1955 年版。

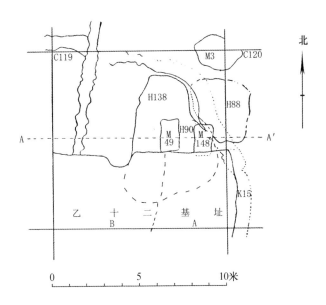

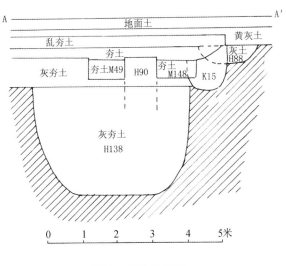

图八　H90 地层图

图九　《合集》21691

父辛与小辛（《合集》21542、21538 乙）、父戊（《合集》21544）。父甲、父庚、父辛、父乙（指阳甲、盘庚、小辛、小乙），常见于王卜辞的宾组与𠂤组中，父戊也数见于𠂤组卜辞中（如《甲》2907、《乙》409）。子组卜辞的几个父辈称谓与王卜辞相同，表明子组的占卜主体与王的血缘关系很密切，"有可能是商王的亲弟兄，至少也应该是从父弟兄"[①]。那么该组所见的父丁，可以理解为一位已去世的商王。再者，在小屯北地曾发现少量子组卜辞出土于较殷墟文化一期晚段稍早的灰坑中[②]，所以，笔者推测《合集》21691 的"父丁"，很可能指阳甲、盘庚、小辛、小乙之父祖丁。

　　8.《合集》22197，属非王无名组卜辞。该片由《乙》8748 +

　　① 李学勤、彭裕商：《殷墟甲骨分期研究》，上海古籍出版社 1996 年版，第 317 页。

　　② 出子组卜辞的 YH90、YH371 两坑的时代较殷墟文化一期晚段稍早，也就是说坑内所出的甲骨文的时代可能早于武丁（参见刘一曼《殷墟考古与甲骨学研究》第三章第五节，云南人民出版社 2019 年版）。

8758＋8939 三片缀合而成（图一〇）。① 前两片出于 YH251，后一片出于 YH330。该片上两见"父丁"。黄天树指出："父丁绝不可能是武丁，因为妇女卜辞（即非王无名组卜辞）没有晚到董氏第二期的迹象。"此言甚确。但他又认为，此父丁指"未即王位的诸父之列"②，虽有一定道理，但难成定论，因为还存在着"父丁"为祖丁的可能性，下面从三方面作些分析：

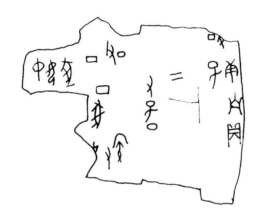

图一〇　《合集》22197（《乙》8939＋8748＋8758）

其一，非王无名组卜辞所出的灰坑时代较早。此组卜辞出于 H251、H330、H371 坑。H251 的时代大致为殷墟文化一期晚段，H371 的时代不晚于一期晚段或较一期晚段稍早③，也就是说，此组甲骨文的年代相当于武丁早期或稍早于武丁。

其二，大量出宾、子、午组卜辞的 YH127 坑不出非王无名组

---

① 以后又有甲骨学者将《合集》22197 与《合集》22390、《乙》8873、《乙》8942 相缀合。参见蒋玉斌《殷墟子卜辞的整理与研究》，吉林大学，博士学位论文，2006 年，第 224 页。

② 黄天树：《妇女卜辞》，《黄天树古文字论集》，学苑出版社 2006 年版，第 120 页。

③ 参见笔者的《殷墟考古与甲骨学研究》第一章第六节及第三章第五节（云南人民出版社 2019 年版）。

卜辞，反映出该类卜辞时代早于 YH127 坑。①

其三，非王无名组卜辞与子组卜辞关系较密切。两组曾共存于一坑（H371）②，共存于一版（《乙》8818），有不少相同的称谓（如母庚、父丁、妣庚、妣己、妣丁、仲母、子丁等），在一些常用字的写法和文例方面也有不少相似之处。所以有学者认为此组卜辞时代与子组相接近。③ 据上文第 6、7 片的论述，少数子组卜辞的上限可能早于武丁，那么非王无名组上的"父丁"很可能与子组的"父丁"一样都是指小乙父祖丁。

此外，还有学者指出《乙》9105 及后冈 M48 出土的刻字残骨亦属早于武丁的甲骨文，对此笔者未能认同，不同意此两片的时代早于武丁的原因，在近出的《殷墟考古与甲骨学研究》一书的第三章第五节中已作了论述，在此不再赘述。

尽管我们目前所知的殷墟早于武丁的刻辞甲骨只有上述几片，在 15 万片商代甲骨文中可谓凤毛麟角。但是，在殷墟比武丁稍早的遗址或墓葬中出土的一些陶器、玉石器或铜器上也发现了文字，如上面提到的小屯 M331，墓中所出的一件玉鱼上刻"大示告"三字④（图一一），小屯 M388 石戈上有朱书"子"字（图一二），该墓出的两件白陶豆圈足内各有一倒写的"戊"字⑤（图一三），小屯村北 87H1 的陶盘口沿上有"五"字，"将军盔"片上有六个

① 黄天树：《妇女卜辞》，《黄天树古文字论集》，学苑出版社 2006 年版，第 131 页。

② H371 出刻辞甲骨 6 片，《乙》9029、9032 属子组卜辞，《乙》9025、9027、9028、9030，4 片属非王无名组卜辞。

③ 李学勤、彭裕商：《殷墟甲骨分期研究》，上海古籍出版社 1996 年版，第 324 页。

④ 石璋如：《殷代头饰举例》，《历史语言研究所集刊》第二十八本（下），"中研院"历史语言研究所，1957 年，第 637 页。

⑤ 参见刘一曼《殷墟陶文研究》图一，36、37，《庆祝苏秉琦考古五十五年论文集》，文物出版社 1989 年版，第 355 页。

朱书文字，第一字残缺，"□曰🖐辛（禽）征（延）雨"①（图一四），1992 年花园庄南 M115 出土了一件锥足圆鼎（M115：1），器内底有一"韦"字铭文（图一五）。该铜鼎形态较早，属于殷墟铜器的第一期②，所以该铭文属于早于武丁的文字。以上列举的例子表明，早于武丁的文字并不罕见。由此可以推测，这一阶段的甲骨文也不会太少。

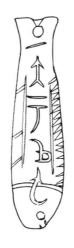

图一一　M331 "大示畫" 石鱼

早于武丁的甲骨文，其字体有什么特点，是甲骨学者在探求这类卜辞时十分关注的一个问题。长期以来，不少学者认为武丁时期的甲骨文，以自组卜辞最早，故"早于武丁时代的甲骨卜辞

---

① 中国社会科学院考古研究所安阳工作队：《1987 年安阳小屯村东北地的发掘》，《考古》1989 年第 10 期。

② A. 中国社会科学院考古研究所、安阳市文物考古研究所：《殷墟新出土青铜器》第 58 页图版 3，云南人民出版社 2008 年版；B. 岳洪彬认为殷墟铜器第一期的年代可能相当于盘庚、小辛、小乙及盘庚以前的一段时期（见《殷墟青铜礼器研究》，中国社会科学出版社 2006 年版，第 180 页）。

大概与自组卜辞比较接近"①。或说"武丁以前的甲骨文字笔画一般较粗，字体笨拙，近于自组大字扶卜辞"②。总之，自组大字类卜辞时代最早成为甲骨学者中大多数人都认同的观点。

21 世纪初，俄罗斯学者刘克甫到台北历史语言研究所仔细观察了小屯北 M331、M362 所出的三片甲骨文的字形结构，然后写成《关于自组大字类卜辞年代问题的探讨》一文，文中指出"自组大字类卜辞为殷墟最早的卜辞一说根本无法成立"③。笔者对刘氏文中某些说法不完全同意，但认为他的主要观点是有道理的，应该引起甲骨学者的重视。受到该文的启迪，下面我们对 M331 所出的甲骨《乙》9099、（《合集》22458）、M362 出的《乙》9023、9024（该墓所出的《乙》9100，字迹模糊，除外）上的字体与武丁时期的几组甲骨文作一比较。

1. ╪午，在《乙》9099 上部是作为偏旁使用的，这种写法的"午"字，在子组、午组、花东子卜辞、非王无名组较常见，在自组大字类附属、自组小字类也有所发现，但数量较少。

2. ⧸安，《甲骨文字编》④ 第 771 页将该字归属 C4（即本书的非王无名组卜辞）。该字中间的"女"字，在子组、午组、自组卜辞中亦见这种写法。

3. ⧈不，似花东子卜辞、午组、非王无名组中"不"字的写法。

4. ⊌甘，见于宾组一类中。

5. ⸮钾（禦），多见于非王无名组与子组卜辞中。

6. ⸙来，这种形体，见于子组卜辞、花东子卜辞中。

　　①　郑振香、陈志达：《论妇好墓对殷墟文化和卜辞断代的意义》，《考古》1981 年第 6 期。

　　②　李学勤、彭裕商：《殷墟甲骨分期研究》，上海古籍出版社 1996 年版，第 331 页。

　　③　刘克甫：《关于自组大字类卜辞年代问题的探讨》，《考古》2001 年第 8 期。

　　④　李宗焜：《甲骨文字编》，中华书局 2012 年版，第 771 页。

7. 𐂃出，这种写法，常见于宾组一类卜辞中。

8. 𐂃，该字在《甲骨文字编》第 1126 页归属 C4（即非王无名组），右下部的偏旁"邕"字的写法较特别，见于花东子卜辞及非王无名组卜辞。

9. ○丁，椭圆形。这种字形，多见于子组及花东子卜辞中，在𠂤组小字类中亦有发现。

10. 𐂃未，见于𠂤组卜辞（大字类与小字类）、午组卜辞、非王无名组及宾组卜辞中。

以上 1—3 字，属《乙》9099（即《合集》22458），4—8 字属《乙》9023（《合集》22427 正），9—10 字，属《乙》9024（《合集》22427 反）

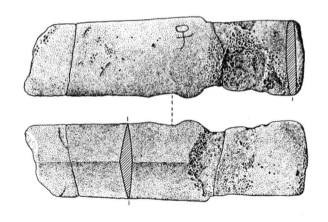

图一二　M388 "子"字石戈

以上列举的十个字，只有少数字（如未、女等）的写法同于𠂤组大字，与宾组字体相近的也不多（如甘、出、未），多数字的结构与非王卜辞（子组、午组、花东子组、非王无名组）近似。从字体风格看，𠂤组大字字大，笔画丰肥圆润，似毛笔字风韵，而上述三号甲骨，字体大小适中，笔画稍细，字的写法既有圆笔也有折笔，与𠂤组大字的风格有差异。再者，洹北商城出土的残

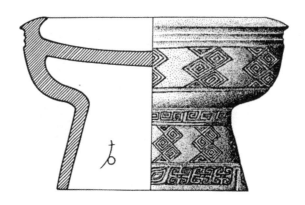

图一三　M388 "戌"字白陶豆

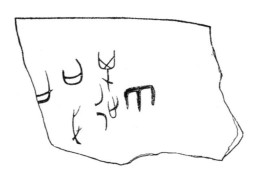

图一四　87H1 陶器上的朱书文字（2/5）

图一五　92 花南 M115 铜鼎上的 "韦"字铭文

骨匕上的"戈亚"二字，虽然字大，但笔道转折处棱角分明，特别是"戈"字，上部折柲，富有特点，为稍后的午组所继承。以上的例子表明，早于武丁的甲骨文，字体与自组大字近似的观点是不妥的。

为什么 M331、M362 所出的刻辞甲骨上的文字与几组非王卜辞的字体有较多的相似性与王卜辞（自组、宾组）相差较远？这是一个发人深思的问题。笔者认为，这与卜辞的性质有关。让我们看一下上述二墓与其相邻墓葬的情况。上文提到 M331 与 M362 东西并列，在此二墓南边四五米处还有两座东西并列的墓 M333 与 M388。① M362 遭到盗掘，M331、M333、M388 三墓均出有两套或三套觚爵的成组的属殷墟一期的铜器。② 时代约相当于盘庚、小辛、小乙时期。张长寿认为："这几座墓很可能是同一家族的，时间上应是相近的。"③ 值得注意的是，在 M338 出的一件残石戈上有一"子"字，透露出该墓墓主是这个家族的族长（或重要成员）的信息。以前我们曾论述过，在殷商时代，不但王而且高中级贵族甚至小贵族都可以独立地进行占卜活动。一些强宗大族还有自己的占卜机构。④ 出于 M331、M362 的甲骨刻辞，很可能是这一家族占卜后所遗弃之物，其性质属非王卜辞。也就是说，在小屯东北地，非王卜辞出现的时间可早到武丁以前。所以，笔者在上文指出的《乙》484、《合集》21691、《合集》22197 三片时代早于武丁的卜辞，均属非王卜辞（子组与非王无名组），应当是不足为奇的事情了。

---

① 参见《殷墟的发现与研究》，图二六，科学出版社 1994 年版，第 68 页。

② M331 出土青铜礼器 19 件，包括觚爵三套，M333、M338 各出青铜礼器 10 件，包括觚爵两套。参见李济《记小屯出土之青铜器》上篇，《中国考古学报》第三册，商务印书馆 1948 年版，第 78 页后，表十三。

③ 张长寿：《殷商时代的青铜容器》，《商周考古论集》，文物出版社 2007 年版，第 25 页。

④ 刘一曼：《论殷墟甲骨整治与占卜的几个问题》，《古文字与古代史》第四辑，"中研院"历史语言研究所，2015 年，第 209、210 页。

在 20 世纪末 21 世纪初，在殷墟洹河北岸发现了一座时代早于商代晚期的商城。以后，在洹北商城内又发现了宫城和多座宫殿基址，考古所安阳队对其中的两座宫殿基址进行发掘。[①] 殷墟考古工作者多认为，洹北商城为盘庚迁殷之处，到武丁时才迁往洹河南的小屯东北地。[②] 在盘庚迁殷之时，许多商代贵族带领族人也随商王迁至洹北商城内，但也有一些中小贵族到洹河南岸的小屯东北地定居，故小屯东北地发现了殷墟文化一期早段（年代早于武丁）的遗迹、遗物，那么在该地出土了早于武丁时的甲骨文也当是情理之中的事情。

殷墟考古的新发现与研究开阔了我们的思路，探索武丁以前的甲骨文，我们的目光要放远一些，途径应多一些。既要分析已发现的武丁早期的王卜辞，同时更应注意从非王卜辞中去寻找。这些早期卜辞在小屯东北地、在宫殿区范围内以及在洹北商城都会出土。笔者大胆推测，相当于盘庚、小辛、小乙时代的王卜辞，数量不会太少，很可能它们还沉睡在洹北商城某些宫殿基址附近的窖穴中，等待着考古工作者用镐、铲将之唤醒。

---

① 唐际根、何毓灵：《殷墟的发现与研究》（1950—2012），《武丁与妇好——殷商盛世文化艺术特展》，台北"故宫博物院" 2012 年版，第 293、294 页。

② A. 唐际根、徐广德：《洹北花园庄遗址与盘庚迁殷问题》，《中国文物报》1999 年 4 月 14 日；B. 杨锡璋、徐广德、高炜：《盘庚迁殷地点蠡测》，《中原文物》2000 年第 1 期。

考古学与甲骨文研究

——纪念甲骨文发现一百周年*

  1999 年是甲骨文发现 100 周年。甲骨文的发现是我国学术史上的一件大事，它与流沙坠简、敦煌文书一起被誉为 19 世纪末 20 世纪初中国考古学的三大发现。

  1899 年，在北京任国子监祭酒的金石学家王懿荣发现了甲骨文。1908 年罗振玉又弄清了甲骨文的出土地——河南安阳殷墟。此后王国维对甲骨文进行研究，发现《史记·殷本纪》中的先公先王之名绝大多数都见于卜辞中，从而证明司马迁所作的《殷本纪》基本上是正确的。这一发现使商代的历史成为信史，把我国有文字记载的历史上推了几百年，具有重要的学术价值。

  1928 年，为了获得更多的甲骨文，并了解甲骨文和其他遗物在地下埋藏的情况，历史语言研究所考古组对殷墟进行了考古发掘，这是我国学者首次对古代都城遗址进行的大规模科学发掘。殷墟发掘，标志着中国近代考古学的诞生，在我国考古学史上具有重要的意义。

  从 1928 年至 1999 年，已有 71 个春秋。在对殷墟的多次发掘中，发现了大批的甲骨文，这把甲骨学的研究推向新的阶段，而

* 本文原载《考古》1999 年第 10 期。

甲骨文研究的丰硕成果又推动殷墟考古工作向纵深发展。考古学与甲骨学关系密切，互相促进。

一　科学发掘的刻辞甲骨
推动了甲骨学的发展

100 年来，殷墟甲骨文已出土了 15 万片[①]，其中多数是 1928 年之前农民私掘出土的，属科学发掘所获的有 34842 片。从数量上看，考古发掘出土的甲骨文片数并不太多，只占甲骨文总数的 23%，但是其科学价值却远远高于前者。因为农民私掘所得的甲骨，多属小片，其上的文字大多较少，且又无出土时的坑位记录。而考古发掘品则可确知甲骨所出的具体地点、甲骨埋藏情况以及同出的其他遗物等，而且大块的或完整的文字较多的刻辞甲骨为数不少。所以，考古发掘出土的甲骨文资料，对甲骨学研究具有重要意义。

1928 年殷墟第一次发掘以后，董作宾发现小屯村北朱姓地、刘姓地、张姓地所出的甲骨文字，在字体、文例方面有所不同，从而推测这可能与时代先后有关。[②] 这一发现，促使他去探索卜辞断代的方法。1929 年，在第三次发掘中，在小屯北的"大连坑"南段的长方坑中，出土了大龟 4 版，董氏对它们作了深入研究，发表了《大龟四版考释》[③]，将多年来学者们迷惑不解的"卜"下"贞"上一字考定为贞人，首创了贞人说。在该文中，他还提出了甲骨文断代的 8 项标准。1933 年，董作宾发表了《甲骨文断代研

---

① 胡厚宣：《八十五年来甲骨文材料之再统计》，《史学月刊》1984 年第 5 期。也有学者认为甲骨文总数是 10 万片。参见孟世凯《中华民族文化的凝聚力——汉字》，《中华文化论坛》1997 年第 1 期。

② 董作宾：《殷虚文字甲编·序》，商务印书馆 1948 年版。

③ 董作宾：《大龟四版考释》，见《安阳发掘报告》1931 年第 3 期。

究例》（以下简称《断代例》）①，把断代的 8 项标准扩展为 10 项标准：世系、称谓、贞人、坑位、方国、人物、事类、文法、字形和书体。他还将殷墟甲骨文划分为 5 个时期：（1）盘庚、小辛、小乙、武丁；（2）祖庚、祖甲，（3）廪辛、康丁；（4）武乙、文丁；（5）帝乙、帝辛。董氏这篇名著的发表，是甲骨文研究中一件划时代的大事，它使过去混沌一团的甲骨，成为可以划分为 5 个不同时期的历史资料，使甲骨文研究进入一个新的阶段。后来，董氏在《甲编》序中回顾这段历史时说："这断代分期的新研究方法，追本溯源，不能说不是在发掘工作中求得的。"

此外，董作宾先生还以发掘出土的甲骨实物资料为基础，对甲骨的整治与占卜、卜辞的文例等，进行了深入的研究，发表了《商代龟卜之推测》② 和《骨文例》③ 两篇论文。在这两篇文章中，董氏揭示了卜甲、卜骨上卜辞行款走向的规律，使看来似乎是"杂乱无章"的卜辞变得井然有序，容易通读，这对研究甲骨文本身的规律作出了贡献。

1936 年，历史语言研究所考古组在殷墟进行第十三次发掘，于 6 月中旬在小屯村北 YH127 坑内发现了刻辞甲骨 17096 片（卜甲 17088 片、卜骨 8 片），其中完整的龟甲 300 多版。这是殷墟甲骨文第一次重大的发现，也是墟殷发掘以来的最大收获。此坑甲骨文的时代属武丁时期，它们的内容极其丰富，涉及殷代的政治、经济、文化、社会生活等各个方面，是研究商代历史与甲骨文的珍贵资料。④ 参加整理 YH127 坑甲骨的胡厚宣先生，据该坑的资

---

① 董作宾：《甲骨文断代研究例》，见《历史语言研究所集刊外编第一种：庆祝蔡元培先生六十五岁论考古文集》上册，1933 年。

② 董作宾：《商代龟卜之推测》，见《安阳发掘报告》1929 年第 1 期。

③ 董作宾：《骨文例》，《历史语言研究所集刊》第 7 本 1 分册，1936 年。

④ 关于 YH127 坑的情况，参见石璋如《小屯后五次发掘的重要发现》，见《六同别录》上册，1945 年。董作宾：《殷虚文字乙编·序》，商务印书馆 1948 年版。

料并结合以前所出的卜辞，写出了多篇研究商代史及甲骨学的论文①，其中有不少新的见解，为以后的商史研究奠定了基础。

1973 年，中国科学院考古研究所安阳队在小屯南地进行发掘，发现了刻辞甲骨 5335 片（卜骨 5252 片、牛肋骨 4 片、未加工的骨料 4 片、卜甲 75 片），这是殷墟甲骨文的第二次重大发现。小屯南地甲骨在出土时大多有可靠的地层关系，并与陶器共存，这对甲骨文的断代研究与殷墟文化分期研究具有重要意义（参见下文）。小屯南地甲骨的刻辞内容也较丰富，包括祭祀、田猎、征伐、农业、天象、王事等方面，给甲骨学和商史研究提供了又一批重要的甲骨资料。②

1991 年秋，考古研究所安阳队为配合安阳市的筑路工程，在花园庄东地进行发掘，在 H3 坑内发现了甲骨 1583 片（卜甲 1558 片、卜骨 25 片），其中有刻辞的 579 片（卜甲 574 片、卜骨 5 片）。此坑甲骨以大版的卜甲居多，特别珍贵的是有刻辞的整甲达 300 多版，占有字甲骨总数的 50% 以上。③ 这是自 1936 年 YH127 坑及 1973 年小屯南地甲骨出土以后，殷墟甲骨文的第三次重大发现。

花东 H3，据地层关系和同出陶器的形制判断，属殷墟文化第一期（武丁早期），此坑甲骨文的一个最大的特点是卜辞的主人不是王而是"子"。长期以来，学术界普遍认为殷墟卜辞都是王的卜辞，20 世纪 70 年代以后，大多数学者认识到殷墟卜辞中存在着一

---

① 胡厚宣：《甲骨学商史论丛》初集、二集，齐鲁大学国学研究所，1944 年、1945 年。

② a. 中国社会科学院考古研究所：《小屯南地甲骨》上、下册，中华书局 1980 年版、1983 年版。b. 中国社会科学院考古研究所安阳工作队：《1973 年小屯南地发掘报告》，《考古学集刊》第 9 集，1995 年。

③ 中国社会科学院考古研究所安阳工作队：《1991 年安阳花园庄东地、南地发掘简报》，《考古》1993 年第 6 期。

部分非王卜辞①，但还有少数学者对此提出异议。花东 H3 卜辞的出土，以无可辩驳的事实证明了"非王卜辞"的存在。此坑卜辞的内容新颖，字体、文例富有特色，对"非王卜辞"及商代家族形态的研究具有重要意义。

二　考古学与甲骨文字考释

甲骨文中象形字与会意字的比例较大，其中有一些象形字直接、形象地描绘出殷代社会中存在的具体事物的主要特征，如鼎、鬲、斝、豆、壶、皿、戈、戉、㐭、耒等。如果有一定的文物考古知识，很容易将这些字识别出来。而甲骨文中有一些会意字，反映了殷代社会生活中的状况，假若我们对殷代考古中的遗迹、遗物有所了解，对这些字的造字本义就能有更深入的理解。下面略举三例。

1. 执字，像人之两手戴上手枷之形（图一，1、2）。在殷墟

图一　甲骨文中的会意字

1、2 执；3、4. 刖

第十五次发掘中，在 H358 坑中发现 3 个戴有手枷的陶俑，女俑手枷戴在胸前，男俑手枷在背后。陶俑的形象是执字的写真②，说明当时对奴隶或罪犯要施以枷具防止其逃跑。在甲骨文中，执字作

---

① 关于非王卜辞研究的状况，参见黄天树《关于非王卜辞的一些问题》，《陕西师范大学学报》（哲学社会科学版）1995 年第 4 期。

② 胡厚宣：《殷墟发掘》图版五七，1—4，学习生活出版社 1955 年版。

名词时也作为奴隶的一种名称。

2. 刖字（图一，3、4），有人将它释为陵[①]，但陵字从阜，与此字形体不符。后来一些甲骨文学者认为它是断足之刑的本字，释为刖[②]，这些学者一方面从字形进行分析，谓此字像用锯子断人足之形；另一方面又从考古资料中寻找证据。

1971 年，在安阳后冈的发掘中，在一座殷代墓葬 M16 的二层台上发现一个殉葬人，骨架保存完好，但少一下肢骨，发掘者认为"可能是生前就残缺的"[③]；在河北藁城台西商代遗址第 103 号墓的二层台上也发现一具殉人，是个年约十几岁的少年，双腿自膝盖以下被砍去，胫骨的断面上还可看到明显的刀砍痕迹。[④] 这些人可能就是生前遭受刖刑残害的奴隶。

3. 辍字，为会意兼象形，该字是肖良琼先生 80 年代中期新释的。她是从以下两条卜辞中车字的两种不同写法，并结合卜辞的辞意推断出来的。

五日丁卯，王狩敝，魃车，（图二，1），马……亦攴在车（图二，2），辜马亦……《合集》584 正十、《合集》9498 正

两个车字写法有一定差异，前者车辕折成两段，后者的车辕是完整的。

---

① 罗振玉：《殷虚书契考释》第 59 页，1914 年。又见增订本中卷，第 66 页，1927 年。

② a. 胡厚宣：《殷代的刖刑》，《考古》1973 年第 2 期。b. 寒峰：《"䟆"字剩义——有关刖足几个文字的解释》，《南京大学学报》1979 年第 2 期。

③ 中国科学院考古研究所安阳发掘队：《1971 年安阳后冈发掘简报》，《考古》1972 年第 3 期。

④ 河北省文物研究所：《藁城台西商代遗址》，文物出版社 1985 年版，第 21 页。

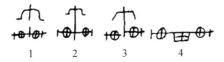

图二　甲骨文中的"车"字

　　甲午，王往逐兕，小臣古车（图二，3），马硪，罗王车（图二，4），子央亦坠。　　　　　　　　　　　《合集》10405 正

　　第一个车字的车轴折成两段，第二个车字的车轴则是完整的。

　　过去的研究者对这两条卜辞中车字的不同写法，都当作车字的异体字处理。肖良琼在《卜辞文例与卜辞的整理和研究》①一文中，将两条卜辞中的第一个车字释为"辍"，认为它不但象形还表意，表示车子有一个部分（车辕或轴）发生断裂。再从卜辞的内容看，正是由于在狩猎途中马车突然出了故障，才招致车上的人跌倒，而车子出毛病是由于车辕或车轴遭损坏所致。我们认为这种新的解释对理解这两条卜辞的内容更为妥帖。

　　殷墟新发现的车马坑资料可作为肖文的一个佐证。1995 年，中国社会科学院考古研究所安阳队在梅园庄东南发掘了一座车马坑（梅东 M40），内埋 2 车 2 马 2 人。一辆车在坑之南面，是保存完整、套有双马的车子；另一辆车在北面，是辆残车。后一辆车无车轮，车厢不完整，车辕与车轴均断折成两段。②从出土情况看，该车的主要部件在下葬之前已经损坏。

　　从甲骨文的"辍"字与殷墟梅东 M40 出土的残车情况推测，

　　① 肖良琼：《卜辞文例与卜辞的整理和研究》，《甲骨文与殷商史》第二辑，上海古籍出版社 1986 年版。
　　② 中国社会科学院考古研究所安阳工作队：《安阳梅园庄东南的殷代车马坑》，《考古》1998 年第 10 期。

当时木质结构的马车还不大坚固耐用，在车速较快和道路不好的情况下，辕、轴易损坏。但由于制造一辆车不容易，人们对已经坏了又难于修理的车子也不轻易扔掉，而是把它保存下来作为殉葬之物而埋入坑中。

上述三例考古资料与甲骨文字形的印证，并不是偶然的巧合，而是表明当时殷人创造的一些象形字或会意字源于生活，是有所本的。

三　考古学与甲骨文分期断代研究

（一）考古地层学与甲骨文分期

殷墟甲骨文是通过考古发掘获得的，所以要断定其时代，不能只研究刻辞的内容，还应研究它所处的地层、坑位，以及同出器物的时代。

前文已述，对甲骨文系统地进行分期断代的方法是董作宾先生首创的。坑位，是他《断代例》中区分甲骨文时代的 10 项标准之一。他所说的坑位，是指甲骨分布的区域。他认为各个时期的甲骨的分布有一定的范围，不同地点出土的甲骨，时代是有区别的，这样知道甲骨文出土的地点就可推断它的时代。但是，他所谓的"区"，是殷墟第一至第五次发掘时人为地划定的发掘区（当时将小屯周围分为五个区），并不是甲骨本身所处的文化层位或窖穴。因而他的坑位说对甲骨文的分期虽然也有参考作用，但总的来说意义不大。后来陈梦家先生对董氏的坑位说作了批评，他指出坑位和发掘区不同，"必须是某些独立的储积甲骨的穴窖才有可能定这个坑包含某个或某些朝代的卜辞"[①]。他又认为，在分期时要注意坑内卜辞的共存关系，注意与甲骨文同出的其他遗物

---

① 　陈梦家：《殷虚卜辞综述》，科学出版社 1956 年版，第 140 页。

的时代。

陈氏的坑位说与董氏相比是个进步，对甲骨断代有一定意义。但是他将坑位限定在"某些独立储积甲骨的穴窖"，而这种窖穴，在考古发掘中是较少的，这样他的坑位理论应用的范围就较为狭窄，不能充分发挥其积极作用。

我们认为，研究卜辞分期时坑位固然重要，而层位（地层）的作用更大，应将二者结合起来。根据考古地层学的观点，对出土甲骨的灰坑（窖穴）和文化层，应从纵的方面加以区分。即早期的坑、层中出土的甲骨和其他遗物均属早期；中期的坑、层出中期的甲骨和其他遗物，还可能有部分早期的甲骨和其他遗物；晚期的坑、层出晚期的甲骨和其他遗物，但也常有部分早、中期的甲骨和其他遗物。第一种灰坑或地层，对甲骨断代有重要价值，因为中晚期的遗物不会出现于早期的坑、层中。第二种坑、层对中期的甲骨断代有意义，但对早期的甲骨则没有作用。第三种坑、层对晚期甲骨断代仍有一定的意义，但对早期和中期甲骨时代的判断是毫无意义的。可见，中、晚期的灰坑、地层，在甲骨分期断代上是有局限性的。①

下面列举二例说明地层学在卜辞断代中的应用。

1. 对"自组""午组""子组"卜辞的断代。关于这几组卜辞的时代，董作宾先生原来认为它们的时代较早，但到了 1948 年，他在《乙编》序②中将这些卜辞改定为"文武丁"时代，由此引起学术界的争论。在 20 世纪 70 年代之前，对这些卜辞的时代存在着不同的看法，主要有两种意见：一种是早期说，包括盘庚、

---

① 刘一曼、郭振禄、温明荣：《考古发掘与卜辞断代》，《考古》1986 年第 6 期。
② 董作宾：《殷墟文字乙编·序》，商务印书馆 1948 年版。

小辛、小乙说①，武丁说②，武丁早期说③，武丁晚期说④几种；另一种是晚期说，有武乙、文丁说⑤和帝乙说。⑥

应当指出的是，陈梦家先生在论证这几组卜辞为武丁晚期卜辞时，除了论述卜辞的内容外，还从坑位和卜辞的共存关系进行分析。以后，邹衡先生在论述殷墟文化分期时，深入地研究了这几组卜辞所处的地层关系，支持了武丁说的观点。⑦

1973 年，在小屯南地的发掘中，在 T53 ④A、H104 出"自组卜辞"，H102 出"午组卜辞"，H107"自组"与"午组"卜辞共出。这 4 个单位，从地层关系和同出的陶器看，都是较早的，属小屯南地早期（相当于殷墟文化第一期）。发掘者又对卜辞内容进行了探讨，论述它们是武丁时期的卜辞⑧，稍后，又进一步论证它们属武丁早期卜辞。⑨

自《小屯南地甲骨》出版后，学术界的意见渐趋一致，都认为这几组卜辞应属武丁时代。

1991 年秋，在殷墟花园庄南地的发掘中，又发现 1 片字体属"午组卜辞"的卜骨，出于殷墟文化第一期的地层中，再一次证明了这组卜辞的时代可到武丁早期。

---

① 胡厚宣：《战后京津新获甲骨集》序要，群联出版社 1954 年版。

② 姚孝遂：《吉林大学所藏甲骨选释》，《吉林大学学报》1963 年第 4 期。

③ 林沄：《甲骨断代中一个重要问题的再研究》，见林沄《从子卜辞试论商代家族形态》注 4 所引，《古文字研究》第 1 辑，1979 年。

④ 陈梦家：《殷虚卜辞综述》，科学出版社 1956 年版，第 145—165 页。[日] 贝塚茂树、伊藤道治：《甲骨文断代研究法的再检讨》，《东方学报》第 23 期，日本京都。

⑤ [日] 岛邦男：《贞人补正·四·第四期武乙文丁时期之贞人》，见《殷墟卜辞研究》，东京：汲古书院 1958 年版。许进雄：《卜骨上的凿钻形态》，台北：艺文印书馆 1973 年版，第 21—22 页。

⑥ 李学勤：《帝乙时代的非王卜辞》，《考古学报》1958 年第 2 期。后来李先生已纠正旧说，认为这几组卜辞属武丁时代。

⑦ 邹衡：《试论殷墟文化分期》，《北京大学学报》（人文科学版）1964 年第 4、5 期。

⑧ 中国社会科学院考古研究所：《小屯南地甲骨·前言》，中华书局 1980 年版。

⑨ 刘一曼、郭振禄、温明荣：《考古发掘与卜辞断代》，《考古》1986 年第 6 期。

2. 对武丁以前甲骨文的探索。武丁时代的甲骨文，字体、文例都相当规范，是较成熟的文字。在此之前，文字的发展必定经过一个较长的阶段，因而探讨比武丁更早（即盘庚、小辛、小乙时代）的甲骨文是学术界十分关注的问题。自 20 世纪 50 年代开始，胡厚宣先生曾作过一些推测，但没有进行较详细的论证。[①] 自 80 年代中期以来，不断有学者继续进行探索。[②]

学者们认识到寻找武丁以前的甲骨文必须从考古学的地层、坑位入手，要注意那些既出刻辞甲骨，地层关系又较早的发掘单位。在 1986 年，我们曾指出有两片刻辞甲骨的地层关系较早。[③]

（1）《屯南》2777（卜甲），出于 H115。H115 的上面有一组打破关系：

$$T53 ⑷Ⓐ \rightarrow H111 \rightarrow H112 \rightarrow H115$$

H115 出土的陶片少而碎，难以分期。但叠压在它上面的 H112 出土的陶片属小屯南地早期一段，也就是说 H115 的时代下限当不晚于小屯南地早期一段。[④] 在最上面的 T53 ⑷Ⓐ层出土的陶片属小屯南地早期二段，该层出了"自组卜甲"。屯南早期二段的年代属武丁前期，那么属于屯南早期一段的 H115 所出的那片卜甲，就可能属武丁以前的卜辞。

（2）《乙》9099（卜骨），出于小屯东北丙一基址北的 YM331 填土中，该墓出土了成组的青铜器，其中铜鼎、觚、爵、斝的形制与小屯 M388 及三家庄 M3 所出的近似。据三家庄发掘的地层关

① 胡厚宣：《战后京津新获甲骨集》序要，群联出版社 1954 年版。

② a. 李学勤：《小屯丙组基址与"扶"卜辞》，见《甲骨探史录》，生活·读书·新知三联书店 1982 年版。b. 刘一曼、郭振禄、温明荣：《考古发掘与卜辞断代》，《考古》1986 年第 6 期。c. 李学勤、彭裕商：《殷墟甲骨分期研究》，上海古籍出版社 1996 年版，第 328—331 页。

③ 刘一曼、郭振禄、温明荣：《考古发掘与卜辞断代》，《考古》1986 年第 6 期。

④ 中国社会科学院考古研究所安阳工作队：《1973 年小屯南地发掘报告》，《考古学集刊》第 9 集，科学出版社 1995 年版。

系，M3 早于大司空村一期的灰坑 H1，是早于武丁时代的墓葬。①
这样，《乙》9099 就当属武丁以前的卜辞。

　　还有学者指出，《乙》9023—9024（同一片卜甲，正反面均
有字）、《乙》9100（卜骨）与《乙》9105（卜骨）也属这类卜
辞。② 前两片卜辞出于小屯北 M362，该墓与 M331 紧邻，且与之
东西并列，时代大致相同，墓中所出的《乙》9023—9024、9100
两片卜辞的时代也当属武丁以前。我们认为此说可信。第三片
《乙》9105，出于 1931 年发掘的后冈遗址的一个灰坑中。③ 推断该
卜辞时代可能是武丁以前的学者，是依据出土卜骨灰坑的形状
（上圆而下长方）、与卜骨同出的刻纹白陶片及字体来推论的。在
殷墟发掘中所见的各期灰坑中，有少数坑上部与下部的形状不大
一致，如上为椭圆形而下为长方形，或上近圆形而下为椭圆形，
上不规则而下为长方形等。仅凭坑之形状断代，难以为据。而刻
纹白陶在殷墟第一期盛行，到第二期仍有一定数量，甚至到第四
期仍未绝迹。④ 这片卜骨上的字体较稚朴，似有较早的特点，但早
到何时则难以确定，而且对早期卜辞的断代，字体不是最重要的
标准。再者，自 20 世纪 50 年代以来，中国社会科学院考古研究
所安阳队对后冈曾进行过几次发掘，尚未发现早于大司空村第一
期的商代遗址与墓葬，属大司空村一期的遗址亦很少。因此，说
《乙》9105 之时代早于武丁，尚无确证。

　　此外，在郑州二里冈，于 1953 年出土过两片字骨。一片是刻
字牛肋骨，另一片是圆骨片。1985 年，当年参加发掘的学者指出

---

　　① 　a. 杨锡璋：《殷墟青铜器的分期》，《中原文物》1983 年第 3 期。b. 中国社会科
学院考古研究所安阳工作队：《安阳殷墟三家庄东的发掘》，《考古》1983 年第 2 期。
　　② 　李学勤、彭裕商：《殷墟甲骨分期研究》，上海古籍出版社 1996 年版，第 328—
331 页。
　　③ 　a. 梁思永：《后冈发掘小记》，《安阳发掘报告》1933 年第 4 期。b. 董作宾：
《释后冈出土的一片卜辞》，《安阳发掘报告》1933 年第 4 期。
　　④ 　中国社会科学院考古研究所：《殷墟的发现与研究》，科学出版社 1994 年版，
第 228—237 页。

它们的时代属二里冈期。①

　　尽管我们目前所知的早于武丁的刻辞甲骨只有几片，在 15 万片商代甲骨文中可谓凤毛麟角。但是，在比武丁稍早的遗址或墓葬中出土的一些陶器或玉石器上也发现了文字，如上面提到的 M331 所出的 1 件玉鱼上刻"大示它"三字②，M388 出土的 2 件白陶豆圈足内各有一"戈"字③，小屯村北 87H1 的陶盘口沿上的"五"字、"将军盔"片上的朱书文字"□曰𡧑𡧑（禽）征（延）雨"④。从内容、字体与行款看，这都与早期的甲骨卜辞相似，这些迹象表明，当时的文字并不罕见。由此可以推测，这一阶段的甲骨文也不会太少。我们深信，随着考古工作的开展，一定还会有武丁以前的刻辞甲骨出土。

（二）甲骨凿钻形态与甲骨文分期

　　众所周知，商代后期的卜甲或卜骨，均有凿或钻，不同时期的甲骨，凿钻形态有所不同。70 年代，许进雄先生较早地注意到这一问题，他将甲骨上的凿进行分型分式，从已确定时代的甲骨中总结出从早期到晚期（第一期至第五期）凿的形态变化的规律，以此作为甲骨断代的一个标准。⑤ 以后，一些有条件观察甲骨实物的学者，对这一问题继续进行研究，取得了一定的成绩。⑥ 下面列

---

　　① 裴明相：《略谈郑州商代前期的骨刻文字》，见《全国商史讨论会论文集》，《殷都学刊》编辑部，1985 年。

　　② 参见陈志达《商代的玉石文字》，《华夏考古》1991 年第 2 期。

　　③ 参见刘一曼《殷墟陶文研究》图一，36、37，见《庆祝苏秉琦考古五十五年论文集》，文物出版社 1989 年版。

　　④ 中国社会科学院考古研究所安阳工作队：《1987 年安阳小屯村东北地的发掘》，《考古》1989 年第 10 期。

　　⑤ 许进雄：《卜骨上的凿钻形态》，台北：艺文印书馆 1973 年版，第 21—22 页。

　　⑥ a. 于秀卿等：《甲骨的凿钻形态分期断代研究》，《古文字研究》第 6 辑，中华书局 1981 年版。b. 中国社会科学院考古研究所：《小屯南地甲骨的钻凿形态》，见《小屯南地甲骨》下册第三分册，中华书局 1983 年版。

举两个以凿钻形态断代的例子。

1. "𠂤组""午组"和少数书体特殊的甲骨上的凿钻形态。这些甲骨上的凿有三种形式：规整的弧形凿（有的凿首尾还有针尖状突出）、尖头直腹凿、圆钻内包摄长凿，有的"𠂤组"甲骨上还有较大的圆钻（直径大多超过1厘米）。在殷墟文化第一期的灰坑及文化层中所出的有字和大量无字的甲骨，亦发现这种形式的凿钻，这就从另一个角度反映出以上几组甲骨卜辞的时代较早。

2. 殷墟"易卦卜甲"的凿、钻形态。70年代初，安阳考古工作站收集到当地出的一片大卜甲，上有"易卦"刻辞，这是殷墟所出唯一一片"易卦"卜甲，相当重要。但该片卜甲无出土情况和共存遗物的记录，给断定其时代带来困难，我们主要依据凿钻形态和排列方式来断定其时代。

"易卦"卜甲，凿为窄长方形，凿旁之钻为半圆形或椭圆形，有的转角近方。除甲桥以外，钻与灼的方向都指向中缝（千里路），但左、右甲桥上的两行凿、钻、灼的方向不对着中缝，而是指向甲桥上直行的骨缝。这片卜甲凿的形态与甲桥上钻、灼的方向，与殷墟所出的卜甲区别较明显，但与西周卜甲较为相似。此外，我们又结合卜甲的整治方法、字形特征进行分析，断定该卜甲的时代较晚，属殷末周初。[①]

四   甲骨文断代与殷墟文化分期

作为商代后期都城的殷墟，从盘庚迁殷至帝辛亡国，延续了273年。将殷墟文化进行分期，对于殷墟的考古工作及研究商代后期历史各个阶段的变化、发展是很有意义的。

1956年，邹衡先生在对郑州商文化分期时也对殷墟文化进行

---

① 肖楠：《安阳殷墟发现"易卦"卜甲》，《考古》1989年第1期。

了分期，将它与二里冈商文化连接起来。① 60 年代初，邹先生研究了 30 年代和 50 年代的殷墟发掘资料，发表了《试论殷墟文化分期》一文，文中将殷墟文化分为四期七组，并对各期的时代作了推断。②

考古研究所安阳队于 1959 年据大司空村的发掘资料，将殷墟文化分为两期③，后来，又根据 1962 年大司空村的发掘资料，在过去两期的基础上划分为四期④。

考古分期，只解决殷墟文化相对的早晚序列问题，各期的绝对年代则是依据甲骨文或铜器铭文来推断的。

在 50 年代末和 60 年代前期，考古所安阳队据大司空村第一期的灰坑 H114 出土"辛贞在衣"四字的卜骨的字体有武丁时期的特征，从而认为第一期相当于武丁时期。据出大司空村第三期陶器的小屯东南 H1 灰坑出土 1 片字体属于康丁、武乙时期的卜骨，认为第三期的时代大致与卜骨的时代相近。属大司空村第四期的后冈圆坑，出土 1 件"戍嗣子"铜鼎，上有铭文 30 字，其中"王""癸"两字的形体与董作宾先生所分的甲骨文第五期的字体相似，因而将此期定为帝乙、帝辛时期。第二期，未见可资断代的文字资料，但从陶器形态分析，略晚于第一期。

1973 年，在小屯南地出土了 5000 多片刻辞甲骨，在小屯南地早期（相当于大司空村一期，亦即殷墟文化第一期）的灰坑和地层中出了"自组""午组"卜甲，从 1 片"自组"卜甲上的称谓推断，属武丁时期，说明过去推断此期的时代是可信的。在小屯南

---

① 邹衡：《试论郑州新发现的殷商文化遗址》，《考古学报》1956 年第 3 期。

② 邹衡：《试论殷墟文化分期》，《北京大学学报（人文科学版）》1964 年第 4、5 期。

③ 中国科学院考古研究所安阳发掘队：《1958—1959 年殷墟发掘简报》，《考古》1961 年第 2 期。

④ 中国科学院考古研究所安阳发掘队：《1962 年安阳大司空村发掘简报》，《考古》1964 年第 8 期。

地中期（相当于殷墟文化第三期）的灰坑中出土了康丁、武乙、文丁卜辞（或称为无名组、历组卜辞），从而将该期定为康丁、武乙、文丁时代。小屯南地晚期（相当于殷墟文化第四期早段）的灰坑，出了字体近于第五期（黄组）的卜辞，发掘者认为其时代约当帝乙。小屯南地缺乏殷墟文化第二期的典型单位，亦缺乏祖庚、祖甲时期的卜辞，一些学者据殷墟文化第二期介于第一、三期之间，认为其时代大体相当于祖庚、祖甲、廪辛。①

　　1976 年以后，在殷墟的考古发掘中不断有新的发现，同时学术界对卜辞的研究也不断深入，学者们对殷墟文化各期的认识有了新的发展。

　　1976 年在小屯村北发掘了 5 号墓②，出土各类遗物 1900 多件，其中青铜器 400 余件。许多铜器上铸有"妇好"铭文，一些重要的礼器上还有"司母辛"铭文，可以推知此墓的墓主是妇好，她是武丁的配偶，是甲骨卜辞乙、辛周祭祀谱中的"妣辛"。在武丁时代的"宾组卜辞"中，有关妇好的记述，达一百七八十条之多。1977 年，在妇好墓东发掘了 18 号墓③，出土了 2 件铸有"子渔"铭文的铜器，"子渔"之名也见于"宾组卜辞"。据这两座墓所出的陶器的形制判断，均属殷墟文化第二期。由此可以推测，第二期的上限可以到武丁时代（约到武丁晚期），也就是说，武丁一代跨越了殷墟第一期和第二期。

　　1980 年发掘的三家庄遗址和 1987 年发掘的小屯村东北地的H1，均出土了一批陶器或铜器，形制比过去所分的殷墟文化第一期器物要早，但总的风格与殷墟文化有较多的相似性。有的学者

---

① 　a. 中国科学院考古研究所安阳工作队：《1973 年小屯南地发掘简报》，《考古》1975 年第 1 期。b. 杨锡璋、杨宝成：《从商代祭祀坑看商代奴隶社会的人牲》，《考古》1977 年第 1 期。

② 　中国社会科学院考古研究所：《殷虚妇好墓》，文物出版社 1980 年版。

③ 　中国社会科学院考古研究所安阳工作队：《安阳小屯村北的两座殷代墓》，《考古学报》1981 年第 4 期。

将之称为殷墟文化一期早段①，把原定的殷墟文化一期称为晚段，也有学者把一期早段称作三家庄阶段。② 如前文所述，在一期早段的某些发掘单位，出土了早于武丁的陶文、甲骨文，因而可推断它的绝对年代为盘庚、小辛、小乙时期。

1984 年，在殷墟西区发掘了 M1713，出土了成组的陶器与铜器，陶器的形制属殷墟文化第四期偏晚。在此墓的 1 件铜鼎上铸有"在六月隹王七祀翌日"的铭文。据研究，该鼎属于帝辛时代，再一次证明第四期偏晚阶段的年代属帝辛时期。③

关于殷墟文化第三期的时代上限，有的学者分析了侯家庄"大龟七版"（廪辛卜辞）出土时在灰坑中所处的层位和共存陶器的特征，推断出卜甲的层位相当于殷墟文化第三期。这样，此期的年代上限可早到廪辛④，第二期的下限就到祖甲了。

由此可排出殷墟文化四期的年代：

第一期：早段，盘庚、小辛、小乙（或称三家庄阶段）；晚段，武丁前期。

第二期：武丁后期、祖庚、祖甲。

第三期：廪辛、康丁、武乙、文丁。

第四期：帝乙、帝辛。

五　用甲骨文资料研究遗迹现象

考古发掘中发现的各种遗迹现象是相当复杂的，当考古工作

---

① 郑振香：《试论殷墟文化分期及其相关问题》，见《中国考古学研究——夏鼐先生考古五十年纪念论文集》，文物出版社 1986 年版。

② 杨锡璋：《殷墟的年代及性质问题》，《中原文物》1991 年第 1 期。

③ 中国社会科学院考古研究所安阳工作队：《安阳殷墟西区一七一三号墓的发掘》，《考古》1986 年第 8 期。

④ 中国社会科学院考古研究所：《殷虚妇好墓》，文物出版社 1950 年版，第 223—224 页。

者百思不得其解的时候，往往可从甲骨文中寻找到较满意的答案。下面略举两例。

1. 殷墟王陵区祭祀场的考定。30 年代，在洹北殷王陵墓区的东区发掘了小墓 1117 座。1950 年和 1959 年又分别发掘了 26 座和 10 座。这些小墓除分布在大墓附近者外，大多是集中而有规律地排列。墓中或埋葬人，或葬动物，或葬器物，其中以埋人的占多数。1976 年以前，学术界称这些小墓为殉葬坑或杀殉坑，认为它们属于附近的大墓。

1976 年，考古研究所安阳队又在该地发现了 250 座小墓，并发掘了其中的 191 座。[①] 参与发掘的学者，根据对遗迹现象的观察并结合甲骨文研究，认为这些小墓除少数属殉葬坑外，绝大多数都属祭祀坑。

他们指出，人殉与人牲是有区别的。因为人殉是与墓主人同时被埋葬的，多与墓主人同穴，少数虽与墓主异穴，但也紧邻大墓。而这 191 座坑可分为 22 组，是从武丁至廪辛时期的多次埋葬，且大多数与附近的大墓有一定的距离。所以这些坑穴并非殉葬的性质。他们查阅了有关的甲骨文资料，发现殷王对祖先的祭祀活动相当频繁，被祭祀的对象有先公远祖，也有近祖及时王的父辈。如：

贞：御自唐、大甲、大丁、祖乙百羌百宰？

《合集》300

甲午贞：乙未酚高祖亥 ［羌］□［牛］□，大乙羌五牛三，祖乙羌□［牛］□，小乙羌三牛二，父丁羌五牛三，亡它？兹用。

《合集》32087

---

① 中国科学院考古研究所安阳发掘队等：《安阳殷墟奴隶祭祀坑的发掘》，《考古》1977 年第 1 期。

每次祭祀时用的牺牲有牲畜，也有人（多为羌人），用人数目从一个、几个至几百个不等。特别是所祭祀的祖先中，既有盘庚迁殷以后的殷王，也有迁殷以前的先公先王。由此可以推测，殷王祭祀祖先时，不一定要在某个先王埋葬的大墓前举行，因为有些商王的陵墓不在殷墟，他们可以在一个特定的专门场所中进行。1976 年发现的 250 座祭祀坑及其附近整个东区近数万平方米的祭祀遗迹，应是商王室专门用来祭祀祖先的一个公共场所。

此外，1976 年发掘的祭祀坑，时代较早的用人牲较多，而时代较晚的用人牲较少。这与甲骨文记载用人祭祀以武丁时最多，祖庚、祖甲以后日益减少的情况相符合。这反映出殷代后期生产力有了进一步发展，这时把战争中所获得的俘虏，较多地用到生产中去。①

2. 殷墟西区族墓地的研究。1969—1977 年，在殷墟西区发现了 1003 座殷代墓，并发掘了 939 座。这 900 多座墓葬可根据分布的地域分为 8 个墓区。各墓区之间有明显的界线，各区的墓向、葬式和陶器组合都存在一定的差别。各墓区出土的铜器上常见族徽铭文，同一墓区中各墓所随葬的铜器上的族徽铭文很多是相同的，与别的墓区有所差别。在每个墓区内的墓，还呈现出成群分布的特点。

参加发掘的学者，注意到文献记载殷人是有族的组织的，并从甲骨文中查找到不少关于族活动的卜辞。如：

己亥贞：令王族追召方及……　　　（《合集》33017）
癸巳卜：王其令五族戍𤰔……伐𢦏？　（《合集》28054）
戊子卜，宾贞：令犬征族垦田于虎？　（《合集》9479）
贞：重多子族令，从𠬪𠂤古王事？　（《合集》5450）

① 杨锡璋、杨宝成：《从商代祭祀坑看商代奴隶社会的人牲》，《考古》1977 年第 1 期。

这些卜辞记录着殷王召集人员出兵打仗、戍守、从事农业生产或其他活动是以族为单位的。文献和甲骨文资料表明，殷人活着时是聚族而居，合族而动，那么死后合族而葬也是理所当然的事了。据此可以推测，殷墟西区墓地是一片族墓地，每个墓区可能为宗氏一级组织，而每个墓区中的各个墓群则可能是属于分族。①

后来考古工作者又研究了殷墟其他地点（如郭家庄、后冈、刘家庄、戚家庄、梅园庄等地）的墓葬资料，发现这些地点墓葬分布与西区近似，反映出在殷墟范围内，族墓地是相当普遍的。这一观点已被多数学者采纳。

综上所述，殷商考古与甲骨文研究的关系是非常密切的，它们相互依存、共同发展。所以，我们在从事殷商考古或甲骨文研究时应将二者有机地结合起来，进行综合分析、比较，这样定会取得更大的收获。

---

① 中国社会科学院考古研究所安阳工作队：《1969—1977 年殷墟西区墓葬发掘报告》，《考古学报》1979 年第 1 期。

考古学与甲骨文的释读[*]

  殷墟甲骨文是我国最早的具有一定体系和较严密规律的文字，其单字有 4000 多个，经过考释并为学术界公认的字有 1600 多个。① 在可释文字中，象形字和会意字数量较大。甲骨文中的象形字，有的犹如图画，直接地、形象地描绘出殷商社会存在的客观事物的主要特征。甲骨文中的会意字，具体地反映了殷商社会生活的状况或古人的思想意识。所以，如果我们对殷商考古发现的文化遗物或遗迹现象有所了解，便会对这些字的造字本义有更深入的认识，下面列举 25 例：

  1. 鼎，甲骨文的鼎字多作鼎（《合集》13404）形，像殷代铜鼎之形。铜鼎有的方形四足，有的圆形三足，此字作二足，是铜鼎的正视图形（方鼎正视时只见二足，圆鼎正视时前二足清楚，后一足较模糊，故可略去）（图 1.1）。鼎字中还见作鼎（《合集》11350）形的，足下部外撇，两侧出短歧枝，是殷商扁足铜鼎之写照（图 1.2）。

  2. 爵，甲骨文的爵字作爵（《花东》93）、爵（《花东》441）、爵（《村中南》335）形。前二字似殷墟所出的铜爵（图 2.1），口部有流，近流处有短柱，腹较深，平底或圜底，下有三足。而第

  * 本文原载《殷都学刊》，2019 年。

  ① 李宗焜：《甲骨文字编》，中华书局 2012 年版。此书收录甲骨文单字 4378 号，其中可释的字 1682 号。

图1.1　铜方鼎

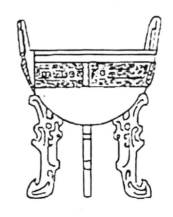

图1.2　铜扁足鼎

三个爵字，其特征是长流上翘，瘦长腹、平底，与商代前期及河南偃师二里头所出的某些铜爵相似（图2.2、2.3）。有学者认为，这个"爵"字很可能是在二里头时期就创造出来了，一直延续到了商代晚期。① 我们认为此说很有道理。但因为青铜容器是重要的礼器，坚固、耐用，有传代性。所以，也存在另一种可能性，即在殷墟时期，殷人还能见到一些二里头晚期和商代早期的铜爵，故在甲骨文中将此种样式的铜爵的特征，形象地描绘出来。

3. 壶，甲骨文的壶字作 （《合集》18560）、 （《合集》18559）形，似殷墟所出的铜卣和铜壶（图3.1）。其特征是长腹，下腹略外鼓，腹下有矮圈足，上腹两侧有耳，口上有器盖。商代及西周早期的铜卣，也有人称为壶，在河南平顶山北滍村的一座西周早期墓中，出土的1件铜卣的器盖内，自铭为"壶"②，该字与甲骨文的壶字形体酷似（图3.2）。

---

① 中国社会科学院考古研究所：《中国考古学·夏商卷》，中国社会科学出版社2003年版，第125页。

② 平顶山市文管会：《平顶山市新出西周青铜器》，《中原文物》1988年第1期。

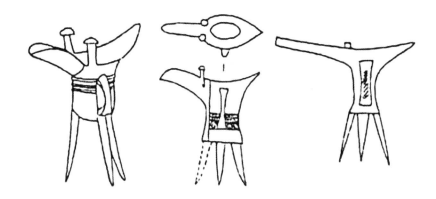

图2.1　铜爵（晚商）　图2.2　铜爵（商前期）　图2.3　铜爵（二里头晚期）

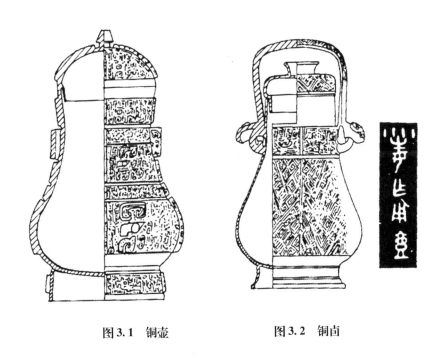

图3.1　铜壶　　　　　　　图3.2　铜卣

　　4. 戈，甲骨文的戈字作 f（《合集》8396）、f（《合集》29379）形，中上部的短横画代表戈头，竖画表示戈柲（柄）。字形似按上木柲的铜戈（图4.1）。因木柲易腐朽，难以保存，故殷墟墓葬出土的戈，大多数为铜戈头，附木柲的完整的戈，发现较少，其中保存较好的带柲戈，见于殷墟花园庄东地 M54 号墓中，该墓是一座未经盗掘的保存完整的中型墓葬，出土青铜器 265 件，其中铜戈 73 件，而附有木柲的戈达 23 件，占铜戈总数的近三分之一。木柲见于该墓所出的曲内戈与銎内戈中。柲残长 8—15.7 厘米不等，一般都高出戈内数厘米（图 4.2）。[①] 据学者研究，殷代戈柲的长度在 0.8—1 米左右。[②] 以上资料表明，甲骨文的戈字，源于这种安上木柲的铜戈。

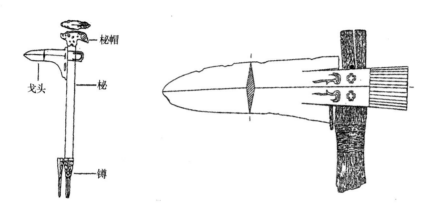

図 4.1　安了木柲的戈　　图 4.2　"亚长"铭字铜戈（花东 H34）

　　5. 函，甲骨文的函字作 （《合集》10343 正）、 （《合集》28068）形，像盛箭之器具。王国维释为函，谓其本义是藏矢之器。[③] 在殷墟西区的一座车马坑 M43 的车厢底部，出土了 1 件盛铜镞的器具，呈圆筒形，平底，似皮革制成，内装镞 10 枚（图

---

　　① 中国社会科学院考古研究所：《安阳殷墟花园庄东地墓葬》，科学出版社 2007 年版，第 145—154、259—262 页。

　　② 杨泓：《商代的兵器与战车》，《中国商文化国际学术讨论会论文集》，中国大百科全书出版社 1998 年版，第 360 页。

　　③ 于省吾主编：《甲骨文字诂林》，中华书局 1996 年版，第 2529 页。

5），发掘者称之为"箙"①。笔者认为，该器当称函。

图5　西区 M43 出土的函的残迹

6. 箙，甲骨文的箙字作▦（《合集》1053）形，亦为盛箭之器。函与箙不同之处是，前者将矢全部包藏于器内，多为皮革制成，而后者从字形上看，是将箭的前锋插于器内，箭的后段露于器外。在殷墟发掘中，发现过 1 件箙的残迹，出于小屯西地 M239 墓中，箙为木质，15 枚铜镞分为两排（一行 7 枚，另一行 8 枚）插于箙中，铤外露，镞杆已腐朽。② 考古发现之箙，与甲骨文之箙字形态相吻合（图6）。

7. 鼓，甲骨文的鼓字作▮（《合集》4846）或▮（《合集》20075）。▮像鼓形，中部代表鼓身，上部是鼓之饰物，下部表示鼓架。在殷墟侯家庄西北岗 1217 号大墓中曾出土过鼓和鼓架，均已腐朽，但仍能看出大概的轮廓。鼓呈圆桶形，中部较粗，两端

---

① 中国社会科学院考古研究所安阳工作队：《1969—1977 年殷墟西区墓葬发掘报告》，《考古学报》1979 年第 1 期。

② 中国社会科学院考古研究所：《殷墟发掘报告》，文物出版社 1987 年版，第 248 页，5，图版六二。

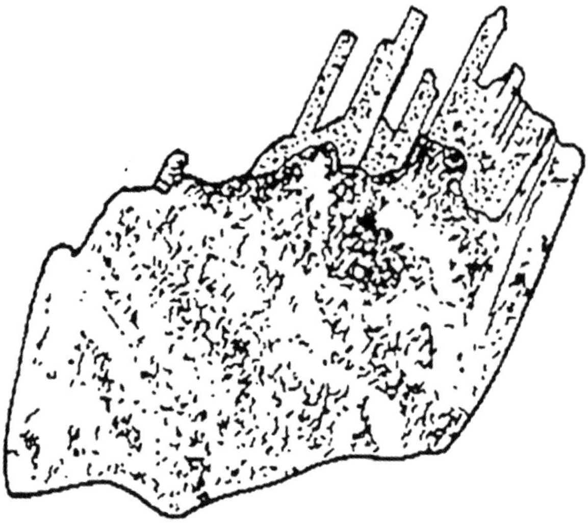

图6　小屯西地M239出土的簏的残迹

较细，体腔中空。鼓面的皮用鳄鱼皮制成，皮面上画有朱红色宽螺旋纹，并粘有“麻片”饰。鼓腔表面也有红、绿、黑色的带纹、波浪纹、饕餮纹图案，很华丽，鼓高68厘米，两端径60厘米。鼓架为四根木柱，已腐朽。[①] 1977年湖北崇阳汪家咀出土一件铜鼓，鼓身如切去两头的橄榄，上端正中有U形钮，下部有长方形圈足，四边中间有缺口，鼓身满饰变形阴线饕餮纹及云雷文。鼓面为椭圆形，径38—39.5厘米，铜鼓通高75.5厘米，重42.5公斤（图7）[②]，日本东京泉屋博物馆收藏一件晚商铜鼓，形制与湖北崇阳铜鼓大体相近，但尺寸稍大，通高82厘米，鼓身饰有精美的夔纹[③]，上述两件铜鼓的轮廓，与甲骨文的“鼓”字相似。

8. 磬，甲骨文的磬字作（《合集》1751）形。像人手持槌敲击石磬之状，像三角形石磬，其上方伸出的三短斜道，有学者

① 梁思永、高去寻：《侯家庄第六本·1217号大墓》，“中研院”历史语言研究所，1968年，第125页。

② 鄂博、崇文：《湖北崇阳出一件铜鼓》，《文物》1978年第4期。

③ 樋口隆康：《泉屋博古》，便利堂，1985年，第1—2页。

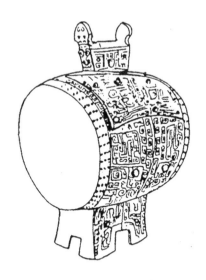

图7　湖北崇阳出土的铜鼓

说它是作装饰用的①，也有学者注意到考古出土的石磬上部有孔，孔周有显著的磨损痕迹，说明原来有绳索穿过，故它表示供悬挂的绳索符号。② 笔者认为后一种见解可取。2003 年，在小屯西地发掘的一座两条墓道的大墓 M1，在该墓的西二层台上发现两个相距 1 米的"十"字形木架，其中部有一件大石磬。发掘者据"十"字架的中心有一圆孔，认为其上应有立柱，进而推测"十"字形木架应是磬架的底座，当时下葬时石磬是悬挂于磬架的横梁上的（图8）。③ 考古的新发现，使我们对磬字加深了认识。

　　9. 凡，甲骨文的凡字作 ⊢（《东化》1068）形。形似医院所用救护病人的担架。殷墟侯家庄西北冈 1001 号大墓曾发现过 4 件异物的木质抬舆（也有人称为抬盘）的残迹，均作长方形，中部

---

　　① 赵诚：《甲骨文简明词典——卜辞分类读本》，中华书局 1988 年版，第 129 页。

　　② 邵英：《古文字形体考古研究》，科学出版社 2010 年版，第 223—224 页。

　　③ 中国社会科学院考古研究所安阳工作队：《河南安阳市殷墟小屯西地商代大墓发掘简报》，《考古》2009 年第 9 期。

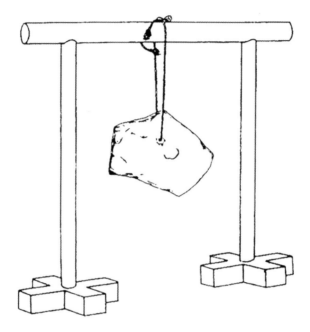

图 8 小屯西地 H1 西二层台上石磬悬挂复原示意图

稍凹，两端各有两个短柄。器面两端各雕一兽头和两足，两足伸出与柄相连，并在其相应的部位镶以蚌泡、牙片等，似为平底（图 9）。全器精致华丽。舆长 1.7 米，连柄长 2.3 米（柄长 0.3 米）、宽 0.6 米、高 0.2 米。① 这几件抬舆的形状，与甲骨文的凡字极相似。又，甲骨文的"興"字作 （《合集》13754）形，像四手抬"凡"，会兴起之意。② 该字以简洁的线条，描绘出这种"抬舆"的使用状况。

　　10. 璧，甲骨文的璧字作 （《花东》37）、 （《花东》490）、 （《花东》475）、 （《花东》180）诸形，第一个字形，为金文 （辟）字之所从。罗振玉在考证辟字时说："按古文辟从

　　① 中国社会科学院考古研究所：《殷墟的发现与研究》，科学出版社 1994 年版，第 404—405 页。

　　② 赵诚：《甲骨文简明词典——卜辞分类读本》，中华书局 1988 年版，第 224 页。

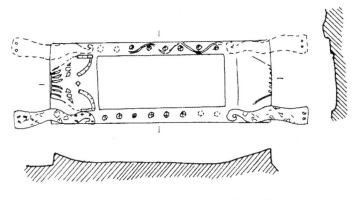

图 9　西北 M1001 出土的木抬舆痕迹

辛人。……古金文作尙，增〇，乃璧之本字，从〇辟声。"[1] 可知
〇、囗与 凸 均表示璧之形符（甲骨文中，〇或囗属一字的不同写
法）。对于〇为璧形，学者之间均无异议，因为在商代墓葬出土的
玉璧基本上都是圆形的（图 10.1）。而 凸 是否为璧字，尚有一些
学者持怀疑态度。[2] 我们认为 凸 字应是璧字的异体，下面以考古资
料为证。

　　1976 年在殷墟妇好墓中，曾出土一件编号为 M5：1029 的玉
器，该器"近圆形，边缘有 3 个机牙，向同一方向回旋，中心有
近似心形的孔"（图 10.2）。[3] 类似的器形在以后殷墟墓葬的发掘
中也有零星的发现，有不少学者，称上述边缘出牙的玉器为"璇
玑"，说是浑天仪一类天文仪器的构件。夏鼐提出异议，将之称为
异形璧。他说："这种璧的外周边缘有 3 组齿形突出，实为边缘有
饰的璧，和天文仪器无关。"[4] 现在较多的学者采纳夏氏的提法，
将这种玉器称为牙形璧。凸（《花东》180）字的周边有 3 条短弯

　　① 罗振玉：《殷虚书契考释》，王国维手写石印本，1915 年，第 52 页。
　　② 李宗焜将呼、呼、归入亏部，将凵归入〇部，未作隶定，学者持怀疑态度。李
宗焜：《甲骨文字编》，中华书局 2012 年版，第 980、981 页。
　　③ 中国社会科学院考古研究所：《殷虚妇好墓》，文物出版社 1980 年版，第 119
页。
　　④ 夏鼐：《商代玉器的分类定名和用途》，《考古》1983 年第 5 期。

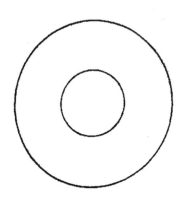
图 10.1 玉璧

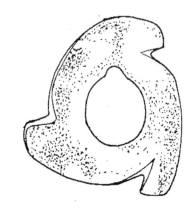
图 10.2 玉牙形璧 (H5:1029)

线，向同一方向旋转，正是牙形璧的生动写照。

11. ⟰（《花东》480）字，上作三角形，下为长方形，长期以来学术界对此字的隶释有不同的看法，有释亯、释辉、疑为祭名等，对字的来源也有三种意见，像矢锋、像句兵，还有人说像圭形等。① 《花东》甲骨文中，8 片有⟰字，所以，自该书出版以后，又引起甲骨学界对此字研究的兴趣，有较多的学者将之隶释为圭。② 这种看法有一定道理，可备一说。但对照商代玉器的形态，我们认为值得商榷。因为在考古发掘的商代墓葬出土的玉器中，圭的数量极少，妇好墓出土过几件"圭"，但对其定名尚有不同看法。③ 在商墓中，玉戈相当常见，其数量远较圭为多，玉戈（包括玉援铜戈），前锋较锐，呈锐角三角形，下部之柄（即内）

---

① 刘一曼、曹定云：《殷墟花园庄东地甲骨卜辞考释数则》，《考古学集刊》第 16 集，科学出版社 2006 年版，第 244—248 页。

② 李学勤：《从两条〈花东〉卜辞看殷礼》，《吉林师范大学学报》2004 年第 3 期；王辉：《殷墟玉璋朱书文字蠡测》，《文博》1996 年第 5 期；蔡哲茂：《说殷卜辞中的"圭"字》，《汉字研究》（第 1 辑），学苑出版社 2005 年版。

③ 夏鼐认为，殷墟妇好墓所出的尖首圭实际是戈，妇好墓所出的 8 件圭，都不能算是圭。

呈长方形（图11.1、11.2）①，形态与⬠字最相似。再者，从卜辞辞例上也可找到证据。《花东》480（1）"丙寅卜：子⬠丁，再斮、⬠一、绀（珥）九？在𢓾，来兽自𡺍"。《粹》1000（卜骨）"其𤔲，戈一、绀（珥）九，又……"此条卜辞的戈，学者认为指玉戈"戈一、绀（珥）九"相当于《花东》480（1）的"⬠一、绀（珥）九"②。既然⬠为玉戈，将之径隶为圭就不大妥帖了。

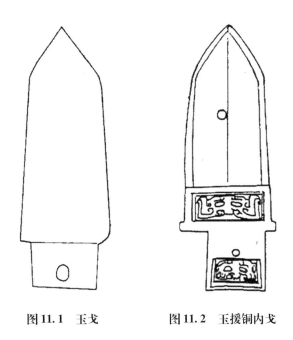

图11.1　玉戈　　　　图11.2　玉援铜内戈

12. 牛，甲骨文的牛字作 Ψ（《补编》2673）、Ψ（《合集》377）形，它不是牛的整体形象，而是简化了的牛头的正面形，重点突出了弯曲向上的双角和角下的耳朵，牛的形象见于殷墟玉石

---

① 中国社会科学院考古研究所：《殷虚妇好墓》，文物出版社 1980 年版，图版一一二、一一三。

② 李学勤：《从两条〈花东〉卜辞看殷礼》，《吉林师范大学学报》2004 年第 3 期；王辉：《殷墟玉璋朱书文字蠡测》，《文博》1996 年第 5 期；蔡哲茂：《说殷卜辞中的"圭"字》，《汉字研究》（第 1 辑），学苑出版社 2005 年版。

器和青铜器中，如妇好墓出土的"司辛"石牛（M5：315）。作伏屈状，前肢跪地，后肢前屈，短尾下垂，昂首，张口露齿，双角后伏，眼、耳、鼻清晰，身上有几何纹饰，牛的下颌上刻"司辛"二字。[1] 再如花园庄东地 54 号墓出土的一件牛尊（M54：475 + 146），整体呈牛形，作站立状，体态肥硕，四肢粗短，尾部下垂，牛头前伸，嘴微张，目字形眼，眼珠外突，两大角呈圆弧形向后伸展，双耳上竖，牛尊表面饰虎纹、夔纹、鱼纹、兽面纹等动物纹样，以云雷纹作地纹，纹饰华美（图 12.2）。在牛的脖下及器内壁，有"亚长"2 字铭文，可以看出，甲骨文的牛字，与石牛，尤其是与牛尊头部的形象很相似，即牛字上部左右对称向上伸出的线条表示牛的双角，牛字下部两侧对称的短斜线，表示牛的耳朵。是牛头线条化的表现（图 12.1）。[2]

0 ———— 10厘米

图 12.1　M54 铜牛尊的头部　　　　**图 12.2　M54 出土的铜牛尊**

　　13. 兕，甲骨文的兕作 ⟨字⟩（《合集》10407 正）、⟨字⟩（《合集》36501）形。兕指何种动物，早年学术界众说纷纭，有释白麟、释

---

　　① 中国社会科学院考古研究所：《殷虚妇好墓》，文物出版社 1980 年版，第 200—201 页。

　　② 中国社会科学院考古研究所：《安阳殷墟花园庄东地墓葬》，科学出版社 2007 年版，第 120—126 页。

豸、释羃等几种。1932 年，唐兰在《获白兕考》一文中谓"以字形论之，甲骨刻辞此字当释为兕，即《说文》之㺇，可决然不疑者"。以后孙海波、丁山、屈万里、姚孝遂、赵诚等许多学者均从其说。① 但陈梦家提出异议。陈氏将安阳殷墟出土的哺乳动物群骨骼与田猎卜辞所获的动物从种别、数量进行对照，认为卜辞的兕当是野牛。② 2014 年，杨杨在其博士学位论文中，在雷焕章、王娟等学者研究的基础上，将甲骨文的兕字与铜器铭文兕字、妇好墓出的石牛、野生兕牛、野生水牛的形体进行对比，发现甲骨、铜器上的兕字，角的位置、朝向及尾巴的特征等与犀牛有较大的差别，与野牛较相似（图 13）。他还结合卜辞中获兕的手段及商代安阳地区的环境、气候进行综合分析，认为兕非犀牛而是野生的圣水牛。③ 再者，中国社会科学院考古研究所从事动物考古研究的李志鹏，于 2012 年到台北历史语言研究所考察了 1929 年殷墟第三次发掘所获的"白兕"头骨，确认它不是兕头，而应是牛头（是野生水牛的头骨）。④ 笔者认为陈梦家、杨杨、李志鹏的看法是正确的。

14. 熊，甲骨文的熊字作🐾（《合集》19703 正）或🐻（《屯南》2169）等形。似躯体肥大、长嘴、短尾，肢足有力的狗熊形，前一字见《合集》19703 正，属武丁时的宾组卜辞，用双线描绘出熊的腹部，后一字见《屯南》2169，属康丁时代的无名组卜辞，熊的腹部只用单线表示⑤，熊的背上增添了"𠁣"形作为装饰，但

① 唐兰：《获白兕考》，《史学年报》1932 年，第 4，123 页。

② 陈梦家：《殷虚卜辞综述》，科学出版社 1956 年版，第 552—556 页。

③ 杨杨：《商代田猎刻辞研究》，中国社会科学院研究生院，博士学位论文，2014 年。

④ 2014 年 5 月，笔者与考古研究所李志鹏博士讨论殷墟出土的动物时，他说到对"兕"头的看法。

⑤ 武丁、祖庚时期的甲骨文，象形性较差，动物的腹部多用双线勾画，从廪辛、康丁以后，动物的腹部由双线改为单线。刘一曼：《略论甲骨文书体》，《中国书法》2012 年第 6 期。

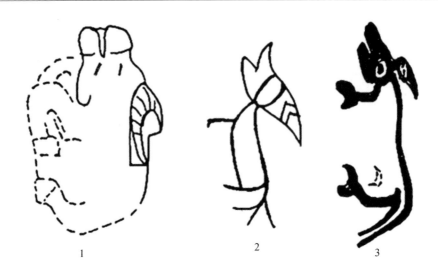

图13　甲骨文兕字与殷墟出土的石牛及牛鼎铭文对比图

1. 石牛（M5：315）；2.《乙》764；3. 牛鼎铭文

两字的主要特征是相似的。

该字在不少甲骨文字典或字表中均未隶出，如《甲骨文字编》将《合集》19703 正归入黾部黾字①，将《屯南》2169 归入水部。②《甲骨文字形表》增订版将《合集》19703 正归入兔部栏，未做隶定。③ 将《屯南》2169 归入水部。④ 在《甲骨文字诂林》第二册 1837 页，姚孝遂的按语中将上述两个字均隶释为"熊"。姚氏还指出《屯南》2169 之熊字，当用其本义，为兽名。⑤ 笔者认为姚说可从。

熊的形象见于殷墟玉器中，如妇好墓出土的四件玉熊，作抱

①　李宗焜：《甲骨文字编》，中华书局 2012 年版，第 589 页。
②　李宗焜：《甲骨文字编》，中华书局 2012 年版，第 478 页。
③　沈建华、曹锦炎：《甲骨文字形表》，上海辞书出版社 2017 年版，第 35 页。
④　沈建华、曹锦炎：《甲骨文字形表》，上海辞书出版社 2017 年版，第 71 页。
⑤　于省吾主编：《甲骨文字诂林》，中华书局 1996 年版，第 1837 页。

图 14　玉熊 （M54：350）

膝蹲坐形，身躯肥硕，长嘴，后肢较长。①花园庄东地 M54 出土
的玉熊 （M54：350），做站立状，低头、弓背、闭嘴、鼻息突出、
短尾、肢足粗壮 （图14）②，此件玉熊，与甲骨文的熊字基本轮廓
相似。耐人寻味的是，《屯南》2169 的熊字，后肢足端作"Ψ"，
是人的足趾形，这与甲骨文所见的兽类动物的肢足是不同的。笔
者以为，这不是刻手随意的刻画，而是有深刻含义的，反映出殷
人对熊的生活习性有较好的了解，知道熊有时能像人一样可以直
立行走，所以才将其后肢末端画作人的足趾。

　　15. 萬，甲骨文的萬字作 Ψ （《东化》168）、Ψ （《合集》
4170），像蝎子之形，后借用作数字之萬。蝎子形象在殷墟文物中
偶有发现。如侯家庄 M1001 号大墓出土的一件残骨笄，M1001：
R4001，笄顶雕成蝎子形，蝎头向前，两侧面中部各伸出一钳相向
拱绕头前，蝎身后端伸出笄身，尾在笄身上端之平面上，稍向右
撇。蝎子之背面头之前端两眼浮起，左右并列。中部有两竖线将
蝎身分为左、右两部分，其上有三组对称的宽弧线，表示蝎的六

　　①　中国社会科学院考古研究所：《殷虚妇好墓》，文物出版社 1980 年版，第 160—
162 页，彩版二九，2。
　　②　中国社会科学院考古研究所：《安阳殷墟花园庄东地墓葬》，科学出版社 2007
年版，第 201 页。

爪。蝎身正面刻有细密的鳞片纹。笄杆中下段残缺（图15）。^① 这件骨笄顶部图像，与甲骨文萬字的基本轮廓相似，均突出蝎子头前的一对拱钳，反映出殷人对蝎子有细致的观察。

16. 黾，甲骨文的黾字作 （《合集》5947）形，似青蛙的正面形状。该字与龟字形态有些相似，在孙海波编的《甲骨文编》卷十三·五中，曾将其误入龟字中。^② 黾字与龟字区别之处是龟字有尾而后肢较短，黾字无尾而后肢较长且回折，便于跳跃。蛙的形象见于殷墟出土的玉石器与骨器中。如侯家庄 HPKM1001 出的一件石蛙，作伏状，方头圆眼下肢弯曲，背雕云纹（图16）。^③ 再如妇好墓出土了 5 件骨蛙，蛙的眼睛均镶以绿松石，其中一件（M5：58），体较长，前肢微内屈，后肢略伸，作欲跳状，姿态生动。^④ 甲骨文的黾字及殷墟出土的玉石骨蛙，都是突出了青蛙后肢长而弯曲，善于跳跃的特点。表明殷人对蛙的形态与习性非常熟悉。

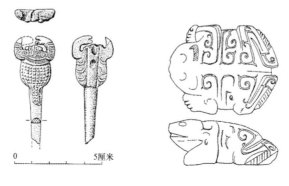

0 ———————————— 5厘米

图15　蝎子形骨笄　　　　　图16　石蛙

---

① 中国社会科学院考古研究所：《殷墟的发现与研究》，科学出版社 1994 年版，第 392 页，图二五六，11。

② 龟字栏目内的缀 2.409，师友 2.118 应为黾字。孙海波：《甲骨文编》，中华书局 1965 年版，第 513 页。

③ 中国社会科学院考古研究所：《殷墟的发现与研究》，科学出版社 1994 年版，第 375 页，图二三八，2。

④ 中国社会科学院考古研究所：《殷虚妇好墓》，文物出版社 1980 年版，第 214 页，彩版三八、2 下。

17. 雚，甲骨文的雚字作🐦（《合集》26931）或🐦（《合集》9592）形，后者是前者的简写，描绘的是有一双大眼的鸟，赵诚认为当指鸥鸻（也叫鸥鸻）一类之鸟。① 雚的形象见于殷墟文物中。如妇好墓出土的2件鸮尊M5：784、785，头微昂，头顶有一对分叉的冠，末端内卷，大圆眼珠，宽喙，小耳高冠，胸略外突，两足粗壮有力，四爪着地，宽尾下垂，作站立状，鋬下尾上有鸥鸻1只，圆眼尖喙，双足内屈，两翼展开作飞行状（图17.1）。鸮尊盖上有立鸟，其后有小龙。器表饰夔纹、兽面纹、羽蚊、蛇纹、蝉纹等。造型奇特。② 再如侯家庄M1001号大墓出土的1件石鸮（R1756），作站立状，尖喙，大圆眼，弧形粗眉，大耳，胸外突，双翅紧合，两足粗壮有力，上雕五爪，宽尾。头部雕精细的羽毛纹，体及足饰兽面纹、蛇纹、夔纹、龙纹等，形象生动（图17.2）。③ 以上的铜鸮与石鸮，特别是前者的头部与大眼，与甲骨文雚字上部相似。

18. 殷，甲骨文的殷字作🐦（《合集》24956）、🐦（《合集》27894）形。李孝定谓"契文从🥣，象食器之形，从🥄像手持匕栖所以扱之者也"④。他对字的形态及本义表述得很清楚，但仍有学者认为，"卜辞的殷字与实物之构形相去甚远"⑤，对李说持怀疑的态度，在殷墟考古出土的文物中，簋、匕、勺为常见之物，学者均认为簋是盛食物的器皿，匕、勺为进食时之餐具。1976年，在殷墟妇好墓中出土了一件白色的玉簋（M5：321），簋内放置2件骨勺（M5：323、324）和一件铜匕（M5：120）（图18）。骨勺

① 赵诚：《甲骨文行为动词探索》（一），《古文字研究》（第十七辑），中华书局1989年版，第335页。

② 中国社会科学院考古研究所：《殷虚妇好墓》，文物出版社1980年版，第55、56、59页彩版七。

③ 中国社会科学院考古研究所：《殷墟的发现与研究》，科学出版社1994年版，第372、373页，图二三四。

④ 李孝定：《甲骨文字集释》，"中研院"历史语言研究所，1965年，第1022页。

⑤ 赵诚：《甲骨文简明词典——卜辞分类读本》，中华书局1988年版，第222页。

图 17.1 妇好铜尊   **17.2 石鸮**

柄部细长，两端上翘，下部稍宽，略内凹。铜匕细长柄，其下部亦稍宽，微内凹。① 可见勺、匕之形近似殷字人手所持之物。笔者认为，簋与勺、匕共出，这是对甲骨文殷字造字意义最好的诠释。

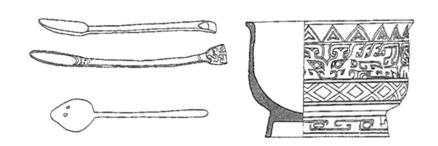

图 18 妇好墓玉簋及同出的骨勺与铜匕

———————

① 中国社会科学院考古研究所：《殷虚妇好墓》，文物出版社 1980 年版，第 104、130、206 页，彩版一四、2。

19. 浴，甲骨文的浴字作（《合集》18527）形。像人站于器皿之内，人之两侧各有两小点，表示水滴形。罗振玉谓：“注水于般，而人在其中浴之象也”。[①] 也有较多的学者将此字隶释为温。[②] 笔者认为从字形看，应以罗说为是。既然甲骨文有浴字，在殷墟文物中就应有可供沐浴的大盘（或盆）。但是，数十年的殷墟发掘出土了不少铜盘或陶盘（盆），其口径都在50厘米以下，以20—40厘米的为多，不宜人在盘内沐浴。2003—2004年，在殷墟孝民屯铸铜遗址的发掘中，于F43内，发现了一件大型范芯座，直径达154厘米，沿宽7厘米（图19），考古工作者初步判断它是用于浇铸大圆铜鼎的。[③] 后来岳洪彬、岳占伟通过将范芯座与考古发掘出土的铜鼎和铜盘实物的铸造工艺和器形特征对比分析，认为它是铸造大型铜盘的范芯座残面。由此证明商代后期已经有可供人整体沐浴的大型铜盘了。[④] 这一新的考古发现为甲骨文浴字提供了佐证。我们推测，在商代后期，除了有供王和高级贵族沐浴用的大铜盘外，还应有供中小贵族和平民用的大木盘（盆），只是至今我们尚未发现它的残迹而已。

20. 弄，甲骨文的弄字作（《合集》10577）、（《合集》32288）形，从玉从又。该字在孙海波的《甲骨文编》中隶作“掤”[⑤]。较多的学者，则持审慎的态度，未作隶释。20世纪80年代中期，连劭名对该字提出新的看法。他据殷周金文中的“弄”字作双手捧玉之形，与小篆“弄”字的形体吻合。甲骨文从玉从又，而从“又”与从“𠬞”（双手）往往无别，由此，该字可

① 罗振玉：《增订殷虚书契考释》（中卷），东方学会，1927年（中，P67下）。

② 于省吾主编：《甲骨文字诂林》，中华书局1996年版，第2640—2643页。

③ 殷墟孝民屯考古队：《河南安阳市孝民屯商代铸铜遗址2003—2004年的发掘》，《考古》2007年第1期；王学荣、何毓灵：《安阳殷墟孝民屯遗址的考古新发现及相关认识》，《考古》2007年第1期。

④ 岳洪彬、岳占伟：《试论殷墟孝民屯大型铸范的铸造工艺和器形——兼论商代盥洗礼仪》，《考古》2009年第6期。

⑤ 孙海波：《甲骨文编》，中华书局1965年版，第468页。

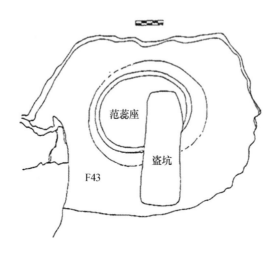

图 19　孝民屯 F43 大型铜器范芯座

隶释为"弄"①。笔者认为连说可信，关于"弄"字的意义，《说文》谓"弄，玩也"。从甲骨文的字形看，似用手抚摸玉器在玩赏，正符合《说文》的意思。这当是该字造字的本义。

　　90 多年的殷墟发掘，在商代遗址与墓葬中，出土过许多小件玉器，如玉蝉、玉蛙、玉鱼、玉龟、玉鸟、玉兽面等小件的艺术品、装饰品，就是这种玉质的弄器。在殷代，弄器不限于玉质的，也有其他质地的器物，如 1975 年小屯北地 F11 的一个祭祀坑内，出土了一件铜器盖（F11：12），盖里面略凹，铸有阴文"王作妩弄"4 字②，此盖长 6.3 厘米，宽 5.2 厘米（图 20），可知其所盖之物是件小巧的铜器（可能是小方鼎），宜于把玩、观赏。这件小铜器的用途，如同铭文所记述的，是殷王为一位名妩的妇女所做的弄器。

　　21. 雉，甲骨文的雉作 𩿈（《合集》7153 正）、𩿈（《合集》

---

　　① 连劲名：《甲骨文"玉"及相关问题》，出土文献研究，1985 年，第 55 页。
　　② 中国社会科学院考古研究所安阳发掘队：《1975 年安阳殷墟的新发现》，《考古》1976 年第 4 期。

图 20　小屯北 F11 铜器盖

24446）等形，从矢从隹，表示以矢射鸟。罗振玉谓："《说文解字》雉古文作𪅃，从弟。今以卜辞考之，古文乃从𥄂，盖象以绳系矢而射，所谓矰缴者也。雉不可生得，必射而后可致之……许言从弟，殆失之。"[1] 罗氏说𥄂是矢带缴之形，为学者所采纳。"雉"字在甲骨文中较常见，也表明弋射是殷人经常从事的活动。弋射的对象主要是禽鸟。

90 多年的殷墟发掘，出土过相当多的禽鸟骨骼。如 1976 年在武官村北 M217 祭祀坑中埋一人骨，其左侧有 5 只鹰，人与鹰的骨架保存基本完整（图 21）。[2] 1987 年小屯宫殿区甲四基址东侧发掘的 H1 坑，坑中发现许多鸟喙、鸟骨，据鉴定有雕、丹顶鹤、翠鸟、耳鸮、褐马鸡和家鸡等。[3] 殷商时期，洹河流域存在许多禽鸟类动物，就为弋射活动提供了前提条件。殷代的矢镞有锋刃镞与非锋刃镞两种，考古工作者据其形态的不同，认为前者主要用于捕获能提供肉食的动物，后者主要用于猎取能够提供完整皮毛或用于驯养的小动物。因弋射活动是为了获得鲜活的禽鸟（供人们

---

① 罗振玉：《增订殷虚书契考释》（中卷），东方学会，1927 年，第 32 页。

② 中国科学院考古研究所安阳发掘队：《安阳殷墟奴隶祭祀坑的发掘》，《考古》1977 年第 1 期。

③ 侯连海：《记安阳殷墟早期的鸟类》，《考古》1989 年第 10 期。

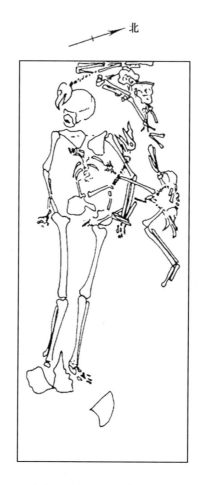

图 21　祭祀坑中的人骨与鸟骨（WGM217）

驯养、观赏或利用其羽毛作用具、饰物），所以主要使用非锋刃镞。①

　　22. 夫，甲骨文的夫字作 **夫**（《合集》19875）形，从大从一。《说文》谓："夫，丈夫也。从大，一以象簪也。周制以八寸为

---

　　① 岳洪彬、岳占伟：《殷墟的镞与甲骨金文中的"矢"和"射"字》，《文物》2009 年第 8 期。

尺，十尺为丈，人长八尺，故曰丈夫。"对《说文》说的"一以象簪也"有学者从之，但也有学者持异议。赵诚谓："大是正面人形，一则用来表示某一种高度，过此高度则为夫。则夫为指事字。"[1] 笔者认为《说文》的解释是对的。此字像人头上插一簪（或称笄）形，是会意字。古代男子长大成人是需束发加冠的。[2]

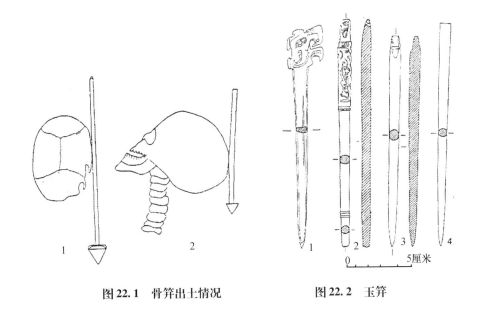

图 22.1　骨笄出土情况　　　　　图 22.2　玉笄

在我国新石器时代晚期与夏代，先民已用笄（簪）来束发，到了商代，笄的使用十分普遍，成年的男、女性均使用它。故在商代的遗址与墓葬中出土甚多。在殷墟，完整的笄出土数量达数千件。笄大多用动物的肢骨制造，也有部分是用玉石制作的（图 22.2），笄头的形式多样，使用者身份、地位的不同，其所用的笄是有差别的，普通平民或奴隶使用骨笄，王或中高级贵族用玉笄或纹饰精美的骨笄。从目前的资料看，殷代男子用

---

① 赵诚：《甲骨文简明词典——卜辞分类读本》，中华书局 1988 年版，第 181 页。
② 近几年来，不少学者也持这一观点，邵英的《古文字形考古研究》第 66、67 页，对"夫"字作了较详细的考证，读者可参考。

筓，一般是每人一筓。如在后冈圆形祭祀坑发现的头部有骨筓的 10 具人骨架中，有 3 具为男性，每人一筓。[1] 但插筓的方法不很固定（图 22.1）。在郭家庄 M160 内有 3 具骨架保存完整的男性殉人，头骨顶部各有一枚骨筓，制作粗糙，未经打磨，形似骨锥，有磨损痕迹。发掘者认为当是殉人生前使用之物，而在该墓还出了一件玉筓（M160：96），白色，通体磨光，光洁温润，筓中部饰凹弦纹两周，制作精致，长 13 厘米。[2] 值得注意的是，在花园庄东地 M54 中也出有白玉筓一件（M54：399），亦是通体抛光，其形制、尺寸与 M160：96 相似。[3] 这两件玉筓均是墓主生前使用之物品。郭家庄 M160 与花东 M54 两墓都属于面积较大的中型墓，随葬品丰富，有较多的青铜武器，墓主是男性高级武将。以上的考古资料表明"夫"字确是殷代男子头上戴筓风俗的反映。

23. 妍，甲骨文的妍字写法多样，主要有 ⚘（《合集》28273）、⚘（《合集》27651）、⚘（《合集》18056）诸形，对该字的第一种形体，郭沫若谓"象女头箸簪之形"[4]。诸家从其说。而对第二、三种形体，于省吾主编的《甲骨文字诂林》没有隶释[5]，在沈建华、曹锦炎的《甲骨文字形表》[6]、李宗焜的《甲骨文字编》[7][8] 中将之与⚘同列在一起，隶为"妍"。笔者认为，他们

---

① 中国社会科学院考古研究所：《殷墟发掘报告》，文物出版社 1987 年版，第 277、278 页。

② 中国社会科学院考古研究所：《安阳殷墟郭家庄商代墓葬》，中国大百科全书出版社 1998 年版，第 72、117 页。

③ 中国社会科学院考古研究所：《安阳殷墟花园庄东地墓葬》，科学出版社 2007 年版，第 201、202 页。

④ 郭沫若：《殷契粹编》，科学出版社 1965 年版，第 422 页。

⑤ 于省吾主编：《甲骨文字诂林》，中华书局 1996 年版，第 460、461 页。

⑥ 沈建华、曹锦炎：《甲骨文字形表》，上海辞书出版社 2017 年版，第 39 页。

⑦ 李宗焜《甲骨文字编》第 145、146 页，将本文的妍字第一、二种形体归入 0487 号，本文的第三种形体单列为 0489 号，没有隶定。

⑧ 李宗焜：《甲骨文字编》，中华书局 2012 年版，第 145、146 页。

的隶定是合理的，这可从考古资料中找到证据。上文提到在后冈圆形祭祀坑发现的头上插笄的人骨架，骨笄是插在发髻上，插笄方法不很固定，有的在头顶，自前往后插，有的在脑后，骨笄自下往上，自上而下，自右而左插入发髻。① 第一个妍字，表示女子头上发髻插有两根笄，一根自右而左，另一根自左而右。考古资料还发现，有的笄是插于冠上的。如在小屯西北地 M18 墓中，在墓主人头前棺外遗留有骨笄 25 件和玉笄 2 件，呈椭圆形排列，范围 50 厘米 ×60 厘米，大概原是插在冠上的，该墓的墓主可能为女性②，第二个妍字正是似女子头上所戴的椭长形冠插有数枚骨笄之形。再如，在侯家庄西北冈 HPKM1550 大墓殉葬坑 49 的一具人架，头顶上有骨笄一丛，八九排，总数在六七十枚以上，上张下敛，成孔雀尾式排列。在最上一排笄之间散布有细碎绿松石。笄也是插在冠上的（图 23）。③ 第三个妍字，似女子头上所戴之冠伸出长笄，其后又联缀多枚较短的笄或饰物，与 M1550 殉葬坑 49 殉人头饰大体相似。甲骨文妍字形态复杂与考古发现的人头骨上插笄方式的多样化，反映出殷人（尤其女性）对发型头饰装扮靓美的追求。④

24. 鼎，甲骨文的鼎字作 （《合集》15880）， （《合集》15872）， （《合集》35384）形。罗振玉谓"此字不见许书，古金文有之……从匕从肉于鼎， 殆所以荐肉者也，此或加 ，象有涪汁，或省 与肉，或省肉与匕，殆皆为一字也"。大多学者从罗

---

① 中国社会科学院考古研究所：《殷墟的发现与研究》，科学出版社 1994 年版，第 391 页。

② 中国社会科学院考古研究所安阳工作队：《安阳小屯村北的两座殷墓》，《考古学报》1981 年第 4 期。

③ 梁思永、高去寻：《侯家庄第八本·1550 号大墓》，"中研院"历史语言研究所，1976 年，第 15 页。

④ 宋镇豪在著作中，关于头饰、发型与饰物，对夏、商时代人带笄的情况有详细的叙述，读者可参考。宋镇豪：《夏商社会生活史》（下），中国社会科学出版社 2005 年版，第 599—612 页。

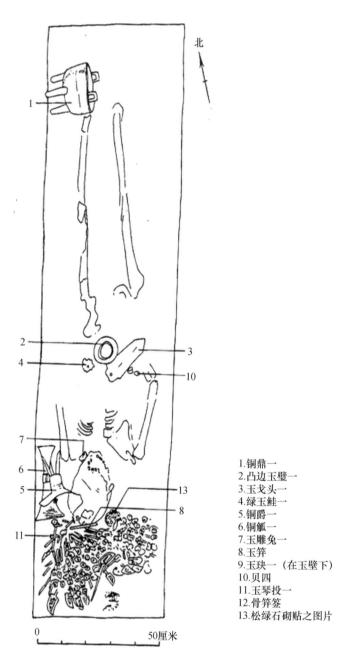

北

1.铜鼎一
2.凸边玉璧一
3.玉戈头一
4.绿玉鲑一
5.铜爵一
6.铜觚一
7.玉雕兔一
8.玉竿
9.玉玦一（在玉璧下）
10.贝四
11.玉琴投一
12.骨竿签
13.松绿石砌贴之图片

0　　　　　　　50厘米

图23　西北冈1550：49殉坑坑底平面图

释，但李孝定提出异议，他说："罗氏谓字从⼐，殆所以荐肉，按⼐为牀之古文，非荐肉之具。"① 笔者认为罗释是可信的。因为甲骨文中有的字符作偏旁时可代表不同的意义，如⼐形，既可代表口，也可表示坎穴。⼐在"疾"字中表示牀，但在䵼字则义为置肉器具。下面以考古资料证之：

⼐的形状似俎。90 多年的殷墟发掘中发现过一些木质或石质的俎（不足 10 件），其中保存完好的是大司空 M53 出的一件石俎，长方形，四足，状似小几，足扁宽，每足表面各雕一兽面纹，长 22.8 厘米、宽 13.4 厘米、高 12 厘米（图 24.2）。② 鼎，是殷墟文物中常见的器物，在殷墓出土的青铜鼎内，时常装有动物骨头。如郭家庄 M160 墓出的 5 件铜鼎中有 3 件发现动物骨头。即在大圆鼎中有牛骨，在分裆鼎中发现猪肋骨，在有盖提梁鼎中有猪肋骨及尚未完全腐烂的猪肉、肉皮，肉之体积占器腹之大半（图 24.1）。③ 可见将䵼字释作把盛肉之鼎置于俎上以祭祀，是合理的。

25. 㝐，甲骨文的㝐字作 䆟（《合集》6025）形，或隶为舂"像瘗埋人于坎而又舂捣之。卜辞均用作动词，盖古瘗埋之礼"④。此字的结构与殷墟宫殿基址内发现的一些祭祀遗存中瘗埋人牲的情况相似。如小屯丁组大型建筑基址的 1 号房基的 2 号门西侧有祭祀坑 M18，长方竖穴，其北壁西端有壁龛，内埋一具呈跪状的人骨架，头颅在龛内中部，是被砍下后放入的，已被压扁，上肢有残缺，下肢保存较好，双膝向南，呈面南跪姿。该坑坑底还埋 3 具人牲，均俯身，头被砍，头骨皆破碎，应为夯打所致。祭祀坑

---

① 于省吾主编：《甲骨文字诂林》，中华书局 1996 年版，第 2731—2735 页。
② 中国科学院考古研究所安阳发掘队：《1962 年大司空发掘简报》，《考古》1964 年第 8 期。
③ 中国社会科学院考古研究所：《安阳殷墟郭家庄商代墓葬》，中国大百科全书出版社 1998 年版，第 78、79、81 页。
④ 于省吾主编：《甲骨文字诂林》，中华书局 1996 年版，第 2682 页。

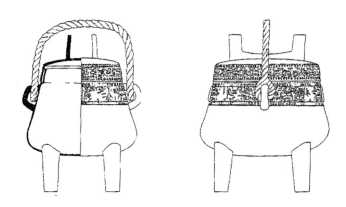

图 24.1　郭家庄 M60 出土的有盖提梁鼎（M60：32）

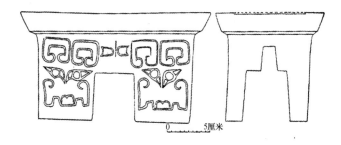

图 24.2　大司空村 M53 出土的石俎（SM53：10）

内填夯土（图 25）。① 可见甲骨文的窨字，是这类祭祀坑瘗埋人牲的真实写照。

可与考古学材料相印证的甲骨文字还有许多，因篇幅关系在此不能一一列举，我们期待有更多的学者能利用这种方法不断探求甲骨文字的奥秘。笔者认为考古学与甲骨学相结合的研究，必将推进甲骨学、商代史，以及商代社会生活的研究向纵深发展。

---

① 中国社会科学院考古研究所：《安阳殷墟小屯建筑遗存》，文物出版社 2010 年版，第 79—80 页。

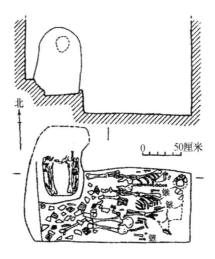

图 25　小屯北祭祀坑壁龛内的跪状人架（平、剖面）

论殷墟甲骨整治与占卜的几个问题[*]

甲骨学史上划时代的一代宗师董作宾先生谓:"吾人从事整理研究,首注意于实物,虽所获有限,而视同瑰宝,必欲尽其力以利用之。"[①] 这是董先生研治甲骨文的重要方法。1929 年他发表的《商代龟卜之推测》,是在仔细观察了殷墟第一次发掘中小屯村南的 36 坑出土的卜甲之后而作的。七年之后,他发表的《骨文例》[②],是对殷墟第一、二、三次发掘所获的二百多块较大的卜骨进行系统的整理而写成的。这两篇名作,全面地论述了商代甲骨的取材、整治、占卜、刻辞、文例等诸多问题,在学术界影响很大,两文中的不少观点,至今仍为学者所沿用。

笔者认为,董先生倡导的研究甲骨"首注意于实物"的提法是十分正确的,尤其是对关于甲骨占卜问题的研究,光靠甲骨拓本、摹本、照片还是不够的,必须要对甲骨实物进行观察才能有所创获。在观察甲骨实物时,既要看有字的甲骨,还应注意无字的甲骨,既要看小屯所出的甲骨,还要注意小屯以外其他遗址出土的甲骨。

自 1928 年殷墟发掘以来,至今已 85 年了。80 多年来,随着殷墟考古工作的开展,殷墟出土甲骨的数量不断增多,地点不断

---

* 本文原载《古文字与古代史》第 4 辑,"中研院"历史语言研究所,2015 年。
① 董作宾:《商代龟卜之推测》,《安阳发掘报告》第一期,1929 年。
② 董作宾:《骨文例》,《中央研究院历史语言研究所集刊》第 7 本 1 分,1936 年。

扩大，除小屯以外，已有十多个地点发现了甲骨（图一），这为甲骨学的研究创造了良好的条件。本文拟以 1950 年以后的殷墟出土的甲骨资料为基础，对晚商甲骨的整治与占卜的某些问题进行一些探讨。

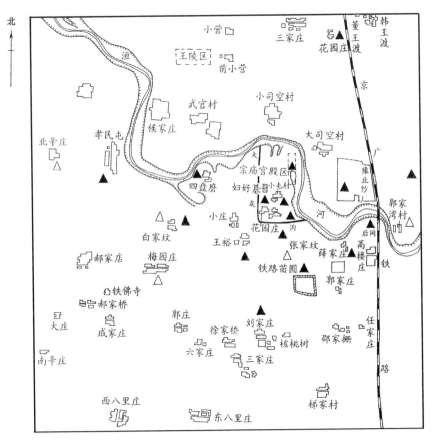

▲表示有字与无字甲骨　　　△表示无字甲骨

图一　1950 年以来殷墟甲骨出土地示意图

（据《故宫文物》2012 年第 355 期，刘一曼原图修改）

一　甲骨的大小及选材

在甲骨的大小及选材方面，殷墟不同的遗址之间存在一定的差异，主要是小屯、花园庄东地、侯家庄南地与其他遗址之间的差异较明显。下面按卜甲、卜骨分述之。

（一）卜甲

小屯甲骨以卜甲为主，据胡厚宣先生 20 世纪 40 年代的统计，刻辞卜甲与刻辞卜骨之比例为 73∶27。[①] 1950 年至今小屯出的甲骨，虽以卜骨为主，若以一百余年小屯所出的甲骨总数计算，卜甲仍占大多数。小屯卜甲不但数量多，大版的及完整的卜甲较常见。如小屯北 YH127 坑出刻辞甲骨 17096 片，其中卜甲 17088 片。该坑长度在 30 厘米以上的刻辞卜甲有 40 多版，最大的一版卜甲《丙》184（《乙》4330＋4773），长 44 厘米、宽 35 厘米，是殷墟所见的最大的卜甲。最小的卜甲（腹甲），《丙》94（《乙》2480＋2718＋7148），长 11.5 厘米、宽 6.5 厘米。最大的龟背甲，《丙》65（《乙》529＋6666），长 35 厘米、宽 15 厘米，小的背甲，《乙》5281，长 26.4 厘米、宽 10.6 厘米。除 YH127 坑外，第 15 次发掘的集中出卜甲的灰坑 H251，也发现了五版长度在 29—31 厘米的刻辞卜甲，如《乙》8815（腹甲），长 31 厘米、宽 20.3 厘米，《乙》8806＋8897（背甲），长 31.5 厘米、宽 13.5 厘米。

花园庄东地卜甲集中出于位于殷墟宫殿宗庙区东南的 H3 坑中。该坑完整的卜甲数量相当多，达 700 多版。最大的腹甲，《花东》113（H3∶368＋430），长 34.3 厘米、宽 22 厘米。长度在

---

① 胡厚宣：《商代卜龟之来源》，《甲骨学商史论丛》上，河北教育出版社 2002 年版，第 461 页。

30—32 厘米的腹甲 20 多片。最小的腹甲，《花东》48（H3：179），长 14.2 厘米、宽 9.6 厘米。最大的背甲（无字），长 34.5 厘米。最小的背甲，《花东》332（H3：1030），长 24.5 厘米、宽 8.5 厘米。

侯家庄南地，在 HS：20 坑中出土了大龟七版（六版腹甲、一版背甲）。① 最大的腹甲，《甲》3915，长 29.8 厘米、宽 22 厘米，最小的腹甲，《甲》3918，长 27.1 厘米、宽 19.3 厘米。背甲《甲》3939，现残长 26 厘米，宽 15.2 厘米，粗略估算，原来的长度接近 35 厘米。

殷墟其他商代遗址，出土的卜甲大多较破碎，完整的少，其尺寸也较小。完整的或大部完整的卜甲见于下列七个地点：

苗圃北地出土的腹甲，84PNH16：4，长 22.2 厘米、宽 14.2 厘米②，完整的背甲，T234④：6，长 22 厘米、宽 9.5 厘米。③ 大司空村 2004 年出土了两件基本完整的腹甲，H331：16，长 17.6 厘米、宽 7.3 厘米，H37：7 厘米、长 13.6 厘米、宽 7.8 厘米，一件大部完整的左背甲，H47②：1，残长 20 厘米、宽 8.1 厘米，推算原来的长度约 23 厘米。④ 孝民屯南 2003 年发现了两件小腹甲，一件长 12.4 厘米、宽 7.4 厘米，另一件长 7.1 厘米、宽 4.4 厘米，后者是目前殷墟地区所见尺寸最小的卜甲。还发现一件较完整的左背甲，长 13.2 厘米、宽 8.4 厘米。⑤ 刘家庄北地 2010 年出土一件腹甲，H518：3＋8＋15，长 26 厘米、残宽 16.2 厘米。⑥ 1991

① 董作宾：《安阳侯家庄出土之甲骨文字》，《田野考古报告》第一册，1936 年。
② 中国社科院考古所安阳队：《1982—1984 年安阳苗圃北地殷代遗址的发掘》，《考古学报》1991 年第 1 期。
③ 中国社会科学院考古研究所：《殷墟发掘报告》，图版四四，5，文物出版社 1987 年版。
④ 中国社会科学院考古研究所：《安阳大司空——2004 年发掘报告》，文物出版社 2014 年版。
⑤ 中国社会科学院（以下简称中国社院）考古所安阳队资料。
⑥ 中国社科院考古所安阳队资料。

年花园庄南地一座小墓墓口上的灰层出土一件腹甲，长 17 厘米。①
洹北花园庄，1998 年出土一件腹甲，T2③：1，长 17.3 厘米、宽
9.8 厘米。② 白家坟东，1997 年在 T1 - 1④中出土一件保存大半的
腹甲，残长 16.4 厘米，推算其原来的长度近 23 厘米。③

　　迄今为止，殷墟其他遗址，尚未发现长度在 28 厘米以上的大
卜龟。

　　小屯、花园庄东地、侯家庄南地的卜甲，均以腹甲占绝大多
数，背甲少。如花园庄东地 H3 坑，出卜甲 1558 片，其中背甲只
90 片，占全部卜甲数的 5.8%。腹甲与背甲之比例悬殊。

　　其他遗址的卜甲，虽也是腹甲较背甲多，但背甲在卜甲中的
比例则相对较大，下面以七个遗址的卜甲资料为例（见表一）。

表一　　　　　　　　　　　七个遗址卜甲统计表

地点	卜甲总数（片）	腹甲（片）	所占百分比（%）	背甲（片）	所占百分比（%）	资料出处
苗圃北地	500	400	80	100	20	《殷墟发掘报告》，1987 年；《考古学报》1991 年第 1 期；考古所安阳队资料
大司空村	88	71	81	17	19	《考古学报》第 9 册，1955 年；《殷墟发掘报告》，1987 年；《安阳大司空——2004 年发掘报告》，2014 年
白家坟东	140	104	74	36	26	《殷墟发掘报告》，1987 年；考古所安阳队资料
张家坟（苗圃北地之西）	26	21	81	5	19	《殷墟发掘报告》，1987 年

---

　　① 中国社科院考古所安阳队资料。

　　② 中国社科院考古研究所安阳工作队：《1998—1999 年安阳洹北商城花园庄东地
发掘报告》，《考古学集刊》第 15 集，2004 年。

　　③ 中国社科院考古所安阳队资料。

地点	卜甲总数（片）	腹甲（片）	所占百分比（％）	背甲（片）	所占百分比（％）	资料出处
洹北花园庄	43	39	91	4	9	《考古学集刊》第 15 集，2004 年
郭家湾	86	80	93	6	7	《安阳郭家湾商代遗址》
孝民屯南	40	23	58	17	43	《安阳孝民屯》

从表中可以看到，孝民屯背甲的比例较大，占该遗址卜甲总数的43％，白家坟次之，背甲的比例占该遗址卜甲总数的26％，苗圃北地、大司空村、张家坟三个遗址，背甲占卜甲总数的19％—20％，而洹北花园庄与郭家湾背甲的比例较小，在10％以下。

（二）卜骨

殷墟遗址，卜骨的材料以牛的肩胛骨为主，还有少量羊、猪、鹿、马骨骼。[①] 20 世纪 80 年代以来，有学者指出，小屯卜骨中有极少的象骨。[②]

小屯出土的牛肩胛骨卜骨，大版的为数不少，如《殷墟古器物图录》44，长 43 厘米、宽 28 厘米。1973 年小屯南地所出的卜骨中，长度在 40 厘米以上的有 5 版，最大的是《屯南》2293（H57：32），长 44.2 厘米、宽 24.7 厘米，小的如《屯南》771（H23：20），长 30 厘米、宽 15.5 厘米。1971 年小屯西地出土了 21 块卜骨，尺寸较大，长 36—44 厘米、宽 21—24 厘米。

小屯以外的遗址所出的牛肩胛骨卜骨，大多较残破，完整只

---

① 陈梦家：《殷虚卜辞综述》，科学出版社 1956 年版，第 5 页。

② A. 金祥恒：《甲骨文中的一片象胛骨刻辞》，《大陆杂志》1984 年第 69 卷第 4 期；B. 李学勤：《关于象胛骨卜辞》，《中原文物》2001 年第 4 期。

见几片：大司空村2004T601③：8，通长36.6厘米、宽22厘米。①
孝民屯2003H683：113，通长29厘米、宽18.5厘米。② 刘家庄北
地2010H518：18，长约33厘米。③ 王裕口南地2010H182：7，通
长20.7厘米、宽12厘米。④ 较大块的卜骨，如洹北商城花园庄东
地98H4：2，缺部分骨扇，残长28.5厘米、残宽20厘米。⑤ 白家
坟东北VDTT5⑨：36，缺少下部骨扇，残长25厘米。⑥ 苗圃北地
84H91：1，缺上部骨臼，残长22.4厘米。⑦ 花园庄南地91T3③：
8，亦缺部分骨扇，残长22厘米。⑧ 依已发表的图、照片和卜骨实
物推测，这几片卜骨所缺的长度，不会超过现长的1/3，也就是说
它们原来的长度都在38厘米以下。迄今为止，殷墟小屯以外的遗
址，尚未发现长度在40厘米以上的大卜骨。殷墟一般遗址所见的
尺寸较小的牛肩胛骨卜骨中，有少量肩胛骨结节尚未愈合，如上
述王裕口南H182：7，属小牛的骨骼⑨，这是在小屯卜骨中所未
见的。

除了在牛肩胛骨大小方面的差异外，在普通遗址的卜骨中，
还见有用牛骼骨的。2004年大司空村发现了三片牛骼骨卜骨，如
04ASH34④：02，长12.5厘米、宽4.4—6.7厘米，反面有4个

---

① 中国社会科学院考古研究所：《安阳大司空——2004年发掘报告》，文物出版社
2014年版。

② 中国社科院考古所安阳队资料。

③ 中国社科院考古所安阳队资料。

④ 中国社科院考古所安阳队资料。

⑤ 中国社会科学院考古研究所安阳工作队：《1998年—1999年安阳洹北商城花园
庄东地发掘报告》，《考古学集刊》第15集，2004年。

⑥ 中国社会科学院考古研究所：《殷墟发掘报告》，图版四四，1，文物出版社
1987年版。

⑦ 中国社科院考古所安阳队：《1982—1984年安阳苗圃北地殷代遗址的发掘》，
《考古学报》1991年第1期，图一七，1。

⑧ 刘一曼：《安阳殷墟甲骨出土地及其相关问题》，《考古》1997年第5期，图六，
4。

⑨ 该标本经考古研究所科技中心古动物学者李志鹏博士鉴定。

凿、灼，04ASH223：02，长 11.5 厘米、宽 4—8 厘米，反面也有 4 个凿、灼，正面有卜兆（图二，1、2）。①

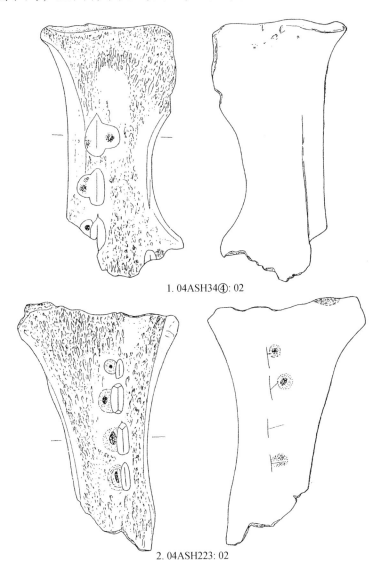

1. 04ASH34④: 02

2. 04ASH223: 02

图二　大司空村牛髂骨卜骨

① 中国社会科学院考古研究所：《安阳大司空——2004 年发掘报告》，文物出版社 2014 年版。

　　不少学者曾提到，小屯卜骨中，有少量羊、猪、鹿骨骼，但并未明确指出其片号。在殷墟其他遗址中曾出土过羊和猪的卜骨。如 1995 年刘家庄北地发现一件羊卜骨，T1J1：5，长 13.2 厘米，上有钻、凿、灼痕迹。① 2003 年孝民屯出土了两件猪卜骨，其中一件 NT1823F1－2：12，肩胛冈等未被削去，无钻、凿痕迹，但其上有三处灼痕。②

　　此外，在苗圃北地出土的卜骨中，还发现 6 片以人髋骨为材料的卜骨，如 84H19：10，残长 9.5 厘米，上有凿、钻、灼痕。③

　　以上资料表明，殷墟一般遗址，卜骨的选材方面较宽泛，不如小屯卜骨规范。

二　甲骨的整治

　　殷墟不同地点的甲骨，在整治上存在一定的差异。

(一) 卜甲的整治

　　小屯的腹甲，大多较薄，刮磨较精，表面光洁，反面甲首里面均铲平，不留边缘。甲桥有的较宽，有的较窄。甲桥与腹甲的连接处多成钝角或近于直角。(图三，1)

　　小屯背甲的整治，有三种形式：一种是用整个背甲，只边缘稍作修整，如《甲释》048＋《乙》5379（图四，1）。④ 另一种是从背甲脊板中部剖开，分成左右两块，将边缘加以刮磨修整，如

---

　　① 安阳市文物工作队：《1995—1996 年安阳刘家庄殷代遗址发掘报告》，《华夏考古》1997 年第 2 期，图七，1。

　　② 中国社科院考古所安阳队资料。

　　③ 中国社科院考古所安阳队：《1982—1984 年安阳苗圃北地殷代遗址的发掘》，《考古学报》1991 年第 1 期。

　　④ 刘渊临：《卜用甲骨上攻治技术的痕迹之研究》，台北："国立"编译馆中华丛书编审委员会印行，1984 年。

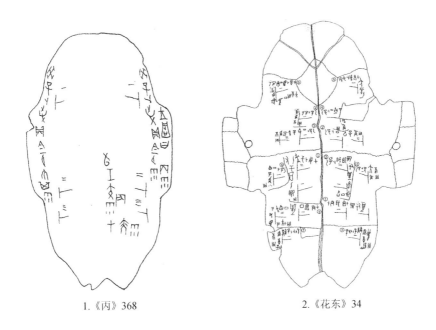

1.《丙》368　　　　　　　　　　　　2.《花东》34

图三　小屯与花园庄东地的腹甲

《丙》65〔《乙》529＋6666（图四，2）〕。第三种是将背甲对剖以后又锯去首尾两端和中部的脊甲，边缘修整成弧线，使其形状近椭圆形（俗称鞋底形），通常在其中部还钻有圆孔。这种改制的背甲，均出于 YH127 坑，如《乙》4747、4682（图四，3）等片。第一种形式的背甲发现极少，后两种较常见。

　　侯家庄南地、花园庄东地的腹甲整治方式与小屯相同，背甲只见第二种形式，无改制的背甲。又，花园庄东地 H3 的腹甲，有一个显著特点是穿孔腹甲较多。甲桥中部钻有规整圆孔的卜甲上百片（图三，2），在甲桥边缘上，有半圆孔的也相当常见。甲桥有孔的卜甲，在 YH127 坑也有发现，如《乙》3403、3449 等，但数量少。甲桥上的孔，是为了用绳子将数版或多版整治好的卜甲穿系、捆扎在一起，便于携带或保存。

　　殷墟一般遗址出土的卜用腹甲，大多较厚，表面不大平整，甲首反面经过掏挖，留有宽厚的边缘，甲桥较窄，它与腹甲的连接处成锐角的占多数。如洹北花园庄 T2③：29（图五、1）、T4⑥：46①、苗圃北地 PNH25：34、PNH5：2、PNT215 ③：5、84PN16：4②、刘家庄北地 2010H518：3 + 8 + 15③、白家坟东 97ABDT1 - 1④④、王裕口南 H34②：1⑤等。其中苗圃北地出土的卜甲这种整治方式的最多，而且在该遗址的卜甲，常见穿孔的现象，但孔的位置不固定，在甲桥、中甲、前甲、首甲（图五，2）、后甲均有。孔径0.2—0.8厘米。

　　一般遗址出土的背甲也有三种祥式：第一、二种与小屯的相似，但前者出土极少，目前只在孝民屯发现一例，NT1824：16 - 2，属整背甲上部的残片，背面有钻、凿、灼痕。⑥ 第二种较常见。第三种呈刀形，取材于背甲中部连接甲桥处的边版与肋版。如苗圃北地 PNT130⑥：5，里面有明显的锯磨痕迹，中部有一长方形凿，凿旁有灼痕，凿之下还有一圆孔，正面有卜兆，长 11.5 厘米、宽4.5 厘米⑦（图五，3）。这种形式的背甲还见于郭家湾（图五，4）及大司空村遗址，但数量不多，而且这两个遗地址所出的刀形背甲，只是打磨好的卜甲料，尚未施凿、灼。这种背甲，别具特色。

　　说到卜甲的整治，还应涉及一个问题，即甲骨学者认为，小屯 YH127、花东 H3、侯家庄等地的卜甲，大部分是外地的贡纳

---

① 中国社会科学院考古研究所安阳工作队：《1998 年—1999 年安阳洹北商城花园庄东地发掘报告》，《考古学集刊》第 15 集，2004 年。

② 前三片见于《殷墟发掘报告》图版四四，3、7、8，后一片见于《1982—1984年安阳苗圃北地殷代遗址的发掘》图一六，1，《考古学报》1991 年第 1 期。

③ 中国社科院考古所安阳队资料。

④ 中国社科院考古所安阳队资料。

⑤ 中国社科院考古所安阳队资料。

⑥ 中国社科院考古所安阳队资料。

⑦ 中国社会科学院考古研究所：《殷墟发掘报告》图版四四，10，文物出版社1987 年版。

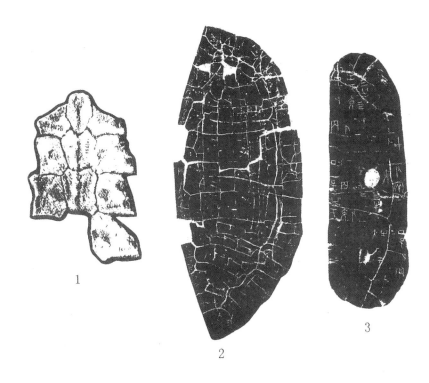

图四　小屯北甲

1.《甲释》048 +《乙》5379；2.《丙》65；3.《乙》4682

品。那么这些来自外地的龟，是活龟还是经过初步加工整治、背甲与腹甲分离的龟版？在学术界存在两种看法：较多的学者的意见是外地入贡之龟是生龟。[①]　其依据是《周礼·春官·龟人》："取龟用秋时，攻龟用春时。"认为秋天从外地贡纳来的是生龟，到第二年春天在殷都宰杀，然后把空龟壳储藏起来，以备进行整治、加工，并引证董作宾先生在《新获卜辞写本后记》中提到的在殷墟发掘以前，在小屯村北洹河岸边，曾发现一个储藏龟料之

---

① 王宇信、魏建震：《甲骨学导论》，中国社会科学出版社 2010 年版，第 58 页；王蕴智：《殷商甲骨文研究》，科学出版社 2010 年版，第 46—47 页。

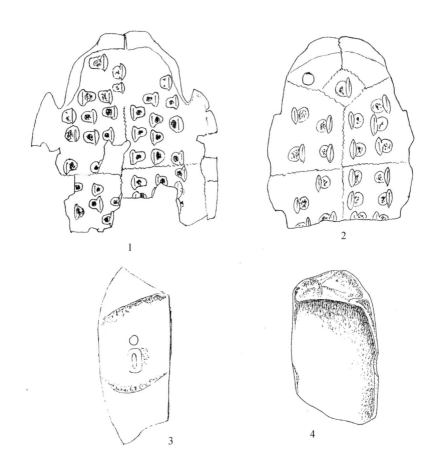

图五　洹北花园庄、苗圃北地、郭家湾卜甲

1. 腹甲（洹北花园庄 T2③：29）；2. 腹甲（苗圃北地 84PNH16：6）；3. 背甲（苗圃北地 PNT130⑥：5）；4. 背甲（郭家湾 2000AJNH1：5）

所，"大小数百只，皆为腹背完整之龟甲"①。

　　另一种观点是外地贡纳之龟是经初步加工好的腹甲、背甲。有学者注意到龟腹甲中的甲桥刻辞和甲尾刻辞，从不用量词"屯"

---

① 董作宾：《新获卜辞写本后记》，《安阳发掘报告》第一期，中央研究院历史语言研究所，1929 年。

（纯）。"屯"字当读为古书中训为"全"的"纯"（音全）。说明龟腹甲在殷人的心目中是看作完整的一版的。而背甲刻辞及骨臼、骨面刻辞则常见量词"屯（纯）"字。殷人称背甲一屯（纯），指背甲剖开后的右半甲和左半甲。称胛骨一对也为"一屯（纯）"，指左胛骨、右胛骨各一块，"对"与"屯（纯）"古音阴阳对转，本由一语分化。"一屯（纯）"犹言一对。黄天树先生由此得出的结论是"商王或族长向外边征取的占卜材料不是活龟或活牛，而是已初步加工好的龟腹甲、背甲和胛骨"[1]。

　　笔者认为后一种观点是可取的，下面再作一些分析。其一，小屯北发现储龟之所，埋有几百只完整的龟壳，并不能说明这几百只龟是来自外地之物，因为安阳本地也产龟。[2]　其二，若是大量外地入贡的龟，到了殷都才宰杀，那么在殷墟宫殿区范围内，应当遗留有较多的龟腹甲与龟背甲。但实际情况是，在历次的发掘中，发现的龟腹甲多、龟背甲少，上文提到的1936年的YH127坑与1991年的花东H3坑就是如此。又，小屯南地1973年的发掘，出土刻辞卜甲71片，全部为腹甲。2002年小屯村南的发掘，出土刻辞卜甲87片，其中腹甲86片，背甲也只1片。腹甲与背甲的比例相差很悬殊。即使可以用龟背甲不宜作占卜材料来解释，但为何在宫殿区内也很少发现未卜用的背甲？其三，在甲桥记事刻辞中，有"我以千"（《合集》9012反）、"雀入龟五百"（《合集》9774反）、"雀入二百五十"（《合集》9810反），表明外地入贡龟的数量是相当大的，试想在当时的条件下，从较远的地方，一次入贡数百只或上千只活龟，并要保证其存活率是件困难的事，但若是在当地先把龟宰杀，初步加工为龟版，在长途运输的路途

---

　　① 黄天树：《甲骨形态学》，氏著《甲骨拼合集》，学苑出版社2010年版，第516页。

　　② 叶祥奎：《河南安阳殷墟花园庄东地出土的龟甲研究》，《殷墟花园庄东地甲骨》第六册附录一，云南人民出版社2003年版，第1904—1910页。

中，就比较方便了。

（二）卜骨的整治

小屯卜骨的整治方法是，将反面的骨脊全部削平，将骨臼下部切去一半或三分之一，使骨臼与骨颈上部形成较矮的台阶，台阶边缘平直，大多切臼角，也有少数卜骨未切臼角。臼角切口多为直角或略小于九十度的锐角，缺口处一般是竖边长于横边（图六）。卜骨正面、反面均刮磨光滑。

花东 H3 坑的卜骨，与小屯的整治情况近似，大多比较规整。侯家庄南地出土的卜骨多属两侧边缘部分，整治情况不大清楚。

其他遗址所出的卜骨，在整治上与小屯卜骨存在一定的区别。下面以花园庄南地、王裕口南地、孝民屯三处遗址为例。

1991 年花园庄南地（安李铁路南）遗址：发现卜骨 38 片，29 片为卜骨之中下部且较破碎，保留骨臼的卜骨只 9 片。这 9 片卜骨有 5 片削去骨臼的三分之一或二分之一，与小屯卜骨相似，2 片削去骨臼的三分之二，1 片削去骨臼的五分之一，1 片保留骨臼的原状。也就是说，有 44% 的卜骨骨臼锯切情况与小屯卜骨之常例不合。在 8 片切臼角的卜骨中，6 片切锯情况与小屯大多数卜骨近似，但有两片很特殊，一片为 T14B：13，臼角切口为大于九十度的钝角。切口处横边长 3 厘米、竖边长 1.3 厘米，横边比竖边长两倍多（图七，1）；另一片 M97 上：1，臼角切口为近九十度的直角，符合小屯常例，但臼角切口处横边长 2 厘米，竖边长 0.9 厘米，横边也比竖边长两倍多（图七，3）。①

2010 年王裕口南地遗址：发现卜骨 15 片，骨臼保存较好的 11 片。削去骨臼三分之一或二分之一的 3 片，削去五分之一的 3 片，削去三分之二或五分之四的 2 片，骨臼保留原状的 3 片。这

---

① 刘一曼：《安阳殷墟甲骨出土地及其相关问题》，《考古》1997 年第 5 期。

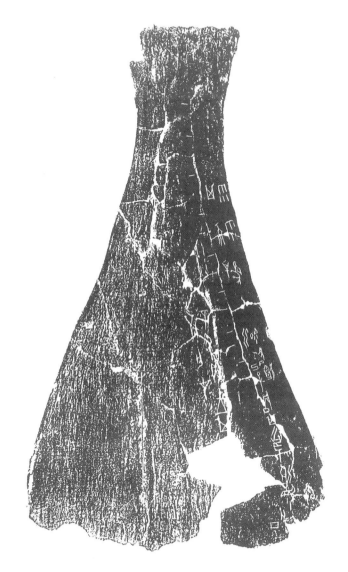

图六　小屯卜骨（《屯南》1128）

11片卜骨，2片未切臼角，3片臼角切成锐角或直角，2片切成钝角，3片只略刮去臼角外缘的一小部分（图七，4），1片切成斜坡状（图七，2）。也就是说该遗址的大多数卜骨骨臼锯削与臼角的切锯情况大多较为随意，与小屯卜骨的常例不合。①

2003 年孝民屯遗址：发现卜骨 190 片，小片居多。骨臼保存较好，并已切锯的 21 片，其中近直角的 12 片，占 57%，钝角 6 片、锐角 3 片，后两种占 43%。缺口处竖边大于横边的 9 片，占 43%，横边大于竖边的 10 片，横边等于竖边的 2 片，后两种占 57%。在此遗址中有 2 片牛肩胛骨卜骨，背面的骨脊未完全锯切。上文已提到还发现 2 片猪肩胛骨卜骨，均未整治，直接在骨面上施灼。②

总之，一般的遗址在卜骨的整治上不如小屯卜骨规范，较为粗糙。

（三）区分左、右卜骨的标准

说到卜骨的整治，还需讨论一个问题，这就是如何区分左、右卜骨？学术界对此问题意见不一，存在两种观点：

第一种观点是以董作宾先生为代表的，他在 1936 年发表的《骨文例》中说："在右胛骨，灼于凿之左，正面则兆皆右向；左胛骨，灼于凿之右，正面则兆皆左向。"③ 在 1957 年写的《甲骨实物之整理》中又说："今日断定牛胛骨时，对面平放之，其缺处（指切去臼角处）在左，即牛之左胛骨，在右，即牛之右胛骨也。"（图八）④ 董氏的观点影响很大，得到众多的甲骨文学者如陈梦家、张秉权、严一萍、王宇信、肖楠、宋镇豪、王蕴智等的赞同。

第二种观点是以胡厚宣先生为代表的，他在 1945 年出版的

---

① 中国社科院考古所安阳队资料。

② 中国社科院考古所安阳队资料。

③ 董作宾：《骨文例》，《中央研究院历史语言研究所集刊》第 7 本第 1 分，1936 年。

④ 董作宾：《甲骨实物之整理》，《"中央研究院"历史语言研究所集刊》第 29 本下，1957 年。

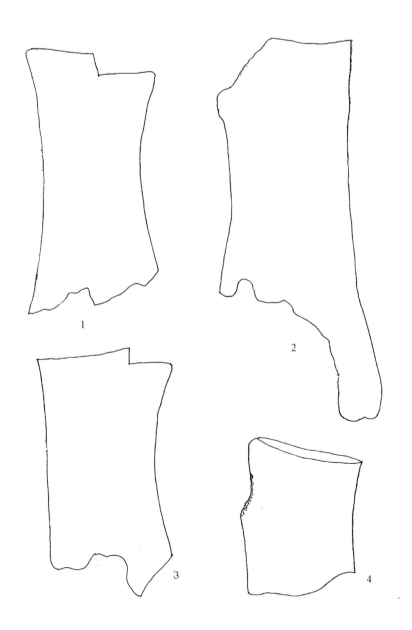

图七　花园庄南地、王裕口南地卜骨锯切臼角后的形态

1. 91 花南 T14B：13；2. 王裕口南 2010H48：12；3. 91 花南 M97 上：1；4. 王裕口南 2010H207③：10

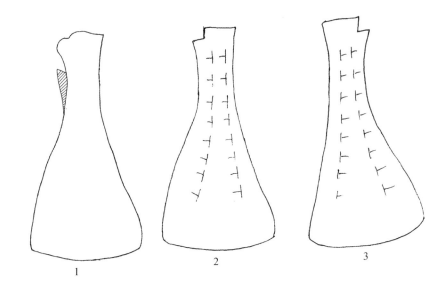

图八　左、右牛肩胛骨示意图

1. 未整治的牛左肩胛骨；2. 董作宾认为是左胛骨，胡厚宣认为是右胛骨；3. 董作宾认为
是右胛骨，胡厚宣认为是左胛骨

《甲骨学绪论》中说："龟背甲右半者，其卜兆向左，卜辞皆右行；左半者，其卜兆向右，卜辞则左行。龟腹甲右半者，其兆向左，卜辞则右行；左半者其兆向右，卜辞则左行。……牛胛骨，左骨其卜兆向右，卜辞则左行；右骨其卜兆向左，卜辞右行。"① 胡氏的看法，在很长的时间内，反响不大。近几年来，黄天树先生对甲骨形态学作了认真研究，支持这种观点。他在 2009 年《关于卜骨的左右问题》一文中说："我们赞同胡先生的观点。无论卜甲和卜骨都采用甲骨学的原则，一律根据'横枝内向'的原则来推断左右。"② 文中黄氏还列举一些判别左右肩胛骨的标准：卜兆

---

① 胡厚宣：《甲骨学绪论》，《甲骨学商史论丛初集》下，河北教育出版社 2002 年版，第 920 页。

② 黄天树：《关于卜骨的左右问题》，氏著《甲骨拼合集》，学苑出版社 2010 年版，第 509 页。

及卜字横枝方向、臼角或臼角切口的位置、正反面的钻凿、骨条、臼边、对边的形态等七项，其中最主要的还是以卜兆走向为标准。黄文的观点，得到部分甲骨学者的支持。

胡、黄二氏的观点不无道理，但仔细推敲后感到有两点值得商榷之处：

其一，用"卜兆横枝内向"的标准判别左、右胛骨，这一前提应是所有的（或绝大多数）卜骨的兆枝都是同一方向，均朝向内缘（臼边）和臼角。但实际情况并非如此。小屯所出的卜骨中，有一部分内缘与外缘的兆枝是相向的，即若骨版正面内、外缘各有一排卜兆的话，内、外缘的卜兆兆枝均朝向骨版中部，故又可称之为相向兆。正面兆枝所以相向，是由于卜骨反面的左、右两排灼均相向而形成的。如《屯南》657、2307、2363、2542、2611、2666、2709、4352、附录 1、2、3、5、8、9（此六片属1971 年小屯西地卜骨），《村中南》57、237、328、430、460、470、512 等。这类卜骨，在小屯遗址中属少数，但在小屯以外殷墟其他遗址所出的卜骨中，则以相向灼（相向兆）为主，同向灼（同向兆）较少（详见下文）。

其二，殷墟出土的牛肩胛骨中，可分为已经卜用的和尚未卜用的两类，前者一般都经过整治，包括有字卜骨与无字卜骨两种，有钻、凿、灼痕或凿、灼痕，后者没有灼痕，且大多未经过整治，或只部分经加工整治。在后一类肩胛骨中，个别发现了凿痕（如《屯南》2633，反面有一个未灼的小凿），有的其上有习刻文字、"仿刻卜辞""范刻卜辞"等。[1] 这类未灼的肩胛骨，大多数应是待作占卜用的卜骨骨料，可称之为"准卜骨"。因其没有卜兆，只能依臼角方向判断它属左胛骨还是右胛骨。这种"准卜骨"常和卜骨、卜甲同坑而出。如《屯南》H99，出甲骨 42 片，包括未经

---

① 刘一曼：《殷墟兽骨刻辞初探》，《殷墟博物苑苑刊》1989 年创刊号。

加工无灼痕的牛肩胛33片、牛肋条骨1片，卜骨6片、卜甲2片，其上有刻辞的10片，其中7片属于习刻。该坑属于以放置卜骨骨料为主的窖穴。如果我们要统计类似《屯南》H99这种单位所出的左、右牛肩胛骨的数目时，卜骨用甲骨学标准（卜兆走向），未灼的骨料用生物学标准（臼角方向），则会引起统计上的混乱。笔者认为判断卜骨左、右，仍沿用董作宾先生提出的生物学标准更为合理，此项标准可以将卜骨（有字与无字）、卜骨骨料全部包含在内，比较科学。再者，董氏提出的标准长期以来已为绝大多数甲骨学者所采用，可谓约定俗成，所以还是继续沿用为好。

三　甲骨上凿、钻、灼的排列

殷墟甲骨上凿、钻、灼的排列有一定规律，下面按卜甲、卜骨分述之。

（一）卜甲

小屯所出的卜甲中的腹甲，其反面钻凿灼的分布以千里路（中缝）为界，左右对称，其排列有五种形式：

（1）千里路两侧，各有一竖列钻、凿、灼，如《丙》72。

（2）千里路两侧，各有二竖列钻、凿、灼，如《丙》44。

（3）千里路两侧，各有三竖列钻、凿、灼，如《丙》91。

（4）千里路两侧，各有四竖列钻、凿、灼，如《丙》333。

（5）千里路两侧，各有五列钻、凿、灼，如《丙》184。

第（1）种卜甲，形体较小，一般长度只十几厘米，大多甲桥无钻凿，还有少量卜甲，连中甲、首甲、甲尾亦不施钻凿。第（2）至第（4）种卜甲，一般在卜甲的各个部分都有钻、凿、灼，甲桥上通常也有一列或二列钻、凿、灼。第（5）种较特殊，只见《丙》184号卜甲，如上文所述，该卜甲长44厘米，宽35厘米，形体巨大，全版（包括甲桥）共有 204 个凿、钻，但只有后甲的下部和尾甲有灼痕，中部、上部均未施灼。①

小屯腹甲反面的右半部，钻与灼在凿的左侧（内侧），左半部，钻与灼在凿的右侧，均指向千里路（内向）（图九，1）。

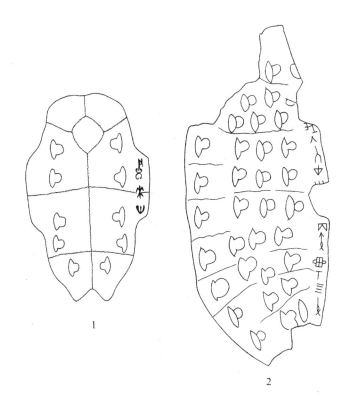

图九　小屯卜甲凿、钻、灼的排列

1. 腹甲（《京津》2）；2. 背甲（《甲》2993）

在小屯腹甲中，也偶见一版完整的腹甲反面左右两边大多数钻、灼方向朝内，而有一个或两三个钻、灼朝外，采取相反方向

---

①　李宗焜《当甲骨遇上考古——导览 YH127 坑》（"中研院"历史语言研究所，2008 年，第 82 页）有《丙》184 反面的彩色相片，读者可参考。

的，但这种特例，为数甚少。①

小屯的背甲，绝大多数都是分成左右两半的，左右背甲反面各有3—8列钻、凿、灼。② 其中有3竖列钻、凿、灼的，多属于较小的改制背甲，如《乙》5442，全版3列13个钻、凿、灼。4—6列的较常见。7列、8列的亦较小，其长度都在30厘米以上。如《丙》66，长35厘米，宽14.5厘米，反面有七列钻、凿、灼，从拓片和照片上看，至少有107个钻、凿，绝大多数已施灼。《丙》608，现残长30厘米，残宽14厘米，估计原来长度也在35厘米左右，反面有8列钻、凿、灼。

小屯背甲反面的右半部，钻与灼在凿的左侧（即内侧），左半部，钻与灼在凿的右侧，均指向中脊，很有规律（图九，2）。③

花园庄东地H3的卜甲、钻与灼也分布于凿的内侧与小屯卜甲一致，排列很整齐。

侯家庄南地HS：20出土的卜甲、六版腹甲大多数钻、灼在凿之内侧，向着千里路。但甲桥外侧及甲尾外侧的钻、灼在凿之外侧。一版背甲钻、灼之方向全部指向中脊，与小屯卜甲一致。④

殷墟其他遗址所出的卜甲，在钻、凿、灼的排列与钻、灼的方向上与小屯存在一定差异。

这些遗址所出的腹甲，反面钻、凿、灼的排列只有三种形式：

1. 千里路两侧，各有一竖列钻、凿、灼，如孝民屯2003AXNH96：4—1、4—2。⑤

----

① 严一萍指出《乙》866、《掇二》187卜甲上发现有少量钻、灼的方向与千里路相背。见严一萍《甲骨学》上册，台北：艺文印书馆1977年版，第542页。
② 朴载福：《先秦卜法研究》，上海古籍出版社2011年版，第137页，已提到背甲反面有4—7竖列钻、凿、灼，本文补充了3、8两种竖列。
③ 王宇信：《甲骨学通论》，中国社会科学出版社1989年版，第112页。
④ 侯家庄南地大龟七版反面钻、凿、灼排列的资料尚未发表。笔者是据董作宾《安阳侯家庄出土之甲骨文字》，（《田野考古报告》第一册，1936年）第142、145、147、149、151、154、156页中的卜甲摹本卜兆的方向，了解到其正面钻、灼的方向。
⑤ 中国社科院考古所安阳队资料。

2. 千里路两侧，各有二列钻、凿、灼，如苗圃 84PNH16：6、H16：8。①

3. 千里路两侧，各有三列钻、凿、灼，如苗圃 PNH5：2、84H16：4。②

一般遗址的腹甲，千里路两侧，凿、钻、灼的排列不大对称，其数目不相等的相当常见（如苗圃 84H16：4）。特别是钻与灼的位置在凿的外侧的卜甲发现比例较大（见表二）。

表二　　　　　　　　　　　腹甲钻灼方向统计表　　　　　　　　单位：片

地点	腹甲数	全部外向	大部外向少量内向	全部内向	大部内向少量外向	内外向各半
苗圃北地	36	9	22	1	1	3
郭家湾	16	4	9	2		1
白家坟东	8	1	3	4		
王裕口南地	6		3	2	1	
花园庄南地	4	1			3	
洹北花园庄	4		2	1		1
孝民屯	5		1	2	2	
大司空村	17	0	0	8	8	1

以上是对殷墟八个遗址所出的腹甲中片较大，可以看清凿、钻、灼分布的九十多片腹甲的统计，从表中可以看出八个遗址的卜用腹甲上都发现钻、灼在凿之外侧与千里路相背（外向）的例子，但数量有所差别。其中苗圃北地、郭家湾以全部或大部钻、灼外向的卜甲为主，前者占 86%（图一〇，1）后者占 81%（图一〇，3）。白家坟东、王裕口南地、洹北花园庄，这两种卜甲也占了一半。与小屯卜甲差异较明显，大司空村的腹甲较特殊，没

　① 中国社科院考古所安阳队：《1982—1984 年安阳苗圃北地殷代遗址的发掘》，《考古学报》1991 年第 1 期，第 116 页图十六，5，图十六，2。

　② 苗圃 PNH5：2 见于《殷墟发掘报告》图版四四，7；84H16：4 见于《考古学报》1991 年第 1 期，图一六，1。

有发现这两种灼外向的卜甲，而钻、灼全部或大部向着千里路（内向）的卜甲则占了94%（图一一，1）。

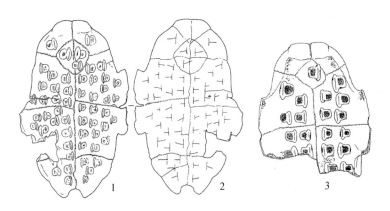

图一〇　苗圃北地、郭家湾卜甲凿、钻、灼的排列

1. 苗圃84H16：4（反）；2. 苗圃84H16：4（正）；3. 郭家湾2000AJNH30：1

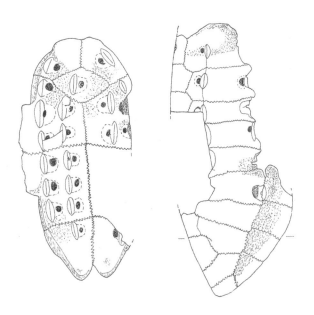

图一一　大司空村卜甲凿、钻、灼的排列

1. 腹甲（04ASH331：16）；2. 背甲（04ASH47②：1）

殷墟普通的遗址出土的较大片的背甲很少，其反面有2—4列钻、凿、灼。如大司空村2004H47②：1（图一一，2）①，是左背甲之大部，反面有两列10个凿、钻、灼，钻、灼全部在凿之内侧，指向中脊。白家坟东98T3扩：31，有三列12个凿、钻、灼，钻、灼亦全部内向。② 苗圃北地 T234④：6，反面26个凿、钻、灼③，大多数钻、灼指向中脊，部分钻、灼向着边缘。

综观以上八个遗址的卜甲，钻、凿、灼的分布情况，大司空村与小屯卜甲较相似。

钻、灼在凿之外侧，与千里路（或中脊）相背的卜甲，在河北藁城台西④，山东济南大辛庄⑤，河北磁县下七垣等商代遗址都有发现⑥，可见其分布的地域是相当广泛的。

（二）卜骨

卜骨反面凿、钻、灼（或凿、灼）之排列，是指卜骨上半部凿、钻、灼（或凿、灼）的排列状况，因为卜骨反面中部隆起处的凿、钻较小，且往往排列零乱，故研究者，一般不予考虑。

小屯出土的大块的卜骨数量大，但1928—1937年发掘所获的卜骨，著录了正面的文字，而凿、钻、灼的情况发表甚少。1973年小屯南地发掘，发现大块的和较完整的卜骨数量较多，所以下面以《屯南》的卜骨为代表。《屯南》卜骨反面上部凿、钻、灼

---

① 中国社会科学院考古研究所：《安阳大司空——2004 年发掘报告》，文物出版社 2014 年版。

② 中国社科院考古所安阳队资料。

③ 中国社会科学院考古研究所：《殷墟发掘报告》，图版四四，5，文物出版社 1987 年版。

④ 河北省文物研究所：《藁城台西商代遗址》，文物出版社 1985 年版。

⑤ 徐基：《济南大辛庄遗址出土甲骨的初步研究》，《文物》1995 年第 6 期。

⑥ 河北省文物管理处：《磁县下七垣遗址发掘报告》，《考古学报》1979 年第 2 期。

（或凿、灼）之排列可分为三种形式①：

（1）卜骨上部只有一列凿、钻、灼（或凿、灼），位于卜骨外缘一侧，如《屯南》2295 等。

（2）卜骨上部有二列凿、钻、灼（或凿、灼）。位于卜骨的外缘与内缘，如《屯南》728、1126、2163 等。

（3）卜骨上部有三列凿、钻、灼（或凿、灼），如《屯南》2604、2666 等。

笔者曾对小屯南地出土的较大片的可以看出凿、钻、灼（或凿、灼）排列的 167 版卜骨进行统计，第 1 种，一列的 10 片，占卜骨总数的 6%，第 2 种二列的 150 片，占 90%，第 3 种三列的 7 片，占 4%。即小屯卜骨凿、钻、灼（或凿、灼）之排列以两列占大多数。

小屯卜骨的反面，凿旁之灼（或钻、灼）排列很有规律。若是右胛骨反面，灼（或钻、灼）位于凿的左侧，左胛骨反面灼（或钻、灼）位于凿之右侧②，全版所有的灼（或钻、灼）均指向骨臼的切角（图一二），所以有学者又称之为"同向灼"③。在小屯卜骨中，也有少数卜骨，外缘凿旁之灼向着臼角，内缘凿旁之灼向着骨版中部，这样一来，卜骨上部内、外缘两列凿（或凿、钻）旁侧之灼方向相对，故又可称为"相向灼"，如《屯南》2307、《屯南》附 2 等。有学者曾将《明义士藏骨凿钻形态图》④《小屯南地甲骨钻凿形态》两书中较大片的卜骨之灼向进行统计，发现"同向灼"的卜骨，数量大，约占 90%，相向灼的卜骨数量

---

① 中国社会科学院考古研究所：《小屯南地甲骨的钻凿形态》，《小屯南地甲骨》下册第三分册，中华书局 1983 年版。

② 董作宾：《骨文例》，《中央研究院历史语言研究所集刊》第 7 本第 1 分，1936 年。

③ 曹定云：《殷墟四盘磨"易卦"卜骨研究》，《考古》1989 年第 7 期。

④ 许进雄：《卜骨上的凿钻形态·明义士藏骨凿钻形态图》，台北：艺文印书馆 1973 年版。

少，约占 10% 。[1]

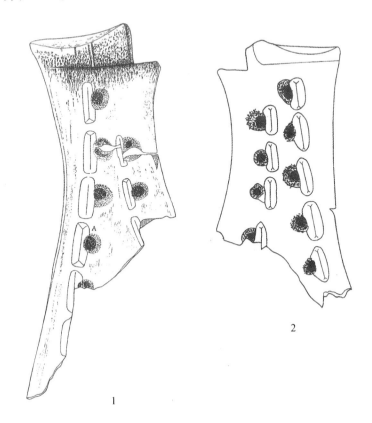

图一二　小屯卜骨凿、钻、灼的排列

1.《村中南》36；2.《屯南》2163

殷墟普通遗址的卜骨，在凿、钻、灼之排列（或钻、灼）之方向上与小屯卜骨存在着差异，下面以苗圃北地[2]、花园庄南地

---

① 曹定云：《殷墟四盘磨"易卦"卜骨研究》，《考古》1989 年第 7 期。

② 中国社会科学院考古研究所：《殷墟发掘报告》，文物出版社 1987 年版，第 200—201、301 页；中国社科院考古所安阳队：《1982—1984 年安阳苗圃北地殷代遗址的发掘》，《考古学报》1991 年第 1 期。

（图一三，1、3）①、王裕口南地（图一三，2）②、大司空村③、孝民屯④、白家坟东⑤、郭家湾⑥等七个遗址为例（表三）。

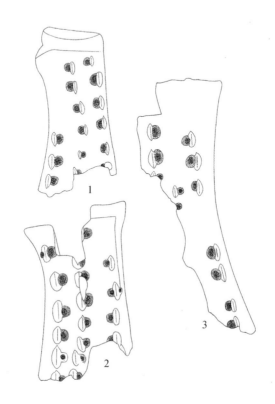

图一三　花园庄南地、王裕南地卜骨凿、钻、灼的排列

1.91 花南 M99 上③：2；2. 王裕口南地 90T2⑤：12；3.91 花园 T3③：8

---

①　刘一曼：《安阳殷墟甲骨出土地及其相关问题》，《考古》1997 年第 5 期。

②　刘一曼：《安阳殷墟甲骨出土地及其相关问题》，《考古》1997 年第 5 期；中国社科院考古所安阳队王裕口南地 2010 年发掘资料。

③　中国社会科学院考古研究所：《安阳大司空——2004 年发掘报告》，文物出版社 2013 年版。

④　中国社科院考古所安阳队孝民屯 2003 年发掘资料。

⑤　中国社科院考古所安阳队白家坟东 1996—1999 年发掘资料。

⑥　中国社会科学院考古研究所、安阳市文物考古研究所：《安阳郭家湾商代遗址》，待出。

表三　　　　　　　凿、钻、灼排列与灼的方向统计表

地点	卜骨数（片）	钻、凿、灼（或钻、灼）的排列及百分比								灼的方向及百分比					
		一列	%	二列	%	三列	%	四列	%	同向	%	相向	%	混向	%
苗圃北地	7			1	14	6	86			1	14	6	86		
花园庄南地	9			5	54	4	46			2	22	7	78		
王裕口南地	18			9	50	8	44.4	1	5.6	4	22	14	78		
大司空村	54	1	2	34	63	19	35			7	13	46	87		
孝民屯	21	1	5	20	95							20	100		
白家坟东	19			9	47.4	9	47.4	1	5.2	1	5.3	17	89.4	1	5.3
郭家湾	25			21	84	4	16			2	8	23	92		

　　表三中的卜骨数是指上半部保存比较完整，可以看出钻、凿、灼（或凿、灼）排列及灼的方向的卜骨数目。从表中的数据可以看出，在凿、钻、灼的排列上，孝民屯卜骨二列的比例最高，占95%，次为郭家湾卜骨，二列的比例占84%，与小屯卜骨较相似。苗圃北地则以三列为主，占86%，二列只占14%，与小屯卜骨相差较远，其余四个遗址的卜骨二列与三列的比例接近，与小屯卜骨也有一定差别。

　　在灼（或钻、灼）的方向上，孝民屯卜骨全部属"相向灼"，其余六个遗址，也以"相向灼"占大多数，"同向灼"占的比例少，与小屯卜骨差别较为明显。

　　有学者认为，灼之"相向"在殷墟卜骨中少见，其时代都是康丁。[①] 对于刻辞卜骨而言，大致不差，但若将无字卜骨也包括在内，这种看法就应当修正。因为除了在表三中七个遗址的卜骨外，

---

① 曹定云：《殷墟四盘磨"易卦"卜骨研究》，《考古》1989 年第 7 期。

在薛家庄南地①、四盘磨②、后冈③等遗址的卜骨中，也发现"相向灼"，可见在殷墟遗址的卜骨中，它的出土数量是很多的。这种灼，在殷墟文化一、二期卜骨也屡有发现，如苗圃北地 84H19：7、PNH217：26、91 花南 M99 上③：2、M99 上③：3，几片卜骨，其上有"相向灼"，所出的坑层，属殷墟文化第一期，PNH24：2 卜骨，属殷墟文化第二期。至殷墟文化三期数量较多，四期仍有少量存在。它的延续时间较长。

可见在殷墟遗址的卜骨中，"相向灼"的出土数量是很多的。

四　卜兆的形态与兆枝方向

（一）卜兆的形态

殷人占卜时，在甲骨的一面（通常是反面）施灼之后，另一面（通常是正面）相应的位置会呈现出卜兆。卜兆由兆干和兆枝组成，前者为纵向的裂纹（反面凿处），后者为横向的裂纹（反面钻或灼处）。据前辈学者的研究④和笔者收集的殷墟甲骨卜兆资料，本文将其形态分为十类：（见图一四）

1. 兆枝横直。兆干与兆枝夹角呈 90 度，或近于 90 度。

2. 兆枝上仰。兆干与兆枝之夹角以 70 度至 90 度为多。

3. 兆枝下俯。

4. 兆枝中部弯折后上仰。

5. 兆枝中部弯折后下俯。

---

① 赵霞光：《安阳西郊的殷代文化遗址》，《文物参考资料》1958 年第 12 期，封三图八。

② 曹定云：《殷墟四盘磨"易卦"卜骨研究》，《考古》1989 年第 7 期。

③ 中国社会科学院考古研究所安阳工作队：《1991 年安阳后冈殷墓的发掘》，《考古》1993 年第 10 期。

④ 严一萍《甲骨学》上册，（台北：艺文印书馆 1977 年版，第 732—733 页）。将殷商甲骨卜兆分了十种类型，大体相当于本文的第 1—6 种，第 7—10 种为本文新增的类型。

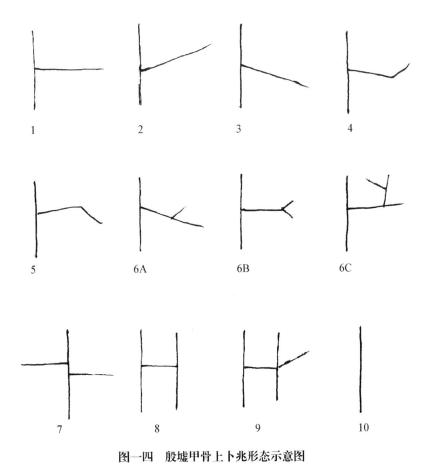

图一四　殷墟甲骨上卜兆形态示意图

1. 兆枝横直；2. 兆枝上仰；3. 兆枝下俯；4. 兆枝弯折后上仰；5. 兆枝弯折后下俯；6A、
6B、6C. 兆枝末端分叉；7. 一干左右出枝；8. 二干一枝；9. 二干二枝；10. 兆干

6. 兆枝末端分叉。又可细分为三种：6A. 在兆枝的后段伸出一短枝，似侧置的"上""下"之形；6B. 在兆枝后端均匀地伸出二短枝；6C. 一干多枝。目前所见为一干三枝、四枝等，形状不规则。

7. 在兆干的左、右各出一枝。此类兆，有一些是由于反面相应的位置凿之两侧各有一灼而形成的。

8. 二干一枝。即两个竖的兆干之中部与一横兆枝相连接，其形状似较宽的 H 形。

9. 二干二枝。两个兆干，各出一兆枝。8、9 两类，其反面相应的位置只一凿、灼，但灼的尺寸较大，灼痕深黑。

10. 只见兆干，未见横的兆枝，也可以说是不完全的卜兆。此种兆，其反面的灼痕颜色较浅、灼的温度不高。

以上 1—7 类卜兆，见于殷墟的卜甲与卜骨上；8—10 类卜兆，主要见于卜骨，卜甲上未见或罕见。

殷墟不同地点的甲骨，卜兆的形态存在一定的差异。

小屯甲骨，出土数量巨大，但已发表的甲骨著录中，大多看不清卜兆的形状，故难于作出精确统计，我们只能从观察过的资料中作一粗略的估算。笔者认为，小屯甲骨上，第 1—5 类卜兆最为常见，尤其是第 1—3 类发现数量最多（图一五）。第 6、7 类很少。如《村中南》一书的摹本中，描出卜兆的甲骨 117 片（卜甲 57 片、卜骨 60 片），均属 1—5 类。《丙》一书可以看清卜兆的部分拓片，其形态也属第 1—5 类。再如胡厚宣先生编著的《苏德美日所见甲骨集》中[1]，收录甲骨摹本 576 片，摹出卜兆的 57 片，其中 49 片卜兆属第 1—5 类，8 片属第 6 类，即兆枝开叉的甲骨只占 14%，数量少，而且都属于卜骨。该书的甲骨是早年流传到国外的，其出土地应为小屯一带。

《花东》一书的甲骨卜兆的形态基本上属第 1—5 类，第 6 类数量极少，不足 1%。[2]

侯家庄南地的大龟七版，六版腹甲上大多数卜兆属 1—5 类，但每片中都有少量卜兆属第 6 类。一片背甲上的卜兆形态与腹甲

---

① 胡厚宣：《苏德美日所见甲骨集》，四川辞书出版社 1988 年版，第 5—18、28—117、121—125、128—139 页。

② 《花东》102（H3：330）的左后甲、204（H3：613）右后甲、276（H3：882）右后甲上各有一个兆枝分叉的第 6 种卜兆，因该部位没有卜辞，当时做摹本时没有描出，读者可参考这三片卜甲的彩色相片。

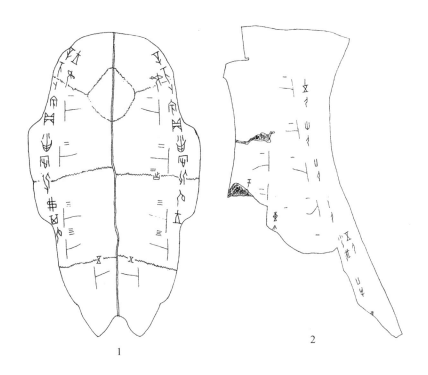

图一五 小屯卜骨卜兆的形态

1. 卜甲（《丙》354）；2. 卜骨（《村中南》36）

近似，但又偶见第 7 类。①

殷墟其他遗址的卜甲上卜兆的形态，与小屯卜甲基本相似，以第 1—5 类卜兆占绝大多数。但卜骨的卜兆的形态与小屯存在差异，即第 6 类卜兆的比例大，还新见第 8—10 类。下面以苗圃北地、白家坟东、郭家湾三地的卜骨为例。

苗圃北地：1984 年发掘的可以看清卜兆的卜骨 6 片，只 2 片卜兆属第 1—5 类，占 33.3%，4 片卜骨的卜兆以第 6 类为主，第 1—5 类只占少数。如 84PNT1④：20 上有卜兆 8 个，3 个卜兆分属

① 董作宾：《安阳侯家庄出土之甲骨文字》，《田野考古报告》第一册，1936 年，第 142、145、147、149、151、154、156 页。

1、2、3类，5个卜兆属第6类（图一六，2）。

白家坟东：1996—1999年发掘的可看清卜兆的卜骨17片，其中6片卜兆属1—5类，占35%；11片卜兆以第6类为主，间有1、2、8、9、10类。如98ABDH18：14，上有完整的卜兆5个，上部三个属第6类，下部两个分属第8、9类（图一六，3）。99ABDH17：12，上有完整的卜兆6个，第6类3个，占一半，第1、2、10类各1个（图一六，5）。

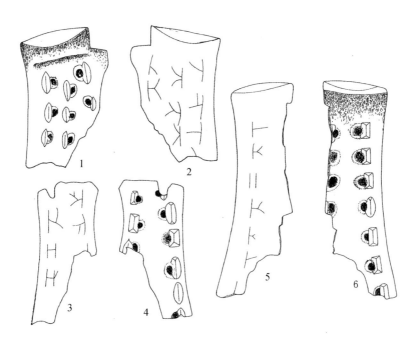

图一六 苗圃北地、白家坟东卜骨卜兆的形态

1. 苗圃北地84PNT1④：20（反）；2. 苗圃北地84PNT1④：20（正）；3. 白家坟东98ABDH18：14（正）；4. 白家坟东98ABDH18：14（反）；5. 白家坟东99ABDH17：12（正）；6. 白家坟东99ABDH17：12（反）

郭家湾：2000年发掘的可以看清卜兆的卜骨28片，其中卜兆属第1—5类的13片，占46%；15片卜骨上的卜兆除部分属第1—5类外，还杂有第6、第10类。如2000AJNH40：1，上有卜兆

12个，6个属第6类，6个属第1—3类（图一七，2），T25⑤：6，上有卜兆4个，第1与第6类各2个（图一七，4）。

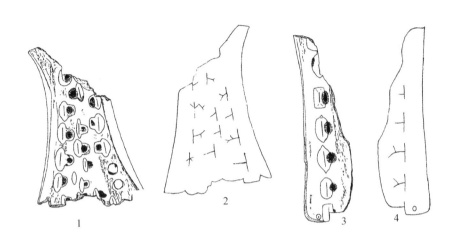

图一七　郭家湾卜骨卜兆的形态

1. 2000AJNH40：1（反）；2. 2000AJNH40：1（正）；3. 2000AJNT25⑤：6（反）；4. 2000AJNT25⑤：6（正）

(二) 兆枝的方向

上文已提到，卜兆因施灼而产生，兆枝的位置与灼的位置相对应，故兆枝的方向与灼的方向是一致的。

小屯与花东H3卜甲中的腹甲，左、右两部分卜兆的兆枝均指向千里路，左、右背甲的兆枝均指向中脊。

侯家庄南地HS：20的背甲，兆枝方向指向中脊，腹甲的兆枝大多数向着千里路，只在甲桥与甲尾外侧有少量卜兆兆枝朝外，可以说基本上与小屯卜甲相似。

小屯、花东H3的卜骨，以兆枝向着臼角的同向兆占大多数，兆枝朝向骨版中部的相向兆占少量。

一般遗址（除大司空村外）卜甲中的腹甲，虽然也有不少卜兆兆枝指向千里路的，但以兆枝朝外的最为常见。这些遗址的背甲，兆枝大多向着中脊。

一般遗址的卜骨，以兆枝指向骨版中部的相向兆占绝大多数，指向臼角的同向兆很少，与小屯卜骨存在较大的差别。

五　殷墟不同地点的甲骨差异原因之分析

从以上四个问题的叙述中，可以看出小屯、花园庄东地 H3、侯家庄南 HS：20 的甲骨与殷墟其他遗址出的甲骨虽有较多的共性但也存在不少差别。前者选材较讲究，卜甲数量大，数以万计，长 28 厘米以上的大卜龟也较常见。卜骨基本都用牛的肩胛骨。甲骨的整治较精致，凿、钻、灼的排列，卜兆的形态及兆枝的方向相当规范，很有规律。后者所出的卜甲数量较少，迄今各遗址卜甲总和只一千多片，且大多尺寸较小，未见 28 厘米以上的大卜甲。在卜骨的选材上虽以牛肩胛骨为主，但间用骨骼未发育成熟的小牛，还用牛髂骨，羊、猪肩胛骨等，甲骨的整治上大多较前者粗糙，凿、钻、灼的排列、卜兆的形态及兆枝的方向上，远不如前者规范。

造成这一差异的原因是什么？我们认为主要有两点：

其一，占卜主体的身份不同。侯家庄南地 HS：20 大龟七版属何组卜甲，与小屯大多数刻辞卜甲一样，属于王的卜辞，花园庄东地 H3 甲骨，占卜主体是"子"，是一位与殷王有血缘关系地位极高的贵族①，众所周知，王有至高无上的权力，他所用的卜甲，大多数是外地的贡纳品。YH127 坑，不少卜甲上发现记事刻辞，记载外地贡龟的数目，如"我以千"（《合集》116 反）"雀入龟五百"（《合集》9774 反）。胡厚宣先生推测，殷代各地贡龟数字

---

① 中国社会科学院考古研究所：《殷墟花园庄东地甲骨·前言》，云南人民出版社 2003 年版，第 30—32 页。

在一万以上。① 花东 H3 的卜甲，发现涉及龟甲来源的记事刻辞 60
片②，如"庚入五"（《花东》190）、"周入四"（《花东》327）。
该坑大片的卜甲为数不少，大多也应是外地的贡品。外地方国、
部族，给国王和权倾朝野的高级贵族贡献龟甲，除了保证数量外，
必定要注意质量，要挑选那些尺寸大的龟甲。殷墟其他遗址的卜
甲，绝大多数未见刻辞，更未发现有关龟甲来源的记事刻辞，卜
甲尺寸较小。其占卜主体有的属于中高级贵族、小贵族或平民，
身份、地位较王和掌握朝政的显贵要低得多，他们用的卜甲，多
是殷墟本地或附近地区所产。据此我们认为，殷墟殷代遗址出土
的大卜龟，大概与青铜礼器一样，也是等级、权力、地位的一种
标示物。③

其二，与占卜机构的规模、大小等有关。王及地位高的大贵
族或中级贵族有各自的占卜机构。在殷王掌握的占卜机构内，既
要占卜国家大事，又要占卜王的日常生活琐事，且一事多卜，从
正面、反面反复卜问。因而卜事极为频繁，占卜机构庞大，人员
需要较多，从甲骨的选材、整治、凿钻的制作、贞卜（卜时的命
龟、灼龟、占龟）、契刻卜辞及卜后甲骨的处理等都有分工，有专
人负责。这些人大多是经过专门训练、技术娴熟者，在各项工作
中都有一定的操作规程。所以王的卜甲、卜骨相当的规范化。

花园庄东地 H3 甲骨坑的"子"掌管的占卜机构较王的占卜
机构小，但也有一定的规模，其贞人达十四人，其中有的贞人
（如大）还是王朝的贞人。该坑甲骨，在内容与字体上与王卜辞有

---

① 胡厚宣：《商代卜龟之来源》，《甲骨学商史代论丛初集》上，河北教育出版社
2002 年版，第 454—490 页。

② 刘一曼、曹定云：《论殷墟花园庄东地 H3 的记事刻辞》，《甲骨文与殷商史》
新三辑，2013 年。

③ 笔者在《安阳殷墟甲骨出土地及其相关问题》（《考古》1997 年第 5 期）已提
出这一观点，从近十几年来殷墟遗址出土的卜甲资料看，这种看法是符合殷代社会实际
的。

差别，但在甲骨的整治，钻、凿、灼的排列，凿、灼的形态、方向，甲骨的来源等大多与王的甲骨相同，表明花东 H3 的"子"与王两个占卜机构关系很密切。

上文已提到，普通遗址的甲骨与王及花园庄东地 H3 坑甲骨存在不少差异，值得注意的是在宫殿区外出甲骨的十多处遗址的情况并不是完全相同，也因占卜主体身份的高低存在某些差别。

例如，大司空村遗址的卜甲，整治、磨制较精，凿、钻、灼的排列，兆枝的方向等与小屯卜甲基本相似，与大多数遗址的卜甲有别。

其差异的原因可以从该地发现的遗迹、遗物去探求。该遗址数十年来曾做过多次发掘，在大司空村东南发掘出数十座面积较大的夯土建筑基址、五六百座灰坑窖穴、出土了大量的陶、石、骨蚌器，该地还发现殷墓上千座，虽以小墓居多，但也发现两条墓道的大墓两座，一条墓道的大墓三座。在一些未经盗掘的墓中，出土了上百件青铜礼器和不少质地精良的玉石器。考古资料表明，大司空村东南在殷代是一处较重要的族邑，在族邑内居住着地位较高的贵族及其族人（中小贵族与平民）。该族内设有由族长掌控的占卜机构。该遗址出土的无字甲骨及几片字体、文例较特殊的有字甲骨，是该占卜机构占卜后的遗物。[①] 引人注目的是，2004年该遗址还发现了一片存 124 字（原来应有 135 字）的干支表，字体规整，行距、字距均匀整齐，字体风格属第二期出组卜辞字体[②]，该干支表应是王的占卜机构的刻手所契刻。这表明该遗址族的占卜机构，与小屯王的占卜机构有一定联系，或请后者派刻手来传授技艺，或将其作品带到族邑内来模仿。所以该遗址出的甲

---

① 1959 年大司空村出土的"辛贞在衣""文贞"卜骨及最近我们从 2004 年大司空村出土的无字卜骨中，新清理出一片上有 7 个字的卜骨，是该族占卜机构占卜后的遗物。

② 刘一曼：《论殷墟大司空村出土的刻辞甲骨》，《古文字研究》第二十八辑，中华书局 2010 年版，第 21—22 页。

骨与小屯甲骨有较多的相似性应是情理之中的事情吧。

再如郭家湾遗址的甲骨，整治较粗糙，钻、凿、灼的排列、兆枝的形态、方向等与小屯甲骨差异较大，而且未见一片有字甲骨。该遗址出土的遗迹、遗物远不如大司空村的丰富，所发现的墓葬均属小墓，未见带墓道的大墓。虽然墓中也出土了一些青铜器和兵器，但制作不精，纹饰也较粗糙。由此可以推测居住在该遗址内的族氏，政治地位与经济实力较低，其族长可能是小贵族。该族虽也进行占卜活动，但没有设立专门的占卜机构。卜者的身份可能与现代西南的纳西族、彝族的情况有些相似①，即他们是擅长占卜，有一定的经验，但并未以此作为固定职业的人，他们在甲骨的选材、整治、占卜程序、方法等主要方面，要遵循殷民族传统的占卜习俗的有关规定，但操作中又不必恪守王的占卜机构所规定的一些具体的工作法则，带有较多的随意性，呈现出独特的风格。

---

① 汪宁生：《彝族和纳西族的羊骨卜——再谈古代甲骨占卜习俗》，《文物与考古论集》，文物出版社1986年版，第149、150页。

略论甲骨文与殷墟文物中的龙[*]

龙与中华民族的历史、文化、意识形态有着密切关系。因而龙成了学术界研究的一个重要对象。研究龙，必须注意有关的文字资料，但龙的图像更为重要，因为龙的图像资料丰富而生动，而且在文字出现之前它早已存在。龙的形象最早见于七八千年前新石器时代的遗址中。数千年来，它的形体不断变化、发展，并逐步规范。殷商时代，是龙发展变迁的漫长历史过程中的重要环节。所以本文的宗旨是论述甲骨文与殷墟文物中的龙，以探求龙所蕴藏的深刻含义。

一　殷代龙的形态

（一）甲骨文中的龙字

在殷墟出土的甲骨文中，龙字较常见。据《殷墟甲骨刻辞类纂》[①] 一书所载，有龙字的卜辞 268 条，以龙字为偏旁的字有 12 个。甲骨文的龙字有多种形态（图一），大体上可分为两种：一种是头上有角，身躯作 S 形的龙；另一种是头上无角，身躯作弧线状弯卷的龙。两种龙字相同之处是均作大头、张嘴、长身而曲的

　＊　本文原载《21 世纪中国考古学与世界考古学》，中国社会科学出版社 2002 年版。
　①　姚孝遂、肖丁：《殷墟甲骨刻辞类纂》，中华书局 1989 年版。

动物形象。龙字属象形字。甲骨文中的象形字，是以简略的线条描绘出客观事物的主要特征。但龙是现实生活中没有的动物，那么当时造字的依据是什么？在殷墟出土的商代文物的造型与纹饰中，龙的形象屡见不鲜，它们是甲骨文龙字的蓝本。

图一　甲骨文中的龙字

1.《合集》94 反；2.《合集》6582；3.《合集》272 反；4.《合集》6591；5.《合集》6592；6.《合集》2865；7.《屯南》4233；8.《屯南》2677；9.《合集》13646 正；10.《英藏》1997

（二）殷墟文物中的龙

殷墟出土的殷代的铜器、玉石器、白陶、骨器、漆木器上所见的龙的造型与纹饰，比甲骨文的龙字更为多姿多彩。殷墟所出的殷代文物的龙[1]，按其身躯的形态，可分为三类。

1. 盘卷状龙纹

学者多称为蟠龙纹，常见于青铜礼器上。龙身一般较长，盘成圆圈，大多无足。有的龙，头部作侧视形。如妇好墓所出的三联甗架（M5：790）表面，有三个高出的喇叭状圈口，圈口的周边，饰以盘卷状龙纹。该龙头部作侧视相，顶有云状角，头与尾相邻近，尾尖外卷，体饰菱形纹兼三角纹（图二）。[2]有的龙，头部作正视形，如小屯 M18 所出的铜盘（M18：14）内底上的龙纹，

---

① 本文所说的龙，不包括夔纹。

② 中国社会科学院考古研究所：《殷虚妇好墓》，文物出版社 1980 年版。

龙头居盘底中部，双眼呈"目"字形，眼上有眉，面部两侧有叶状耳，额部正中有一大的菱形纹，龙的头顶有一对瓶形角（或称钝角、祖形角），身躯盘成两圈，尾巴在外。身躯的主要纹饰与上例同（图三）。① 此类龙纹，亦见于玉石器中，但身躯盘卷的姿态与铜礼器上的龙纹有所不同。如妇好墓出的一件玉龙（M5：408），龙头微昂，张口露齿，眼的形状如上两件，眉细而弯，两钝角后伏，中脊做扉棱状，龙身向内弯卷，有两短足，足端有爪（图四－1）。

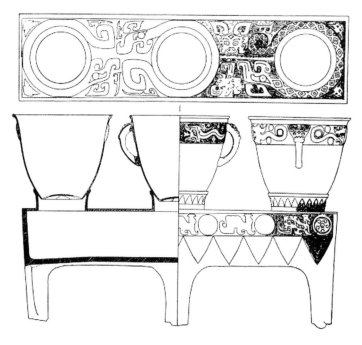

图二　妇好三联甗架表面的龙纹

2. 弧线状龙纹

身躯较第一类龙纹短，多呈 C 字形，是圆周的一部分。较短

---

① 中国社会科学院考古研究所安阳工作队：《安阳小屯村北的两座殷墓》，《考古学报》1981 年第 4 期。

的是圆周的三分之一至四分之一，较长的是圆周的二分之一、四分之三、五分之四，或更大些。如妇好墓的一件玉龙（M5：369），体长稍大于圆周的五分之四，张口，头上双角后伏，身尾饰云纹，背饰菱形纹兼三角纹（图四–2）。同墓出的一件龙形玉璜（M5：391），体长稍大于半圆，一角后伏，足前屈，尾尖上卷，背脊有扉棱。颈饰鳞纹，身尾饰变形云纹（图四–3）。

3. 长条状龙纹

此类龙纹，身躯多作 S 形弯曲，有角、有足，作匍匐状、站立状或爬行状。如妇好墓的四足觥（M5：803），盖面右侧的龙纹作侧视形，角后伏，凹腹，拱背，长尾，尾尖上翘，腹下有双短足，趾上有爪，身、尾饰鳞纹及云纹，作行进状（图四–4）。此类龙纹，有的作一首二身，如妇好墓出土的司夒母铜方壶，腹的上部四面各有一条这样的龙纹，龙头为圆雕，高出器面，身躯为浮雕。这种形式，是出于构图的需要，将龙的身躯展开，一分为二，达到左右对称的效果（图五）。此类龙纹还偶见体近直线者，如妇好墓出土的一件玉刀（M5：501），刀身近背处的龙纹就是如此。[①]

上述第二、三类龙纹是甲骨文龙字的依据，而第一类龙纹的形象为甲骨文所未见。

这三类龙纹形态上有差异，主要是与器物的质地、制作工艺、龙纹在器物中的位置有关。盘卷状龙纹，多见于铜盘、盂的底部。铜盘的内底面积较大，龙的头部可作放大处理，身躯缠绕数周，使其充满器底。铜盂底部面积较盘小，所饰之龙纹身躯相应较短，如西北冈 M1400 出土的帚小室盂底部的龙纹身躯只盘卷一周，呈头尾相接之状（图六）。[②] 弧线状龙纹，绝大多数见于玉器上。这

① 中国社会科学院考古研究所：《殷墟妇好墓》，文物出版社 1980 年版。

② 梁思永、高去寻：《侯家庄第九本·1129、1400、1443 号大墓》，历史语言研究所，1996 年。

图三　小屯 M18 铜盘内底的龙纹

是由于殷代制玉工匠喜用圆为雏形来雕琢器物，他们将圆形玉料从中部打孔，使其成为环、璧、瑗的形状，再将之加以切割，加工成为璜、玦及动物、人物形象的饰件。① 通过此种方法制成的玉龙、龙形璜、龙形玦等，形制相当规范、划一，线条圆润流畅。长条状龙纹多见于青铜礼器的颈部、上腹，觥的盖面，亦见于某些精美的骨匕上②，该处面积狭长，配置此类龙纹最为适宜。此类

---

① 郑振香：《殷人以圆为雏形雕琢玉饰之探讨》，《考古》1993 年第 10 期。

② 梁思永、高去寻：《侯家庄第二本·1001 号大墓》下册，图版二一四，"中研院"历史语言研究所，1962 年。

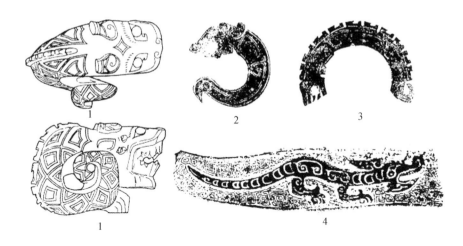

图四　妇好墓出土的龙的形象

1—3. 玉龙（M5：408、369、391）；4. 铜四足觥盖部右侧的龙纹（M5：803）

龙纹，有时还出现于石磬上，如1973年小屯村北出土的一件石磬①，其形状近不规则的三角形。龙纹的头部置于近顶角（即钝角）处，该处面积较宽阔，因而龙的整个头部、口及头顶的瓶状角均雕刻得较大，龙的身躯伸向三角形的狭长部分，鱼形尾巴直伸至锐角内。这条龙纹，占满石磬的表面（图七－1）。此外，还有的龙纹形态较复杂，兼有一、三类龙纹的形式。如殷墟妇好墓出土的一件石器盖（M5：49），盖面雕龙形钮，龙身上部为长条状，圆雕，高出器面，作为把手。该龙口微张，吐舌，头上有角，双足前屈，做伏状，龙身下部及尾蟠于盖的边沿。这件器物的龙纹，反映出殷人将"因器施纹"的手法运用得十分巧妙，使器物的外形与器表上的纹饰和谐统一，相得益彰（图七－7）。

① 中国科学院考古研究所安阳发掘队：《殷墟出土的陶水管和石磬》，《考古》1976年第1期。

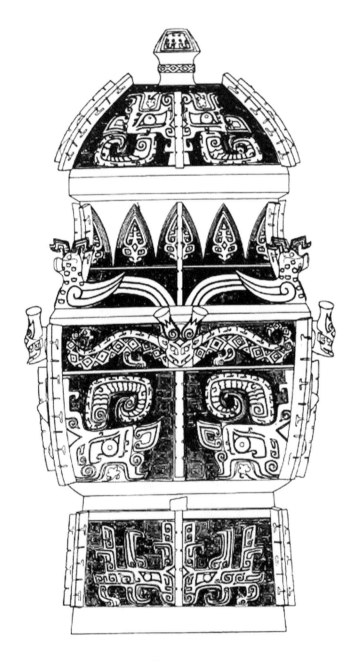

图五　妇好墓司龟母铜方壶上的龙纹

图六　西北冈 M1400 铜盂底部的龙纹

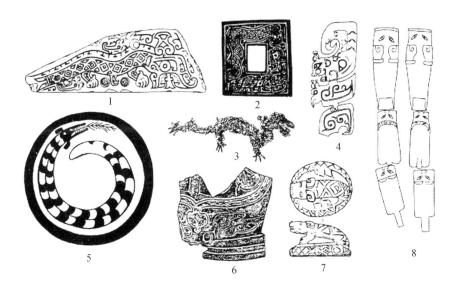

图七　新石器时代至殷代龙的形象

　　1. 小屯北石磬上的龙纹；2. 小双桥青铜建筑构件上的龙纹；3. 濮阳西水坡 M45 蚌龙；4. 妇好墓出的玉龙与怪鸟（M5：344）；5. 襄汾陶寺陶盆上的龙纹；6. 二里头陶片上的龙纹；7. 妇好墓石器盖（M5：49）上的龙纹；8. 侯家庄 M1500 南墓道石龙、牛、虎之排列情况（头向北）

二　殷代龙的渊源

殷墟文物中龙的造型与纹饰虽然有多种样式，但都呈现出长身、大口、有角、有短的足爪、身上密布鳞片的动物形。如前所述，这种动物是自然界所未见的。那么殷人又依据什么将它创造出来的呢？要回答这一问题，我们还应把目光放远一些，追溯到遥远的新石器时代。

在我国新石器时代的遗址中，发现过一些造型上与龙相似的文物或纹饰，学术界称之为前龙纹（或原龙纹）。这些前龙纹是殷墟龙纹的源头，至今殷墟文物中的龙，仍可见到前龙纹的影子。如上文提到的殷墟铜盘内底上的龙纹与山西襄汾龙山文化陶寺遗址所出的蟠龙纹盘上的龙构图基本相同，即龙的身躯均在盘内盘卷成圈，不同之处是陶寺龙纹无角，头在外，身向内卷①（图七-5），殷墟龙纹头上有角，头部在内，身向外卷。这里应到的是，殷墟西北冈 M1400 大墓所出的一件铜盘，龙纹饰于盘腹外表，躯体呈圆圈状，首尾相接。该龙与多数铜礼器上的龙纹稍有不同，龙眼较小，呈椭圆形，龙的口部伸出叶脉状长舌，身饰鳞纹与节状纹（图八）。②而陶寺龙纹，豆状小眼，口吐长信，身上两种纹饰相间排列，与殷墟 M1400 铜盘的龙纹近似。殷墟的玉龙，大多弯卷成 C 字形，特别是有几件头似猪形的龙形玦③，与北方红山文化所出的玉龙④，在外观上几无二致，稍有不同的是红山文化的玉

---

① 中国社会科学院考古研究所山西工作队、临汾地区文化局：《1978—1982 年山西襄汾陶寺墓地发掘简报》，《考古》1983 年第 1 期。高炜、高天麟、张岱海：《关于陶寺墓地的几个问题》，《考古》1983 年第 6 期。

② 梁思永、高去寻：《侯家庄第九本·1129、1400、1443 号大墓》，"中研院"历史语言研究所，1996 年，图版五二。

③ 中国社会科学院考古研究所：《殷虚妇好墓》，文物出版社 1980 年版。

④ 辽宁省文物考古研究所：《牛河梁红山文化遗址与玉器精粹》，文物出版社 1997 年版。

龙身上没有纹饰。殷墟青铜礼器上的长条状龙纹，与河南濮阳西水坡仰韶文化遗址 M45 的蚌龙[①]（图七 –3）体态相近，主要区别是后者头上无角。此外，殷墟龙纹中还有的面部似虎，与良渚文化的虎形前龙纹也有某些联系。[②]

在夏代遗址所出的器物上，龙的纹饰很少，但其形态对殷墟龙纹颇有影响。在二里头遗址的几片陶片上发现龙纹[③]，体态似蛇，其中一片陶片上的龙纹，桃形头，额正中有一菱形纹，眼作目字形，一头二身，即龙的身躯从头顶上方分成左、右二支，体饰链状纹饰（图七 –6）。此龙纹眼部的形态、额上的纹饰及构图方式，为殷墟龙纹所仿效。如殷墟妇好墓司夒母方壶上腹的龙纹基本轮廓与二里头龙纹较相似，不同的是，方壶上龙纹的身躯是从龙的面部向两侧伸展的。

商代前期的青铜礼器上尚未见到龙纹，但在 1985 年与 1989 年郑州小双桥遗址出土的两件青铜建筑构件上饰有龙虎斗象图案。该龙纹头部的形态与额部的纹饰似二里头龙纹，但其头部两眼的上方，两侧的线条向内弯成卷云状，可能是云状角的雏形。龙的身躯较粗壮，已非蛇身，在躯体上密布菱形纹，并以小三角纹填空[④]（图七 –2）。小双桥龙纹与殷墟妇好墓铜鸮尊双翅上的蟠龙纹[⑤]（图九），头部的形态，额及身躯上的纹饰酷似，只是体态不同，前者体丰肥，做行进状，后者体瘦长，盘绕成圈，做静止状。

---

①　濮阳市文物管理委员会、濮阳市博物馆、濮阳市文物工作队：《河南濮阳西水坡遗址发掘简报》，《文物》1988 年第 3 期。

②　孙机：《前龙·原龙·真龙》，《中国文物报》1999 年 9 月 29 日。

③　中国科学院考古研究所洛阳发掘队：《河南偃师二里头遗址发掘简报》，《考古》1965 年第 5 期。

④　河南省文物研究所：《郑州小双桥遗址的调查与试掘》，《郑州商城考古新发现与研究》，中州古籍出版社 1993 年版。

⑤　中国社会科学院考古研究所：《殷虚妇好墓》，文物出版社 1980 年版。报告作者称鸮尊翅上的纹饰为蛇纹，在刘志雄、杨静荣著的《龙与中国文化》一书中称之为龙纹，我们同意后一种意见。

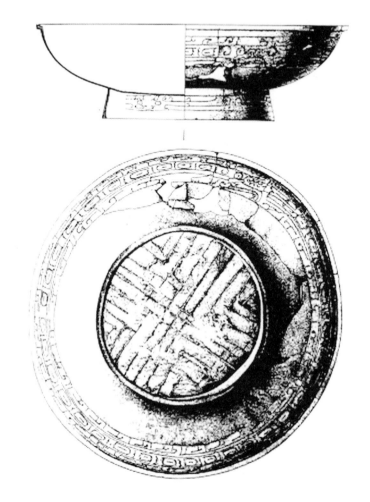

图八 西北冈 M1400 铜盘外壁的龙纹

又，殷墟青铜器、玉石器、骨器上的龙纹，身上的纹饰虽有数种，但最常见的是菱形纹与三角纹，且菱形纹为主，三角纹为辅。可见殷墟龙纹与郑州小双桥龙纹是一脉相承的。

殷人对各地新石器时代的前龙纹及夏代、商前期的龙纹的诸多因素，不是简单地进行移植，而是加以改造，并进行创新。例如，在殷商以前的龙纹，绝大多数头上无角，罕见有角的。① 而殷墟龙纹则相反，绝大多数有角，少见无角。且龙角的式样丰富多彩，有瓶状角、云状角、尖状角、弯折角等。殷人给龙的头顶加上各式各样的角，这一举措，使商代后期的龙，增添了灵气，增添了威力，使之挣脱了前龙纹较多地模仿现存动物体态的窠臼，具有神秘莫测的色彩。

三　殷代龙的含义

殷商时代，龙的含义是什么？在甲骨卜辞中，龙有以下几种意义。

（一）作方国名、地名

"贞：王惟龙方伐？"

"勿惟龙方伐？"　　　　　　　　　　　　　　　　《合集》6476

"己巳王卜在龙贞：今日步于攸，无灾？在十月又二。"

　　　　　　　　　　　　　　　　　　　　　　　《合集》36825

（二）作祖先称谓

"御妇于龙甲？"　　　　　　　　　　　　　　《合集》659 反

"贞：御子央于龙甲？"　　　　　　　　　　　《合集》3007

"庚子子卜：惟小宰御龙母？"　　　　　　　　《合集》21805

---

①　新石器时代的有角龙纹，有安徽凌家滩玉龙（《安徽含山县凌家滩遗址第三次发掘简报》，《考古》1999 年第 11 期）、湖北黄梅焦墩遗址的卵石摆砌的龙（《中国文物报》1993 年 8 月 22 日）。

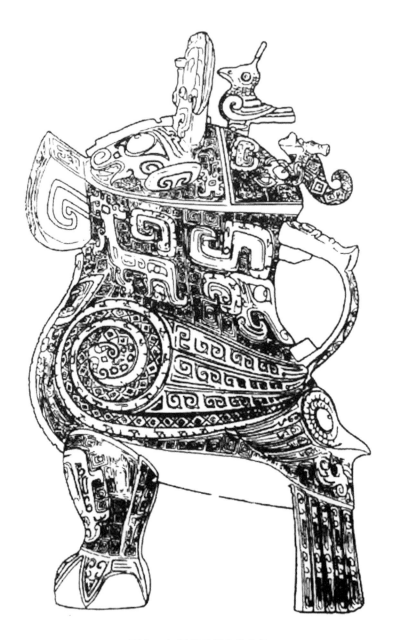

图九　妇好墓鸮尊上的龙纹

龙甲、龙母，是被祭祀的祖先。

（三）作灾祸解

　　"乙巳卜㱿贞：有疾身，不其龙？"　　　　　　《合集》376 正
　　"贞：有疾目，不其龙？"　　　　　　　　　　《合集》13625 正
　　"贞：疾肘，龙？"　　　　　　　　　　　　　《合集》13677 正

（四）作神祇名

　　"己巳贞：其寻莘龙？"　　　　　　　　　　　《合集》32439
　　"其莘龙？"　　　　　　　　　　　　　　　　《屯南》1033
　　"丁卯卜：祝龙，在……兹用。"　　　　　　　《屯南》1065

寻、莘、祝，均为祭名。

（五）龙与雨有密切关系

　　"乙未卜；龙无其雨？"　　　　　　　　　　　《合集》13002
　　"惟庚炆有（雨）？"
　　"其作龙于凡田，有雨？"　　　　　　　　　　《合集》29990
　　"……龙……田，有雨？"　　　　　　　　　　《合集》27021

　　裴锡圭先生认为，《合集》29990"作龙"与"炆"（焚人求雨）的卜辞同见于一版，"作龙的目的在为凡田求雨，可知所谓'龙'就是求雨的土龙"。"看来，《淮南子·地形》注说商汤遭旱

作土龙以致雨，可能是确有根据的。"①

在龙的多种含义中，最重要的一种是神祇名。龙是殷人心目中的神灵，与殷人的命运息息相关。殷人对龙进行祝祷，认为它可以带来福祐，带来农作物生长所需要的雨水，因而也将龙作为吉祥、美好的象征。正因如此，殷人在其祖先称谓之前冠以"龙"字，其意义可能近似"成汤""武丁""康丁"中的"成""武""康"一样，是一种美称。龙，也可以给殷人带来祸患，所以，殷人也将它作为某种灾患之词。

下面，我们从殷墟文物中龙的纹饰与造型，对龙的含义作进一步的探讨。

著名学者张光直先生曾敏锐地指出，商周青铜礼器"是巫觋沟通天地所配备的一部分，而其上所像的动物纹样也有助于这个目的"②。龙纹是重要的青铜礼器上的一种纹饰，它当然亦担负着这一职能。

能通天地的龙，必需能翱翔于天空。在殷墟妇好墓出土的一件龙与怪鸟（M5：344，有学者称怪鸟为凤鸟）的玉器上，使我们具体地了解到龙的这一神力。该玉器的龙，头上有一瓶状角，"目"字形眼，身躯上竖，尾尖内卷，身尾饰菱形纹，胸部饰一较大的目字纹，这是其他的龙纹身躯上未见的纹饰。龙伏于一怪鸟的背上。怪鸟作站立状，圆眼，尖喙，头顶上有双角，短尾一足，足端有爪，身饰变形云纹。鸟的爪下有座，上刻云纹，象征云彩（图七-4）。郑振香、陈志达两位先生指出，这件玉器"颇似怪鸟负龙升天的画面"③。联系到龙胸下的目字纹眼珠方向是朝上的，而头部目字纹眼珠方向是朝下或朝左右的，两者的方向不同，

① 裘锡圭：《说卜辞的焚巫尪与作土龙》，《甲骨文与殷商史》，上海古籍出版社1983年版。

② 张光直：《中国青铜时代》，生活·读书·新知三联书店1983年版。

③ 中国社会科学院考古研究所：《殷虚妇好墓》，文物出版社1980年版。

是否意味着龙正在升天时，需时刻观察天空的复杂情况而特意添加的呢?!

在西北冈一座有四条墓道的大墓 M1500 的南墓道中，发现石龙、石牛、石虎各一对，它们排列的情况更是耐人寻味。石龙、石牛、石虎首尾衔接，头北尾南，排成两行，处于同一水平面上（图七-8）。这三件石兽，以龙最大，长 42.5 厘米，高 15.5 厘米，重 15160 克。龙作方形头，双耳如牛耳，双角后伏，背部隆起，尾巴略垂，尾尖内卷，足雕六爪，伸向头下，作匍匐状。石牛、石虎尺寸较龙小，长度分别为 28 厘米、30 厘米。这组石兽的含义是什么？由于在石虎的南面 4.42 米处出了一件石俎，发掘报告的作者认为："石刻兽象是牺牲永久的代用品，石俎是放置已经腐化了祭品的家具。"[①]

我们认为，上述意见是值得商榷的。因为石俎与几件石兽出在不同的层，前者出于"水平面"下约 2.8 米的乱夯中，而后者出于"水平面"下 6.72—6.84 米的夯土中，两者深度相隔 4 米，未必有内在的联系，也就是说墓道的三件石兽不是作为永久的牺牲而摆放的。它们的意义还需从这三种动物的作用去探求。龙与虎是通天地的神兽，学术界多无异议。牛是否如此，尚未有共识。我们认为，牛虽是常见的牲畜，但在殷人的心目中它是具有灵性的动物，因而将它的肩胛骨作为占卜的材料，通过占卜，审视其上的卜兆，以了解祖先、神灵的意志，作为处理各种事情的准则。

在殷墟发掘的带墓道的大墓中，若只有一条墓道，其位置绝大多数是处于墓室之南边。若有两条或四条墓道，南墓道较其他的墓道要长，通常也较宽。如 M1500 南墓道长 48.55 米，为斜坡状，东、西、北三条墓道分别长 20.05 米、22.65 米和 22.60 米，均属台阶状。南墓道是殷墟大墓中的最重要的墓道，是下葬时将

---

① 梁思永、高去寻：《侯家庄第七本·1500 号大墓》，"中研院"历史语言研究所，1974 年。

棺、椁及随葬品等运送至墓室的主要通道，亦是墓主的灵魂通向另一个世界的重要通道。由此我们推测，西北冈 M1500 南墓道的石龙、石牛、石虎排列成行，其意义如同濮阳西水坡 M45 墓主骨架旁用蚌壳砌成的龙虎图案一样，具有引导墓主的灵魂升天的作用。

基于这一思路，我们又联想到妇好墓椁顶上层（距墓口深5.7 米，距地表深6.2 米），在墓室中部的显赫位置放有石牛一件。[①] 石牛长25 厘米，在其下颌上刻"司辛"二字，"辛"为妇好的庙号。这件"司辛"石牛，可能与 M1500 的石牛、石虎、石龙一样，亦具有引导墓主的灵魂升天的意义。

再者，器物上的龙纹，常见于盘、盂一类水器中。在殷墟出土的铜盘、铜盂、白陶盂[②]、漆木盘[③]上都见到龙纹，尤以铜盘、铜盂上的龙纹，占的比例较大。70 多年来，殷墟科学发掘出土的饰龙纹的青铜礼器有三联甗架、觥、鸮尊、方壶、盘、盂、卣、觯等八类，共20 件，其中盘4 件、盂2 件，两者占了龙纹礼器总数的30%。饰龙纹的铜方壶2 件。壶，学术界多认为是盛酒之器，但在 M1400 东墓道中，铜壶与盘、盂、勺共出，为盥洗用具，可见壶有时亦作盛水用的。如果我们将水器的尺度放宽些，将壶亦统计在内，则饰龙纹之水器可占龙纹礼器的40%。此外，三联甗架，虽列于炊器之类，但在使用时，架的内腹是要盛上水的，在甗架之表面亦饰以蟠龙纹。有趣的是在铜盘内底上，在龙纹的周围所配的动物纹饰中，必有鱼纹。众所周知，鱼是水生动物，总是离不开水的。龙、鱼共处，说明在殷人的思想认识中，龙虽能升天，但其主要习性还是游于水中的。正因如此，殷代龙纹在盛

---

① 中国社会科学院考古研究所：《殷虚妇好墓》，文物出版社 1980 年版，图 6。

② 中国社会科学院考古研究所：《殷墟的发现与研究》，科学出版社 1994 年版，图 108：1。

③ 石璋如：《殷墟墓葬之四·乙区基址上下的墓葬》，"中研院"历史语言研究所，1976 年。

水的器物中出现也就较其他的器物为多。这与甲骨卜辞记载龙与雨水有密切关系是相一致的。

还应当指出的是，殷墟饰龙纹（不包括夔纹）的器物不大多，只出在少数墓中，尤以饰龙纹的青铜礼器的情况更是如此。龙纹铜礼器，只出于王、王室成员或高、中级贵族的墓中，在小贵族或平民墓的随葬品中，从未见到它们的踪影。如上文提到的 4 件青铜盘，侯家庄 M1400 与小屯北 M18 各出 1 件，妇好墓出 2 件。M1400 是西北冈王陵区带四条墓道的大墓，据研究，四条墓道的大墓之墓主为殷王。① 该墓遭到多次盗掘，原来随葬青铜礼器的数量已无从知晓。小屯北 M18，面积 10.6 平方米，出青铜礼器 24 件，其中觚、爵 5 套，青铜礼器上有龙纹的只盘 1 件。从该墓铜礼器上的铭文有"子渔""㠭侯"推测，墓主是王室成员或高级贵族。妇好墓面积 22.4 平方米，出青铜礼器 210 件，其中觚、爵 40 套。青铜礼器上有龙纹的共 13 件。这是殷墟考古发掘的墓葬中出土青铜礼器及饰龙纹的铜礼器数量最多的一座。墓主妇好是殷王武丁的配偶，也是一位有重要军事统帅权的女将。值得注意的是，该墓所出的 13 件饰龙纹的铜礼器中，10 件有铭文，其中 6 件铭"妇好"（包括 1 件铜盘），是墓主生前使用之器，2 件铭"司母辛"，是武丁的子辈祭祀妇好时所做的祭器。② 还有 2 件铭"司㝈母"，有学者认为"㝈母"可能是武丁的另一位配偶。③ 妇好墓铜礼器上的铭文共 9 组，从其他 6 组铭文分析，那些礼器是朝廷官员、较高级的贵族、方国首领等贡献给妇好的，但其上均无龙纹。综上所述可以推测，在殷代，龙纹是贵族身份、地位以及权力的标志之一，墓主的身份越高、权力越大，所拥有的以龙纹为装饰

---

① 杨锡璋：《安阳西北冈大墓的分期及有关问题》，《中原文物》1981 年第 3 期。

② 中国社会科学院考古研究所：《殷虚妇好墓》，文物出版社 1980 年版。

③ 郑振香：《妇好墓出土司㝈母铭文铜器的探讨》，《考古》1983 年第 8 期。曹定云：《殷墟妇好墓铭文研究》，文津出版社 1993 年版。

的器物也就越多。

四　结语

以上我们概述了殷代甲骨文与殷墟文物中的龙，本文主要论述的是：（1）甲骨文与殷墟文物中的龙的形象是大头、大口、长身、有角、有足的奇异动物。殷墟文物中的龙有多种形态，与器物的质地、制作工艺、龙纹在器物的位置有关。（2）殷代的龙是吸收了新石器时代前龙纹及夏代、商代前期龙纹的诸多因素，经过改造与创新而形成的。（3）殷人把龙当作神灵，认为它是通天地的神兽，可给人们带来福祐或灾祸。殷人还认为龙与雨水有密切关系，当时已有龙能致雨的观念。在殷代，龙纹还是贵族身份、地位、权力的一种标志。

后代的龙，在殷代龙的基础上，形体不断变化、发展，其含义也日益丰富。可以说，在中国龙的形成与发展的漫长历史中，殷商时代的龙，起着承前启后的重要作用。

试论殷墟商代贞人墓[*]

贞人是甲骨占卜时命龟之人，在殷代政治生活中居于重要的地位。甲骨卜辞中所见的贞人有一百二三十人，其中较常见的有80多人①，目前对他们的身份、地位、经济实力还缺乏具体的了解。2009年，在殷墟考古发掘中发现了两座"贞人墓"，这使我们对贞人的状况有了一些认识。

一　王裕口南地 M103、M94

2009年，中国社会科学院考古研究所安阳工作队对殷墟王裕口村南进行发掘，发现了330多座殷代墓葬。根据墓葬出土遗物，推断其中位于 F 区的两座墓的墓主人可能是贞人。

（一）M103
长方竖穴土圹墓，墓口长3.2米、宽1.65—1.75米，墓底长3.25米、宽1.65—1.83米，深2.36米，面积约5.4平方米。葬具为一棺一椁。墓主为30岁左右的男性。墓内有殉人9个、殉犬3只。

---

　* 本文原载《考古》2018年第3期。

　① 宋镇豪、刘源：《甲骨学殷商史研究》，福建人民出版社2006年版，第161—170页。

墓葬随葬品有青铜器、陶器、玉石器、骨器、贝等 50 多件。其中青铜器 17 件，有礼器 9 件，包括圆鼎、觚、爵各 2 件，簋、罍、壶各 1 件；兵器 5 件，为戈 3 件（其中 1 件为三角形戈，或称戣）及镞、镈各 1 件；工具、用具或杂器 3 件，为锛、镜状圆形铜器和印章各 1 件。此墓出土的铜印章是殷墟出土的第 2 件（图一，1），特别引人注目。陶器 13 件，有鬲、簋、盆、罐、罍、器盖等；玉石器 10 件，较重要的有玉虎形刻刀（图一，4）、鱼形刻刀（图一，2）及磨石（图一，3）各 1 件。墓中出土的一些器物如 1 件铜罍和大部分陶器在下葬时被有意打碎。从墓葬出土陶器、青铜器的形制推断该墓属于殷墟文化第二期。[①]

M103 出土青铜器中有 5 件带铭文，其中 1 件圆鼎（M103：2）（图二，1）和印章（M103：32）（见图一，1）的铭文均为"𠂤"，另 1 件圆鼎（M103：10）的铭文为"𣥐、𠂤"（图二，2）。"𣥐"，学者释其为先[②]、㑴[③]、失[④]及㝹[⑤]等，笔者认为以释"失"为妥。1 件铜爵（M103：5）的铭文为"𤆤、𠂤"（图二，3）。"𤆤"，首见于甲骨金文中，该字上从手，下从火，可隶为"灰"字。另 1 件爵（M103：9）的铭文为"史"。此墓青铜器共有四种铭文，以"𠂤"字出现频率最高，故推测 M103 的墓主为"𠂤"族成员。[⑥]

---

① 中国社会科学院考古研究所安阳工作队：《河南安阳市殷墟王裕口村南地 2009年发掘简报》，《考古》2012 年第 12 期。

② 唐兰：《西周青铜器铭文分代史征》，中华书局 1986 年版，第 257 页。

③ 张亚初：《殷周金文集成引得》序言，中华书局 2001 年版。孙亚冰、林欢：《商代地理与方国》，中国社会科学出版社 2010 年版，第 412 页。

④ 赵平安：《从失字的释读谈到商代的佚侯》，见《中国社会科学院历史研究所学刊》第一集，社会科学文献出版社 2001 年版。

⑤ 刘钊：《释甲骨文耤、羲、蟺、敖、栽诸字》，《吉林大学社会科学学报》1990年第 2 期。

⑥ 何毓灵：《论殷墟新发现的两座"甲骨贞人"墓》，见《甲骨文与殷商史》第三辑，上海古籍出版社 2013 年版，第 333、334 页。

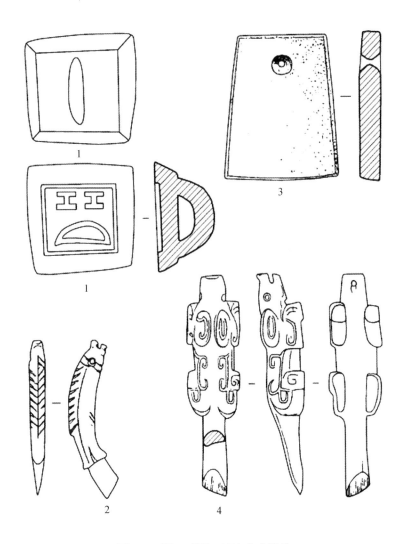

图一　王裕口南地 M103 出土遗物

1. 铜印章（M103：32）；2. 玉鱼形刻刀（M103：36）；3. 磨石（M103：22）；4. 玉虎形
刻刀（M103：34）

（二）M94

该墓与 M103 相距约 7 米，为带一条墓道的"甲"字形墓，
墓室口长 3.9 米、宽 2.6 米，底长 4.2 米、宽 2.3—2.7 米，深约

图二　王裕口南地 M103 出土铜器铭文

1、2. 铜鼎（M103：2、10）；3. 铜爵（M103：5）

5.5 米，面积约 10.5 平方米。墓道口平面呈梯形，长 4.1 米、东端残宽 0.63 米、西端宽 2 米。此墓面积比西北冈、后冈、殷墟西区、郭家庄等地的"甲"字形墓小。葬具为两棺一椁。墓主骨骼保存较差，仅存头骨及部分颈椎。墓内有殉人 2 个、殉犬 4 只。

墓葬随葬品有青铜器、陶器、玉石器、骨器和蚌器等 80 余件。其中青铜器 73 件，有礼器 5 件，为鼎、瓿、爵、尊、斗各 1 件；兵器 54 件，为戈 33 件、矛 3 件、镞 15 件及钺、管銎斧、柲帽各 1 件；工具 5 件，为凿 2 件及刻刀（图三，1）、三棱刀（图三，3）、扁平长条器各 1 件；车马器、杂器 9 件，为弓形器 2 件、策柄 1 件和铃 6 件。陶器 3 件。玉石器 有小玉戈 、磨石（图三，2）等 10 余件 ；小石子 35 块，有白色 6 块、紫褐色 11 块、

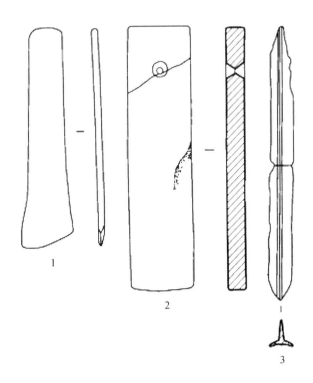

图三　王裕口南地 M94 出土遗物

1. 铜刻刀（M94：35）；2. 磨石（M94：69）；3. 铜三棱刀（M94：37）

灰色（黄灰色）5 块、青灰色 13 块。与 M103 相似，有的器物如铜鼎、尊被有意打碎。M94 出土青铜器虽然数量较多，但质地、花纹大多较粗糙，其中 1 件铜尊素面，1 件铜钺长仅 12 厘米，32 件铜曲内戈极轻薄，应为明器。从墓葬出土陶器、青铜器的形制推断该墓属于殷墟文化第三期。①

　　M94 出土青铜器中的 1 件鼎（M94：78）和 1 件弓形器（M94：54）有铭文，均为"𡚬𡆥"二字（图四，1、2），与 M103 出土铜爵（M103：5）的铭文相同。推断 M94 的墓主人亦为

① 中国社会科学院考古研究所安阳工作队：《河南安阳市殷墟王裕口村南地 2009 年发掘简报》，《考古》2012 年第 12 期。

"🙂"族人。

二　王裕口南地 M103、M94 墓主研究

"🙂"，是甲骨文第一期宾组卜辞（武丁时期）的贞人名。由"🙂"贞问或签名的刻辞有近 20 片。

　　　　癸未卜，🙂贞：旬亡囚（祸）？五月。三。《合集》16677

　　　　癸卯卜，🙂贞：旬亡囚？六月。　　　　《合集》16695

　　　　癸酉卜，🙂贞：旬亡囚？七月。　　　　《合集》16702

　　　　壬辰卜，🙂贞：今夕亡囚？一。　　　　《合集》16582

　　　　□🙂。　　　　　　　　　　《合集》264 反，右甲桥刻辞

　　　　□气自□。🙂。　　　　　　　《合集》9453，骨臼刻辞

　　前四辞是"🙂"贞问一旬或一夕有无灾祸的卜辞，后两辞为"🙂"签名的有关甲骨来源的记事刻辞。

　　有学者认为，"M103、M94 墓主身份与甲骨卜辞所见的贞人极有可能是对应的"。他还认为有些随葬器物可以证明两座墓的墓主人为贞人：一是 M103 出土的 2 件玉刻刀及 M94 出土的 1 件铜刻刀；二是两座墓均出土有磨石，这是修磨甲骨的重要工具；三是 M94 出土了 35 块四种颜色的小石子。[1] 有学者认为玉刻刀和铜刻刀是契刻甲骨文字的主要工具，殷墟墓葬出土的彩色小石子应与筮卦有关。[2]

　　发掘者还根据 M103 出土青铜礼器组合、墓室面积、葬具等推

---

　　① 何毓灵：《论殷墟新发现的两座"甲骨贞人"墓》，见《甲骨文与殷商史》第三辑，上海古籍出版社 2013 年版，第 333、334 页。

　　② 孟宪武：《商代筮卦的几组文物》，见《安阳殷墟考古研究》，中州古籍出版社 2003 年版，第 89 页。

断墓主人为中等贵族。与同一时期即殷墟文化第二期同等级的墓葬相比，M103 墓主的地位相对偏高。与同一时期即殷墟文化第三期同等级的墓葬相比，M94 墓主的地位却相对较低。出现这种现象的原因，"其一，整个贞人集团地位随着时代的不同而有所下降；其二，是 🔲 贞人家族势力日渐衰微"①。

发掘者对 M103、M94 墓主的分析有道理，这里再做几点补充。

1. M94 出土的铜三棱刀可作整治甲骨使用。

2. 据研究，在商王的占卜机构内，卜事是有分工的，贞人与契刻卜辞者大多不是同一个人。② M103 内 2 件玉刻刀的出土，透露出 "🔲" 作为贞人既参与命龟（告龟以所卜之事）、也负责契刻卜辞的信息，其身份可能是史官。③ 所以，尽管由 "🔲" 贞问的卜辞不多，内容也较简略，但他在占卜机构内起着较重要的作用。

3. M94 属于殷墟文化第三期，即相当于廪辛、康丁、武乙、文丁时期。此时期的 "🔲"，已不再是殷王朝的贞人了，为什么其墓中还出土了与占卜、占卦有关的铜刻刀与小石子呢？我们认为，这与殷代职事的世袭性有关，贞人 "🔲" 将他娴熟的占卜技艺传给了后人。殷代占卜活动非常普遍，各族在自己的族邑内也进行此类活动。M94 的墓主继承了父辈或祖辈的占卜技能，充当了他所在族（或族内占卜机构）的卜者，所以他的墓内随葬有与占卜有关的器物。再者，族内卜者的身份比王朝贞人低，所以 M94 出

---

① 何毓灵：《论殷墟新发现的两座"甲骨贞人"墓》，见《甲骨文与殷商史》第三辑，上海古籍出版社 2013 年版，第 333、334 页。

② 陈梦家：《殷虚卜辞综述》，科学出版社 1956 年版，第 17 页。冯时：《殷代占卜书契制度研究》，见《中国书法全集 1·商周甲骨文》，荣宝斋出版社 2009 年版，第 37 页。

③ 冯时：《殷代占卜书契制度研究》，见《中国书法全集 1·商周甲骨文》，荣宝斋出版社 2009 年版，第 37 页。

图四　王裕口南地 M94 出土铜器铭文

1. 鼎（M94：78）；2. 弓形器（M94：54）

土青铜礼器的数量、觚爵套数、质量逊于 M103 出土的青铜礼器是合乎逻辑的。

三　大司空村 M663、郭家庄 M53 墓主身份探析

受《论殷墟新发现的两座"甲骨贞人"墓》一文的启发，笔者发现在已发表的殷墟商代墓葬中，还有两座墓应与王裕口南地 M103、M94 的性质相同。

（一）大司空村 M663

该墓位于大司空村东南的豫北纺织厂东部，墓口长 3.3 米、宽 2 米，底部略小，深 4 米，面积 6.6 平方米。葬具为一棺一椁。墓主人骨架已腐朽。墓内有殉人 4 个、殉犬 1 只。

墓葬出土随葬品有青铜器、陶器、石器等 64 件。其中青铜器 44 件，有礼器 9 件，为鼎、觚、爵各 2 件及簋、瓿、方彝各 1 件；乐器为编铙 3 件；兵器 26 件，为钺 1 件、戈 11 件及矛、镞各 7 件；工具、车马器、杂器 6 件，为刀、策柄、弓形器各 1 件及铃 3 件。石器 10 件，为戈、柄形饰、磨石、笄、绿松石各 1 件及小石

子5块。陶器10件。其中的铜簋在下葬时被打碎。从墓葬出土青铜器、陶器的形制推断该墓属于殷墟文化第二期。①

M663出土青铜器中有8件带铭文。其中1件簋（M663：36）的铭文为"见"，1件觚（M663：53）和2件爵（M663：49、54）的铭文均为"🌿"，另1件觚（M663：50）和3件铙（M663：1、2、4）的铭文为"屮、屮"（图五，4、1—3）。屮为甲骨文所习见，孙诒让释为"由"，郭沫若释为"古"，于省吾释为"甾"②，笔者从于氏所释。

M663出土青铜器上有三种铭文，哪一种应是墓主的族氏名呢？研究者多认为，一座墓的青铜器有几种铭文时，表示墓主族名的文字出现频率最高且见于较重要的器物上。"见"铭只见于一件器物上，显然它不是墓主的族名。"🌿"与"甾"均见于两种铜器上，前者见于觚、爵上，后者见于觚与编铙上。觚、爵是殷墟出土青铜礼器中最常见的器类。而铙只出土于10多座墓葬中，且只见于部分两套以上觚、爵的墓葬，可见铙是表示墓主身份较高的礼乐器，比觚、爵更重要。在未被盗掘、保存完整的出土铜铙的墓葬中，若铜铙上有铭文，则大多表示墓主的族属③，如花园庄东地M54出土的"亚长"铙④、戚家庄东M269出土的"爰"

---

① 中国社会科学院考古研究所安阳工作队：《安阳大司空村东南的一座殷墓》，《考古》1988年第10期。

② 于省吾：《甲骨文字释林》，中华书局1979年版，第69、70页；《甲骨文字诂林》，中华书局1996年版，第699—706页。

③ 殷墟商代墓葬出土铜铙上的铭文多表示墓主的族属。但一些规格较高的墓葬情况较特殊，如妇好墓出土5件一组的编铙，铭文不是"妇好"而是"亚弜"，即该组编铙应是"亚弜"献给妇好的。再如郭家庄M160出土了3件一组的铜铙，口内壁铭文为"亚胡止"（止为址之省体），甬的下部亦有一"中"字铭文。胡、址、中三字均为族氏名，表示墓主亚址与胡、中族关系密切。

④ 中国社会科学院考古研究所：《安阳殷墟花园庄东地商代墓葬》，科学出版社2007年版，第133、135页。

铙①、大司空村 M303 出土的"马危"铙②，这几座墓的墓主分别属于长族、爰族和马危族。若此，大司空村 M663 的墓主很可能是甾族人。

甲骨文的"甾"字，可用作动词或名词，用作名词时是第一期自组小字类卜辞③的贞人名。由甾贞问的卜辞有近 30 片。

> 癸卯卜，甾：□其屮（有）取？甾固（占）曰："其☒。"
>
> 　　　　　　　　　　　　　　　　　　　《合集》20535
>
> 丙寅卜，甾：王告取儿？甾固曰："若，往。"
>
> 　　　　　　　　　　　　　　　　　　　《合集》20534
>
> ［丁］未卜：方其［各］于东？甾曰："☒。"
>
> 　　　　　　　　　　　　　　　　　　　《合集》8728
>
> 壬午卜，王贞：甾曰"方于甲午正（征），申其☒？"
>
> 　　　　　　　　　　　　　　　　　　　《合集》20243

上引前两辞中，甾既命龟，即行使贞人的职事，又占龟，即作占辞。第三辞的"甾曰"为"甾占曰"的省略式，亦为占辞。第四辞从"甾曰"至"申其☒"均属于贞辞，即贞人甾的命龟之辞由王转述，该辞中王担任了贞人的工作。④

占辞，是观察卜兆后对卜问之事做出的判断，在王卜辞中一般由王作出。但在自组小字类卜辞中，有不少由甾或扶作的占辞。甾能担任卜问决疑的重要角色，可见其地位应较其他贞人高。

---

① 安阳市文物工作队：《殷墟戚家庄东 269 号墓》，《考古学报》1991 年第 3 期。

② 中国社会科学院考古研究所安阳工作队：《殷墟大司空 M303 发掘报告》，《考古学报》2008 年第 3 期。

③ 自组小字类卜辞的时代从武丁较早时期开始，一直沿用到武丁晚期，见黄天树《殷墟王卜辞的分类与断代》，科学出版社 2007 年版，第 126—167 页。

④ 冯时：《殷代占卜书契制度研究》，见《中国书法全集 1·商周甲骨文》，荣宝斋出版社 2009 年版，第 38 页。

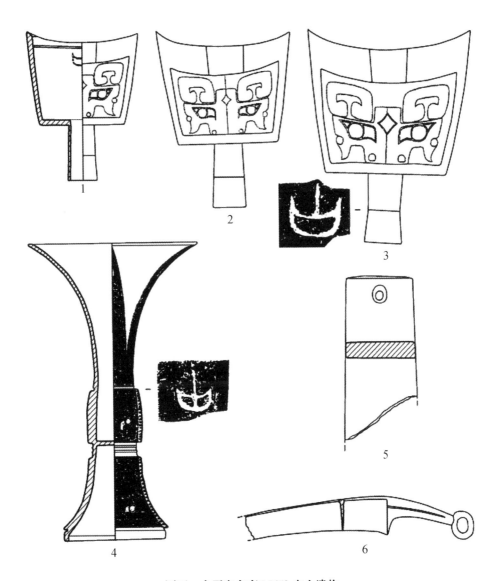

图五　大司空东南 M663 出土遗物

1—3. 铜铙（M663：1、2、4）；4. 铜觚（M663：50）；5. 磨石（M663：35）；6. 铜环首刀（M663：48）

M663 的墓主属甾族，其墓中出土有铜环首刀（图五，6）、磨石（图五，5）等与修磨、整治甲骨有关的器物，故推测其生前曾担任过殷王朝的贞人。

大司空 M663 与王裕口南 M103 有不少相同之处，如墓室面积接近（M663 的面积较 M103 大 1.2 平方米）；均有一棺一椁；出土青铜礼器均为 9 件，其中觚、爵为两套，表明两座墓应为同一等级，墓主属于中级贵族①；墓内有个别青铜器在葬入时被有意打碎。两座墓也存在一些差异。从青铜器来看，M103 随葬有罍、壶，而 M663 无此两种器物却有瓿和方彝。笔者曾对殷墓青铜礼器组合做过研究，认为方形器皿（包括方彝、方缶、方形圈足器）"均不出于一套觚爵的小墓，连二套觚爵的墓也出土甚少，它们主要见于三套觚爵以上的大墓中"。"由此可见方形铜礼器（特别是一些形体硕大制作精良的方礼器）是殷代统治阶级的权力与地位的标示物。"② M663 出土了质地好、纹饰精美的方彝、乐器编铙及象征军事指挥权的铜钺③，说明墓主甾较王裕口南 M103 的墓主㠱有较高的政治地位和权力。这与甲骨卜辞所记载的甾可作占辞、有特殊的地位相吻合。

（二）郭家庄 M53

该墓位于郭家庄西南，墓口长 2.4 米、宽 1.2 米，深 2.7 米，面积约 2.9 平方米。葬具为一棺。墓内有殉犬 2 只。

墓内随葬品有青铜器、陶器、玉石器、骨蚌器等 90 件。其中青铜器 44 件，有礼器 12 件，包括鼎、甗、簋、卣、觚、斝、尊、觯各 1 件及觚、爵各 2 件；兵器 16 件，为戈 4 件、矛 2 件和镞 10

① 杨锡璋、杨宝成：《殷代青铜礼器的分期与组合》，见《殷墟青铜器》，文物出版社 1985 年版，第 99 页。

② 刘一曼：《安阳殷墓青铜礼器组合的几个问题》，《考古学报》1995 年第 4 期。

③ 杨锡璋、杨宝成：《商代的青铜钺》，见《中国考古学研究》，文物出版社 1986 年版，第 135 页。

件；工具、杂器等 16 件，为刻刀 1 件、三角形器 6 件、铃 2 件、泡 7 件。玉石器 14 件、陶器 10 件及小石子 38 块。从墓葬出土陶器、青铜器的形制推断该墓属于殷墟文化第四期晚段。[①]

M53 出土的青铜礼器虽然数量不少，有 12 件，但其中 11 件质地较薄，制作粗糙，有的青铜器内还存有范土，当为明器。只有 1 件铜觥（M53：4）质地较好（图六，1），盖内有铭文"覞作母丙彝。亚址"（图七）。该铭文的第一字作"🔲"形，由于发掘报告所发表的拓本字迹较模糊，故有学者将之隶定为"兄"[②] 或"觥"[③]。笔者仔细观察器物后认为字的左边偏旁应为"首"，故应隶作"覞"。

殷墟考古发掘出土的铜觥，除郭家庄 M53 出土 1 件外，只有妇好墓出土的 8 件，花园庄东地 M54 出土的 1 件及后冈 M9 出土的 1 件觥盖。觥是一种较重要的青铜礼器。M53：4 铜觥铭文的最后两字为"亚址"，当表示 M53 的墓主属于址族。M53 位于郭家庄 M160 东南 50 多米处，两者均属于郭家庄商代墓地北区。M160 的面积为 13 平方米，墓葬出土青铜礼、乐器 44 件，有 10 套方觚、角，其中有"亚址"铭文的青铜器 33 件，占该墓有铭青铜礼器的 87%。墓葬还出土青铜兵器 232 件。发掘者推测墓主为址族的首领或址族上层人物，是地位显赫的贵族或高级武将。[④] M160 的时代属于殷墟文化第三期偏晚阶段，较 M53 要早，推测 M53 的墓主可能是 M160 墓主的后人。

与王裕口南 M94 一样，M53 也出土有斜刃铜刻刀 1 件（图

---

① 中国社会科学院考古研究所：《安阳殷墟郭家庄商代墓葬——1982 年—1992 年考古发掘报告》，中国大百科全书出版社 1998 年版，第 162 页。

② 朱凤瀚：《商周家族形态研究》（增订本），天津古籍出版社 2004 年版，第 590 页。

③ 严志斌：《商代青铜器铭文研究》，上海古籍出版社 2013 年版，第 567 页。

④ 中国社会科学院考古研究所：《安阳殷墟郭家庄商代墓葬——1982 年—1992 年考古发掘报告》，中国大百科全书出版社 1998 年版，第 125、126 页。

六，4）和磨石2块（图六，2、3），特别是前者，位于墓主头部
上方，应是墓主生前所用工具。此墓出土有彩色小石子38块，其
中白色9块、豆青色9块、赭色10块和肉色10块，出土于墓主足
端的东北二层台上。由此推断，M53的墓主可能是址族的卜者。

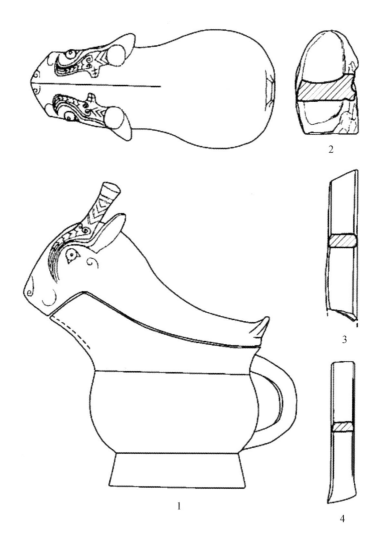

图六　郭家庄 M53 出土遗物

1. 铜觥（M53：4）；2、3. 磨石（M53：37、11）；4. 铜刻刀（M53：12）

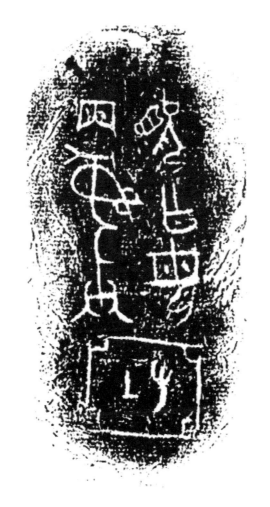

图七　郭家庄 M53 出土铜觥铭文拓片（M53：4）

四　几点认识

根据以上四座被推断为"贞人"或"卜人"墓的出土遗物，可以得出以下三点认识。

（一）贞人身份大多相当于中等贵族

王裕口南 M103、大司空村 M663 均是有棺有椁、有殉人、墓室面积为五六平方米的长方形土坑竖穴墓，出土青铜器均为 9 件，有两套觚、爵。这种规格的墓葬墓主属于中等贵族。迄今为止，在殷墟发现的数千座殷墓中，被推断为贞人墓的仅此两座，这两座墓的墓主𠂤和𠂤是武丁时期较常见的贞人，也许他们能代表大多数贞人的状况。若此，可以推测在武丁时期，贞人集团虽然在国家政治生活中占有重要的地位且有一定的经济实力，但其中大多数贞人的身份不太高，相当于中等贵族，只有少数掌管占卜机构的卜官，才是位高权重的高级贵族。

（二）贞人、卜人可出任武职

过去我们曾对殷代职官职司的相对性做过研究，认为商代各类职官掌管的事情并不十分固定、专一。如帚（寝）、作册等也曾出任武职。[①] 上述四座墓又为这一认识补充了新的资料。这四座墓出土了种类与数量不等的兵器：大司空村 M663 与王裕口南 M94 均出土有铜钺、戈、矛、镞，前者为 26 件，后者为 54 件；郭家庄 M53 出土铜戈、矛、镞等共 16 件；王裕口南 M103 出土铜戈、镞等共 5 件。笔者认为，据殷墟墓葬出土青铜兵器的组合与数量可以大致推算出墓主生前担任武职的级别。[②] 由此可知大司空村 M663、王裕口南 M94 的墓主应为中级武官，郭家庄 M53 的墓主应为低级武官，王裕口南 M103 的墓主应为基层指挥官。由此也表明，殷代的神职人员在任职期间曾领兵作战。

---

① 刘一曼：《论安阳殷墟墓葬青铜武器的组合》，《考古》2002 年第 3 期。
② 刘一曼：《论安阳殷墟墓葬青铜武器的组合》，《考古》2002 年第 3 期。

（三）四色小石子是族邑卜者惯用的占卦用具

王裕口南 M94 与郭家庄 M53 均出土有 30 多块四色小石子，有学者认为这些小石子是"筮卦工具"[①]。笔者认为此种说法不大确切，因为筮是指用蓍草占卦，是据揲蓍草所得数字的变化来判断休咎祸福。用彩色小石子占卦，虽然也属"数占"[②]，但它与"筮占"不同。殷代用石子占卦时，不但要算其"数"，还要观其"色"。如果只是单纯地数占，可以用一两种或多种颜色的石子，颜色是单色、双色或多色。但殷墟墓葬出土小石子的颜色有一定规律。在已发表的殷墟墓葬资料中，有 16 座墓出土有小石子，但有 5 座墓未说明石子的颜色。其余的 11 座墓有 1 座被盗，小石子数可能不够齐全。在 10 座未被盗掘的墓中，有 6 座墓的石子为四色，其中 5 座墓的小石子色泽相同，即为红褐（即赭）、白、黄、青等四色。[③] 有学者指出，商代"不同颜色有不同的涵义，而且在使用上已经有了区分"。如祭祀时需对祭品的颜色进行选择，白色和勿色（即杂色）最流行与受欢迎，尤其是白色，是祭祖仪式中最高贵的颜色。[④] 笔者认为，占卦用的小石子是人与神进行沟通的器具，使用的颜色也经过选择，石子的四种颜色，大概代表了四种含义。由此又可以进一步推测，殷人在用它们进行占卦时，需要数出每种颜色小石子的数目，然后据颜色与数目的状况来判

[①]　孟宪武：《安阳殷墟考古研究》，中州古籍出版社 2003 年版，第 89 页。

[②]　用小石子进行占卜的风俗，在河南、山东、江苏等地的新石器时代遗址中均有发现。安阳殷墟也有 10 多座商代墓葬出土有彩色小石子，宋镇豪认为这是殷代民间流行的一种"变宜的小石子数占风俗"。参见宋镇豪《夏商社会生活史》（下），中国社会科学出版社 2005 年版，第 868、869 页。

[③]　殷墟出土四色小石子的 6 座墓葬为郭家庄 M50、M53、M118、M160、王裕口南 M94、戚家庄东殷墓，其中后 5 座墓的小石子均为红褐（即赭）、白、黄（黄灰）、青（青灰）等四色。

[④]　汪涛：《颜色与祭祀——中国古代文化中颜色涵义探幽》，郅晓娜译，上海古籍出版社 2013 年版，第 192、201 页。

断吉凶。所以称墓中这些有色小石子为"占卦用具"较妥。

殷墟位于洹河两岸，小石子较蓍草易得且使用便利，可能是民间占卦常用之物。王裕口南 M94 与郭家庄 M53 的墓主，是族邑内的卜人，两墓均出土有铜刀与四色小石子，表明他们既从事甲骨占卜，也经常用彩色石子进行占卦。

附记：此文完成后，笔者曾与冯时先生讨论殷墓出土彩色小石子的问题。他也认为彩色小石子不是筮卦工具，同时进一步指出殷墟有少数墓葬如王裕口南 M94 出土的小石子可分辨出五种颜色，这些能分辨出五种颜色的石子应具有方色的意义。他的看法很值得重视。有关这些彩色小石子的奥秘，值得进一步的研究。

甲骨金文的"旐"与殷墟"旐"墓*

80多年来，殷墟考古发掘的商代墓葬已近万座，在一些面积较大的墓中出过不少有铭铜器，其铭文可以与甲骨、金文相印证，进而确定墓主身份的墓却较少。妇好墓是其中最重要的一座。郭家庄东南的95M26①和近出的06M5②就是属于这类墓葬。两墓的发掘简报发表以后，受到学术界的注意。我们认为，结合著录中的甲骨文、金文，对这类墓的随葬品进行分析，从而判定墓主身份，对于研究商代历史、文化、社会生活有重要的意义。所以本文拟对甲骨、金文的"旐"及郭家庄东南的"旐"墓作些探讨。

一 甲骨文中的"旐"

甲骨文的"旐"字作旐、卯、丽诸形，后二形是前者的简体。③据《殷墟甲骨刻辞类纂》统计，"旐"字见于20版32条卜辞。剔

---

* 本文原载《殷都学刊》2011年。

① 中国社会科学院考古研究所安阳工作队：《河南安阳市郭家庄东南26号墓》，《考古》1998年第10期。

② 安阳市文物考古研究所：《河南安阳市殷墟郭家庄东南五号商代墓葬》，《考古》2008年第8期。

③ 姚孝遂、肖丁主编：《殷墟甲骨刻辞类纂》，将"旒"与"旐"同列于"旐"字条下。该书下文简称《类纂》，中华书局1989年版，第1168页；严志斌也认为"旒、旐、旎应该是一字繁简不同的写法（见严志斌等《殷墟新出土青铜器铭文概论》，《殷墟新出土青铜器》，云南人民出版社2008年版，第29页）。

除意义不清楚的残辞和一些同文卜辞，还有 10 版 18 条卜辞。其中属于第一期宾组卜辞的有 8 版 11 条，现列于下：

1. 贞：旛累殻其屮（有）囚？　　　　　　　《合集》5447 甲
2. 戊戌卜殻贞：旛累殻亡囚？　　　　　　　《合集》13505 正
3. 丁亥卜殻贞：旛亡囚，畄王事？　　　　　《合集》5446 正
4. 贞：旛累殻弗……畄王事？二告。　　　　《合集》5447 乙
5. 己酉卜：旛出？　　　　　　　　　　　　《合集》4279
6. 贞：令旛田于皿？　　　　　　　　　　　《合集》10964 正
7. 勿令旛田于皿？　　　　　　　　　　　　《合集》10964 正
8. 辛丑卜宾贞：旛累殻以羌？二告。　　　　《合集》267 正
9. 贞：旛累殻不其以羌？二告。　　　　　　《合集》267 正
10. □□〔卜〕允贞：令旛比𠦃侯璞周？　　《合集》6816
11. 辛卯卜贞：旛其先遘戋？五月。　　　　　《英》593

以上 11 条卜辞，内容可归纳为六种：第 1、2 辞，卜问旛与殻的吉凶，有祸或无祸；第 3、4 辞，卜问旛与殻是否勤劳王事；第 5 辞卜问旛是否外出；第 6、7 辞卜问殷王是否命令旛到皿地田猎；第 8、9 辞卜问旛与殻是否向商王朝进献羌人；第 10 辞卜问王是否命令旛偕同𠦃侯征讨周方；第 11 辞卜问旛（在伐戋方的战争中）是否先与戋遭遇。从卜辞的内容可知，旛是武丁时期一位较重要的人物。他与贞人殻关系较密切，是武丁的近臣，受到武丁的信任。旛是位武官，经常外出征战。

在第三期的何组卜辞中，"旛"见于《合集》28011（即《甲》3913）与《怀特》1464 两版，计 7 条卜辞。这两版甲骨的内容涉及战争与军制，较重要，故将这两版卜辞抄录于下。

《合集》28011 是殷墟第九次发掘所获的侯家庄大龟七版之一。全版有卜辞 14 条。

12.（1）壬戌卜贞：不遘方？一

（2）壬戌卜，狄贞：其遘方？二

（3）壬戌卜，狄贞：又出方，其以来莫？一

（4）壬戌卜，狄贞：叙勹以来？二

（5）壬戌卜，狄贞：叀马亚乎执？一

（6）壬戌卜，狄贞：叀戌乎执？二

（7）壬戌卜，狄贞：及方？大吉。一

（8）壬戌卜，狄贞：弗及？吉。

（9）壬戌卜，狄贞：其又来方，亚旗其🪶，王受又（有）又？一

（10）壬戌卜，贞：弗受又（有）又？二

（11）壬戌卜，狄贞：亚旗□🪶？

（12）壬戌卜，狄贞：亚旗比，受于方？

（13）壬戌卜，狄贞：亚旗其陟，遣入？一

（14）壬戌卜，狄贞：其珎入？

此版的（9）（11）（12）（13）四条卜辞均有"旗"字，作🪶、🪶形（图一，3），因字不大清晰，长期以来，学术界有不同的隶释，较有影响的有以下诸家：

屈万里在《殷虚文字甲编考释》《甲》3913片的释文中摹出字的原形，未隶定。[1] 陈梦家在《殷虚卜辞综述》中隶为"旗"[2]。丁山在《甲骨文所见氏族及其制度》一书中隶作"旅"[3]。姚孝遂等主编的《类纂》及于省吾主编的《甲骨文字诂林》均隶作

① 屈万里：《殷虚文字甲编考释》3913片释文，"中研院"台北历史语言研究所，1961年。

② 陈梦家：《殷虚卜辞综述》，科学出版社1956年版，第509页。

③ 丁山：《甲骨文所见氏族及其制度》，中华书局1988年版，第47页。

"旃"①。近年来，罗琨将该字隶作"旃"②。

对该字不同隶定的原因可能是对"Ψ（止）"下的Ａ、Ａ形的认识有异。郭家庄东南95M26与06M5出土的8件"旃"铭铜器，为该字的正确隶定提供了依据。在这8件铜器中，方彝（M26：35）B型圆鼎（M5：32）、箕形器（M5：2）（图二，1、4、5）上的铭文最清晰，可知"止"下为"冉"字，而"冉"，在M26的两件爵铭文中又作Ａ或Ａ形（图二，2、3）。M26爵、觚、箕形器上的铭文与《合集》28011的字结构及形体相似，可知该字应隶为旃（或旃）。

《合集》28011，是由于方（地处殷王朝以北的方国）来侵犯，商王考虑采取的应对策略而求卜于神灵。罗琨认为此版内容包括三点："第一，方出动目的何在，是否要派人与他遭遇，是否要追击。第二，是派管理兵马的马亚还是派戍率队出征。第三，对于来犯之'方'，亚旃去抵御③是否带来福音，抑或亚旃比同其他人出征。对于亚旃，是否要让他乘遝以入，遝指传车④，应是要他尽快入王廷受命的意思。"⑤ 我们同意罗氏的看法。

众所周知，甲骨文中的许多人名与族氏名、地名、国名是一致的，因而异代同名是相当普遍的现象。此版卜甲上的亚旃，也是出于旃族。由于此版卜辞属何组卜辞与第一期方组卜辞已相隔数十年，故他可能是方组卜辞中旃的后人（当然，也不能排除他是方组卜辞旃的本人，若此，他已是一位年长的军官了）。此时，

---

①　于省吾主编：《甲骨文字诂林》第四册，中华书局1996年版，第3056页。

②　罗琨：《商代战争与军制》第四章第二节，该书为宋镇豪主编的《商代史》卷八。

③　饶宗颐提出疑为叙，读作禦，见饶宗颐《殷代贞卜人物通考》，香港大学出版社1959年版，第1146页。

④　于省吾：《甲骨文字释林·释遝》，中华书局1979年版，第277—280页。

⑤　罗琨：《商代战争与军制》第四章第二节，该书为宋镇豪主编的《商代史》卷八。

1　　　　　　　　　　2

(9)　　　　　(11)　　　　(12)　　　　(13)

3

图一

1.《英》593；2.《怀特》1464；3.《合集》28011 的（9）、（11）、（12）、（13）辞

他已担任亚的职务，承担着捍卫殷王朝北方边境的安全，抵御来犯的"方"国侵扰之重任。

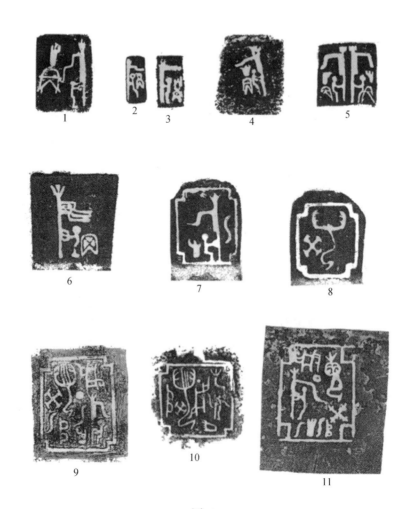

图二

1—3. 郭家庄 M26：35、18、19；4、5. 郭家庄 M5：32、2；6.《集成》10646；7、8.《集成》11114；9.《集成》9887；10. 湖南杯形觯；11.《集成》2400

13.（1）重旝用东行，王受又？

（2）重［雍］比上行左旝，王受又？

（3）重雍右旝，王受又？《怀特》1464（图一，2）

该字在《怀特》与《类纂》中隶为"旝"，我们认为该字右侧,"冉"之上部似"止"字,应隶作"旒"。

甲骨文的"行",是商代军队编制的名称①,但对这片卜辞的内容,学者中有不同的理解。《怀特》的作者许进雄认为"东行,上行、左旒(即旒字)应是军队组织的名称,有东则有西,有上则有下,似乎当时有上中下东西五行,每行又分左右两队的军制。"② 寒峰谓:"'上行左旒'里的'上行'亦应是左行,春秋时'楚人上左',以左为上,郭老认为徐楚继承殷人文化在南方发展,(《粹编》序言)是商代亦以左为上。上行在左,同版的'东行'不可能再是左行而应是右行,左旒、右旒可能是军行的旗帜。"③

我们认为,此版之"旒"与"雍"当释为人名。第(3)辞"重雍右旒"全辞应是"雍比上行右旒",因它紧接第(2)辞而占卜,故可省去"比上行"三个字。由此二辞可推知,上行包括左、右二队或左、中、右三队。该版卜辞的大意是卜问由谁统领哪一支军行出征更好。有三种选择:由旒率领东行、由雍联合旒管辖的上行左队、抑或由雍联合旒管辖的上行右队。由此可推测,旒是军行的长官,他既可管辖上行中的左队或右队,又可统领东行。

二 金文中的旒

商代金文的旒字,见于 21 件铜器。严志斌曾作过统计,并列

① 王宇信、杨升南主编:《甲骨学一百年》,社会科学文献出版社 1999 年版,第 492、493 页。

② 许进雄:《怀特氏等收藏甲骨文集》1464 片释文,加拿大多伦多皇家安大略博物馆影印本,1979 年。

③ 寒峰:《甲骨文所见的商代军制数则》,《甲骨探史录》,生活·读书·新知三联书店 1982 年版,第 406 页。

出各件器物的出处。① 本文在他的基础上略加整理，列表如下（见附表一）。

据表，可将铭文区分为两大组，一组9件，铭文为旟（或旟），1字。包括郭家庄M26、M5两墓出的8件发掘品（图二，1－5）和1件传世品（《集成》10646）（图二，6）。另一组是铭文包摄在亚形框内。此组铜器11件，亚框内有的2字，如《集成》11114，旟乙，若癸（图二，7、8）；有的7字，如《集成》5937受丁旟乙若癸自（图二，10）；还有的8字，如《集成》2400受丁旟乙若癸自乙（图二，9、11）。亚形内的旟、受、若等为族名。第一组时代较早，相当于殷墟文化第二期或二、三期。第二组较晚，相当于殷墟文化第三、四期，尤以四期为多。也就是说，旟族存在于武丁至帝辛时期。

三　殷墟"旟"铭铜器墓

殷墟考古中发现的"旟"铭铜器墓有两座，现据简报的报道作一概述，并对墓葬的时代和墓主的身份作些分析。

（一）1995年郭家庄东南26号墓

墓向105度。墓口距地表深2.4米，长3.55米、宽2.2—2.25米，底距地表深4.9米。葬具为一棺一椁。墓主人头东足西，仰身直肢。墓内有殉人2个，殉犬1只。

该墓出土各类随葬品93件。其中青铜器67件，礼器有鼎2、甗1、簋1、方罍1、瓠2、爵2、箕形器1、方彝1、镟形器1，计12件；乐器有铙3件；兵器有钺1、戈10、矛11、刀1、镞22、

① 严志斌：《商代青铜器铭文研究》，中国社会科学院研究生院，博士学位论文，2006年；严志斌等：《殷墟新出土青铜器铭文概论》，《殷墟新出土青铜器》，云南人民出版社2008年版。

弓形器 1，计 46 件；工具、杂器有锛 3、凿 1、铃 1、小铜器 1，计 6 件。随葬陶器 16 件，器类有鬲、簋、罐、罍、瓿、壶、器盖、觚、爵等。此外，还有石戈 1、石环 1 及贝 8 件。

据墓中出土的铜器、陶器的形制，简报执笔者将该墓时代定为殷墟二期偏晚阶段。

M26 出土的 12 件青铜礼器中，7 件有族徽铭文，5 件铭文为"旗"，墓中出了 1 件大铜钺和 40 多件戈、矛、镞等青铜兵器，由此简报执笔者推断墓主是旗族的军事首长。

我们认为简报中对 M26 的断代是正确的，在此不再赘述，只对其墓主作些探讨。过去我们曾指出，M26 的墓主是亏组卜辞中的"旗"[1]，现进一步申述之。

如前文所述，M26 的面积 7.8 平方米，属中型墓，该墓出的青铜礼器中，有觚爵二套。据学者研究，这类出二套觚爵的中型墓的墓主，身份属中级贵族。[2] 墓中出土了较多的青铜兵器，可推知墓主是位中级武官。[3] 但引人注目的是该墓的青铜兵器中，有一件长 33.4 厘米，形体硕大、质地精良的大钺。而与该墓处于同一等级的几座出兵器的墓葬（如司空 M539、M663、白家坟西 M4、郭庄北 M6 等）所随葬的铜钺尺寸都小，长度不超过 24 厘米。据殷墟现有的发掘资料，出长 33 厘米以上的大铜钺，只见于小屯妇好墓、郭家庄 M160、花东 M54 三座随葬品极丰富的墓葬，第一座墓墓主为武丁的配偶，后二墓的墓主为身份很高的贵族、高级武将。

1986 年，有学者指出铜钺是军事统帅权的象征，"墓中随葬青铜钺的多少和大小，直接反映了墓主人生前政治地位的高低和

---

① 刘一曼：《论安阳殷墟墓葬青铜武器的组合》，《考古》2002 年第 3 期。

② 杨锡璋、杨宝成：《殷代青铜礼器的分期与组合》，《殷墟青铜器》，文物出版社 1985 年版。

③ 郭艳利：《中国商代青铜兵器研究》，中国社会科学院研究生院，博士学位论文，2004 年，第 81 页。

军事统帅权的大小"①。2002 年，笔者在整理殷墟墓葬中青铜武器的组合时认为，"质地精良的大铜钺，是墓主生前具有较大军事统帅权的最重要标志"②。

郭家庄 M26 随葬了超越墓主身份、地位的大铜钺的现象耐人寻味，其原因可从甲骨文中有关"旆"的卜辞去探求。据本文第一部分所述，旆是位武官，经常外出征战。在《英》593 刻辞卜骨上，对旆跟随商王外出作战的活动，有较具体的记录。该版有 4 条卜辞（图一，1），第 1 辞较模糊，辞义不大明了。其余三辞为：

　　贞：在窒，王其先菁戈？五月。
　　辛卯卜贞：在窒，其先菁戈？
　　辛卯卜贞：旆其先菁戈？五月。

从这三条卜辞可知，在武丁某年的五月，武丁带领旆去征讨戈方，故该版卜辞卜问，是商王武丁先遭遇到戈方，还是旆先遭遇到戈方，可见"旆"在伐戈的战斗中，担任重要角色。

在 M26 出土的随葬品中，有 3 件南方常见的硬陶瓿和 1 件鄂尔多斯式的铜鍑形器，与殷墟晚商器物的形制有着显著的区别，可能是墓主旆南征北战时从外地带回殷都的纪念品。由此可推测，旆虽然贵族身份不算很高，但他深得武丁信任，在战争中发挥了重要作用，是位权力较大的军事指挥官。因而他的墓中可以随葬质地精良的大铜钺和较多的兵器。

（二）2006 年郭家庄东南 5 号墓

该墓与 95 M26 相距仅 200 米，墓向 94 度。墓口距地表 2.3

---

① 杨锡璋、杨宝成：《商代的青铜钺》，《中国考古学研究》，文物出版社 1986 年版。

② 刘一曼：《论安阳殷墟墓葬青铜武器的组合》，《考古》2002 年第 3 期。

米，长 2.9 米、宽 1.9 米，底距地表 4.45 米。葬具、墓主人埋葬方式、殉人、殉犬数目等均与 M26 相同。

M5 出各类随葬 63 件。其中青铜器 40 件，礼器有鼎 4、甗 1、瓿 1、爵 1、罍 1、箕形器 1，计 9 件；兵器有钺 1、戈 4①、矛 2、刀 1、镞 12、弓形器 1，计 21 件；工具、用具有锛 3、凿 1、铲 1、环首刀 1、刻刀 1、铃 3，计 10 件。随葬陶器 6 件，器类有瓿、爵、簋、罍、盆等。玉石器有 8 件。器类有环、璜、柄形器、镰、戚、戈、磬等，此外还有骨、蚌器 3 件，贝 6 件。

简报执笔者据墓中出土的铜器、陶器的形制、纹饰等判断，墓的时代"应为殷墟二期晚段，大致相当于武丁晚期或可到祖庚时期"。

关于该墓墓主的身份，简报中谓"两座墓的墓主人的身份相近"，"或许都是'𣪊'族的族长或高级贵族"。

我们认为，简报中对 M5 时代及墓主身份的判断，有值得商榷之处，下面谈一下我们的看法。

1. 郭家庄 06M5 的时代

06M5 铜器中的 B 型圆鼎（M5：4、M5：32）、爵、箕形器、戈、矛、刀等，如简报所言，应属二期偏晚阶段之物，但该墓出土的 A 型圆鼎（M5：1），与 B 型鼎有明显区别，是 M5 所出的铜器中最晚的一件，这点简报中已指出，但尽管如此，执笔者仍将之归为殷墟二期晚段器，这是不大妥当的。

M5：1，形体较大，敛口，方唇斜沿，双耳稍外侈，腹较深，腹下部外鼓，圜底，三蹄足较高。腹上部饰三组双线单层兽面纹，线条粗犷，足上部的兽面纹双目凸出，兽角粗大，凸起后卷，有较强的浮雕感（图三，3）。据学者研究这种蹄足鼎，最早在二里冈期已有发现，到殷墟时期，其数量仍不多，远比柱足鼎要少。

---

① 《简报》中将 M5：27 三角援戈另分一器类，称为戣，我们现在将之合入戈类，故铜戈为 4 件。

这种鼎从殷墟一期至四期的演变规律是：器腹由深到浅，腹壁由直到外鼓，双耳由较直至外撇，蹄足的足根由较细变粗，越晚越似兽蹄状①。从类型学的角度进行排比，06M5 这件鼎的形制介于花东 M54：240（图三，8）与郭家庄 M160：62（图三，1）之间。从纹饰看，此鼎无地纹，线条粗犷，具有殷墟晚期（三、四期）青铜器的纹饰风格。因此，我们认为该鼎比花东 M54：240要晚，又较郭家庄 M160：62 要早。花东 M54 的时代属二期偏晚阶段②或二、三期之间，大致为祖庚、祖甲时期，或可延至廪辛初年③。郭家庄 M160 的时代属三期晚段。④ 那么，郭家庄东南06M5：1 鼎，当属于殷墟文化三期早段器物。

郭家庄 06M5 还出了一件 C 型鼎（M5：8）（图三，2）该器侈口，口沿上立拱形双耳，束领，分裆鼓腹，三柱足较矮。总体看，形如鬲状，也可称之为鬲形鼎。此类鼎在殷墟发掘的墓葬中极少出土，如郭家庄 M50 出土 1 件，腹饰兽面纹，时代属于殷墟四期。⑤ 此类鼎曾见于著录，如《殷周青铜器通论》⑥ 图版叁，6 饕餮纹鼎，《夏商周青铜器研究》。⑦ ○六○、○六一的兽面纹鼎，从器形与纹饰看，应属殷墟晚期之物。再者，M5：8 这件鼎，耳部以下的轮廓，与殷墟三期的分裆鬲较相似，故可推测其时代与M5：1 蹄足鼎接近，属三期早段之物。

---

① 岳洪彬：《殷墟青铜礼器研究》，中国社会科学出版社 2006 年版，第 27—37 页。
② 中国社会科学院考古研究所：《安阳殷墟花园庄东地商代墓葬》，科学出版社2007 年版，第 227 页。
③ 岳洪彬等：《殷墟新出土青铜器概述》（代前言），见《殷墟新出土青铜器》，云南人民出版社 2008 年版，第 15 页。
④ 中国社会科学院考古研究所：《安阳殷墟郭家庄商代墓葬》，中国大百科全书出版社 1998 年版，第 124 页。
⑤ 中国社会科学院考古研究所：《安阳殷墟郭家庄商代墓葬》，中国大百科全书出版社 1998 年版，第 36—38 页。
⑥ 容庚、张维持：《殷周青铜器通论》，科学出版社 1958 年版。
⑦ 陈佩芬：《夏商周青铜器研究》，夏商篇上，上海古籍出版社 2004 年版。

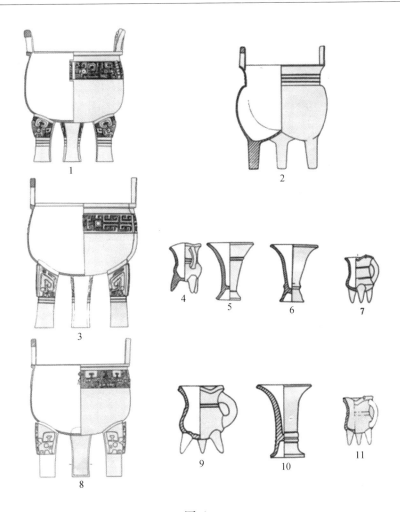

图三

1. 郭家庄 M160：62；2.06 郭家庄 M5：8；3.06 郭家庄 M5：1；4、5. 苗圃北地 M70：2、1；6、7.06 郭家庄 M5：46、47；8. 花东 M54：240；9、10. 郭家庄 M216：3、2；11. 花东 M54：025

再看 M5 的陶器。简报中将陶盆、簋定为殷墟二期之器是合适的，但将觚、爵也定在二期则欠妥。M5 之觚、爵（图三，6、7），与殷墟二期之同类器确有相近之处（见图三，10、9、11，郭家庄 M216：2、M216：3，花东 M54：025），但仔细观察可发现其与苗圃北地 M70：1、M70：2 的觚、爵更为相似（图三，5、4）。苗

北地 M70，属于三期早段（或三期）的墓葬，据此我们认为 M5
之陶觚、爵的时代以定在三期早段为宜。

从上面的分析可知，M5 的铜器和陶器中既有属于殷墟二期
（或二期晚段）的。也有属于殷墟三期（或三期早段）的。这种
不同期的器物共见于一墓的例子过去已有发现，如殷墟西区
M907，出青铜礼器 12 件，其中 1 件饕餮纹斝（M907：4）属二里
冈上层期，1 件歧尾兽面纹和斜角目雷纹觚（M907：8）属于殷墟
一期，其余的觚、爵、觯等器则是殷墟三期的。①

按照考古学分期断代的方法，判断某一发掘单位（墓葬、灰
坑等）的时代，应依据该单位出土遗物中最晚的器物的时代来定。
所以我们认为郭家庄东南 06M5 应属于三期早段的墓葬。

2. 郭家庄 06M5 的墓主

如上文所述，M5 的墓主亦为箙族人，他与 M26 墓的墓主关系
密切，可能是其子弟辈。M5 所出的一些青铜器（如爵、B 型鼎、
箕形器等）与 M26 之同类器极相似，可能是其前辈（或 M26 的墓
主）传给他的物品。

M5 墓室 5.5 平方米，较 M26 要小，随葬青铜礼器 9 件，其中
觚、爵为一套，也较 M26 要少。M26 出有乐器——编铙 3 件，而
M5 没有铜铙，这一现象也值得注意，据现有的资料，殷墟出铜铙
的墓葬，其觚、爵的套数，均在两套以上，尚未发现铙出于一套
觚、爵的墓中。② 这表明，铜铙也是一种标示墓主身份地位的物
品，即中、高级贵族才可使用它。由此，可以判断 M5 的墓主，身
份较 M26 略低，属于中下级贵族。M5 出长 17 厘米的小型铜钺，
出土各类兵器 21 件，可知墓主生前亦出任武职，但他掌握的军事

① 中国社会科学院考古研究所安阳工作队：《1969—1977 年殷墟西区墓葬发掘报
告》图版拾壹，1，《考古学报》1979 年第 1 期；岳洪彬：《殷墟青铜礼器研究》，中国
社会科学出版社 2006 年版，第 290 页。

② 殷墟晚商墓葬出土铜铙的情况，可查阅胡进驻《殷墟晚商墓葬研究》附录《殷
墟部分随葬青铜礼器墓葬一览表》，北京师范大学出版社 2010 年版。

权力较 M26 墓主小，是位中下级武官。M5 之时代属第三期早段，大致相当于廩辛、康丁时期，故可推测，墓主旟，可能是《怀特》1464 何组卜辞中的旟，是统率军行的武官。

综上所述，“旟”在商代是一个较重要的族氏，生活于武丁至帝辛时期。旟族居住在殷都小屯以南的郭家庄东南①。这一族氏的族长或重要人物，世代出任武职，在殷王朝的对外战争中发挥过重要的作用。

附表一　　旟（旇、旓）铭铜器统计表

器号	器类								铭文	期别	资料出处	备注
	鼎	方彝	尊	觚	爵	觯	箕形器	戈				
95 郭家庄 M26：35		√							旟	二	《考古》1998 年第 10 期	
95 郭家庄 M26：16				√					旟	二	《考古》1998 年第 10 期	
95 郭家庄 M26：18					√				旟	二	《考古》1998 年第 10 期	
95 郭家庄 M26：19					√				旟	二	《考古》1998 年第 10 期	
95 郭家庄 M26：24							√		旟	二	《考古》1998 年第 10 期	
06 郭家庄 M5：32	√								旟	二	《考古》2008 年第 8 期	
06 郭家庄 M5：6					√				旟	二	《考古》2008 年第 8 期	
06 郭家庄 M5：2							√		旟	二	《考古》2008 年第 8 期	两个旟字

① 殷人生前是聚族而居，合族而动，死后合族而葬，故居住址就在墓地的附近。

续表

器号	器类							铭文	期别	资料出处	备注
	鼎	方彝	尊	瓶	爵	觯	箕形器	戈				
《集成》2400	√								亞受丁旋乙若癸自乙	四	《集成》二卷第221页	
《集成》2401	√								亞受丁旋乙若癸父甲	四	《集成》二卷第221页	
《集成》2402	√								亞受丁旋乙若癸自乙	三、四	《集成》二卷第221页	
《集成》5937		√							亞受丁旋乙若癸自	四	《集成》四卷第249页	
《集成》5938		√							亞受丁旋乙若癸自乙	三、四	《集成》四卷第249页	
《集成》7308			√						亞受丁旋乙若癸自乙	四	《集成》四卷第469页	
《集成》7309			√						亞受丁旋乙若癸自乙	四	《集成》四卷第469页	
湖南杯形觯						√			亞受丁旋乙若癸自	四	《古文字研究》第十辑第262页	
《集成》9886		√							亞受丁旋乙若癸自乙	四	《集成》六卷第14页	盖器同铭
《集成》9887		√							亞受丁旋乙若癸自乙	四	《集成》六卷第14页	盖器同铭
《集成》10646							√		旃	二、三	《集成》六卷第268页	
《集成》11114							√		亞旃乙　亞若癸	三	《集成》六卷第268页	

甲骨文概论[*]

一　甲骨占卜与甲骨文

甲骨文是指商周两代出土的刻（或写）在龟甲和兽骨上的文字。甲，指龟甲，骨，主要是指牛肩胛骨，也有少量的鹿头、牛头、虎骨、牛肋骨等，个别有人头骨。

殷墟是商代后期（约公元前 1300—前 1046 年）自盘庚至帝辛（纣王）八代十二王的都邑遗址。它位于河南安阳西北郊，以小屯为中心，横跨洹河两岸，面积达三十平方公里。这里出土了十分丰富的商代后期遗迹与遗物，甲骨文是文化遗物中最重要的一种。

甲骨文绝大数与占卜有关。用甲骨占卜，在新石器时代已经出现。到商代后期，占卜之风极盛，商王和贵族经常用它占卜，借以指导自己的行动。用甲骨占卜有一定的程序，事先在整治好的甲骨反面（少数在正面）施以"凿""钻"。"凿"为椭长形、梭形或橄榄形的槽穴，"钻"在"凿"的旁侧，呈椭圆形或圆形的巢（图一）。占卜时，用火炷在"钻"或"凿"处烧灼，然后观察甲骨正面出现的卜字形裂纹（卜兆）的状况，以此来判断事

＊　本文原载《中国书法全集 1. 甲骨文》，荣宝斋出版社 2009 年版。本文为刘一曼、冯时合著。

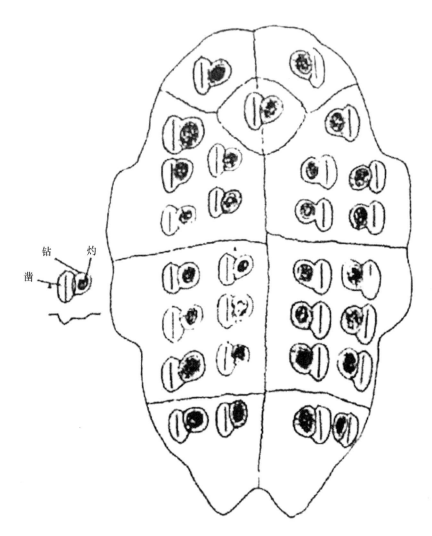

钻   灼

凿

图一 卜甲凿、钻、灼示意图

情的吉凶。占卜之后，将所卜问之事、应验的结果刻（或写）在甲骨上，这就是甲骨卜辞。甲骨文绝大多数是卜辞，但也有少量其他的刻辞，如干支表、习刻、记事文字等。

二　甲骨文的发现与收藏

商王朝灭亡后，殷都逐渐沦为废墟，甲骨湮埋于地下，无人知晓。关于它的发现，长期以来流传着一个故事：光绪二十五年（1899），在北京任国子祭酒的王懿荣因病吃药，从中药的"龙骨"中发现了一种从未见过的古文字，感到十分惊奇。他是一位金石学家，对古文字有较深的造诣，经认真研究，认为这是商代的文字。这个故事纯属传闻，不大可靠，但王懿荣最早发现收购甲骨文则是公认的事实，所以学术界将 1899 年作为甲骨文发现之年。

一百多年来，殷墟出土的甲骨文约 15 万片，其中约 11.5 万片属私掘出土的，考古发掘所获的 3.5 万多片。前者大部分藏于我国的博物馆、图书馆、大学、研究机构及收藏家手中，也有一部分流散到日本、美国、英国、法国、加拿大、俄罗斯、德国、瑞士、荷兰、比利时、新加坡、瑞典等国家。后者主要藏于台北"中央研究院"历史语言研究所和北京中国社会科学院考古研究所。

三　重要的甲骨文著录

著录殷墟甲骨文的书籍有一百多部，这里介绍一些最重要的著作。

《殷虚书契》，罗振玉编著。1911 年石印本，三卷；1913 年影印本，八卷四册；1970 年台北艺文印书馆重印。共收甲骨拓片 2229 片。后罗振玉又陆续出版了《殷虚书契菁华》《殷虚书契后编》《殷虚书契续编》三部重要的甲骨文著录著作。以上三书共收甲骨拓片三千多片。罗振玉的《殷虚书契》内容重要、印刷精良，是研究甲骨文的学者必读的书籍。

《殷虚文字甲编》，董作宾编著，1948 年出版。收录殷墟第一次至第九次发掘所获的刻辞甲骨 3942 号。

《殷虚文字乙编》，董作宾编著，共三辑，上、中辑 1948 年出版，下辑 1953 年出版。收录殷墟第十三次至第十五次发掘所获的刻辞甲骨 9105 号。其中以 YH127 坑所出的八千多号刻辞甲骨最为重要。

《小屯南地甲骨》，中国社会科学院考古研究所编著，分上下二册，上册包括一、二分册，1980 年出版，下册包括一、二、三分册，1983 年出版。全书收录刻辞甲骨 4612 号，包括 1973 年小屯南地发掘出土的 4589 号及在小屯一带零星采集的 23 号。

《殷墟花园庄东地甲骨》，中国社会科学院考古研究所编著，2003 年出版，该书收录 1991 年殷墟花园庄东地 H3 坑所出刻辞甲骨 561 号，以上几本甲骨著录收的全是或绝大多数是王的卜辞、而此书的甲骨文属非王卜辞，内容新颖，学术价值很高。

《甲骨文合集》，郭沫若主编，胡厚宣任总编辑，中国社会科学院历史研究所先秦史研究室编辑，全书共十三册，1978—1982 年陆续出版。此书收录甲骨文 41956 号，是从 20 世纪 70 年代中期以前，国内外出版的一百多种著录甲骨文的书刊和分散在国内外的甲骨拓本、摹本、照片，以及国内外七十多处现藏的甲骨中精选出来的，可以说是一部集大成的甲骨著录，为学术界提供了全面而科学的甲骨文资料，对甲骨文和商代史的研究有重大意义。

四　甲骨文的特点

殷墟甲骨文的单字有四千多个[①]，其中经过考释并为学术界公

---

① 据沈建华、曹锦炎《新编甲骨文字形总表》（香港中文大学出版社 2001 年版）统计，甲骨文中不同形体的字 6051 个，减去同字异体（一字有几种写法），实得 4071 个。

认的字有一千多个，是目前发现的早期文字中字量最大且具一定体系的文字，在汉字的发展史中有重要的地位。

（一）字形。从字形上看，甲骨文的每个字由一些长短不一的线条互相配合，形成方块或长方块的单个文字，这种方块字形，是汉字的重要特点。

（二）结构。甲骨文字体结构有一定的规律。传统的六书：象形、会意、形声、指事、假借、转注，在甲骨文中都能找到例证，其中较多的是前四种，见表一：

表一　　　　　　　　甲骨文象形、会意、形声、指事字例表

象形			会意		形声		指事	
象	𧰨	豕	即	𝕔	洹	𣲗	上	⌒
鹿	𢑑	犬	既	𝕔	河	𣲤	下	⌣
牛	𐊛	日	⊟	陟	𝕣	盂	𤮭	左	𠂇
羊	𐊛	月	⟩	降	𝕤	雉	𮷡	亦	夾

甲骨文中的象形字，是以简略的线条形象地勾勒出客观事物的主要特征，如"鹿、象、牛、羊、豕（猪）、犬"等。会意字通常是把两个或两个以上的图形合并起来，使其发生内部联系，表达一定的意义，如"即、既、陟、降"等字。"即"，表示人跽坐于盛物的器皿之前就食之形；"既"，象人食毕返身。"陟"，从阜从两趾（人的足趾），趾的方向向上，表示向上走，有上升之意；"降"，两足趾方向向下，表示向下走，有下降之意。形声字是由形符和声符结合而成，形符表示意义，声符表示音读，如"洹、河、盂、雉"等。其中"洹"与"河"以水旁为形，亘、可为声。"盂""雉"以皿、佳为形，于、矢为声。这类字因造字简便易读，后来发展成为汉字的主体。指事字是在象形的基础上添加指事符号，以表达概念。如"上、下、左、亦"等字。其中

"上"与"下",长的一画表示水平线,短画在上者表示上,短画在下者表示下。

(三)行款。多数甲骨文是自上而下的直行排列法,在一些兽骨记事刻辞中,文字是先自上而下,再自右而左的排行。这种排列方式,一直沿用至 20 世纪 50 年代初。

(四)语法。甲文有名词、动词、代词、形容词、副词、数词、量词、连词、介词、语气词等多种词类,句子的主要成分有主语、谓语、宾语、定语、状语、补语等①,与今天的汉语基本相同,可以说,它奠定了汉语语法的基础。

以上四点表明,甲骨文与今天的汉字是一脉相承的,因而我们可以说它是汉字的鼻祖。

与后代的文字相比,甲骨文还有其独有的特点,表现出一定的原始性。

(一)一字异形。字的结构不太固定,一个字既可正写,也可反书,偏旁可左可右,或上下移动,字的笔画或多或少,如表二中的"父、卜、得、雨、御、田"等,不胜枚举。

表二　　　　　　　　　甲骨文一字异形字例表

父		得		雨	
卜		御		田	

(二)异字同形。如山与火、甲与七、子与巳、正与足、月与夕、六与入、女与母等均二字同一形体。

(三)合文。甲骨文中合文较普遍。即把两三个字刻(或写)在一起,在行款上只占一个字的位置。二字的合文较多、三字的较少。合文多见于数字、月份、祖先、庙号、习语等,见表三:

① 张玉金:《甲骨文语法学》,学林出版社 2001 年版。

表三　　　　　　　　　甲骨文合文字例表

上甲	面	祖乙	𝄇	五十	𝌆	三千	𝍖	十二月	⿱

五　甲骨学的基本专业用语与甲骨文例

甲骨文的载体是龟甲、兽骨。卜用的龟甲以腹甲为主，因腹甲较平整，便于施凿、钻与刻辞。卜骨绝大多数均为牛肩胛骨。甲骨文之契刻与行款与其所处的位置有关。所以，我们应首先明确甲骨各部分的名称。

龟腹甲的正面，如图二所示，以中缝（又称"千里路"）为界，分为两部分。中缝的左边部分称左甲，右边部分称右甲。龟腹甲的齿缝把全甲分为九个部分：一、中甲，位于腹甲的上部正中；二、三，首甲，位于中甲之上部；四、五，前甲，位于中甲之下部；六、七，后甲，位于前甲之下部；八、九，尾甲，位于后甲之下部。首、前、后、尾甲均分为左右两部分（图二）。

龟甲以近首处为"上"，近尾处为"下"，近边缘处为"外"，近中缝处为"内"。左龟甲卜兆向右，右龟甲卜兆向左。

殷墟卜用的牛肩胛骨，通常都切去臼角，如图三所示，左胛骨，切臼角处向左，卜兆兆枝向左；右胛骨，切臼角处向右，卜兆兆枝亦向右（图三）。

甲骨文有一定的格式，要读懂它，还需要了解甲骨文最基本的专业用语，了解甲骨文例。

甲骨文中的最基本的专业用语有署辞、兆辞、前辞、贞辞、占辞、验辞六个部分。

署辞：记述甲骨来源的记事刻辞。主要刻于甲桥、甲尾、龟背甲反面边缘、牛肩胛骨骨臼、骨面下部边缘。如《合集》12497

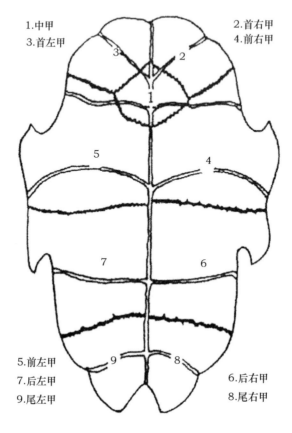

1.中甲　　　　　　　　　　　　　2.首右甲
3.首左甲　　　　　　　　　　　　4.前右甲

5.前左甲　　　　　　　　　　　　6.后右甲
7.后左甲　　　　　　　　　　　　8.尾右甲
9.尾左甲

图二　卜甲各部分名称

反，右甲桥上的"雀入二百五十"，记载雀（人名）一次入贡250块龟甲。署辞刻于占卜之前。

兆辞：刻在卜兆的旁侧，记卜兆的次第及状况。如兆旁的一、二、三、四、五等数字和二告、不告黾等辞。

前辞：亦称叙辞，记述占卜的时间和主持占卜的人名。

贞辞：亦称问辞、记述占卜时所卜问的事情。

占辞：记述王或卜人观察卜兆后所作出的判断。

验辞：记述卜问之事应验的情况。

下面以《合集》14138（图四）为例：

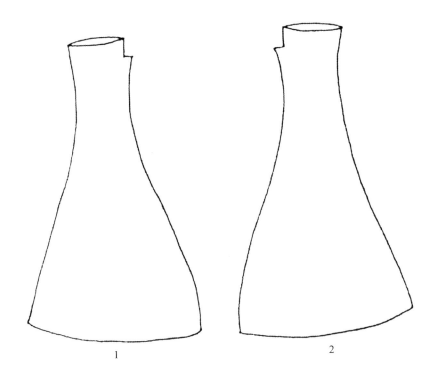

图三　殷墟卜骨示意图

1. 右胛骨；2. 左胛骨

戊子卜，殻贞：帝及四月令雨？一二三四
贞：帝弗其及今四月令雨？一二三四
王占曰："丁雨，不佳辛。"
旬丁酉允雨。

　　"戊子卜，殻贞"是前辞，记戊子日进行占卜，由卜人殻卜问。"帝及四月令雨""帝弗其及今四月令雨"是贞辞，两条卜辞左右对贞，卜问上帝到这四月会不会命令下雨。"王占曰：'丁雨，不佳辛。'"是占辞，即商王看了卜兆作出判断说，在丁日下雨，辛日不会下雨。"旬丁酉允雨"是验辞，记到了第十天丁酉，果然下雨了。卜兆旁的"一二三四"是兆辞，表示占卜的先后次序。

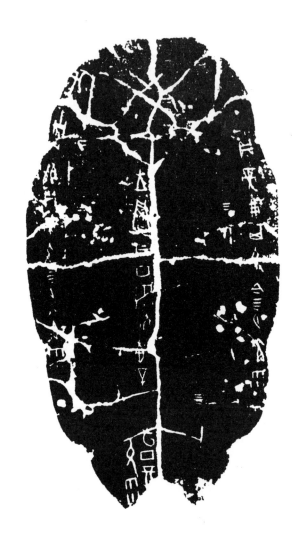

图四 《合集》14138

在甲骨文中，包括这四部分内容的卜辞不多、大多数卜辞都省去其中的某些部分，最常见的是省去占辞、验辞、只留前辞与贞辞的卜辞。

甲骨上卜辞的行款有一定的规律，卜甲的卜辞一般可分两种：

一种是位于龟腹甲中缝两边的卜辞，是由内向外，即在左边的从右向左，在右边的从左向右；另一种是位于龟腹甲左右边缘的卜辞，是由外向内，即在左边的由左向右。在右边的则由右向左。[1]在牛胛骨上的卜辞，大多都刻于靠近骨边的部位，其行款一般是由内向外刻。即在骨之左边缘的卜辞是下行而左，在右边缘的卜辞则下行而右。[2]若有数条卜辞，一般是自下而上排列。

六　甲骨文的分期断代

从盘庚迁殷至帝辛亡国都以殷墟为都，在这二百五十多年的时间里，殷墟所出的甲骨文，也必然有所变化，若能区分其时代，辨别出哪类卜辞属于哪一个王，对研究商代后期的政治、经济、文化的发展变化是很有意义的。

最先注意这个问题的是王国维。1917 年，他在《殷卜辞中所见先公先王考》一文中，据《后》上二十·九片卜辞有"父甲一牡，父庚一牡、父辛一牡"，便认为"此当为武丁时所卜。父甲、父庚、父辛即阳甲、盘庚、小辛、皆小乙之兄，而武丁之诸父也"。他又将《后》上七·七、七·九、十九·十四等三片有父丁、兄庚、兄己称谓的卜辞定为祖甲时代，认为这是祖甲对其父武丁、兄祖庚、祖己的称呼，这就是以称谓断代法的发端。

（一）董作宾的分期断代研究

全面系统地进行甲骨文断代研究的第一位学者是董作宾。1933 年，他发表了全面论述甲骨文分期断代的长篇论文《甲骨文

---

① 董作宾：《商代龟卜之推测》,《安阳发掘报告》第一册，1929 年。
② 董作宾：《骨文例》,《中央研究院历史语言研究所集刊》第七本第一分，1936年。

断代研究例》（下文简称《断代例》）①，提出甲骨文分期断代的十项标准：一、世系；二、称谓；三、贞人；四、坑位；五、方国；六、人物；七、事类；八、文法；九、字形；十、书体。他将甲骨文划分为五个时期：

第一期，盘庚、小辛、小乙、武丁（二世四王）；
第二期，祖庚、祖甲（一世二王）；
第三期，廪辛、康丁（一世二王）；
第四期，武乙、文丁（二世二王）；
第五期，帝乙、帝辛（二世二王）。

《断代例》的发表是甲骨学史上一件划时代的大事，它使过去混沌一片的 15 万片甲骨，成为可以划分为五个不同时期的历史资料，使殷代后期历史文化的研究。建立在较科学的基础上。"五期分法"和"十项标准"尽管还有不少需要补充和修正之处，但至今仍为较多的学者所沿用。

1945 年，董作宾发表了长篇巨著《殷历谱》②，在该书的绪言中，提出殷王室有新派与旧派之分，两派在祀典、历法、文字、卜事等方面存在区别。他认为文武丁属于旧派，此时全面"复古"。董氏将过去认为是武丁时代的一部分卜辞，划入文武丁时代。1948 年，他在《殷虚文字乙编》序中③，又进一步考证"扶、自、勺、余、我、子、𡥀、𠂤、车、史、万、幸、卤、𣥼、取、叶、医"等十七个贞人为文武丁时的贞人，从而将这类卜辞归入文武丁时代。他的这些看法，在学术界引起了长期的争论。

---

① 董作宾：《甲骨文断代研究例》，《历史语言研究所集刊外编第一种：庆祝蔡元培先生六十五岁论文集》，上册，1933 年。

② 董作宾：《殷历谱》，中央研究院历史语言研究所专刊，四川李庄石印本，1945 年。

③ 董作宾：《殷虚文字乙编·序》，商务印书馆 1948 年版。

（二）关于"自组""子组""午组"卜辞的时代

对于董作宾在 1945 年提出的"文武丁卜辞"，陈梦家提出不同的见解。陈梦家将贞人"自、扶、勺"为代表的卜辞称为"自组卜辞"。以"子、余、我、㽅"为代表的卜辞称为"子组卜辞"，以"午、㞢"为代表的卜辞称为"午组卜辞"，他从称谓、字体、文例等方面论述它们是武丁时代的卜辞，并认为"自组"和"子组"卜辞属武丁晚期。[①]

自 20 世纪 50 年代以来，学术界对这几组卜辞的时代进行了热烈的讨论，主要有两种不同的看法：一种是早期说，包括盘庚、小辛、小乙说[②]、武丁说[③]、武丁早期说[④]、武丁晚期说[⑤]等；另一种是晚期说。包括武乙、文丁说[⑥]和帝乙说[⑦]。1973 年，在小屯南地的发掘中，在 T53 [④A]、H104 出"自组卜辞"、H102 出"午组卜辞"，H107"自组"与"午组卜辞"共出。这四个单位，从地层关系和同出陶器的形态来看，都是较早的，属小屯南地早期（相当于殷墟文化第一期）。发掘者又对卜辞内容进行论证，论述它们是武丁时期的卜辞[⑧]，稍后又进一步论证它们属武丁早期的

---

① 陈梦家：《殷虚卜辞综述》，科学出版社 1956 年版，第 145—165 页。

② 胡厚宣：《战后京津新获甲骨集》序要，华联出版社 1954 年版。

③ 姚孝遂：《吉林大学所藏甲骨选释》，《吉林大学学报》1963 年第 4 期。

④ 林沄：《甲骨断代中一个重要问题的研究》，见《从子卜辞试论商代家族形态》注四所引，《古文字研究》第一辑，1979 年。

⑤ 陈梦家：《殷虚卜辞综述》，科学出版社 1956 年版；［日］贝塚茂树、伊藤道治：《甲骨文断代研究法的再检讨》，《东方学报》第二十三期，日本京都，1953 年。

⑥ ［日］岛邦男：《贞人补正·四，第四武乙文丁时期之贞人》，见《殷墟卜辞研究》，东京：汲古书院 1958 年版；许进雄：《卜骨上的凿钻形态》，台北：艺文印书馆 1973 年版，第 21—22 页。

⑦ 李学勤：《帝乙时代的非王卜辞》，《考古学报》1958 年第 2 期，后来李先生已纠正旧说，认为这几组卜辞属武丁时代。

⑧ 中国社会科学院考古研究所：《小屯南地甲骨·前言》，中华书局 1980 年版。

卜辞①。

虽然在小屯南地的发掘中未发现"子组卜辞",但 1936 年发现的 YH127 坑,"子组卜辞"与"午组卜辞""宾组卜辞"共出,该坑的时代较早,而且"子组卜辞"有"父甲""父庚""父辛""父乙"的称谓,这是指武丁的父辈阳甲、盘庚、小辛、小乙。所以这组卜辞之时代也当属武丁。

自 20 世纪 80 年代初,《小屯南地甲骨》出版后,学术界的意见渐趋一致,都认为这几组卜辞应属武丁时代。

(三) 关于"历组卜辞"的时代

"历组卜辞"是指董作宾在《断代例》所说的武乙、文丁卜辞,这类卜辞的字体大而细劲,只有一个贞人"历",占卜材料是卜骨。自 1977 年以来,学术界对它的年代亦进行了热烈的讨论,存在两种不同的意见。

一种意见认为"历组卜辞"是武丁晚期至祖庚时期的卜辞,即其中有"父丁"称谓的属祖庚卜辞,有"父乙"称谓的属武丁卜辞。

这种看法的主要依据是"历组卜辞"有两套称谓系统。一套是父乙、母庚、兄丁,这是武丁对其父小乙、母妣庚和兄丁的称呼;另一套是父丁、母辛,这是祖庚对其父武丁、母妣辛的称呼。

"历组卜辞"中有不少人名,经常出现在武丁宾组卜辞和祖庚卜辞中,这些同名应为同一个人。

"历组卜辞"在所卜事项方面,字体、文例与宾组卜辞和祖庚"出组卜辞"有不少相同之处,其时代也应与之相同或相近。

"历组卜辞"的钻凿形态介于"自组卜辞"至"无名组卜辞"的钻凿形态之间。

---

① 刘一曼、郭振禄、温明荣:《考古发掘与卜辞断代》,《考古》1986 年第 6 期。

　　此外，还见数例"历组"与"宾组"卜辞同见于一版等。①

　　另一种意见是不同意将这些卜辞称为"历组卜辞"，认为有父丁称谓的一类是武乙卜辞，这类卜辞常见父丁，也偶见父辛，这是武乙对其父辈廪辛、康丁的称呼。有父乙称谓的一类是文丁卜辞，这是文丁对其父武乙的称呼。

　　这种观点是以考古发掘中"历组卜辞"所出的地层关系为主要依据。因为"历组卜辞"只出于殷墟文化三、四期的地层和灰坑里，未见于殷墟文化一、二期的坑、层中，而在1973年小屯南地的发掘中，还发现出历组父乙类卜辞（即文丁卜辞）的灰坑打破出历组父丁类卜辞（武乙卜辞）的灰坑，也就是说，出历组父乙类卜辞的灰坑比出历组父丁类卜辞的灰坑略晚。从甲骨坑中卜辞的共存关系看，迄今尚未发现历组卜辞与自、子、午、宾、出组卜辞共存于较早的坑、层中，但却常见到它们与康丁卜辞同坑而出，而且分布区域也与康丁卜辞基本相同，即主要集中于小屯村中、村南。

　　在字体、文例、习惯用语、钻凿形态等方面，历组父丁类与康丁卜辞相近，而与祖庚、武丁卜辞差别较大，历组父乙类则与武乙卜辞关系密切。在事类方面（如方国关系、祭祀等），历组卜辞与武丁、祖庚卜辞也存在着较明显的差别。

　　此外，关于"历组卜辞"与武丁、祖庚卜辞存在相同的人名问题，持这种观点的学者用异代同名作解释，认为些同名者不是指同一个人。②

---

　　① 李学勤：《论"妇好"墓的年代及有关问题》，《文物》1977年第11期；裘锡圭：《论"历组卜辞"的时代》，《古文字研究》第六辑，中华书局1981年版；林沄：《小屯南地发掘与殷墟甲骨断代》，《古文字研究》第九辑，中华书局1984年版；李学勤、彭裕商：《殷墟甲骨分期研究》，上海古籍出版社1996年版，第185—268页。

　　② 肖楠：《论武乙文丁卜辞》与《再论武乙文丁卜辞》，《古文字研究》第三辑、第九辑，1980年、1984年；张永山、罗琨：《论历组卜辞的年代》，《古文字研究》第三辑，1980年；陈炜湛：《"历组卜辞"的讨论与甲骨文断代研究》，《出土文献研究》，文物出版社1985年版。

至今，这两种观点仍相持不下，还有待更进一步的探讨。笔者是支持后一种观点的。

（四）甲骨断代新方案

20 世纪 50 年代，陈梦家对董作宾的五期分法进行补充修正时，提出根据卜人系联，将卜辞分为若干个组，70 年代末以来，李学勤等学者提出甲骨断代新方案，即根据字体将卜辞分为若干组，然后再推断各个组的时代。

从卜辞性质上看，可分为王卜辞与非王卜辞两类，在王卜辞中，据出土地点的不同，又可分为村北系与村南系，认为殷墟卜辞从早期至晚期是依两系发展的。①

在《殷墟甲骨分期研究》一书中，作者用新的分期法将殷墟卜辞分为十组（见表四），在有的组下又分类，类下再分小类，计二十一类，三十小类。有学者认为："分类过细，在实际操作中就会因人而异，对用字体作标准的'类'就令人难以把握。"② 目前，甲骨分期断代新方案尚未得到学术界普遍认同。但他们提出的十个组的名称及其时代，除了对"历组卜辞"时代及"何组卜辞"延续时间过长，在学者中争议较多外，大部分组的断代基本可信，已为多数学者所采纳。

总之，甲骨分期断代新方案，是甲骨学分期断代研究深化的反映，将推动甲骨学向纵深发展。

---

① 李学勤、彭裕商：《殷墟甲骨分期研究》，上海古籍出版社 1996 年版，第 13—28、60 页。

② 王宇信、杨升南主编：《甲骨学一百年》，社会科学文献出版社 1999 年版，第 181 页。

表四   **殷墟卜辞组别及时代表**

组名	董作宾	陈梦家	李学勤、彭裕商
宾组	一期	武丁	武丁中期至武丁晚期（可延及祖庚）
自组	四期、文武丁卜辞	武丁晚期	武丁早期至武丁中期
子组	四期、文武丁卜辞	武丁晚期	武丁中期
午组	四期、文武丁卜辞	武丁晚期	武丁中期
非王无名组			武丁中期
历组	四期	武丁、文丁	武丁中晚期至祖甲早期
出组	二期	祖庚、祖甲	祖庚、祖甲（上限到武丁末期）
何组	三期	廪辛	武丁晚末至武乙前期
无名组	三期	康丁	祖甲至武乙前期
黄组	五期	帝乙、帝辛	文丁至帝辛

七　甲骨文的主要内容与学术价值

甲骨文的内容相当广泛，它记录了殷王和社会各阶层人物的活动，涉及商代的官制、刑法、监狱、军队、方国、战争、农业、畜牧、田猎、手工业、交通、天文、历法、气象、疾病、医学、教育、贡纳、祭祀、宗教信仰等，有很高的学术价值。它的学术价值主要有如下四个方面：

第一，把我国有文字记载的历史提前到三千多年之前，使商代的历史成为信史。商代距今年代久远，在先秦典籍中保留的商代史料相当贫乏。在辛亥革命后，我国史坛受疑古之风的影响，不少人对殷商历史存在疑问，甚至认为西周以前的历史都不可靠。甲骨文发现以后，著名学者王国维于1917年发表了《殷卜辞中所见先公先王考》和《续考》两篇论文，在这两篇名作中，他将《史记·殷本纪》中的先公先王之名，与甲骨卜辞中所见的先公先王之名作了对照，发现两者大体相同，从而证明司马迁写的《殷本纪》基本上是正确的。这一重要发现，把我国有文字可征的历史上推了近千年，使商代历史成为信史。同时，由于甲骨文内容涉及殷代的政治、经济、文化、意识形态各个方面，对全面复原殷商社会史，具有重要意义。

第二，甲骨文对我国古文字研究有重要意义，甲骨文是目前我国发现最早的具有一定体系和严密规律的文字。它的字形、字体结构、行款、语法等同今天的汉字一脉相承。又由于甲骨文是较成熟的文字，在它之前必定有更古老的文字，这就促使学者去探求我国古文字的起源。中华人民共和国成立以来，在我国新石器时代晚期至商代前期的不少遗址中，在陶器、玉石器、骨器上都发现过一些符号或原始文字。其中有些原始文字的形体与甲骨文相似，可视为甲骨文的前身。可见甲骨文在汉字的形成与发展中起着承前启后的作用，有重要的地位。并且，甲骨文对世界各国文字产生的途径和特点的研究也很有参考价值。

第三，甲骨文的研究促进了我国古代科学技术史的研究。甲骨文中有较丰富的有关自然科学方面的资料，如有关星象、日月交食的记录，特别是交食记录，在世界上是最古老的；有风、云、雷、雨、阴、雾、虹等的记载，今天我们所知道的日常气象，在甲骨文中都有反映；有农业生产技术方面的资料；有丰富的历法资料，当时的历法是阴阳合历，以干支记日，平年十二月，为了调节太阳年与太阴年的周期差，又设置闰月，月有大、小之分，一月分为三旬，昼夜的时间则分为十多个时段等，可见殷代的历法已比较进步；有不少记疾病的资料，依现代医学的分科，基本具备了内、外、耳鼻喉、牙、骨、妇产诸科，其中有关龋齿的记录较其他国家要早。甲骨文中有关自然科学的资料还有许多，不胜枚举。所以，现在研究自然科学史的学者，都要从甲骨文中寻找资料，或者要汲取甲骨文研究的成果。

第四，甲骨文的发掘与研究促进了考古学的发展。为了寻找甲骨文，导致了 1928 年的殷墟发掘。殷墟发掘是第一个由中国学术机构独立进行的发掘，也是我国考古工作者首次对古代都邑遗址进行的发掘，它标志着近代中国考古学的诞生，在我国考古学史上有重要意义。甲骨文的研究对商代考古尤为重要，如殷墟文化分期的绝对年代是依据甲骨文的分期断代来确定；不少商代晚期的遗迹、遗物的性质、年代部要依据甲骨文的研究来推断等。

由于甲骨文有重大的学术价值，所以它不但是我国古代文明中的瑰宝，在世界文明史中也占重要的地位。

试论殷墟甲骨书辞[*]

殷墟出土的甲骨文，绝大多数是用刀契刻的。所以，有的学者将它称为"契文""殷契""甲骨刻文""甲骨刻辞"[①]。但也有极少数是用毛笔书写的。1928 年 10 月—1937 年 6 月，中央研究院历史语言研所在安阳殷墟进行了十五次发掘，发现了 24918 片有字甲骨，在一些卜甲、卜骨上，除了刻辞外，还发现了用毛笔写的朱书和墨书。特别是 1936 年第十三次发掘期间，在 YH127 坑中，发现了不少卜甲上有书辞，有的完整龟腹甲背面的书辞，相当清晰和美观，引起研究者的注意。30 年代和 40 年代，参加殷墟发掘的董作宾和胡厚宣，对书辞进行过一定的研究。50 年代，陈梦家在《殷虚卜辞综述》中也对此问题作过概括的论述。他们的论述，在学术界有较大的影响。但陈梦家与董作宾、胡厚宣的观点分歧较大，后来的研究者或从董说、胡说，或依陈说，还有的兼取各家之说。谁是谁非，至今尚无定论。本文想就甲骨书辞作一初步整理，对甲骨书辞的特点及学术界有争议的问题提出一些看法。

---

* 本文原载《考古》1991 年第 6 期。

① 参见胡厚宣《五十一年甲骨文发现的总结》，商务印书馆 1951 年版，第 8 页。

一　甲骨书辞概述

　　殷墟甲骨距今已三千多年，它们长期湮埋于地下，经自然腐蚀，出土时不少甲骨刻辞字迹已不清，而在甲骨上的书辞，则保存更差，有的已完全褪色，有的字迹模糊，清晰可辨的书辞数量很少。过去，许多著录书只发表甲骨刻辞拓本，没有刊载书辞，有的在发表拓本的同时，虽也发表了甲骨书辞照片，但未附摹本，其上的书辞由于照相或制版技术欠佳，也不易辨识。所以很难精确统计出甲骨书辞的数目。这里只能根据已发表的及本人所能收集到的书辞资料作一粗略的统计与扼要的论述。

　　(一) 卜骨上的书辞

　　见于《甲》①《宁沪》②《掇二》③《屯南》④ 诸书。

　　《甲》 870、2500 反、2506、2636、2662、2698、2903、2940、3586。

　　《宁沪》1. 217、1. 219、1. 250、2. 56、2. 579。

　　《掇二》400、401。

　　《屯南》 1028、1427、1453、2011、2732、2740、4163、4187、4194。

　　此外，还有殷墟第三次发掘出土的，《甲》未收录的3. 2. 0922 反。⑤

　　这26片书辞，除《屯南》1453 字在卜骨正面外，其余全部

① 董作宾：《殷虚文字甲编》，中央研究院历史语言研究所，1948 年。
② 胡厚宣：《战后宁沪新获甲骨集》，来薰阁书店影印本 1951 年。
③ 郭若愚：《殷契拾掇二编》，来薰阁书店 1953 年。
④ 中国社会科学院考古研究所：《小屯南地甲骨》上册，中华书局 1980 年版；下册，1983 年版。
⑤ 胡厚宣：《战后殷墟出土的新大龟七版》（八），《文物周刊》1947 年第 30 期。

出于卜骨反面的骨边上，为倒书。具体说来，若卜骨正面有刻辞的，其反面的书辞方向与正面的刻辞相反，如《甲》2698、2636、《宁沪》2.56、1.217 等，若卜骨正面无刻辞的，书辞的方向，亦以扇骨骨边为上，骨臼为下，如《甲》870、2940、《屯南》1028 等。

这二十几片书辞，除《甲》2903、2940 属第一期武丁时代，《甲》3586 属第五期帝乙、帝辛时代外，余皆属第三、四期的书辞。

这二十几片书辞，有的字迹不清，有的属小片，残存一二字，意义不明。字迹较清楚，大体上能弄懂文意的仅占半数，其辞如下：

1. 《甲》870："甲申卜彡乞寮。"

2. 《甲》2940："☒大乙☒伐祖乙十人。"

3. 《宁沪》1.219："姁庚。"

4. 《掇二》400："☒辛、母甲□。"①

5. 《宁沪》1.217："乙五宰。"

6. 《宁沪》1.250："牛二，在四月，王☒。"

以上 1—4 片，正面无刻辞，第六片正面有卜辞，但原书未收录。

7. 《宁沪》2.56："癸酉。"

正面的卜辞为"辛亥卜，殼贞：乎☒？""贞：羽甲申步？""贞：勿隹甲申步？"（甲字缺横画），属武丁宾组卜辞。值得注意的是，此版反面朱书"癸酉"二字，字粗大，酉字的写法（图一）似康丁、武乙时的书体。在卜骨反面记干支，多见于三、四期卜骨，如《屯南》一书中有 18 例（编号为 281、2231、2264、2304、2330、2372、2496、2540、2609、2700、2709、2714、

---

①　甲骨文释文中，□表示缺一字，☒表示不能确知所缺之字数，字外加一括弧，表示该字字迹模糊不清或残缺不全，释文是据文例推断出来的。

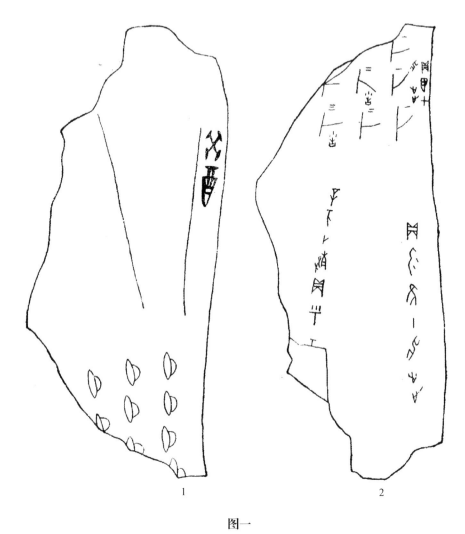

图一

1.《宁沪》2.56（反）；2.《宁沪》2.56（正）

2719、2728、2740、4189、4557、4559），且大多数是倒刻，"刻辞的时代多属康丁，有的可能延至武乙，其性质则属记事刻辞类"①。所以，此版书辞时代大概也应属康丁、武乙时期。

----

① 中国社会科学院考古研究所：《小屯南地甲骨》下册第一分册，中华书局1983年版，第858页第281片释文。

8.《甲》3586 反（3.2.0922 反）："甲午☐大甲☐王九祀。"

此片在《甲》中只刊载正面拓片，未发表书辞，屈万里在该片考释中谓："背面有朱书（已褪色）之辞，约十字内外，皆漫漶，不能辨识。"① 这里抄录的是胡厚宣在《战后殷墟出土的新大龟七版（八）》② 所作的释文。胡氏认为此片的时代属帝乙、帝辛。《甲》3586 正面有两条卜辞："丁丑卜，翌日戊，王車斿田，亡戋？大吉。""車燅田，亡戋？"从书体、文例上看属康丁卜辞，此版是同版不同期的又一佳证。

9.《屯南》2740："☐巳☐☐庚☐。"③

在书辞"巳"字的右下侧骨边上，刻有"己巳"二字，此二字与书辞的方向相反，为正书。此版正面为《屯南》2739，刻有"丁丑卜：翌日戊，王其田漊，弗禽？引吉""壬不雨？吉"等九条内容有关田猎和天气的卜辞，字体较小，笔画纤细而劲峭，属康丁卜辞。2740"己巳"二字风格与正面刻辞相近，书辞"己""庚"二字，字大，估计较刻辞的字大一倍多，字的写法也与刻辞有差别。

10.《屯南》2732："遘羌甲。"

其上方有二字，为习刻，笔画浅，字凌乱，不能识读。此版正面为《屯南》2731，其上有"其迍于章""王其迍章，亡戋""☐辛王☐"等五段刻辞，除第一段字体较工整外，余皆歪斜，行款紊乱，有正刻、有倒刻，这些刻辞属习刻。

11.《甲》2500 反："王（来）正夷方☐—宰☐。"

此书辞《甲》未影摄付印，这是抄录《甲释》的释文。此版

① 屈万里：《殷虚文字甲编考释》（简称《甲释》），"中研院"历史语言研究所，1961 年。

② 胡厚宣：《战后殷墟出土的新大龟七版》（八），《文物周刊》1947 年第 30 期。

③ 《屯南》下册第一分册该片释文作"☐巳卜☐庚☐"。后来，我们又再次反复审视该片书辞，发现"巳"下一字，竖画之下部还有一残笔道，非卜字，但应释何字，已不能辨识。

正面刻干支二行"甲子、乙丑、丙寅、丁卯、戊辰、己巳"，"庚午、辛未、壬申、癸酉、乙亥"属习刻。

12.《甲》2636："☐彡大乙，日中☐。"

此版正面为《甲》2635，有习刻干支三行。

13.《甲》2698反："☐三宰。"①

此版正面有"庚寅卜，彭贞：其又妣辛，一牛？"等六条卜辞，字体较幼稚，行款不整齐，而反面的书辞，字体老练，两者呈鲜明的对比。

以上叙述的13片卜骨书辞，和未录内容的13片小片的书辞，其上均无"卜、贞"一类的字，单纯是记述事情的，表明它们都不是卜辞。这些记事书辞的内容多与祭祀祖先或祭祀时的用牲有关。在正面有刻辞的卜骨中，书辞与正面刻辞在内容上毫无联系，在书体上，书辞字大笔肥，与刻辞相差甚远（下文还要论及），这些差别显示出卜骨上的书辞与刻辞大概不是同时所作，两者性质是不同的。

(二) 卜甲上的书辞

已发表的卜甲书辞，见于《乙》②《丙》③《外》④《京津》⑤等书。

《乙》514、566、643、645、701（《丙》109）、778、3217、3380、3400、3408、4713、5465、5536、5625、6423、6667（《丙》66）、6722（《丙》329）、6795、6824、6849、7285、

---

① 此片书辞，《甲》未影摄付印，屈万里的《甲释》将书辞释为"☐六宰"，胡厚宣在《卜辞杂例》中释"□三宰"，此处从胡释。

② 董作宾：《殷虚文字乙编》上、中、下三辑，"中研院"历史语言研究所，1948—1956年。

③ 张秉权：《殷虚文字丙编》上、中、下三辑，"中研院"历史语言研究所，1957—1967年。

④ 董作宾：《殷虚文字外编》，台北：艺文印书馆1956年版。

⑤ 胡厚宣：《战后京津新获甲骨集》，华联出版社1954年版。

7361、7652、7736、7763、8202。

《丙》27、95、97、146、158、283、315 反、399、416、420、439、520、536、539、594。

《外》13.0650＋651 反、13.0702 反、13.0829 反、13.0954 反。

《京津》2、1266 反。[①]

《诞》6。[②]

这 48 片卜甲书辞，全部书于卜甲之反面，字的方向与卜甲正面及反面的刻辞相同，即均为正书。书辞的位置多在甲桥和中缝之两侧。它们的时代都属于武丁时期。

这四十几片卜甲书辞，除去小片残字和字迹模糊者，基本上能弄清文意的，只二十多片。其辞如下：

1. 《乙》701（《丙》109）："妻乞四十。"

2. 《乙》3408："□入五十。"

3. 《乙》5625："□□五十。"

4. 《乙》7652："妻入乞四十。"

5. 《丙》146："妻（入）三。"

6. 《丙》283："妻入二。"

7. 《京津》2："妻来三十。"（图二）

8. 《乙》778："贞；翌丙戌无其从雨？""从雨？"

9. 《乙》3400："不若于□矤示？"（第四、五字为刻辞）

10. 《乙》3380："贞；王其□钔祖乙？""贞：勿□祖乙？"

11. 《乙》6423："贞；或、蜀受年？""王占曰：戋罙蜀受年"。

12. 《乙》6849："屮疾巷？"

13. 《丙》27："屮母己十□，屮卯宰？""贞：王重人正？"

---

① 《京津》只载卜甲正面的卜辞，未录书辞。书辞发表于胡厚宣的《战后殷墟出土的大龟七版》（三），《文物周刊》1947 年第 24 期。

② 顾立雅：《中国的诞生》，1936 年。

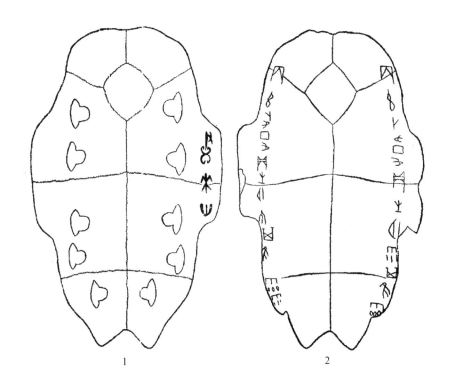

图二

1. 《京津》2；2. 《京津》1

"王（勿）重人？"

　　14. 《丙》66："□帝不其（令）雨？""王占曰：吉！其乎。"
"贞：弗其今二月雷？""王占曰：吉！其雷。"

　　15. 《丙》97："王（占）（曰）：吉。"

　　16《丙》158："贞：之？""史。""奠□□。"

　　17. 《丙》329："□（受）□？""□（受）（黍）（年）？""□
我幸？"

　　18. 《丙》399："王占曰：□沚戛□巴（方）。""从沚□？"

　　19. 《丙》416："王占曰：□""贞：南□？""（王）（占）
曰：隹父乙。"

20.《丙》439："贞：（勿）耑？""贞：妣□□？""贞：不（青）？""贞：□十羌史及？"（后四字为刻辞）

21.《丙》520："贞：□雨？""□占□。"

22.《丙》539："王占曰：羽乙酉不风。"

23.《京津》1266 反"辛酉卜争。"

以上卜甲书辞，内容可分两类。第一类1—7片，书于甲桥上，内容是某入若干，某来若干，是记贡纳龟甲之事。这类书辞与武丁甲桥记事刻辞内容相似，它们作于占卜之前①，所以，书辞比同版刻辞的时间稍早。

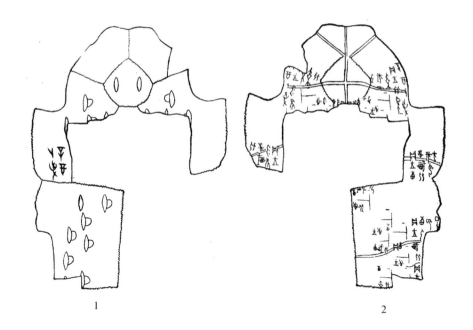

图三

1.《京津》1266（反）；2.《京津》1266（正）

---

① 参见胡厚宣《武丁时五种记事刻辞考》，《甲骨学商史论丛》初集第 3 册，1944年；陈梦家：《殷虚卜辞综述》，科学出版社 1956 年版，第 178—182 页。

第二类 8—23 片，均属卜辞，而且占辞占有较大的比重。内容涉及天气、求年、祭祀、征伐等方面。这些书辞卜甲，大多正面或正反两面都刻着卜辞，书辞与刻辞的内容是密切相关的。如《乙》6422，卜甲正面契刻的卜辞为"辛巳卜，争贞：甗不其受年?""贞：蜀不其受年?"《乙》6423，卜甲反面的两条书辞亦记甗、蜀受年之事。《丙》538，正面刻辞为"甲申卜，散贞：羽乙酉其风?""羽乙酉不其风?"其反面《丙》539 的书辞为正面卜辞的验辞。《京津》1266，正面刻着十几条卜辞，在右甲桥的卜辞为"贞：王叀沚戬从伐巴方?"其背面相应的位置有朱书"辛酉卜争"四字，（图三）与正面的卜辞相衔接。[①]《乙》3400 和《丙》439，在同一条卜辞中，书辞与刻辞并存。可以看出，这类卜甲书辞与同版的刻辞，都是占卜后的记录，有的还记载相同的事件，书与契的时间基本上是同时的。

二　甲骨文是先书后刻还是不书而刻?

关于书与契的关系，长期以来，在甲骨学界有下列几种不同的看法。

(一) 先书后刻

董作宾说："殷虚甲骨文字，都是先写后刻的。"[②] 又说："……《乙编》里所收，大部分武丁时书写的卜辞，这些分明是写完之后，忘了契刻了。""记得在美术展览会曾展览过一块背甲，在《乙编》号数是 13.14048，是背甲的右半，左边稍有残缺。正面（《乙》6666）卜兆均经刻划，左上角一辞'壬申卜，古贞：

---

① 胡厚宣：《战后殷墟出土的大龟七版》（三），《文物周刊》1947 年第 24 期。
② 董作宾：《甲骨文断代研究例》，《历史语言研究所集刊外编第一种：庆祝蔡元培先生六十五岁论文集》，1933 年。

帝命雨？'是刻过的，笔画细而劲；反面（《乙》6667）右上角与壬申一辞相对处，写着'贞：帝不其命雨？'未经契刻，笔画肥而柔，这分明仍是史臣古的手迹，可以看得出他用笔是由上而下，由左而右，直与现代写字的笔顺无异；而契刻的方法，则是先刻每字的直画，后刻它们的横画，和书写是迥然不同的。此版的背面，另有四段也是写了未刻的……又有'贞乎'，二字，字体甚粗，中有细画契刻，尚未完成，这正是先书后刻的一个实例。"接着，他又举了《乙》6423 的例子。①

(二) 不书而刻

陈梦家说："少数卜辞与记卜事的有书于背面的。……书写的字既然较刻辞粗大，且与刻辞相倒，所以书辞并非为刻辞而作的，更不是写了忘记刻的。刻辞中有小如蝇头的，不容易先书后刻，况且卜辞中所常用的字并不多，习惯了自然先直后横，本无需乎先写了作底子。"②

郭沫若亦谓："甲骨文不是先书后刻，而是信手刻上去的。"③

(三) 小字不书而刻，大字先书后刻

胡厚宣说："卜辞文字，先写后刻。惟习之既久，或不经书写，而直用刀焉。卜辞中之大字者，因须刻多次，始能完成，故必先写而后刻之。至其字小者，则往往随刀一刻，即可成文。"④

20 世纪 80 年代以来，在一些甲骨学著作中，对书与契的关系

---

① 董作宾：《殷虚文字乙编》序，中央研究院历史语言研究所，1948 年。
② 陈梦家：《殷虚卜辞综述》，科学出版社 1956 年版，第 14—15 页。
③ 郭沫若：《古代文字之辩证的发展》，《考古》1972 年第 3 期。
④ 胡厚宣：《卜辞杂例》，《历史语言研究所集刊》第 8 本 3 分，1939 年，第 401 页。

亦有简要的论述。有的认为甲骨文大字先书后刻，小字不书而刻①；有的谓"卜辞或先书后刻，或不书迳刻"②；还有的说："甲骨文一般是先用朱砂或黑墨写在甲骨上，然后用刀刻出浅槽，但也有不少是直接刻成的。"③

首先，我们先来讨论"先书后刻"的问题。

第一，甲骨文多数是刻于卜甲和卜骨的正面，部分刻于反面，如果甲骨文都是先书后刻，甲骨正面发现的书辞，应多于反面的书辞。可是，为什么除个别的书辞是书于甲骨正面外，其余都书于甲骨的反面呢？

第二，如果甲骨文都是先书后刻，在各期的卜辞中都应发现一些"书而忘刻"的书辞，但为什么这类书辞只见于武丁时期，其他各期，没发现它们的痕迹？

第三，甲骨文中常发现缺刻笔划的文字，如果甲骨文都是先书后刻，在缺刻的部位上，为什么没有书写过的痕迹？④

第四，如果甲骨文都是先书后刻，作为底稿的书辞与刻辞字体应该基本相似，但为什么有许多书辞与同版的刻辞字体风格相差甚远呢？

以上几个问题都是"先书后刻"论者难以回答的。

其次，再分析"不书而刻"。陈梦家的主要论点是书辞较刻辞字大，且倒书。从本文第一部分的叙述中，可以看出，他的立论是以卜骨书辞为依据，但卜甲书辞则不然，卜甲书辞均正书，而且也有些卜甲书辞字体并不比同版的刻辞大。所以，他的看法是片面的。

甲骨文中确有先书后刻的情况。董作宾所举的《乙》6667、

---

① 孟世凯：《殷墟甲骨文简述》，文物出版社 1980 年版，第 21 页。陈炜湛：《甲骨文简论》，上海古籍出版社 1987 年版，第 51—57 页。
② 吴浩坤、潘悠：《中国甲骨学史》，上海人民出版社 1985 年版，第 85 页。
③ 范毓周：《甲骨文》，人民出版社 1986 年版，第 16 页。
④ 孟世凯：《殷墟甲骨文简述》，文物出版社 1980 年版，第 21 页。

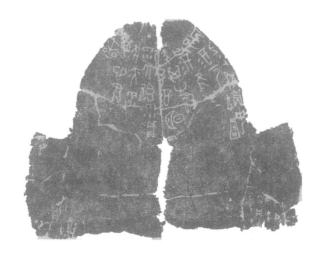

图四

（《乙》6664）

6423 就是很好的例子。关于《乙》6667，又刊于《丙》上辑
（一）中，编号为 66。其上的卜辞为：

1. □帝不其（令）（雨）？（朱书）

2. 王占曰：吉！其乎。（朱书）

3. 贞：㞢左于庞？

4. 贞：弗其今二月雷？（朱书）

5. 王占曰：帝隹今二月令雷，其隹丙不（令）雪，隹庚其
吉，吉。

6. 王占曰：吉！其雷。（朱书）

7. 庚午卜，古贞：乎□王母来？

8. 贞：庚午？

9. 贞：王勿其往从之？

10. （□）入二。在鹿。

11. 殸。

张秉权在考释中指出，该版第 3、5、7 条卜辞是先书后刻的。

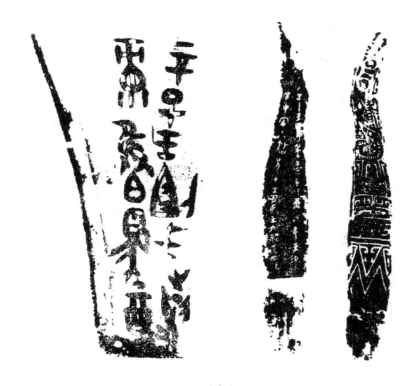

图五

左·《佚》427；右·《佚》518

他说："说它是写而后刻，是因为在刻槽的上下和两侧，可以看到书写的痕迹。因为刻槽不及写的笔划来得粗，所以还留着书写的笔画，可以看得出来。""第5辞除了吉字写了未刻以外，其余的都是先书而后刻的；假如它们是先刻后写的，那末就不会有整条卜辞书而未刻的现象，也不会有一条卜辞中，大部分的字都刻了，只剩下一二字未刻的现象。"①

张秉权对 YH127 坑的甲骨做了多年的整理、研究，我们相信他的观察与判断。

---

① 张秉权：《殷虚文字丙编》，上辑（一），"中研院"历史语言研究所，1957年，第99—100页。

此外，下列一些刻辞甲骨，也应当引起我们充分注意。如武丁时的宾组卜甲《乙》1983、1985、6664（图四）、6665、6672、6673①，自组甲骨《甲》210、2356、《乙》409、8982、9067、《屯南》643、4429 等②，其上契刻的卜辞，字体粗大，笔画浑圆流畅，转折处是圆转角，有毛笔字的风韵。

再如第五期的兽骨记事刻辞，尤其是雕骨刻辞《佚》426、427、518（图五）③、《怀特》1915④，其上的刻辞字大，笔道丰肥，排列整齐，有的字笔画起止较尖，中部粗，有的字笔画起笔时粗壮有力，收笔时纤细，表现出线条轻重顿曳的变化，与同期的卜辞风格迥异，与铜器铭文很接近。⑤这几版刻辞，正面雕着美丽的纹饰，有的字中还嵌镶绿松石作装饰，有很高的艺术价值。像这样的艺术品，事先必须经过认真的设计，用笔勾画出图案，书写上文字，然后再进行精雕细刻。所以，我们认为上述这些刻辞，也应是先书后刻的作品。

这些事例足以说明，说甲骨文都是不书而刻的观点是难以成立的。

下面我们再来论述"小字不书而刻，大字先书后刻"的问题。

众所周知，从第一期至第四期的甲骨上，契刻的小字卜辞数量相当多，第五期的甲骨卜辞，一般都是小字，且排列严密整齐，有的学者称为"蝇头小楷"。特别是《考古》发表的那片殷墟出土的殷末周初"易卦"卜甲⑥，其上的文字小如芝麻，细如发丝，要用放大镜才能看清，刻这样的小字是不容易先书后刻，当是直接用刀刻上去的。所以，甲骨文虽已出土 15 万多片，但尚未发现

① 陈炜湛：《甲骨文简论》，上海古籍出版社 1987 年版，第 63 页。
② 中国社会科学院考古研究所：《小屯南地甲骨》前言，中华书局 1980 年版。
③ 商承祚：《殷契佚存》，1933 年。
④ 许进雄：《皇家安大略博物馆藏怀特氏等收藏甲骨文集》，1979 年。
⑤ 拙作《殷墟兽骨刻辞初探》，《殷墟博物苑苑刊》1989 年创刊号。
⑥ 肖楠：《安阳殷墟发现"易卦"卜甲》，《考古》1989 年第 1 期。

一片小字的甲骨书辞。小字不书而刻的说法是可以成立的。

那么，"大字刻辞先书后刻"是否正确呢？上文所列的先书后刻的甲骨，均属大字，说明确实存在这样的事实。但是，这样的例子，在整个甲骨大字刻辞中只占少数。

大字先书后刻论的一个重要原因是，大字"需刻多次，始能完成"①，这种见解，对一部分笔画粗肥的圆笔的大字刻辞是合适的。但对多数笔画不甚粗壮的折笔大字刻辞，情况是有别的。有的研究者对甲骨上的文字（小字和折笔大字）进行放大观察和摹刻，他们认为，这些字的每一笔画，多是一刀刻成，经过反复练习，无须书写起稿，就可信手刻成的。②

我们在整理小屯南地甲骨时，也曾细心审视过多片武乙时的大字刻辞，在这些字的刻槽之上下和两侧槽壁，丝毫也没发现过书写过的痕迹。

有鉴于此，我们认为，不能以偏概全，说甲骨文的大字都是先书后刻的。

三　书辞是否为契刻而作？同版甲骨的书与契是否一人所为

董作宾认为，书辞是为刻辞而作的，同版的书与契均是同一个贞人所为。③ 陈梦家对此提出批评，他说："书辞并非为刻辞而作"，"卜事是分工的，非一个人包揽"。④

这两个问题，与本文第二部分讨论的问题是有密切联系的。对那些先书后刻的甲骨，其上的书辞是为刻辞而作，这应是毋庸

① 胡厚宣：《卜辞杂例》，《历史语言研究所集刊》第8本3分，1939年，第401页。
② 赵铨、钟少林、白荣金：《甲骨文字契刻初探》，《考古》1982年第1期。
③ 董作宾：《殷虚文字乙编》序，中央研究院历史语言研究所，1948年。
④ 陈梦家：《殷虚卜辞综述》，科学出版社1956年版，第14、15页。

置疑的。但有相当多的书辞，并非如此。如第三、四期的卜骨书辞与刻辞，字的风格有明显区别。下面我们将这个时期的书辞和刻辞的一些常用字列表进行比较（见表一）。

表一　　　　　　　第三、四期卜骨上书辞与刻辞字体比较表

今楷	书辞	刻辞	今楷	书辞	刻辞
莱			岁		
王			母		
辛			月		
大			中		
乙			日		
妣			巳		
寮			庚		

从表中可以看出，莱、王、辛、大、乙、寮、妣、庚等字，书辞首尾细锐，中部较肥大，提按运笔的意识十分明显。而刻辞字的笔画较均匀，多折笔，呈现出刚劲的风格。又如"中""庚"二字的中部、"巳"字上部、"日"字等，书辞为圆形或椭圆形，刻辞则为方廓。

上文已提到，第三、四期的卜骨书辞与刻辞，在内容上毫不相干，刻与写的时间可能不是同时的。所以，这样的书辞并不是

为刻辞而作的，书者、契者可能不是同一个人。

在武丁时的卜甲中也见到这样的例子。如在卜甲书辞中占有一定数量的甲桥记事书辞，它们未必都是书而忘刻的。因为甲桥上的记事书辞与刻辞，都作于占卜之前，倘若这些书辞是书而忘刻的，到了用这些龟甲进行占卜和刻辞时，甲桥上醒目的大字书辞，定会引起人们的注意，从而进行补刻的。像《乙》3408、《丙》283 等，在卜甲之反面，离甲桥书辞不远，就有刻辞，契刻者又怎能对不久前书写的红色大字视而不见呢？我们认为，此类书辞，大概并不要求"书后必刻"，而是可以"书而不刻"。

再如《丙》158，其上有三条书辞、三条刻辞。三条书辞中有两条属甲桥记事书辞，左甲桥为"史"字，右甲桥残存一"奠"字，另一条为"贞、之"二字，书于左甲首的边缘上。甲首反面的边缘较狭窄，且不平，不宜契刻，该处一般是不刻卜辞的。可见此版的三条书辞，也不是为契刻而写的。

以上我们概述了甲骨书辞的特点及书与契的关系问题。本文主要论述的是：

1. 甲骨书辞一般是字大、笔肥，书于甲骨之反面。卜骨书辞为倒书，内容属记事。卜甲书辞正书，一部分属记龟甲来源的署辞，大部分属卜辞，且多与同版契刻的卜辞，内容相关。

2. 甲骨文大多数是不书而刻，仅少数是先书后刻的。即甲骨上的小字均不书而刻，甲骨上的大字也多是不书迳刻，只有武丁时的某些宾组及自组大字甲骨及帝乙、帝辛时的兽骨大字记事刻辞，是先书后刻的。

3. 甲骨上的书辞并不都是为刻辞而作的。殷代书与契有一定的分工，未必是同一个人所为。

（本文初稿完成后，罗琨同志又补充了三条书辞资料，谨志谢忱。）

略论甲骨文书体[*]

甲骨文书体是甲骨学研究中的一个较重要的课题，长期以来受到学术界的关注。此课题的研究，对于甲骨文书法艺术、甲骨文的分期及中国书法史的研究，都有重要意义。

我们在《甲骨文的书法艺术》[①] 一文中，曾对甲骨文各期各组的书法特点做过较详细的论述，现在在该文的基础上在以下三个问题简谈一下自己的看法。

一　对董作宾先生关于甲骨文书风的评述

（一）董作宾先生于1933年发表了全面论述甲骨文分期断代的长篇论文《甲骨文断代研究例》[②]，提出甲骨文分期的十项标准：世系、称谓、贞人、坑位、方国、人物、事类、文法、字形、书体。他依据这些标准，将甲骨文分为盘庚、小辛、小乙、武丁；祖庚、祖甲；廪辛、康丁；武乙、文丁；帝乙、帝辛五个时期。在该文中，他认为，甲骨文五期书体的风格是：第一期雄伟、第

---

　　* 本文原载《中国书法》2012 年第 6 期。
　　① 冯时、刘一曼：《甲骨文的书法艺术》，《中国书法合集·甲骨文卷》，荣宝斋出版社 2009 年版。
　　② 董作宾：《甲骨文断代研究例》，《历史语言研究所集刊外编第一种：庆祝蔡元培先生六十五岁论文集》，1933 年。

二期谨饰、第三期颓靡、第四期劲峭、第五期严整。他的观点，
在学术界产生很大影响，多年以来，为大多数甲骨学者、甲骨文
书法爱好者所沿用。但也有一些学者，对董氏五期甲骨文书风的
论述，持不同的看法。① 我们认为，董作宾先生的观点，对于第
一、二、四、五期的王卜辞来说，大体上正确，但过于简略，不
能反映各期甲骨文书体的全貌。如第一期，除宾组②外，还有𠂤组
（又可分为大字与小字两类）、子组、午组、非王无名组，花东子
卜辞等几种，各卜辞组的书风不同，宾组雄伟豪放、𠂤组大字类古
朴象形，小字类工整方正、子组柔曲秀润、午组方折削劲、非王
无名组宽绰疏朗、花东子卜辞秀丽自然，呈多样化的局面。第四
期（历组卜辞）劲削险峻与圆润流畅两种书风并存。

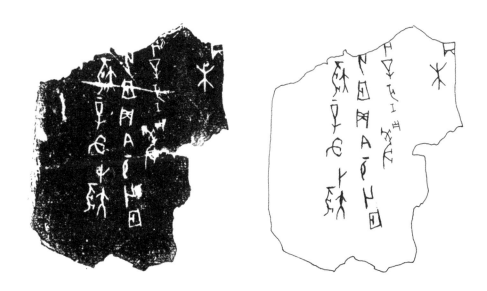

图一   《甲》2605（《合集》31553）

---

① 丛文俊：《中国书法史·先秦秦汉卷》，江苏教育出版社 2002 年版，第 99、
155—165 页；张桂光：《张桂光书法集》，岭南美术出版社 2002 年版，第 4 页。
② 董作宾是据宾组卜辞的资料，归纳出第一期"雄伟"的书风。

（二）董作宾先生谓第三期书风"颓靡"，他认为"廪辛康丁之世，可以说是殷代文风凋敝之秋。在这期，虽然还有不少的工整的书体，但是篇段的错落参差，已不似前此的守规律，而极幼稚，柔弱，纤细，错乱，讹误的文字，又是数见不鲜的"。他选了一片有关卜夕内容的刻辞《甲》2605（《合集》31553）为例（图一），并说道："固然是选的不好的例子，可是这样一个初学书契的人，却也让他正式参加'卜夕'之典而刻辞记事于卜骨。"① 可见董氏认为《甲》2605 是记卜夕的卜辞。屈万里先生在《殷虚文字甲编考释》该片的释文中谓"本片诸辞，疑皆习书者所刻"②。屈先生做《甲编》释文时，曾仔细观察过甲骨实物，他的看法，应是可信的。以后，学者将《甲》2605 与《甲》2492 缀合（见图二，《合集》26907 反），全版刻辞如下：

1. 辛丑卜，狄贞：今夕亡囚？

2. 辛丑卜，狄贞：今夕亡囚？

3. 甲辰、乙巳、丙午、丁未、戊申、己酉、庚戌、辛亥、壬子、癸丑。

《甲》2605 位于骨版下部，除左侧第一、二行上方的"狄"，"亡囚"三字外，其余的字，字体稚拙，尤其是辛、丑、今、夕、亡五个字，与位于骨版中上部的《甲》2492 同类字相比，有天壤之别。《甲》2492 记卜夕之辞，字体较工整，线条流畅，故我们在《中国书法·甲骨文卷》第 338 页《合集》26907 反的释文中曾指出"其中居上的一条似为师傅的范刻，而居下的一条则为徒弟的仿刻"，也就是说居下方的辞是学习契刻者以师傅所刻的卜辞

---

① 董作宾：《甲骨文断代研究例》，《历史语言研究所集刊外编第一种：庆祝蔡元培先生六十五岁论文集》上册，1933 年。

② 屈万里：《殷虚文字甲编考释》，"中研院"历史语言研究所，1961 年，第 330 页。

图二　《合集》26907 反

为蓝本，进行临摹的"习辞之刻"①。既然，《甲》2605 是徒弟的习契之作，字体稚拙当是情理之中的事。各期甲骨文中都有一些字体不佳的习刻，不应称为"颓靡"，更不该把该片作为第三期书风之代表。

第三期卜辞有何组与无名组两种，何组卜辞，用笔方圆相兼，文字或整齐俊美或欹侧多姿；无名组卜辞，用笔以方折为主，文字笔画纤细、刚劲秀丽。

二　殷墟甲骨文早晚期书体之差异

（一）早期卜辞，文字象形性强。时代大体相当于武丁早期的自组大字类及花东子卜辞，这一特点更为突出。如有的自组大字类卜辞"戌"字似带把的斧钺（《合集》19798，图三，1）"祝"字似巫祝正面祈祷之形（《合集》20582，图三，2），"贞"字之似鼎形（《合集》20577，图三，3）。花东子卜辞中"首"字为人的正面图像，描绘出人的双目、双耳、口和头发（《花东》304，图三，4），"车"字，勾画出车轴，车厢、双轮、一辕、一衡、双轭，与考古发掘出土的马车相似（《花东》416，图三，5），有的"璧"字，圆圈外均匀地伸出三道短线，酷似殷墟墓葬中出土的牙形璧（《花东》1802，图三，6）。

时代大体相当于武丁中晚期的宾组卜辞，文字仍有较强的象形性。有关动物的字，大多较写实，除表现主要特征外，还有细部的刻画。如"象"，画出它弯卷的长鼻和肥硕的躯体；"马"，画出鬃毛，有的马字，还画出身上的纹饰和马蹄；"虎"，画出其大嘴，利齿和身上的斑纹（表一）。

---

① 笔者过去曾对甲骨文的习刻做过整理，认为习刻可分为"习字之刻""习辞之刻"和"示范之刻"三类，前两类，字体较稚拙，后一类，字体工整、流畅。参见刘一曼《殷墟兽骨刻辞初探》，《殷墟博物苑苑刊》创刊号，中国社会科学出版社 1989 年版。

图三

1. 戌（《合集》19798）；2. 祝（《合集》20582）；3. 贞（《合集》20577）；4. 首
（《花东》304）；5. 车（《花东》416）；6. 壁（《花东》1802）

晚期的黄组卜辞，象形性减弱，动物的腹部由双线变为单线，只描绘其最主要的特征。如"象"，只表现其长鼻；"马"，仅保留鬃毛；"虎"，只绘出大嘴、利齿（表一）。

（二）早期卜辞（自、宾组卜辞），异体字多，尤其是有关动物的字，通常一个字有多种写法，如宾组卜辞中有关鹿、马、虎、象几个字，每字有十种（或十种以上）的写法，而到了晚期的黄组卜辞，上述四字，只有三种或两种形体，文字趋于定型，比较规范（表一）。

表一　　　　　　　　　　鹿、马、虎、象早、晚期字形表

期别	字　　　　　形									
鹿 一（宾）										
鹿 五（黄）										
马 一（宾）										
马 五（黄）										
虎 一（宾）										
虎 五（黄）										
象 一（宾）										
象 五（黄）										

（三）宾组及出组卜辞，文字间架结构平正工整，何组卜辞，打破平正，追求奇险，无名组、历组卜辞延续了这种变化的书风，如历组字体，劲峭粗犷、结体新颖、蹙展分明。到晚期的黄组卜辞，又恢复平正严整的风格，但不是简单的重复，黄组文字，结体精致，隽逸自然。

（四）甲骨文早、晚期书体明显之变化是从第三期开始的。历组卜辞书体，距宾组、出组较远，处丁无名组与黄组之间。如表二所示，历组卜辞有关动物的字，大多用单线画出腹部，只表现其最主要的特征，线条较简略。从甲骨文早晚期书体演变的规律

看，历组卜辞的时代不应提前至武丁晚至祖庚时期。

表二　　　　　　　　　**甲骨文动物形态演变字例表**

字形＼期别	鹿	马	虎	象	兕	犬
一（宾）						
二（出）						
三（何、无名）						
四（历）						
五（黄）						

三　早晚期书风变化原因之推测

早期书风多样化，晚期趋于单一，与占卜机关的多寡、规模之大小有关。武丁时期，不但王有规模较大的占卜机构，一些高级贵族（如子组、午组、非王无名组、花东子卜辞的占卜主体）也有独立的占卜机构。在这些占卜机构内部有一批专门从事占卜活动的人员。当时在王的占卜机关中，卜事极为频繁，占卜的内容很广泛，不但国之大事，连王日常生活的事情（如疾病、梦幻、配偶生育等）都要进行占卜。因而贞人的数量大，有三四十人之多，故记录占卜内容的刻辞者的数量也相应较多，再加上高级贵族占卜机构中的一批契手，数量众多。这些不同契手的作品，风格有所不同，故呈现出书风多样化的局面。

　　晚期的帝乙、帝辛时代，只存在王的占卜机构，至今尚未发现高级贵族的占卜机构。王的占卜机构之规模较早、中期要小，占卜的内容较集中，以祭祀、田猎、卜旬、战争为主，贞人只五位（一说七位），刻手的数量也随着贞人数量的缩减而减少。故黄组卜辞的书风呈现出相当一致的面貌。

殷墟兽骨刻辞初探[*]

殷墟出土的甲骨刻辞至今达 15 万片，这是研究商代历史、文化及我国古文字的珍贵资料。殷墟甲骨刻辞可分两类：一类是刻于卜甲（龟甲）和卜骨（主要是牛肩胛骨）上；另一类是刻于兽骨和人头骨上。第一类刻辞（绝大多数是卜辞），发现数量多，内容十分丰富，长期以来，都是学者们研究的重点。第二类刻辞中的一些内容较特出的，如兽头刻辞、小臣墙牛骨刻辞、人头刻辞也是学者们研究殷商史时经常引用的资料。不过，因为第二类刻辞数量少，资料比较零散，多数又属习刻，内容不甚重要，所以，此类中的不少材料，未引起研究者的注意。本文就这类刻辞（除人头骨刻辞外）作一初步的整理，并对它们的内容、特点、出土地等问题提出一些看法。

一　材料概述

殷墟出土的兽骨刻辞，有数十片，可分为以下七种：

———————————

＊ 本文原载《殷墟博物苑苑刊》1989 年创刊号。

1. 肋骨刻辞

共发现 11 片。① 包括（1）《甲》3629②、（2）《库》985 +
1106③、（3）《库》996、（4）《七》X1④、（5）《屯南》2630⑤、
（6）《屯南》2685 + 2687、2686 + 2597、（7）《屯南》4571、
4572、（8）《屯南》4574、（9）《京津》3922⑥、（10）《善斋》
4551⑦、（11）《善斋》12518⑧。其中（5）是不完整的干支表，
字体较工整。　（6）—（11）文辞紊乱，字体幼稚，是习刻。
（1）—（4）字体工整，文例与卜辞相似，其辞为：

　《甲》3629

　　①□子卜，父甲豊。
　　②☑父杏岁，即祖□。⑨

　《库》985 +1106

　　①乙巳卜，其示帝。
　　②乙巳卜，帝日重丁。
　　③重乙，又日。
　　④重辛，又日。

---

　①　《殷契佚存》426、518 也属肋骨，但它们又是经过精细加工的雕骨，故列于后
面的雕骨刻辞中。

　②　董作宾：《殷虚文字甲编》，中央研究院历史语言研究所，1948 年。

　③　方法敛：《库方二氏藏甲骨卜辞》，1935 年。

　④　方法敛：《甲骨卜辞七集》，1938 年。

　⑤　中国社会科学院考古研究所：《小屯南地甲骨》上册，中华书局 1980 年版。

　⑥　胡厚宣：《战后京津新获甲骨集》，华联出版社 1954 年版。

　⑦　刘体智善斋旧藏，见陈梦家《殷虚卜辞综述》图版十五下。

　⑧　此片在《殷虚卜辞综述》《中国甲骨学史》等书中写作《善》12517，今核对原
物，其号应作 12518。

　⑨　卜辞释文中，□表示缺一字；☑表示不能确知所缺之字数；字外加一方框，是
表示该字字迹模糊不清或残缺不全，释文是据文例推断出来的。

⑤癸丑☒

⑥弜壴。

⑦癸丑卜，其品于☒。

⑧其品即☒。（以上一面）

⑨乙巳卜，其示。

⑩弜

⑪乙巳卜，其示。

⑫弜

⑬乙巳卜，帝日重丁。（以上另一面）

《库》996

丁卯，祸岁三。

《七》X1

①乙丑卜☒。

②弜入。

③又妣辛祸。

④弜又。

⑤其用兹卜。

⑥重兹卜用。

⑦乙丑卜，重。

⑧丁亥卜，宁重。

⑨重派令。（以上一面）

⑩□公岁小宰。（另一面）

上述十一片肋骨刻辞的时代属康丁或康丁—武乙时期。

2. 兽头骨刻辞

共发现三个。

（1）《甲》3939，牛头刻辞。[1] 在殷墟第三次发掘期间，于村北大连坑的横十三丙北支、二北支的圆坑出土。其辞为：

> ☒ 于惊录，获白兕，叙于☒ ，在二月，隹王十祀，肜日，王来正盂方白☒ 。

（2）《甲》3941，鹿头刻辞。也是在第三次发掘期间于大连坑内出土，与牛头刻辞相距仅数尺。其辞为：

> 己亥，王田于羌，在九月，隹王☒。

（3）《甲》3940，鹿头刻辞，在殷墟第五次发掘期间，于村北 E10 出土。其辞为：

> 戊戌，王蒿田，☒ 文武丁祕，☒ 王来正☒。

兽头刻辞的时代，均属帝乙、帝辛时期。

3. 骨角器刻辞

（1）《甲》3942，鹿角器刻辞：“亚雀。”

（2）骨笄刻辞：“昌入二。”[2]

（3）骨匕刻辞：“大牛”[3]“爻”等。以上均属武丁时期的刻

---

[1] 屈万里在《殷虚文字甲编考释》中，认为此片是兕头刻辞。

[2] 此铭发表于胡厚宣《论殷代的记事文字》中（天津《益世报》《人文周刊》二十五至三十一期，1937 年 6—8 月）。又见于梁思永、高去寻《侯家庄第二本·1001 号大墓》图版一七五·19 中，1962 年。

[3] “大牛”的刻辞，在《侯家庄第二本·1001 号大墓》四见，还见于《古代中国之骨文化》NB6265 中。

辞，都出自西北岗大墓 M1001。

（4）《英》2672①："☒ 王☒ 射☒ 四祀"，属帝乙、帝辛时期的刻辞。

4. 雕骨刻辞，一面刻有精美的花纹，有的还镶嵌绿松石；另一面刻辞。

（1）《怀特》1915②："辛酉，王田于鸡录，获大霄虎，在十月，隹王三祀劦日。"

此骨经鉴定为老虎的右上膊骨，这是迄今所见唯一的虎骨刻辞。

（2）《佚》518③："壬午，王田于麦录，获商戠兕，王易宰丰寏小䧹兄，在五月，隹王六祀肜日。"

（3）《佚》426，刻辞与上片同，但不够完整。

（4）《佚》427："辛巳，王剒武丁□录，获白兕，丁酉。"

此外，还有《坎》P65A④ 等。

5. 牛距骨刻辞，《乙》8688⑤，这是在第十三次发掘期间于村北 YH006 南井出土。其辞为："王曰剒大乙禦于白录屑宰丰。"

6. 牛骨刻辞

《剑》212⑥："☒ 小臣牆从伐，禽危，美☒ 人廿四，而千五百七十，馘百☒ 丙，车二丙，□百八十三，甾五十，矢☒ 又白䚕于大乙，用鞭白印☒ 馘于祖乙，用美于祖丁，僬曰京易"（以上一面），此骨另一面是《剑》213，为干支表。

以上 4—6 六版，均属帝乙、帝辛时期的刻辞。

7. 牛胛骨刻辞

---

① 李学勤、齐文心、艾兰：《英国所藏甲骨集》，中华书局 1985 年版。
② 许进雄：《怀特氏等收藏甲骨文集》，皇家安大略博物馆影印本，1979 年。
③ 商承祚：《殷契佚存》，金陵大学中国文化研究所，1933 年。
④ 怀履光：《古代中国之骨文化》，1945 年。
⑤ 董作宾：《殷虚文字乙编》下辑，1956 年。
⑥ 胡厚宣：《双剑誃所藏甲骨文字》，1946 年。又见于《甲骨续存》下 915 片。

　　这是指未加工或半加工的牛肩胛骨（其正、反、侧面均无钻、凿、灼痕）上的刻辞。在兽骨刻辞中，这类刻辞数量较多，但因在已发表的甲骨著录中，多无释文，单从拓片看不易区分，所以，很难统计出其准确的数字。本文所用的例子，主要是考古发掘出土的资料。在中华人民共和国成立前第一至第十五次发掘中，胛骨刻辞，出了三版（《甲》622、2504、3630），1973 年，小屯南地的发掘中，发现十一版（见表一）。

表一　　　　　　　**1973 年小屯南地出土的牛胛骨刻辞统计表**

	《屯南》号	出土号	时代	备注
1	2180	H50：36（反）		
2	2229	H50：141（反）	康丁—武乙	
3	2236	H50：202＋220		倒书
4	2505	H61：12（正）	康丁	
	2506	H61：12（反）	康丁	
5	2576＋4403	H84：25	武乙	
6	2633	H85：132（反）	武乙	
7	2661	H92：13（正）	康丁	字与骨宽平行
	2662	H92：13（反）	康丁	字与骨宽平行
8	2682	H99：3（正）		
	2683	H99：3（侧）		
	2684	H99：3（反）		
9	2696	H99：30		
10	2716	H103：35（反）	文丁	
	2717	H103：35（侧）		
11	2694	H99：29（正）		
	2695	H99：29（侧）		

下面略举二例：

（1）《屯南》2661、2662，此骨未锯骨臼，未切臼角，背面有隆起的骨脊。正面、反面皆有刻辞。

《屯南》2661（H92：13 正）甲子、乙丑、丙寅、丁卯、戊辰、己巳、庚午、辛未、壬申、癸酉。

《屯南》2662（H92：13 反）甲子、乙丑。

此版字体横刻，与骨宽平行。

（2）《屯南》2682—2684，此骨保留原骨臼，背面有骨脊。正、反、侧三面皆有刻辞。

《屯南》2682（H99：3 正）

①丙子卜，其聂黍。

②丁丑卜，父甲杏☒。

③乙丑卜，翌日庚，售其又杏于父甲☒。

④己丑卜，父甲杏牢。

⑤癸巳卜，父甲杏牢。

⑥甲午卜，父甲聂黍，其☒殴。

⑦弜殴。

《屯南》2683（H99：3 侧）

①重牝。

②庚子卜，妣辛岁，重牡。

《屯南》2684（H99：3 反）

①己丑卜，重戍☒。

②己丑卜，重☒。

③庚子卜，其又岁于妣辛。

④庚子卜，☒。

二　内容分类

上述七种兽骨刻辞，按其内容可归纳为三类：

1. 干支表，如《剑》213，原来应是一版完整的六十甲子表，现残缺，仅存每旬最后三天的干支，字体工整，刀法娴熟，排列整齐。这种甲子表，多刻于废弃的甲骨上，刻于非卜骨上的很少，这是供占卜时查用。

2. 记事刻辞

取材广泛。在兽头骨、骨角器、雕骨、距骨、牛骨上的刻辞，均属此类。其内容又可细分为两种：

（1）款识文字。如 H1001 号大墓所出的鹿角器上的"亚雀"、骨笄上的"昌入二"、骨匕上的"爻""大牛"。"爻""昌""雀"均是族名或人名。①

（2）记事刻辞。内容有记狩猎活动及所获之兽，如《怀特》1915，《甲》3939、3940、3941；有记祭祀祖先的，如《乙》8688、《佚》427；有记田猎及赏赐的，如《佚》426、518；有记战功的，如《剑》212，记载了小臣墙从殷王出征，俘获了许多敌方俘虏，缴获了大量的弓矢车辆，凯旋后，杀敌方君长祭祀祖先。

3. 习刻

习刻，多见于废弃的甲骨上。在刻辞的兽骨中，它们占的比例也较大，肋骨及胛骨刻辞大多属此类。通常，一提到甲骨文中的习刻，不少人以为，那是一些文字紊乱、书法幼稚、不成词句的契刻。事实不尽然。这里，我们将习刻归纳为三类：

---

① 参见陈梦家《殷虚卜辞综述》，科学出版社 1956 年版，第 46 页。

（1）习字之刻。这类习刻发现较多，很易判别。如《善斋》4551。《屯南》2661、2662、2685＋2687、2686＋2697、2694、2695、《外》456① 等。其上的刻辞，字体歪斜、书法幼稚，不能句读，一望而知是初学者的胡乱涂鸦。

（2）习辞之刻。如《屯南》2502、2682，《甲》622、3630等。其中《甲》622 的刻辞为：

①甲子卜，王从东戈乎侯馘。

②乙丑卜，王从南戈乎侯馘。

③丙寅卜，王从西戈乎侯馘。

④丁卯卜，王从北戈乎侯馘。

⑤□辰卜，◹。

⑥兕　兕　兕。

屈万里在考释该片时说："原有乎侯馘之卜辞，习刻者仿其文，自拟干支，以重复刻之耳。"② 即是说，这种习刻，是以卜辞作蓝本的，所以，也可称为"仿刻卜辞"。这类习刻，大多字体仍较幼稚，行款较乱，也较易判别。

但也有少数习辞之刻，字体较熟练，只是行款还不大整齐。如《屯南》2576＋4403，该胛骨反面有一行刻辞："乙未贞，束。于兹三豆。"从字体看，刻辞者并非初学，已具有一定的契刻经验了。③

第一、二类习刻，有时同见于一版之上，如上面举的《甲》622，除了"仿刻卜辞"外，还有三个"兕"字。

（3）示范之刻。它常常混杂于上述两类习刻之中。如《屯

①　董作宾：《殷墟文字外编》，台北：艺文印书馆1956年版。

②　屈万里在《殷虚文字甲编考释》中，认为此片是兕头刻辞。

③　姚孝遂、肖丁：《小屯南地甲骨考释》，中华书局1985年版，第202页。

南》2684，右面之"庚子卜，其又岁于妣辛"。《屯南》2686＋《屯南》2697之第9辞"□祉至于叟祟又覒。屯日亡弐，派王"。就是其例。关于此类示范之作，有时也见于卜骨上的习刻中，并早已为学者所注意。郭沫若在考释《粹》1468（习刻干支）时就指出，"中第四行，字细而精美整齐，盖先生刻以为范本。其余歪斜剌劣者，盖学刻者所为"①。

此外，示范刻辞，还单独发现于骨版之上，关于这点，是过去研究者所忽略的。现举数例：

①《屯南》2683（H99：3侧）"重牝"，"庚子卜，妣辛岁重牝"。字体工整、行款整齐，与《屯南》2682（H99：3正）字体较幼稚的刻辞有明显的区别。

②《屯南》2633"乙巳贞，矢束"。此骨背面尚存骨脊。刻辞之右边有一歪斜的"小凿"，但细审此凿，较一般卜骨上的凿为浅，显然是随意挖刻的，且其旁无灼痕，并未作占卜用。此版字体工整、老练。值得注意的是，前面提到的《屯南》2576＋4403，刻辞内容与此片近似，但如上所述，该片字体、行款不大整齐，而且"矢"字误作♉，可能是参照此片而契刻的。②

③《屯南》2180"□丑卜，佳四矢夕束"。

（4）《屯南》2716"庚申贞酓翌乇，昕辛酉"。

这些刻辞，是当时"师傅"们在传授契刻技术时所作的，因它们在字体、文例方面与同期卜辞相似，所以，也可以称为"范刻卜辞"。

这里还应提及的是，字体工整的"仿刻卜辞"或"范刻卜辞"有时还与卜辞共存于一版，如果不认真观察、比较，是不大容易识别的。那么，如何将它们从卜辞中区别出来呢？我们认为，仿刻或范刻"卜辞"，应同时具备两个条件：其一，刻辞之背面无钻、凿、

---

① 郭沫若：《殷契粹编》，文求堂书店1937年版。
② 姚孝遂、肖丁：《小屯南地甲骨考释》，中华书局1985年版，第202页。

灼痕；其二，它不是占卜的记录。因为，在一些整版或大版的卜骨中，如《金》699、《殷墟古器物图录》12、13 有这样一种现象，即在骨版的中下部正、反面都有卜辞，内容相接，无钻、凿、灼和卜兆。李学勤对这种现象解释为，"占卜时的钻凿在骨边反面，卜兆显现在骨边正面，但骨边面积太小，不能容纳全部卜辞，故将卜辞相间契刻在骨边上，相当提纲。完整的内容在骨面上，两相对应。因此，骨面正反均无卜兆和钻凿，卜兆和钻凿痕只见于骨边和骨版近骨臼处"①。这种解释是可取的，但其前提是骨面的卜辞与骨边的卜辞在内容上是相对应的，才可略去钻、凿、灼。又因骨面与骨边的卜辞是同时所刻，所以在字体风格上两者也是一致的。

下面，我们再列举"仿刻卜辞"或"范刻卜辞"与卜辞共存于一版的例子：

《屯南》2400（H57：205 + 210 反）骨版中下部反面有一行刻辞为"乙丑卜，矢束"。字体工整，其旁无兆璺，正面无钻、凿、灼痕，此卜骨正面上方（即《屯南》2399）为甲申日卜雨之辞，背面相应的部位有钻、凿、灼痕。在骨边左下部有习契者的随意刻画。在内容上，骨边与骨面刻辞毫不相关。在字体上看，背面骨面的刻辞比正面的卜辞笔画较粗，并非同时所刻。又，与《屯南》2400 相似的刻辞，还见于未加工的胛骨《屯南》2633、2576 + 4403 上。因而，我们推测，《屯南》2400，不是真正的卜辞，应属习刻，是"仿刻卜辞"或"范刻卜辞"。

三　几点认识

1. 兽骨记事刻辞的特点

这类记事刻辞，不记占卜，所以它与卜辞有所不同。从发现

---

① 肖良琼：《卜辞文例与卜辞的整理和研究》，《甲骨文与殷商史》第二辑，上海古籍出版社 1986 年版，第 26、27 页。

的兽骨记事刻辞的内容看，只涉及田猎、祭祀、赏赐、战争、人名，没有卜辞中常见的旬夕、天气、求年等事项。

这类记事刻辞，早期的（武丁时期）多属记名刻辞（即款识文字），文句简略，晚期的（帝乙、帝辛时期）着重记事，内容较丰富，故字数也较多。如《剑》212，若将残辞补足，原来的刻辞可达一百几十字，它是目前所知殷代最长的一段刻辞了。而殷代卜辞，文句简单、格式化，所以字数较少，最长的一条完整的卜辞，也不足一百字，比上述最长的记事刻辞要短。

这类记事刻辞，均系一段文字，故一版上的字体风格相同。而大版或整版的甲骨上，常有几条或十几条卜辞，由于占卜的时间不同，刻辞的时间也就有所不同，而且刻辞者也未必都是同一个人。所以，有时一版之上的字体不完全一致。如《乙》6664、7795、《屯南》2384 就是其例。

这类记事刻辞，在行款上，大多自上而下，由右而左，与金文相似，只有《怀特》1915（虎骨刻辞）是自上而下、自左而右。而甲骨卜辞的行款，是自上而下，自右而左与自上而下、自左而右两种共存于一版，且相互对称。

这类记事刻辞，用词比较自由，如《甲》2504，"王若曰：'羌，女曰□'"。"王若曰"一词，不见于卜辞，但见于《尚书·盘庚》，有的学者统计，在《尚书》中，此词凡十五见。①

这类记事刻辞，在字形上和字体风格上独具特征。鉴于早期的资料太少，所以这里只将五期兽骨刻辞与同期卜辞、铜器铭文的一些常用字，作一比较（见表二）。

---

① 于省吾：《"王若曰"释义》，《中国语文》1966 年第 2 期。

表二　　　　　　　　第五期兽骨刻辞与卜辞、金文常用字比较表

常用字	兽骨记事刻辞			卜辞	金文
丁	●	《甲3940》、《佚》427	□《剑》212	▭	●●
正		《甲》3940			
在	✝	《怀特》1915、《佚》518		✝	✝
辛		《怀特》1915			
日	⬭○	《佚》518、《甲》3939		▭	○○
月		《甲》3939、《怀特》1915			
于		《甲》3941、《佚》518 《怀特》1915	于《剑》212	于	
矢		《佚》518（猺字左半部）	《剑》212		
商		《佚》518			

从表二可看出，兽骨刻辞（除《剑》212 外）一些常用字，如丁、正、在、辛、日、月、于、矢等，在字的写法上，与同期卜辞差别较大，而与铜器铭文很接近。在字体的风格上两者也一致，即都是字大、笔肥、转折处为圆转角，变卜辞某些字的虚廓为实体（如在、丁、正等字）。[①] 只有《剑》212 牛骨刻辞，字小、字体严密整齐，一些常用字，（如丁、矢、于等）的写法上与同期卜辞相似。

产生这种差异的原因，主要是由于当时占卜是殷王朝日常生活的大事，由贞人集团专司其职，占卜后有专门的人进行契刻。《剑》212 及其反面的干支表，与帝乙、帝辛时期卜辞字体相似，

[①]　高去寻：《殷墟出土的牛距骨刻辞》，《中国考古学报》第 4 册，1948 年。本文在高去寻先生文章的基础上作了一些补充。

说明它们出自契刻卜辞者之手。而兽骨上的记事刻辞，多因特殊的事件而作，一般不是刻卜辞者所为，所以在字形上、行款上、风格上不必受卜辞的约束，可用当时流行的字体，而且也可书写得美术化，然后再认真契刻，以便长久保存。此外，在契刻的刀具上可能也有差别。近几年，有的研究者曾进行模拟试验，认为刻较小的字（如帝乙、帝辛时期的干支表）用平刀，刻笔画较粗壮、笔风圆润的字用单口刀。① 这就给我们以启示：在帝乙、帝辛时期，契刻兽骨刻辞与卜辞的刻刀大概是不相同的吧！

2. 肋骨刻辞的性质

牛肋骨刻辞多数字体幼稚、文句不通，如《善斋》4551、《京津》3922、《屯南》2685＋2687、4574 等片，诸家均定为习刻。但也有少数字体比较规整、文例与卜辞一致的刻辞，如《库》985＋1106等，大家的看法并不一致，有的学者称之为"卜辞"，并说"肋骨是可以有卜辞的……一般以为商代占卜用骨限于胛骨，肋骨怎样用于占卜，是值得探讨的课题"②。

我们认为，要判断肋骨是否用作卜骨，应看它的表面有无钻、凿、灼痕，有无兆璺，特别是灼和兆是判断卜骨的最重要的标准。但这十一片肋骨，包括像《屯南》2685＋2687、2686＋2597、4571、4572 等比较大的牛肋骨，正、反两面都无钻、凿、灼痕，所以它们都不是卜骨。殷代不用肋骨占卜，这可能因肋骨较厚、较窄，不宜挖钻、凿，更难于施灼见兆之故。

既然肋骨不是卜骨，其上的刻辞与未加工的胛骨上的刻辞一样，都不是卜辞，即使像《库》985＋1106那样的刻辞，也不是占卜的记录，只能称之为"仿刻卜辞"，仍属习刻的范畴，肋骨上的"仿刻卜辞"，有的以卜骨上的卜辞为蓝本。如《甲》3629：

① 朱鸿元：《青铜刀契刻甲骨文字的探讨》，《甲骨文与殷商史》第二辑，上海古籍出版社 1986 年版。

② 李学勤：《谈美澳收藏的几件商周文物》，《文物》1979 年第 12 期。

"☐父杏岁，即祖☐"，"☐子卜，父甲豊"。而《屯南》2294 的第（1）、（4）两段卜辞是："父甲☐岁，即祖丁岁册？""甲子卜，父甲豊，叀祖丁豊用？"两片内容相似。而且两者的时代都属康丁。稍有不同的是，《屯南》2294 的字体比《甲》3629 要细小。

如果我们对肋骨刻辞性质的推测可以成立的话，那么，《库》985＋1106 有多大的史料价值，就是值得考虑的问题了。

3. 关于《七》X1 肋骨刻辞的真伪问题

1907 年，方法敛从临淄孙文澜氏所藏甲骨百版中选摹了 31 片，X1 肋骨刻辞是其中的一片。当《甲骨卜辞七集》（后文简称为《七》）问世不久，有的学者就指出，该书"孙文澜氏三一片，皆仿刻"。又说，"仿刻全段而依款式者，疑《七集》X1 至 X31 皆是。这是最进步的赝品"。"仿刻与赝刻不同。赝刻或杂凑字句，或别构新辞，出意臆造为多。仿刻则颇象翻版之书，依样葫芦，冒牌原版。其蓄意作伪，厥罪相等。"① 陈梦家在《殷虚卜辞综述》中，采纳了董氏的观点。② 但胡厚宣不同意这种看法。他通过对孙氏所藏的 14 片甲骨原物观察，认为"《孙氏所藏甲骨文字》，乃全部为真，没有一片是假的，也没有一片是仿刻的伪品"③。他的见解得到日本松丸道雄的赞同。松丸道雄又进一步指出，方法敛作三十一片摹本的时间是 1907 年，那时对甲骨的研究只处于两三位研究者进行探索的阶段，伪造者不可能制造出如此优秀的"仿制品"④。这一看法是有说服力的。

此外，我们还可以再补充一点理由。如果《七》X1 是后人的仿刻，应必有所本。即在早期（1907 年前）出土的甲骨或甲骨著

---

① 董作宾：《方法敛博士对于甲骨文字之贡献》，《图书季刊》新二卷三期，1940 年。

② 参见陈梦家《殷虚卜辞综述》，科学出版社 1956 年版，第 672 页。

③ 胡厚宣：《临淄孙氏旧藏甲骨文字考辨》《文物》1973 年第 9 期。

④ ［日］松丸道雄：《甲骨文伪造问题新探》，《古文字研究》第六辑，中华书局 1981 年版。

录中有与该片类似的词或字。但《七》X1 上的"漓""公岁"
"重兹卜用""其用兹卜"都不见于《铁云藏龟》。"重兹卜用"只
见于《存》1.1646、《南坊》1.79，"其用兹卜"，见于《后》上
15.3、《甲》3916、《屯南》1042。这些都是在 1907 年以前的伪刻
者所不能见到的材料。试想他们又怎能凭空编造出这些字和词呢？

《七》X1 正、反都有字，属康丁时代刻辞，字体风格与殷墟
出土的其他几片肋骨刻辞是一致的，看不出后人仿刻的痕迹，所
以应是真品。严一萍说过："X1 的肋骨刻辞，如不是后人的仿刻，
也是当时习契者的抄录。因为骨版的正反面都没有钻、凿、灼
痕。"[1] 我们同意他的后半句话。即此肋骨刻辞，是殷代有一定经
验的契刻者的练习之作，也可以说是殷代当时的"仿刻"。

4. 关于肋骨、胛骨刻辞的出土地点

上面所述的肋骨、胛骨刻辞，除 1973 年小屯南地所出外，大
多数也可推知其出土地点。

《甲》3629（肋骨刻辞）、《甲》3630（胛骨刻辞）均是康丁
刻辞，是第五次发掘时所获，出于村南 F1—F4 坑，在第一次发掘
的 36 坑附近，与 1973 年发掘的探方 T53—T55 相距只有 10 米。
《甲》622（胛骨刻辞），是第二次发掘所获，出于村南或村中。

《善斋》4551、《善斋》12518（肋骨刻辞）均为刘体智旧藏。
刘氏所藏的甲骨有相当一部分出自村南和村中，如 1925 年村民在
村南路旁挖掘，出了数筐甲骨，一部分被他购得。所以，《小屯南
地甲骨》中有的与《殷契粹编》内容相似，像《粹》135、432 与
《屯南》1078、3852 为同文卜辞，就是其证。上述《善斋》两片
肋骨刻辞，可能就出于小屯南地。

《库》958＋1106、《库》996 两片肋骨刻辞，著录于《库方二
氏藏甲骨卜辞》一书中。此书甲骨，董作宾推测其出土地为小屯

---

[1]　严一萍：《甲骨卜辞七集中孙氏藏甲骨的真伪问题》，《中国文字》1974 年第 52
期。

村北第一区（朱姓地，滨河），并断言，此区无第三期卜辞。[1] 对此，有的学者已提出不同的看法。[2] 陈炜湛在《侯屯卜骨考略》[3]一文中论证了《美藏》[4] 34（《库》1009＋1133＋1128＋1132＋1152）和《新缀》[5] 613（《库》1119＋1121＋1053＋1134＋1781＋《甲》433）与《屯南》2534（H57：7）为同套卜骨，认为它们也应出自小屯南地。据此，他推断，方法敛于 1903—1908 年间在中国所得，现藏卡内基博物馆之四百余片甲骨中（《美藏》1—413、《库》971—1408）亦必有相当一部分出于小屯南地。我们同意陈炜湛的推测。所以，《库》985＋1106、《库》996 也可能出于小屯村南。

下面我们再看看 1973 年小屯南地发掘中，肋骨刻辞与胛骨刻辞的出土情况：

出这两种刻辞的灰坑有探方 T43 的 H61、T42 与 T43 的 H50、T52 的 H84 和 H103、T53 的 H85、H92、H99，这几个坑的时代均属小屯南地中期。此外，在 T55 的地层中，也出了两片肋骨刻辞。小屯南地共发掘 21 个探方，只有靠东边的 T42、T43、T52、T53、T55 发现这两种刻辞。

在上述几个灰坑中，有两个坑的现象值得注意：

（1）H99，坑口呈圆形，南北径长 2.14 米、东西径长 2.04 米，坑内堆积厚 2.1 米。在距坑口深 1.63—1.75 米处，出土甲骨共 42 片，包括未经加工的牛肩胛骨 33 片、牛肋骨 1 片、卜骨 6 片、卜甲 2 片。在这些甲骨中，有刻辞的 10 片，除 3 片为武丁时期的卜辞（其中 2 片是卜甲），其余 7 片均属康丁、武乙时期的习刻。

① 董作宾：《殷虚文字甲编·序》，商务印书馆 1948 年版。
② 参见陈梦家《殷虚卜辞综述》，科学出版社 1956 年版，第 144、145 页。
③ 陈炜湛：《"侯屯"卜骨考略》，《古文字研究》第十二辑，中华书局 1985 年版。
④ 周鸿翔：《美国所藏甲骨录》，加利福尼亚大学，1976 年。
⑤ 严一萍：《甲骨缀合新编》，台北：艺文印书馆 1975 年版。

（2）H61，坑口略呈圆形，南北残长 1.65 米、东西宽 1.5 米，坑深 0.4 米。坑内出土甲骨共 35 片，包括未加工的胛骨 18 片、卜骨 13 片、卜甲 4 片。在这些甲骨中，有文字的 7 片，除 2 片为武丁卜辞外（是卜甲），余 5 片均属康丁至文丁时期的习刻。

这说明，H99、H61 两个坑，都是以放置骨料为主的窖穴。

又，H50、H85、H103 几个灰坑，习刻也有一定数量，占全部刻辞的百分之十几，探方 T55 的文化层中，出习刻 6 片，占全部刻辞（16 片）的 38%；T43，出习刻 3 片，占全部刻辞（4 片）的 75%。而在小屯南地西部的灰坑，特别是出卜辞百片以上的几个坑，如 H17，没有习刻，H2、H23、H24、习刻的数量不到 1%。在东部 T1—T33，13 个探方的地层中，共出习刻两片。这表明，习刻集中在小屯南地东部。

过去，我们曾经指出，小屯南地在殷代中期以后和占卜有着密切的关系。① 现在，据肋骨、胛骨刻辞大多都出于小屯南地东部，靠村口一带，并且这两种刻辞的内容绝大多数为习刻，同出的卜骨中，习刻也占一定的数量。我们进一步推测：小屯南地东部，即 T42、T43、T52、T53、T55 一带，可能是康丁至文丁时期习契者练习契刻的场所。当时的习契者，除了在废弃的卜骨上刻字外，还时常在未加工的骨料上和肋骨上契刻。我们知道，肋骨和未加工的胛骨表面不平，在其上刻字，比在经过切锯刮磨的甲骨上刻字困难些。这或许是"师傅"们为了提高"徒弟"的契刻技术，而采取的一项从难从严的训练措施吧！

以上我们对兽骨刻辞进行了整理和分类，并对某些问题提出初步的看法。其中关于兽骨记事刻辞的特点、《七》X1 肋骨刻辞的真伪问题，过去学者已有论及，本文只在前人的基础上作一些补充。

---

① 中国科学院考古研究所安阳工作队：《1973 年安阳小屯南地发掘简报》，《考古》1975 年第 1 期。

本文着重论述的是：第一，肋骨不用于占卜，肋骨刻辞和胛骨刻辞绝大多数属习刻，仅少数属记事刻辞，肋骨刻辞属康丁或康丁至武乙时期，胛骨刻辞大多属康丁、武乙、文丁时期。这两种刻辞集中出于小屯村南靠村口一带，该处可能是康、武、文时期习契者练习契刻的场所。

第二，习刻可分为习字之刻、习辞之刻、示范之刻三类。"范刻卜辞""仿刻卜辞"（不论字体多么工整）仍属习刻的范畴。因为这些"卜辞"，都不是占卜的记录，刻辞者既可以用某一两条卜辞作蓝本进行仿刻（或范刻），也可集凑多条卜辞于一版，或者照抄卜辞，另拟干支等。所以，它们的史料价值就远不如卜辞重要。这是我们利用甲骨文研究殷商史时应当注意的一个问题。

殷墟陶文研究[①]

殷墟陶文数量较少，内容又以单个字为多，往往为人们所忽略，故有关殷代陶文考释研究的论著寥寥无几。[②] 其实，殷墟陶文中也包含一些较重要的资料，应当引起学术界应有的重视。本文拟将殷墟陶文作一初步的整理、分类，并对其中某些问题提出自己的看法。

一　资料概述

本文所用的资料，是经考古发掘出土的陶文。自 1928 年至现在，殷墟所出的殷代陶器、陶片中，近百件上有文字（或符号）。其中 1928—1937 年出土的有七十八件[③]，中华人民共和国成立后出土的十几件[④]（表一）。出土陶文的地点有小屯、大司空村、后冈、花园庄南地、苗圃北地、白家坟等处。殷墟陶文有单字一百二十二个，其中可以释读的六十四个，重复出现的四十一个，不能辨识的

①　本文原载《庆祝苏秉琦考古五十五年论文集》，文物出版社 1989 年版。

②　李孝定：《陶文考释》，李济：《殷虚器物·甲编》上辑，"中研院"历史语言研究所，1956 年；季云：《藁城台西商代遗址发现的陶器文字》，《文物》1974 年第 8期；高明：《商代陶文》，1987 年中国殷商文化国际讨论会论文。

③　李济：《殷虚器物·甲编》上辑，第七章"符号与文字"，"中研院"历史语言研究所，1956 年。

④　《殷墟发掘报告》，文物出版社 1987 年版。

字十七个，还有易卦数字五组。出陶文的器类有盆、中柱盆、器盖、豆、簋、罍、罐、大口尊、鬲、"箕形器"、范等。其中盆的数量最多，有二十一件，占有陶文的陶器总数的22%，器盖十七件，占18%，豆十五件，占16%。这三种陶器占出土陶文的56%。

殷墟陶文，大多数是在陶器制成以后，入窑烧制之前，刻在陶坯上的，这类陶文，笔画较深而宽，字口较平滑；一部分是陶器烧成以后刻的，这类陶文，笔画较浅而窄，若细心观察，发现字口多有毛茬；还有少数陶文，是陶器烧好后，用毛笔写上的。

陶文的部位：盆、中柱盆、大口尊、鬲上的文字，刻于唇沿上或近口处。豆，大多刻于唇上，只三件（35、36、37，指表一陶文的顺序号，下同）刻于圈足中。簋，大多刻于唇沿上或近口处，只一件（38）在腹部，一件（84）在器底。器盖，大多刻于顶盘外表，只两件（4、27）刻于内壁。罍、罐的文字，大多数刻于肩部，部分刻于腹部，只两件（5、16）刻于唇沿上。笔写的陶文（58、59、90），均写在器之内壁。

二　内容分类

殷墟陶文按其内容可分为六类：

1. 数字或符号

在十七件陶器上发现数字或符号。有一、三、四、五、七等字，刻于豆、盆、罐的唇上或近口处，只一例刻于器盖的顶盘内壁。值得注意的是，在这十七件记数陶文中，陶豆占了八件，而且有六件豆的唇沿上都有"七"字。[1] 这些数字，是陶工在器坯上刻的。它表示记数还是器物在一套中的顺序，或者其他的含义，至今还没有令人信服的解释。

---

[1]　1959年安阳苗圃北地T231④所出陶豆的口沿上有"十"字，《殷墟发掘报告》中释该字为"甲"，我们认为以释"七"字为宜。

表一　　　　　　　　　　　　　　　殷墟陶文统计表

顺序号	原编号	陶文	坑位	地点	器形	陶文部位	附注
1	1	一	YH005W:0.80	小屯	豆	唇头	本表1-78号陶文的
2	2	三	B32 南段及南北支	小屯	豆	唇头	原编号,是《殷墟
3	3	四	横 14 丙	小屯	盆	唇	器物甲编》上辑中
4	4	五	YM331	小屯	器盖	顶盘内壁	的号数
5	5	五	7:2255	小屯	罐	唇	白陶
6	6	五	D59:0.25	小屯		唇	
7	7	五	B42	小屯	盆	唇沿	
8	8	五五	A₂	小屯	盆	外表近口处	
9	9	七	YH005W:0.80	小屯	中柱盆	唇	
10	10	七	YH005W:0.80	小屯	豆	唇	
11	11	七	第七次发掘拾得	小屯		近口处	
12	12	七	YH005W:0.80	小屯	豆	唇	
13	13	七	YH005W	小屯	豆	唇	
14	14	七	YH246:1.98	小屯	豆	唇	
15	15	七	横十三丙北支二北支	小屯	豆	唇	
16	16	左	B101:2.2	小屯	罐	唇	
17	17	左	YH140	小屯	器盖	顶部	
18	18	中	横十四西坑南支一	小屯	器盖	近顶	
19	19	中	横 13.5 辛	小屯	器盖	近口处	
20	20	右	B121:050	小屯	大口尊	近口处	
21	21	右	横 13.5 壬	小屯	器盖	近口处	
22	22	右	B18	小屯	器盖	近顶	
23	23	右	YH006	小屯	簋	近口处	
24	24	鱼鱼龟	横 13.5 癸	小屯	豆	内壁	
25	25 29 27	犬虫犬 虫 虫	B60 长方坑	小屯	盆	唇沿	后刻
26	28 29 30	犬易 犬易 犬	B11 方坑	小屯	盆	唇沿	后刻

顺序号	原编号	陶文	坑位	地点	器形	陶文部位	附注
27	31	龙	YH370	小屯	器盖	内壁	此表未隶定的陶文，
28	32		T. S. K. M	大司空村	柱纽上		可参看附图
29	33	己	B72：0.70	小屯	盆	唇沿	
30	34	乙丁	E46：1.40	小屯	大口尊	近口处	
31	35	夒	B53：0.1 – 5.20	小屯	盆	唇沿	
32	36	父一	E16	小屯	器盖	顶外表	后刻
33	37	戊母十↓	E16	小屯	器盖	顶外表	后刻
34	38	妇囗守	YH266	小屯	罍	肩上	后刻
35	39	戈	YH005W	小屯	豆	足中	
36	40	戊	YM388	小屯	豆	足中	白陶
37	41	戊	YM388	小屯	豆	足中	白陶
38	42	木	西纵连二	小屯	簋	腹部	
39	43	木	横 13.5 横	小屯	簋	唇上	
40	44	木	C158	小屯	罍	腹部	
41	45	木	C158	小屯	罍	腹部	
42	46	井	E31：3.50	小屯	器盖	顶上	
43	47	井	B135	小屯	器盖	顶上	
44	48	屮	YH075：1.30	小屯	盆	近口	
45	49	屮	横十四壬	小屯		肩部	
46	50	屮	YH038	小屯		肩部	
47	51	屮	E181：甲 3.50	小屯	豆	近口处	
48	52	车		小屯			
49	53	䅘	YH083	小屯	中柱盆	内壁近口	
50	54	卿	WH8	小屯			
51	55	田	YB135：4.45	小屯	盆	内壁近口	
52	56	来	第十三次发掘所得	小屯	器盖	顶外表	
53	57	亞	C86：0.60	小屯	罐	肩部	
54	58		YH083	小屯	罍	肩部	
55	59	亞	西斜北段北支南部	小屯		肩部	
56	60	今囗且	B38 北：4.20	小屯	豆	唇	

续表

顺序号	原编号	陶文	坑位	地点	器形	陶文部位	附注
57	61	曰:重多庶友,重中	B106、118 合坑西头	小屯		底部	
58	81	祀	E181	小屯			墨书
59	82	庚见石、旨	YH053	小屯	豆	内表盘心	朱书
60	62	五	YH039	小屯	器盖	纽顶	
61	63	皿	YH072:0.30	小屯	器盖	周壁外表	
62	64	皿		小屯	器盖	外表	
63	65	皿	C137	小屯	器盖	顶盘外表	
64	66	皿	YH045	小屯	罍	肩上	
65	67	困	YH022:1.50	小屯	罍	肩上	
66	68		B135:4.45	小屯	盆	内壁近口	
67	69		A6	小屯	盆	唇	
68	70		C65:3.70	小屯	盆	近口	
69	71		B135:3.50	小屯	大口尊	内壁近口	
70	72		YH065W:0.80	小屯	盆	近口	
71	73		F_1	小屯	鬲	近口	
72	74		D71:0.9	小屯	盆	口部	
73	75		C161	小屯			
74	76	龟	YH003	小屯	罍	肩部	
75	77		YH066	小屯	罍	肩部	
76	78		B53:2.25 - 3.55	小屯	盆	唇沿	
77	79		YH408	小屯	罐	肩部	
78	80		YH408	小屯	罐	腹部	
79	《殷墟陶器图录》五	子	YM303	小屯	小罐	腹部	
80	HT106 ⑥:1	壬	HT106 ⑥:1	后冈	簋	口沿	
81	GHG 201:58	亥□非	GHG 201:58	小屯西	簋	口沿	
82	GT406 ④:6	一七八六七、六一七	GT406 ④:6	小屯西	簋	口沿	后刻

顺序号	原编号	陶文	坑位	地点	器形	陶文部位	附注
83	GT409④:6	六六七六六八，六六七六七一	GT409④:6	小屯西	簋	口沿	后刻
84	VET13④:61	宣	VET13④:61	白家坟	簋	底部	
85	SH326:1	甗	SH326:1	大司空村	盆	口沿	
86	SH326:22	鬲	SH326:22	大司空村	盆	口沿	
87	SH326		SH326	大司空村	盆	口沿	
88	PNT234⑤:70	马?	PNT234⑤:70	苗圃北地	盆	口沿	
89	PNT231④	七	PNT231④	苗圃北地	豆	口沿	
90	PNH24:46	郍乙	PNH24:46	苗圃北地	盆	内壁	朱书
91	PNH124:1	在	PNH124:1	苗圃北地	罐	外表	
92	T2(4B):15	田	T2(4B):15	小屯	器盖	近顶	
93	HNH27:7	莫	HNH27:7	花园庄	"箕形器"		
94	HNT16④:1	□戾亚	HNT16④:1	花园庄	盆	口沿	
95	《鄴中片羽》二上47	五七六八七一，一七六七八六			范		传安阳小屯出土

2. 位置符号

在八件陶器上有"右""中""左"字，每器一字。其中五件为器盖，可能是祭祀时所用的器物。传出于侯家庄西北冈大墓M1001的三件成套铜方盉上，分别铭有"右""中""左"三字，与陶文的情况相似。右、中、左是表示该器物应在的位置。①

3. 族名或人名

在四十二件陶器上发现族名或人名。这是殷墟陶文中数量最

---

① 李济：《殷虚器物·甲编》上辑，第七章"符号与文字"，"中研院"历史语言研究所，1956年；又，董作宾先生认为"左""中""右"亦可作人名，见李孝定《陶文考释》，李济：《殷虚器物·甲编》上辑，"中研院"历史语言研究所，1956年，第147页。

多的一类（下文详述）。

4. 记事

有五件陶文属于此类：

（1）父一（32）。

（2）戊母十↓（33）。

（3）庚见石、旨（59）。

（4）祀（58）。

（5）曰：叀多㐭友；叀中（57）。

第（1）、（2）两件是器盖，均出于 E16 坑，文字位于盖之外表，属烧后刻。前者即祭祀时对某父用某物一件。后者谓对母戊用某物十件。[①]

“庚见石、旨”：“庚”为天干，“见”作动词。“旨”在卜辞中作国族名或人名。如武丁宾组卜辞，《乙》1054“庚寅卜争贞：旨正䍙”。《簠·人》98 + 101“贞：旨古王事”，“丙午卜宾贞：旨弗其古王事”。《丙》5“西史旨其㞢祸”，“旨亡祸”。“石”，《京》1083 有“妬其氐羌”，妬作人名，为石族之妇女。在此片陶文中，石、旨并列，亦当族名。李孝定先生认为庚字的字形属第五期字体，从而将此片陶文定为五期之物。[②] 查武丁前期的自组卜辞中（如《甲》2902），庚字就有这种写法。又，此陶文用笔写于 205 式豆之内壁盘心。这种豆，浅盘、唇沿外翻，把较粗矮，常见于殷墟文化第一、二期的灰坑或地层中。所以，我们认为，此陶文应属于殷墟文化第一期或第二期，绝不是第五期。

“祀”：在第五期卜辞和晚殷金文中常见“隹王若干祀”之辞。此片上下均残，但从字形看似属五期字体，亦当为“隹王□

① 李孝定：《陶文考释》，李济：《殷虚器物·甲编》上辑，“中研院”历史语言研究所，1956 年。

② 李孝定：《陶文考释》，李济：《殷虚器物·甲编》上辑，“中研院”历史语言研究所，1956 年。

祀"之残文。

上述（3）、（4）两片均书辞，是用器者所书。

"曰：重多庙友，重中"：李孝定先生释庙为"六百"①，不确。中，在甲骨文或殷金文中常用作人名或族名。多庙友与中相对，也是名词，似与西周金文"多口友"（《录遗》91）相类，表示某种人的身份。②

5. 卦辞

（1）"一七八六六七""六一七"（82）。陶文位于簋口沿上。此片张政烺先生释为"七七八六六七"③，张亚初、刘雨同志释"七八六六七七"④。今细审原拓片，上有九个数字，可能是两种卦辞。

（2）"六六七六六八""六六七六七一"（83）。以上两片均属烧后刻。

（3）"五七六八七一""一七六七八六"（95），卦辞刻于陶范上。

这类卦辞，还见于殷代的卜骨、卜甲和磨石上。

6. 其他

包括表一所列 54、66—73、75—78 等尚不能释读的文字（或符号），还有一些虽能隶定，但未能归类的陶文如 49、52、56、28、30、80、91 等也暂归此类，约二十片。

三　族名或人名的考释

在殷墟陶文中，以族名或人名最为常见。有戌、戈、木、井、犬

---

① 李孝定先生释该片为"中重日重多六百友"。
② 张亚初、刘雨：《西周金文官制研究》，中华书局 1986 年版，第 59、99 页。
③ 张政烺：《试释周初青铜铭文中的易卦》，《考古学报》1980 年第 4 期。
④ 张亚初、刘雨：《从商周八卦数字符号谈筮法的几个问题》，《考古》1981 年第2 期。

易、中、守、车、妇□、亚、鱼、龟、犬、虫、龙、己、夔、屮、卿、田、皿、子、亥、亯、甗、鬲、戻亚、莫、郋乙等。对"亚"以前的十个族名或人名，有的学者已作了论述，此不赘言。现将"亚"以后的十九个，作一考释，文中陶文编号均为表一中的顺序号。

鱼（24）：卜辞中鱼有作人名用。如《屯南》1054"乙亥贞：鱼亡祸"。殷金文中，屡见鱼作族名。如《三代》2.3 鱼鼎，《三代》14.16 鱼瓠、《三代》15.5 鱼爵、《三代》11.18 鱼作父庚尊等。

龟（24.74①）：卜辞中除用作本义外，又可作人名、族名。如《粹》1495"壬申，龟示三屯，岳"。金文中《三代》2.21 有龟父丙鼎、龟父丁鼎，龟作族名。

犬（25、26）：卜辞中犬字有作侯名、族名或地名之用例。如《京》4777"□辰贞：令犬侯……古王事"。《粹》883"辛酉贞：犬受年，十月"。殷金文中有《三代》2.21 犬父丙鼎，犬作族名。

虫（25）：殷卜辞中虫字有作族名之用例。如《南明》468"丙寅贞：叀乎以羌罘虫于黽示用"。周原甲骨文有"虫伯"（岐山凤雏 H11：22），虫作国族名。

龙（27）：卜辞中龙字可作人名、族名、方名。如《乙》5409"贞：龙亡祸"，《丙》49"贞；乎龙氏羌"，《乙》3797"王叀龙方伐""勿叀龙方伐"，《续》4.26.3"贞：勿乎妇井伐龙方"等。殷金文中有《美集录》471 龙子觯，龙作族名。

己（29）：李济先生认为"己字虽为干支，然单用自可作人名解"②。李孝定先生说："此片仅一单文，不详其义。"③ 在殷金

① 74 号陶文李济先生未释。李孝定先生疑为龟字。金祥恒先生的《海宁金祥恒：陶文编》（台北：艺文印书馆 1964 年版）第 87 页释为龟字。

② 李济：《殷虚器物·甲编》上辑，第七章"符号与文字"，"中研院"历史语言研究所，1956 年。

③ 李孝定：《陶文考释》，李济：《殷虚器物·甲编》上辑，"中研院"历史语言研究所，1956 年。

文中，己可作族名。如1983年山东寿光县益都侯城故址出土的殷代末年青铜器中，在两件铜锛和一件铜刀上铸有"己"字，在鼎、爵、觚、尊上有"己并"二字。① 寿光，西周时为纪国，金文作"己"，现在己铭铜器的发现，说明该地在殷代已作己。"己"是器主的族氏。② 所以，我们认为陶文之己，以释族名或人名为宜。

夒（31）：李济先生释此字为人名。③ 李孝定先生谓"此陶文与夒字全同，其当释夒可无疑义，意者此器当用为礼器，所以祀夒者，故刻此以识之欤"④。夒在卜辞中大量作先公名出现，但也有用作地名之例。如《珠》19"贞：往于夒，屮从雨"。《屯南》2100"壬寅贞：王步自敱于夒"。不但夒是这样，唐亦如此，《乙》498有"在唐"一辞。而卜辞中的地名，有许多都与族名或人名一致。

在金文中，如《三代》2.15有亚夒鼎，亚形内框以夒字。亚，代表身份，或爵称或官名，夒，族名。陶文之夒字，刻于陶盆口沿上，而盆为日常生活器具，一般不作礼器，所以此夒字以释族名为宜。

屮（44—47）：甲骨文中此字作偏旁，不单独使用。金文中，有《三代》6.4↑簋，字形与陶文近似，可作族名。

卿（50）：此字在甲骨文中多释为飨，作动词。但在《屯南》1009"庚辰贞：至河旁其戋卿方"。戋字用作动词，作捍御或用兵之意，卿方当名词，是方国名。殷金文中，"卿""卿宁"铭之铜器常见。如《三代》15.3卿爵、卿宁爵，《三代》6.1卿宁簋，《美集录》30卿宁鼎等。卿、宁均是族名（宁也可作官名）。卿宁

---

① 《山东寿光县新发现一批纪国铜器》，《文物》1985年第3期。
② 李学勤：《考古发现与古代姓氏制度》，《考古》1987年第3期。
③ 李济：《殷虚器物·甲编》上辑，第七章"符号与文字"，"中研院"历史语言研究所，1956年。
④ 李孝定：《陶文考释》，李济：《殷虚器物·甲编》上辑，"中研院"历史语言研究所，1956年。

连在一起，可能是复合族氏。陶文之卿，可释为族名。

田（51、92）：此字在卜辞中最为常见。通常作田猎或农作之义。但也偶见作地名用的。如《外》273"壬子卜出贞：今……尤，在田"。《南明》729"……获鹿其在田"。殷金文中，田有作族名之用例，如《三代》19.8田戈，《三代》16.3田父甲爵。

皿（61—64）①：卜辞中作地名或人名。如《卜》90"……多射奴于皿"。《乙》1001"丁酉卜㒸贞：皿多子"。殷金文中，《三代》15.10皿爵、《三代》16.9皿父丁爵，皿字均作族名。

子（79）：卜辞中子字常见，含义较复杂。其中有作人名、贞人名的用例，也偶见作地名的，如《乙》8662"在子"。殷金文中，《三代》15.1有子爵，《三代》16.8有子父丁爵。考古发掘中，也发现过几件"子"铭的铜爵。② 所以，子字也可作族名。

亥（81）：卜辞中亥字有作人名的用例。如《屯南》662"丁酉卜，今旦亥其学。吉。"《人》2158"王其乎亥奏"。

亯（84，以下此字作享）：卜辞中享可作人名。如《京》2090"屮于子享"，《掇》2.130"重享令"。享，亦可作地名。如《后上》12.9"乙卯卜㱿贞：今日王勿往于享"。殷金文中有《三代》7.1享簋，《三代》6.20韭父乙簋，《美集录》195享韭觥等，享作族名。

甗（85）：卜辞中此字可作人名。如《后下》8.1"丙寅卜宾贞：令子甗奇畯四方，十月"。殷金文中有《三代》19.1甗戈。甗字作族名。

鬲（86）：卜辞中鬲可作地名，如《合》286"于鬲"。西周金文，如《三代》10.32鬲叔盨，鬲可作族名。

呉亚（94，图四）：这是1986年花园庄南地新出土的陶文，

---

① 此字李济、李孝定先生均未释。金祥恒先生在《海宁金祥恒：陶文编》第34页中释为皿，我们采用其说。

② 山西义牒发现子觚（《考古》1927年第4期）；安阳西区墓葬M356出子爵（《考古学报》1979年第1期）；河南舞阳吴城也出土子爵（《考古》1984年第5期）。

未见著录。残存三字。第一字仅留下半段，不能释读。"戈（此字以下作△）亚"可读为"亚△"。△字作 ⚆，似《续殷文存》上 5 之△字。稍不同的是，金文字之下部填实，而陶文则为虚廓。△，在第二期卜辞中作贞人名。在金文中作族名。如《三代》16.33 亚△父乙爵，《三代》6.5 亚△簋，《三代》17.1 亚△盘，《三代》14.46 亚△父辛觯等。

莫（93，图四）：这也是花园庄南地新出土的陶文，未见著录。卜辞中的莫字，常用来表示时间概念。如《屯南》1443 "父己岁，重莫酻，王受又"与"于夕酻，王受又"相对，莫应释为暮。此字也偶见作地名用，如《戬》10.11 "王其田莫，亡戋"，《人》278 "贞：王勿往于莫"。

卹乙（95，图四）：卹字甲骨文及殷金文中未见。卹乙应为人名。

四　文字特点

陶文中除去重复的，能隶定的字有六十四个（参见表二及图一至图四）。从文字学的角度看，殷墟陶文有两个特点：象形性和简略性。

1. 象形性

某些字比甲骨文和殷金文更象形。下举三例：

车，陶文虽然只画出车轴和两个车轮，却把车辐条绘出来，辐条一为十七根，一为十八根。与甲骨文和殷金文的省略不同。值得注意的是在殷墟发掘中所见的车子，车轮的辐条绝大多数是十八根。

卿，陶文卿字，二人相对跪坐，中为一器物，该物的盖上有把手，器腹有纹饰。值得玩味的是纹饰作 ∧ 形，是殷墟文化三、四期的陶簋、罐、盂上最常见的三角划纹。甲骨文和殷金文，该字中部的器物均无纹饰。陶文如此，是由于陶工是器物的制作者，对陶器上的纹饰了如指掌，所以能把它描绘到陶文中来。

表二 　　　　　　　　　　　陶文、甲骨文、金文比较表

楷书	陶文	甲骨文		金文	
车		《菁》1　《存》1·743 《拾》12·16　《乙》8081		《录遗》505　《录遗》310 《录遗》242	
卿		《存》1·549　《前》1·36·3		《鄴三上》12　《三代》6·1	
龟		《甲》984 《佚》959 《前》7·5·2		《三代》2·21　《三代》2·21	
犬		《乙》581 《铁》76·3 《粹》27 《粹》934		《三代》2·21 戍嗣子鼎 《三代》2·48 《三代》2·38	
耤		《乙》8151　《前》6·17·5		《三代》4·27	
昊		《存》2·657 《后下》25·5 《粹》1376 《前》2·24·2		《三代》2·7 《三代》16·33 《三代》17·1 《续殷上》5	
戈		《粹》971 《后下》43·9 《存》1·1075		《三代》6·2 《三代》14·32	
井		《后上》18·5 《粹》1163		《三代》4·10 《三代》4·45	
亯		《乙》7808 《掇》2·130		《三代》6·20 《三代》3·1	

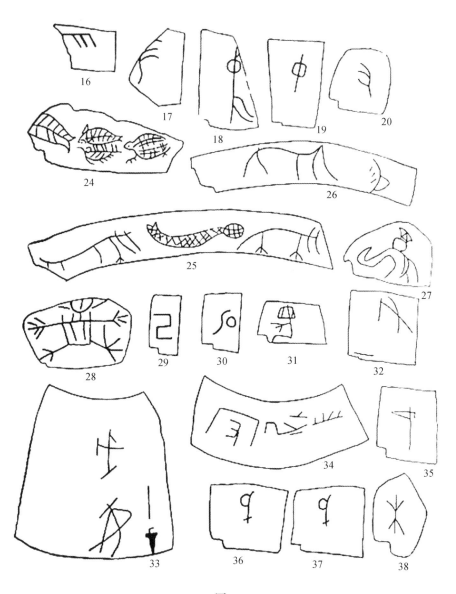

图一

图二

图三

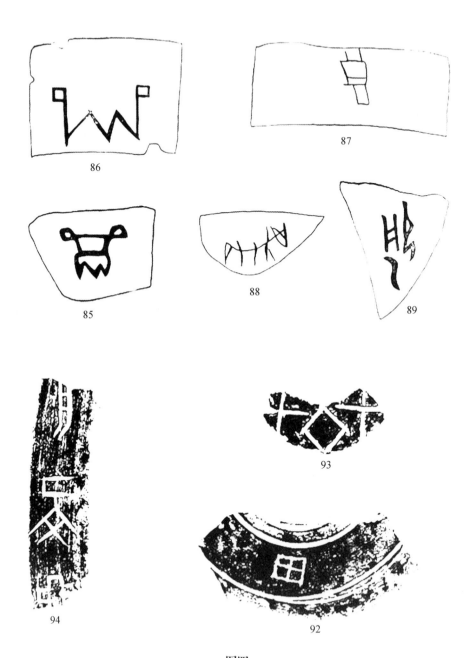

图四

龟，陶文有两个，24 号的龟字，是表现乌龟爬行时的体态，还把龟背上的胶质鳞片都刻画出来，这是甲骨、金文中的龟字所未见的。

2. 简略性

殷甲骨文和金文，一字常有数种写法，有繁有简，殷墟陶文的某些字，只从甲骨、金文中的简体，如犬、车、△。又如耤，甲骨文的字形是人双手持木耒，并用足踏在木耒上。陶文只画出一手，省去一手与脚趾。

又，陶文多数字的结构与甲骨文较近似，但也有一些字，与甲骨文稍异，与金文较相似，下举三例：

戈，似金文，只是下部残缺。[①]

井，甲骨文与殷金文均作井，中无点，但西周金文两种皆有，而且中有点的更常见。[②] 殷墟陶文的井字中部带点，与西周金文第二类井字相似，说明此字在殷代也是有两种写法的。

享，陶文此字上部平，似金文，甲骨文则上部尖。此字两种写法都表示高台上有宗庙建筑，金文、陶文为正视，甲骨文为侧视之形。或者，金文、陶文表示平顶建筑的房屋，而甲骨文则表示坡顶房屋。

甲骨卜辞，用于占卜，有专人契刻，文字规范化，行款整齐。陶文的风格多样化。陶文中的书辞，字体娴熟工整，与甲骨、玉石器上的书辞风格相似，这也是由专门的人书写的。陶文中的刻辞，字一般较大，有的工整，如鬲、木、戌、己、甗、△等字，有的较随意甚至草率，如夒、犬、龟（74 号）及某些不能隶定的字。

陶文的排列不大规则，34 号："妇□守"，前二字横书，守字

[①]　李考定：《陶文考释》，李济：《殷虚器物·甲编》上辑，"中研院"历史语言研究所，1956 年。

[②]　李考定：《陶文考释》，李济：《殷虚器物·甲编》上辑，"中研院"历史语言研究所，1956 年。

则直书。81 号："亥□非"，亥字与非字方向相反。57 号"重中"二字的方向与上面几个字的方向不同。

五　与藁城和周原所出陶文的比较

　　江西清江吴城①、河北磁县下七垣②、藁城台西村③、邢台曹演庄④、河南郑州二里冈⑤等商代遗址以及陕西周原⑥都发现陶文。下面我们选择在时代和内容上与殷墟关系较密切的藁城台西和周原两地所出的陶文来与殷墟陶文作一简单的比较（表三），从中可以归纳出殷墟陶文的特点。

表三　　　　　　　　　　　藁城、殷墟、周原陶文的比较表

地点	藁城	殷墟	周原
出土件数	79	95	84
陶器类别	瓮、罐、盆、豆、簋、罍、钵、鬲、鼎、"将军盔"、碗	盆、器盖、豆、簋、罍、罐、大口尊、中柱盆、鬲、"箕形器"、范	盂、盆、罐、簋、瓦片
陶文部位	瓮、罍肩部、盆、簋沿唇上，罐颈部、腹部、沿上，豆盘腹部、沿上、圈足内外壁，碗、钵、鼎腹部、鬲颈部、"将军盔"把上	盆、中柱盆、大口尊、鬲的唇沿上或近口处，罐、罍肩、腹部及唇沿上，豆唇上及圈足中，器盖顶盖外表及内壁，簋唇上、腹部及器底书辞在器之内壁	盂、盆、罐的唇上或近口处，簋的圈足上
契刻方法	坯上刻	多为坯上刻，部分烧后刻，还有书辞	坯上刻

①　《江西清江吴城商代遗址发掘简报》，《文物》1975 年第 7 期。
②　《磁具下七垣发掘报告》，《考古学报》1979 年第 2 期。
③　《藁城台西商代遗址》，文物出版社 1985 年版。
④　《邢台曹演庄遗址发掘报告》，《考古学报》1958 年第 4 期。
⑤　《郑州二里冈》，科学出版社 1959 年版。
⑥　陈全方：《周原出土陶文研究》，《文物》1985 年第 3 期。

续表

地点	藁城	殷墟	周原
内容分类（件数）	1. 族名或人名、地名（26） 2. 数字或符号（44） 3. 其他（9）	1. 族名或人名（42） 2. 数字（17） 3. 器物的陈放位置（8） 4. 记事（5） 5. 卦辞（3） 6. 其他（20）	1. 族名或人名、地名（17） 2. 数字（37） 3. 卦辞（1） 4. 其他（33）
文字特点	象形性强	象形、简略、草率、工整均有	草率
时代	二里冈期—殷墟一期	殷墟一期—四期	殷末、西周初

藁城陶文：发现七十九件。内容较简单，只有族名（或人、地名）和数字符号两项。在字形上，藁城陶文最明显的特点是完全象形，如鱼、盾、矢、戈、刀等字，特别是"止"作五趾或四趾形，"刀"像直柄直背翘尖的铜刀就是生动的例子。①

周原陶文：发现八十四件。其中三十一件刻于陶器上，五十三件刻于瓦片上。内容比藁城陶文多了卦辞一项②，但不如殷墟陶文丰富。周原陶文不见象形性的字，字体相当草率。

殷墟陶文与藁城和周原陶文时代相衔接，字体和内容上彼此关系密切，它起了承前启后的作用。与这两地的陶文相比较，殷墟陶文有自己独有的特点：

（1）藁城和周原陶文数字占的比例大，特别是藁城陶文，数字在陶文总数中超过半数。殷墟陶文数字只占18%，族名或人名占的比例较大，约占陶文总数的44%，而且有二十几个不同的族

---

① 季云：《藁城台西商代遗址发现的陶器文字》，《文物》1974年第8期。

② 《周原出土陶文研究》一文认为，周原陶文除有数字、卦辞外，还有表示陈放位置的"左、右、上、仲"一类字。我们认为，这些字都刻在瓦片上，可能与位置无关。而且"左右"是出于同一瓦片上［QFF：T₅（3B）：3］，似可释作"共"字。"上"字两画长度大致相等，可释为"二"字。

名或人名。

（2）殷墟陶文有记事文字，这是藁城及周原陶文所未见的。

（3）殷墟陶文除多数为烧前刻外，还有一部分是烧后刻和书辞，后者出于用器者之手。藁城及周原陶文都是烧前刻，是陶工所为，与用器者无关。

（4）殷墟陶文中的烧前刻，一部分较简略或草率，但也有一些字体工整、刚劲有力的字，如94号"□△亚"，不但是陶文的杰作，也称得上是殷墟文字中的佳作。该片的时代属殷墟文化第四期。在殷代，特别是殷代晚期，可能一些较重要的陶文是由技术熟练的"师傅"所专刻。

六　殷墟陶文研究的意义

在殷墟考古发掘所出的青铜器中，武丁以前的青铜器尚未发现铭文[①]，殷墟所出的甲骨文中，是否有武丁以前（即盘庚、小辛、小乙）之物，也属需要探索的悬而未决的问题。所以，学术界提到殷墟文字，一般都是从武丁时代的宾组卜辞或自组、午组卜辞说起。过去，我们曾对殷墟的早期卜辞做过一些推测，认为《屯南》2777和《乙》9099两片，是早于武丁的卜辞。[②]

在殷墟陶文中，也存在时代较早的文字，如36、37的两个戊字，均刻于YM388所出的白陶豆圈足内。李孝定先生认为陶文戊的字形与甲骨文第五期戊字近似，是晚期之物。[③] 他的意见是不妥的。细审此字，与自组卜辞《屯南》643"戊亡至祸"的戊字形体很相似。自组卜辞的时代，学术界大多数人认为早于宾组卜辞，

[①]　在传世铜器中及在殷墟以外的一些地区的考古发掘中，曾发现过少量二里冈期有铭铜器。参见曹淑琴《商代中期有铭铜器初探》，《考古》1988年第3期。

[②]　刘一曼、郭振禄、温明荣：《考古发掘与卜辞断代》，《考古》1986年第6期。

[③]　李孝定：《陶文考释》，李济：《殷虚器物·甲编》上辑，"中研院"历史语言研究所，1956年。

属武丁前期。又，M388 中出的鼎、斝、觚、爵、尊、壶、瓿等成组的青铜器①，其形制比属于殷墟第一期的 59M1② 所出的同类器要早，该墓是早于武丁时代的墓葬③。如是，M388 两个白陶豆上的戉字，也应是早于武丁的文字。

如前所述，戉是族名或人名。戉常见于武丁宾组卜辞，如《甲》3338 "戉获羌"，《存》1.615 "戊辰卜宾贞：戉亡祸" 等。在早于宾组的午组卜辞中，《乙》4692 有 "丁未卜贞：令戉、光㞢获羌屮五十" 的内容。可见戉是颇受殷王武丁信任的一员武将，地位显赫。M388 的白陶豆上出现戉字，说明在武丁以前，戉族就已存在。M388，除白陶豆和成组的青铜礼器外，还出铜戈、石戚等武器，墓内还有三个殉葬人，反映出墓主人生前是奴隶主贵族，是一名武职官员。白陶在殷代是较珍贵的用品，在只出几件普通陶器的小墓中，是见不到它们的踪影的。所以，白陶豆不是普通的陶工能使用的器具。我们认为，白陶豆上的戉字，不是工匠之族氏，而应是用器者的族名。如此，则可对 M388 的墓主人的身份作两种推测：1. 白陶豆是墓主人生前的用器，墓主是戉族之重要人物；2. 白陶豆是戉族之显贵人物所赠之器，墓主是与戉关系密切的人物。

殷墟陶文的族名较多，特别是其中有一些族名时代较早，又有一些族名（或人名）在甲骨文、金文中未见或罕见，这对于研究殷代的族氏有重要意义。

本文承蒙张亚初同志提出宝贵意见，谨志谢忱。

---

① 李济：《记小屯出土之青铜器》上编，《中国考古学报》第三册，1948 年。
② 《安阳武官村北的一座殷墓》，《考古》1979 年第 3 期。
③ 杨锡璋：《殷墟青铜器的分期》，《中原文物》1983 年第 3 期；《安阳殷墟三家庄东的发掘》，《考古》1983 年第 2 期。

对中国文字起源的几点看法[*]

　　学术界一般认为，文明的要素有城市、文字、青铜器、复杂的礼仪中心等。在这些要素中，以文字最重要。所以，研究中国文字起源是研究中国文明起源的一个不可缺少的、重要的课题。

　　关于中国文字的起源，学术界讨论了多年，但意见不一。如关于文字出现的时间有商代①、夏代②、新石器时代晚期③、新石器时代中期④、新石器时代早期⑤等几种看法。

　　我认为分歧的主要原因是由于对文字定义的理解和研究方法的不同。

一　什么是文字

　　能记录语言的符号才是文字。如殷墟甲骨文是学术界公认的

---

　　* 本文原载《古代文明研究》第一辑。

　　① 汪宁生：《从原始记事到文字发明》，《考古学报》1981 年第 1 期。徐中舒、唐嘉弘：《关于夏代文字的问题》，《夏史论丛》，齐鲁书社 1985 年版。

　　② 邹衡：《中国文明的诞生》，《文物》1987 年第 12 期。

　　③ 唐兰：《从大汶口文化的陶器文字看我国最早文化的年代》，《大汶口文化讨论文集》，齐鲁书社 1981 年版。李学勤：《论新出大汶口文化陶器符号》，《文物》1987 年第 12 期。

　　④ 于省吾：《关于古文字研究的若干问题》，《文物》1973 年第 2 期。

　　⑤ 张居中：《八千年前的书法艺术》，《中国书法》2001 年第 1 期。

能完整地记录语言的古文字。但殷墟甲骨文是有一定体系和有较严密规律的文字，在它之前，文字的发生、发展必定经历了漫长的阶段。所以，在讨论关于文字起源问题的时候，学者们往往又将能完整地记录语言的文字称为"成熟文字"，将与文字起源有关的一些符号、图形冠以"原始文字""简单文字""自然文字"等几种称呼。近几年，学术界争论较多的是什么是"原始文字"的问题。

我们认为能够记录语句中的部分词语或者是在形体上与成熟文字相似，与图画有明确界限的表意符号，都可称为原始文字。[①]但有学者将原始文字理解为"帮助人们记忆一些简单的事物，以免遗忘"[②]，有的甚至说"最初的文字并非一定与语言联系在一起，而是与意义联系在一起"[③]，持这一观点的学者主要的意思是认为用来记事和传递信息、表达一定意义的图形和符号，均可称为原始文字。照这一理解，符号与文字之间没有明确界限，因而它们能将原始文字出现的时间推至新石器时代早期。

二 文字产生的条件

文字是社会发展到一定阶段的产物。它的产生、发展是以社会生产力的发展为前提的。例如，为什么商代甲骨文不是在盘庚、小辛、小乙时期而是到武丁时期才发展到相当成熟呢？这是由于到武丁时，商王朝达到历史上的鼎盛时期。这时生产力有了迅速的发展，农业生产比商代前期有了较大的提高。代表当时先进生产力的青铜铸造业发展尤快，铸造出许多各式各样、纹饰华美的

---

① 参见裘锡圭《文字学概要》，商务印书馆 1988 年版，第 4—5 页；《究竟是不是文字——谈谈我国新石器时代使用的符号》，《文物天地》1993 年第 2 期。

② 于省吾：《关于古文字研究的若干问题》，《文物》1973 年第 2 期。

③ 徐义华：《略论文字的起源》，《中国书法》2001 年第 2 期。

青铜器。制陶、制玉石、制骨等手工业也达到较高的水平。生产的发展促进了科技的进步。武丁时期，国力强盛，进行了一系列战争，以拓展疆土，扩大版图，对外的交流也日益频繁。为了使生产能持续发展，需要将生产经验、科学技术加以总结，并记录下来，传之后世；为了巩固统治，维护政令的统一，加强与方国、诸侯国的联系，需要加大信息传播的力度。在武丁时期，占卜之风特别兴盛，无论大事小事均需占卜，依照占卜的结果来决定王的行动。占卜过后，往往还须将所卜问的事情、应验的情况刻（或写）在甲骨上。这一切都需要对在此之前已使用的文字进行改革，使之更能准确地、完整地记录语言，记录社会上的事件，以适应社会的发展。所以，甲骨文到武丁时代，发展到比较成熟的境地。

成熟文字的出现，一般说来，是与国家的出现相联系的。统治阶级为了巩固政权，更有效地统治，必然需要将原始文字改造成比较成熟的文字。目前，虽然在夏代遗址中发现文字资料很少，只于某些器物上发现了单个的符号或文字，尚未发现成组的、排列成行的文字。但是，从夏代中晚期的都城遗址——二里头遗址发现的宫殿、铸铜作坊遗址、精美的玉器、青铜器和陶器等，使我们看到当时的生产力水平，较之新石器时代晚期有了很大的提高。当时已具备了产生成熟文字的条件。此外，从《史记·夏本纪》中记载了夏王朝完整的世系，透露出夏代可能已用文字记录历史、使之世代相传的重要信息。[1] 至于现在我们所见的夏代文字资料较贫乏的原因，也许如一些学者所分析的那样，当时的文字资料集中埋藏，有特定的地点；也可能与文字的载体有关，即当时的不少文字是刻于竹木上的，竹、木易腐，因而难于流传至

---

[1]　裘锡圭：《文字学概要》，商务印书馆 1988 年版。

今。① 不过我们坚信，夏代成组的文字资料在不久的将来定会出土。

成熟文字产生、发展的历程，对我们研究原始文字的产生、发展是很有启迪的。那就是原始文字的产生也是以生产力的发展为基础的。它的产生，与其他几个文明要素的产生，在时间上大体是同步的（或稍有先后）。即到了公元前三千多年至两千多年的新石器时代晚期，农业有长足的发展，手工业水平有较大的进步。快轮制陶、精工琢玉、冶铜手工业得到发展；聚落更分化，大型城址相继出现，它与周围的遗址形成等级和从属的关系；社会财富集中在少数人手里，形成阶级对立，出现了金字塔式的多层结构。② 这时社会已迈向"文明的门槛"，或者如一些学者所说的处于"初级文明社会"阶段。此时简单的符号或图形已不能满足日益复杂的社会生产、生活的需要，迫切要求将它们加以改造并进行创新（创造假借字），使之发生质的变化，从表达一定的意义变为能记录成句语言中的词。③

我国有丰富的民族学资料，这些资料对于我们研究文字的起源是很有参考价值的。中华人民共和国成立前夕，在一些还保留明显的原始公社制残余、社会经济发展水平较低的民族，如独龙族、佤族、黎族、傈僳族等，他们在农业生产中使用原始农具，有的还"刀耕火种"，因而收获很低，手工业也不发达。这些民族居住的地区，交通不便，比较封闭，与外界的交往较少。他们采用物件表意、结绳记事、图画记事、刻符记事（竹、木刻）等方法帮助记忆、表达思想、传递信息。由于这几种记事方法已能满足日常生产、生活所需，所以直至 20 世纪 50 年代初，他们还没

---

① 李学勤：《夏文化研究论集·序》，《夏文化研究论集》，中华书局 1996 年版。杜金鹏：《关于二里头文化的刻划符号与文字问题》，《中国书法》2001 年第 2 期。

② 参见任式楠、吴耀利《中国新石器时代考古学五十年》，《考古》1999 年第 9 期。

③ 裘锡圭：《文字学概要》，商务印书馆 1988 年版。

有本民族的文字。

基于上述认识，我们认为，在新石器时代早、中期（仰韶文化时期及其以前的文化时期），从生产力和生产关系发展的水平看，尚不存在原始文字产生的条件。这时期器物上出现的符号或图形，尽管代表一定意义，但还不是文字。

三　研究方法

在探索新石器时代遗址出土的符号是否属文字或原始文字时，学者们最惯用的方法是将它与殷墟甲骨文进行比较，由已知推未知。笔者认为，这种比较是非常必要的。

例如，山西襄汾陶寺遗址 H3403 陶扁壶的腹部，发现了毛笔朱书的文字（图一），学者将之与商代甲骨文比较，发现它与"文"字极相似，故释为"文"字。[①] 在这里，我们还想作一些补充，甲骨文的"文"字，从字形上看，是用交叉的线条表现文理交错之形，即后世纹理花纹之本字。这个字，与日、月、鹿、鱼等象形字不同，而是用比较曲折的方法表意，属于与图画有较明确界限的表意字。

陶扁壶所在的灰坑 H3404 及扁壶的形态特征，属陶寺文化晚期，时代约公元前两千多年，处于新石器时代末期（或已进入夏代）。[②] 从当时整个社会生产力与生产关系发展的水平看，出现文字，应当是情理之中的事情。尽管目前我们能确认的只有这一个字，但"一叶知秋"，从陶寺陶文的形态可以推测，当时已处于从原始文字向成熟文字的过渡阶段。

----

① 参见高炜在《中国文明起源座谈纪要》的发言，《考古》1989 年第 12 期。李健民：《论陶寺遗址出土的朱书"文"字扁壶及相关问题》，《中国书法》2000 年第 10 期。

② 李健民：《论陶寺遗址出土的朱书"文"字扁壶及相关问题》，《中国书法》2000 年第 10 期。

需要指出的是，我们在进行比较的时候，切忌简单化，应当慎重。因为某些笔画简单的符号，尤其是几何形符号，容易相似，可在不同的地区、不同的民族、不同的时期出现，有的符号即使是同形，其意义也不一样。如"×"，甲骨文表示"五"字，纳西族的东巴文和海南黎族的竹刻符号表示"十"，云南哈尼族用来表示"五十元"，傈僳族和独龙族曾用来表示"相遇""相会"的意思。①

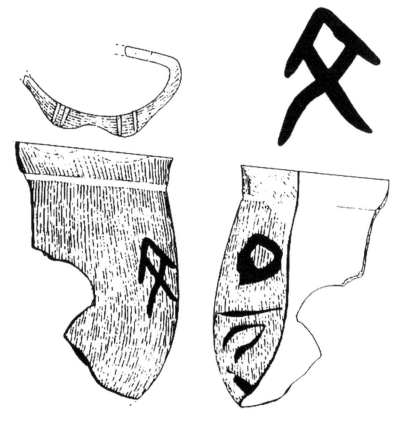

图一　陶寺陶文

---

① 汪宁生：《从原始记事到文字发明》，《考古学报》1981 年第 1 期。

　　下面，我们具体地剖析一下西安半坡陶符和河南舞阳贾湖刻符中的某些符号是否属"原始文字"。

　　1. 半坡陶符

　　西安半坡遗址有 113 件陶器或陶片上发现刻划的符号，有学者将其与甲骨文相比较，释"×"为五，"+"为七，"丨"为十，"‖"为二十，"T"为示，"↑"作矛，"ᛒ"作阜等（图二）。如前所述，前四个符号，虽形同甲骨文，但其所代表的意义未必相同。裘锡圭先生指出"半坡类型的符号的时代大约早于商代后期的甲骨文三千多年。如果它们确是古汉字的前身，象形程度一定大大高于甲骨文。甲骨文里'阜'字多作ᛒ，'示'字比较象形的写法作品，半坡符号里的ᛒ和T，如果确实是'阜'字和'示'字的话，为什么反而不如它们象形呢？"① 我们认为，他的意见很有道理。上述考释半坡陶符的方法是不大妥当的。

图二　半坡陶符

　　2. 舞阳贾湖刻符

　　近两年来，随着《舞阳贾湖》发掘报告的出版，贾湖器物上的刻符受到学术界的关注。贾湖刻符有 17 例，分别刻于十多件甲、骨、石、陶器上。发掘报告的作者将其进行分类，认为其中九例（图三）"从其形状看都具有多笔组成的组合结构，应承载

----

① 裘锡圭：《文字学概要》，商务印书馆 1988 年版，第 23 页。

着契刻者的一定意图，因之具有原始文字的性质"。作者还认为"贾湖契刻就具有现代汉字书写的特点，也是先横后竖、先左后右、先上后下、先里后外"①。

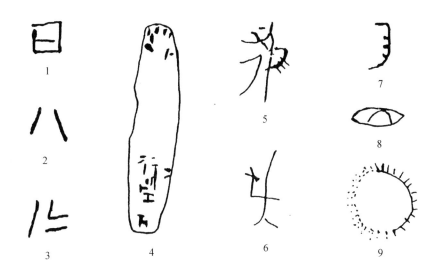

图三　贾湖刻符

1. M335：15 龟腹甲片；2. M387：4 龟腹甲；3. H23：5 牛肋骨；4. M330：2 柄形　石饰；

5. M344：3 叉形骨器；6. M387：4 龟背甲片；7. M253：4 八孔骨笛；8. M344：18 龟腹甲；

9. H190：2 陶卷沿罐

上述看法是值得商榷的。难道多笔组成、结构较复杂、表达一定意义的符号就必定是原始文字吗？

民族学的资料可帮助我们回答这一问题。下面列举三例：

例一，黎族妇女在双腿上的文身符号有"王、⊕、♀"等，是多笔组成的组合结构，但仅表示与他人相区别，没有什么特定的内容（图四）。

例二，傈僳族的传信木刻上也有一些多笔的符号，如一件木

①　河南省文物考古研究所：《舞阳贾湖》，科学出版社 1999 年版，第 984—991 页。

刻上刻着|||、☉、×、|||四个符号（图五），表示"你们
派来的三个人，在月亮圆时和我们相遇了，送上三包土特产，请
分送大中小三位领导"。这些木刻符号需经过送信人作必要的解
释，别人才能明白。

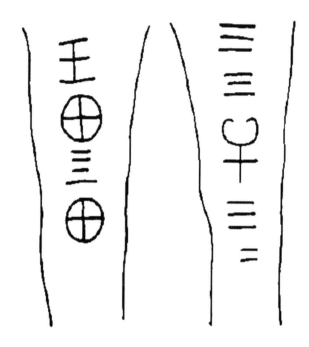

图四　黎族文身图样

　　例三，苗族赛歌时，歌手们为了防止遗忘歌词，用小木条刻
上一些符号来提示自己。如有的木刻用三个※符代表三百两银子，
三个Ⴑ符代表三百匹骡马，三个×符代表三百只鸡，ﾒ代表开始结
亲。这些符号是帮助刻者记忆的，不少符号也是由多笔组成的。①
　　这些例子发人深思，使我们认识到新石器时代出土的笔画较
多的符号，虽表达了某种意义，或起某种作用，但不一定就是

①　汪宁生：《从原始记事到文字发明》，《考古学报》1981 年第 1 期。

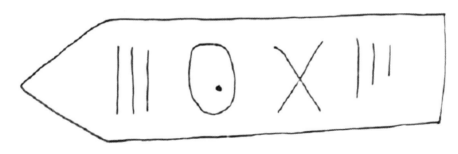

图五　傈僳族传信木刻

"原始文字"。

　　至于说到契刻的问题，贾湖符号有十二例发现于甲骨上（九例龟甲、三例骨器），它与殷墟甲骨刻辞一样都是契刻在坚硬的甲骨上的。殷墟甲骨文是如何契刻的？有的专家曾对殷墟甲骨实物进行反复观察，并做了契刻的模拟试验。他们的实验表明"刻时无论横竖，凡直线均为推刻而成。但推刻的顺逆则根据骨料的形状而定，以便把握及运刀为准，不受任何限制。如在骨料的左下方边部刻字，竖画多由下而上推刻，横画多由左而右。在骨料右上方边部刻字，竖画多自上而下，横画多由右而左。在骨料中部刻字，笔顺则可灵活掌握"[①]。这说明殷墟甲骨刻辞的字体与汉字书写的笔画顺序是不大一致的。由此使人产生疑问：难道比甲骨文早几千年的贾湖刻符果真具有现代汉字的书写特点吗？

　　再者，贾湖符号出于贾湖二、三期，距今8600年至7800年，当时的生产力水平还不高，不具备原始文字产生的条件。贾湖刻辞距商代甲骨文约5000年，时间相当长。目前我们还难以依据发现不多的资料，勾勒出从贾湖刻符至商代甲骨文之间的演变轨迹。所以，我们认为，目前不必急于将其称为"原始文字"，还是以称符号为好。说是符号也不影响其发现的重要性，因为毕竟它是我

————————

　　① 赵铨、钟少林、白荣金：《甲骨文字契刻初探》，《考古》1982年第1期。

国乃至世界①考古发掘出土的与原始文字起源有关的最早资料，有着重要的意义。

我国是地大物博的多民族国家，不但现在存在着多种文字，在几千年前也有与甲骨文不属于一个系统的原始文字或符号存在。如山东邹平丁公陶文（图六）、江苏高邮龙虬庄陶文（图七）、1936年出土的浙江余杭县良渚文化陶盘上的成组符号等（图八）。这几组陶文，字体多曲笔、连笔，而甲骨文的字体，大多是直笔、折笔，两者风格相差甚远，应视为不同系统的文字。有的学者对"不同系统"的问题有所忽略，在释读丁公陶文时，将之与商代甲骨文相比附，从而将第一行与第二行五个陶文释作"荷子以夔犬"②。这种解释是难以成立的。因为，不同系统的文字有各自的特点及演变规律，它们不是甲骨文或古汉字的前身。

图六　邹平丁公陶文

---

① 古埃及陶器符号出现于公元前4000年，两河流域苏美尔文字滥觞的黏土算筹符号出现于公元前3350年。参见李学勤《文字起源研究是科学的重大课题》，《中国书法》2001年第2期。

② 见日本《朝日新闻》1993年2月23日。

图七　高邮龙虬庄陶文

图八　余杭良渚陶文

　　我们还应注意到，使用不同系统的原始文字或符号的族群，在文化上是会发生交流、相互影响的。如大汶口文化陶器上的某些原始文字或象形符号，与商代甲骨文、金文较为相似，它们对古汉字的产生是有过一定影响的。